Für Herrn Dieter Betz
mit herzlichem Gruß

Dietz Lange

Göttingen, Januar 2011

V&R

Dietz Lange

Nathan Söderblom und seine Zeit

Vandenhoeck & Ruprecht

Bibliografische Information der Deutschen Nationalbibliothek

Die Deutsche Nationalbibliothek verzeichnet diese Publikation in der
Deutschen Nationalbibliografie; detaillierte bibliografische Daten sind
im Internet über http://dnb.d-nb.de abrufbar.

ISBN 978-3-525-57012-5
ISBN 978-3-647-57012-9 (E-Book)

Umschlagabbildung: Nathan Söderblom 1913 oder 1914,
© The Nathan Söderblom archives, Uppsala University Library

© 2011, Vandenhoeck & Ruprecht GmbH & Co. KG, Göttingen /
Vandenhoeck & Ruprecht LLC, Oakville, CT, U.S.A.
www.v-r.de
Satz: textformart, Daniela Weiland, Göttingen
Druck und Bindung: ⊕ Hubert & Co, Göttingen

Gedruckt auf alterungsbeständigem Papier.

Inhalt

Vorwort

Nathan Söderblom (1866–1931) ist zweifellos eine der faszinierendsten Gestalten in der Kirchen- und Theologiegeschichte sowie der religionswissenschaftlichen Forschung des vorigen Jahrhunderts. Er war einer der Initiatoren der schwedischen Luther-Renaissance, die der entsprechenden Bewegung in Deutschland vorausging, und hat so die schwedische Theologie auf nachhaltige Weise angeregt und gefördert. Dem Religionswissenschaftler verdanken wir entscheidende, bis heute wirksame Erkenntnisse. Mit seiner gründlichen historischen Bildung und seinem außerordentlich weiten internationalen Horizont hat er tiefgründige Analysen der großen sozialen, politischen und religiösen Umbrüche seiner Zeit, insbesondere der schlimmsten Katastrophe der jüngeren Vergangenheit, des Krieges von 1914–1918 und seiner Folgen, gegeben. Während des Krieges und danach hat er sich unermüdlich für den Frieden eingesetzt, in diesem Zusammenhang 1925 die erste große ökumenische Konferenz in Stockholm organisiert und durchgeführt und damit die gegenseitige Verständigung der christlichen Kirchen um einen entscheidenden Schritt vorangebracht, nicht zuletzt mit Hilfe seiner phänomenalen Kommunikationsfähigkeit und seiner fließenden Beherrschung dreier Fremdsprachen (Französisch, Deutsch, Englisch). Vorrang hatte dennoch seine eigene schwedische Kirche. Er hat sie als einer ihrer größten Erzbischöfe mit seelsorgerlicher Umsicht geleitet und wesentlich dazu beigetragen, sie aus ihrer Verknöcherung und Isolierung zu befreien. So war er nicht nur einer der wichtigsten theologischen und religionswissenschaftlichen Denker, sondern auch einer der bedeutendsten Kirchenleute seiner Zeit – kurz: eine Schlüsselfigur der neueren Kirchengeschichte.

Dennoch gibt es bis heute keine Gesamtdarstellung seines Lebenswerks. In meiner Auswahledition seiner Korrespondenz hatte ich als einen Grund dafür vermutet, dass die Autoren, die bisher über ihn geschrieben haben, das Gefühl hatten »that the scope of the whole was beyond their reach«.[1] Ich kann nur sagen, dass ich dieses Gefühl vollkommen teilen würde, wenn ich mich gänzlich innerhalb der Grenzen meiner eigenen Kompetenz bewegen müsste. Doch kann man inzwischen glücklicherweise auf eine ganze

---

1 NATHAN SÖDERBLOM, *Brev – Lettres – Briefe – Letters. A Selection from His Correspondence*, ed. by D. Lange, Göttingen 2006, 8.

Reihe hervorragender monographischer Untersuchungen zu verschiedenen Aspekten von Söderbloms Schaffen zurückgreifen, die viel zu dessen Erschließung beigetragen haben. So kann man es heute wohl wagen, das Ganze in den Blick zu fassen. Genannt seien hier Hans Åkerbergs Buch über den jungen Söderblom, die Werke J. M. van Veens, Erland Ehnmarks und Eric J. Sharpes über den Religionshistoriker, die Studie Sigfrid Estborns über den Prediger, die Arbeiten Nils Karlströms über den Ökumeniker, (weniger geglückt das umfangreiche Werk Folke Holmströms über Mystik bei Söderblom), ebenso die Forschungen Staffan Runestams und die Biographien Tor Andraes und Bengt Sundklers, und nicht zuletzt die schönen Erinnerungsbände von Söderbloms Frau Anna.² Dazu kommt eine große Zahl aufschlussreicher Aufsätze. Sie alle leuchten gründlich und scharfsinnig jeweils einen bestimmten Bereich aus oder zeichnen ein lebendiges Bild des Menschen und erweisen sich damit für die weitere Forschung als unentbehrlich. Freilich ist leider keines der größeren Werke auf Deutsch geschrieben (Sharpe und Sundkler schreiben Englisch, van Veen Niederländisch, alle anderen Schwedisch; nur Andraes Biographie wurde ins Deutsche übersetzt). Andererseits bedeutet dies für mich eine Erleichterung der Arbeit, weil ich mich nun nicht wie bei der Briefedition genötigt sehe, Englisch zu schreiben, sondern bei meiner eigenen Sprache bleiben kann.

Ein paar weitere Sätze über die Gründe für die Forschungssituation dürften noch am Platz sein. Sie liegen nicht allein in dem weiten Horizont und der Vielseitigkeit von Söderbloms literarischer Produktion, sondern auch in deren literarischem Charakter. Zwar hat er viele, zum Teil recht umfangreiche Bücher und eine Unmenge kleinerer Schriften, aber kein allumfassendes System seines Denkens hinterlassen. Sehr unbekümmert hat er immer wieder weitreichende, geniale Gedanken in Gelegenheitsschriften vorgetragen und sie darüber hinaus aus schierem Zeitmangel oft genug auch nur skizziert. So hat er ungewollt der beliebten Ausrede Vorschub ge-

---

2 HANS ÅKERBERG, *Omvändelse och kamp. En empirisk religionspsykologisk undersökning av den unge Nathan Söderbloms religiösa utveckling 1866–1894* (Diss. Lund), Lund 1975; J. M. VAN VEEN, *N. Söderblom. Leven en denken van een godsdiensthistoricus*, Amsterdam 1940; ERLAND EHNMARK, *Religionsproblemet hos Nathan Söderblom*, Lund 1949; ERIC J. SHARPE, *Nathan Söderblom and the Study of Religion*, Chapel Hill N.C. u. London 1990; SIGFRID ESTBORN, *Under Guds grepp. En studie i N. Söderbloms förkunnelse*, Stockholm 1944; NILS KARLSTRÖM, *Kristna samförståndssträvanden under världskriget 1914–1918 med särskild hänsyn till N. Söderbloms insats*, Uppsala 1947; FOLKE HOLMSTRÖM, *Uppenbarelsereligion och mystik. En undersökning av N. Söderbloms teologi*, Stockholm 1937; STAFFAN RUNESTAM, *Söderblomsstudier*, Uppsala 2004; TOR ANDRAE, *Nathan Söderblom* (dt. v. E. Groening u.a. Völklein), Berlin ²1957; BENGT SUNDKLER, *Nathan Söderblom. His Life and Work*, Lund 1968; ANNA SÖDERBLOM, *På livets trottoir*, 2 Bd., Lund 1948 und 1956; dies., *En Amerikabok*, Stockholm ²1925.

leistet, er sei eben kein systematischer Denker. Das stimmt indessen nur in dem bereits angedeuteten engen Sinn des Wortes. Bei näherem Zusehen finden wir einen stringenten Denkstil, zwar oft überraschende, aber plausible Querverbindungen sowie eine erstaunliche Kontinuität seiner thematisch so weit gespannten Arbeit.[3] Zu jenem Eindruck mag auch beigetragen haben, dass Söderblom als Religionshistoriker und Kirchenmann oft bildhaften Ausdruck einer abstrakten Begrifflichkeit vorzieht. Das entspricht aber genau seiner grundlegenden Einsicht, dass alle religiösen Aussagen symbolischen Charakter haben. Es sind gerade solche Bilder, die sehr präzise den systematischen Zusammenhang zwischen den vielfältigen Feldern seiner literarischen Produktion vermitteln. Methodisch folgt daraus, dass wir auf sie im Folgenden unser besonderes Augenmerk richten müssen. Man kann es auch so ausdrücken: Bei allem stupenden Detailwissen – weit über seine Fachgrenzen hinaus – war es immer die intuitiv zu erfassende künstlerische Gesamtschau, der sein Hauptinteresse galt und die keineswegs im Widerspruch zur Genauigkeit des Denkens stand. Wie im Folgenden zu zeigen sein wird, sind es nicht zuletzt diese durchgängigen Grundzüge, die zu einem guten Teil die Faszination seines Denkens ausmachen.

Ein weiterer Grund besteht – jedenfalls für die Länder außerhalb Skandinaviens – in der Sprachbarriere. Söderbloms religionsgeschichtliche Monographien und einige kleinere Schriften sind auch auf Deutsch erschienen, etliches auf Englisch, die Dissertation nur auf Französisch – aber beispielsweise alle seine Luther-Bücher, seine Enzyklopädie sind bis heute nur auf Schwedisch publiziert. Hinzu kommen wichtige Vorlesungsmanuskripte, zu deren Veröffentlichung ihm schlicht die Zeit gefehlt hat und die deshalb nur im Archiv zugänglich sind. Ein sympathischer Mangel an Autoren-Eitelkeit, der aber viel dazu beigetragen hat, seine Nachwirkung zu begrenzen.

Schließlich muss darauf hingewiesen werden, dass Söderblom trotz seiner herausragenden Stellung als Erneuerer der schwedischen Theologie und als Religionswissenschaftler, später als Erzbischof und internationaler Kirchenmann nie allgemein anerkannt gewesen ist. Zwar hat er bei seinen Studenten tiefen Eindruck hinterlassen und dann im Bischofsamt in den Gemeinden seiner Diözese und darüber hinaus im ganzen Land enorm viel zur Förderung des kirchlichen Lebens getan; durch sein zugleich gewinnendes und entschiedenes Wesen hat er sich nicht nur den tiefen Respekt, sondern auch die Liebe der Menschen erworben. Aber vielen Professorenkollegen und kirchlichen Amtsbrüdern im Norden war der starke liberale Anteil seiner theologischen Position suspekt, und auf dem internationalen Parkett stieß seine ausgewogene Beurteilung der nach 1918 heiß umstrit-

3 So auch ERIC J. SHARPE, a. a. O., XVIII.

tenen Kriegsschuldfrage bei keiner der betroffenen Parteien auf ungeteilte Gegenliebe. Seine dezidiert evangelischen theologischen Prinzipien für die ökumenische Arbeit – heute leider weitgehend vergessen – trafen auf hohe Akzeptanz, damals mit Einschluss der Ostkirche, aber auch auf erbitterten Widerstand, und zwar keineswegs nur von römischer Seite.

Nicht zuletzt ist an den mächtig ansteigenden Einfluss der so genannten Dialektischen Theologie auf dem Kontinent seit der 2. Auflage von Karl Barths Römerbrief zu denken, der Söderbloms Position vielen als antiquiert erscheinen ließ. Hinzu kommen der Aufstieg des Faschismus und die nationalsozialistische Machtergreifung 1933, nur anderthalb Jahre nach Söderbloms Tod, durch die Europa auf politischem Gebiet in unabsehbare Gefahren gestürzt wurde. Ihnen gegenüber schien die neue theologische Bewegung eine weit bessere Verteidigung zu versprechen, als die bis dahin führenden Theologen zu leisten vermochten.

So viel zu den Hemmnissen einer angemessenen Rezeption. Räumt man sie jedoch beiseite, so entdeckt man schnell, in wie vielen Hinsichten Söderblom tatsächlich eine bahnbrechende Gestalt gewesen ist und in welchem Maß seinem Werk – neben vielem, was durch neuere Entwicklungen überholt ist – eine weit über seine eigene Zeit hinausreichende Aktualität zukommt. Das gilt für etliche seiner großen religionswissenschaftlichen Ideen ebenso wie für seine Gedanken über den religiösen Pluralismus, über die Einheit der Kirche und vieles andere. So ist es durchaus eine offene Frage, ob die verbreitete Rückkehr der modernen Religionswissenschaft zu empiristischen, soziologischen und ethnologischen Ansätzen – bei aller Anerkennung notwendiger Korrekturen im Einzelnen – gegenüber Söderbloms Religionsphänomenologie wirklich nur ein Fortschritt gewesen ist. Dasselbe gilt von seinem ökumenischen Ansatz einer praktischen Zusammenarbeit bei Fortbestehen organisatorischer und lehrmäßiger Trennung der Kirchen, wenn man ihn mit neueren Bestrebungen einer institutionellen Vereinigung vergleicht.

Diese aktuellen Fragen sind nun hier im geschichtlichen Gewand zu erörtern. Das erfordert im Fall Söderbloms, der eine erstaunliche Vielzahl von Anregungen von den verschiedensten Denkern aus vielen Ländern eigenständig verarbeitet hat, die Einbeziehung seiner Lehrmeister und Diskussionspartner, von denen etliche (besonders schwedische) der Leserschaft eigens vorgestellt werden müssen, weil sie in Deutschland nicht bekannt sind. Ebenso muss der soziale, politische, geistesgeschichtliche, kirchliche und theologische Kontext geschildert werden, soweit er für unseren Gegenstand von Bedeutung ist. Daraus ergeben sich die Umrisse eines Bildes der damaligen europäisch-amerikanischen geistigen und sozialen Welt, wenngleich schon aus Gründen der Übersichtlichkeit auf Exemplarisches beschränkt.

Selbstverständlich erforderte die vorliegende Arbeit eine Reihe von Studienaufenthalten in Schweden, da ein großer Teil der einschlägigen Literatur in Deutschland nicht erhältlich und vollends der riesige Nachlass (Vorlesungsmanuskripte, Vorträge, Briefe, Tagebuchnotizen usw.) natürlich nur in Uppsalas Universitätsbibliothek zugänglich ist. Allein schon die literarische Hinterlassenschaft Söderbloms selbst ist ungeheuer umfangreich; noch als Erzbischof hat Söderblom jährlich wohl mehr Gedrucktes produziert als jeder der zeitgenössischen Uppsalienser Professoren, und zwar keineswegs nur Wiederholungen und Versatzstücke. Eine breite Quellenbasis ist deshalb selbstverständlich, wiewohl Vollständigkeit dabei nicht zu erreichen ist (schon die von Sven Ågren vorgelegte maßgebliche – wiewohl unvollständige – Bibliographie der gedruckten Arbeiten Söderbloms[4] umfasst 667 Titel!). Da war ich natürlich in hohem Maß auf Unterstützung durch andere angewiesen. Hier ist in erster Linie Dr. Staffan Runestam zu nennen, der mir bei meinen Studienaufenthalten in Uppsala 2003, 2006 und 2007 und bis heute mit Rat und Tat zur Seite gestanden und das ganze Manuskript kritisch und konstruktiv gegengelesen hat. Als Ordner und Verwalter des Söderblom-Archivs sowie als Forscher verfügt er über eine profunde Kenntnis des gesamten Materials, der unter den Lebenden wohl niemand gleichkommt. Weiter gilt mein Dank Dr. Matthias Wilke, der durch sorgfältiges Korrekturlesen viele Fehler ausgemerzt hat, die ich übersehen hatte. Er hat mich auch durch kritische Anfragen in der Sache genötigt, manches noch einmal zu überdenken. Sodann danke ich den Mitarbeiterinnen und Mitarbeitern der Handschriftenabteilung der UB Uppsala, die wieder sehr hilfreich gewesen sind. Und last but not least gilt mein Dank Herrn Per-Håkan Ohlsson und der von ihm betreuten Thora Ohlsson Stiftelse in Lund für einen außerordentlich großzügigen Beitrag zu den Druckkosten, Frau Bischöfin Prof. Dr. Antje Jackelén, Lund, für freundliche Vermittlung, sowie der Evangelisch-Lutherischen Landeskirche Hannovers, die ebenfalls eine namhafte Summe zur Verfügung gestellt hat. Auf diese Weise ist es möglich geworden, das Buch zu einem für heutige Verhältnisse enorm günstigen Preis herauszubringen.

Für mich persönlich war Söderblom eine relativ späte Entdeckung. Ich wünsche mir, dass die vorliegende Arbeit Jüngere dazu anregen möge, die Forschung an diesem Punkt energisch weiter voranzutreiben und damit auch die gegenwärtigen Debatten zu befruchten.

Göttingen, im Sommer 2010   Dietz Lange

---

4 SVEN ÅGREN, *Bibliografi*, in: N. Söderblom. In memoriam, hg. v. N. Karlström, Stockholm 1931, 391–458.

Einleitung

Wir beginnen mit der Betrachtung von Söderbloms schwedischem Umfeld. Das erweist sich als umso dringlicher, je mehr man den rasanten Wandel bedenkt, den Schweden während seiner Lebenszeit durchgemacht hat. Nun hat Söderblom selbst an diesem Prozess seit seiner Ernennung zum Erzbischof 1914 einen nicht zu unterschätzenden, vielfältigen Anteil gehabt. Deshalb empfiehlt es sich, die vorliegende Einleitung nicht über diesen Zeitpunkt hinaus auszudehnen und die weitere Entwicklung im jeweiligen biographischen Zusammenhang darzustellen. Das liegt umso näher, als der genannte Einschnitt in Söderbloms Leben fast genau mit der weltgeschichtlichen Zäsur zusammenfällt, die der Ausbruch des I. Weltkriegs gesetzt hat. Für Schweden wird sie zwar durch ein Moment der Kontinuität überbrückt, insofern das Land, das sich bereits seit 1814 aus den mannigfachen europäischen Händeln konsequent herausgehalten hatte, auch jetzt neutral geblieben war. Doch der Weltkrieg, der sich als die entscheidende Katastrophe der neuesten Zeit durch seine geographische Reichweite, seine technische Perfektionierung und seine Grausamkeit von den altmodischen Kabinettskriegen vorausgegangener Jahrhunderte grundlegend unterschied, hatte mächtige Auswirkungen auch auf solche Länder, die nicht aktiv an ihm beteiligt waren.

Ganz lassen sich natürlich Überschneidungen nicht vermeiden. Denn zum einen sind, wenn man nicht bloß an bestimmten Einzelereignissen, sondern vor allem an den großen geschichtlichen Zusammenhängen interessiert ist, gelegentliche Ausblicke über einen gegebenen Zeitraum hinweg sogar zwingend geboten, und zum anderen hat Söderblom auch schon seit dem Antritt seiner Professur 1901, ja an manchen Punkten sogar schon vor diesem Zeitpunkt über die Grenzen seines Fachs hinaus öffentlich gewirkt. Eine gewisse Toleranz für »ausgefranste Ränder« innerhalb der hier vorgenommenen Einteilung ist also, wie in jeder geschichtlichen Darstellung, notwendig. Doch der Schwerpunkt der folgenden Schilderung des historischen Hintergrunds wird eindeutig auf den Verhältnissen liegen, die von Söderbloms Kindheit und Jugend bis zum Beginn seiner Wirksamkeit im Land herrschten, also grob gerechnet auf dem letzten Drittel des 19. Jahrhunderts.

Wer heutzutage nach Schweden reist, kommt in ein hochmodernes, stark urbanisiertes und industrialisiertes, reiches Land. Die sozialstaatliche Absicherung der Menschen ist auch nach den Reformen der Regierung Bildt 1991 außerordentlich umfassend. Die Bevölkerung hat nach neueren Statistiken einen Anteil an Einwanderern von 1,1 Mio. (= gut 12 %), von denen freilich ungefähr die Hälfte aus Skandinaviern besteht. Nicht nur in den größeren Städten blüht der Tourismus, der – zum Verdruss vieler einheimischer und auswärtiger Naturfreunde – seine Fühler bereits bis nach Lappland hin ausstreckt. Infolgedessen sprechen die meisten Schweden recht gut Englisch (auf jeden Fall deutlich besser als der Durchschnitts-Deutsche), und eine kosmopolitische Haltung ist weit verbreitet. Erst wenn man etwas länger im Lande ist, bemerkt man unter dieser glänzenden Oberfläche die verbliebenen insularen, auch provinziellen Einstellungen, die sich nicht selten in Ängsten vor Überfremdung äußern. Nachdem seit dem Jahr 2000 die große Öresundbrücke in Betrieb ist, die Kopenhagen mit Malmö verbindet, hat sich aber zumindest im Süden des Landes das Gefühl der Zusammengehörigkeit mit dem übrigen Europa deutlich verstärkt.

All das muss man in seiner Vorstellung vollständig suspendieren, wenn man in das letzte Drittel des 19. Jahrhunderts zurückgeht, zu dem die prägenden Jahre Nathan Söderbloms gehören. Damals war das Land bitterarm und im Vergleich mit dem europäischen Ausland deutlich unterentwickelt, und es war politisch und verkehrsmäßig isoliert. Nur eine schmale Schicht von Gebildeten unterhielt Beziehungen, welche die Grenzen überschritten, und trauerte im Übrigen noch der glänzenden Vergangenheit Schwedens als Großmacht nach. Das Land war zu dieser Zeit europäischer Hinterhof. Umso bewundernswerter ist natürlich der steile Aufstieg, den es seitdem vollzogen hat.

Damit ist in wenigen Worten die Aufgabe umrissen, die vor uns liegt. Jetzt ist noch ein methodisches Problem kurz zu erörtern. Wenn es in erster Linie um den inneren Zusammenhang von Söderbloms Denken in seinen verschiedenen Facetten von Religionsgeschichte, Lutherforschung, Exegese, Kirchentheorie und ökumenischer Wirksamkeit gehen soll, dann könnte es sich nahelegen, der Schilderung des politischen und geistesgeschichtlichen Hintergrundes hier eine Darstellung des äußeren Verlaufs von Söderbloms Leben folgen zu lassen, um sich dann im Hauptteil des Buches »ungestört« seiner geistigen Entwicklung zuwenden zu können. Das ist jedoch nicht empfehlenswert. Sein wissenschaftliches Denken ist mit seinem persönlichen Leben und seiner praktischen Tätigkeit untrennbar verflochten. Es ist darum ein methodischer Fehler, das Persönliche, wie es manchmal in der Literatur geschehen ist, gegen das Wissenschaftliche auszuspielen.[5] Beides ist vielmehr nur in seiner Wechselwirkung an-

5 So in bester Absicht HANNA WOLFF, *Der lebendige Gott. N. Söderbloms Beitrag zur Offenbarungstheologie* (Univ.-Archiv 90:2), Einsiedeln 1938, 24-26. 42-47

gemessen darzustellen. Nur auf diese Weise lassen sich auch die systematischen Zusammenhänge richtig erfassen. Sie werden dann am Schluss noch einmal gebündelt, um so die Bedeutung von Söderbloms Wirken für die Gegenwart zu erheben.

Das Schwergewicht dieser Arbeit wird allerdings tatsächlich bei Söderbloms Gedankenwelt und den Prinzipien seines Handelns und deren Verankerung in seiner Persönlichkeit liegen. Dadurch unterscheidet sich die vorliegende Arbeit von der bisherigen Literatur, deren Begrenzungen Eric J. Sharpe treffend aufgewiesen hat.[6] Ob und ggf. in welchem Maß der hier gewählte Ansatz weiterführt, muss die weitere Diskussion zeigen.

Methodisch ergibt sich aus dem Gesagten das Folgende. Die Untersuchung wird nach den markanten biographischen Phasen gegliedert: 1) Jugend- und Lehrjahre (1866–1894), 2) Pfarrer in Paris (1894–1901), 3) Religionswissenschaftler in Uppsala (1901–1912), 4) Professor in Leipzig (1912–1914), 5–7) Primas von Schweden (1914–1931, unterteilt in: kirchliche Tätigkeit in Schweden, Ökumene, wissenschaftliche Arbeiten). In allen Kapiteln werden narrative Abschnitte mit thematischen Längsschnitten und Einzelanalysen bestimmter, prägnanter Texte abwechseln, wobei stets auf die internen Querverbindungen sowie auf die Bezüge zu den großen geistigen Debatten der Epoche und zu deren sozialen und politischen Herausforderungen geachtet werden soll. Auf diese Weise wird, so hoffe ich, ein lebendiges Bild der Person, des Denkers und praktischen Kirchenmannes sowie der zukunftsweisenden Rolle entstehen, die er in seiner Zeit gespielt hat.

Im Folgenden wenden wir uns zunächst den äußeren geschichtlichen Rahmenbedingungen zu (1). Anschließend sollen die geistige und kulturelle Situation (2) sowie die kirchliche und theologische Lage im damaligen Schweden (3) geschildert werden.

1. Die äußeren Rahmenbedingungen

Das Ende der Großmachtszeit Schwedens durch die Niederlage Karls XII. gegen Russland 1709 bei Poltawa brachte zwangsläufig eine beträchtliche Verengung der politischen Perspektive des Landes mit sich.[7] Nachdem Karl XIII. genau 100 Jahre später im Frieden von Fredrikshamn auch noch

---

u. ö.; geradezu feindselig dagegen INGEMAR HEDENIUS, Tro och livsåskådning, Stockholm (1949) 1958, 84 f.

6 A. a. O. (wie Anm. 2), 200.

7 Vgl. dazu und zum Folgenden STEN CARLSSON/JERKER ROSÉN, *Svensk historia*, Bd. 2, Lund ⁴1980, 348–553.

Finnland endgültig an Russland hatte abtreten müssen, konnte Schweden zwar 1814 nach gewaltsamer Intervention Norwegen von Dänemark trennen und mit dem Reich zu einer Union verbinden (vom Wiener Kongress bestätigt), aber eine glückliche »Ehe« ist das bis zu ihrer Auflösung im Jahre 1905 nie gewesen. Durch die Wiener Kongressakte von 1815 kam als letzte, noch aus der Zeit des Dreißigjährigen Krieges gebliebene Besitzung außerhalb des Stammlandes Schwedisch-Pommern an Preußen. Seitdem ist das Land auf Grund seiner geringen Bevölkerungszahl und seiner geographischen Lage für lange Zeit in die weltpolitische Bedeutungslosigkeit abgesunken. Die kurzlebigen romantischen Träume des so genannten Skandinavismus von einer engeren politischen Zusammenarbeit der skandinavischen Länder konnten daran nichts ändern; sie zerstoben erst einmal, als Dänemark seinen Krieg gegen Preußen 1864 allein führen musste, und fanden erst sehr viel später eine gewisse Erfüllung. Einstweilen bestand der jetzt in Schweden wie überall in Europa wachsende Nationalismus im engeren Sinn vornehmlich in dem Stolz auf die große Vergangenheit.[8] Das Bewusstsein der nunmehr zu bewältigenden politischen Isolierung ist in der Alltagssprache bis heute an dem Ausdruck zu erkennen, mit dem man in Schweden das Europa außerhalb der skandinavischen Länder (und Großbritanniens) bezeichnet: *kontinenten*, der Kontinent.

Nicht nur isoliert, sondern auch arm ist das Land bis in den Anfang des 20. Jahrhunderts hinein gewesen. Die Industrialisierung, die vielen Ländern Westeuropas den wirtschaftlichen Aufschwung (freilich erst einmal auch das Elend der Arbeitermassen) brachte, ließ in Schweden viel länger auf sich warten. Sie begann ca. 1850, aber wegen des ganz überwiegend ländlichen Charakters, der dünnen Besiedlung, der großen Entfernungen und nicht zuletzt des Kapitalmangels zunächst jahrzehntelang nur schleppend. So wurde beispielsweise die Eisenbahnlinie von Stockholm nach Boden, die als erste jedenfalls den größten Teil der Nord-Süd-Entfernung überwand, 1863 begonnen und erst 1894 fertig gestellt. 1850 war Schwedens Wirtschaft noch zu 75 % agrarisch, 1870 immer noch zu 71 %, 1920 nur noch zu 41 %. Erst in den 1870er Jahren gewann die Industrialisierung, insbesondere die Stahl- und Textilindustrie, allmählich an Fahrt, die ab den 90er Jahren dann, unterstützt durch Elektrizität (Wasserkraft) und Erfindungen wie Kugellager, Telefon, Dampfturbinen und nicht zuletzt den Aufbau eines leistungsfähigen Bankenwesens, immer rascher zunahm. Aber noch bis zum Beginn des I. Weltkrieges war Schweden ein im Vergleich zum übrigen Europa ganz altertümliches Land (damals gab es beispielsweise im ganzen Reich gerade einmal 3000 Autos!), das stark abhän-

8 Ein repräsentativer literarischer Beleg ist die Studie HARALD HJÄRNES über Karl XII., *Omstörtningen i Österuropa 1697–1703*, Stockholm 1902.

gig war von den Launen der Natur. So erlitt Norrland 1867–69 eine große Hungersnot, die mangels Transportmöglichkeiten nicht wirksam behoben werden konnte. Die Folge solcher Verhältnisse war eine massive Auswanderung insbesondere in den Mittleren Westen der USA, beginnend in den 1840er Jahren mit einem ersten Höhepunkt 1868–1872 (zusammen ca. 125.000 Menschen) und dem Gipfel 1879–1893 (eine halbe Million Menschen). Erst der Weltkrieg machte diesem Aderlass ein Ende. Seit 1930 liegt Zahl der Einwanderer über derjenigen der Auswanderer, und heute ist das Land ein ausgesprochenes Einwandererland.[9]

Die familiären Kontakte der im Lande Gebliebenen zu den Ausgewanderten blieben vielfach noch lange bestehen, sowohl durch Korrespondenz als auch durch Heimatbesuche der Neu-Amerikaner, die dann häufig auch Geld mitbrachten. Eine wirkliche Internationalisierung ist das freilich – auf beiden Seiten – nicht gewesen. Denn die schwedischen Kolonien in den USA blieben, wie andere Auswanderergruppen auch, über Generationen hinweg weitgehend unter sich. Noch 1923 hat Nathan Söderblom auf seiner großen Amerikareise in den Gemeinden der Augustana Synod auf Schwedisch gepredigt, und der ernsthafte Rat, beide Sprachen zu pflegen, war Thema eines seiner Vorträge.[10] Nur ganz allmählich konnte sich eine weltoffenere Haltung durchsetzen; umfassender erst durch das Wirken Söderbloms und auf Grund der Einwanderungswelle der dreißiger Jahre des 20. Jahrhunderts, bis sie sich seit dem II. Weltkrieg durch die – nach ersten Anfängen ab 1918 – definitiv vollzogene Umorientierung vom deutschen zum angelsächsischen Kulturkreis vollends etabliert hat.

Kulturelle Beziehungen des Landes bestanden bis in die Mitte des 19. Jahrhunderts vor allem zu Frankreich. Französisch war die Sprache der Gebildeten. Die Beziehungen zu Deutschland, die an sich durch die Hanse und dann durch die von Wittenberg ausgehende und bereits 1527 durch den Reichstag von Västerås eingeführte Reformation Jahrhunderte zurück reichten, waren seit geraumer Zeit eher kühl, und der preußisch-dänische Krieg von 1864 trug im Zeichen innerskandinavischer Loyalität nicht eben zu ihrer Verbesserung bei. Das änderte sich allmählich seit dem deutschen Sieg über Frankreich und der Gründung des Deutschen Reiches 1871, vollends seit der Besteigung des schwedischen Throns durch Os-

9 Zahlen nach CARLSSON/ROSÉN, a.a.O., 360–365 sowie den Angaben des *Immigrant institutet* im Internet: www.immigrationsverket.se (Okt. 2007). Ein anschauliches Bild dieser Vorgänge gibt die sorgfältig recherchierte Romantetralogie von VILHELM MOBERG, *Utvandrarna. Invandrarna. Nybyggarna. Sista brevet till Sverige*, Stockholm 1949–1959; die ersten beiden Bd. deutsch: Bauern ziehen übers Meer; Neue Heimat im fernen Land, 1954 und 1955.
10 N. SÖDERBLOM, *Från Upsala till Rock Island. En predikofärd i Nya världen*, Stockholm ²1924, 328–332.

car II. im folgenden Jahr (Regierungszeit bis 1907). Dieser Monarch war zwar wie alle Angehörigen des Hauses Bernadotte zunächst nach Frankreich orientiert. Doch hat dessen Übergang zu einer republikanischen Verfassung 1871 diesen gebildeten, aber außerordentlich konservativen und patriarchalisch gesonnenen Mann zutiefst irritiert, wogegen ihm die Politik Wilhelms I. und auch Bismarcks Kulturkampf vorbildlich erschienen. Das war der Keim einer »Bekehrung zum Germanismus« im ganzen Land. Von jetzt an wurde die deutsche Sprache in Schweden allmählich zur am besten beherrschten Fremdsprache, und die meisten Studienreisen führten nach Deutschland (bei den Theologen war das ohnehin schon länger der Fall), wenngleich Künstler wie der Maler Anders Zorn (1860–1920) oder der Bildhauer Carl Milles (1875–1955) immer noch lieber nach Paris fuhren. Deutsche klassische Literatur wurde ausgiebig gelesen. Daneben spielen Einflüsse aus England (z. B. die Ethik des Utilitarismus) und vor allem natürlich aus den übrigen skandinavischen Ländern eine Rolle, wo es auf vielen kulturellen Feldern trotz mancher politischer Irritationen eine enge Zusammenarbeit gab; als Beispiel für Dänemark mögen die Einrichtung der ersten schwedischen Volkshochschule 1868 oder auch die verbreitete Lektüre Grundtvigs und Kierkegaards dienen.

Was die politischen Außenbeziehungen angeht, so waren es vor allem zwei Länder, die in der Zeit bis zum I. Weltkrieg Schwedens Aktivitäten herausforderten: Norwegen und Russland. Die Union mit Norwegen musste sich in einer Zeit kontinuierlich wachsenden Nationalgefühls zwangsläufig schwierig gestalten. Zwar hat Schweden dem Nachbarland ein gewisses Maß an Eigenständigkeit (z. B. 1873 einen eigenen Ministerpräsidenten) zugestanden, aber derartige Konzessionen auch immer wieder zurückgezogen. Als der stärkere Partner konnte es in allen wichtigen Punkten die Entscheidungsgewalt beanspruchen, was auf der anderen Seite verständlicherweise Ressentiments schürte. Die Norweger waren zwischen Nachgiebigkeit und energischem Protest hin- und hergerissen. So band die Union auf beiden Seiten viele Kräfte. Schließlich gewann in Norwegen das Streben nach ihrer Auflösung die Oberhand, wozu die nationalistische Agitation des Dichters Bjørnstjerne Bjørnson (1832–1910) nicht wenig beigetragen hat. Als die feindselige Stimmung fast überkochte und bereits auf beiden Seiten Truppen aufgezogen waren, gelang es gerade noch, eine friedliche Lösung zu finden.

Die Trennung von Norwegen 1905 bedeutet für Schweden auch politisch eine Zäsur. Jetzt konnten die Kontakte zu anderen europäischen Ländern intensiver werden. Zugleich aber rückte nun das andere der beiden genannten Problemfelder in den Vordergrund. Schon seit der Zession Finnlands an Russland war das nunmehr unmittelbar angrenzende Zarenreich ein Angstgegner Schwedens. Seit Preußen im Krieg gegen Österreich den Primat in Deutschland errungen hatte, betrachtete Oscar II. es als Bollwerk gegen den unheimlichen Nachbarn. Als Russland dann seit 1899 bis zum Weltkrieg wiederholt Finnlands Eigenständigkeit massiv beschnitt und die zahlreichen nach Schweden einreisenden russischen Sägewerksarbeiter, die dort Arbeit suchten, vielfach der Spionage verdächtigt wurden, stieg das Gefühl der Bedrohung. Mit dieser Entwicklung hängen die langwierigen Streitigkeiten um die Einführung der allgemeinen Wehrpflicht (realisiert erst mit Ausbruch des I. Weltkrieges) und die Rüstungsanstrengungen Schwedens seit 1911 zusammen, namentlich der Bau von schweren Kriegsschiffen für die Marine, um die Ostsee gegen mögliche Angriffe zu sichern.

Die Bemühungen um eine allgemeine Wehrpflicht sind innenpolitisch im Zusammenhang mit den Bestrebungen zu sehen, das noch an Stand und Vermögen gebundene Wahlrecht zu modernisieren. Hier erwiesen sich die Beharrungskräfte einer agrarischen Gesellschaft als besonders stark. Nach der Verfassungsreform vom Jahr 1866 waren nur 6 % und noch im Jahr 1880 lediglich 21 % der Männer wahlberechtigt. Erst 1909 kam ein Reformgesetz durch den Reichstag, das alle Männer ab 24 Jahren zur Wahl für die Zweite Kammer zuließ und das Verhältniswahlrecht einführte. Die Frauen waren noch nicht einbezogen, obwohl es in Schweden wie in anderen europäischen Ländern eine aktive Emanzipationsbewegung gab; durch den Krieg nochmals verzögert, wurde das Frauenwahlrecht (für beide Kammern) erst 1919 und 1921 Gesetz.[11] Auch andere weitreichende rechtliche Schritte zu mehr Gleichberechtigung der Frau in Ehe und Arbeitsleben wurden jetzt durchgesetzt.

Weniger friedlich ging es bei der anderen großen Bewegung für eine Demokratisierung des Landes zu, beim Kampf um die Rechte der Arbeiter.[12] Obwohl die Arbeits- und Lebensbedingungen zu Beginn der Industrialisierung in Schweden bei weitem nicht so desolat waren wie zu der entsprechenden Zeit in England, waren sie doch drückend genug. Die Gesetzgebung zur Kinderarbeit und zum Arbeitsschutz begann erst in den achtziger Jahren des 19. Jahrhunderts. Zu Beginn des 20. Jahrhunderts wurde die tägliche Arbeitszeit von 12 auf 10 Stunden gesenkt. Die Wohnungsver-

---

11 ANNA SÖDERBLOM plädierte noch 1912 öffentlich gegen das Stimmrecht für Frauen als für diese wie für den Staat überflüssig, ja sogar problematisch: *Den kvinnliga rösträtten och kvinnorna. Inledningsföredrag vid möte i Uppsala 23.4.1912*, Uppsala 1912. Ob es daraufhin irgendwo heftigen Protest gegeben hat, ist mir nicht bekannt. Anna Söderblom selbst war in dieser Hinsicht zwar altmodisch, aber sie argumentierte als starke Persönlichkeit, die für sich selbst solche Erweiterung politischer Rechte nicht nötig hatte.

12 Zum Folgenden vgl. zusätzlich ALF TERGEL, *Ungkyrkomännen, arbetarfrågan och nationalismen 1901–1911* (Diss. Uppsala), Stockholm 1969, 101–126.

hältnisse der Arbeiter waren oft erbärmlich. Konjunktureinbrüche wie 1879, die in einigen Branchen zu Lohnsenkungen und auch schon zu dem ersten größeren Streik führten, erschwerten die Lebensbedingungen zusätzlich. Gewerkschaften kamen zwar bereits in der Mitte des 19. Jahrhunderts auf, fanden aber erst 1899 zu einem einheitlichen Verband (LO = *Landsorganisationen*) zusammen. Zehn Jahre zuvor war die sozialdemokratische Arbeiterpartei (SAP) gegründet worden, für die 1896 der spätere Spitzenpolitiker Hjalmar Branting als erster Abgeordneter in den Reichstag gewählt wurde. Sie war wie ihr deutsches Vorbild marxistisch orientiert, aber in der politischen Praxis von vornherein nicht revolutionär, sondern pragmatisch. Überhaupt war das politische Klima insgesamt noch durchaus konservativ. Die Regierung betrieb eine Sozialpolitik im Sinne Bismarcks, mit deutlichen Restriktionen aller sozialistischen Bestrebungen. So blieben Streiks (auch politisch motivierte wie 1902 in der Frage des Wahlrechts) nicht aus, insbesondere im Zusammenhang mit der internationalen Wirtschaftsflaute 1907–1909, die wiederum Lohnsenkungen im Gefolge hatte. Die Gewerkschaft reagierte auf ein *lockout* im Jahre 1909 mit dem bis dahin umfangreichsten, sehr disziplinierten Generalstreik (*storstrejken*, 300.000 Beteiligte), der freilich wegen der Arbeitsbereitschaft zahlreicher Freiwilliger und vor allem wegen des Versiegens der Streikkasse mit einer Niederlage endete. Trotzdem und trotz der sich ab dem folgenden Jahr bessernden Konjunktur blieb er lange in Erinnerung.

Die weltpolitischen Spannungen, die dem I. Weltkrieg vorausgingen, machten sich auch in Schweden bemerkbar. Ein äußeres Anzeichen war die Demonstration des so genannten Bauernzugs (*bondetåg*) im Frühjahr 1914, der von der Regierung eine Erhöhung der Verteidigungsleistungen verlangte. Diese Forderung wurde vom König unterstützt, woraufhin die liberale Regierung Staaff abtreten musste. Im Krieg selbst blieb Schweden offiziell neutral, wenngleich für alle Fälle Bereitschaftsmaßnahmen getroffen wurden. Im Volk gab es eine starke pazifistische Strömung. Im Übrigen waren die Sympathien bis in die Familien hinein tief gespalten. Das bürgerliche Lager war deutschfreundlich gesonnen, wenngleich nur eine kleine Gruppe ein Bündnis mit den Mittelmächten befürwortete. Der politische Hintergrund dafür war natürlich die Furcht vor den Russen, die sich mit einem ausgeprägten schwedischen Nationalismus und dem seit Jahrzehnten kontinuierlich angewachsenen massiven Antisemitismus verband. Der große Asienforscher Sven Hedin spielte hier eine unrühmliche Rolle. Die Linke dagegen sympathisierte mit der Entente. Das beruhte einmal darauf, dass man hier die deutsche Verletzung der belgischen Neutralität scharf verurteilte, und zum anderen auf der Bewunderung für die englische und französische Verfassungswirklichkeit, die man in diesem Lager dem autoritären deutschen Obrigkeitsstaat bei weitem vorzog.[13] Branting baute dementsprechende enge politische Kontakte auf.

Die Hauptstadt Stockholm war während des Krieges Schauplatz sowohl für Friedensbemühungen als auch für Spionageaktivitäten. Auch sonst blieb das Land vom Kriegsgeschehen nicht unberührt. Die offizielle Neutralität ließ sich nicht durch Passivität, sondern nur durch mehr oder weniger geschicktes Lavieren aufrechterhalten. Ein deutsches Allianzangebot 1915 wurde zwar abschlägig beschieden. Aber 1916 verminte man den Öresund und sperrte ihn so für alliierte Kriegsschiffe. Die englische Seeblockade traf auch die schwedische Handelsmarine, mit der Folge, dass der Handel mit England zurückging und die wirtschaftlichen Beziehungen zu Deutschland intensiviert wurden. Umgekehrt litt auch die schwedische Flotte unter dem seit 1917 von Deutschland geführten totalen U-Boot-Krieg. All diese Behinderungen führten dazu, dass auch in Schweden ab Herbst 1916, verschärft im Januar 1917, Rationierungen für Lebensmittel eingeführt werden mussten. Eine vorübergehende Erleichterung brachte ein *shipping agreement* mit Großbritannien im Mai 1917, nach dem einige britische Schiffe in die Ostsee durchgelassen wurden, wofür im Gegenzug schwedische Schiffe, die u. a. in den USA festsaßen, mit Getreidelieferungen zurückkehren konnten. Dennoch brach im Winter 1917/18 auf Grund einer Missernte die schlimmste Hungersnot seit den 1860er Jahren herein. Erst gegen Ende des Krieges gab es allmählich spürbare Erleichterungen für den Import, nicht zuletzt durch eine Verschiebung der Handelsbilanz zugunsten des siegreichen Westens.

Die Nachkriegszeit ist außenpolitisch vor allem durch humanitäre Aktivitäten gekennzeichnet. Schon während des Krieges hatte sich das schwedische Rote Kreuz um die Kriegsgefangenen auf beiden Seiten gekümmert. Als Einzelperson ist besonders Elsa Brändström, der »Engel von Sibirien«, zu erwähnen. Wie wir später sehen werden, hat in diesem Zusammenhang auch Nathan Söderblom eine herausragende Rolle gespielt. Weiter ist als Zeichen für die zunehmende Öffnung des Landes für die Außenwelt der Einritt in den Völkerbund im Jahr 1920 zu nennen.

Die innenpolitischen Auseinandersetzungen ruhten großenteils während des Krieges. Doch setzte sich – nicht zuletzt auf Grund verstärkter Kritik an der deutschfreundlichen Haltung der Regierung – das schon zuvor begonnene Wachstum des linken Flügels des politischen Spektrums fort, wie die Wahl von 1917 zeigte. 1920 konnte dann Hjalmar Branting die erste sozialdemokratische Regierung anführen. Das Programm seiner

---

13 Wie stark die politischen Gegensätze auch auf das Familienleben gewirkt haben, schildert anschaulich PER I. GEDIN, *Literaturens örtagårdsmästare. Karl Otto Bonnier och hans tid* (Mån pocket), Stockholm 2004, 354–365.

Partei aus dem gleichen Jahr sah vor: eine Reihe von Sozialisierungsmaß-nahmen, progressive Vermögenssteuer, Erhöhung der Erbschaftssteuer, Einführung einer Arbeitslosenversicherung, Trennung von Kirche und Staat. Das Meiste davon wurde in der Folgezeit verwirklicht – als Letztes die Auflösung des Staatskirchensystems im Jahr 2000. Branting hat dann noch zwei weitere Kabinette geleitet: 1921–23 und ganz kurz bis zu sei-nem frühen Tod, 1924–25. Die Sozialdemokratie sollte fortan das Land sehr stark prägen, auch dann, wenn sie nicht an der Regierung beteiligt war.

Die Industrialisierung und Urbanisierung des Landes nahm ab 1914 all-mählich und dann seit den zwanziger Jahren immer rascher zu, unterbro-chen freilich durch ökonomische Krisen wie 1920–22 mit einem erhebli-chen Produktionsrückgang und hoher Arbeitslosigkeit, sowie vor allem im Zusammenhang der Weltwirtschaftskrise 1931.

2. Die geistige und kulturelle Situation

Die geistige Entwicklung in der uns interessierenden Periode ist durch starke Spannungen bestimmt. Sieht man von der äußerst konservativen kirchlich-theologischen Welt vorläufig ab, so treffen wir zunächst auf den noch mächtigen Einfluss der großen Idealisten und Romantiker der vo-rausgegangenen Generation: Erik Gustaf Geijer, Christoffer Jacob Bo-ström, Viktor Rydberg, Pontus Wikner und dessen Schüler Vitalis Nor-ström, einen Zeitgenossen Söderbloms. Sie alle waren freie Geister, aber christlich orientiert.

Für Söderblom am wichtigsten ist Geijer (1783–1847). Dieser war von Beruf Professor für Geschichte in Uppsala, aber als enorm vielseitiger und fruchtbarer Schriftsteller hat er außer seinen fachhistorischen Bü-chern (darunter eine dreibändige Geschichte Schwedens) eine Vielzahl von Schriften philosophischen und volkskundlichen Inhalts hinterlassen, z. B. zur germanischen Mythologie, Arbeiten zur Ästhetik sowie einige poe-tische Werke, und ab den 1830er Jahren politische Schriften, die im Ge-gensatz zu seinen früheren Ansichten liberal geprägt waren. Neben dem großen Dichter, begeisterten Gräzisten und späteren Bischof von Växjö, Esaias Tegnér (1782–1846), war er die bedeutendste Gestalt der schwe-dischen Romantik. Beide schrieben eifrig für die Zeitschrift Iduna der li-terarischen Gesellschaft *Götiska förbundet* (gegründet 1811), die das In-teresse an der germanischen Götterwelt sowie an den Wikingern förderte. Die Wikinger galten als Vorbilder und sollten die Überlegenheit der Ger-manen über andere Volksstämme verkörpern. Es ging den Autoren um die Stärkung des schwedischen Nationalgefühls.

Was Geijer betrifft, so lassen sich in der gebotenen Kürze drei Grund-züge seines Denkens herauskristallisieren. Der *erste* Punkt betrifft seine Stellung zur Aufklärung. Hier hat er, zunächst durch Schelling, dann aber stark durch Schleiermacher beeinflusst, ein sehr differenziertes Urteil aus-gebildet. Charakteristisch ist bereits die frühe Schrift »Über falsche und wahre Aufklärung im Blick auf die Religion« von 1811.[14] Die beiden von ihm unterschiedenen Arten von Aufklärung sind durch die Begriffe »ge-sunde Vernunft« (*sunt förnuft*, oder auch französisch *sens commun*) und »Wissenschaft« (*vetenskap*) bezeichnet. Mit gesunder Vernunft meint Gei-jer den intuitiven Zugang zur Wirklichkeit sowie die Urteilskraft. Sie ist auf Erfahrung, Gefühl und Einbildungskraft – man kann auch sagen: auf eine Art von Glauben – gegründet.[15] Insofern ist sie der Gegenpol zur (Na-tur-)Wissenschaft, die auch in ihrer höchsten Form, der Philosophie, vor-nehmlich durch den Verstand bestimmt ist. Doch wird das Verhältnis beider nicht als reiner Gegensatz aufgefasst, sondern als gegenseitige Er-gänzung. Die gesunde Vernunft bleibt auf Grund ihrer starken emotiona-len Komponente subjektiv und verwickelt sich in Widersprüche, sobald sie – gar noch in Gestalt des »Pöbels« – Anspruch auf objektive Wahr-heit erhebt. Sie bedarf deshalb der kritischen Kontrolle durch die Wissen-schaft, die als streng rationales Unternehmen die ewigen Gesetze des Welt-geschehens zu erheben versucht. Die Wissenschaft wiederum, und mit ihr die Philosophie, bleibt auf Erfahrung angewiesen, die sie nicht spekulativ konstruieren kann. Geijer denkt also an ein Zusammenspiel im Sinne der kantischen Zweistämmigkeit aller Erkenntnis oder auch des dialektischen Verhältnisses von intellektueller und organischer Funktion bei Schleierma-cher. Für ihn als Historiker ist das Paradebeispiel natürlich die Geschichts-forschung. Ihr Interesse ist kein theoretisch-systematisches, sondern das Verstehen des freien Handelns der lebendigen geschichtlichen Subjekte, das keine Voraussagbarkeit nach Art der exakten Wissenschaften kennt. Intuition und Urteilskraft haben in ihr Vorrang, wiewohl Wissenschaft – in diesem Fall die Philosophie – für die Deutung des Gesamtzusammen-hangs unentbehrlich bleibt.[16] Auch hier findet also eine Konvergenz statt, insofern die gesunde Vernunft vom Glauben an die vernünftige Einrich-

---

14 ERIK GUSTAF GEIJER, *Om falsk och sann upplysning med avseende på religionen*, Samlade skrifter, hg. v. J. Landquist, Bd. 1, Stockholm 1923, 171–237.

15 A. a. O., 172 f; *Om historien och dess förhållande till religion, saga och mytologi* (1812), Saml. skr. 1 (238–292), 243. Vgl. auch die Schrift *Svar på svenska akade-miens prisfråga år 1810 angående inbillningsgåvan m m*, Saml. skr. 1, 72–129.

16 Om falsk ..., 172.177.180.182. 194 f; *Om historien* ..., 243–249. Die Anspielung auf den Pöbel (*Om falsk* ..., 187) lässt an die Erhebung der Vernunft zur Göttin in der Französischen Revolution denken.

tung der Welt getragen ist.[17] Dieser Glaube ist also letztlich religiös. Die Historie ist demnach für Geijer, und das ist für sein Selbstverständnis entscheidend, die Vermittlung zwischen allen Gegensätzen: Glaube und Wissenschaft, Freiheit und Notwendigkeit, Wissenschaft und Kunst.[18]

Die Aufgabe des Historikers ist also universal und erfordert wie keine andere geistige Tätigkeit umfassende Bildung, souveränes Urteilsvermögen und klares philosophisches Denken. Die Einheit von Rationalität und Intuition, oder wie Geijer später sagt, von Begriff und Gefühl »in lebendiger Energie und Harmonie« macht das Genie (*snille*) aus.[19] Diese Einheit ist, mit einem Begriff Fichtes und Schellings, in der intellektuellen Anschauung gegeben. Dafür ist charakteristisch, was die Alltagssprache den Einfall nennt: Geijer beschreibt das Genie psychologisch als »eine Seele, deren Gedanken über ihr sind, so dass sie dadurch in Erstaunen versetzt, hingerissen wird, leidet«.[20]

Geijer teilt also, das ist der *zweite* Punkt, den romantischen Geniekult. Er verquickt ihn gelegentlich mit bildungsbürgerlichem Standesbewusstsein, indem er die gesunde Vernunft als niedere Stufe geistigen Lebens den niederen Ständen zuordnet, während die Wissenschaft allein Sache der Bildungsschicht bleiben soll, die den neuen Adel darstellt.[21] Freilich ist zu beachten, dass diese Aufteilung mit der Achtung vor der gesunden Vernunft begründet wird. Da diese für die wissenschaftliche Arbeit ebenso unentbehrlich ist wie der Leib für die Seele, zielen solche Äußerungen auf die Notwendigkeit einer Zusammenarbeit der Bildungsschicht mit der übrigen Bevölkerung, was ihren elitären Charakter ein wenig mildert.[22] Die Genies – damit sind Helden, Dichter usw., gelegentlich auch der gelehrte Stand gemeint, zu dem insbesondere Philosophen und Historiker gehören – sind Weltbürger und deshalb weder an solche Klassenunterschiede noch an nationale Grenzen gebunden. Was sie alle eint, ist die Begeisterung für eine Idee.[23]

An dieser Stelle klingt *drittens* die starke religiöse Komponente in Geijers Geschichtsphilosophie an. Man fühlt sich ein wenig an die religiösen Heroen in Schleiermachers Reden erinnert, obwohl der Gedankengang

17 *Om falsk ...*, 179.
18 *Om historien ...*, 278.
19 »... i livlig energi och harmoni«, *Thorild. Tillika en filosofisk eller ofilosofisk bekännelse* (1819), Saml. skr. 3, 1925 (34–152), 41; vgl. *Om falsk ...*, 241. In der ganz frühen Preisschrift hatte Geijer das Geniale noch allein als höchste Form der Einbildungskraft bezeichnet: *Svar ...* (wie Anm. 15), 95.
20 »... en själ, hvars tankar äro öfver densamma, så att hon genom dem förvånas, hänföres, lider«, *Hvad är snillet?* (1838), Saml. skr. 10, 1929, 392.
21 *Om historien ...*, 251.
22 *Om falsk ...*, 196f Anm. 1 und 248. 250.
23 *Om historien ...*, 252–254. 256.

bei Geijer anders verläuft. Ihm geht es um das Verständnis der Geschichte als ganzer. Diese sieht er durchgängig durch die göttliche Vorsehung bestimmt. Darum kann er schon früh als Prinzip geschichtlicher Erkenntnis formulieren, was er dann lebenslang durchhalten wird: »... die ganze Geschichte ist bloß eine fortgesetzte Offenbarung Gottes«. Dies sei freilich erst dem Christentum zu voller Klarheit erschlossen.[24]

Im Vorsehungsgedanken steckt natürlich noch vieles vom Erbe der Neologie. Doch sehen wir Geijer bereits in seinen frühen Jahren sehr entschieden mit der Abgrenzung von der Religionsphilosophie des 18. Jahrhunderts beschäftigt. Seine Polemik gilt der so genannten »natürlichen Religion«, in der, wie er spöttisch bemerkt, zumeist weder Natur noch Religion zu finden sei, und ihrer Reduktion zu einer bloßen Grundlage der Moral.[25] Auch die Abweisung einer Dogmatisierung der Aufklärung gehört insofern hierher, als die gesunde Vernunft, in deren Namen sie erfolgt, mit ihrer Begründung in einem Glauben geradezu »das reine, unverdorbene religiöse Gefühl« genannt werden kann.[26]

In seinen späteren Jahren hat Geijer die religiöse Deutung der Geschichte genauer ausgearbeitet. Er sieht jetzt die Offenbarung Gottes insbesondere im Hereinbrechen von etwas Neuem, den Sprüngen in der geschichtlichen Entwicklung, die man dann im Rückblick auch in der Naturgeschichte entdecken kann, etwa in dem Sprung vom Anorganischen zum Organischen und ganz besonders im ersten Auftreten menschlicher Vernunft. Als göttliche Offenbarungen sind solche Sprünge gleichbedeutend mit Wundern; dieser Begriff ist also nicht als Durchbrechung der Naturgesetze zu definieren, sondern lediglich als Inauguration einer neuen Epoche ihrer fortdauernden Geltung.[27] Im Bereich der Geschichte vermittelt sich das Wunder natürlich durch die menschliche Freiheit, welche sie von dem der Natur unterscheidet. Ja, die Geschichte, nicht die Natur, ist für Geijer – ähnlich wie für Schleiermacher – der eigentliche Ort des Wunders; sie ist es als Reich der Freiheit, deren Verleihung an den Menschen selbst als Wunder betrachtet werden muss.[28]

---

24 A.a.O., 274: »hela historien [är] blott en fortsatt uppenbarelse av Gud.« In differenzierterer Form findet sich dieser Gedanke später bei Söderblom: *Uppenbarelsereligion*, Stockholm ²1930, 116–166.
25 *Om falsk ...*, 172. 211. Auch diesen Gedankengang hat Söderblom weiterentwickelt: *Naturlig religion och religionshistoria*, Stockholm 1914. Hier tritt die Religionsgeschichte an die Stelle der »natürlichen Religion«.
26 *Om falsk ...*, 208: »den rena, ofördärvade religiösa känslan«.
27 *Föreläsningar över människans historia* (1841/42), Saml. skr. 10, 1929, 269; *Också ett ord över tidens religiösa fråga* (1846), Saml. skr. 11, 1930 (296–351), 340.
28 *Också ett ord ...*, 341; vgl. FRIEDRICH DANIEL ERNST SCHLEIERMACHER, *Der christliche Glaube*, §§ 47. 49,1 (KGA I/13, hg. v. R. Schäfer, Berlin/New York ²2003).

Man versteht diese Sicht erst dann richtig, wenn man beachtet, dass Geijer die Freiheit jetzt nicht mehr abstrakt von »dem« Menschen aussagt, sondern, darin über Hegel hinausgehend und Feuerbachs Spätphilosophie vorwegnehmend, im Rahmen seines Persönlichkeitsprinzips, das durch die Polarität von Ich und Du bestimmt ist. Diese Polarität bezeichnet er als Dualismus von Subjekt und Subjekt. Darin sieht er den Vorzug tieferer Einsicht gegenüber dem Dualismus von Natur und Geist im spekulativen Idealismus, weil man auf diese Weise der Erfahrung von Negativität weit besser gerecht werden könne. Denn dort wird Negativität letztlich zu einem notwendigen Element im Weltlauf verharmlost, und das Resultat ist ein dialektischer Monismus.[29] Das Wesen des Negativen ist aber nicht Natur, sondern das Böse. Eben dies kommt in dem Dualismus von Ich und Du zur Sprache, nämlich in dem gemeinsamen Wissen um Gut und Böse, das im Gewissen verankert ist. Das Gewissen ist also für Geijer nicht das Bei-sich-selbst-Sein des Selbstbewusstseins, sondern repräsentiert die Gemeinschaft zwischen Menschen. Denn das Ich muss sich im Du finden; böse ist das Ich, das kein Du anerkennt. In diesem Sinne gilt das Gewissen Geijer in besonderer Weise als Stimme Gottes, also als Offenbarung bzw. als Wunder.[30] Gott offenbart sich der Freiheit des Menschen als Gesetzgeber und – das ist das Wunder schlechthin – als vergebende Liebe in Christus.[31]

Geijer bezeichnet Christus ausdrücklich als Sohn Gottes, um damit deutlich zu machen, dass die Versöhnung nur von Gott ausgehen kann.[32] Aber so »orthodox« das klingen mag und so sehr er betont, dass dieser Christus eine wirkliche geschichtliche Person gewesen sei: stärker als dies betont Geijer doch die innere Gegenwart des Erlösers in der menschlichen Brust als unerlässliche Voraussetzung für seine Gegenwart in Bibel und Kirche.[33]

Wir haben es also mit einer doppelten Weiterentwicklung von Geijers religiösem Denken zu tun. Einerseits präsentiert er sich als freier und unabhängiger Christ, im Gegensatz zu einem Kirchen- oder Bibelchristen. Konkret fordert er, den Geist der Liebe mit der Wahrhaftigkeit freier Forschung zur Einheit der religiösen Gesinnung zu verbinden.[34] Andererseits

---

29 *Om falsk* ..., *Tillägg* (1842), 222–226. Vgl. *Föreläsningar* ..., 212–215.
30 *Om falsk* ..., 229. 234; *Om historien* ..., 267. 283; *Också ett ord* ... (wie Anm. 27), 343; *Föreläsningar* ..., 211. 217. Das schwedische Wort für Gewissen heißt, analog zum lateinischen conscientia, *samvete*, wörtlich: »Zusammenwissen«.
31 *Också ett ord* ..., 340. 345 f 348; Brief an Frederika Bremer vom 9.11.1842, Saml. skr. 13, 1931, 664.
32 *Om historien* ..., 277.
33 *Också ett ord* ..., 342; *Föreläsningar* ..., 270 f 278–280; Brief an Frances von Koch vom 19.2.1843, in: Saml. skr. 10, 1929, 657 f.
34 Saml. skr. 8, 1928, 203.

kommt sein vertieftes Verständnis der Religion darin zum Ausdruck, dass er wie Hume (aber ohne dessen religionskritische Absicht) die älteste Religion auf die Furcht vor der unheimlichen Macht Gottes zurückführt und erst vor diesem Hintergrund von Gottes Liebe spricht.[35]

In dieser doppelten Voraussetzung gründen Geijers Gedanken über die Kirche. Religion ist für ihn primär nicht etwas Äußerliches, eine Sache der institutionellen Zugehörigkeit und der korrekten Lehre, sondern etwas Innerliches, eine Sache des Herzens und des Willens, die das gesamte Leben der menschlichen Person bestimmt. Dafür ist Luthers sola fide, das ihm zum Maßstab der Bibelauslegung wurde, der exemplarische Beleg.[36] Dieses protestantische Prinzip, das die Freiheit eines Christenmenschen begründet, hat universale Geltung für das Christentum als Ganzes, auch als gesellschaftliche Größe: die christliche Freiheit muss nach Geijer ganz selbstverständlich ihren Ausdruck auch in der bürgerlichen Freiheit finden. Die Reformation, die den ursprünglichen christlichen Freiheitsgedanken wieder ans Licht gebracht hat, kann deshalb geradezu als die wahre Aufklärung bezeichnet werden.[37] Die umfassende Geltung des Freiheitsprinzips wird nicht durch die Tatsache beeinträchtigt, dass der Protestantismus im Lauf seiner weiteren Geschichte – nicht zuletzt auf Grund der Inkonsequenz Luthers, seinem freien Urteil über die Schrift die traditionelle Auffassung von ihrer Autorität an die Seite zu stellen – wieder doktrinäre Züge angenommen hat.[38] Denn jenes protestantische Prinzip liegt der gesamten Christentumsgeschichte zugrunde und geht letztlich auf Paulus zurück. Hier haben Katholizismus und Protestantismus ihre gemeinsame Wurzel.

Für die Kirche folgt daraus, dass sie ihren Grund und ihre Einheit allein in der Befreiung durch Christus und nicht in einem hierarchischen Amt hat; Ämter sind lediglich Funktionen innerhalb der Kirche. Damit grenzt sich Geijer nicht nur gegen den römischen Katholizismus ab, sondern auch gegen die schon damals »hier und da« in der schwedischen lutherischen Kirche geäußerte Berufung auf die successio apostolica.[39] Unter dieser Voraussetzung wird der zunächst vielleicht überraschende Satz verständlich: »Die für ihre Einheit streitende Kirche ist in Wahrheit der Protestantismus«.[40]

---

35 *Också ett ord ...*, 339 f. Hier könnte man an eine Fernwirkung auf Söderbloms Bestimmung des Heiligen denken. Doch benutzt Geijer den Begriff in diesem Zusammenhang nicht.

36 A.a.O., 326. 331.

37 *Om historiens nytta* (1819), Saml. skr. 3, 12; *Om falsk ...*, 175.

38 *Också ett ord ...*, 322. 330.

39 A.a.O., 317.

40 A.a.O., 323: »Den för sin enhet stridande kyrkan är i sanning protestantismen.« Söderbloms Idee einer »evangelischen Katholizität« hat hier möglicherweise eine ihrer Quellen, die er dann aber doch ganz anders weitergeführt hat.

Freilich sieht er sich sogleich genötigt, dies für die Praxis wieder einzuschränken. Einstweilen sei es noch zu früh, Maßnahmen für eine wirkliche Vereinigung der Kirchen in Angriff zu nehmen. Zuvor müsse erst einmal das Unvereinbare aus dem Weg geräumt werden. Hierzu rechnet Geijer auch die geschilderten inneren Widersprüche des Protestantismus. Ebenso fordert er, ähnlich wie Schleiermacher in seinen »Reden«, die Trennung von Staat und Kirche, und er lobt die Französische Revolution dafür, dass sie auf diese Weise die Kirche befreit habe, wenngleich sie das protestantische Freiheitsideal seiner religiösen Grundlage beraubt und es damit zu einem »nackten« politischen Prinzip verfälscht habe.[41]

Geijer war ein freier Protestant. Katholisierende Neigungen, wie wir sie z. B. in der deutschen Romantik finden, waren ihm fremd. Das war in einem einheitlich evangelischen Land wie Schweden auch ganz natürlich. Andererseits drohte ihm 1821 wegen seiner freien Interpretation christlicher Lehre in der Schrift *Thorild* (1819) ein Druckfreiheitsprozess. Der endete zwar mit einem Freispruch, wirft aber ein bezeichnendes Licht auf die kirchlichen Verhältnisse, über die wir noch zu reden haben werden.

Derlei Konflikte konnten seinem großen Einfluss, der sowohl auf seinem akademischen Lehrerfolg als auch auf seiner schriftstellerischen Meisterschaft beruhte, keinen Abbruch tun. Seine Verbindung von innerlicher Frömmigkeit, großer Liberalität, Vielfalt der Perspektiven und nicht zuletzt dem Weitblick, der ihn in vielem seiner Zeit weit vorauseilen ließ, hat Generationen von Gebildeten in Schweden bis ins 20. Jahrhundert hinein tief beeindruckt.

Eine ganz andere Gestalt ist der führende schwedische Philosoph des 19. Jahrhunderts, Christoffer Jacob Boström (1797–1866), von 1842–1863 Professor für praktische Philosophie in Uppsala, also an derselben Fakultät wie Geijer. Im Unterschied zu diesem ist er zeitlebens sehr konservativ geblieben. Auch philosophisch hat er sich ganz anders orientiert. Sein spekulatives System, das literarisch zwar nicht als in sich geschlossenes Ganzes, aber in mehreren großen Teilen und einer Fülle von kleineren Schriften vorliegt, ist an Platons Ideenlehre orientiert und nimmt wesentliche Elemente des Deutschen Idealismus, vor allem Hegels auf, dazu besonders für den Gedanken der Persönlichkeit auch Anregungen Geijers. Voraussetzung für Boströms Denken ist die platonische Annahme eines Reiches der Ideen hinter der Erfahrungswirklichkeit. Doch haben diese Ideen

---

41 A.a.O., 317–321. Vgl. FR. SCHLEIERMACHER, *Reden über die Religion an die Gebildeten unter ihren Verächtern*, KGA I/2, 286–290 (Orig.-ausg. 1. Aufl., 222–230). Die grundsätzliche Kritik an der Französischen Revolution, die sich eben nicht nur gegen deren Gewalttätigkeit richtet, hat PAUL JOHANNESSON in seinem ansonsten instruktiven Aufsatz übersehen: *Geijer och reformationen*, in: KHÅ 72/1972 (103–138), 116.

durchweg persönlichen Charakter. Das gilt für Gott, die Urpersönlichkeit schlechthin, ebenso wie für alle anderen Ideen, besonders natürlich für die ihm in erster Linie zugeordneten Menschen. Deren Verhältnis zu Gott, oder besser: Gottes Verhältnis zu ihnen, ist das zentrale Thema in Boströms Persönlichkeitsphilosophie.

Boströms Denken hat zwei Schwerpunkte: die Rechts- und Staatsphilosophie und die Religionsphilosophie. Besonders in der ersteren ist der Einfluss Hegels unverkennbar. Wie dieser vertritt er eine ständische, konstitutionelle Monarchie. Die Staatsmacht ist autokratisch und inappellabel. Doch während das Parlament für Hegel das vermittelnde Organ zwischen König und Volk ist, weshalb er für dessen Abgeordnete als »Garantie« für ihre zweckentsprechende Tätigkeit eine obrigkeitliche Gesinnung fordert[42], versteht Boström den Reichstag als mündiges Gegenüber zum König. Er sieht die Möglichkeit des Ungehorsams der Bürger und sogar der Formierung des Reichstags zu einer gegen den König gerichteten »aktuellen Persönlichkeit« für den Fall vor, dass dieser etwas verlangt, was nachweislich dem vernünftigen Zweck des Staates widerspricht.[43] Hier setzt sich also bei aller konservativen Grundtendenz im Unterschied zur altpreußischen Staatsauffassung das freiheitliche Element der schwedischen politischen Tradition durch.

Ebenfalls wie Hegel hat Boström in seiner Religionsphilosophie eine kritische Rekonstruktion der christlichen Lehre vorgenommen. Er ist dabei freilich nicht vor Abweichungen vom überlieferten Dogma zurückgeschreckt und hat beispielsweise durch Kritik an der Lehre vom Jüngsten Gericht, Hölle und Teufel bei der Staatskirche einigen Anstoß erregt.[44] Diesem Teil seiner Philosophie kommt eine Schlüsselposition im System zu. Religion ist zu verstehen als Wissen von Gott und als entsprechende Beschaffenheit des Willens. Demgegenüber gilt pietistische oder mystische Gefühlsreligion, darin gibt Boström Hegel gegen Schleiermacher Recht, als eine niedere Stufe.[45] Das Wissen von Gott stellt zugleich Gottes Gegenwart im menschlichen Selbstbewusstsein dar. Ja, Gott ist so sehr zugleich

---

42 GEORG WILHELM FRIEDRICH HEGEL, *Grundlinien der Philosophie des Rechts*, hg. v. J. Hoffmeister (PhB 124a), Hamburg ⁴1955, §§ 302. 310 (S. 263. 269).

43 KRISTOFFER JACOB BOSTRÖM, *Grundlinien zur philosophischen Staatslehre*, (Grundlineer till philosophiska statsläran, Allmännare delen, Uppsala ²1862, dt. v. E. Sahlin), in: ders., Grundlinien eines philosophischen Systems, hg. v. R. Geijer u. H. Gerloff (PhB 30), (213–272), Leipzig 1923, 223f 254f 271.

44 In: *Anmärkningar om helvetesläran. Våra teologer och prester allvarligen att förehålla*, Uppsala 1864.

45 Vgl. die gute, nach Vorlesungen BOSTRÖMS aus dem Jahr 1860 gefertigte Zusammenfassung *Om den helige ande och hans organer*, in: Smärre skrifter utgifna af Boströmsförbundet XX, Stockholm/Norrköping 1910, 6–8. Danach die folgenden Seitenzahlen.

transzendent und dem Menschen immanent, dass das menschliche Wissen von Gott zugleich als Gottes Wissen um sich selbst im Blick auf den Menschen bezeichnet werden kann.[46] Gott ist dabei aber nicht wie bei Hegel so gedacht, dass er im weltgeschichtlichen Prozess im anderen seiner selbst zu sich selbst kommt, sondern er ist von vornherein vollkommen bestimmt und spiegelt sich von Anfang an in seinen Ideen. In Bezug auf die Menschenwelt sind das zum einen die Ideen der einzelnen Individuen: Sie alle sind »Söhne Gottes«, wiewohl die Person Jesu Christi prinzipiell von ihnen unterschieden bleibt (17). Zum anderen ist es die Idee der Gesellschaft. Beider sittliche Aufgabe ist die Verwirklichung des Reiches Gottes.

Der Einzelne als vernünftiges Wesen ist stets auf die Gesellschaft als die ihn umgreifende Idee bezogen, seine Beziehungen zu anderen Individuen sind stets durch sie vermittelt. Alle Pflichten sind deshalb Pflichten gegenüber der Gesellschaft, sei es der privaten (Familie, private Verbindungen), sei es der öffentlichen (22–25). Damit gelingt es Boström, im Unterschied zu Kant die Pflichtethik nicht formal abstrakt, sondern material zu formulieren.

Sowohl die private als auch die öffentliche Gestalt der Gesellschaft haben, da sie Gottes Ideen darstellen, auch mit Religion zu tun und können deshalb auch Kirchen genannt werden. Freilich ist die öffentliche »Kirche« der privaten klar übergeordnet. Sie findet ihre vollendete Form im Staat (25). Dieser hat eine Fülle von Aufgaben wahrzunehmen. Für all diese Funktionen benötigt er jeweils besondere Organe. Eines dieser Organe ist die Kirche im engeren Sinn des Wortes (27). Ihre Funktionen sind die Seelsorge und die kultische Ausübung der Religion, die dem Pfarrerstand obliegen. Dieser Stand ist aber als solcher privat und deshalb dem Staat zu unterstellen (24 f 30). Die Kirche in diesem Sinn ist also für Boström eo ipso Staatskirche – ja dieses Wort ist eigentlich eine Tautologie. Denn die Kirche kann vom Staat nicht als etwas unterschieden werden, das sich lediglich auf das Bekenntnis gründet. Das wäre ein abstraktes Verständnis, dem das »Organische« fehlt: Kirche ist immer auch gesellschaftliche Organisation (26 f). Es gibt sie erst, seitdem das Christentum Staatsreligion ist; sie ist nicht etwa schon von Jesus gestiftet worden (28 f).

Für die traditionelle Unterscheidung von verborgener und sichtbarer Kirche ist in dieser Religionsphilosophie kein Platz. Das wird noch deutlicher an der extremen Ausweitung des Kirchenbegriffs auf die ganze Menschheit: Sie sei die Gemeinde par excellence, sagt Boström (26). Dass auch Nichtchristen dazugehören, stellt für ihn keinen Hinderungsgrund dar.

---

46 »Människans sanna vetande om Gud är ... Guds vetande om sig själf med afseende på ... människan«, a.a.O., 10 f.

Gewirkt hat Boström vor allem durch die konsequente Durchführung der Idee der Persönlichkeit sowie durch seine Rechtfertigung der Staatskirche. Der zweite Punkt klingt für deutsche Ohren ganz wilhelminisch. Aber analog zu der eigenständigen Stellung des Parlaments gegenüber dem König lässt er auch die Verklammerung von Kirche und Staat nicht so eng werden, dass er nach deutschem Vorbild den König zum *summus episcopus* machen wollte. Das hätte in der schwedischen Kirche einen Aufschrei gegeben. Sie hat nämlich stets ihren Stolz darein gesetzt, dass sie auf dem »Uppsala-Treffen« (*Uppsala möte*) von 1593 dem Ansinnen des polnisch-schwedischen Königs Sigismund, das Land in den Katholizismus zurückzuführen, ebenso wie den calvinistischen Tendenzen des späteren Königs Karl IX. widerstanden und die in der Reformation intakt gebliebene bischöfliche Selbstverwaltung bewahrt hat. Andererseits bleibt freilich eine Trennung der Kirche vom Staat nach dem Vorbild der Französischen Revolution für Boström unvorstellbar. Er hat damit selbst noch auf Männer wie den kritischen Exegeten Samuel Andreas Fries gewirkt, der im Gegensatz zu seinem hier flexibleren Freund Söderblom kompromisslos an der Staatskirche im Sinne Boströms festgehalten hat[47], gewiss ein deutliches Zeichen für die große Anziehungskraft, die dessen System auf die intellektuelle und besonders auch die kirchliche Elite noch über das 19. Jahrhundert hinaus ausgeübt hat.

Um eine Generation jünger ist der Dichter, Journalist und gelehrte Autodidakt Abraham Viktor Rydberg (1828–1895). Als Schriftsteller zu seiner Zeit sehr angesehen (literarisches Hauptwerk: der Roman *Den siste Atenaren* 1859), ist er auf diesem Gebiet heute weitgehend vergessen. Berühmt – und berüchtigt – wurde er vor allem durch das Buch, mit dem er in seiner Zeit als Journalist bei der Göteborgs Handels- och Sjöfartstidning in einen kirchlichen Lehrstreit um den Dozenten Nils Vilhelm Ljungberg eingriff: *Bibelns lära om Kristus* (1862).[48] Philosophisch von Boström abhängig, übernahm er jedoch zunächst, erkennbar unter dem Eindruck der Debatten um das »Leben Jesu« von David Friedrich Strauß, die Rolle eines radikalen Kritikers des kirchlichen Dogmas.

Unumstrittener Maßstab jedes theologischen Urteils ist für Rydberg die Bibel (8). Damit fällt für ihn automatisch die Trinitätslehre (12. 20f), weil sie sich in der Bibel nicht findet (die Unechtheit des Comma Johanneum I Joh 5,7 ist ihm geläufig). Vor allem aber – das war das Thema des Streits – ist Christus nicht als Gott, sondern als wahrer Mensch (passim)

---

47 Samuel Andreas Fries, *Statskyrka eller frikyrka?* (1912), in: ders., Kyrkopolitiska riktlinjer. Uppsatser, tal och kritiker, Stockholm 1915, 23–53. Vgl. auch das Vorwort Söderbloms, ebd., V f.

48 Viktor Rydberg, *Bibelns lära om Kristus* (1862), hier zit. nach der Ausgabe Skrifter 10, Stockholm ⁶1897 (identisch mit der Aufl. letzter Hand von 1893).

oder auch als »himmlischer Mensch« (121. 182) anzusehen, der sich selbst immer klar von Gott unterschieden habe. Das ist eine deutliche Abgrenzung gegen Boström, der hier die Dinge in der Schwebe lässt. In der für die 4. Aufl. geschriebenen 3. Beilage *Om människans förutvaro* macht Rydberg deutlich, dass er damit eine Urbildchristologie meint – aber weniger in einem schleiermacherschen als in einem platonischen Sinn (womit das boströmsche Erbe dann doch wieder durchschlägt): Christus ist die Idee des Menschen, der Idealmensch oder Universalmensch. Ihm, und in ihm allen Gliedern der christlichen Gemeinde und letztlich allen Menschen kommt Präexistenz zu. Das heißt, Christologie und Anthropologie fallen für ihn zusammen (389). Man könnte also auch an den mythischen »Urmenschen« denken, zumal Rydberg sich gern auf die kosmische Christologie der Deuteropaulinen bezieht. Sachlich ist damit gemeint, dass Jesus durch Sündlosigkeit und sittliche Vollkommenheit ausgezeichnet (189) und seine Lehre Ausdruck göttlicher Vernunft sei (197). Als solcher Idealmensch sei er von Gott bestimmt, fleischliche Gestalt anzunehmen und mit der Vollmacht zur Sündenvergebung der Erlöser seiner Brüder zu werden (147). So wird das ursprüngliche »System wirklicher Persönlichkeiten in der absoluten Person, Gott« (system af verkliga personligheter i den absoluta personligheten, Gud) weltliche Realität (332). Die ganze Konstruktion setzt einen theozentrischen Ausgangspunkt voraus.

Neben diesen stark spekulativen Partien des Buches finden sich ausgedehnte exegetische Erörterungen. Sie zeigen, dass Rydberg analog zu der Entwicklung in Deutschland eine empirische Wende vollzogen hat, ohne dabei freilich den spekulativen Ansatz preiszugeben und vor allem ohne auch nur annähernd so radikale Konsequenzen zu ziehen, wie es die Linkshegelianer in Deutschland getan hatten.

Deshalb ist es denn auch nicht wirklich überraschend, dass man Rydberg 1868 trotz seiner von der kirchlichen Normalität abweichenden Position zum Synodenmitglied gewählt hat, zumal er ohnehin jetzt mit seiner theologischen Schriftstellerei aufhörte und seinen radikalen Gestus allmählich ablegte. Er hat offensichtlich versucht, sich mit seinen kirchlichen Gegnern zu arrangieren. Eigentlich ging es ihm primär schon immer positiv um eine Synthese des klassischen antiken Humanitätsideals mit dem Christentum, wie schon in *Den siste Atenaren* zu sehen.[49] Doch hat das Erscheinen der 4. Auflage seines Jesusbuches 1887 den Streit noch einmal neu aufflammen lassen, was Söderblom gewiss nicht entgangen ist.

Interessant mag noch Rydbergs Stellung zur Rassenfrage sein. Er hat sich einerseits als Reichstagsmitglied für die Rechte der jüdischen Mit-

---

49 Vgl. EDVARD RODHE, *Den religiösa liberalismen. Nils Ignell – Viktor Rydberg – Pontus Wikner*, Stockholm 1935, 381–384.

bürger eingesetzt. Andererseits teilte er die Angst vieler Zeitgenossen vor der »gelben Gefahr«.[50] Der Schwund der Bevölkerung Europas und ihr Wachstum in China lässt ihn befürchten, dass Europa eines Tages chinesisch werde, wenn man nicht schleunigst die Einwanderung von Chinesen verbiete (446–449). Er stützt diese Argumentation zusätzlich mit dem Hinweis auf die physische Schwächung der Menschen in Europa durch die Industrialisierung, den Alkohol und – ganz modern! – die Umweltverschmutzung (434 f 441), lauter Schäden, die in Ostasien nicht zu finden seien. Jene Ängste werden also offenbar ausbalanciert durch eine romantische Sehnsucht nach den Zuständen einer rein agrarischen Gesellschaft vor dem industriellen Umbruch (456 f), mit der Rydberg bei vielen Menschen seiner Zeit Anklang gefunden haben dürfte.

Als begabtester Schüler Boströms gilt Pontus Wikner (1837–1888), dessen letzte Vorlesung in Uppsala, vor seinem Weggang nach Oslo, Söderblom 1883 noch gehört hat.[51] Auch Wikner nimmt der Bibel gegenüber eine freie Stellung ein. Aber er ist zugleich kirchlich viel konservativer als Rydberg, geprägt von der Lundenser Erweckungsbewegung Henrik Schartaus und dessen Leidenschristologie. Dazu kommen deutliche Einflüsse Søren Kierkegaards. Pietistische Enge sucht man bei ihm vergeblich, aber ebenso wenig findet man etwas von dem aufklärerischen Gestus Rydbergs. Besonders charakteristisch für ihn ist die meditativ gehaltene Schrift *Tankar och frågor inför människones son* von 1872, die auch Söderblom stark beeindruckt hat.[52]

Wikner schreibt für Suchende (211). Literarisch kommt das darin zum Ausdruck, dass er die ganze Schrift als Anrede an Christus konzipiert. So vermeidet er sowohl den Eindruck des Lehrhaften (6) als auch eine direkte Anrede der Adressaten im Stil der Erweckungsfrömmigkeit. Auf diese Weise kann er – ganz im Sinne Boströms – die eigenständige Persönlichkeit Christi von menschlichen Urteilen unberührt lassen und zugleich seine Leser als unabhängige, nur mittelbar angeredete Teilhaber in den Dialog einbeziehen.

---

50 RYDBERG, *Den vita rasens framtid* (ursprünglich Vorwort z. schwed. Übers. von BENJAMIN KIDDS *Social Evolution*, Stockholm 1895), Saml. verk 14, ⁴1921, 422–458. Danach die folgenden Seitenzahlen.

51 N. SÖDERBLOM, *Minnen från åttio- och nittiotalen* (1926), in: ders., Svenskars fromhet NF, hg. v. A. Söderblom, Stockholm 1941 (129–152), 130.

52 KARL PONTUS WIKNER, *Tankar och frågor inför människones son*, in: ders., Skrifter Bd. 7, Stockholm 1920, 3–230. Danach die folgenden Seitenzahlen. Vgl. SÖDERBLOMS Aufsatz *Warum ich Lutheraner bin*, in: CuW 1/1925, 193–203, wo er das stellvertretende Leiden Christi als die Mitte seiner Theologie bezeichnet (197). Zwar beruht das bei Söderblom auf einem unmittelbaren Bezug zum Erbe der Erweckungsbewegung; doch dürfte er sich durch Wikner an diesem Punkt bestärkt gefühlt haben.

In der Durchführung geht er freilich, nachdem er dem »neuen Platon« seine Reverenz erwiesen hat (26), sogleich über Boström hinaus, indem auch er Jesus deutlich und klar von Gott unterscheidet – freilich auf ganz andere Weise als Rydberg. Er geht nämlich von einer Analyse des Gottesbegriffs aus und argumentiert auch nicht exegetisch, sondern allein spekulativ-philosophisch. Nur *eine* Person könne von sich sagen, ihr Ideal bzw. ihr Wesen in sich selbst zu haben, und das sei Gott (29). Ebenso gibt es nur *eine* Person, der die volle Gottebenbildlichkeit zu Eigen ist, eben Jesus Christus. Er ist der von Ewigkeit her geborene Sohn (178.193.197). Dieser Anklang an das Nicaenische Glaubensbekenntnis ist aber nicht als umstandslose Zustimmung zum altkirchlichen Dogma zu verstehen. Dieses unterliegt der Kritik, in der Beschreibung der Person Christi mechanisch göttliche und menschliche Natur addiert zu haben (19. 200 f). In Wahrheit ist jene Aussage ein Bild, das ein persönliches Gottesverhältnis bezeichnen soll, nämlich den unbedingten Gehorsam gegenüber dem Willen Gottes, der Mensch solle seinen Grund ausschließlich in ihm finden (194. 197).

Damit ist zugleich der Gottesbegriff neu gefasst, nämlich als Wille – genauer: als Liebe (55 f). Auf Grund seiner Willenseinheit mit Gott kann von Jesus gesagt werden, dass Gottes Liebe geradezu seine Substanz ausmacht (37. 193). Freilich liegt darin keine Abkehr von Boströms Verständnis Gottes als ewig unbeweglicher Idee. Das lässt sich an dem Verständnis des Begriffs der Heiligkeit Gottes zeigen, der hier an herausragender Stelle eingeführt wird: »Gott ist der Heilige, und Heiligkeit allein bezeichnet die Festigkeit, die alle Bewegung der Unruhe überwindet« (56).[53] Das letzte Ziel des Heilswerkes ist Harmonie, Ruhe (46).

Die Unterscheidung Jesu Christi von Gott wird scharf pointiert. Versäumt man sie, schreibt Wikner, so droht entweder (wie bei Boström, darf man ergänzen) ein Pantheismus, der uns in Christus und sodann uns zusammen mit ihm in Gott auflöst (37–44), oder eine neue Form von Polytheismus bzw. Götzendienst (21. 66 f). Das ist für Wikner kein primär metaphysisches, sondern ein religiöses Problem. Denn dem christlichen Glauben muss ja alles daran liegen, in Christus den Mittler zwischen Gott und Mensch zu haben. Das aber kann er nur sein, wenn er ein eigenes, persönliches Leben hat (42).

Für die Mittlerschaft Christi genügt nun seine Unterscheidung von Gott als dessen von Ewigkeit her geborener Sohn noch nicht. Zwar ist er als solcher eine notwendige Erscheinung (196), und nur als solcher kann er uns

---

53 »Gud är den helige, och helighet allena innebär den fasthet, som övervinner all orons rörelse«. Vgl. dazu Rodhe, a.a.O. (wie Anm. 49), 340–343. Gegen solche platonisierende Bestimmung des Begriffs der Heiligkeit hat sich Söderblom später energisch abgesetzt.

unmittelbar erlösen. Deshalb wendet sich Wikner in seinem fingierten Zwiegespräch auch ausdrücklich an Christus als den Erhöhten (9.174.177). Ebenso wahr aber ist es, dass Christus die Erlösung nicht hätte vollbringen können, wenn er nicht »ins Fleisch gekommen« und so in den Abgrund der sündigen Welt hinabgestiegen wäre, um die Sünde zu bekämpfen und zu besiegen (56. 116 f). Insofern war sein irdisches Werk mittelbar ebenso wichtig für das Heil der Menschen (192).

Die Menschlichkeit Jesu ist das stärkste Bollwerk gegen alle spekulativen Versuche, ihn mit Gott zu verschmelzen (30). In diesem Zusammenhang stellt Wikner fest, dass an der Jungfrauengeburt und an der Historizität der Wunder Jesu nichts hängt; er sei auf die gleiche Weise wie jeder andere Mensch geboren. Als Mensch habe Jesus sich auch geirrt, z. B. hinsichtlich des antiken Weltbildes (203–205). Dieser Abgrenzung gegen die Orthodoxie entspricht auf der anderen Seite die Absage an die neologische Reduktion der Bedeutung Jesu auf die eines Vorbildes und Lehrers (58–64. 74). Doch liegt auf den Negationen nicht der Ton. Sie werden lediglich um des religiösen Interesses an der Erlösung durch das stellvertretende Leiden Christi willen vorgetragen. Hinsichtlich der äußeren Seite seines irdischen Lebens, der »Kleider Jesu«, kann man ruhig eine gewisse Freiheit walten lassen (207–209).[54]

Mit seiner Interpretation der Erlösung sieht sich Wikner nun in der Lage, viele wesentliche Aussagen der traditionellen Dogmatik aufzunehmen, das stellvertretende Strafleiden ebenso wie die stellvertretende Erfüllung des Gesetzes. Und doch gilt das nur *cum grano salis*, denn er formt die überlieferten Aussagen behutsam um. Die Kritik der Aufklärung an der anselmschen Versöhnungslehre hat er sich voll zu Eigen gemacht. Jede Theorie, die dem Menschen die Verantwortung für seine Sünde abnimmt und ihn von Gott gerecht gesprochen werden lässt, obwohl dies der empirischen Wirklichkeit diametral widerspricht, wird als der Gerechtigkeit und Wahrhaftigkeit Gottes unwürdig und als kindisch abgewiesen (75–81.165.171). Nicht ein Tausch von Eigenschaften, auch nicht ein Handel mit dem Teufel wie in älteren Versöhnungslehren, sondern der persönliche Kampf Jesu gegen die Sünde schafft die Versöhnung Gottes mit den Menschen, indem er sich selbst für sie opfert (75. 97–99).

Da nun Jesus der eine Sündlose ist, muss dieser Kampf genauer als Kampf gegen die Versuchung bestimmt werden. Der Ort der Versuchung ist das ganze Leben Jesu, in ausgezeichneter Weise aber das Kreuz. Prä-

---

54 Dieses Bild hat später SÖDERBLOM in anderer Weise aufgenommen, indem er die unterschiedlichen Bilder Jesu in der Theologiegeschichte als »Jesu Kleider« kritisch Revue passieren ließ: *Jesu kläder* (1898/1909), in: ders., När stunderna växla och skrida 1, Uppsala ³1935, 116–142.

gnantester Ausdruck dafür ist das Kreuzeswort »Mein Gott, mein Gott, warum hast du mich verlassen?« (Mk 15,34), das als das Zentrum von Wikners Versöhnungslehre angesehen werden muss (93.118.122.128 u.ö.). Die Versuchung besteht darin, dass Jesus sich im Gegensatz zu allen anderen Menschen sieht, die eben nicht wie er ihr Leben dem unbedingten Gehorsam gegen Gott weihen, sondern auf eigene Faust (på egen hand) sie selbst sein wollen (144 f), d. h. sich an die Stelle Gottes setzen. Da wird für Jesus die Frage unabweisbar, ob er sich denn zu Recht für den Messias gehalten habe bzw. ob seine Mission gescheitert sei, weil Gott sich von ihm abgewendet habe, ja, ob er nicht statt des Welterlösers zum Weltverführer geworden sei (138. 155–158). Das ist ein Konflikt, der ihn innerlich zerreißt, ein Konflikt zwischen seiner Grundeinstellung, der Ergebung in Gottes Willen, und seiner räsonierenden Vernunft, die jene Grundeinstellung ins Verhältnis zu den realen Umständen setzt (125 f 128.139.149 f). Als solche extreme »Disharmonie« ist diese Versuchung das tiefste Leiden, das je ein Mensch hat erdulden müssen (89–91). Zugleich aber trennt nur eine hauchdünne Wand jenes Kreuzeswort von der Sünde selbst, der ausdrücklichen Behauptung, Gott habe ihn verlassen. Das wäre pure Gottlosigkeit, also die Verzweiflung und somit die Sünde schlechthin (110. 148 f).[55] Um aus dieser aussichtslosen Situation herauszukommen, die zwar nicht durch eigene Sünde, aber durch die Folgen der Sünde der Menschen verursacht ist, bedarf Jesus selbst auch der Erlösung (160 f).

Wie gewinnen nun die Menschen an der Überwindung der Sünde teil? Hier schwankt Wikner zwischen zwei verschiedenen Bildern: der Heilung einer Krankheit und der Anrechnung der Gerechtigkeit Christi. Das erste sichere den organischen Zusammenhang mit der Menschheit, bringe aber den völligen Wandel nicht genügend zum Ausdruck, während das andere einen Widerspruch zwischen Gottes Gerechtigkeit und seiner Gnade zu implizieren scheine (166–172). Im Grunde geht es ihm um die Teilhabe am Gottesverhältnis Jesu durch den Glauben, die er ganz platonisch mit der Bild-Abbild-Metapher ausdrückt (178). Aber hier bleibt manches im Unklaren. Trotzdem ist dieses Konzept von einer beeindruckenden gedanklichen Tiefe, die m. E. auch den philosophischen Lehrer Boström übertrifft.

Als letzter Repräsentant der spätidealistischen Philosophie soll noch Vitalis Norström (1856–1916) vorgestellt werden, der von 1885–1890, also während der Studienzeit Söderbloms, in Uppsala Dozent und danach bis zu seinem Tode Professor in Göteborg war. Er kam aus einem libera-

---

55 Die Abhängigkeit der hier zugrunde gelegten Deutung der Sünde als des verzweifelt man selbst sein Wollens von Søren Kierkegaards »Krankheit zum Tode« ist offensichtlich. Vgl. Sygdommen til Døden, Samlede Værker 15, København ³(1962) 1983, 131–140 (Übers. E. Hirsch: GW 24.+25. Abt., Düsseldorf 1957, 75–81).

len Elternhaus; der geistige Mentor seiner frühen Jahre war sein Onkel Nils Vilhelm Ljungberg, von dem oben (S. 31) bereits die Rede war. Doch in politischen und sozialen Fragen war er konservativ. Philosophisch ursprünglich ebenfalls Schüler von Boström, äußerte sich Norström jedoch nach intensiver Beschäftigung mit Fichte zunehmend kritisch gegen den gesamten spekulativen Idealismus und trat energisch für den Primat der praktischen Vernunft ein. Von seinem Lehrer behielt er freilich die zentrale Funktion des Begriffs der Persönlichkeit zeitlebens bei. Er ist der Nachwelt vor allem als Verfechter einer religiös fundierten Kulturkritik im Gedächtnis geblieben. Da er erst relativ spät zu einer in sich geschlossenen Ausformulierung seiner Position gekommen ist und wir andererseits an dieser Stelle nicht an einer genauen Beschreibung von deren Genese interessiert sind, zumal er nicht zu den wichtigsten Anregern Söderbloms gehört, halte ich mich hier vor allem an seine bedeutendste Schrift, *Religion und Gedanke*. Sie enthält die Olaus-Petri-Vorlesungen, die Norström 1912 auf Einladung Söderbloms in Uppsala gehalten hat.[56]

Philosophie ist für Norström in erster Linie Wissenschaftskritik (130). Er unterscheidet, u.a. im Anschluss an Dilthey, drei Arten von Wissenschaft: Naturwissenschaft, mathematisch-logische Wissenschaft und Geisteswissenschaft, wobei ihn vorrangig das Verhältnis des ersten und dritten Typus interessiert. Er gesteht allen dreien ein relatives Recht zu (71) und betont wiederholt, dass sie jeweils bestimmte Aspekte der Wirklichkeit angemessen behandeln, sich also nicht gegenseitig ausschließen (179. 286 u.ö.). Ja, sie lassen sich nicht einmal ganz sauber voneinander trennen, insofern die primär an einem mechanistisch-deterministischen Gesetzeszusammenhang orientierte exakte Naturwissenschaft sich genötigt sieht, mit anthropomorphen Begriffen wie Kraft zu arbeiten, während die an der menschlichen Freiheit und Kreativität orientierte Geisteswissenschaft nicht ohne Objektivierung und den Rekurs auf allgemeine Gesetze auskommt (171.184.219). Doch überwiegt die Kritik an der Dominanz des naturwissenschaftlich-monistischen Denkens seiner Zeit, das dahin tendiert, alles, auch den Geist und die Geschichte zu verdinglichen und unter Naturgesetze zu subsumieren, und damit auf dem Wege hypothetischer Voraussage die Zukunft faktisch zur Vergangenheit macht, während

---

56 VITALIS NORSTRÖM, *Religion und Gedanke* (Religion och tanke), dt. hg. von E. Åkesson, Lund 1932. Danach die Seitenzahlen im Text. Zum vorausgehenden Absatz vgl. die Einleitung des Hg. – Söderblom bezieht sich zustimmend auf Norströms Eintreten für den Gedanken des lebendigen, in der Geschichte handelnden Gottes im Unterschied zu einer statischen philosophischen Gottesidee: *Religionsproblemet inom katolicism och protestantism*, Stockholm 1910, 410f. Doch hat er dies selbst nachweislich bereits vor seiner Bekanntschaft mit Norström im Anschluss an Albrecht Ritschl vertreten.

die Geschichtswissenschaft umgekehrt die Zukunft der Vergangenheit im Blick hat, die ihr Gegenstand ist (65. 107).

Norström geht aber noch einen Schritt weiter. Nicht nur der Naturwissenschaft und der monistischen Philosophie seiner Zeit, sondern auch den Philosophen des Deutschen Idealismus (und implizit damit auch seinem Lehrer Boström) wirft er vor, je auf ihre Weise das schöpferisch Neue, das der menschliche Geist hervorbringt, zugunsten des Strebens der Vernunft nach systematischer Einheit zu vernachlässigen (135). Die Philosophie als Wissenschaftskritik habe dagegen den Primat der praktischen Vernunft aufzuzeigen. Das gilt selbst gegenüber der Naturwissenschaft – nicht nur deshalb, weil sie auf praktische Auswertung ihrer Ergebnisse, also auf Beherrschung der Welt aus ist (58. 65), sondern schon im Blick auf ihre eigene Arbeitsweise. Diese setze die schöpferische Aktivität des Wissenschaftlers voraus, sie sei kein automatisches Funktionieren gesetzmäßiger Abläufe, sondern eher mit einem Schachspiel zu vergleichen, in dem die Figuren sich auch nicht von allein bewegen (23–27). An anderer Stelle vergleicht Norström die Arbeit des Wissenschaftlers mit der des Künstlers (160). Wenn das zutrifft, dann hat der mechanistisch-deterministisch denkende Naturwissenschaftler »ein Bewusstsein, das sich selbst zu vergessen versucht« (212).[57]

Dass es in der Geisteswissenschaft erst recht in erster Linie auf Gefühl, Phantasie und Willen ankommt und dass hier vor allem Werturteile und weniger quantitative Bestimmungen gefragt sind, bedarf danach keiner besonderen Erläuterung mehr. Nach Norström haben die bisherigen Erörterungen weitgehende Konsequenzen auch für den Wahrheitsbegriff. Wahrheit kann danach nicht mehr in klassischer Weise als *adaequatio rei et intellectus* definiert werden. Der Begriff der Wahrheit gehört, so schreibt Norström in Anlehnung an Lotze, überhaupt nicht in den Bereich des Seins, sondern in den der Geltung (86); sie ist »Lebenswert« (59), oder, mit deutlichem Anklang an Nietzsche: »selbstbestimmte Macht zum Leben« (93). Mit dem Slogan des amerikanischen Pragmatismus »Truth is what works« sollte man das freilich nicht verwechseln (15).

Diese voluntaristisch-wertphilosophische Sicht der Dinge prägt die gesamte Kulturkritik Norströms. Prinzipiell wie alle Idealisten vor ihm, aber angesichts der inzwischen weiter vorangeschrittenen Entwicklung mit besonderer Intensität wendet er sich entschieden gegen die moderne Massen-

---

57 Die Affinität von wissenschaftlicher und künstlerischer Aktivität vertritt auch Söderblom: *Tre livsformer*, Stockholm 1922, 105 f. Ebenso findet sich die Kritik am mechanistischen Denken bei ihm: *Religionsproblemet ...* (wie vorige Anm.), 396–398. Der Akzent liegt jedoch mehr auf der theoretischen, nicht auf der praktischen Funktion des Denkens. Dabei steht die ethische Forderung von Selbstzucht und Wahrhaftigkeit im Vordergrund, a. a. O. 400–402; *Tre livsformer* 116.119.

kultur, als deren ideologischen Träger er den materialistischen Monismus ausmacht. Nicht die Kategorie der Quantität, sondern die der Qualität, aufgegliedert in die Werte der Wahrheit, der Schönheit und der Sittlichkeit sei das, was die Kultur ausmache (281). Dabei soll die naturwissenschaftliche Betrachtungsweise keineswegs ausgeklammert, sondern lediglich der geisteswissenschaftlichen untergeordnet werden (286). Eine derart umfassende Synthese sei allerdings Sache des Genies (288).

Doch dies genügt Norström noch nicht. Denn alle Wissenschaft habe zwei Grenzen, eine untere in der reinen Unmittelbarkeit, und eine obere in der Einsicht in die Unerreichbarkeit vollständiger Welterkenntnis. Diese obere Grenze verweise auf das Absolute, zu dem sich nur eine neue Unmittelbarkeit verhalten könne: die Religion (241–245. 320). Das Problem der Einheit der Erkenntnis sei letztlich nur im Glauben lösbar (222).[58]

Religion ist freilich nicht selbst eine Art des Denkens, sondern Leben (319). Sie besitzt eine Affinität zur Kunst und zum Willen, durchaus auch zur Vernunft, aber selbst ist sie Gefühl, das die Anschauung überwiegt (so mit der Andeutung einer Korrektur von Schleiermachers Bestimmung in den Reden). Und zwar ist sie ein Gefühl sui generis: das Gefühl des Friedens (253–262). Diesem Frieden entspricht die Idee der Ewigkeit, die für Norström grundlegender ist als der Gottesbegriff. Sie bezeichnet die letzte Einheit von Subjektivität der geschichtlichen Welt und Objektivität der Naturwelt, die auch die Subjektivität des religiösen Gefühls in sich aufhebt (249f), während die notwendig theistisch verstandene Gottheit die auf die Welt bezogene, werdende und kämpfende absolute Subjektivität ist (297).

Der Eingang der Persönlichkeit ins ewige Leben geschieht durch Erlösung, die das Wesen der Religion ausmacht (299), als deren höchste Gestalt ganz selbstverständlich das Christentum gilt.[59] Ewiges Leben ist Unsterblichkeit (302), die, so hat es den Anschein, im Gefühl des Friedens, des Bei-sich-selbst-Seins, der Fülle des persönlichen Lebens in der Religion bereits präsent ist (262. 319). Die so verstandene Religion bildet die Grundlage für die individuellen sittlichen Verpflichtungen, die auf das Leben in der Gemeinschaft zielen. Tendenziell geht es dabei um die universale Gemeinschaft der Menschheit als Einheit (284. 290–296), also um die Übersetzung des Friedens des Einzelnen mit sich selbst und Gott in den sozialen Bereich. Dieser Glaube an eine zukünftige vernünftige Weltordnung

---

58 Eine eigenartige Verbindung zwischen religiösem Glauben und Nietzsches Gedanken des Übermenschen bietet folgendes Zitat: »Den enskilde, som äger den djupa, omfattande och orubbliga tron på förnuftet, är den verkliga andliga kraften, den sanna ›öfvermänniskan‹.« (Der Einzelne, der den tiefen, umfassenden und unumstößlichen Glauben an die Vernunft besitzt, ist die wirkliche geistige Kraft, der wahre ›Übermensch‹), *Tankelinjer*, Stockholm 1905, 89.

59 Vgl. *Tankelinjer*, 112f.

nimmt sich wie eine Neufassung der aufklärerischen Lehre von der Perfektibilität des Christentums aus.[60] Jedenfalls bildet den Schlussstein des Systems auch hier ein letztlich platonisch-harmonistisches Ideal, das sich vermutlich implizit gegen die darwinistische Idee des Kampfes ums Dasein richtet.

Während die schwedische Philosophie sich trotz begrenzter Einflüsse der Entwicklung auf dem Kontinent noch in traditionellen idealistisch-christlichen Bahnen bewegte, ging eine radikale Herausforderung der Gesellschaft von der schönen Literatur aus.[61] Hier steht zum einen, offen oder verdeckt, das Wirken Søren Kierkegaards im Hintergrund. Seine Entgegensetzung der ethischen Religiosität eines unbedingten Glaubensgehorsams des selbstverantwortlichen Einzelnen gegen jeden Ästhetizismus und seine schroffe Kritik an der dänischen Staatskirche markieren das Ende der Romantik und damit der Epoche biedermeierlicher Selbstzufriedenheit in Skandinavien. Der zweite wichtige Faktor ist der Einfluss des Kopenhagener Literaturhistorikers und -kritikers Georg Brandes (1842–1927), der wie kein Zweiter die Diskussion der radikalen Ideen des Zeitalters, der deutschen Bibelkritik, des französischen Positivismus und des englischen Evolutionismus in Skandinavien vorangetrieben und mit Nachdruck eine gesellschaftskritische Ausrichtung der Literatur gefordert hat. Er war für die Epoche der großen literarischen Gesellschaftskritik von nicht zu überschätzender Bedeutung. Deren wichtigste Repräsentanten sind der Norweger Henrik Ibsen (1828–1906) und der Schwede August Strindberg (1849–1912). Das Erscheinen von Strindbergs erstem Roman *Röda rummet* (Das rote Zimmer) und Ibsens Schauspiel *Nora. Ett dukkehjem* (Nora. Ein Puppenheim) im gleichen Jahr 1879 können, auch nach dem Selbstverständnis der *åttiotalister* (Autoren der 1880er Jahre), als Signal zum Aufbruch in die Moderne verstanden werden.

Schon als sich Carl Jonas Love Almquist (1783–1866) in seinem Roman *Det går an* (Es geht an) 1839 für die freie Liebe einsetzte, verursachte das einen erheblichen Wirbel in der schwedischen Öffentlichkeit. Hinzu kam, dass sich engagierte Schriftstellerinnen wie Frederika Bremer (1801–1865), die mit Geijer gut bekannt war, energisch für die politischen Rechte der

---

60 Vgl. *Tankelinjer*, 149. 156f.
61 Vgl. zum Folgenden Sven H. Rossel, *Skandinavische Literatur. Romantischer Idealismus – Problemdiskussion – radikale Wirklichkeitserfahrung – Wiederentdeckung der Seele*, in: Propyläen Geschichte der Literatur, Bd. 5. Das bürgerliche Zeitalter 1830–1914, Berlin 1984, 279–302; Birgitta Steene, *Liberalism, Realism, and the Modern Breakthrough: 1830–1890*, in: A History of Scandinavian Literature, ed. S.H. Rossel, vol. 3, Lincoln/NEB and London 1996, 204–272, und aus dem Gesichtswinkel des bedeutendsten schwedischen Verlages für schöne Literatur, Bonniers: Per I. Gedin, a.a.O. (wie Anm. 13).

Frauen einsetzten. Auch wenn sich dadurch politisch zunächst noch nicht viel änderte, war doch die öffentliche Diskussion über Fragen der traditionellen Gesellschaftsordnung angestoßen, die dann anlässlich von Ibsens Nora im so genannten großen Sittlichkeitsstreit der achtziger Jahre die Gemüter heftig erregte.

Strindberg hatte mit dem Roman *Röda rummet*, der im Stockholmer Künstlermilieu spielt, sogleich großen Erfolg. Treffsicher nimmt der an Schopenhauer geschulte Kulturpessimist sich alle Schichten der Gesellschaft vor, von den Arbeitervereinen über die seelenlose Bürokratie und an materiellen Vorteilen interessierte kirchliche Kreise bis zu frömmelnden Bürgersfrauen. Das nächste Werk, *Det nya riket* (1882), war in seinem Sarkasmus noch schärfer und erregte nicht zuletzt durch seinen Antisemitismus die Gemüter. Strindberg war ein äußerst rebellischer Geist, der nie einen Konflikt scheute. Die Heftigkeit der Reaktionen auf seine ersten Werke veranlasste ihn jedoch, sich von 1883–1889 außerhalb Schwedens aufzuhalten. Unstet und wechselhaft sollte auch sein weiteres Leben verlaufen. Das schließt die weltanschaulichen Positionen ein, die er vertrat. Zunächst Deist und Sozialist, wandelte er sich ab Mitte der achtziger Jahre unter dem Einfluss Nietzsches zum Atheisten, der Sozialismus und Frauenemanzipation bekämpfte; in den neunziger Jahren traten dann der religiöse Aspekt des Themas der Schuld und die Theodizeefrage in den Mittelpunkt. Hinter all dem stehen schwerwiegende Probleme seines persönlichen Lebens, nicht zuletzt drei geschiedene Ehen, die bei ihm eine immer stärkere misogyne Stimmung verursachten. Von 1892 bis 1899 war er noch einmal im Exil, zunächst in Berlin, ab 1894 in Paris. Hier widmete er sich seinem zweiten großen Interesse, der Wissenschaft und der Alchemie. Seine zweite Scheidung und Alkoholexzesse stürzten ihn in Krankheit und eine tiefe psychische Krise. Während dieser Zeit hat ihn Söderblom, der damals gerade Pfarrer der schwedisch-norwegischen Gemeinde in der Stadt war, für einen Krankenhausaufenthalt diskret finanziell unterstützt.[62]

---

62 N. SÖDERBLOM, *Brev* ... (wie Anm. 1), Nr. 10. Strindberg hat diese Hilfe, wohl aus verletztem Stolz und aus Hass auf die Kirche, nur widerstrebend angenommen. »Den Pfarrer hasse ich und will ihn nicht sehen vor meinem Tod«, heißt es in einem Brief kurz vor dem Eingang des Geldes (an Leopold Littmansson 14.12.1894, in: *August Strindbergs brev*, hg. v. T. Eklund, Bd. 10, Stockholm 1968, Nr. 3030). Erst zwei Monate vor seinem Ende rang er sich zu einem Dankesbrief und zu einer – sehr großzügigen – Rückzahlung des Betrages durch, den Söderblom an den Hilfsfonds der Pariser Gemeinde schicken sollte. Der allerletzte Satz lautet: »Es fehlt [noch] ein kleines Wort in diesem kurzen Brief, das kleine Wort, das so schwer herauszubringen ist: Danke! für die Hilfe damals und für die Mühe, die Sie jetzt gütigst auf sich nehmen.« (Bd. 20, Stockholm 1996, Nr. 8045).

In Paris entdeckte Strindberg den großen schwedischen Mystiker Swedenborg für sich. Es war zugleich die Zeit, als in Europa Dostojewskijs Werke zugänglich wurden. Strindbergs Stücke waren von nun an nicht mehr naturalistisch, sondern eher symbolisch-durchsichtig für eine geheimnisvolle andere Welt. Die Stimmung war freilich weiterhin meist düster: Die irdische Existenz erschien ihm als Purgatorium oder als Hölle (*Inferno*, 1897). Doch muss er, wie Söderblom – m. W. als erster – in seiner einfühlsamen Rede zu Strindbergs 60. Geburtstag anhand von dessen Bibel- und Gesangbuchlektüre gegen Ende seines Lebens gezeigt hat, schließlich zu einer Art undogmatischen Christentums gefunden haben.[63]

Wichtiger als die Wandlung von Strindbergs Anschauungen ist freilich seine zunächst an Shakespeare, auch an Schiller orientierte, dann aber ganz eigene Wege gehende dramatische Kunst, die mit der Zeit immer subtilere psychologische Schilderung ganz komplexer Charaktere und die kraftvolle und aufwühlende Schilderung der menschlichen Konflikte in seinen Stücken und Romanen.[64] Daneben umfasst dieses enorm umfangreiche Œuvre auch noch ganz andere Aspekte: Es reicht von sarkastischer Gesellschaftskritik über wunderbare Naturschilderungen und herzhaften Humor (Hemsöborna, 1887) bis zu düsteren Familiendramen (Dödsdansen, 1910). Er hat auf seine schwedischen Zeitgenossen gewirkt wie kaum ein anderer. Den Nobelpreis für Literatur hat er nie bekommen, dafür war sein Werk zu kontrovers, doch wurde ihm kurz vor seinem Tod ein alternativer Nobelpreis zuteil. Und ganz am Ende zeigte die Teilnahme von Zehntausenden an seiner Trauerfeier, dass die Verehrung des streitbaren Dichters schließlich doch überwog.

Es folgt die neuromantische Phase der *nittiotalister* (1890-er). Ihr Initiator war der damals moderne Dichter Verner von Heidenstam (1859–1940), dessen zentrales Thema Heimat und Fremdheit ist. Sein Gedicht *Ensamhetens tankar*[65] gehört bis heute zur Pflichtlektüre in schwedischen

---

63 N. SÖDERBLOM, *Strindberg och religionen* (1909 und 1912), in: ders., Svenskars fromhet, hg. v. Anna Söderblom, Stockholm 1933, 287–306, bes. 298–302. Der Schriftsteller und Literaturhistoriker Sven Delblanc moniert zwar Söderbloms rasches Vorbeigehen an Strindbergs kritischer Stellung zur christlichen Versöhnungslehre, zeigt sich aber im Übrigen beeindruckt von seinen Ausführungen: SVEN DELBLANC, *N. Söderblom*, in: L. Lönneroth u. S. Delblanc (Hg.), Den svenska litteraturen 4: Den storsvenska generationen 1890–1920, Stockholm 1989, 179.

64 Über die Grundsätze seiner schriftstellerischen Arbeiten äußert sich Strindberg besonders instruktiv im Vorwort zu seinem Trauerspiel *Fröken Julie*, Samlade Verk 27, Stockholm 1984, 101–113 (dt.: Fräulein Julie, hg. v. H. Gimmler, Frankfurt a. M. 1984, 63–82).

65 Ensamhetens tankar IV, in der Sammlung *Vallfart och vandringsår* (1888), die von Heidenstams Ruhm begründete, Samlade Verk Bd. 1, Stockholm 1943, 114. Vgl. P. I. GEDIN, a. a. O. (wie Anm. 13), 240.

Schulen. Weiter sind zu nennen der bedeutende, von Geijer und Kierkegaard beeinflusste Lyriker Gustaf Fröding (1860–1911) mit seinen stimmungsvollen Gedichten und seinem Humor, den er einem schweren psychischen Leiden abringen musste[66], der mit Söderblom befreundete Erik Axel Karlfeldt (1864–1931) und nicht zuletzt die meisterhafte Erzählerin Selma Lagerlöf (1858–1940). Sie verbindet farbige Landschaftsschilderungen und menschliche Charakterzeichnungen mit einem ausgeprägten ethischen Interesse. Ihr erster großer Roman *Gösta Berlings saga* (1891) widmet sich dem klassischen Thema Schuld und Sühne. Besonders hat sie politische und soziale Konflikte thematisiert und dabei versucht, die christliche Tradition mit sozialistischen Ideen zu verbinden, freilich mit klarer Zurückweisung materialistischer Tendenzen. In dem Roman *Jerusalem* (1901/02) schildert sie am Beispiel einer religiös erweckten Gruppe von Bauern, die nach Jerusalem auswandert, den Konflikt zwischen der Familientradition der Bodenständigkeit und der religiösen Forderung der Entsagung. Ihr in Deutschland vielleicht am weitesten verbreitetes Buch ist: Die wunderbare Reise des kleinen Nils Holgersson mit den Wildgänsen (*Nils Holgerssons underbara resa genom Sverige*, 1906/07), ursprünglich ein Lehrbuch der Geographie für schwedische Schulen, in das viele Märchen und Legenden eingeflochten sind. Hier geht es um die Erziehung eines kleinen Jungen zu Rücksichtnahme und Pflichtbewusstsein. Bekannt sind auch die Christuslegenden (*Kristuslegender*, 1904). Später interessierte Selma Lagerlöf sich lebhaft für Söderbloms ökumenische Bemühungen. Auf ihre Anfrage hin, ob sie als Zaungast an der Stockholmer Konferenz teilnehmen könne, ergriff er die Gelegenheit beim Schopf und gewann sie dafür, auf der Konferenz eine Rede zu halten. Sie benutzte darin Material aus ihrem Jerusalem-Roman als beispielhaft für Einigkeit der Konfessionen und Nationen.[67]

Neben der für marxistische Parolen empfänglichen Arbeiterbewegung und neben der Literatur, insbesondere den frühen Werken Strindbergs, waren es vor allem Universitätskreise, die als Einfallstor für die vom »Kontinent« herüberkommenden radikalen Ideen fungierten. Für unsere Zwecke ist von besonderem Interesse die Vereinigung Verdandi (Föreningen

---

66 SÖDERBLOM würdigte ihn in seiner Grabrede als Grübler im Vorhof der Religion: *Vid Gustaf Frödings bår*, a.a.O. 307–312. Vgl. HANS ÅKERBERG, *Det sant mänskliga. Några reflexioner kring N. Söderbloms griftetal*, in: Den levande Fröding: studier och porträtt. Gustaf Fröding-sällskapets skriftserie 18, Borås 1986, 83–106.

67 Vgl. N. SÖDERBLOM, *Brev* (wie Anm. 1), Nr. 241.247.250.257. Die Rede ist abgedruckt bei N. SÖDERBLOM, *Kristenhetens möte i Stockholm augusti 1925 Historik, aktstycken, grundtankar, personligheter, eftermäle*, Uppsala 1926, 579–588; deutsche Übers. bei ADOLF DEISSMANN, *Die Stockholmer Weltkirchenkonferenz*, Berlin 1926, 542–548.

Verdandi) an der Universität Uppsala, die öffentliche Diskussionen auf hohem Niveau veranstaltete.[68] Schon der Name ist voll geistvoller Ironie: Verdandi war in der altgermanischen Mythologie die mittlere der drei Nornen, die (neben Urd für die Vergangenheit und Skuld für die Zukunft) für die Gegenwart zuständig war; zugleich war sie diejenige, die am wenigsten Macht besaß. Die Vereinigung wurde 1882 von drei hochkarätigen Männern gegründet: Karl Staaff (1860–1915) und Hjalmar Branting, zwei späteren Ministerpräsidenten (liberal bzw. sozialdemokratisch), sowie dem später als Ökonom bedeutenden Knut Wicksell (1851–1926), einem Malthusianer, der sich für die Geburtenkontrolle einsetzte. In dieser Vereinigung vertrat man (für damalige Verhältnisse) radikale humanistische, zum Teil atheistische Positionen, die man mit der Arbeiterbewegung und den Liberalen teilte: für Gedankenfreiheit, gegen sexuelle Prüderie, Klassengrenzen, automatische Mitgliedschaft in der Staatskirche, für eine grundlegende Veränderung der konservativen staatlichen Politik im Allgemeinen, gegen den herrschenden Nationalismus und für eine Öffnung für geistige Strömungen des Auslandes. In diesem Sinn setzte man sich für eine verbesserte Volksbildung ein. Besonders großes Aufsehen erregte die »Sittlichkeitsdebatte« im Jahr 1887, in der sich die Hauptredner für die Verwendung von Verhütungsmitteln aussprachen. (Die Vereinigung besteht bis heute. Sie wandte sich in den dreißiger Jahren strikt gegen den Nationalsozialismus, driftete im Zusammenhang mit dem Umbruch von 1968 weit nach links ab, ist aber inzwischen zu liberalen Positionen zurückgekehrt.)

In engem sachlichen Zusammenhang mit diesen Bestrebungen steht das Wirken der humanistisch-atheistischen Frauenrechtlerin und Pädagogin Ellen Key (1849–1926). Sie hat sich für die Arbeiterbewegung und für den Guttemplerorden eingesetzt. Besonders bekannt geworden ist ihr Buch »Das Jahrhundert des Kindes«[69], das sich auf Grund von Anregungen Rousseaus gegen den damals gängigen autoritären Erziehungsstil richtet und – zu jener Zeit geradezu revolutionär – die Koedukation befürwortet.

Einen Schritt über den bisher behandelten Zeitraum hinaus führt uns der erste positivistische Philosoph, der in Uppsala einen Lehrstuhl bekam, Axel Hägerström (1868–1939), der hier jedenfalls anhangsweise noch besprochen werden muss. Er war ein scharfsinniger Mann, dessen Wirkung aber, wie es scheint, auf die Fachphilosophie beschränkt blieb. Jedenfalls war er kein feuriger Polemiker wie sein Schüler und späterer Nach-

---

68 Vgl. die homepage der Vereinigung http://www.föreningenverdandi.se/historik. htm (9.6.2007). Das Pendant dieser Vereinigung in Lund hieß: De unge (bzw. yngre) gubbarna, Die jungen (bzw. jüngeren) Greise; vgl. EDVARD RODHE, Svenska kyrkan omkring sekelskiftet, Stockholm 1930, 151–159.
69 ELLEN KEY, Barnets århundrade, Stockholm 1900.

folger Ingemar Hedenius (1908–1982), der mit scharfen Attacken gegen das Christentum und rhetorischem Geschick schwedische Kirchenleute und Theologen in arge Bedrängnis brachte[70]; sein Einfluss ist noch in der Umwandlung der theologischen Fakultäten in religionswissenschaftliche als Teil der Universitätsreform von 1969–1977 zu spüren und hat einen Siegeszug positivistischer Denkweise – als Abwehrbewegung – in der Theologie verursacht. Einen derartigen Sturm hat Hägerström nicht ausgelöst. Das mag einer der Gründe dafür sein, dass Söderblom, der gewiss nicht konfliktscheu war, sich nicht eingehend mit ihm auseinandergesetzt hat.[71] Das hängt aber wohl noch mehr damit zusammen, dass Hägerström erst 1911 seine Professur antrat, also ein Jahr, bevor Söderblom nach Leipzig ging. Als dieser 1914 zurückkehrte, war nicht nur der I. Weltkrieg ausgebrochen, sondern mit dem Antritt des Erzbischofsamtes wenige Monate später standen ganz andere Probleme im Vordergrund. Aber für die Kenntnis des Hintergrundes mag der Hinweis auf jenen Philosophen trotzdem nützlich sein.

Hägerström war ein Wertnihilist. Moral – und erst recht Religion – war für ihn irrational und deshalb unwissenschaftlich. Allein der Selbsterhaltungstrieb der Gesellschaft vermag Moral zu begründen. Auf dieser Basis lassen sich dann Sätze über moralische Pflichten formulieren, die aber niemals den Status des Unbedingten erreichen. Die Moral bleibt der Wissenschaft untergeordnet, die es allein mit dem logisch Notwendigen zu tun hat. Das ist die Grundvoraussetzung, von der aus das Denken Hägerströms zu verstehen ist.

Zwei Titel aus seinem veröffentlichten Werk sind für uns interessant: ein Vorlesungsmanuskript über Jesus, das sich mit dem moralischen Fragenkreis beschäftigt, und das auf Deutsch geschriebene Buch *Das Prinzip der Wissenschaft*.[72] Jesus wird kritisiert, weil er zu individualistisch und zu kompromisslos gewesen sei, ganz auf die Hingabe an Gott fixiert und ohne Sinn für die von Emotionen und Affekten unabhängige Pflicht und für die Selbstachtung der Menschen (76.83.128). Stattdessen erhebe er die unmögliche Forderung einer allgemeinen Liebe, was bei ihm selber

70 Vgl. vor allem INGEMAR HEDENIUS, *Tro och vetande*, Stockholm 1949.
71 Eine anonyme Anspielung in *Tre livsformer*, Stockholm 1922, 106–108, auf die mich Staffan Runestam hinweist, zeigt freilich, dass Söderblom Hägerström durchaus zur Kenntnis genommen hat. Er wird dort voller Respekt als Beispiel für den unbedingt wahrhaftigen Forscher dargestellt, der, peripatetisch in seine Gedanken vertieft, sich in strenger Konzentration allein dem »einzig Notwendigen« widmet. Vgl. dazu das Folgende.
72 AXEL HÄGERSTRÖM, *Jesus. En karaktärsanalys* (Vorlesung 1907), bearb. u. hg. v. M. Fries, Stockholm 1968; ders., *Das Prinzip der Wissenschaft. Eine logisch-erkenntnistheoretische Untersuchung I. Die Realität* (SHVU XII/3), Uppsala 1908. Danach jeweils die Seitenzahlen im Text.

zu großer Liebe und ebenso großem Hass führe (44. 46). Hägerström will die Größe Jesu zwar nicht bestreiten, aber zugleich attestiert er ihm eine ungeheure Selbstüberhebung und geistliche Machtgier (57 f 136). Das ist begreiflich, wenn man der Gottesbeziehung Jesu keine Wirklichkeit zuschreiben kann.

Das führt uns zu der anderen genannten Schrift und damit zu dem entscheidenden Punkt, dem Realitätsverständnis Hägerströms. Realität ist nichts anderes als das den Sinnen und dem Verstand Gegebene. Sie ist schlechthin evident, das Wissen von ihr ist absolut. Realität ist mit sich selbst identisch und existiert mit Notwendigkeit (54 f). Sie stellt einen gesetzmäßig determinierten Zusammenhang dar (63). Damit ist nicht ihre Objektivität im Sinne einer Unabhängigkeit vom menschlichen Bewusstsein behauptet, sondern die Unhintergehbarkeit des unmittelbaren Zusammenhanges zwischen dem physischen Prozess der Wahrnehmung und der sie zum Ausdruck bringenden Realitätsaussage (60. 66). Philosophiegeschichtlich geredet, ist damit die vorkritische Metaphysik ebenso negiert wie Kants transzendentale Apperzeption. Auf schwedische Verhältnisse bezogen, ist es der späte Abschied von den bis dahin weithin herrschenden idealistischen Konzepten. Die Folgen dieses Vorgangs für das allgemeine Geistesleben blieben freilich vorerst noch begrenzt.

Söderblom hat sich vor allem an Geijer und auch an Idealisten wie Wikner und Norström orientiert. Diese Gruppe von Denkern schien ihm einen dritten Weg zwischen kirchlicher Orthodoxie und atheistischem Monismus aufzuzeigen[73], der sich nicht zuletzt auch mit seiner künstlerischen Ader verbinden ließ. Musik und bildende Kunst haben für Söderblom neben seinen wissenschaftlichen, literarischen und philosophischen Interessen lebenslang eine große Rolle gespielt. So hat er u.a. mit dem bedeutenden impressionistischen Maler Anders Zorn (1860–1920) und dem Bildhauer Carl Milles (1875–1955), Schöpfer monumentaler Werke, lebhaften Kontakt gehabt.

3. Die kirchliche Lage

Hinsichtlich der kirchlichen Entwicklung muss man sich zunächst die tiefgreifenden Unterschiede zur deutschen Situation klar machen. Zwar studierten viele Schweden in Deutschland, und viele hatten dort ihre Frauen kennen gelernt. Die schwedische Kirche teilte mit den deutschen Lutheranern die gleichen Bekenntnisschriften. Es gab also viele ganz elemntare Gemeinsamkeiten. Aber das Land war nicht konfessionell gespalten. Diese

---

73 So zutreffend J.M. VAN VEEN, a.a.O. (wie Anm. 2), 20.

Homogenität hat zusammen mit ihrer Unterstützung durch den Staat und dem starken Einfluss der Erweckungsbewegungen viel dazu beigetragen, dass die Entkirchlichung in Schweden im fraglichen Zeitraum längst nicht so weit fortgeschritten war wie in Deutschland.

Im Lande selbst bildet die kirchliche Entwicklung einen starken Kontrast zu den bis hierher geschilderten gesellschaftlichen Veränderungen und auch zu den geistigen Bewegungen. Nachdem zu Anfang des 19. Jahrhunderts die vom Kontinent kommende Neologie nachhaltig gewirkt hatte, überwiegt in dessen letztem Drittel eine konservative Einstellung, zumindest was die Amtskirche angeht. Sie sah sich einer doppelten Bedrohung ausgesetzt, die einen solchen Rückzug verständlich macht. Zum einen ist da der moderne Materialismus, der ihr in der Arbeiterschaft und auch unter den Intellektuellen begegnet, zum anderen das rasche Wachstum der aus den Erweckungsbewegungen hervorgegangenen Freikirchen. So sah sie sich in der Frage des kirchlichen Bekenntnisses lediglich zu einer leichten Lockerung in der Lage, insofern sie auf der Synode von 1893 die Verbindlichkeit der lutherischen Bekenntnisschriften auf die Confessio Augustana reduzierte und den Amtseid der Pfarrer zu einem einfachen Versprechen umwandelte.[74]

In der sozialen Frage hat die Kirche in Schweden, ähnlich wie in vielen anderen Ländern, ziemlich hilflos agiert. Sie beschränkte sich negativ auf scharfe Abgrenzung von der Sozialdemokratie wegen deren Religionsfeindschaft und positiv auf karitative Tätigkeit und das Angebot prinzipieller Offenheit des Gemeindelebens für Arbeiter, sofern diese denn Wert darauf legten.[75] Erst gegen Ende des Jahrhunderts begegnen Visionen einer sozial engagierten Kirche, die auch die politischen Aspekte einschließen, ohne dabei die Kirche in Parteipolitik verwickeln zu wollen. Ein herausragendes Beispiel ist Söderbloms Vortrag über *Die Religion und die soziale Entwicklung* von 1897, auf den wir später zurückzukommen haben.[76]

Auch in der kirchlichen und akademischen Theologie überwiegt eine konservative Grundhaltung. Sie hatte in Lund um die Mitte des Jahrhunderts eine hochkirchliche Färbung, die sich aber auch Einflüssen anderer Art, so Hegels und Martensens, öffnete. Uppsala war eher *low church* und pietistisch bestimmt.[77] Allemal dominierte das traditionelle Luther-

---

74 Vgl. E. RODHE, a.a.O. (wie Anm. 68), 5–8.
75 Vgl. E. RODHE, a.a.O. (wie Anm. 68), 36–43.
76 NATHAN SÖDERBLOM, *Religionen och den sociala utvecklingen*, in: Religionsvetenskapliga kongressen i Stockholm 1897, hg. v. S.A. Fries, Stockholm 1898, 76–143; dt.: SgV 10, Freiburg 1898.
77 Vgl. GUSTAF AULÉN, *Till Belysning af den lutherska kyrkoidén, dess historia och dess värde*, Uppsala und Leipzig 1912, 153–219; ders., *Hundra års svensk kyrkodebatt. Drama i tre akter*, Stockholm 1953, 13–55.

tum. Noch abgeschreckt durch die Debatten über David Friedrich Strauß und über Rydbergs Christusbuch, betrachtete man an den Fakultäten die moderne kritische Exegese deutscher Provenienz mit höchstem Argwohn. Dazu muss man wissen, dass Friedrich Schleiermacher, der in Deutschland eine neue Ära der Theologie eingeläutet hatte, in Schweden zwar auf Grund der Arbeiten des Kirchenhistorikers Henrik Reuterdahl (1795–1870) bekannt war, aber weit weniger Einfluss hatte, weshalb sich hier keine Vermittlungstheologie etabliert hat, welche die Gegensätze hätte mildern können.[78] Zusätzlich sah die Kirche ihr religiöses Monopol durch die Erweckungsbewegungen in Gefahr.

Das muss nun erläutert werden. Die schwedische Kirche war bekanntlich noch eine Staatskirche. Sie hatte zwar, wie bereits erwähnt[79], auf dem *Uppsala Möte* von 1593 kraft der Entschiedenheit ihrer Geistlichkeit und mit Hilfe ihrer in der Reformation durch den Übertritt fast aller Bischöfe zur neuen Lehre intakt gebliebenen Verwaltung den Versuch staatlicher Einmischung in Lehrfragen ein für allemal zurückgewiesen. Doch auf der Ebene der Personalpolitik war die Verklammerung mit dem Staat durchaus eng. Der König ernannte die Bischöfe auf Grund eines von der Synode gemachten Dreiervorschlages, an dessen Reihenfolge er jedoch nicht gebunden war. Die Pfarrer waren staatliche Beamte. Sämtliche Trauungen und Beerdigungen wurden durch die Kirche vollzogen, sie hatte die Personenstandsregister zu führen. Jeder Staatsbürger gehörte ihr mit seiner Geburt automatisch an (erst 1996 wurde die Taufe zur Bedingung der Mitgliedschaft gemacht). Sie hatte die Aufsicht über die 1842 eingerichteten Volksschulen, die endgültig erst 1958 aufgehoben wurde. Das so genannte Hausverhör (*husförhör*), die Kontrolle der Katechismuskenntnisse in den Häusern, die u. a. auch die staatlich-bildungspolitische Funktion der Überprüfung der Lesefähigkeit hatte, war bis etwa 1900 in Übung.

Seit dem späten 18. und besonders dem frühen 19. Jahrhundert erhoben sich sowohl gegen orthodoxe Starrheit als auch gegen neologische Flachheit sowie gegen organisatorische Unbeweglichkeit der Staatskirche verschiedene Erweckungsbewegungen, deren Nachwirkung vielfach bis heute spürbar ist.[80] Grob lassen sich zwei Hauptformen unterscheiden. Die eine steht unter der Führung von Pfarrern, die andere überwiegend unter der von Laien.

---

78 Darauf macht Reinhart Staats aufmerksam: *Adolf von Harnack in Schweden und Norwegen*, in: K. Nowak u. O. G. Oexle (Hg.), A. v. Harnack. Theologe, Historiker, Wissenschaftspolitiker (VMPIG 161), Göttingen 2001 (343–364), 346.

79 S. o., S. 31.

80 Vgl. zum Folgenden Pentti Laasonen, *Erweckungsbewegungen im Norden im 19. und 20. Jahrhundert*, in: Geschichte des Pietismus, hg. v. M. Brecht u. a., Bd. 3, Göttingen 2000, 321–357.

Für die erste Form ist der Lundenser Pfarrer Henrik Schartau (1757–1825) repräsentativ. Zunächst von Herrnhut beeinflusst, aber der gefühlsbetonten Frömmigkeit und dem Konventikelwesen abhold, orientierte er sich theologisch seit 1787 an der lutherischen Orthodoxie und dem württembergischen Pietismus. Das Amt der Wortverkündigung und Sakramentsverwaltung war die Grundlage. Aber die Lehre muss sich in einem heiligen Leben bewähren. Deshalb kommt es auf den rechten Pfarrer an, der den Einzelnen persönlich und zuverlässig zu einem frommen Leben anleiten kann. Daraus ergibt sich für Schartau die freie Pfarrerwahl, also die Ablehnung des Parochiezwangs (*sockenbandet*), freilich ohne dass er der Staatskirche den Rücken kehren wollte. Die Kirchenleitung reagierte mit der Versetzung von schartauanischen Pfarrern in entlegene Gebiete – mit dem Erfolg eines umso rascheren Wachstums der Bewegung, weil die Menschen nun zum Teil weite Reisen, auch über mehrere Tage, zu »ihrem« Pfarrer unternahmen. Das Hauptverbreitungsgebiet der Bewegung ist die Westküste, wo man ihre Spuren bis heute wahrnehmen kann.

Der andere Typus, die Laienbewegung, ist aufs Ganze gesehen ungleich wirkungsmächtiger gewesen. Da sind zunächst seit dem Anfang des 19. Jahrhunderts in Nordschweden die *läsare*, Leser, so genannt, weil sie eifrig Andachtsbücher lasen. Es handelt sich um lokale Bewegungen überwiegend einfacher Leute. Kennzeichnend ist hier ein herrnhutisch gefärbter, konservativer Pietismus. Ein Teil der Bewegung war ziemlich radikal, mit Konventikelbildung, separatistischen Tendenzen und auch ekstatischen Zügen. Ihre Anhänger verstanden sich aber als wahre Lutheraner. Sie nahmen Anstoß an den neuen Kirchenbüchern (Agende usw.), in denen sie meinten Irrlehren wahrnehmen zu können. Sie gingen daher zu Laientaufen (auch als Wiedertaufen) über und praktizierten das Laienabendmahl. In diesen Zusammenhang gehört der lappländische Pfarrer Lars Levi Laestadius (1800–1861), dessen Anhänger sich zunächst in Nordschweden, dann aber vor allem in Finnland ausgebreitet haben. Auch hier spielen ekstatische Phänomene eine Rolle, ferner das öffentliche Sündenbekenntnis vor der ganzen Gemeinde, und nicht zuletzt strenge Enthaltsamkeit von Alkohol. Auch hier zerschnitt man nicht das Band zur Staatskirche, erkannte sie aber nur als Behörde an und bestimmte das geistliche Leben selbst.

Noch gewichtiger und überdies von besonderer Bedeutung für den Gegenstand der vorliegenden Arbeit ist eine weitere Laienbewegung, die neuevangelische Erweckung, die um die Mitte des 19. Jahrhunderts aufkam. Ihr gehörte nämlich Söderbloms Vater an. Die Neuevangelischen standen unter starkem angelsächsisch-kongregationalistischem Einfluss, insbesondere durch den schottischen Methodisten George Scott. Ihr bedeutendster schwedischer Führer war der Laienprediger Carl Olof Rosenius

(1816–1868), Sohn eines norrländischen Pfarrers, der den *läsare* angehörte. Er wurde 1830 erweckt, studierte ein Semester Theologie in Uppsala, brach das Studium jedoch ab und geriet in tiefe Zweifel am göttlichen Ursprung der Schrift, aus denen ihm dann Scott heraushalf. Beide zusammen gründeten 1842 die Zeitschrift *Pietisten*; nach Scotts Landesverweisung kurze Zeit später fungierte Rosenius allein als Herausgeber.[81] Söderblom hat Rosenius' Schriften bereits in seiner Kindheit kennen gelernt, weil sie in der Familie viel gelesen wurden, und Spuren dieser Frömmigkeit finden sich zeitlebens bei ihm, allerdings ohne deren Enge.[82]

Rosenius unterscheidet scharf zwischen Menschen, die bloß »religiös«, und solchen, die »erweckt« und somit wirkliche Christen sind. Bei den Ersteren lassen sich wiederum zwei Stufen voneinander abheben: Zunächst wissen sie nur theoretisch, dass Christus unser Erlöser ist, sodann erkennen sie, dass sie Sünder sind, und fechten einen inneren Kampf (Bußkampf) aus, um aus eigener Kraft zum Glauben und zu einer christlichen Lebensführung zu gelangen. Sowohl das bloße dogmatische Wissen als auch die eigene Aktivität gehören auf die Seite des Gesetzes, sofern sie dem Menschen das Heil verschaffen sollen. Die innere Erschütterung müsse deshalb unbedingt erfolgen, heißt es weiter, denn ohne ein solches Widerfahrnis gebe es keine wirkliche Veränderung. Aber sie ist noch nicht die Erfahrung der Gnade, sondern die der Verdammung. Nicht im Sturm des Bußkampfes, sondern in einem »sanften Sausen« erfahre der Mensch Gottes Gnade, wie Rosenius in Anlehnung an I Reg 19,11–13 schreibt. Das geschieht allein durch Gottes Wort. Der Glaube ist Gottes Werk, nicht das des Menschen. Deshalb dürfe sich der Glaube auch nicht auf sich selbst oder auf fromme Gefühle gründen, denn das sei nur eine subtile Form der Gesetzesgerechtigkeit. Allein das ihm vorgegebene Verdienst des Lammes (im Sinne der anselmischen Satisfaktionslehre) sei sein Grund.[83] Was er durch Gottes Wort gewinnt, ist wiederum nicht ein Zuwachs an Erkenntnis, sondern eine neue Ausrichtung des Herzens, frohe innere Gewissheit (515). Das ist ein neuer Zustand der Seele, der freilich nicht unangefochten bleibt, sondern immer wieder dem Zweifel ausgesetzt ist. Darin kommt

---

81 Vgl. ERNST LÖNEGREN, *Carl Olof Rosenius* (Skrifter till 1800-talets kyrkohistoria 5), Stockholm 1913, 2–6.

82 Vgl. ERLAND EHNMARK, a.a.O. (wie Anm. 2), 136. Zum Folgenden vgl. den ganzen Zusammenhang 136–144.

83 CARL OLOF ROSENIUS, *Hwad fattas mig ännu?*, Samlade Skrifter I, Rock Island 1896 (540ff.), 540–542; ders., *Christendomens Schibbolet* (ebd., 513ff.), 516f 519–521. Vgl. N. SÖDERBLOM, *Från Upsala till Rock Island* (wie Anm. 10), Stockholm ²1924, 24: »... så få vi icke bygga vår kristendom på känslor och på erfarenheter. ... Utan tron skall bygga på Honom, som vållade erfarenheten.« (so sollen wir unser Christentum nicht auf Gefühle und auf Erfahrungen bauen. ... Sondern der Glaube soll auf Ihn bauen, der die Erfahrung bewirkte.)

nicht nur Rosenius' Nähe zu Luther und Wesley zum Ausdruck, sondern auch die eigene Lebenserfahrung nach seiner religiösen Wende.[84]

Das Verdienst von Rosenius besteht zweifellos darin, in scharfem Gegensatz zur Gesetzlichkeit und auch Selbstgerechtigkeit der *läsare*-Bewegung dem reformatorischen *sola gratia* wieder zum Durchbruch verholfen zu haben. Man hat jedoch zu Recht darauf hingewiesen, dass er – trotz seiner eigenen fast ängstlichen Gewissenhaftigkeit – im Gegenzug allzu einseitig die auf Golgatha schon vollzogene Erlösungstat betont, auf Kosten der praktischen Umsetzung des Glaubens ins tätige Leben des Christen. So sei die Bedeutung des irdischen Berufs bei ihm massiv unterbelichtet. Auch fehle ihm Luthers Sinn für das Natürliche und für Kunst und Wissenschaft und nicht zuletzt dessen Humor.[85] Man wird hinzufügen dürfen: Trotz seiner Wende von der Gesetzlichkeit zum Evangelium hat er weder die biblizistische Enge noch die einseitige Konzentration auf das einzelne fromme Subjekt überwinden können. Seine geistliche Wirkung auf das Schweden seiner Zeit ist jedoch kaum zu überschätzen. Sie äußerte sich vornehmlich in dem intensiven religiösen Leben kleiner Zirkel von Laien – aber auch in missionarischen Bemühungen unter den »unerweckten« Mitgliedern der Kirche.

Zum Verständnis der Laienbewegungen insgesamt ist es nicht unwichtig zu wissen, dass es in Schweden seit 1726 ein speziell gegen die Pietisten gerichtetes Gesetz gab (*Konventikelplakatet*), das Andachten kleiner Zirkel in Privathäusern verbot.[86] Das führte nicht selten zu Konflikten. Aber auch vor Ort schufen die Absonderung und die strenge Lebensweise der »Heiligen« oft erhebliche Probleme. Andererseits prägten die Erweckungsbewegungen während des ganzen 19. Jahrhunderts die Staatskirche in erheblichem Maße mit. Das dürfte unter anderem dazu beigetragen haben, dass die Einstellung von Kirche und Staat zu ihnen in den fünfziger und sechziger Jahren allmählich toleranter wurde. Das Konventikelgesetz wurde 1858 aufgehoben. Schon 1855 war der Zwang zum Gottesdienstbesuch gefallen, und 1860 wurde der Austritt aus der Staatskirche für den Fall erlaubt, dass man einer anderen Religionsgemeinschaft beitrat, wenngleich die Bedingungen zunächst noch recht ungünstig waren. 1873 gab es hier Erleichterungen. Aber erst 1951 wurde ein umfassendes Gesetz allgemeiner Religionsfreiheit erlassen.

Auch die organisatorische Konsolidierung der Erweckungsbewegung, deren Auswirkungen bis in die Gegenwart reichen, fällt in unseren Zeit-

---

84 Vgl. ROSENIUS, a.a.O., 542f, E. LÖNEGREN, a.a.O. (wie Anm. 81), 4, und E. EHNMARK, a.a.O. (wie Anm. 82), 421.

85 Vgl. E. LÖNEGREN, a.a.O. (wie Anm. 81), 10f 13f 17–19.

86 Hierzu und zum Folgenden vgl. LAASONEN, a.a.O. (wie Anm. 80), 351–356.

raum.[87] Die erste Maßnahme ist die Gründung der *Evangeliska foster-landsstiftelse* 1856 durch die Neuevangelischen, darunter Rosenius.[88] Sie sollte das innere Leben der Kirche stärken. Zunächst nur für die Aussendung von Kolporteuren zur Verteilung von Erbauungsliteratur gedacht, entwickelte sie bald eine rege Tätigkeit von Laienpredigern. Bewusst wurden aber keine eigenen Gemeinden, sondern – mit Hilfe von Spenden – Missionsvereinigungen mit ehrenamtlichen Mitarbeitern gebildet. Die Stiftung wurde geduldet und trotz gewisser separatistischer Tendenzen 1868 von der Kirche anerkannt, weil sie als Auffangbecken für die pietistischen Kräfte und als Bollwerk gegen Baptisten, Methodisten und Heilsarmee diente. Die Organisation ist bis heute in der Kirche verblieben. Sie unterhält zurzeit acht Volkshochschulen, eine theologische Hochschule in Linköping und Missionsstationen in sieben Ländern.

Die Position der *Fosterlandsstiftelse* war manchen nicht pointiert genug. So spaltete sich 1878 eine Gruppe ab und begründete *Svenska missionsförbundet*, das sich in der Folgezeit zu einer Freikirche entwickelte (seit 2003 unter dem Namen *Svenska missionskyrka*).[89] Der wichtigste theologische Mentor des *Missionsförbundet* ist Paul Petter Waldenström (1838–1917), ein Pfarrer, der wegen eines Konfliktes mit der *Fosterlandsstiftelse* diese verlassen und 1882 auch Abschied vom Pfarramt genommen hatte. Er verfügte über gute Kontakte zu amerikanischen Kongregationalisten und wirkte auf dieser Linie bei der Organisation der neuen Freikirche mit. Auch dogmatisch ging er eigene Wege, indem er die anselmische Lehre von der stellvertretenden Sühne durch den Kreuzestod Christi ablehnte, die zum Kernbestand damaliger lutherischer Orthodoxie gehörte. Gottes Zorn gelte nicht dem Sünder, sondern der Sünde. Deshalb müsse nicht Gott besänftigt, sondern der Mensch dadurch mit Gott versöhnt werden, dass dieser ihm aus verzeihender Liebe die Sünde abnimmt. Das sei es, was Christus als Gottes Stellvertreter – nicht als unser Stellvertreter – getan habe. Außerdem erklärte er, ebenso wie viele andere Erweckungsprediger, die Laientaufe als gleichwertig mit der Nottaufe, was faktisch auf eine Gleichstellung mit der regulären kirchlichen Taufe hinauslief. *Svenska missionskyrkan* ist heute die zweitgrößte Kirche in Schweden und auf Grund ihrer lebhaften Missionstätigkeit auch in etlichen asiatischen und afrikanischen Ländern vertreten.

Zwei Auswirkungen der Erweckungen auf die schwedische Gesellschaft insgesamt verdienen besondere Erwähnung, die sich bereits im 19. Jahrhundert bemerkbar machten, deren Ursprung aber heute oft nicht mehr

87 Zum Folgenden vgl. P. LAASONEN, a.a.O. (wie Anm. 80), 336–338.
88 Vgl. die Website: www.efs.nu (15.12.2009).
89 Vgl. die Website: www.missionskyrkan.se/historik (20.12.2004).

im allgemeinen Bewusstsein ist. Das ist zum einen ihr Einfluss auf die Abstinenzbewegung, die in den skandinavischen Ländern mit ihren langen dunklen Wintern eine wichtige soziale Funktion hat. Zweitens haben die Erweckungen einen nicht zu unterschätzenden Anteil an der Demokratisierung des Landes gegenüber dem im 19. Jahrhundert überwiegend konservativen Verbund von Staat und Kirche gehabt. Beides ist auch von Söderblom aufgenommen und weiterentwickelt worden.

Die von Laien getragenen Erweckungsbewegungen, die unter starkem angelsächsischem Einfluss standen, waren zugleich eine Art Türöffner für internationale, ebenfalls angelsächsisch bestimmte christliche Organisationen. Das sind vor allem der schwedische Zweig des YMCA (schwedisch KFUM, *Kristliga föreningen av unga män*), der 1887 gegründet wurde und Karl Fries (1861–1943) als ersten Generalsekretär hatte, sodann die Studentenmissionsvereinigung, ebenfalls in den 1880er Jahren entstanden (Uppsala 1884), die in engem Zusammenhang mit dem amerikanischen *Student Volunteer Movement* stand (gegründet 1886). Deren *spiritus rector* war der bekannte Evangelist Dwight Lyman Moody (1837–1899). Das Schlagwort dieser ursprünglich für die Vorbereitung überseeischer Missionseinsätze gedachten Bewegung, die ab 1888 zu jährlichen Konferenzen in Northfield/Mass. einlud, war: Evangelisation der Welt in dieser Generation. An der Konferenz von 1890 hat Söderblom teilgenommen; das war für ihn eines der wichtigsten Ereignisse in seinem Leben. Einer der beiden Leiter der Bewegung war John R. Mott (1865–1955), unter dessen Initiative sie 1895 im schwedischen Vadstena zu dem internationalen *Student Christian Movement* ausgeweitet wurde.[90] Im Übrigen begann in den 1890-er Jahren die Zeit der nordischen Treffen christlicher Studenten, die das Ende der Isolierung der schwedischen Kirche einläuteten – wirksamer als Aktivitäten von Kirchenführern wie die ausgiebigen Auslandsreisen des Bischofs von Visby, Knut Henning Gezelius von Schéele (1838–1920), die noch so vereinzelte Phänomene waren, dass sie in kirchengeschichtlichen Abhandlungen eigens erwähnt werden.[91]

Zuletzt muss hier die aus den Vereinigten Staaten herübergekommene Pfingstbewegung erwähnt werden, die sich unter der Leitung des ehemaligen Baptistenpfarrers Lewi Pethrus (1884–1974) ab 1907 rasch ausbreitete und heute eine der größten Freikirchen Schwedens ist. Mit ihr ist zwar

---

90 Vgl. Ruth Franzén, *Draghjälp och/eller hinder? Skandinavism, nationalism och nordiska kristna möten.* In: Kyrka och nationalism i Norden. Nationalism och skandinavism i de nordiska folkkyrkorna under 1800-talet, hg. v. I. Brohed (BHEL 39), Lund 1998 (357–378), 369 f.

91 Vgl. E. Rodhe, a.a.O. (wie Anm. 68), 140. 391–396. Von Schéele war übrigens von 1879–1885, vor seiner Ernennung zum Bischof, der Vorvorgänger Söderbloms auf dessen Lehrstuhl in Uppsala.

der hier behandelte Zeitraum bereits überschritten, aber man muss ihre nicht zu unterschätzende Wirksamkeit im Folgenden mit im Kopf haben, auch wenn Söderblom sich nur selten explizit zu ihr geäußert hat.[92]

Damit ist die Skizze des Hintergrunds von Söderbloms Wirken abgeschlossen und der Weg frei für den eigentlichen Gegenstand dieser Arbeit. Wir wenden uns jetzt Söderblom selbst zu. Dabei werden wir sein Denken und Wirken in ständigem Bezug auf die konkreten Herausforderungen, die es provoziert haben und auf die er reagiert hat, genetisch rekonstruieren. Auf diese Weise wird es hoffentlich gelingen, der Gefahr eines vorgefassten Schemas zu entgehen und der Lebendigkeit dieses Denkens gerecht zu werden, ohne doch im biographischen Detail zu versinken. Dabei gilt es besonders auf die Querverbindungen zwischen den verschiedenen Tätigkeitsgebieten Söderbloms zu achten, um dem vielfach geäußerten Vorwurf zu begegnen, er habe sich je länger desto hoffnungsloser verzettelt. Er besaß im Gegenteil eine ganz außergewöhnliche Konzentrationsfähigkeit, mit der er mühelos bei jeder einzelnen Tätigkeit das ganze weite Spektrum seiner Arbeit im Auge behielt. Hier ist die Rede vom Genie durchaus angemessen. Dass ihm dabei trotzdem gelegentlich – erstaunlich selten – auch Inkonsequenzen und Inkonzinnitäten unterlaufen, ist nur natürlich. In ihnen melden sich in aller Regel tiefer liegende Probleme, die manchmal erst viel später virulent wurden.

---

92 Vgl. die Homepage www.pingst.se/I Sverige (4.1.2010), sowie SÖDERBLOMS Artikel *Väckelse och enskild själavård*, in: Församlingsbladet. Evangelisk veckoblad 19/1922, Nr. 40 (5.10.), 1 + 6, dessen erster Teil eine sehr ausgewogene Stellungnahme zur Pfingstbewegung enthält.

SÖDERBLOMS LEBEN UND WIRKEN

I.

Jugend- und Lehrjahre

a Kindheit und Schulzeit

Das kleine Dorf Trönö liegt in der Provinz Hälsingland, unweit Söder-hamn und der schwedischen Ostküste. Die schöne alte Bauernkirche aus Feldsteinen und mit einem hölzernen Glockenturm, erbaut um 1200 und von einem mittelalterlichen steinernen Wall umgeben, liegt zusammen mit dem Pfarrhaus auf einer Anhöhe, von wo aus man einen weiten Blick über die Felder und Wiesen des Tals hat, das in der Ferne von einer mäßig ho-hen Bergkette gesäumt ist. Innen hat die Kirche ein weiß getünchtes spät-gotisches Sterngewölbe, eine herrliche farbenfroh bemalte Renaissance-Kanzel aus dem 17. Jahrhundert, ein altes Kruzifix und etliche schlichte gotische Heiligenfiguren, aber auch das Bild eines Furcht erregenden Dra-chens am Chorfenster, dem Menschenleiber in den geöffneten Rachen fal-len, als Symbol des Jüngsten Gerichts. Hinten befinden sich zwei überei-nander angebrachte hölzerne Emporen, von deren oberer man nur durch einen schmalen Spalt nach unten blicken kann – Zeichen für den zuneh-menden Platzmangel (1895 musste die Kirche aus diesem Grund zuguns-ten einer neuen aufgegeben werden und steht seitdem zur Besichtigung offen).

Von 1863 bis 1873 wurde das Pfarrhaus von Jonas Söderblom (1823–1901) und seiner Ehefrau Sophia, geb. Blume (1838–1913) bewohnt. Als deren zweiter Sohn wurde hier am 15. Januar 1866 Lauritz (Lars) Olof Jonathan Söderblom geboren, von Kindheit an Nathan genannt. Der erste Sohn Johan Fredrik war bereits als Kleinkind gestorben. Im Lauf der Jahre kamen noch fünf weitere Geschwister hinzu, von denen eines, ein kleines Mädchen, ebenfalls im Säuglingsalter verstarb.

Der Vater hieß ursprünglich Jonas Jonsson und war ein Sohn des von der norrländischen Erweckung geprägten Bauern und Kirchenvorstehers Jon Olsson. Als Student entschloss sich Jonas, der neuen Sitte zu folgen und statt des Patronymikons einen vererbbaren Nachnamen anzunehmen. Er setzte ihn aus Söderala, dem Ort in Hälsingland, an dem er aufgewach-sen war, und seiner Vorliebe für die vielen hübschen Feldblumen, die es dort gab, zu Söder-blom zusammen – »eine echt schwedische, ein bisschen banale und lyrische Namensbildung«, wie seine Schwiegertochter mit gut-mütigem Spott geschrieben hat.[93]

Auch Jonas Söderblom war, wie sein Vater, zunächst ein Anhänger der altpietistischen, gesetzlichen »läsare«-Frömmigkeit. Nach einer schweren seelischen Krise als junger Hilfsprediger in Hanebo, die ihn in ein unerbittliches asketisches Büßerleben und an den Rand einer psychischen Erkrankung trieb (19), fand er zu der mehr evangelischen Richtung von Carl Olof Rosenius, der er sich von nun an mit brennendem Eifer verschrieb. Seinem Herkommen gemäß höchst konservativ, war er doch ein kluger, theologisch sehr gebildeter Kopf. Die Strenge und asketische Rücksichtslosigkeit gegen sich selbst ist ihm geblieben. Für seine Gemeinde setzte er sich als Prediger und Seelsorger bis an die äußersten Grenzen seiner Kraft ein, eindringlich mahnend, hilfreich tröstend. Wenn er sich wieder einmal nach Beendigung nur der halben Mahlzeit vom Mittagstisch erhob, um zu seinem nächsten Gemeindebesuch zu eilen, pflegte er das mit dem Satz zu kommentieren: »Ein hungriger Hund jagt besser.« Aber er hing auch an seiner Familie, pädagogisch wenig geschickt, aber nicht nur hart, sondern auch von rührender Liebe und Fürsorglichkeit, nicht nur von tiefernster Willensenergie, sondern auch lebhaft und zum Scherzen fähig. Als er 1873 in Bjuråker (wie auch seine späteren Tätigkeiten ebenfalls in Hälsingland) zur Wahl für die Pfarrstelle anstand, sagte der zuständige Propst auf Anfrage: »Wenn ihr einen haben wollt, der euch den Weg zum Himmel zeigen kann, dann stimmt für Jonas Söderblom« (31). Die Gemeinde hat die Wahl nicht bereut. Nach neun Jahren dort und einem Intermezzo in Hälsingtuna trat er schließlich als 63-jähriger 1886 seine letzte Stelle in Norrala an, die er bis zu seinem Tod versehen hat (33).

Sophia Söderblom war in vieler Hinsicht das genaue Gegenteil ihres Mannes. Sie war die Tochter eines dänischen Arztes, der in den 1830er Jahren während einer Cholera-Epidemie nach Schweden gekommen war, um dem akuten Ärztemangel abzuhelfen. Gemeinsam mit ihrem Mann war ihr die tiefe erweckliche Religiosität. Aber sie hatte nichts von seiner Rastlosigkeit, nichts von seinen asketischen Anwandlungen. Sie war still und sanft, in sich gekehrt und ein wenig träumerisch, humorvoll und ausgesprochen musisch, umsichtig in allem, was sie tat, und sehr einfühlsam. Schon als junge Frau wurde sie von einer beginnenden Schwerhörigkeit heimgesucht. Später, im Zusammenhang mit der Geburt ihrer jüngsten Tochter, kam eine chronische Erkrankung hinzu. Der fortschreitende Hörverlust und eine gewisse Entfremdung der Eheleute hatten zur Folge,

---

93 Vgl. ANNA SÖDERBLOM, *Nathan Söderbloms fader*, in: N. Söderblom, Svenskars fromhet, NF (wie Anm. 51), Stockholm 1941 (9–41), 15. Danach die folgenden Seitenzahlen.

dass sie sich immer mehr auf ihr Zimmer zurückzog. Doch darf man ihre Bedeutung für die Familie, gerade auch für ihren Sohn Nathan, auf keinen Fall unterschätzen. Dieser hat noch als Erzbischof geschrieben: »Ich habe im Leben viele Lehrer gehabt, aber keinen besseren als sie« (24).

In Nathan Söderbloms Charakter findet man natürlich vieles von seinen Eltern wieder. Besonders ähnlich war er dem Vater, mit dem ihn lebenslang ein enges, wenn auch keineswegs konfliktfreies Verhältnis verband, wie schon die große Zahl der zwischen beiden gewechselten Briefe zeigt. Zwei Dinge sind es vor allem, die hier zu nennen sind: der tiefe religiöse Ernst, der das ganze Leben im Pfarrhaus geprägt hatte, und die eiserne Selbstdisziplin und das strenge Pflichtbewusstsein, die ihn zu Arbeitsleistungen stets am Rande der Kraft antrieben, oft genug darüber hinaus. Zwei Beispiele: Söderblom hatte die Fähigkeit, sich auf mehrere Dinge gleichzeitig zu konzentrieren. So konnte er während der Rede eines Konferenzteilnehmers einen Brief schreiben, zwischendurch eine ihm zugeflüsterte Nachricht registrieren, und sofort nach dem Redebeitrag punktgenau auf das Gehörte replizieren. Oder: Der erzbischöfliche Sekretär Nils Karlström berichtet, dass Söderblom mitten in der heißen Vorbereitungsphase der Stockholmer Konferenz eine Visitation angesetzt hatte und auf den Vorschlag, sie doch aufzuschieben, nur antwortete: »Ich habe im Augenblick so viel zu tun, dass ich wirklich eine gewisse Verdünnung [der Arbeitslast] gebrauchen kann« – Verdünnung durch eine anders geartete Arbeit.[94] Eine ähnlich effiziente und rasche Arbeitsweise erwartete er auch von anderen. Der akademische Musikdirektor Hugo Alfvén schildert mit herrlichem Humor, wie er von Söderblom mit der Komposition einer Kantate für die Einweihung einer Kirche beauftragt wurde. Dieser hatte die biblischen Texte dafür ausgesucht, während er gleichzeitig dem verdutzten Musiker ein religionsgeschichtliches Privatissimum gab. Danach meinte er allen Ernstes, die Kantate werde doch wohl »bis zum Nachmittag« fertig sein.[95]

Doch hatte diese Einstellung nichts Verbissenes, sie war nicht von Arbeitswut, sondern von Arbeitsfreude getragen, wie vielfach bezeugt ist. Der beharrliche Einsatz für das als richtig Erkannte, auch wenn es wie im Fall des Plans einer ökumenischen Konferenz lange Zeit völlig unrealisierbar erschien, kennzeichnete lebenslang seine Wirksamkeit. Der Preis waren freilich schwere Magenblutungen schon ab 1906 und ein erster Herz-

94 Vgl. OLLE NYSTEDT, *Ett mötesminne*, in: Hågkomster och livsintryck av svenska män och kvinnor, 15. samlingen, hg. v. S. Thulin: Till minnet av N. Söderblom, Uppsala 1934 (251–253), 251; NILS KARLSTRÖM, *En blick in i verkstaden*, in: Till minnet av Ärkebiskop Nathan Söderblom, Stockholm 1931, ohne Seitenzahl.
95 HUGO ALFVÉN, *I dur och moll. Från Uppsalaåren*, Stockholm 1949, 51–55.

infarkt 1922 mit wiederholt folgenden Attacken von Angina pectoris. Er hat den Schmerz über die Anfeindungen, an denen kein Mangel war, nach außen hin meist verborgen; das wird zur Labilität seiner Gesundheit erheblich beigetragen haben. Dennoch war er eine Lichtgestalt von großer Herzensgüte, immer darauf bedacht, andere zu ermuntern und zu ermutigen.

Aber wir haben weit vorgegriffen. Wir kehren zu Söderbloms Verhältnis zu seinen Eltern zurück. Sein Einfühlungsvermögen für andere Menschen dürfte er vor allem seiner Mutter verdanken. Es äußerte sich in der Mühelosigkeit, mit der er zu den verschiedensten Menschen, vom König bis zum Arbeiter, auf gleicher Augenhöhe Kontakt fand. Diese Extravertiertheit – ebenfalls eher dänisch als schwedisch – hat nicht selten auch Misstrauen erregt und ihm den Vorwurf eingetragen, vor allem ein »Schauspieler« zu sein. Auf die Mutter gehen weiter sein ansteckender Humor und seine hohe künstlerische, vor allem literarische und musikalische Begabung zurück. Als Söderbloms dänischer Freund Edvard Lehmann 1903 bei ihm zu Gast war und seine Mutter kennen lernte, neckte er ihn mit der Bemerkung: »Ach, daher hast du das kleine Quäntchen Vernunft, das du hast!«[96]

Die pädagogische Fähigkeit der Mutter war von grundlegender Bedeutung für die Anfänge von Söderbloms Ausbildung. Er wurde nämlich zuerst von den Eltern unterrichtet und kam erst im Alter von neun Jahren in Hudiksvall in die Schule, wo er zusammen mit zwei jüngeren Geschwistern von einer Frau aus Trönö versorgt wurde. Der Vater, der die große Begabung des Sohnes früh entdeckt hatte und der in seiner Ungeduld nur ja nichts versäumen wollte, um sie zu fördern, unterrichtete ihn schon im Alter von fünf Jahren in Latein und »sammelte in ihm eine Menge unverdauter lateinischer Vokabeln an«, wie dieser sich später erinnerte (25); aber die Hauptarbeit nahm die Mutter wahr – mit deutlich größerem Erfolg. Im Übrigen war die Erziehung recht streng pietistisch. Das tägliche gemeinsame Abendgebet und die Teilnahme auch der Kinder an den sonntäglichen Gottesdiensten mit ihren bis zu 90 Minuten langen Predigten

---

96 Bei ANNA SÖDERBLOM, *Staby prästgård*, in: Axel Runestam u. a., N. Söderblom och Stabby prästgård, Karlstad 1985 (32–45), 38: »Det er derfra, du har den lille Smule Fornuft du har.« MICHAEL NEIIENDAM, *N. Söderblom*, København 1933, 10, schreibt ihm dänischen Humor und schwedischen Sinn für Tradition zu. Zum Stichwort Schauspieler schreibt T. ANDRAE, a. a. O. (wie Anm. 2), 220f mit Recht, es sei Söderblom immer um seine Rolle und die möglichst wirkungsvolle Darstellung der Sache, nicht um sich selbst gegangen. Zu Söderbloms Verhältnis zur Musik vgl. PER ERIK STYF, *N. Söderblom och musiken*, in: N. Söderblom. Präst – Professor – Ärkebiskop, hg. v. C. F. Hallencreutz und Ö. Sjöholm, Uppsala 2000, 65–77.

waren selbstverständlich. Nicht nur gab es im Hause selbstverständlich keinen Alkohol, sondern auch Gesellschaftsspiele und Tanzunterricht kamen nicht in Frage.[97] Dazu kamen teilweise etwas bizarre Abhärtungsideen des Vaters wie das Verbot von Stühlen mit Lehne für die Kinder; hier wird die Mutter manches abgemildert haben.

Söderbloms Jugendzeit ist auch durch die Dürftigkeit der ökonomischen Verhältnisse gekennzeichnet, die damals in Schweden herrschte und auch die Finanzen des Pfarramtes bestimmte. Vater Jonas musste den Unterhalt für seine Familie durch zusätzliche Naturalien aufbessern. Er tat das, indem er, der Bauernsohn, selbst Landwirtschaft betrieb. Das bedeutete, dass die Kinder, allen voran Nathan, schon früh kräftig mitarbeiten mussten – wohl auch zu dem pädagogischen Zweck, einem Intellektuellen-Hochmut vorzubeugen. Noch als Student in den Semesterferien hat er selbstverständlich bei der Landarbeit geholfen. Nicht zuletzt dadurch hat er lebenslang einen so natürlichen Zugang zu Handarbeitern gehabt.

Die Schulzeit in der kleinen Hafenstadt Hudiksvall, 40 km vom Elternhaus entfernt, leitete einen neuen Lebensabschnitt ein. Mit den Klassenkameraden kam er sehr gut zurecht. Seine Begabungen wurden nachhaltig gefördert. So spielte er es-Kornett im Schulorchester und bekam früh Klavierunterricht.[98] Andererseits waren die Mitverantwortung für die Geschwister und die Kämpfe mit den weniger privilegierten Kindern der Stadt für ihn wichtige Erfahrungen. Nicht zuletzt regte der Hafen, aus dem Schiffe nach Finnland und England ausliefen, die Phantasie an, zumal die Liebe zur See ihm von seiner Verwandtschaft her (die drei Brüder seiner Mutter fuhren zur See[99]) im Blut saß. Das wird ihm später als Seemannspfarrer in Calais geholfen haben.

Die Mittelschule und das humanistische Gymnasium in Hudiksvall hat Söderblom rasch durchlaufen: Er war ein Jahr früher als gewöhnlich dort eingeschult worden und hat außerdem eine Klasse übersprungen. So bestand er bereits im Alter von 17 Jahren, mit Deutsch und Französisch als modernen Fremdsprachen (Englisch war lediglich Wahlfach in den letzten beiden Jahren), das schwedische Äquivalent zum Abitur (*studentexamen*, umgangssprachlich: *studenten*). Zwei Jahre zuvor war er von seinem Vater konfirmiert worden. Nach der Prüfung hielt er seine erste Predigt in der Gemeinde des Vaters, wie das damals in Pfarrhäusern verbreitete Sitte war.

97 Vgl. Johan Söderblom, *Från N. Söderbloms ungdomsår*, in: Hågkomster och livsintryck av svenska män och kvinnor, 12. samlingen: Till minnet av Erik Axel Karlfeldt och N. Söderblom, Uppsala ²1931 (162–167), 163.
98 Vgl. dazu und zum Folgenden: Svante Söderblom, *Några minnen av storebror*, in: Hågkomster ... 15 (wie Anm. 94; 36–49), 40f.
99 Vgl. Bengt Sundkler, a.a.O. (wie Anm. 2), 15.

b Studium

So bezog Söderblom 1883 die Universität Uppsala. Die Stadt hatte damals erst ungefähr 17.000 Einwohner. Trotzdem wäre es falsch, sie als Provinznest zu bezeichnen, schon deshalb, weil sie auf eine uralte Tradition zurückblicken konnte. Die ältesten Zeugnisse für die Vorgängerstadt Gamla Uppsala stammen aus dem 6. Jahrhundert. Sie war damals ein germanisches Kultzentrum, und Könige liegen dort unter hohen Erdhügeln begaben. Seit 1164 ist Uppsala Sitz des schwedischen Erzbischofs. 1477 wurde die Universität gegründet, an der viele berühmte Gelehrte gewirkt haben, so der Polyhistor Olof Rudbeck d. Ä. (1630–1702), der Mediziner und Botaniker Carl von Linné (1707–1778), die Physiker Anders Celsius (1701–1744) und Anders Jonas Ångström (1814–1874). Diese Hochschule ist bis heute der größte Arbeitgeber der Stadt. Ihr Wahrzeichen ist der mächtige, größtenteils neugotische Dom im höher gelegenen Teil der Stadt, der in seiner ursprünglichen Form 1435 eingeweiht worden war und in Söderbloms Studienzeit gerade einer gründlichen Restauration unterzogen wurde. In seiner unmittelbaren Nähe steht die zuerst 1302 erwähnte »Bauernkirche« Helga Trefaldighet, an der Söderblom später als Professor zugleich Präbendepfarrer war, und schräg gegenüber von beiden das erzbischöfliche Palais. Auch die wichtigsten alten Universitätsgebäude befinden sich hier oben. Auf dem höchsten Hügel steht das Vasaschloss aus dem 16. Jahrhundert. Für Söderblom lag seine Bedeutung hauptsächlich darin, dass es Schauplatz des »*Uppsala Möte*« (s. o., 31) war, auf dem die schwedische Kirche 1593 gegen den polnisch-schwedischen König Sigismund III. Vasa ihre Eigenständigkeit durchsetzte und die Confessio Augustana invariata als Bekenntnisgrundlage festschrieb.

Hier wollte Söderblom nun Theologie studieren. Er hatte diese Entscheidung offenbar ohne Zögern getroffen, sehr zur Freude seines Vaters. Dafür musste er zunächst eine allgemeine Vorbereitungsphase mit klassischen und semitischen Sprachen und Philosophie absolvieren; dazu wählte er noch nordische Sprachen und etwas Geologie. Drei Jahre später erwarb er nach höchst konzentriertem Studium den Grad eines filosofie kandidat, was etwa einem Bachelor entspricht, mit glänzenden Resultaten vor allem in den Sprachen. Dann entschied er sich für den Weg zu dem höheren der beiden möglichen Abschlüsse, dem Grad eines teologie kandidat, so etwas wie ein Magister-Titel. 1892 war das Ziel erreicht.

Die Studienzeit war einerseits durch intensive fachliche Arbeit gekennzeichnet, andererseits nach dem Abschluss des fil. kand. durch eine Fülle von studentischen Aktivitäten. Schon hier zeichneten sich charakteristische Züge des späteren Lebens ab: rasches Aufnahmevermögen und die bereits erwähnte enorm konzentrierte Arbeitsweise. In Uppsala ging ihm der

Ruf voraus, immer in Eile zu sein – und doch Zeit zu haben für Gespräche, besonders gern und verständnisvoll mit Kindern.

Das kirchliche Klima war zu jener Zeit geprägt durch den klugen, aber höchst autoritären und konservativen Erzbischof von Uppsala Anton Niklas Sundberg (1818–1900). Die theologische Fakultät war nicht sonderlich attraktiv. Insbesondere gegen die vom Kontinent herandrängende moderne deutsche Theologie – Albrecht Ritschl sowie die historisch-kritische Exegese – igelte man sich in einem sterilen Biblizismus ein, ohne sich mit ihr wirklich auseinanderzusetzen. Erst recht bedrohlich erschienen die ersten Ausläufer des viel radikaleren religionskritischen Monismus. Auf der anderen Seite standen die Freikirchen, mit denen die Auseinandersetzung schon deshalb Schwierigkeiten bereitete, weil viele Fakultätsmitglieder selbst von der Erweckung geprägt waren. Doch gab es auch soliden Unterricht. Das gilt vor allem für den Kirchenhistoriker Robert Sundelin (1847–1896). Ihn hat Söderblom gern gehört, zumal er selbst ein starkes historisches Interesse hatte. Natürlich hat er zusätzlich viel kirchenhistorische Literatur gelesen, insbesondere Adolf Harnack. So konnte er 1893, als es um die Wahl des Faches für die weitere wissenschaftliche Betätigung ging, von sich sagen, er sei in der Dogmengeschichte »einigermaßen bewandert«, was man getrost als understatement bezeichnen darf.[100]

Der andere hervorzuhebende Lehrer ist Waldemar Rudin (mit vollem Namen Erik Georg Waldemar Napoleon Rudin, 1833–1921), ein frommer Mystiker. Von 1861–1869 war er Vorstand des Missionsinstituts der *Fosterlandsstiftelse* (s. o., 52), musste aber aus dieser Stellung wegen seiner Rechtfertigungslehre, die den Jakobusbrief neben Paulus zu Ehren bringen wollte, ausscheiden und fand in seinen späteren Jahren zu einer positiveren Schätzung des in der Staatskirche gegebenen größeren Freiheitsraumes. Sein Charakter stand in krassem Gegensatz zu seinem letzten Vornamen: ein ausgesprochen sanfter, stets auf Harmonie bedachter Mann, ein stets freundlicher Seelsorger, aber kein Menschenkenner. Als Prediger erfreute er sich großen Zulaufs, war aber etwas versponnen, mit einem ausgeprägten Wunderglauben und zeitweise theosophischen Neigungen. Seine theologischen Gewährsleute waren z. B. Johann Arndt, Johann Albrecht Bengel, Emanuel Swedenborg, Jacob Böhme, daneben auch Johann Tobias Beck. In Söderbloms Studienzeit war er a.o. Professor der Exegese. Wie er sein Fach verstand, hat er in seiner Antrittsvorlesung als Ordinarius 1892 zum Ausdruck gebracht. Danach hat die göttliche Offenbarung in der Bibel mit der menschlichen Sprache und Denkweise, die auch Widersprüche nicht ausschließt, eine Niedrigkeitsgestalt angenommen, weil

---

100 »så pass bevandrat«, *Brev…* (wie Anm.1) Nr. 1.

sonst ihre reine Heiligkeit den Menschen vernichten würde.[101] Die Bibel rückt freilich damit nicht mit den anderen Religionen einfach auf dieselbe Ebene. Zwar vertritt Rudin den interessanten, über Ritschls Christomonismus hinausführenden Gedanken, sie seien »nur die gebrochenen Strahlen« der göttlichen Offenbarung[102], gewiss eine wichtige Anregung für Söderbloms Weg zur Religionsgeschichte. Doch bleibt die Schrift die vollkommene Gestalt der Offenbarung; ihre Textgestalt sei »im Wesentlichen« zuverlässig und ihr Inhalt »im Wesentlichen« wahr, einschließlich der Jungfrauengeburt Jesu und deren Ortsbestimmung Bethlehem; David Friedrich Straußens Radikalismus sei überholt: Mythen gebe es in der Bibel nicht (18. 27 f 40–42). Einen Freibrief für die moderne kritische Exegese will der Verfasser also nicht ausstellen. Zwar vertritt er keine mechanische Inspirationslehre (50 Anm. 5), aber an der einfachen Gleichsetzung der Schrift mit dem Wort Gottes hält er ganz selbstverständlich fest. Söderblom, der ihm in einer eigenen Schrift ein Denkmal gesetzt hat, schreibt, dass Rudins Vorlesungen ihm stets zu Andachtsstunden gerieten.[103]

Exegetisch konnte Söderblom, der sich gerade mit der modernen historischen Kritik auseinandersetzen musste, von diesem so wenig theoretisch reflektierenden Mann nichts lernen. Was hat er an ihm geschätzt? Die erste Antwort lautet: den Prediger[104] mit der gegenüber seinem Vater etwas freieren Einstellung zur Schrift, und den väterlichen Freund – trotz seiner offenkundigen Schwächen, die er keineswegs übersehen hat. Vielleicht auch den Seelsorger, auf jeden Fall den Beter (285), in dessen Verständnis des Gebets er sich selber wiederfand: das Gefühl der Gegenwart Gottes sei die eigentliche Gebetserhörung (238). Natürlich sprach ihn auch die Erweckungsfrömmigkeit an, die bei ihm selbst gerade erst begann, einer differenzierteren Entwicklung Platz zu machen.

Darüber hinaus sind zwei weitere Punkte zu nennen. Einmal rührte Rudin bei ihm den Sinn für Mystik an[105], deren harsche Ablehnung durch Ritschl ihn abstieß, und bildete so ein natürliches Gegengewicht gegen diese »moderne« Theologie, die im Übrigen bald große Begeisterung bei ihm auslöste. Darüber später mehr. Der zweite, wichtigere Punkt ist die

---

101 Vgl. WALDEMAR RUDIN, *Den gudomliga uppenbarelsens förnedringsgestalt i den Heliga Skrift*, Uppsatser i teologiska och kyrkliga ämnen, H. 6, Uppsala 1893, 4 f 8. Danach die folgenden Seitenzahlen.

102 A.a.O., 3.

103 Vgl. N. SÖDERBLOM, *Waldemar Rudins inre liv* (1923), abgedruckt in: ders., Svenskars fromhet (wie Anm. 63), Stockholm 1933, (156–286), 252. Danach die folgenden Seitenzahlen.

104 N. SÖDERBLOM, *Minnen ...* a.a.O. (wie Anm. 51), 138.

105 Darauf weist ERIC J. SHARPE zu Recht hin: a.a.O. (wie Anm. 2), 103–109.

Vermittlung Kierkegaards. Rudin hatte sich bereits als Student intensiv mit dem großen Dänen befasst (168 f) und als Professor Vorlesungen über ihn gehalten, die er 1880 veröffentlicht hat – wohl sein bedeutendstes Werk.[106] Söderblom urteilt über diese Arbeit, sie sei kongenial (208), obwohl das milde Naturell des Verfassers seinem Gegenstand doch in vielem recht unähnlich war. Doch haben der tiefe Ernst und die Unbedingtheit der Religiosität Kierkegaards Rudin stark beeinflusst, dies war offensichtlich das Verbindende.[107] Söderbloms eigene Beschäftigung mit Kierkegaard reicht bis zu seiner Gymnasiastenzeit zurück und muss während seines Studiums (auch unabhängig von Rudin) ganz intensiv gewesen sein. So heißt es darüber in seinen späteren Erinnerungen: »Wir lasen den ewigen Kierkegaard.«[108] Zeugnisse dafür sind weniger Verweise in seinen Schriften als die ausgiebigen Unterstreichungen in *Einübung im Christentum*, *Der Augenblick* und *Die Krankheit zum Tode*, die sich in seiner Bibliothek verifizieren lassen. Man wird deshalb annehmen dürfen, dass Kierkegaards Einfluss, sei es durch eigene Lektüre, sei es in der Vermittlung durch Rudin, schon bei der religiösen Krise Söderbloms und ihrer Lösung mitgespielt hat. Auf jeden Fall sind seine Spuren in Söderbloms ganzer Theorie der Religion auf Schritt und Tritt wahrzunehmen, in besonders konzentrierter Form in seiner Interpretation des Begriffs des Heiligen. Der entscheidende Punkt aber wird gewesen sein, dass Söderblom bei Rudin eine der seinen verwandte Frömmigkeit fand. Åkerberg hat völlig Recht, wenn er bei dem jungen Studienanfänger den Wunsch annimmt, in der akademischen Theologie Anknüpfungspunkte für die Religiosität des Elternhauses zu finden.[109] Allenfalls könnte man in Rudins Insistieren, dass dem Leben der Vorrang vor theologischen Formeln gebühre (191), eine gewisse Auflockerung sehen; indessen ist ein solcher Gedanke auch der roseniusschen Form der Erweckung keineswegs fremd.

In dieselbe Richtung weist Söderbloms Eintritt in die Studentenmissionsvereinigung schon als Gründungsmitglied 1884. Bereits Vater Söderblom war ein begeisterter Missionsfreund. Der Sohn fand nun hier eine Gemeinschaft Gleichgesinnter, in der er sich wohl fühlte. Unter den Mitgliedern waren etliche bedeutende Leute, so der Dichter und Sozialreformer Natanael Beskow (1865–1953) und Hjalmar Danell (1860–1938), später Söderbloms Konkurrent um den Stuhl des Erzbischofs. Einer der Leiter war Karl Fries, der Gründer des schwedischen CVJM (s. o., 55). Zu-

---

106 Vgl. W. RUDIN, *Sören Kierkegaards person och författarskap. Ett försök*, I (alles Ersch.), Stockholm 1880.
107 Vgl. a.a.O., 6.
108 N. SÖDERBLOM, *Minnen* ... (wie Anm. 51), 130. Vgl. FOLKE HOLMSTRÖM, *Nathan Söderblom om ungdomsårens kriser*, SvTK 11/1935 (321–339), 332.
109 Vgl. HANS ÅKERBERG, a.a.O. (wie Anm. 2), 103–108.

gleich dienten die Zusammenkünfte aber auch der Ausweitung des Horizonts. Man erarbeitete sich durch Vorträge eingeladener Referenten und eigene Arbeit einen guten Überblick über Missionsbewegungen in der Welt und beschäftigte sich mit missionswissenschaftlicher Literatur. Für Söderblom kommt hinzu, dass hier die erste Saat gelegt wurde sowohl für sein Nachdenken über das konfessionelle Problem als auch für sein religionsgeschichtliches Interesse.[110] Seit 1888 redigierte er fünf Jahre lang die Zeitschrift der Vereinigung *Meddelanden* (Mitteilungen). Gleich im ersten Band erschien dort seine erste Abhandlung, die sich mit Ansgar, dem Missionar des Nordens, beschäftigte.[111]

c Die Krise und ihre Lösung

Zur gleichen Zeit begann Söderbloms Entwicklung jedoch eine ganz andere Richtung zu nehmen. Einer seiner Freunde aus der Missionsvereinigung, Ludvig Bergström (1857–1932), der in Deutschland studiert hatte, brachte ein Exemplar von Wellhausens Geschichte Israels mit.[112] Söderblom las dieses Buch, das bis dahin in Uppsala nicht vorhanden war, sofort durch und war fasziniert. Die methodische Literarkritik am Alten Testament, die rein geschichtliche Auffassung und die Einordnung der israelitischen Religion in die orientalische Religionsgeschichte, das war eine neue Welt für ihn. Selbstverständlich eignete er sich alsbald auch die Kenntnis der modernen Evangelienkritik an. Überhaupt war sein ganzes Hauptstudium bestimmt von dem lebhaften Bestreben, seinen Gesichtskreis zu erweitern. Das zeigt sich z. B. auch darin, dass er sich gleich nach seinem fil. kand.-Examen in einen Lektürekurs für unvokalisierte Talmud-Texte bei Herman Almkvist und Rabbi Gottlieb Klein einschrieb. Auch der stark religionsgeschichtlich ausgerichtete 8. internationale Orientalistenkongress, der 1889 in Stockholm stattfand, dürfte ihn interessiert haben. Er hat an einem Fest, das für die Teilnehmer in Uppsala gegeben wurde, aber nicht an dem Kongress selbst teilgenommen.[113]

110 Vgl. B. SUNDKLER, a.a.O. (wie Anm. 2), 27.
111 N. SÖDERBLOM, *Om Sveriges förste kristne lärare*, in: Meddelanden från Studentmissionsföreningen 1, 1888/89, 176–198; abgedruckt in: ders., Tal och skrifter 4, Stockholm 1933, 105–134.
112 JULIUS WELLHAUSEN, *Prolegomena zur Geschichte Israels*. Berlin ³1886. Vgl. *Minnen ...* (wie Anm. 51), 139.
113 Vgl. B. SUNDKLER, a.a.O. (wie Anm. 2), 23. 25. – Zu dem Fest gibt es im Nachlass (NS brevsamling, UUB) eine herrlich farbige Schilderung Söderbloms in einem Briefentwurf an seine Kusine Adrienne Blume in San Francisco vom 8.12.1889; freundlicherweise in Kopie zur Verfügung gestellt von S. Runestam.

Unterstützt wurde Söderbloms Studieneifer durch den Freundschaftsbund, den er im gleichen Jahr mit Samuel Andreas Fries (1867–1914) und Nils Johan Göransson (1863–1940) begründete. Er sollte im Lauf der Zeit mehr und mehr zwar nicht einen Gegensatz, aber doch ein Gegengewicht zu der Missionsgruppe bilden. Fries war ein entschiedener Anhänger der modernen Exegese, wurde später ein bedeutender Alttestamentler, bekam aber wegen seiner freien theologischen Einstellung nie einen Lehrstuhl, sondern wurde Pfarrer in Stockholm. Er konnte offenbar festen Glauben ohne Schwierigkeiten mit historischer Kritik verbinden. Seine sehr direkte und kompromisslose Art war so etwas wie das Salz in der Suppe. Erweckungsfrömmigkeit und historische Kritik schlossen sich für ihn kategorisch aus. Göransson, später Dogmatiker in Uppsala, war ebenfalls liberal gesonnen, aber vorsichtiger und wurde im Laufe seines Lebens konservativer. Söderblom musste oft zwischen beiden vermitteln. Alle drei blieben Freunde fürs Leben. Söderblom brauchte beide, war aber mit Göransson vertrauter, der bei ihm auch dann auf Gehör rechnen konnte, wenn er deutliche Kritik äußerte, wie der Briefwechsel zwischen beiden bezeugt.

Der kleine Kreis traf sich über Jahre hinweg jeden Sonntagnachmittag, um Literatur (Ibsen, Rydberg, Goethe und viele andere), moderne deutsche Theologie und Tagesprobleme zu diskutieren. »Wir lösten die Welträtsel, um sie bis zum nächsten Mal wieder aufzureißen und von neuem zu lösen«[114], so beschreibt Söderblom im Rückblick die Aktivitäten des Kreises; nur Fries war schon damals sehr prinzipienfest. Das mag vielleicht ein wenig nach Primanermentalität klingen, ist aber lediglich ein Zeichen für die von den jungen Leuten empfundene Notwendigkeit, sich nicht nur der kritischen Exegese, sondern auch den vor allem in der Verdandi-Vereinigung sich regenden freien, teilweise auch materialistischen geistigen Strömungen offen zu stellen, ohne dafür auf Anregungen der theologischen Lehrer zurückgreifen zu können. Dem gleichen Zweck dienten übrigens – neben der rhetorischen Schulung – die öffentlichen Diskussionen des Debattierklubs seiner studentischen Landsmannschaft, der Gästrike-Hälsingland Nation.[115]

In der Literatur wird nun oft der Eindruck erweckt, als habe die Öffnung für die kritische Exegese bei Söderblom wie ein Schock gewirkt, der ziemlich plötzlich seine mitgebrachte Erweckungsfrömmigkeit akut be-

114 Vgl. N. SÖDERBLOM, *Minnen* ... (wie Anm. 51), 138: »Vi löste världsgåtorna för att till nästa gång riva upp dem igen och lösa dem på nytt.«
115 An schwedischen Universitäten sind alle Studenten in Landsmannschaften organisiert, die eigene Häuser haben und ein vielfältiges Programm gestalten. Keinesfalls dürfen sie mit dem deutschen Verbindungswesen verwechselt werden, so sehr sich auch in ihnen ein gehöriges Maß an Nationalromantik findet. – Vgl. zu diesem Komplex B. SUNDKLER, a.a.O. (wie Anm. 2), 32.

drohte. Womöglich wird ihm dabei implizit noch die Rolle des leidenden »Opfers« zugeschrieben. Das ist psychologisch fragwürdig, denn Söderblom war eine Persönlichkeit mit starkem Tätigkeitsdrang, wie seine umfangreichen musikalischen Aktivitäten (Klavier- und Orgelspiel, Chorleiter und seit 1890 Mitglied des exklusiven, international bekannten Chors *Orphei Drängar*) oder sein Engagement in der Studentenmissionsvereinigung und als Vorsitzender seiner Landsmannschaft zeigen. Er hat vielmehr höchst aktiv versucht, Frömmigkeit und Wissenschaft irgendwie miteinander zu verbinden, ohne dabei die intellektuelle Redlichkeit, die für ihn auch religiöse Dignität besaß[116], im Mindesten zu beeinträchtigen.

Das bedeutet freilich zugleich, dass er sich der modernen historisch-kritischen Exegese weder mit fliegenden Fahnen anschließen noch sie wie irgendeinen beliebigen Stoff einfach zur Kenntnis nehmen konnte. Ein friedliches Nebeneinander von kritischer Wissenschaft und Altgläubigkeit erwies sich je länger desto weniger als praktikabel. Vielmehr musste er, wie Theologiestudenten aus konservativen kirchlichen Elternhäusern noch heute, wenn sie sich zum ersten Mal dem scharfen Wind kritischer Wissenschaft ausgesetzt sehen, im Lauf der Zeit den Eindruck gewinnen, dass ihm hier die Grundlage seines Glaubens unter den Füßen weggezogen wurde. Wenn Gott nicht mehr ganz selbstverständlich und eindeutig in der Bibel zu finden ist, was sollte dann Halt geben? So entwickelte sich über zwei Jahre eine religiöse Krise, die sich immer mehr zuspitzte.

Die ersten Anfänge dieses Prozesses sind bereits in einer Tagebuchnotiz vom April 1888 bezeugt, allem Anschein nach unter dem unmittelbaren Eindruck der Wellhausen-Lektüre. Es heißt dort: »Ich studiere Exegese. Manchmal weiß ich nicht, warum ich studiere.«[117] Eine tiefe Anfechtung ist das noch keineswegs, wohl aber eine gewisse Ratlosigkeit. Einstweilen kann sich Söderblom mit einem Verweis auf Rudin helfen: »Vergiss nie, dass hinter *aller* Offenbarung die eine, *ewige* göttliche Wirklichkeit steht«. Auf sie allein komme es an, nicht auf die Vorstellungen von ihr, und seien es die biblischen. Denn auch die Bücher der Bibel sind lediglich Mittel (de blått äro medel) – zudem sehr unterschiedliche, kann man im Sinne dieser Notiz hinzufügen – für die Gotteserkenntnis. Auf der Reflexionsebene ist das noch keine Lösung, sondern nur ein Hilfsgedanke, der zwischen dem Söderblom nicht geheuren kahlen Historismus und der schon halb desavouierten Inspirationslehre eine Gasse bahnen soll. Auf der persönlichen Ebene ist es der Versuch, mit Hilfe der etwas freieren Einstellung zur Bibel, die sein väterlicher Freund Rudin vertrat, zwischen der Autorität der kritischen Exegeten und derjenigen seines Vaters eine Brücke zu schlagen – der

116 Vgl. N. SÖDERBLOM, *Minnen* ... (wie Anm. 51), 140.
117 NSS B *Dag- och anteckningsböcker 1887–1890*, April 1888 (unpaginiert); UUB.

erste Schritt in die geistige Selbstständigkeit in der Theologie. Zugleich ist damit eines von Söderbloms großen Lebensthemen angeschlagen, zu dem er später viel Erhellendes zu sagen haben wird.

Einstweilen bewegt sich Söderblom noch in unsicherem Fahrwasser, dessen Bedrohlichkeit langsam aber sicher zunimmt. Dabei verlagert sich der Schwerpunkt immer mehr auf die gefährdete Frömmigkeit selbst. Der nächste Eintrag, zehn Monate später, bezeugt eine deutliche Verschärfung der Krise. Er beginnt mit dem Satz: »Es ist eine düstere Zeit.« An der dann folgenden Schilderung ist immer schon aufgefallen, dass es nicht wie sonst in den »Bekehrungen« der Erweckungsbewegung ein tiefes Sündenbewusstsein ist, das ihn peinigt, sondern gerade dessen Abwesenheit und eine abgründige »innere Leere, die sich nach einem Inhalt sehnt.« Und weiter: »Jakob muss meine Beschäftigung sein, muss mich *wach* halten, aber wie soll das dann enden?« Das Neue Testament und mit ihm Christus ist in weite Ferne gerückt; »Jakob« steht für den Kampf um Gottes Segen am Jabbok (Gen 32).[118]

Åkerberg hat den inneren Widerspruch, der in diesen Sätzen liegt, gut beschrieben. Söderblom bewegt sich hier einerseits ganz in den Bahnen der Tradition, ja klammert sich geradezu an sie, während er doch zugleich dabei ist, in dem zentralen Punkt des Bibelverständnisses mit ihr zu brechen. Noch intrikater wird das Verhältnis in dem Kernpunkt des religiösen Ringens selbst, der die Frage der eigenen Sündigkeit betrifft. Das Fehlen eines »rechten« Sündenbewusstseins plagt ihn, weil es, der Erweckungstradition gemäß, ein Zeichen für falsche Sicherheit sein könnte – und eben darin steigert sich das Sündenbewusstsein.[119] Das ist freilich noch nicht alles, denn selbst die Sehnsucht nach Behebung der inneren Leere durch erfüllte Gottesgemeinschaft muss er in der rückhaltlosen Ehrlichkeit dieser Selbstreflexion noch als mit Gottwidrigkeit, mit Sünde behaftet erkennen: »Wenn ich mich Gott nähern soll, erscheint mir meine Sehnsucht so selbstisch«.

Diese dialektische Verschränkung zeigt, dass für den Tagebuchschreiber, der ja seit langem mit Kierkegaards radikalem Verständnis der Sünde vertraut war, sein derzeitiger innerer Zustand, im Unterschied zu dem »vorgeschriebenen« *ordo salutis*, nicht eine bloße Vorstufe zu einem notwendigen Bußkampf, sondern die eigentliche Anfechtung selbst ist. Sie geht in ihrem inneren Gehalt weit über das hinaus, was die Tradition hier zu denken vermochte. Wenn selbst noch die Sehnsucht nach innerer Ge-

---

118 Ebd., Eintragung vom 15.2.1889. Die Zitate im Original: »Det är en dyster tid«; »en längtansfull tomhet, som trånar efter något innehåll«; »Jakob får vara min sysselsättning, får hålla mig *vaken*, men sedan, hur skall det bliva?«

119 Vgl. H. Åkerberg, a.a.O. (wie Anm. 2), 140. 150.

wissheit der Gegenwart Gottes als von Sünde behaftet in Frage gestellt werden muss, dann ist diese äußerste Form von Heillosigkeit nicht mehr zu steigern. Man ahnt hier bereits die späteren Gedanken an die Unnahbarkeit des heiligen Gottes. Da bleiben nur noch »unaussprechliche Seufzer« (Röm 8,26).

Die ganze Zeit hindurch führt Söderblom einen einsamen Gebetskampf und versucht, sich nach außen hin nichts anmerken zu lassen. Das Vorhandensein seines Freundeskreises empfindet er zwar als nicht zu unterschätzende Hilfe[120], doch nicht im Sinne einer damit eröffneten Ausflucht. Er steht vielmehr den Kampf tapfer durch. Dass er noch nicht die religiöse Reife des »gestandenen Mannes« erreicht hat, versteht sich von selbst; der Kampf zeigt ja, dass er erst auf dem Weg dahin ist. Doch wäre es völlig verfehlt, diese noch mangelnde Reife mit einem Mangel an religiöser Tiefe des Kampfes zu verwechseln. Wenn er in einer späteren Rückerinnerung – sehr distanziert in dritter Person formuliert – seine damaligen Anfechtungen mit Luthers *terrores conscientiae* in Verbindung bringt (nicht gleichsetzt!), kann man ihm das Recht dazu nicht bestreiten.[121]

Im Herbst des Jahres 1889 erfolgt eine gewisse Entlastung von außen durch die Lektüre einer Rezension in der Theologischen Literaturzeitung, Julius Kaftans Besprechung des Buches von Willibald Beyschlag, *Zur Verständigung über den christlichen Vorsehungsglauben*, die am 27.7.1889 erschien.[122] Kaftan wendet sich am Schluss des Artikels gegen die »irrige Methode«, biblische Stellen unmittelbar auf die Gegenwart anzuwenden, ohne Rücksicht auf die ganz andere geschichtliche Situation, auf die sie sich ursprünglich bezogen. Eine solche Verwendung der Bibel als Steinbruch für eine heute zu verantwortende christliche Lehre sei um der Wahrhaftigkeit willen ausgeschlossen. Söderblom reagiert darauf in der Aufzeichnung vom 2. 11.: »Die Bibel ist wahr, soweit ich darin *Wahrheiten*

---

120 Vgl. N. SÖDERBLOM, *Dag- och anteckningsböcker 1887–1890*, 2.11.1889.

121 Vgl. N. SÖDERBLOM, *Minnen ...* (wie Anm. 51), 140. Gegen H. ÅKERBERG, a.a.O. (wie Anm. 2), 186f, der jene Parallelisierung mit Luther als unangemessen und aufgesetzt ansieht. Das liegt daran, dass er Söderbloms Anfechtung auf die Befürchtung falscher Sicherheit beschränkt und die oben zitierte weitere Radikalisierung übersieht. Auf diese Weise lässt er Söderblom letztlich ganz von der Erweckungstradition abhängig bleiben und fällt damit hinter seine eigene Einsicht in das komplexe Verhältnis zu dieser Tradition zurück.

122 ThLZ 14/1889, 375–378. Söderbloms späte Erinnerung daran (1919) ist abgedruckt bei F. HOLMSTRÖM, a.a.O. (wie Anm. 108), 326f. Ein unmittelbares Zeugnis im Tagebuch fehlt. Da das Heft der ThLZ in den Semesterferien erschien, die Söderblom zu Hause zu verbringen pflegte, ist er auf den Artikel wahrscheinlich erst kurz vor der seine Wirkung reflektierenden Tagebucheintragung am 2.11. gestoßen.

finde. Eine Sache ist *nicht* deshalb wahr, weil sie in der Bibel steht.« *Dass* solche Wahrheiten in der Bibel stehen, ist ihm nach wie vor gewiss.[123]

Diese Einsicht bedeutet sicher einen theologischen Fortschritt. Doch das eigentliche religiöse Problem, das ja nicht auf der Theorieebene lag, vermochte sie nicht zu lösen. Das zeigen die den zitierten Sätzen vorangehenden Ausführungen im Tagebuch, die in dieser Hinsicht keine durchgreifende Veränderung erkennen lassen. Vielmehr hat sich die Krise zunächst eher noch weiter verschärft. Das beruht nicht zuletzt auf einer tiefen Eintrübung des Verhältnisses zum Vater. Dieser hatte mit Sorge die theologische Wandlung seines Sohnes verfolgt – nicht nur die Hinwendung zur kritischen Exegese, sondern auch die Anfänge seiner Beschäftigung mit Ritschl[124], der für konservative Kirchenleute ein »rotes Tuch« war. Sein Alptraum war, der Sohn könne ein Freidenker werden. Dieser erwähnt zu Weihnachten 1889 im Tagebuch »Zusammenstöße« mit seinem Vater. Wie heftig diese gewesen sein müssen, zeigt ein Brief des Vaters vom 28.5.1889: Über »das andere«, also über die theologischen Differenzen, könne man reden, wenn Nathan das nächste Mal nach Hause komme. Und dann folgt der scharfe Hieb: »Möge es genug für mich sein, *einen* verlorenen Sohn zu haben«, nämlich den jüngeren Bruder Nathans, Svante, der sich den Regeln des Vaterhauses nicht hatte fügen wollen und nach den USA ausgewandert war. Es war zwar kein völliger Bruch, wie der nur fünf Tage später geschriebene nächste Brief zeigt, der dem gesundheitlich etwas angeschlagenen Nathan rührend fürsorgliche Ratschläge gibt.[125] Doch das Verhältnis war belastet, und Söderblom war erleichtert, als die Weihnachtsferien zu Hause trotzdem in guter Atmosphäre verliefen.[126]

In diesen Ferien, genauer am 18.1.1890, erfolgte nun die Wende, welche die Befreiung aus der religiösen Krise brachte.

Söderblom hat von dieser Wende später mehrmals in Predigten sowie in einem autobiographischen Entwurf gesprochen, der im Archiv der Skizze zu dem für 1932 geplanten zweiten Teil der Gifford-Lectures beiliegt, die dann nicht mehr gehalten werden konnten. In den Predigten spricht er da-

---

123 »Bibeln är sann, för så vitt jag där finner *sanningar*. En sak är *icke* sann, därför att den står i bibeln« (Hervorh. im Orig.).

124 Dieser Name taucht schon einmal im Frühjahr 1889 im Tagebuch auf (*Dag- och anteckningsböcker* I 1, 1887–1889), aber ohne nähere Aufschlüsse. Die gründlichere Lektüre Ritschls ist vermutlich später anzusetzen, denn die für Söderblom hernach grundlegende Einsicht, dass Gottes Offenbarung nicht die Gestalt einer Lehre, sondern die eines geschichtlichen Handelns hat, scheint noch nicht voll entwickelt zu sein, wie die Rede von den biblischen »Wahrheiten« zeigt.

125 Vgl. Jonas Söderblom, Briefe an N. Söderblom vom 28.5. und 2.6.1889, NSS familjebrev, UUB.

126 Vgl. dazu und zum Folgenden die Tagebuchaufzeichnungen von Weihnachten 1889 und vom 24.1.1890.

von äußerst zurückhaltend und stets in 3. Person, so als ob es sich um einen Fremden handle. Andererseits fühlt er sich aus dieser Hintergrundposition und aus der zeitlichen Distanz offenbar legitimiert, für seine Zuhörer manche Einzelheiten schärfer zu akzentuieren, als er es im Tagebuch getan hatte. Dieses bleibt darum für das Folgende die primäre Quelle. Sie muss natürlich mit Diskretion benutzt werden, weil sie ja nicht für fremde Leser gedacht war. Aber das Ereignis ist im Leben Söderbloms zu wichtig, als dass man es unberücksichtigt lassen könnte. Holmström hat daher recht daran getan, die wichtigsten Stellen daraus gedruckt der Öffentlichkeit zugänglich zu machen.[127]

Auslöser war ein damals viel gelesenes Erbauungsbuch des presbyterianischen früheren Arztes und späteren Pfarrers William Paton Mackay (1839–1885) aus Hull, das eine Bäuerin Söderblom in schwedischer Übersetzung geliehen hatte: *Grace and Truth under 12 Aspects*, bzw. *Nåd och sanning. 12 betraktelser*.[128] Das war nicht irgendein beliebiges Buch, wie allein die Tatsache zeigt, dass es in der Originalfassung bis in die Gegenwart hinein nicht weniger als 73 Auflagen erlebt hat. In der 2. Auflage druckt der Verfasser einen Brief des berühmten amerikanischen Evangelisten Dwight L. Moody ab, in dem dieser ihn auffordert, rasch eine billige neue Auflage drucken zu lassen, damit er, Moody, es massenhaft bei seinen Evangelisationen verteilen könne – eine Bitte, die Mackay sicherlich erfüllt haben wird. Moody war mehrmals zu Missionsveranstaltungen in England gewesen und hatte vielleicht da schon Kontakt mit Mackay aufgenommen. Moodys Name ist Söderblom mit Sicherheit bereits vertraut gewesen, denn er war bereits im Besitz einer Einladung zu dessen Studentenkonferenz in Northfield im Sommer desselben Jahres. Ob auch Mackay ihm namentlich schon begegnet war, muss dagegen dahingestellt bleiben. Von dessen zahlreichen Erweckungsliedern, die im angelsächsischen Raum beliebt waren, hat jedenfalls nur eines ins schwedische Gesangbuch Eingang gefunden, und das erst 1986.[129] Immerhin rührten in seinem Buch starke methodistische, letztlich lutherische Züge seiner Rechtfertigungslehre und natürlich die durchgängige Erweckungsrhetorik bei Söderblom an Bekanntes. Zumindest dies musste sein Vertrauen zu dem Verfasser wecken und konnte ihn über den schlichten Biblizismus, über den er selbst schon hinaus war, hinwegsehen lassen.

127 F. HOLMSTRÖM in der Anm. 108 zitierten Arbeit.
128 Die erste Aufl. des Originals, die mir leider nicht greifbar ist, muss 1871 erschienen sein, die erste schwedische 1874. Ich habe die schwedische Ausgabe von 1913 benutzt, die, soweit ich sehe, bis auf einen gleich zu erwähnenden Zusatz textgleich mit der ersten ist. Danach die folgenden Seitenzahlen.
129 Briefliche Mitteilung von Staffan Runestam.

Vor allem aber musste es Söderblom für Mackay einnehmen, dass gleich die erste Betrachtung mit der Beschreibung eines Menschen beginnt, der kein Sündenbewusstsein hat (21). Das musste ihn an seine eigenen Besorgnisse erinnern. Mackay verweist sodann darauf, dass die psychologische Analyse der eigenen Gefühle nicht weiterführe. Erkenntnis der Sünde als Gottlosigkeit sei nur durch das Wort Gottes möglich (33–35). Aus ihm sei unwidersprechlich zu lernen, dass alle Menschen gleichermaßen Sünder sind, und zwar im radikalen Sinn der Rettungslosigkeit (21–38). Gerechtigkeit vor Gott ist allein durch Glauben zu erlangen (50). Glaube aber bedeutet, das ist das Thema der entscheidenden zweiten Betrachtung (39–53), die Wende der Blickrichtung von der Analyse der eigenen Sünde zum Vertrauen auf den gekreuzigten Christus, der die Sünde auf sich genommen hat. Dabei schärft Mackay immer wieder ein, dass man nicht bloß allgemein an Christus als Erlöser aller Menschen glauben, sondern die Verheißung für sich ganz persönlich annehmen müsse. Das erläutert er anhand der christologischen Deutung, die das Johannesevangelium (3,14 f) der Geschichte von der Aufrichtung der kupfernen Schlange durch Mose in der Wüste (Num 21,6–9) gibt: So wie die von lebenden Schlangen gebissenen Israeliten durch den Aufblick zu der kupfernen Schlange geheilt wurden, so wird auch der von der Sünde verderbte Mensch durch den Aufblick zum gekreuzigten Christus gerettet. Es genügt, von einer Schlange gebissen worden zu sein, um sich dieser Rettung zuwenden zu dürfen, ohne ängstliche Absicherung durch die Innenschau, nur auf das verheißende Wort Gottes hin (40). Diese Kehre, die nicht weniger ist als eine wirkliche Wiedergeburt, ist der einzige Weg zum Heil, wie die dritte Betrachtung darlegt (54–80). Sie, und damit der Glaube, ist allein Gottes Werk (96. 98). Erst dann, als Folge des Glaubens, kann sich ein Gefühl des Glücks einstellen, so wie auch die Werke der Liebe erst aus dem Glauben folgen (82–85. 92).

Gottes Wort ist für den Verfasser, wie es in der Erweckungstradition selbstverständlich ist, zunächst einfach die Bibel. Doch kann er dieses Verständnis an zwei Punkten vorsichtig öffnen. Zum einen – durchaus noch im Einklang mit der Tradition – spricht Gott den Menschen jetzt, in diesem Augenblick, unmittelbar an, offenbart sich ihm (50. 51). Hier könnte einer der Anknüpfungspunkte für den bei Söderbloms später so zentralen Offenbarungsbegriff liegen, wiewohl dieser sich im Übrigen weit von Mackay entfernt. Der andere Punkt ist die Konzession, dass die Bibel auf Grund der unterschiedlichen Erfahrungen der Menschen eine ganze Anzahl von Widersprüchen enthält, die sogar eigens aufgezählt werden (142–146). Der Verfasser lässt sich seinen Biblizismus dadurch zwar nicht wirklich erschüttern. Aber Söderblom konnte darin eine Verbindung zu seiner sich gerade entwickelnden freieren Auffassung von der Bibel sehen, und zugleich könnte hier einer der Keime für seine spätere ökumenische

Auffassung liegen, dass die Einheit der Christen durch Lehrunterschiede nicht beeinträchtigt werden muss.[130] Höchstens bis hierher hat er Mackays Buch gelesen. Denn schon die recht finstere achte Betrachtung (148–176), die gegen den persönlichen Umgang mit Unbekehrten (156), gegen fröhliche weltliche Hochzeitslieder (160), gegen jede andere Lektüre als die der Bibel (161) polemisiert, hätte seiner Begeisterung sicher einen kräftigen Dämpfer aufgesetzt.

Begeistert ist die Reaktion in der Tat. Man merkt der Wiedergabe des Buches von Mackay deutlich an, dass Söderblom die Blickwende und damit die existenzielle Kehre innerlich vollzogen hat.[131] Er dankt Gott für ein neues Leben. Im Rückblick auf die ganzen folgenden Jahre kann man sagen: Das selbstquälerische Forschen in der eigenen Seele hat ein für allemal ein Ende, und der gekreuzigte Christus bildet von nun an das klare Zentrum seines theologischen Denkens. Dieses bleibt erfahrungsorientiert, aber es geht dabei nicht mehr in erster Linie um das Subjekt der Erfahrung, sondern um die ihr begegnende und sie fundierende göttliche Offenbarung. Dieser Begriff wird von nun an immer mehr in den Mittelpunkt rücken, dabei allerdings auch charakteristisch modifiziert werden.

Am Schluss der besprochenen Aufzeichnung stellt Söderblom freilich die Frage, wie es nun weitergehen solle. Jetzt komme »das Schwere«, nämlich die Praxis des neuen Lebens – ganz entsprechend den Ausführungen Mackays (92). Doch darf man daraus nicht eine bloße Vorläufigkeit der Wende oder eine bleibende Unsicherheit ableiten. Weder die Selbstzeugnisse der folgenden Zeit noch die späteren Erinnerungen bieten dafür einen Anhalt. Es spricht vielmehr alles dafür, dass wir es mit einer wirklichen Lebenswende zu tun haben – wenn auch gewiss nicht mit einem Damaskuserlebnis oder einer »Bekehrung«, denn schließlich war Söderblom ja zuvor kein gegen das Christentum eifernder Saulus.

Eine andere Frage ist, ob diese Kehre zugleich auch schon die Versöhnung mit dem Vater bedeutet, wie Sundkler aus der Beschreibung der gelösten Atmosphäre im weihnachtlichen Elternhaus meint schließen zu

---

130 Vgl. H. ÅKERBERG, a.a.O., 192.
131 In den späteren Predigten wird diese Blickwende sukzessive immer konkreter geschildert. Am 5.11.1899: Der Blick wird von dem Licht angezogen, das vom Kreuz Jesu ausgeht: *Hunger och törst efter rättfärdighet*, in: ders., Här stunderna växla och skrida, 1, Uppsala ³1935 (9–22), 21 f. Am 9.4.1905: das Bild des Gekreuzigten erscheint vor dem geistigen Auge, und dieser ruft dem verzweifelten Beter zu, dass er bereits gegenwärtig sei: *Den stackars dödlige*, a.a.O. (23–35), 33. Am 7.10.1923 lässt der Prediger Jesus leibhaftig erscheinen, so dass er ihm in die Augen blicken konnte: *Från Upsala till Rock Island* (wie Anm. 10), 22. Gerade diese Stelle wird in der Literatur gern wie ein authentischer Bericht zitiert. Doch zeigt ihre Genesis, dass es sich dabei um eine freie homiletische Ausgestaltung handelt.

können.[132] Man wird das wohl verneinen müssen. Nicht nur deshalb, weil Söderblom bereits in der so ausführlich referierten Aufzeichnung vom 24.1.1890 von der Ahnung befallen ist, dass das gute Einvernehmen nicht von langer Dauer sein könnte. Schon sein erster Brief nach der Rückkehr aus den Weihnachtsferien bekräftigt das: Er erachtet es für notwendig, den Vater seiner bleibenden Dankbarkeit und Verehrung zu versichern, aber auch hinzuzufügen: »Wenn etwas aus mir werden soll, so muss ich mich bemühen, selbst zu denken.«[133] Noch ein sehr viel späterer Brief des Vaters (9.11.1898) beklagt lebhaft die Sympathie des Sohnes für Ritschl und gibt, wenn auch nicht mehr in gereiztem Ton, der Hoffnung Ausdruck, er möge auf den rechten Weg zurückfinden. Die endgültige Versöhnung ist wohl erst am Sterbebett des alten Pfarrers erfolgt.

d Amerika

Zunächst ist aber von einem ganz anderen Ereignis zu handeln, das für Söderbloms ganzes Leben weitreichende Folgen haben wird, von seiner Reise in die USA, die wir bereits kurz erwähnt haben (s.o., 53). Schon die Tatsache, dass dies die erste Auslandsreise des jungen Studenten war, der bis dahin über den Raum zwischen Stockholm und Sundsvall nicht hinausgekommen war, markiert einen Einschnitt.

Bei einem Besuch des amerikanischen theologischen Doktoranden James B. Reynolds in Uppsala im Herbst 1889 hatte Karl Fries Nathan Söderblom als schwedischen Delegierten zu Moodys Studententreffen vorgeschlagen, das vom 28.6. bis 10.7.1890 in Northfield/Mass. stattfinden sollte.[134] Obwohl das amerikanische Komitee die Übernahme der Kosten zugesichert hatte, zögerte Söderblom zunächst, aus Verwunderung darüber, dass gerade er ausgewählt worden sei, aber auch wegen seiner mangelnden Englischkenntnisse und wegen eines bevorstehenden Examens in Kirchengeschichte, dem Fach, das er zu dieser Zeit als seine Lebensaufgabe sah.[135] Aber er entschied sich am Ende doch anzunehmen. Der Vater, dem

---

132 Vgl. B. SUNDKLER, a.a.O. (wie Anm. 2), 30.
133 *Brev till Söderblom, Jonas och hemmet i Norrala 1890–1901* [2], NSS familjebrev, UUB, undatiert (vor dem 8.2.1890).
134 Vgl. KARL FRIES, *Från N. Söderbloms studentår och senare minnen*, in: Hågkomster … 12 (wie Anm. 97, 168–180), 169–173.
135 N. SÖDERBLOM, *Första resan utomlands (1890)*, in: ders., Sommarminnen, hg. v. A. Söderblom, Stockholm 1941 (10–103), 11. Danach die folgenden Seitenzahlen. Anna Söderblom hat diesen Beitrag aus einem Teil des Reisetagebuchs ihres Mannes und zwei wenig später geschriebenen Aufsätzen zusammengestellt. Das ist schon deswegen besonders dankenswert, weil gerade dieses Tagebuch außerordentlich schwer zu lesen ist.

er den Plan, angesichts des zwischen ihnen schwelenden Konflikts sehr diplomatisch, schmackhaft zu machen versucht hatte, reagierte ziemlich unwirsch, ließ zwar den Sohn gewähren, doch nicht ohne noch einmal in dieselbe Kerbe zu hauen: »Einen Sohn habe ich Amerika geopfert, das sollte genug sein.«[136]

So begab sich Söderblom am 26.5.1890 auf die Reise zu einem zweimonatigen Aufenthalt in den Staaten. Sie führte zunächst nach Malmö, wo er nach Kopenhagen und Lübeck in See stach, dann mit der Bahn nach Hamburg, wo am 1.6. die eigentliche Überseefahrt begann und ihn über Le Havre nach New York brachte. Die lebendige Schilderung dieser Reise im Tagebuch mit ihren knappen aber farbigen Charakteristiken von Menschen und Landschaften ist eine herrliche Lektüre. Sie zeigt den Schreiber als wachen Beobachter und die wohl seiner dänischen Mutter zu verdankende außergewöhnliche Begabung, mit fremden Menschen sofort Kontakt zu finden. So besucht er während des freien Tages in Hamburg nicht nur Hagenbecks Zoo, sondern auf ein Straßenschild hin auch eine »Erste-Wörter-Schule« (wo er die Bemerkung der Erzieherinnen, Prügel seien sehr notwendig, missbilligend notiert). Regelrecht dramatisch ist der Zwischenfall in Le Havre, wo er während eines Landganges zu der oberhalb der Stadt gelegenen Festung Tourneville hinaufsteigt. Weil er sich dort in seinem Tagebuch Notizen macht, wird er von einem Soldaten der Spionage verdächtigt und zum Polizeirevier abgeführt. Nach langem Verhör mit erheblichen Verständigungsschwierigkeiten wird er schließlich entlassen und kommt noch rechtzeitig vor dem Ablegen an Deck.

Am 15.6. landet das Schiff abends in New York. Nach einem Tag »sightseeing« dort wird er am 17.6.[137] von James Reynolds in New Haven empfangen, wo er die Yale University kennen lernt und sodann in North Haven von dessen Eltern im Pfarrhaus für die Zeit bis zum Beginn der Tagung gastfreundlich aufgenommen wird. Die Zeit in einem gebildeten Haus Neuenglands – auch Vater Reynolds war Absolvent der Yale Divinity School und wurde später Berater der Präsidenten Theodore Roosevelt und William H. Taft[138], und seine Frau war ebenso hochgebildet – trägt viel dazu bei, Söderblom weltmännischen Schliff zu verleihen. Hinzu kommt der Sprachunterricht durch die Schwägerin seines Gastgebers, Mrs. Elizabeth Campbell; sie lehrte ihn »Englisk as She is spoken«, wie die lustige Notiz des noch gar nicht sattelfesten Schülers an einem der ersten Tage

136 NSS familjebrev, UUB, Brief N. SÖDERBLOMS an seinen Vater vom 5.12.1889 und dessen Antwort vom 8.12.
137 In der gedruckten Form des Tagebuchs steht »Dienstag, 19.6.« und dann »Freitag, 20.6.« Nur das zweite Datum ist korrekt. Das handschriftliche Original hat denn auch (etwas undeutlich geschrieben): »Dienstag, 17.6.«
138 Vgl. B. SUNDKLER, a.a.O. (wie Anm. 2), 37.

lautet.[139] Ebenfalls gleich zu Beginn hörte er auf einer Tagung über Kirchenzeitungen einen Vortrag des kongregationalistischen Theologen Newman Smith, in dem es hieß: Denominationen seien für das Reich Gottes so wichtig wie die Bundesstaaten für die USA, aber sie sollten gute Beziehungen zueinander pflegen; letztlich komme es nur auf die eine Kirche Christi an. Söderblom, tief beeindruckt, schreibt daraufhin das Gebet in sein Tagebuch: »Herr, gib mir Demut und Weisheit, der großen Sache der freien Einheit Deiner Kirche zu dienen!« (Das Wort »frei« hat er nachträglich hinzugefügt.)[140] Das ist natürlich nicht als großspuriger Lebensplan, sondern als spontaner Ausdruck jugendlicher Begeisterung zu lesen. In der Rückschau wirkt es freilich wie der erste Stein zu dem Bau eines großen Lebenswerkes.

Noch völlig überwältigt von der Gastfreundschaft und Hilfsbereitschaft, die er in diesen ersten Tagen erfahren hatte, fährt Söderblom zu der Konferenz, die der eigentliche Zweck seiner Reise war. Sie hat einen starken Eindruck bei ihm hinterlassen. Ungefähr 370 Delegierte aus aller Herren Ländern waren zusammengekommen. Sie gehörten ganz unterschiedlichen protestantischen Konfessionen an und hatten ganz verschiedene Studienfächer. Das Programm bestand aus Bibelarbeiten, Gebetsgemeinschaften und Vorträgen, besonders über Mission. Die Vorträge beurteilt Söderblom als teils recht mittelmäßig, teils ganz ergiebig; als störend empfindet er bei etlichen eine apologetische Tendenz.[141] Die Konferenz verfolge eben keine wissenschaftlich-theologischen Ambitionen, sondern sei einem praktischen Christentum verpflichtet. Die stärkste Seite der Konferenz sei das Gebet gewesen. Die simplen Melodien der Lieder, die man dort sang, konnten den musikalischen Schweden natürlich nicht beeindrucken. Aber der Gesang, besonders der des Erweckungssängers Ira D. Sankey, ging zu Herzen.[142] Alle diese Differenzierungen zeigen seine deutlich veränderte Stellung zur Erweckungstradition. Die Enge ist abgestreift, das theologische und ästhetische Urteil geschärft. Die Intensität der Frömmigkeit dagegen ist geblieben. An ihr wird er lebenslang festhalten, freilich geläutert durch innere Freiheit.

Besonders starken Eindruck machte auf Söderblom die Begegnung mit einigen der Personen auf der Konferenz, allen voran mit Moody. Auf den ersten Blick von dessen Korpulenz abgestoßen, die er im Tagebuch recht

---

139 NSS B Dag- och anteckningsböcker Bd. 2, 1890, *Amerikaresan*, H. 2, 64 (20.6. 1890).
140 Tagebuch *Amerikaresan*, a.a.O., H. 2, 60: »Herre, gif mig ödmjukhet och vishet att tjäna den stora angelägenheten om din kyrkas fria enhet.« Vgl. auch B. SUNDKLER, a.a.O. (wie Anm. 2), 38.
141 Vgl. *Första resan ...*, a.a.O., 94; Tagebuch *Amerikaresan*, a.a.O., H. 3, 29.
142 Vgl. *Första resan ...*, a.a.O., 99f 102.

drastisch beschreibt, fühlte er sich doch durch dessen Freundlichkeit, kindliche Frömmigkeit und geistliche Vollmacht angezogen. Besonderen Eindruck machte ihm, dass Moody energisch jegliche Proselytenmacherei ablehnte und dazu aufforderte, dass jeder seiner eigenen konfessionellen Tradition treu bleiben und von diesem Standpunkt aus an der Einheit der Christenheit mitwirken solle.[143] Konkret bedeutsam für seine spätere ökumenische Tätigkeit sollte die Freundschaft werden, die er auf dieser Konferenz mit zwei hernach bedeutenden Kirchenleuten geschlossen hat: mit dem Amerikaner John R. Mott (1865–1955), später Generalsekretär des internationalen YMCA und der Studentenmissionsbewegung, und mit dem Franzosen Wilfred Monod (1867–1943), später Professor für Praktische Theologie an der Faculté libre in Paris und ab 1912 Präsident der Union des Églises Réformées de France.

Die beiden Monate in Amerika hatten für Söderblom eine Bedeutung, die sich gar nicht hoch genug einschätzen lässt. Der Kontakt mit Moody und mit den vielen ebenfalls der Erweckungstradition angehörenden Delegierten hat auch seine Frömmigkeit wieder bestärkt. Zugleich jedoch ist er eigenständiger, erwachsener geworden. Dies gilt in zwei Hinsichten. Einmal brachte die Reise natürlich eine enorme Erweiterung seines Horizonts mit sich und gab ihm einen weltmännischen Zug, der sich durch die späteren Ereignisse seines Lebens noch erheblich verstärken sollte. Dazu kann man auch die erheblichen Fortschritte in der Beherrschung der englischen Sprache rechnen, die er dank seiner raschen Auffassungsgabe in der kurzen Zeit machen konnte.[144] Zum anderen öffnete die Konferenz seinen Blick für die Vielfalt der christlichen Konfessionen. Das Erlebnis christlicher Gemeinschaft über alle Grenzen der (bestehen bleibenden) Denominationen hinweg erwies sich als Modell im Kleinen für das spätere Konzept ökumenischer Einheit. Diesen Punkt hat er im Rückblick selbst als den wichtigsten bezeichnet.[145]

143 Vgl. *Första resan ...*, a. a. O., 96 f; Tagebuch *Amerikaresan*, a. a. O., H. 3, 1. 14.
144 K. Fries schreibt über die mit Söderblom nach dessen Rückkehr zunächst auf Englisch geführte Korrespondenz, die sprachliche Form sei »gar nicht übel« (alls icke dålig) gewesen, a. a. O. (wie Anm. 134), 174. Das wird man ihm glauben dürfen, auch wenn der Stolz des Mentors natürlich eine Rolle spielt.
145 Vgl. N. Söderblom, Tagebuch *Amerikaresan*, a. a. O., H. 3, 75; *Första resan ...*, a. a. O., 102, sowie Nils Karlström, a. a. O. (wie Anm. 2), 104 ff; B. Sundkler, a. a. O. (wie Anm. 2), 31. 38 f; H. Åkerberg, a. a. O. (wie Anm. 2), 198.

e Anna Forsell, Freunde, Lehrer

Aus der Folgezeit, in der Söderblom sich wieder seinem Studium widmen musste, mag noch seine Teilnahme an der internationalen Konferenz des YMCA in Amsterdam 1891 erwähnt werden. Ungleich bedeutungsvoller aber ist ein Ereignis im persönlichen Bereich: Im Herbst dieses Jahres lernte er nämlich Anna Forsell (1870–1955), seine zukünftige Frau kennen. Sie stammte aus einem frommen, aber liberalen Stockholmer Haus. Ihr Vater war Kapitän gewesen. Die Eltern ihrer Mutter waren kosmopolitisch und pazifistisch eingestellt; ihre Leitsterne waren Ralph Waldo Emerson und Theodore Parker. Sie war die jüngere Schwester des damals sehr bekannten Opernsängers John Forsell. Ihr Konfirmator war der Ritschl-Anhänger und Stockholmer Pastor primarius Frederik Fehr (1849–1895), der alsbald auch in Nathan Söderbloms Leben eine Rolle spielen sollte.[146] Anna Forsell hatte gerade ihr Studium der Geschichte aufgenommen – als eine der gerade einmal 20 Studentinnen von insgesamt 1700 Studierenden, die damals an der Universität Uppsala eingeschrieben waren. Schon das spricht dafür, dass sie eine starke Persönlichkeit war. Sie war offen und vielseitig interessiert; so ist sie für Söderblom zu einer wichtigen geistigen Partnerin geworden. Die beiden entdeckten schnell ihre Liebe zueinander und verlobten sich am 30.11.1892, einen Tag nach seinem Kandidatenexamen. Sie nahm alsbald auch an den sonntäglichen Treffen Söderbloms mit Fries und Göransson teil.[147]

Anna Forsells wichtigster Lehrer war der international renommierte Harald Hjärne, mit dem ihren Bräutigam eine lebenslange Freundschaft verbinden sollte. Hjärne und Söderblom traten bei zwei wichtigen Jubiläumsfeiern als Hauptredner auf, der eine für die Professoren, der andere für die Studentenschaft. Das war einmal die Gustaf-Adolf-Gedenkfeier am 6.11.1892 und dann am 7.9.1893 die Gedenkfeier für das *Uppsala möte* von 1593. Aus Hjärnes zweitem Vortrag, für den Söderblom, inzwischen Präsident der Uppsalienser Studentenschaft, ihn gewonnen hatte, wurde der berühmte Aufsatz *Renässans och reformation*, der das Ereignis in den großen historischen Zusammenhang hineinstellte. Söderblom dagegen konzentrierte sich auf den Anlass selbst und sah dessen Bedeutung vor allem in der Verteidigung der aus dem Glauben erwachsenden geistigen Freiheit – zugleich ein charakteristisches Selbstzeugnis.[148] Auch diese

---

146 Vgl. Anna Söderblom, *På livets trottoir*, Bd. 1, Lund 1948, 9–70.

147 Vgl. Anna Fries, *Nathan Söderblom och Samuel Fries. Fragment ur deras vänskap*, in: Hågkomster … 12 (wie Anm. 97), 232.

148 Vgl. Harald Hjärne, *Gustaf Adolfs minne*, in: ders., Svenskt och främmande, Stockholm 1908, 35–55 (der Band ist Söderblom gewidmet); *Renässans och reformation*, ebd., 1–15; ders., *Uppsala möte*, ebd. 16–34; N. Söderblom, *Tal*

Rede fand ein starkes Echo; sie vor allem war es, die seinen rhetorischen Ruhm begründete. Hjärne lud ihn bald darauf zum Gespräch ein. Daraus ist ein bis zu seinem Tod 1922 andauernder stetiger Gedankenaustausch geworden. In der Sache hat sie besonders die hohe Einschätzung der beiden damals gefeierten Ereignisse verbunden.

Einen besonderen Akzent bekommt Söderbloms inzwischen gefestigte innere Freiheit noch durch den Namen, den er und seine Freunde Samuel Fries und Nils Johan Göransson 1891 ihrem Freundeskreis gaben: *Fritt ur hjärtat* (wörtlich: frei aus dem Herzen; frei heraus). Er bezieht sich auf die damals gerade erschienene, in der Reformationszeit spielende Erzählung *Vapensmeden* (Der Waffenschmied) von Viktor Rydberg. »Fritt ur hjärtat« ist dort die Bezeichnung der »Akademie« des Meisters Gudmund Gudmundsson.[149] Das war ebenfalls ein Dreierbund, der »unbeschwerten Gedankenspielen« (82) vor dem Hintergrund massiver fürstlicher Unterdrückung dienen sollte. Er besteht aus lauter Katholiken, die aber für die Moderne offene Renaissancemenschen sind: Der gastgebende Meister ist traditionsverbunden, aber weltoffen, der Doktor hat etwas für Kopernikus übrig und kritisiert scharf die Grausamkeit der amerikanischen Kolonisten gegen die Indianer (99 f), und der Pfarrer begeistert sich für die klassische Antike und für die politische Utopie des von Rom verketzerten Thomas Morus (101–105). Der Hintersinn steckt in dem Gegenpol zu diesem Kreis, der von Meister Gudmunds Sohn Lars repräsentiert wird. Er ist ein oberflächlicher theologischer Dilettant, der das Dogma von Luthers Unfehlbarkeit erfunden hat und alle Lehren anderer großer Theologen umstandslos entweder als häretisch oder als spätere Fälschungen erklärt (63. 66 f). Er ist zu den Treffen der drei Älteren nicht zugelassen.

Wie man sieht, eine kecke und für alle, die damals die literarischen Ereignisse wach verfolgten, auch provokante Namensgebung. Für Söderblom hat sich die Spannung zwischen diesem Kreis und der Missionsvereinigung (in der er gleichwohl nach wie vor zu Hause war[150]) als sehr fruchtbar erwiesen. Sie hat ihm offenbar die Absetzbewegung von der engen Frömmigkeitswelt seiner Jugendzeit – und damit, bei aller bleibenden Ehrfurcht und

på Gustav Adolfsdagen den sjätte november 1893 i Uppsala universitetets aula, in: ders., Svenska kyrkans kropp och själ, Stockholm 1916, 103–111; sowie ders., *Uppsala mötes minne*, in: ders., Tal och skrifter 3, Stockholm 1933, 16–20.

149 Vgl. Viktor Rydberg, *Vapensmeden. Hägringar från reformationstiden*, in: Skrifter 7, Stockholm ²1896, bes. 82–107. Danach die nächsten Seitenzahlen.

150 Vgl. den kurz nach der Amerikareise geschriebenen, gründlich recherchierten Aufsatz über die amerikanische Studentenmissionsbewegung *Om missionsrörelsen bland Amerikas studenter i våra dagar*, in: Meddelanden från studentmissionsföreningen 3/1890–91, 28–48, der vorsichtige Kritik an dem vollmundigen Slogan »Evangelisation der Welt in dieser Generation« (46 f) mit einem insgesamt positiven Urteil verbindet.

Dankbarkeit, auch von seinem Vater erleichtert. Selbst sein Stil hat sich inzwischen, wie Andrae beobachtet hat, völlig gewandelt.[151] Die überladene Gefühlssprache ist verschwunden, und auch wenn er in den folgenden Jahren stilistisch in Anknüpfung an große Vorbilder wie Hjärne noch stark experimentiert, so zeichnet sich doch die Entwicklung zu literarischer Eigenständigkeit und Größe schon ab.[152]

Für Söderbloms weiteren geistigen Werdegang nach seiner Rückkehr aus Amerika bis zum Abschluss seines Hauptstudiums war die intensive Beschäftigung mit den führenden systematischen Theologen und Religionsphilosophen vor allem aus Deutschland von entscheidender Bedeutung. Hier sind insbesondere zwei Namen zu nennen: Albrecht Ritschl und Otto Pfleiderer. Die Bedeutung Ritschls für Söderblom ist in der Forschung anerkannt und von ihm selbst vielfältig bezeugt. Es ist eigentlich ein erstaunlicher Sachverhalt, wenn man sich die Unterschiedlichkeit der beiden Charaktere und dementsprechend auch ihrer wissenschaftlichen Arbeitsweise vor Augen führt. Ritschls Nüchternheit wirkt im Vergleich zu Söderblom wie die Haushaltsrede eines klugen Finanzministers, unbestechlich und scharfsinnig abwägend, aber sehr distanziert. Söderblom dagegen hat, ähnlich wie Vitalis Norström, Wissenschaft bei aller strikten Rationalität immer auch als von Phantasie geleitet, als Kunst betrachtet, niemals als bloßes Handwerk.[153] Und bei aller intellektuellen Klarheit ist bei ihm stets die religiöse Leidenschaft spürbar, die er bei Ritschl nirgendwo entdecken konnte. Wie also ist die Wirkung zu verstehen, die Ritschl zweifellos auf Söderblom ausgeübt hat, und wie weit reicht sie?

Ganz allgemein gesprochen, ging es zunächst einfach um den Anschluss an die deutsche wissenschaftliche Theologie im Unterschied zu der damals in Uppsala verbreiteten unklaren Apologetik. Dafür stand eben besonders der Name Ritschl. In diesem Sinn ist auch Söderbloms Verbindung zu dem wichtigsten zeitgenössischen schwedischen Vermittler Ritschls zu verstehen, dem bereits erwähnten Fredrik Fehr. Mit diesem verband ihn im Übrigen, trotz großer Unterschiede des Temperaments, eine herzliche persönliche Beziehung, nicht zuletzt vermittelt durch seine Frau Anna. Fehr hatte in Deutschland studiert und war dort 1887 Ritschl begegnet. Seither setzte er sich energisch in Schweden für ihn ein. Er tat das sehr kompromisslos, oft heftig und polemisch. Literarisch ist seine Position greifbar in der von

---

151 Vgl. Tor Andrae, a.a.O. (wie Anm. 2), 69.
152 Zur Experimentierphase vgl. den Brief N.J. Göranssons vom 28.11.1893, der den Freund zu mehr stilistischer Unabhängigkeit ermuntert: N. Söderblom, Brev … (wie Anm. 1), Nr. 3.
153 Vgl. z.B. N. Söderblom, *Tre livsformer. Mystik (Sundar Singh) – Förtröstan – Vetenskap*, Stockholm 1922, 106; V. Norström, *Religion und Gedanke*, a.a.O. (wie Anm. 56), 160.

ihm Ende 1887 herausgegebenen Familienbibel und in seiner für Konfirmanden bestimmten (für diese allerdings genau wie Ritschls *Unterricht in
der christlichen Religion* gänzlich ungeeigneten) Auslegung von Luthers
Kleinem Katechismus.[154] Er polarisierte also stark und war höchst umstritten, hatte aber großen öffentlichen Einfluss, besonders auf die Reform
des Religionsunterrichts.[155]

Söderblom hat schon 1892 in diesen Auseinandersetzungen öffentlich
Stellung bezogen. Er war von Hjalmar Danell (1860–1938), dem späteren Bischof von Skara, der seine Dissertation über Ritschl geschrieben
hatte, bei dessen Doktordisputation als zweiter Opponent gewählt worden und hatte gegen dessen Protest Fehr, den besten Kenner der Materie,
als Extra-Opponenten aufgefordert.[156] Das war prüfungsrechtlich unbe-
denklich, aber in der theologischen Situation der Zeit ein kirchliches Poli-
ticum. Fehr hatte sich zwar vor der Prüfung wieder zurückgezogen. Trotzdem entwickelte sich aus jenem Streit eine Kontroverse, die weitere Kreise
zog, zumal Fehr 1893 Harnacks Apostolicumsschrift übersetzt und auf
der Synode von 1893 die These vertreten hatte, dass bestimmte Sätze des
Apostolicum wie die Jungfrauengeburt und die leibliche Auferstehung sich
mit einem evangelischen Verständnis des Glaubens nicht vereinbaren ließen.[157] Jedenfalls ließ nicht zuletzt seine Verbindung zu Fehr Söderblom
von jetzt an in den Augen vieler als kritiklosen Parteigänger Ritschls erscheinen. Dieser Eindruck verfestigte sich, als er 1895 von Paris aus das
kurz zuvor in Stockholm erschienene unsachliche Pamphlet des damaligen
Hofpredigers Elis Daniel Heüman (1859–1908) *Ritschlianismen och För-
samlingen eller Hedendomen i Helgedomen* (Der Ritschlianismus und die
Gemeinde oder Das Heidentum im Heiligtum) mit gebührender Deutlichkeit abfertigte – übrigens eine der ganz wenigen polemischen Schriften, die
er je verfasst hat.[158] Heüman hatte über Ritschls Theologie, die er offen-

154 Vgl. F. Fehr, *Undervisning i kristendomen i anslutning till Luthers Lilla Katekes*,
Stockholm 1894.
155 Vgl. dazu Samuel Andreas Fries, *Viktor Rydbergs och Fredrik Fehrs inflytande
på religion och kyrka i Sverige* (Skrifter till 1800-talets kyrkohistoria 4), Stockholm 1912, bes. 18–22.
156 Vgl. N. Söderblom, *Fredrik Fehr* (bearb. und erweitert von Anna Söderblom),
in: ders., Svenskars fromhet NF (wie Anm. 51, 42–90), 56. Zum Begriff Opponent: In den skandinavischen Ländern besteht die mündliche Doktorprüfung (*disputation*) darin, dass der Promovend die Thesen seiner Dissertation gegen einen
von der Fakultät bestimmten Opponenten und einen vom Kandidaten benannten
zweiten Opponenten verteidigen muss.
157 Vgl. R. Staats, a. a. O. (wie Anm. 78), 347.
158 Vgl. N. Söderblom, *Hedendomen i helgedomen*, Stockholm ²1895. Eine erste
Fassung wurde von Göteborgs Handels- och Sjöfartstidning abgelehnt, die zweite
von Anna Söderblom vor Einreichung kritisch durchgesehen; vgl. E. J. Sharpe,

sichtlich nur vom Hörensagen kannte, nicht nur völlig haltlose Behauptungen aufgestellt, ja, sie geradezu als »Heidentum« denunziert, sondern auch die Absetzung aller Ritschlianer aus dem geistlichen Amt gefordert – ohne Erfolg, wie sich dann herausstellte. Aber Söderblom musste sich mit angesprochen fühlen.

Der auf diese Weise entstandene und in abgeschwächter Gestalt oft bis heute nachklingende Eindruck, Söderblom sei zumindest in seinen letzten Studienjahren, wenn nicht gar bis in seine ökumenischen Bestrebungen hinein im Grunde Gefolgsmann Ritschls gewesen, ist jedoch in dieser Form schlicht falsch. Das zeigt nicht nur ein sehr dezidiertes briefliches Selbstzeugnis (»Ich bin kein Ritschlianer. Ich unterscheide mich prinzipiell von dieser Anschauung«), sondern vor allem sein 1892 geschriebener Aufsatz über das Christentum und den modernen Zeitgeist, der vermutlich die Grundlage für seine Wahl zum Opponenten gewesen ist. Er ist für uns auch deswegen interessant, weil er bereits Grundzüge des theologischen Programms erkennen lässt, das Söderblom in der Folgezeit entwickelt hat.[159]

Die Stellungnahme zu Ritschl ist höchst differenziert. Einerseits stellt Söderblom gleich auf der zweiten Seite »große Mängel« in Ritschls System fest, die bis ins Prinzipielle hineinreichen (106). Andererseits spricht er dann im ersten Teil des Aufsatzes positiv von den wichtigen Anregungen, die er ihm verdankt. Dazu gehören allgemein die Klarheit des Denkens und die unbedingte Wahrhaftigkeit. Söderblom war nicht, wie gelegentlich behauptet, ein Irrationalist. Sachlich betrifft der wichtigste Punkt der Zustimmung das Verständnis der göttlichen Offenbarung. Gott offenbart nicht etwas von sich, sondern sich selbst, und zwar als schöpferisch handelnd in der geschichtlichen Person Jesus von Nazareth. Glaube ist deshalb nicht ein Fürwahrhalten historischer Berichte oder dogmatischer Lehren oder gar ein sacrificium intellectus – das sei katholisch –, sondern

---

a.a.O. (wie Anm. 2), 55. Eine Quittung für diese Streitschrift war die Ablehnung zweier Rezensionen durch die konservative *Kyrklig tidskrift* ohne einen sachlichen Einwand, stattdessen mit der denkwürdigen Begründung, Söderbloms *Name* gelte als häretisch (vgl. N. SÖDERBLOM, *Brev* ..., wie Anm.1, Nr. 12 v. 6.10.1896).

159 »Jag är ingen ritschlian. Jag skiljer mig från denna åskådning i principen«, Brief an den Vater vom 1.3.1893. (NSS familjebrev, UUB; Hinweis von Staffan Runestam). Der Zusatz, dass er trotzdem das Positive daraus aufnehmen wolle, schützt die Äußerung vor dem Verdacht, ein bloßer Beruhigungsversuch zu sein. Vgl. ferner N. SÖDERBLOM, *Kristendomen och den moderna tidsandan. En blick på den Ritschlska teologien*, in: Svensk Tidskrift 2/1892, 105–111. 157–192. Danach die folgenden Seitenzahlen. Zu denen, die deutlich die Differenzen zwischen Ritschl und Söderblom erkannt haben, gehört TOR ANDRAE, N. *Söderblom som religionshistoriker*, in: N.S. in memoriam, hg. v. N. Karlström, Stockholm 1931 (25–62), 50.

persönliches Vertrauen (107–110).[160] Darin ist als zweites Ritschl hoch an-
gerechnetes Verdienst der Hinweis auf Luther impliziert, dessen Glaubens-
begriff er auf die Bedingungen der eigenen Zeit anwende (110). Auf diese
Weise hat Ritschl Söderblom geholfen, auf klare Begriffe zu bringen, was
sich ihm andeutungsweise schon aus seiner Auseinandersetzung mit der
modernen kritischen Exegese ergeben hatte.

Dann aber folgen im doppelt so langen zweiten Teil zwei gewichtige Kri-
tikpunkte. Der erste betrifft Ritschls vehemente (übrigens von Fehr mit
noch größerer Schärfe vertretene[161]) Ablehnung von Pietismus und Mystik (157–163). Söderblom gibt Ritschl insoweit Recht, als sich dessen Einwände gegen jegliche Tendenz zur Weltflucht richten. Denn die Religion
ist für dieses irdische Leben da. Andererseits ist aber Mystik, im weiten Sinn als religiöse Innerlichkeit verstanden, ein Bestandteil jeder Religion. Söderblom weist auf so unterschiedliche Gestalten innerlicher Vereinigung mit Gott wie Gebet und Abendmahl hin, erinnert daran, dass
der von Ritschl verehrte Luther durchaus ein Mystiker genannt werden
muss, und beruft sich überdies auf Julius Kaftan, der in vielem Ritschl
nahe stand, aber im Gegensatz zu ihm der Religion sowohl eine ethische
als auch eine mystische Seite zuschrieb (161 f).[162] Die durch den Zeitgeist
gestellte Aufgabe sieht Söderblom darin, einen Weg zwischen dem modi-
schen Materialismus und der als Gegenbewegung aufgekommenen, über-
trieben mystischen Theosophie zu finden (157 f). In dieser Perspektive wird
die Problematik von Ritschls Verdrängung religiöser Innerlichkeit besonders deutlich: Die – von Söderblom ja grundsätzlich begrüßte – Hervorhebung der Geschichtlichkeit der Offenbarung und der zentralen Stellung
der konkreten Persönlichkeit Jesu als des Stifters der christlichen Religion
gerät so zur einseitigen, geradezu positivistischen Betonung der äußeren
Historizität (158. 166 f). So komme es zu dem Irrtum, aus der empirisch
zu erhebenden Außenansicht der Geschichte lasse sich deren »Wesen« erheben. Ritschl verkenne völlig die Notwendigkeit einer inneren religiösen Anlage, vergleichbar der Musikalität, beim empfangenden Menschen,
die Söderblom als allgemein gegeben voraussetzt (167). Statt wie Schleier-

---

160 Vgl. ALBRECHT RITSCHL, *Die christliche Lehre von der Rechtfertigung und Ver-
     söhnung*, Bd. 3, Bonn 1888, 370. 558. SÖDERBLOM äußert sich dazu noch aus-
     führlicher in *Om tro* (1894, ursprünglich geschrieben März 1893), in: ders., *Tal
     och skrifter* 4, 135–161, einem Aufsatz, der einseitiger als je zuvor oder hernach
     die Abhängigkeit von Ritschl zum Ausdruck bringt.
161 Vgl. N. SÖDERBLOM, *Fredrik Fehr*, a.a.O. (wie Anm. 156), 57.
162 Vgl. JULIUS KAFTAN, *Das Wesen der christlichen Religion*, Basel ²1888, 262 f.
     RITSCHL setzt sich ausdrücklich mit dieser Stelle auseinander: *Theologie und Me-
     taphysik* (in 3. unveränd. Aufl. angebunden an *Die christliche Vollkommenheit*,
     mit durchgehender Paginierung), Göttingen ³1902, 69.

macher das primäre Gegenüber der göttlichen Offenbarung in der religiösen Erfahrung des Einzelnen zu erkennen, begehe er den Fehler, es in die Gemeinde zu verlegen (163).

Die Vernachlässigung der religiösen Innerlichkeit als etwas, das dem Christentum mit allen anderen Religionen gemeinsam ist, und die ihr entsprechende Vorordnung der Gemeinde haben nach Söderblom noch eine andere bedenkliche Konsequenz. Sie führen nämlich dazu, dass das rigorose Insistieren auf der Exklusivität der historischen Offenbarung jeglichen Ausblick auf die Stellung des Christentums in der Welt der Religionen versperrt (167). Damit ist implizit gesagt, dass Ritschl in diesem Punkt hinter dem Stand der theologischen Wissenschaft zurückbleibt.

Der zweite Punkt betrifft das Verhältnis der im Glauben erfahrenen Versöhnung zum sittlichen Handeln. Hier wendet sich Söderblom gegen die von Ritschl behauptete relative Eigenständigkeit der beiden Brennpunkte der »Ellipse«: Reich Gottes als höchstes Gut und als Endzweck Gottes mit der Welt, Religion und Sittlichkeit (167–172). Dadurch gehe nicht nur die Grundeinsicht verloren, dass das sittliche Leben des Christen aus dem Glauben hervorgeht, sondern zugleich werde Gottes Verheißung ihres eschatologischen Charakters entkleidet und verweltlicht. Zwar werde so die hohe Schätzung irdischer Berufstätigkeit ermöglicht, aber der Preis dafür sei entschieden zu hoch.

Diese Kritik ist in manchen Punkten noch recht holzschnittartig. So vernachlässigt sie die Rolle, die der Heilige Geist für die Offenbarungserkenntnis bei Ritschl spielt und die doch auf eine »innere« Wirkung im Menschen zielt. Für Söderblom könnte man allenfalls anführen, dass diese Wirkung sich bei Ritschl am Ende darauf beschränkt, die Erkenntnis der positiven historischen Offenbarung und damit die Erkenntnis Gottes, so wie er sie von sich selbst hat, zu ermöglichen.[163] Aber auch die Interpretation des Verhältnisses von Glauben und Werken als das einer Parallele oder gar eines Dualismus (169) ist eine Vergröberung, denn Ritschl stellt die guten Werke sowohl als »Erscheinungen« als auch als »Organe« des ewigen Lebens dar und verklammert so Glauben und Werke zu einer »Wechselwirkung«: Die »freudige[n] Stimmung« des Glaubens sei die Voraussetzung für die Werke, diese wiederum bewähren »die Selbständigkeit der persönlichen geistigen Stimmung«. Richtig ist freilich, dass dadurch eine relative gegenseitige Unabhängigkeit von Glauben und Werken nicht wirklich ausgeschlossen wird, wie der in diesem Zusammenhang gebrauchte

---

163 Vgl. A. Ritschl, a.a.O. (wie Anm. 160), 444. 501. 571 f. Ritschl war wohl selbst mit dieser Erklärung nicht vollkommen zufrieden, denn er klagt darüber, dass die Lehre vom Heiligen Geist in der Theologie so lange vernachlässigt worden sei und dass er das Versäumte nicht nebenher nachholen könne, a.a.O., 501.

Ausdruck »Additionsformel« zeigt; Ritschl erklärt das von Söderblom vertretene, auf Luthers Freiheitsschrift basierende Verständnis ausdrücklich für unzureichend.[164]

So kann man im Ergebnis sagen, dass Söderbloms Kritik zwar der Präzisierung bedarf, aber die Schwachpunkte grundsätzlich zutreffend benennt. Wichtiger ist jedoch, was sich an dieser Kritik für das Werden seiner eigenen Postition ablesen lässt. Was zunächst die Erkenntnis der göttlichen Offenbarung angeht, so plädiert er für ein komplementäres Verhältnis von äußerer historischer (wissenschaftlicher) Geschichtserkenntnis und einer Wesensschau, man könnte auch sagen: Glaubenserkenntnis (109). »Wesen« ist hier gleichbedeutend mit dem Grund aller Religion, der »zum Wesen des Menschen gehörenden Gottesgemeinschaft« (110).

Solche Gottesgemeinschaft ist für Söderblom primär Sache des einzelnen Menschen. Er ist das Gegenüber der Person des Offenbarers.[165] Um zugleich die Universalität dieser wesenhaften Gottesgemeinschaft aussagen zu können, bringt er Begriffe wie »Anlage« oder »Potenzialität« ins Spiel (109). Auf diese Weise will er, in Anknüpfung an Rudin, die »mystische« Gottesgemeinschaft als das Gemeinsame zwischen dem Christentum und den anderen Religionen erweisen. So verklammert er die Konzentration auf die religiöse Innerlichkeit, die er seiner Sozialisation in der Erweckungsbewegung schuldet, mit dem Interesse an der allgemeinen Religionsgeschichte, das die Beschäftigung mit der christlichen Mission in ihm geweckt hatte. Das eigentliche Problem der Pluralität der Religionen, das in ihrer Verschiedenheit, gegenseitigen Relativierung, ja ihrem Widerstreit besteht, ist damit freilich noch nicht gestellt, geschweige denn gelöst. Denn der religionspsychologische Ausdruck »Anlage«, den Söderblom von Julius Kaftan[166] entlehnt hat, setzt faktisch noch eine Einheit »der« Religion voraus, die empirisch gerade nicht gegeben ist. Eine diskutable Lösung wird er erst später auf Grund intensiver Auseinandersetzung mit der Religionsgeschichte und den vielfältigen Versuchen ihrer Deutung bieten können.

Der zweite Einwand zeigt, dass Söderblom sich auch in der Lehre von Rechtfertigung und Heiligung grundlegend von Ritschl unterscheidet. Die Meinung, dass er ihm gerade hier Entscheidendes verdanke, stützt sich auf die zu seiner Zeit im konservativen Luthertum verbreitete Tendenz zum

---

164 Vgl. a.a.O., 487–489.
165 In einem Brief heißt es einige Jahre später: »Was mir bei ihm [Ritschl] fehlt, ist das Enthusiastische, Urchristliche, das rein individuell Religiöse in seinen spontanen, oft sonderbaren, aber doch ergreifenden Äußerungen. Alles ist so geordnet. Vielleicht erlaubst Du mir, was ich bei Ritschl vermisse, den wilden, ungezähmten unreflektierten Religionstrieb zu nennen. Den gab es im Pietismus.« N. SÖDERBLOM, Brev … (wie Anm. 1), Nr. 15, an N.J. Göransson, 4.3.1897.
166 Vgl. J. KAFTAN, a.a.O. (wie Anm. 162), 201.

Quietismus, von dem sich Söderblom durch sein lebenslang intensives Interesse an ethischer Praxis unterscheidet. Insofern, aber auch nur insofern berührt er sich in dieser Frage mit Ritschl. Das sollte jedoch nicht den Blick dafür verstellen, dass er sein Verständnis des Verhältnisses von Glauben und Werken gerade nicht aus Ritschl, sondern aus Luther, genauer: aus dessen Freiheitsschrift gewonnen hat. Das zeigt zugleich, dass nicht erst Ritschl ihn auf Luther hingewiesen hat. Die lutherische Erweckungsbewegung, aus der er stammt, und so auch sein Vater haben sich natürlich ständig auf Luther bezogen, wenngleich eher im Sinne einer Lehrautorität. Söderblom selbst hat z. B. 1890 auf der Überfahrt nach Amerika begeistert die Freiheitsschrift gelesen.[167]

Während sich Söderbloms Verhältnis zu Ritschl auf Grund der reichlich vorhandenen Quellen verhältnismäßig leicht bestimmen ließ, ist das in Bezug auf den zweiten oben genannten Namen, auf Otto Pfleiderer, schwieriger. Er taucht in den gedruckten Schriften Söderbloms nur am Rande auf. Das mag teils daran liegen, dass der Ruhm dieses bedeutenden liberalen Theologen hinter dem Ritschls und seiner Schule bereits zu verblassen begann, teils auch daran, dass er mehr als Religionsphilosoph denn als Dogmatiker gewirkt hat.[168] Aber es gibt eine Tagebuchnotiz von 1892, also aus demselben Jahr wie der Ritschl-Aufsatz, die bezeugt, dass Söderblom Pfleiderers *Entwicklung der protestantischen Theologie* sowie den ersten Band seiner *Religionsphilosophie* studiert hat. Für den zweiten Band hat er sich zu den Stichworten »Religion und Sittlichkeit« die bibliographischen Angaben notiert; die tatsächliche Lektüre ist in der Dissertation von 1901 bezeugt.[169] In der Notiz heißt es zu Pfleiderer (Bd. I, 531): »Genau wie ich mir die Sache gedacht habe – genetisch-spekulativ [das war Pfleiderers eigener Ausdruck]. So kommen sowohl die äußere historische Offenbarung als auch unsere religiöse Anlage in unserem Bedürfnis nach Selbstständigkeit … zu ihrem Recht« (39). Diese uneingeschränkte Zustimmung überrascht auf den ersten Blick, denn spekulativ etwa im hegelschen Sinn als

---

167 Vgl. N. Söderblom, *Första resan utomlands* (wie Anm. 135), 39.
168 Vgl. dazu Emanuel Hirsch, *Geschichte der neuern evangelischen Theologie im Zusammenhang mit den allgemeinen Bewegungen des europäischen Denkens*, Bd. 5, Gütersloh 1954, 562. 570.
169 Vgl. N. Söderblom, *Dag- och anteckningsböcker* B 3:4 (1892–1896), 26–29. 39. Otto Pfleiderer, *Die Entwicklung der protestantischen Theologie in Deutschland seit Kant und in Großbritannien seit 1825*, Freiburg i.B. 1891; ders., *Religionsphilosophie auf geschichtlicher Grundlage*, 2 Bd., Berlin ²1883/84. Danach die folgenden Seitenzahlen im Text. Der Hinweis auf Pfleiderers 2. Band steht in: *La vie future d'après le Mazdéisme*, Paris 1901, 242 Anm. 3. – In seiner Probevorlesung *Betydelsen af Schleiermachers »Reden über die Religion«*, Uppsala 1899, 17, kritisiert Söderblom, Pfleiderer unterscheide das spezifisch Religiöse nicht klar genug vom Sittlichen.

Konstruktion der Wirklichkeit aus der inneren Bewegung des Weltgeistes ist Söderbloms Denken nie gewesen. Sieht man jedoch nach, was Pfleiderer unter »genetisch-spekulativ« versteht, so heißt es dort, »daß Entwicklung immer etwas voraussetze, was sich entwickelt, ein Wesen, worin Inhalt und Gesetz der Entwicklung zum voraus enthalten ist, und daß dieser apriorische Grund der Entwicklung von ihrem geschichtlichen Prozeß wohl zu unterscheiden sei.« In diesem Zusammenhang, der von dem Verhältnis von Religion und Sittlichkeit bei Wilhelm Herrmann und Julius Kaftan handelt, kommt Pfleiderer auch auf Kaftans Begriff der Anlage zu sprechen.

Es geht also genau um das, was Söderblom bei Ritschl angemahnt hatte, um das der bloßen Empirie nicht zugängliche Wesen einer Erscheinung. Versteht man nun »spekulativ« im Sinne einer intuitiven Wesensschau durch den Glauben und deutet die Verbindung von Empirie und Spekulation im Sinne von Schleiermachers Dialektik, so wird Söderbloms Zustimmung plausibel. Sie wird später noch weiter reichen. Pfleiderer sprengt nämlich die engen Grenzen von Ritschls christologischer Exklusivität, die er als supranaturalistisch-positivistische Isolierung versteht, und führt – ähnlich wie wiederum Schleiermacher im Zusatz zu § 10 seiner Glaubenslehre (2. Aufl.) – alle Religionen auf je besondere Offenbarung zurück, nicht wie Rudin als bloß »gebrochene Strahlen« der einen Christusoffenbarung (428–430. 433). In Christus sei die göttliche Offenbarung zwar zu ihrer Vollendung gelangt (466), aber sie setze sich noch weiter fort in der christlichen Gemeinde (414). So weit geht Söderblom jetzt noch nicht, aber er wird diesen Gedanken später aufgreifen und weiterführen.[170] Immerhin weitet er schon jetzt die Perspektive auf die Welt der nichtchristlichen Religionen aus, wie wir gesehen haben. Die Lektüre Pfleiderers dürfte da mitgewirkt haben, so wie auch seine Mahnung, die Religionsgeschichte als ganze zu betrachten und insbesondere ihren Anfängen Beachtung zu schenken (659 f), ein positives Echo fand. Dasselbe gilt von der Forderung, die Mystik differenzierter zu betrachten (633–637), wiewohl Söderblom hier später ganz eigene Wege gehen wird. Und die Doppelbestimmung der Religion als Scheu und Vertrauen gegenüber einer überweltlichen Macht (29) könnte eine Anregung sein, an die sich Söderblom erinnerte, als er den Begriff des Heiligen als Grundbegriff aller Religion entwickelte.[171]

---

170 Vgl. N. SÖDERBLOM, *Uppenbarelsereligion*, Stockholm ²1930, 20 (1903) und 116–166 (1911). FRIEDRICH SCHLEIERMACHER, *Der christliche Glaube*, 2. Aufl. § 10 Zusatz (vgl. Anm. 28). Dass Söderblom sich hier unmittelbar an Pfleiderer und nicht an Schleiermacher orientiert, geht aus seiner Rede von der Fortsetzung der Offenbarung in der christlichen Gemeinde hervor, die sich in *Uppenbarelsereligion* findet.

171 Vgl. N. SÖDERBLOM, *Das Werden des Gottesglaubens* (dt. Bearb. v. R. Stübe), Leipzig 1916, 195 u.ö.

Betrachtet man freilich Pfleiderers Offenbarungsbegriff genauer, so zeigt sich eine tiefgreifende Differenz zu Söderblom. Pfleiderer ist der Auffassung, dass »wir ... in jeder Bethätigung und Entwicklung des religiösen Triebes ... insoweit, als sie normal sich vollzieht, eine reale Wirkung des das werdende Geistesleben aller Menschen tragenden Vernunftwillens Gottes erkennen, und zwar dieses Willens speziell nach seiner auf Herstellung der Lebensgemeinschaft mit uns gerichteten Absicht, sonach eine Wirkung der sich dem Menschen innerlich in seinem eigenen Herzen zu erfahren gebenden oder offenbarenden Liebe Gottes« (433). Das ist zwar nicht dasselbe wie Hegels Gedanke, dass Gott im menschlichen Geist zu sich selbst komme, aber doch so weit von ihm inspiriert, dass der Unterschied göttlichen und menschlichen Handelns nur schwer zu bestimmen ist. Das wird vollends deutlich in Pfleiderers These, die religiöse Entwicklung sei von der Entwicklung der Kultur abhängig (43). Eine solche Gleichsetzung von religiösem und kulturellem Fortschritt ist Söderblom nicht in den Sinn gekommen; er hat sie später explizit bestritten.[172]

Zusammenfassend kann man sagen, dass Söderblom von Ritschl gelernt hat, die geschichtliche Offenbarung Gottes in der Person Jesu zu finden, aber u. a. von Pfleiderer hermeneutisch über einen historistischen Ansatz hinausgeführt wurde. Pfleiderer hat ihn auch auf den Gedanken gebracht, die Religionsgeschichte als Geschichte göttlicher Offenbarungen zu verstehen. Ferner hat Söderblom bei beiden die zentrale Rolle eingeleuchtet, die sie der großen Persönlichkeit für die geschichtliche Offenbarung zuschreiben.[173]

Das alles führt uns zu Erik Gustaf Geijer[174], der Söderblom zum wichtigsten philosophischen Lehrmeister geworden ist. Mit seiner Synthese von rationaler Wissenschaft und intuitiver Wesensschau in der Geschichtsforschung, mit dem zentralen Begriff der großen Persönlichkeit, des »Genies« (*snille*), den Söderblom vor allem auf die großen Religionsstifter anwendet, und mit seiner Deutung der Geschichte als fortgesetzter Offenbarung war er ihm die große, die beiden deutschen Theologen überragende Gestalt, die einen sie miteinander verbindenden Weg weisen konnte. Doch auch von ihm ist Söderblom nicht einfach abhängig, schon deshalb nicht, weil sich die theologische Landschaft seit Geijers Zeiten erheblich gewandelt hatte. Vielmehr fällt hier wie überall die große Selbstständigkeit auf, die Söderblom schon in jungen Jahren an den Tag legt.

---

172 Vgl. N. Söderblom, *Uppenbarelsereligion*, 21–47, bes. 34 über die Religion Israels.
173 Vgl. A. Ritschl, *Die christliche Lehre* ... (wie Anm. 160), 218–227; O. Pfleiderer, *Religionsphilosophie* Bd. 2, z. B. 426.
174 S. o., 22–29.

f Zwischen Religionsgeschichte und Luther

Nach dem Examen 1892 entschloss sich Söderblom, Altpersisch zu lernen und auf eine Dissertation[175] im Fach Allgemeine Religionsgeschichte hinzuarbeiten. Seine große Liebe zur Kirchengeschichte hatte ihn zwar nicht verlassen – im Gegenteil: er hat immer wieder »nebenbei« auch über Gegenstände aus diesem Gebiet geschrieben.[176] Aber, so erklärt er die fachliche Neuorientierung brieflich einige Monate später: »Ich halte es für eine nützliche Ergänzung, Freimut und Freude an der Wissenschaft, die mir Ritschl gegeben hat, indem er auf *unseren* Propheten hinwies, den größten, auf Christus als den einzigen, dazu anzuwenden, über die anderen Offenbarer Gottes in anderen Gegenden zu arbeiten, die anderen die praktische Lösung des Problems der Religion gegeben haben. Wenn ich so einmal zu einem konkreten Bild der Geschichte der *Religion* gelangt sein sollte, so wäre ich an meinem stolzesten Ziel. Träume, sagst Du, Göran. Glückliche Träume, antworte ich.«[177] Auch die pragmatische Überlegung, dass ein Lehrstuhl für Religionsgeschichte leichter zu bekommen war als einer für Kirchengeschichte, wie Sharpe vermutet, mag eine Rolle gespielt haben, aber wohl kaum eine ausschlaggebende.[178] Denn die beiden Interessensphären Söderbloms sind ohnehin schon jetzt eng miteinander verflochten. Das wird bis zum Ende ein zentrales Merkmal seines Denkens bleiben. So hat er parallel mit seinem religionsgeschichtlichen Studium einen Sommerkurs über Luther gehalten, der in der gedruckten Form mit einer Reflexion über das Wesen der Religion beginnt; seine Dissertation in vergleichender Religionsgeschichte (1901) enthält als letztes Kapitel einen Abschnitt über Luther, und das Andachtsbuch *Kristi pinas historia* von 1928 ist voll von Bezügen auf die allgemeine Religionsgeschichte. Überhaupt hat er sich weder in seiner Lehrtätigkeit noch in seiner literarischen Produktion an die traditionellen Fachgrenzen gehalten.

175 Dieses Wort ist nicht ganz korrekt. Der schwedische Terminus lautet *docentavhandling*, also Abhandlung zum Erwerb der Befugnis, Vorlesungen zu halten, vorausgesetzt, dass man seine Thesen in einer öffentlichen Disputation erfolgreich verteidigt hatte. Darüber entschied die Fakultät, während das Recht zur Verleihung des theologischen Doktorgrades damals beim König lag (Mitteilung von Harald Bohlin, Uppsala). In Paris, wo das Werk schließlich eingereicht wurde, gab es eine solche Kompetenzverteilung natürlich nicht.

176 Ein schönes Beispiel ist der Aufsatz *Gamla svenska minnen från den södra Seinestranden i Paris* [Alte schwedische Denkwürdigkeiten vom südlichen Seine-Ufer in Paris], in: Sommarminnen (wie Anm. 135), 118–141, geschrieben 1900.

177 N. SÖDERBLOM, *Brev* ... (wie Anm. 1), Nr. 1, an N.J. Göransson, 18.2.1893, Hervorh. im Original.

178 Vgl. E.J. SHARPE, a.a.O. (wie Anm. 2), 37f.

Nun stieß allerdings ein Studium der Religionsgeschichte in Uppsala auf erhebliche Schwierigkeiten. Der zuständige theologische Lehrstuhl, der seit 1877 die sonderbare Bezeichnung Theologische Propädeutik und Enzyklopädie (teologiska prenotioner och encyklopedi) trug, hatte zwar auch die Religionsgeschichte im Programm, und bei dem damaligen Inhaber, Johan August Ekman (1845–1913), fanden sich tatsächlich »gewisse Ansätze« einschlägiger Forschung, wie Henrik Samuel Nyberg vorsichtig formuliert. Doch die Art, in der er dieses Fach betrieb, war immer noch der Tradition dieses Lehrstuhls verpflichtet, der 1754 für Apologetik eingerichtet worden war.[179] So hielt er z.B. die biblischen Naturwunder – aber nur diese – im supranaturalistischen Sinn als eine die Naturgesetze durchbrechende unmittelbare Wirkung einer höheren Geisteskraft für historisch, weil Gott sich doch um seiner Liebe willen dem Menschen auf eindeutige Weise habe offenbaren müssen.[180] Ist schon hier der zugrunde liegende schlichte Gegensatz zwischen wahrer und falscher Religion zu erkennen, so wird er noch deutlicher in der Einteilung, die Ekman zwischen den Religionen vornimmt. Seine Grundunterscheidung ist die zwischen vorchristlichen Religionen und Christentum; die ersteren werden eingeteilt in israelitisch-alttestamentliche und heidnische Religionen, diese wiederum gegliedert in okzidentalisch-anthropomorphe und orientalisch-naturalistische. Die letzten repräsentieren, wie der Titel eines seiner Bücher sagt, das niedrigste Entwicklungsstadium der Humanitätsidee.[181] Dieses Konzept bleibt so offenkundig hinter dem damals schon erreichten Stand der Wissenschaft zurück, dass Söderblom als Anfänger im Fach da schon weiter war. Er war also weitgehend auf sich selbst gestellt.

Immerhin gab es aber in Uppsala tüchtige Philologen, die sich auch mit religiösen Texten beschäftigt hatten und bei denen Söderblom viel gelernt hat. Einer von ihnen war der gleichaltrige Karl Vilhelm Zetterstéen, der semitische Sprachen, Türkisch und Altpersisch lehrte. Söderblom wollte sich mit einer Arbeit über die Eschatologie der altiranischen Religion qualifizieren. Auf dieses Gebiet war er aufmerksam geworden durch die These des englischen Forschers James Hope Moulton, Zarathustras Lehre habe die alttestamentliche Religion nicht beeinflusst, da sie zu der Zeit, als das Judentum mit Persien in Berührung kam, noch unbekannt gewesen sei. Diese These als nicht dogmatische, sondern historische musste in einer Zeit, in der über die religionsgeschichtliche Einordnung der biblischen Schriften so

179 Vgl. H.S. NYBERG, N. Söderblom och studiet av religionen, in: RoB 25/1966 (3–13), 4; E.J. SHARPE, a.a.O. 35. 38; J.M. VAN VEEN, a.a.O. (wie Anm. 2), 26 Anm. 3.
180 Vgl. JOHAN AUGUST EKMAN, Under och andeingifvelse, Stockholm 1883, 2.7.10f.
181 Vgl. J.A. EKMAN, Den naturalistiska hedendomen eller det lägsta stadiet af humanitetsidéns utveckling, Uppsala 1888, 32–36.

heftig gestritten wurde, für einen Theologen interessant erscheinen. Dazu kam natürlich Friedrich Nietzsches Zarathustra, der unter Studenten lebhaft diskutiert wurde, sowie Viktor Rydbergs wissenschaftlich nicht unproblematisches, aber anregendes Werk über germanische Mythologie, das viele Vergleiche mit Persien enthielt. Auch der Seitenblick auf das gerade erschienene Buch von Johannes Weiß über *Die Predigt Jesu vom Reiche Gottes* wird eine Rolle gespielt haben. Nimmt man noch hinzu, dass ein Studium des Avesta damals als langweilig galt, also wenig Konkurrenz befürchten ließ, so leuchtet die Entscheidung voll und ganz ein.[182] Ekman als zuständiger Ordinarius, mit dem sich Söderblom bei aller sachlichen Differenz persönlich gut verstand, willigte ohne weiteres ein.

Den zweiten oben erwähnten Schwerpunkt in dieser Zeit bildete die schon erwähnte Vorlesung über Luther im Sommer 1893, die gedruckt im Herbst desselben Jahres in zwei kleinen Bänden mit zusammen etwas unter 200 Seiten unter dem Titel *Die Grundgedanken der lutherischen Reformation* erschien und im ersten Teil die Entstehung der Reformation, im zweiten die Theologie des jungen Luther behandelte.[183] Die Entstehungsgeschichte zeigt, dass Söderblom dafür zwar auf frühere Lektüre, nicht aber auf langjährige Forschungsarbeit zurückgreifen konnte. Als Zeugnis einer bestimmten Luther-Rezeption sind sie dennoch theologiegeschichtlich interessant. Luther hatte schwedischen Lutheranern der unterschiedlichsten Couleur immer in hohem Maß als Identifikationsfigur gedient, und zwar bis weit ins Kirchenvolk hinein. So erzählt Einar Billing, dass Konfirmanden auf die Frage nach Luthers Geburtsort Västerås oder eine andere schwedische Stadt genannt haben.[184] Vor diesem Hintergrund ist es begreiflich, wenn Söderblom seine theologische Wende an Luther überprüfen wollte. Man kann es auch so formulieren: Er fühlte sich durch Entdeckungen, die er auf Grund von Anregungen Ritschls (teils auch in Abgrenzung gegen diesen) bei Luther gemacht hatte, berechtigt, ja verpflichtet, den Konservativen das Recht der Berufung auf Luther streitig zu machen oder es zumindest zu relativieren. Bei allem unverkennbaren echt historischen Interesse spielten also auch Gegenwartsprobleme eine Rolle.

---

182 Vgl. J. H. Moulton, *Zoroaster and Israel*, in: The Thinker 1/1892, 401 f. Fr. Nietzsche, *Also sprach Zarathustra* (1883/84), in: Werke, hg. v. K. Schlechta, Bd. 2, München o. J., 275–561; V. Rydberg, *Undersökningar i germanisk mytologi*, 2 Bd., Stockholm 1886. 1889. Vgl. H. S. Nyberg, *N. Söderbloms insats i den iranska religionshistorien*, in: RoB 2/1943 (1–13), 1–4; E. J. Sharpe, a. a. O. (wie Anm. 2), 40–43.

183 N. Söderblom, *Den lutherska reformationens grundtankar* (Svenska spörsmål 17+18), Stockholm 1893. Untertitel: I *Den lutherska reformationens uppkomst* und II *Luthers religion*. Danach die folgenden Seitenzahlen.

184 Vgl. Einar Billing, *Den svenska folkkyrkan*, Uppsala 1930, 114.

Das zeigt sogleich das Einleitungskapitel. Es erörtert die Eigenständigkeit der Religion gegenüber der Moral und der rationalen Erkenntnis sowie deren gegenseitige Zuordnung. Dieses – im Anschluss an Schleiermacher[185] modern formulierte – Thema sucht er bei Luther auf. Zum Verhältnis der Religion zur Moral heißt es: Der Glaube sei für Luther ein Werk Gottes, das die menschlichen Werke der Liebe aus sich heraussetzt, zu ihnen also in einem notwendigen Zusammenhang steht, sich aber nicht auf deren bloße Voraussetzung reduzieren lasse (I 6f II 30; die Abgrenzung gegen Ritschls Modell einer Ellipse ist mitzuhören). Söderblom lobt Luther dafür, dass er auch die Notwendigkeit der Werke hervorhebe, findet jedoch in der Freiheitsschrift noch eine »gewisse passive Tendenz«. Sie rühre von seiner eschatologischen Stimmung her, die ihn daran hindere, seine Heilslehre in »die positive Arbeit für das Reich Gottes« einzuordnen (II 86), wie er sich ganz nach Ritschl ausdrückt. Doch sieht er diesen Mangel später in Luthers Lehre vom Beruf (II 87–99) überwunden.

Ebenso klar hat Luther nach Söderblom zwischen Glaube und Lehre unterschieden. Glaube sei gleichbedeutend mit Vertrauen. Die kirchliche Lehre, das Dogma, sei darum nicht sein Gegenstand, sondern Ergebnis der Reflexion über ihn (I 9f II 7. 27).[186] Das schließt die Freiheit vom Buchstaben der Schrift ein, wie Luthers Kritik an manchen biblischen Schriften zeigt. Söderblom weiß natürlich, dass diese Kritik nicht eine historische im modernen Sinn ist, sondern eine theologische: Wahr ist die biblische Botschaft, insofern – und nur insofern – sie »Christum treibet«; dagegen wäre jeder formale Autoritätsglaube – *fides historica*, mit Luther geredet – ein Werk des Gesetzes (II 31.50.54–59). Dem lebendigen Wort Gottes, das nicht mit der Bibel identisch, sondern in ihr enthalten ist, entspricht ein »mystischer«, innerlicher Glaube (II 12.27.54).

Freilich überzieht Söderblom hier sein Konto. So behauptet er, Trinitätslehre und Zweinaturenlehre seien Luther innerlich fremd gewesen; er orientiere sich vielmehr am historischen Jesus (II 14. 17f 20). Das dürfte aus dem – zutreffenden – Urteil, Luther habe diese Dogmen seinem zentralen Interesse an Christi Heilsbedeutung adaptiert, kaum zu schließen

---

185 Dass Söderblom Schleiermachers Begriff der schlechthinnigen Abhängigkeit im Anschluss an RITSCHL (*Die christliche Lehre* ... [wie Anm. 160] Bd.I, 1889, 498–500) irrtümlich als Gegensatz zur Freiheit eines Christenmenschen sieht (I 3), sei nur am Rande erwähnt.
186 Hier schließt Söderblom sich an ADOLF HARNACKS Deutung des altkirchlichen Dogmas als Hellenisierung des Christentums an und weist auf seine Durchsetzung durch die kaiserliche Macht hin (II 65–70), aber nicht ohne – ebenfalls im Sinne Harnacks – dem Dogma das Verdienst zuzuerkennen, den Kern des Christentums bewahrt zu haben (II 75). Vgl. HARNACK, *Lehrbuch der Dogmengeschichte*, Bd. 1, Bonn 1889, 11. 13–15.

sein, und auch die Verwendung des ritschlschen Wertbegriffs für diese Heilsbedeutung (II 19) ist problematisch. Erst die gedankliche Ausarbeitung der Erfahrung von Gottes den Menschen überwältigender Heiligkeit wird es Söderblom ermöglichen, die der Terminologie Ritschls eigene Distanziertheit auch begrifflich zu überwinden. Einstweilen ist dessen modernisierende Tendenz mit Händen zu greifen, so in der Behauptung, die Rede vom Zorn und Gericht Gottes gehe nach Luther den Christen nichts mehr an (II 11).

Kritisch äußert sich Söderblom zu den fortlebenden mittelalterlichen Elementen in Luthers Denken. Als solche benennt er abergläubische Anwandlungen, fehlenden historischen Sinn, mangelndes theoretisches Interesse und, besonders in der Abendmahlslehre des späten Luther, magische Züge und scholastische Denkmuster (I 11–15.56). Durch die Frontstellung gegen Zwingli und die Schwärmer habe er sich verleiten lassen, zum Buchstabenglauben an die Schrift zurückzukehren – eine verhängnisvolle Inkonsequenz (II 50). Das Neue entwickle sich eben immer nur allmählich (I 12). Diese Einsicht wird allerdings dadurch ein wenig getrübt, dass Söderblom sich in diesem Werk noch, dem Geschmack der Zeit entsprechend, auf den jungen Luther beschränkt. Das wird sich später ändern.

Diese Lutherdeutung ist ganz und gar auf den Gedanken der christlichen Freiheit gestimmt. Er rahmt das Ganze ein und zieht sich durch alles hindurch. Man wird das nicht allein auf die spezifisch neuzeitliche Theologie Ritschls zurückführen dürfen, wenngleich Söderblom in diesem Buch so stark von ihm abhängig ist wie niemals zuvor und hernach. Einmal sind wir hier wieder auf die gleichen charakteristischen Unterschiede gestoßen in Bezug auf das Verhältnis von Glauben und Werken und die Beurteilung innerlicher, mystischer Frömmigkeit. Zum anderen spiegelt sich stimmungsmäßig in der ganzen Abhandlung Söderbloms eigenes Gefühl der inneren Befreiung nach der Überwindung seiner inneren Krise. So ist z. B. von Luthers Anfechtungen im Kloster nur ganz kurz die Rede (I 34–38). Dabei erinnert die Bemerkung, Luther habe unter der Entdeckung des egoistischen Charakters seiner mönchischen Frömmigkeit gelitten, an Söderbloms eigene Erfahrung. Insgesamt ist die Darstellung lebendig und vielfach treffend, enthält aber wenig Neues und ist auch nicht frei von Verzeichnungen. Das Buch ist deshalb – im Unterschied zu der späteren Arbeit über Humor und Melancholie bei Luther (1919) – eher als Dokument der geistigen Entwicklung Söderbloms denn als ein solches der Lutherforschung von Interesse.

So ist es denn nicht verwunderlich, dass dem Verfasser alsbald deutliche Kritik zuteil wurde. Sowohl der Bischof von Västerås, Gottfrid Billing, als auch Söderbloms Freund Nils Johan Göransson haben sie in den Briefen, in denen sie für den Empfang des Buches danken, nach anfänglichen anerkennenden Worten sehr offen geäußert.[187] Beide bemängeln einen mangelnden Ernst des Sündenbewusstseins und die marginale Stellung des Gerichtsgedankens: Das ist nicht der historische Luther, so klipp und klar Göransson. Ebenso deutlich Billing: »Studieren Sie weiter Luther, aber setzen Sie die einseitig geschliffene deutsche Brille ab.« Söderbloms Reaktion zeigt, dass er den Mangel sieht, ihn aber einstweilen noch nicht beheben kann.[188]

g Berufliche Anfänge und religiöse Vertiefung

Mittlerweile hatte Söderblom als examinierter Theologe sich auch beruflich etablieren müssen. Am 5.3.1893 wurde er von dem damaligen Bischof von Västerås (später Lund), Gottfrid Billing, ordiniert und bekam zum 1. Mai eine Stelle als Krankenhausseelsorger an der psychiatrischen Klinik (*Upsala hospital*) in Ulleråker, einige Kilometer außerhalb der Stadt zugewiesen (heute ist die Klinik eine Abteilung des »Akademischen Krankenhauses«). Über seine Tätigkeit dort wissen wir kaum etwas. In den Tagebüchern steht nichts darüber. Eine spezielle psychologische Ausbildung besaß er nicht. Er musste sich daher aus der Literatur kundig machen, soweit es möglich war, und sich im Übrigen nach der Methode *trial and error* einarbeiten. Trotz dieser nach heutigen Maßstäben mangelhaften Vorbereitung hat er seine Aufgabe offenbar gut bewältigt. Die Briefe an die Eltern betonen wiederholt, dass ihm seine Arbeit an der Klinik ans Herz gewachsen sei. Sie skizzieren das eine oder andere Gespräch mit Patienten, das sein Einfühlungsvermögen auch in dieser schwierigen Situation erkennen lässt; sie schildern Gottesdienste, an denen die Patienten sich andächtig beteiligen. Nur einmal deutet er Probleme an: Über Besuche, die er zu Weihnachten bei einsamen männlichen Patienten gemacht hatte, heißt es: »Das war am schwersten.«[189]

---

187 GOTTFRID BILLING und N.J. GÖRANSSON, beide am 14.12.1893, NS brevsamling, från svenskar, UUB.
188 Vgl. N. SÖDERBLOM, Brev ... (wie Anm. 1), Nr. 4 an G. Billing am 18.12.1893: Dass dieser Punkt »in der Darstellung, auf die Sie, Herr Bischof, sich beziehen, nicht deutlich zu seinem Recht kommt, ist eine Unvollständigkeit in der Darstellung dessen, was mir zu Eigen ist. Wenn ich das verleugnete, wäre das ein Verstoß gegen das, was ich als Teuerstes empfangen habe und besitze.« Damit gibt er auf etwas umständliche Weise ehrlich zu, im Verständnis Luthers an die Grenzen seiner eigenen religiösen Erfahrung gebunden zu sein.
189 Brief an den Vater vom 13.6.1893, an die Eltern vom 11.7.1893, an den Vater vom 8.8.1893 und an die Eltern vom 25.12.1893 (hier das Zitat), NSS familjebrev, UUB. Freundlicher Hinweis von Staffan Runestam.

Neben seiner beruflichen Tätigkeit hat Söderblom noch die Zeit für seine wissenschaftlichen Arbeiten und universitären Verpflichtungen gefunden – vermutlich oft nachts. Die schon erwähnte, berühmt gewordene Rede zum Jubiläum der Synode von 1593, die er am 7.9.1893 hielt, fällt in diese Periode.[190] Auch der (am Ende nicht realisierte) Plan einer Schrift über den ihm wegen seiner intellektuellen Redlichkeit imponierenden Christoph Schrempf gehört hierher; das war der württembergische Pfarrer, der mit seiner Weigerung, bei der Taufe das apostolische Glaubensbekenntnis zu sprechen, den deutschen Apostolicumsstreit ausgelöst hatte.[191] Aus diesen und anderen Aktivitäten ergibt sich das Bild einer innerlich gefestigten Persönlichkeit von großer Schaffenskraft.

In diese Situation platzte schon wenige Wochen nach Dienstantritt, am 13. Juni, die verlockende Aussicht auf eine berufliche Veränderung, die seinen Fähigkeiten und Interessen weit mehr entsprach. Er saß als Vertreter der Studentenschaft von Uppsala im Vorzimmer des Königs, um diesen zur Teilnahme an den Feierlichkeiten am 7.11.1893 zu gewinnen.[192] Während der Wartezeit kam er mit dem gleichfalls anwesenden neuen Professor für Pastoraltheologie, Henry William Tottie (1856–1913) ins Gespräch, der ganz nebenbei erwähnte, dass die Stelle des schwedischen Legationspastors in Paris zum 1.5.1894 frei würde. Das löste bei Söderblom sofort eine Kettenreaktion aus: Eine eigene Gemeinde, noch dazu in der faszinierenden Weltstadt Paris, und die berühmte Sorbonne, an der er seine wissenschaftlichen Studien mit interessanten neuen Lehrern fortsetzen könnte. Das alles musste ihm höchst verlockend erscheinen. Seine Braut freute sich auf das Abenteuer. Schriftlich überliefert ist die Korrespondenz, die Söderblom darüber mit Samuel Fries geführt hat. Am 19.6. schreibt er seinem Freund, er denke über eine Bewerbung nach, warte aber noch auf Auskünfte über die Besoldung und über die Möglichkeit, seine Dozentur, wenn er sie denn bis dahin erlangt habe, neben der Pfarrstelle zu behalten. Fries rät am 29.6. zu, wenn auch nicht ohne Reserve – er hätte eben gern den unmittelbaren Austausch noch eine Weile fortgeführt. Am

190 S.o., Anm. 148.
191 Vgl. N. SÖDERBLOM, Brev … (wie Anm. 1), Nr. 2 vom 26.11.1893 an N.J. Göransson. Die Verwirklichung unterblieb aus purem Zeitmangel, nicht etwa wegen irgendwelcher Skrupel. GÖRANSSON nahm sich dann des Planes an: En modern religiös personlighet (Christoph Schrempf), in: I religiösa och kyrkliga frågor 19, Stockholm 1894.
192 Vgl. den Brief an den Vater vom selben Tag, NSS familjebrev, UUB. T. ANDRAE, a.a.O. (wie Anm. 2), 88, nennt den richtigen Monat. Hätte dagegen B. SUNDKLER, a.a.O. (wie Anm. 2), 41, mit seiner Datierung auf den Herbst Recht, wäre der König unter Zeitdruck gesetzt worden. Vgl. weiter N. SÖDERBLOM, Vid Pariskyrkans trehundraårsjubileum (1926), in: ders., Sommarminnen (wie Anm. 135, 142–153), 150f.

12.7. hat Söderblom offenbar die Auskünfte eingezogen und teilt mit, er habe sich für eine Bewerbung entschlossen.[193] Die Aussicht auf eine gesicherte, im Unterschied zu seiner gegenwärtigen Position auch finanziell ordentlich ausgestattete Stelle war im Blick auf die geplante Eheschließung das letztlich ausschlaggebende Argument. Die Klinikpfarrstelle war derart miserabel besoldet, dass er davon trotz zusätzlicher Übernahme eines bezahlten Predigtdienstes am Landwirtschaftlichen Institut im benachbarten Ultuna seinen Lebensunterhalt nicht bestreiten, geschweige denn einen Hausstand gründen konnte, sondern bis zum Hochzeitstag von finanzieller Unterstützung des Vaters abhängig blieb.[194]

Ob die begonnene religionsgeschichtliche Abhandlung vorher fertig würde, stand zwar noch nicht fest; die verbleibende Frist war äußerst knapp. Aber an der Sorbonne lehrten ja der bedeutende Religionshistoriker Albert Réville und der Iranist James Darmesteter, Übersetzer des Avesta, und die Bibliothek war viel besser ausgestattet als die in Uppsala. Zudem wird die Erinnerung an seine Amerikareise Söderblom klar gemacht haben, was für ein Gewinn ein längerer Auslandsaufenthalt für ihn sein würde. Als er dann tatsächlich seine Bewerbung eingereicht und einen Termin zum Gespräch mit dem Erzbischof, Anton Niklas Sundberg (1818–1900), bekommen hatte, riet ihm dieser zunächst einmal ab. Er solle seine akademische Karriere nicht aufs Spiel setzen. Den Einwand, man könne doch auch neben dem Pfarramt wissenschaftlich arbeiten, hielt Sundberg für eine Illusion. Als aber Söderblom hartnäckig blieb und versprach, sich um beides mit gleicher Sorgfalt kümmern zu wollen, ließ der eigentlich als sehr autoritär bekannte Kirchenmann sich umstimmen. Die ihm zu Ohren gekommenen Besorgnisse wegen Söderbloms »häretischer« theologischer Position hat er, vielleicht in einem Anflug von Altersmilde, aber sicher auch in Erkenntnis der lauteren Frömmigkeit des Kandidaten, heruntergespielt.[195] Jedenfalls bekam Söderblom eine Zusage.

Von jetzt an herrschte Aufbruchsstimmung. Nicht nur mussten die Hochzeit und die Reise vorbereitet werden, sondern Söderblom versuchte auch noch, seine Abhandlung vorher abzuschließen. Neben alledem blieben natürlich die beruflichen Verpflichtungen in der Klinik Es muss also eine sehr hektische Zeit gewesen sein, obwohl Söderblom seine Posten als Herausgeber der *Meddelanden* und als Präsident der Studentenschaft noch 1893 niedergelegt hatte.[196] Nun gehörte eine vielfältige Arbeitsbelastung

193 Brief von N. Söderblom an S.A. Fries vom 19.6.1893, T 3 k:15, S.A. Fries samling, UUB; Briefe von S.A. Fries an Söderblom vom 29.6.1893 und von N. Söderblom an Fries vom 12.7.1893, NS brevsamling, UUB.
194 Hinweise von Staffan Runestam.
195 Vgl. T. Andrae, a.a.O. (wie Anm. 2), 86.
196 Vgl. B. Sundkler, a.a.O. 427 (Zeittafel im Anhang).

inzwischen längst zu seinem Lebensstil. Doch in diesem Fall war der Zeitdruck wohl doch zu groß. Die Arbeit wurde zwar tatsächlich Anfang des Jahres 1894 abgegeben, aber von der Fakultät in dieser Fassung nicht angenommen. So musste Söderblom sie nach Paris mitnehmen.

In diese Zeit, nur wenige Wochen vor der Hochzeit und dem Antritt der Auslandsreise, fiel ein weiteres einschneidendes Ereignis. Am 11.3.1894, einem Sonntag, wurde Söderblom nach dem Gottesdienst in Gegenwart seiner Braut noch einmal von einem dieses Mal geradezu überfallartigen religiösen Erlebnis getroffen. Das Tagebuch enthält darüber nur einen einzigen biblischen Satz: »Es ist schrecklich, in die Hände des lebendigen Gottes zu fallen« (Hebr 10,31).[197] Das Erlebnis war so überwältigend, dass er nicht mehr stehen konnte, sondern von seiner Braut gestützt werden musste. Zur Verdeutlichung sei eine fast 30 Jahre später (1923) geschriebene, distanziert in dritter Person formulierte Rückerinnerung angeführt: »Da traf er eines Tages erneut auf den Erlöser. Aber jetzt war der Menschensohn Richter. Das geschah mitten in der vollen Manneskraft des Lebens. Er merkte plötzlich, dass Gott viel strenger ist, als wir denken. Es war niederschmetternd (*förkrossande*), auf den lebendigen Gott zu treffen.«[198] In der durch die regelmäßige Erfüllung der täglichen Pflichten bestimmten Zwischenzeit sei die in der religiösen Wende gewonnene Klarheit teils getrübt worden (*grumlade*), teils wieder zum Vorschein gekommen (*skimrade fram*). Zweierlei fällt daran auf. Zum einen dehnt sich in der Erinnerung des 57-Jährigen der Zeitraum zwischen jener Wende und dem neuen Erlebnis offenbar viel weiter, als er in Wirklichkeit war. Zum anderen impliziert der späte Bericht eine unverhohlene Selbstkritik an dem 24-jährigen Studenten, so als habe dieser damals eben noch ein sehr naives und harmloses Gottesbild gehabt. Beides ist aus der Sicht des reifen Mannes völlig verständlich, stellt aber wohl auch eine gewisse Ungerechtigkeit gegen sich selbst dar, weil er unwillkürlich einen Maßstab an seine jungen Jahre anlegt, den er erst im Lauf seines weiteren Lebens gewinnen konnte.

Wie ist nun das neue, erschütternde Erlebnis zu verstehen? Åkerberg macht dafür vor allem die einhellige Kritik Gottfrid Billings und Nils Johan Göranssons an dem Lutherbuch verantwortlich (273 f.).[199] Dafür könnte man ins Feld führen, dass Luther für Söderblom immer schon eine zentrale Identifikationsfigur gewesen war und dass ihn die überein-

197 NSS B *Dag- och anteckningsböcker* 1894, UUB.
198 *Från Upsala till Rock Island* (wie Anm. 10), 22. Ähnlich schon *De stackars dödlige* (1905), in: När stunderna växla och skrida 1, Stockholm ³1935 (23–35), 34.
199 Vgl. H. Åkerberg, a. a. O. (wie Anm. 2), 273 f.

stimmende Kritik zweier für ihn wichtiger Menschen nachdenklich stimmen musste. Doch weder kann man sich vorstellen, dass diese Kritik volle drei Monate gebraucht haben soll, um ihre Wirkung zu entfalten, noch ist die Erklärung überhaupt der geschilderten Dramatik gewachsen. Sie ist schlicht zu »akademisch«. Auslöser könnte allenfalls etwas gewesen sein, was die damalige Lebenssituation selbst in ihrem Kern betraf. Das wäre der biographische Umbruch, der mit der beabsichtigten Eheschließung, dem bevorstehenden jahrelangen Auslandsaufenthalt, ganz allgemein dem endgültigen Abschied von dem universitären Schutzraum des Studentendaseins und dem Beginn des selbstverantworteten Lebens des Ehegatten und berufstätigen Mannes auf ihn zukam. Dazu kam die Sorge wegen der zunehmenden gegenseitigen Entfremdung seiner Eltern. Das »Schwere«, das Söderblom nach dem Ende seiner religiösen Krise vor sich sah, nahm jetzt konkrete Gestalt an. Aber so gewiss all dies den *Hintergrund* jenes Erlebnisses bildet – für eine *Erklärung* reicht es nicht aus. Söderbloms gefestigter Charakter spricht eindeutig dagegen. So wird man zugeben müssen, hier an die prinzipiellen Grenzen religionspsychologischer Erklärungsversuche zu stoßen. Das persönliche Verhältnis eines Menschen zu Gott bleibt ihnen letztlich verschlossen.

Religiös ist das Geschehen natürlich nicht als so etwas wie ein nachgeholter Bußkampf zu verstehen – das wäre eine absurde Vorstellung. Vielmehr wird man es als eine – freilich sehr drastische – religiöse Vertiefung der seit dem ersten religiösen Erlebnis bestehenden Gestalt der Frömmigkeit zu sehen haben, der ja auch damals schon der Kontrapunkt des Sündenbewusstseins keineswegs gefehlt hat.[200] Eine Vertiefung war es insofern, als von jetzt an die Gottwidrigkeit der Sünde nicht mehr so einfach als bereits überwunden, sondern als eine auch im Leben des erlösten Menschen fortbestehende Wirklichkeit begriffen war. Das ist ein Schritt nicht nur über Ritschl, sondern auch über das Erbe der roseniusschen Erweckungsfrömmigkeit hinaus. Gewiss bleibt der Zorn Gottes für Söderblom von dessen Liebe umfangen, aber diese bekommt für ihn erst jetzt ihr eigentliches Gewicht. Es ist diese Widerspruchseinheit, die Söderbloms Entdeckung des Heiligen als des zentralen Phänomens aller Religion zugrunde liegt. Vielleicht darf man als spätestes Indiz für die damit angedeutete sachliche Kontinuität ein Gespräch mit Gustaf Aulén im Jahr 1931 ansehen, in dem er diesem mitteilte, dass er den seine religionsgeschichtliche

200 Als Bestätigung dafür, dass die jetzt gewonnene Einsicht nicht *prinzipiell* neu war, mag eine schon im Jahr zuvor geschriebene Betrachtung dienen, in der SÖDERBLOM von dem »strengen und barmherzigen Erlöser« spricht und sich gegen den Gefühlskitsch der Nazarener abgrenzt – wohl nicht ohne dabei auch manche Erweckungskreise im Sinn zu haben: *Jesus Nasareern. Betraktelser öfver Matt. 2:19–23*, in: I religiösa och kyrkliga frågor 18, Stockholm 1893 (19–29), 24.

Lebensarbeit zusammenfassenden Gifford-Vorlesungen den Titel »Der lebendige Gott« – jene Wendung aus dem Hebräerbrief – geben wolle.[201] Jedenfalls kann man sagen, dass nunmehr die Grundlagen für das ganze weitere Lebenswerk gelegt sind. Die noch ausstehenden, zum Teil erheblichen Veränderungen im Denken Söderbloms bedeuten keinen Bruch, sondern nur die fortschreitende Entfaltung der jetzt gewonnenen Grunderkenntnis.

201 GUSTAF AULÉN, *Söderblom på Sparreholm – hälsans sista dag*, in: Hågkomster ... 12 (wie Anm. 97, 397–403), 400. Söderblom hat Aulén den Titel am 7.7.1931 während einer Konferenzpause genannt. Er ist also nicht erst auf dem Totenbett (12.7.) darauf gekommen, wie man immer wieder liest, sondern hat da nur die bereits getroffene Entscheidung der Familie mitgeteilt (vgl. die Traueransprache des Schwiegersohns ALGOT ANDERBERG, *De sista orden*, in: Hågkomster ... Bd. 12 (wie Anm. 97), 411–414; dt.: Die Hochkirche 12/1931, 315. Sie ist am letzten gesunden Tag des Lebens getroffen worden, wie Auléns Überschrift besagt, und muss darum in erster Linie mit der Arbeit des Lebenden, nicht mit dem Leiden des Sterbenden assoziiert werden.

2.

Pfarrer in Paris

a Das neue soziale Umfeld

Am 29.4.1894 hat Fredrik Fehr Anna und Nathan Söderblom getraut. Die Hochzeitsreise führte das junge Paar nach Deutschland, unter anderem nach Berlin, wo sie Adolf Harnack besuchten und Vorlesungen von Julius Kaftan und Otto Pfleiderer hörten.[202] Von dort ging es weiter nach Paris, wo sie von dem ungewohnten Großstadtleben erst einmal völlig überwältigt waren. Hier haben sie ihren ersten Hausstand eröffnet – in ziemlich beengten räumlichen Verhältnissen. Es sollte eine lange, reiche Ehe werden, deren Stil man vielleicht als partnerschaftlich-patriarchalisch bezeichnen kann. Nathan Söderblom war sicher die beherrschende Gestalt, aber seine Frau war gleichfalls eine starke Persönlichkeit. Sie haben eine Familie gegründet – eine rasch wachsende, große Familie. Zwölf Kinder sind im Lauf der Jahre geboren worden, die ersten fünf davon in Paris. Davon sind freilich zwei schon sehr früh gestorben, die kleine Ingrid bereits in der Pariser Zeit (1900).

Neben dem Familienleben haben die beiden in der Gemeinde vieles gemeinsam gestaltet und – wie später auch in Uppsala – ein offenes Haus geführt. So haben sie schwedische Künstler wie den Maler Anders Zorn und die Bildhauer Carl Eldh und Carl Milles oder den norwegischen Dichter Jonas Lie oft zu Gast gehabt.[203] Das enorme kulturelle Angebot der Weltstadt haben sie dankbar genutzt, Ausstellungen moderner Maler besucht und Konzerte klassischer Musik – besonders Bach – gehört. Darüber hinaus hat Anna Söderblom an den Reden und Veröffentlichungen ihres Mannes ihren Anteil gehabt, vieles vorher kritisch gelesen und Verbesserungen vorgeschlagen. Von Interesse mag auch sein, dass Nathan Söderblom, Friedensnobelpreisträger von 1930, das Vertrauen von Alfred Nobel gewinnen konnte, der mit ihm seinen Plan einer Stiftung besprochen hat. 1896 hat er Nobel in San Remo, wo er zuletzt gelebt hatte, beerdigt.[204]

---

202 Vgl. N. SÖDERBLOM, Brev ... (wie Anm. 1), Nr. 5 an Samuel Fries vom 11.6.1894.
203 Eine eindrucksvolle Aufzählung bietet ANNA SÖDERBLOM, På livets trottoir (wie Anm. 2), Bd. 1, 216–234.
204 Die Rede ist abgedruckt in Tal och skrifter 5, Stockholm 1933, 195–202.

Beruflich hatte sich Söderblom um die skandinavische Gemeinde in Paris zu kümmern. Sie bestand aus ungefähr 350 Mitgliedern, ganz bunt zusammengesetzt und größtenteils arm: Handwerker, Arbeiter, Haushaltshilfen, ein paar Künstler und eine kleine Zahl von Diplomaten. In den Sommermonaten war er Seemannspfarrer in Calais.[205] Die Arbeit war anfangs sehr schwierig. Die Gemeindeglieder wohnten weit verstreut in der riesigen Stadt, so dass Besuche viel Fahrzeit mit öffentlichen Verkehrsmitteln beanspruchten. Die großen Entfernungen waren auch ein Grund dafür, dass zunächst nur wenige von ihnen (für damalige Verhältnisse! Söderblom spricht von 30–40 Teilnehmern) den Gottesdienst besuchten, zumal viele am Sonntag arbeiten mussten. Der Besuch hat sich im Lauf der Zeit gebessert, dank Söderbloms unkonventioneller Art – von der Art sich zu kleiden bis zur Verlegung mancher Andachten in die Wohnung – und seines ungeheuchelten Interesses an den Menschen. Viel hat er auch getan, um die materielle Not zu lindern, nicht selten aus eigener Tasche.

Söderblom hat seine Gemeinde nicht als Insel innerhalb einer fremden Umgebung betrachtet, sondern selbstverständlich auch zu den französischen Kollegen Kontakt aufgenommen. Hier musste er sich freilich erst an eine ihm fremde Art der Frömmigkeit gewöhnen. Er billigt den Amtsbrüdern hohes intellektuelles Niveau zu, beschreibt aber ihr Denken als recht moralisch und religiös etwas »dünn«. Dabei verkennt er keineswegs die schwierige Situation der französischen Protestanten als kleine – zugleich einen unverhältnismäßig hohen Anteil an leitenden Stellungen im öffentlichen Dienst innehabende – Minderheit gegenüber der machtvollen katholischen Kirche auf der einen Seite und dem scharf antikirchlichen Laizismus auf der anderen.[206] Er hat viele Gespräche mit Katholiken geführt (wozu es in Schweden damals kaum Möglichkeiten gab) und sich dabei ein lebendiges Bild der anderen Konfession gebildet. Charakteristisch ist die Schilderung eines Gesprächs mit einem Priester, der aus Gewissensgründen seinen Dienst quittieren musste. Söderblom sieht hier auf der einen Seite die Knechtung des Gewissens durch die Amtskirche, auf der anderen tiefe, echte katholische Frömmigkeit. Sie kontrastiert er mit dem krassen Aberglauben, den man ebenfalls in dieser Kirche findet. Doch warnt er nachdrücklich vor den üblichen protestantischen Klischees und fordert, die Auseinandersetzung nicht bloß auf dem Feld der rationalen Kritik zu führen, was den Pro-

205 Zur Pariser Gemeinde vgl. N. Söderblom. *Brev...*, Nr. 5 f 9 f 14. Über seine Tätigkeit in Calais vgl. die lebendige Schilderung von GUDMAR HOGNER, *En svensk sjömanspastor i nordfranska hamnar*, in: Hågkomster ... 12 (wie Anm. 97), 185–201.
206 Vgl. *Brev* ... (wie Anm. 1), Nr. 7 (13.7.1894) und 9 (11.1.1895) an N. J. Göransson; *Återblick på religiösa och kyrkliga frågor i utlandet*, in: I religiösa och kyrkliga frågor 33, Stockholm 1897, 131–143.

testantismus allzu leicht als einen lediglich quantitativ reduzierten Katholizismus erscheinen lasse, sondern vornehmlich auf dem spezifisch religiösen Feld über das eigentliche »Wunder der Religion«, die Gnade Gottes.[207]

In seiner eigenen Gemeinde waren die intellektuellen Probleme eher zweitrangig. Hier stand neben der im eigentlichen Sinn religiösen Wirksamkeit auf Grund der herrschenden Verhältnisse die soziale Arbeit im Vordergrund. Noch mehr wurde Söderblom in Calais mit sozialen Problemen konfrontiert.[208] Die Seeleute litten stark unter der schamlosen Ausbeutung durch die Reedereien. Auch hier hat Söderblom sich schnell das Vertrauen der Menschen erwerben können. Zu seiner großen Beliebtheit mag zusätzlich beigetragen haben, dass die ihm in Calais zur Verfügung stehende Wohnung sehr primitiv war.

Die geschilderten Verhältnisse führten dazu, dass Söderblom sich in Paris auch theoretisch intensiv mit der sozialen Frage befasst hat, auf die er in Schweden, wo er ja vornehmlich in Universitätskreisen verkehrt hatte, bis dahin kaum konkret gestoßen war. Die Anstrengungen der Arbeiterbewegungen in verschiedenen Ländern und den großen internationalen Sozialistenkongress in Paris 1900 hat er mit lebhaftem Interesse und großer Sympathie verfolgt. Über den französischen Sozialistenführer Jean Jaurès (1859–1914) schreibt er: »Niemand steht dem evangelischen Christentum im modernen Frankreich näher als die Sozialisten vom idealistischen Schlage eines Jean Jaurès.«[209]

Einen weiteren Anstoß hat in diesem Zusammenhang der (durch einen schwedischen Kaufmann in Paris finanzierte) Besuch des Evangelisch-Sozialen Kongresses in Erfurt im November 1896 gegeben. Adolf Stoecker war kurz zuvor ausgeschieden, und Friedrich Naumann war der neue aufgehende Stern. Wie stark dieses Erlebnis auf Söderblom gewirkt hat, zeigt die folgende Briefstelle: »Hier begegnet mir ein Christentum, wie ich es will, handlungsstark aber nicht methodistisch, männlich, nicht marktschreierisch, innerlich, nicht frömmlerisch.«[210] Naumann hat seine volle Bewunderung; von ihm erwartet er große Dinge. Söderblom hat darüber einen ausführlichen Bericht in Schweden veröffentlicht, in dem er den Kongress in seinen geschichtlichen Zusammenhang stellt und Stoeckers konservative und antisemitische Haltung in erkennbar kritischer Absicht Naumann gegenüberstellt.[211]

207 Vgl. *Brev ...*, Nr. 16 (7.6.1897) und 22 (28.5.1898) an N.J. Göransson.
208 Vgl. ANNA SÖDERBLOM, *På livets trottoir* Bd. 1 (wie Anm. 2), 189–196.
209 *Brev ...*, Nr. 28, an Samuel Fries, 28.9.1900; vgl. auch Nr. 7, an N.J. Göransson, 13.7.1894.
210 *Brev ...*, Nr. 13, an N.J. Göransson, 23.11.1896; vgl. auch *Vid Pariskyrkans trehundraårsjubileum* (wie Anm. 192), 145.
211 Vgl. N. SÖDERBLOM, *Återblick ...* (wie Anm. 206), 79–115.

Stark beschäftigt hat Söderblom während seiner Pariser Zeit auch die Dreyfus-Affäre. Alfred Dreyfus, elsässischer Hauptmann jüdischer Abstammung, war 1894 fälschlich des Hochverrats angeklagt und abgesetzt worden. Der Fall erregte landesweites Aufsehen, ließ die niedersten antisemitischen Instinkte hochkochen und spaltete auf Jahre die Nation. Émile Zola schrieb 1898 seinen berühmten offenen Brief *J'accuse* zugunsten des Beschuldigten und musste dafür ein Jahr lang ins Exil gehen. Erst 1906 wurde Dreyfus rehabilitiert. Söderblom hat in seinen Briefen empört auf den Skandal reagiert.[212] Auch nur ein Hauch von Antisemitismus war für Söderblom schon deshalb völlig undenkbar, weil er seit Studienzeiten mit dem Rabbi Gottlieb Klein in Uppsala befreundet war.[213] Wir erwähnen das hier auch deshalb, weil gelegentliche Äußerungen Söderbloms in seinen Briefen aus dem ersten Pariser Jahr, wonach die »germanische Rasse« der französischen hinsichtlich der kulturellen Entwicklung und der religiösen Tiefe überlegen sei, bei heutigen Lesern leicht den Verdacht erregen können, als sei Söderblom selbst einem rassischen oder nationalistischen Vorurteil verfallen.[214] Man sollte solche Sätze, die noch aus der Phase der Akklimatisierung im Ausland stammen, nicht auf die Goldwaage legen. Sie verlieren vollends an Gewicht, wenn man Söderbloms immer wieder geäußerte Bewunderung für die französische Kultur daneben hält. Schon in Paris hat er beispielsweise in einer Predigt ganz eindeutig gegen jeden Nationalismus Stellung bezogen. Später, angesichts der nationalistischen Exzesse des Weltkrieges, hat er seine Position grundsätzlich so formuliert, dass jedes Volk seine spezifische Aufgabe für die Menschheit von Gott bekommen habe.[215]

b Literarische Verarbeitung

Wie stark die sozialethische Thematik Söderblom von nun an beschäftigte, dafür sind seine vielfältigen Hilfsmaßnahmen nach dem Weltkrieg und die Stockholmer Life and Work Konferenz von 1925 beredte Zeugnisse, die

212 Vgl. N. SÖDERBLOM, *Brev* ... (wie Anm. 1), Nr. 18.24.28.
213 S.o., 66.
214 Vgl. *Brev* ..., Nr. 7–9.
215 Vgl. N. SÖDERBLOM, *Änglahälsning* (Weihnachtspredigt 1897 Paris, erweit. Form 1929), in: ders., Tal och skrifter 1, Stockholm 1933 (36–58), 49; ders., *De två gudarne* (1914), in: ders., När stunderna växla och skrida 2, Stockholm ³1935, 3. samling (103–112), 106. Vgl. zu diesem Thema auch STAFFAN RUNESTAM, *Svenskt och främmande hos N. Söderblom. Några bilder*, in: N. Söderblom. Präst ... (wie Anm. 96), 13–22; CARL FREDRIK HALLENCREUTZ, *Ärkebiskopen. Nationell och internationell*, ebd. 35–48.

denn auch stets in diesem Zusammenhang genannt werden. Doch hat er sich bereits in Paris öffentlich dazu geäußert. Insbesondere zwei Schriften sind da zu nennen: ein gedruckter Vortrag, den er am 31.8.1897 auf dem Stockholmer Religionsgeschichtlichen Kongress gehalten hat, und ein Buch über die Bergpredigt, das ein Jahr später erschien. Im Blick auf die weitere geistige Entwicklung Söderbloms ist der Vortrag von größerem Interesse. Er zeigt sehr schön, wie schon jetzt der religionswissenschaftliche Gesichtspunkt, das theologische Interesse samt dem weiten kirchengeschichtlichen Horizont und die Auseinandersetzung mit den praktischen Problemen der Gemeindearbeit und den sozialpolitischen Konflikten einander durchdringen und sich gegenseitig befruchten. So entstehen hier die Grundlinien der sozialethischen Konzeption, die er später genauer entfalten wird. Ein Leitmotiv dieser Schrift wird später auch die Kirchentheorie und das Verständnis religiöser Pluralität aus christlicher Perspektive bestimmen. Grund genug, sich diese Arbeit näher anzusehen.

Der Vortrag trägt den Titel *Die Religion und die soziale Entwicklung*.[216] Er scheint also von der damals so genannten »sozialen Frage« zu handeln und damit von christlicher Sozialethik. Bezüge auf andere geschichtliche Religionen kommen zwar vor, aber sie haben scheinbar keine konstitutive Bedeutung. Da fragt man sich, wie dieses Thema in das Programm eines religionswissenschaftlichen Kongresses gelangt ist. Söderblom hätte doch über sein iranisches Spezialgebiet sprechen können. Es wird sich indessen sogleich zeigen, dass der Beitrag gerade in seiner tagespolitischen Aktualität sehr wohl religionswissenschaftlich relevant ist.

Ausgangspunkt der Überlegungen ist nämlich die Frage nach der Rolle der Religion – der Religion überhaupt, nicht speziell des Christentums – in der derzeitigen Situation des Klassenkampfes. Zunächst wird in lockerem Anschluss an Schleiermacher festgestellt, dass die Religion auf Grund ihrer wesenhaften Orientierung an der Transzendenz (94 f/28) gegenüber sozialer Entwicklung, Metaphysik und Moral selbstständig ist. Über Schleiermacher hinausgehend wird dieser Grundsatz gegenüber zwei alternativen Typen von Religion geltend gemacht, die für sich solche Selbstständigkeit leugnen. Söderblom nennt sie Theokratie und Ökonomismus (79–86/5–17). Theokratie ist die am weitesten verbreitete Form von Religion über-

216 N. SÖDERBLOM, *Religionen och den sociala utvecklingen*, in: Religionsvetenskapliga kongressen i Stockholm 1897, hg. v. S. Fries, Stockholm 1898, 76–143. Dt.: Die Religion und die soziale Entwicklung (SgV 10), Freiburg 1898. Seitenzahlen oben zuerst nach dem Original, dann nach der Übersetzung. Die deutsche Fassung ist freilich mit Vorsicht zu genießen. Es fehlt in ihr beispielsweise die scharfe Kritik am deutschen Antisemitismus jener Zeit (schwed. S. 122), und einiges ist umgestellt. Möglicherweise ist die Übersetzung vom Autor aus Zeitmangel nicht genau durchgesehen oder gar überhaupt nicht autorisiert worden.

haupt; außer dem Buddhismus und dem protestantischen Christentum rechnet Söderblom praktisch alle Religionen – und sicher auch den römischen Katholizismus – dazu. Abgesehen von der problematischen Überhöhung unvollkommener und fehlbarer menschlicher Gesellschaften (so könnte man den Einwand auch formulieren) ist dieser Religionstypus aber in der modernen westlichen Welt nicht mehr praktikabel. Mit Ökonomismus bezeichnet Söderblom das marxistische »Evangelium«.[217] Er interpretiert es als Verheißung einer Theokratie ohne Gott – eine damals neue Betrachtungsweise.

Es handelt sich also um den Gegensatz zwischen wesensgemäßer, selbstständiger Religion und zwei einander widersprechenden Formen wesensentfremdeter, funktionalisierter Religion. In dieser Konstellation ist der Ruf nach Selbstständigkeit der Religion für Söderblom gleichbedeutend mit der Entscheidung für die reformatorische Zwei-Reiche-Lehre, die sich gegen alle anderen Religionen behaupten muss. Der so verstandenen Selbstständigkeit der Religion entspricht dann notwendig diejenige der sozialen Welt, also deren Eigengesetzlichkeit im Sinne Max Webers.

Mit diesem Ansatz will Söderblom zugleich das im damaligen konservativen Luthertum verbreitete Missverständnis der Selbstständigkeit der Religion ausschließen, das die Unterscheidung zwischen jenseitigem, eschatologischem Reich Gottes (95/28) und dem »Reich« der Welt als Scheidung interpretiert und damit der Religion jegliche Bedeutung für das wirkliche Leben abspricht. Faktisch sind Religion und Kultur, Religion und wirtschaftliches und politisches Leben ohnehin stets und überall miteinander verflochten (87 f/17 f). Und religiös ist es nicht zu verantworten, die (in der Tat in eschatologischer Perspektive zu verstehende) Grundrelation zu Gott, Gottesdienst bzw. den Glauben, von dem Dienst am Menschen, der Liebe, zu trennen (98/33).[218] Christlich ist damit im Gegensatz zum Buddhismus eine positiv gestaltende Beziehung zur Welt intendiert (ebd.). So sehr die Unterschiedenheit der Religion von der Welt des Politischen jeglicher Staatsvergötterung widerspricht, so wenig dürfen darum der Staat und überhaupt jede weltliche Institution wie im alten Luthertum bloß als ein in menschliche Hände gelegtes Werkzeug des göttlichen Zorns verstanden werden; sie sind vielmehr vom Menschen konstruktiv als Instrumente

---

217 Söderblom zitiert in diesem Zusammenhang Marx und Bebel (80); solche Lektüre hatte in jener Zeit bei Theologen Seltenheitswert. Die religionswissenschaftliche Betrachtung des Problems reicht übrigens bis in den Anfang der Pariser Zeit zurück, vgl. *Brev* ... (wie Anm. 1), Nr. 9 vom 11.1.1895 an N. J. Göransson.

218 Söderblom akzeptiert also die grundlegend neue Erkenntnis von JOHANNES WEISS, *Die Predigt Jesu vom Reiche Gottes*, Göttingen 1892, doch mit dem fundamentalen Unterschied, dass für ihn das Christentum trotz seiner eschatologischen Orientierung von Anfang an konstruktive Weltgestaltung gepredigt hat.

der Weltveränderung im Sinne der Liebe Gottes zu handhaben (106. 133/ 45. 84). Noch einmal anders ausgedrückt: Das sich Gott anvertrauende Gebet wird sich letzten Endes als weltgestaltende Kraft erweisen (105/44). Das ist die Basis für die Behandlung des angekündigten Themas.

Die praktische Konsequenz aus diesen Überlegungen lautet, dass Religion und staatliche Macht zur Zusammenarbeit genötigt sind (109/50). Söderblom ruft dafür aus seiner Pariser Erfahrung eine Reihe konkreter Beispiele auf: den gesetzlichen Schutz des Feiertags, Verbesserung der Arbeitsbedingungen der Seeleute, Schutz der öffentlichen Moral, Änderung der elenden Wohnverhältnisse (88–91/19–22). Später weitet er das aus zu der allgemeinen Forderung, auf ein menschliches Leben in Würde hinzuwirken, wozu er einen Arbeitsplatz mit angemessenem Lohn rechnet, die Abschaffung von Frauen- und Kinderarbeit, Armenhilfe, die Unterhaltung von Krankenhäusern (133–141/85–93).[219]

Genau auf diesen und verwandten Feldern findet jedoch faktisch nicht nur Zusammenarbeit, sondern auch heftige Konfrontation, Klassenkampf statt. Dieser Realität muss sich die Religion stellen. Sie kann das freilich nicht auf die Weise des revolutionären Umsturzes tun; Jesus war kein Revolutionär, und der eschatologische Charakter der Religion verbietet ihr die Identifikation mit einer der im Streit liegenden sozialen Klassen – natürlich auch mit der bürgerlichen Klasse, mit der sich die Kirche weithin im Interesse einer Erhaltung des status quo liiert hat (96.99.129/30. 34 f 78). Das Evangelium, so kann Söderblom mit Luther sagen, ist zwar kein soziales oder politisches Programm (121/66), sondern es geht ihm um die Erlösung des einzelnen Menschen. Aber die verantwortlichen Einzelnen schaffen aus der Liebe heraus Gemeinschaften, welche die Klassenunterschiede überbrücken – eine Leistung, die unter den Weltreligionen nur das Christentum vollbracht habe (111 f/53).[220] So wie Jesus sich der Armen angenommen und so wie Luther jedenfalls anfänglich (nur leider nicht konsequent) die Forderungen der Bauern unterstützt habe, so wirke die

---

219 Manche moderne Frau mag an dieser Stelle Söderblom für seine konservative Sicht weiblicher Berufstätigkeit schelten. Man darf jedoch nicht vergessen, dass bei den damals üblichen langen Arbeitszeiten beide Ehepartner so stark eingespannt waren, dass Hausarbeit und Versorgung der Kinder in Arbeiterfamilien auch bei partnerschaftlicher Rollenverteilung kaum angemessen zu bewältigen waren.

220 ERNST TROELTSCH lobt in seiner Rezension die Dialektik von Jenseitigkeit des Reiches Gottes und weltlichem Engagement, bemängelt jedoch, dass Söderblom nicht die Frage gestellt habe, wie die Christenheit sich zu den natürlichen menschlichen Interessen und Gemeinschaften verhalten solle: ThLZ 24/1899 (398–400), 400. Diese Kritik ist mir unverständlich geblieben; vgl. dazu das Folgende. Merkwürdig ist darüber hinaus, dass ausgerechnet Troeltsch sich über Söderbloms »etwas wortreiche Abhandlung« mokiert.

Erlösung des Einzelnen, durch dessen Verantwortung vermittelt, auf eine menschenwürdige Gesellschaft hin (96.99.103 f/30. 34 f 40–42). Dieser indirekte Einfluss der Religion auf die soziale Welt wirke nicht abrupt, revolutionär, sondern allmählich, auf die Art des biblischen Gleichnisses vom Sauerteig (102. 134/36. 86).

Solche gesellschaftliche Aktivität findet ihren Ausdruck zunächst in karitativer Unterstützung, die auch dann Aufgabe der Religion als Institution, also der Kirchen bleiben wird, wenn der Staat einen Teil dieser Aufgaben übernimmt (116–121/90–94). Aber Söderblom betont nachdrücklich, dass dies nicht ausreiche. Die Kirchen müssten auch auf die staatliche Gesetzgebung einwirken, damit sie ihrer Pflicht nachkommt, für menschlichere Arbeitsbedingungen zu sorgen. In diesem Sinne gehörten Religion und Recht zusammen (120. 133/91. 83 f).

Auf diese Weise soll die Religion versuchen, nach Kräften den Klassenkampf zu mildern und wenn möglich zu friedlichen Konfliktlösungen zu gelangen (109/50). Verhindern kann und soll sie ihn nicht. Denn oft genug ist ein wirklicher Kampf, z. B. ein Streik, notwendig. Söderblom befürwortet ausdrücklich die Emanzipation der Arbeiterklasse und die Bildung von gewerkschaftlicher Macht, auch wenn in einigen Fällen ein »guter« Patriarchalismus noch eine Weile – aber nicht auf Dauer – weiter bestehen mag. Entscheidend sei es, langfristig ein neues Vertrauensverhältnis der Sozialpartner »auf gleicher Augenhöhe« zu erreichen (126–129/74–76). Die Ablehnung der Identifikation mit einem parteipolitischen Programm schließt also die Parteinahme für die Rechte der Benachteiligten keineswegs aus, im Gegenteil. Hier sieht sich Söderblom in einer Linie mit der englischen Fabian Society, mit dem deutschen Kreis um Naumann (95.109.136/30.51.88) und – ein kluger Schachzug – mit dem sonst so konservativen Erzbischof Sundberg (109/51).[221]

Mit der Betonung des evolutionären Charakters sozialer Veränderungen und der Zielvorgabe friedlicher Zusammenarbeit der einander entgegengesetzten Interessengruppen wendet sich Söderblom gegen die Theorie von Karl Marx. Doch besteht deren begrenztes Recht darin, dass ein solcher Zustand immer erst erkämpft werden muss und nicht von selbst zustande

---

221 Ein Echo dieser Solidarität mit der Arbeiterschaft ist die berühmt gewordene Stegreifrede, die SÖDERBLOM wenige Tage später während eines Studententreffens, das anlässlich der Feier des 25. Thronjubiläums Oskars II. in Skokloster stattfand, im Freien gehalten hat und mit der er auf die soziale Ahnungslosigkeit der »höheren« Schichten, nicht zuletzt auch seiner Kirche, aufmerksam machen wollte: *Sågen I honom?* (Habt ihr ihn gesehen?), in: ders., Tal och skrifter 3, Stockholm 1933, 21–24. Er bezog sich auf den Schatten eines Arbeiters, der während der Festvorbereitungen an der Beleuchtung gearbeitet hatte. Vgl. MICHAEL NEIIENDAM, N. Söderblom, København 1933, 21 f.

kommt. Das ist die Quintessenz dieser Schrift. Sie ist ein schönes Beispiel für die enge Verklammerung religionstheoretischer Reflexion mit aktuellen Lebensfragen, getragen von energischem persönlichem Einsatz, die so bezeichnend für Söderbloms gesamtes Wirken gewesen ist.

Wie ein Anhang – wohl erst unmittelbar vor der Drucklegung hinzugefügt – steht ganz am Schluss (142 f/95 f) eine lange Anmerkung, die dem Buch des englischen religiösen Darwinisten Benjamin Kidd *Social Evolution* gewidmet ist.[222] Dessen These lautet, dass diejenige Rasse sich im geschichtlichen Daseinskampf durchsetzen wird, die das beste, religiös fundierte Moralsystem besitzt, nämlich am wirksamsten partikulare und kurzfristige Interessen dem allgemeinen Wohl und einer langfristigen Perspektive unterordnet (97.102.245 f). Das sind für Kidd die »teutonischen«, insbesondere die angelsächsischen Völker (278.299.312.318 f). Söderblom interessierte daran, dass der Verfasser die soziale Rolle der Religion ernst nimmt und ins Zentrum seiner Überlegungen rückt. Kritisch äußert er sich hier (und ausführlicher in einer ungedruckten Rezension) zu Kidds moralischer Funktionalisierung der Religion und zu dem recht massiven Rassismus des Verfassers.[223] Auch den sehr angelsächsischen Optimismus des Verfassers hinsichtlich der Erfolgsaussichten einer Milderung des »Kampfes ums Dasein« durch die Religion beurteilt er eher skeptisch. Aber dass ihr überhaupt diese Aufgabe zugeschrieben wird, darin stimmt er trotz der gravierenden Unterschiede in der Begründung mit Kidd überein.

Der eigentliche Auslöser dieser Anmerkung ist freilich, wie Sundkler gezeigt hat, ein zentraler Begriff in der schwedischen Übersetzung des Buches, *tävlan* (Wettstreit), den Söderblom für seine eigene Position gut verwenden konnte. Dafür musste er ihn allerdings seines darwinistischen Hintergrundes entkleiden und vor allem die Tendenz auf Gewaltfreiheit

---

222 Vgl. BENJAMIN KIDD, *Social Evolution*, London 1894. Die schwedische Übersetzung, auf die sich Söderblom bezieht, erschien im folgenden Jahr: *Den sociala utvecklingen*, Stockholm 1895, mit einem Geleitwort von VIKTOR RYDBERG: *Den vita rasens framtid* (Die Zukunft der weißen Rasse). – Seitenzahlen nach dem Orig.

223 Kidd hält die Unterwerfung, ja die Ausrottung »unterentwickelter« Völker durch die weißen Kolonialherren im Sinn des Darwinismus für eine Folge des Naturgesetzes der Selektion, um dann freilich für eine Humanisierung als höhere Stufe der Evolution zu plädieren, die er sehr optimistisch von der angelsächsischen »Rasse« erwartet (46–51.299.318 f). Das Geleitwort VIKTOR RYDBERGS, das von der »gelben Gefahr« handelt, unterstreicht noch einmal die rassistische Tendenz. – Söderbloms französisch geschriebene Rezension, die – wohl wegen ihrer Länge – nirgends angenommen wurde, aber ein Muster an Sorgfalt ist, findet sich in der von Anna Söderblom verfertigten Reinschrift in der UUB (NSS MS 1897 Folio: *Anmälan på franska av B. Kidd: The Social Evolution 1894*; 32 S.!).

hervorheben. Sundkler hat darum gemeint, dass Söderblom mit diesem Begriff die Schärfe sozialer Konflikte – und dann wohl auch kirchlicher und interreligiöser Auseinandersetzungen – zu einer Art »*sporting contest*« verharmlost habe.

Genauer geht es um die Behauptung, die schwedische Übersetzung des Buches von Kidd habe die englischen Wörter *rivalry* und *competition* einheitlich durch *tävlan* wiedergegeben und so Söderblom zu jener Verharmlosung verleitet.[224] Das trifft jedoch nicht zu. Die Beobachtung zur Übersetzung ist nur teilweise richtig (anders z. B. engl. 42 f = schwed. 40 f). Vor allem aber werden beide englischen Wörter sehr häufig in Kombination mit Wörtern wie *struggle* und *conflict* gebraucht, was in der Übersetzung getreu mit *kamp* und *strid* o. ä. wiedergegeben wird. Söderblom hat das keineswegs übersehen (vgl. bes. 143/96).

Der Gesamtduktus von Söderbloms Vortrag rechtfertigt Sundklers Vorwurf nicht. Er will unvermeidliche Konflikte nicht verharmlosen, sondern fordert, sie nach Möglichkeit durch politische Einflussnahme zu friedlichen Auseinandersetzungen zu entschärfen. (Später kann Söderblom *tävlan* sogar mit dem Weltkrieg in Verbindung bringen, wodurch Sundklers Deutung vollends ad absurdum geführt ist.[225])

Damit ist schon der Übergang gefunden zu dem zweiten sozialtheoretischen Schlüsselbegriff Söderbloms: Zusammenarbeit (schwed. *samarbete* oder *samverkan*). Er wird später dem Wettstreit zugeordnet und bildet mit ihm eine Polarität, um so dessen Missverständnis im Sinne einer gewaltsamen Auseinandersetzung oder auch im Sinne eines reinen Marktliberalismus zu blockieren. Diese Polarität wird allmählich eine beherrschende Stellung in Söderbloms gesamtem Denken bekommen. Später hat er sie auch auf das Verhältnis der christlichen Konfessionen und auf das der Religionen zueinander angewandt.[226] Damit ist angedeutet, dass Söderbloms Lösungsansatz der genannten religiösen und kirchlichen Fragen seinen Ursprung in einer konkreten gesellschaftlichen Problemlage hat.

---

224 B. SUNDKLER, a. a. O. (wie Anm. 2), 69.
225 Vgl. N. SÖDERBLOM, *Skriftens ord om tiden* (1914), in: ders., När stunderna växla och skrida 2, Stockholm ³1935 (99–102), 101; *Får trädet stå* (1915), ebd. (124–130), 126. Auf den Gegensatz des Kampfesmotivs zum evolutionistischen Fortschrittsglauben macht, wenn auch ohne Hinweis auf das Stichwort *tävlan*, besonders MICHAEL NEIIENDAM aufmerksam: *N. Söderblom*, København 1933, 34.
226 Für die Konfessionen vgl. z. B. N. SÖDERBLOM, *Svenska kyrkans kropp och själ*, Stockholm 1916, 58 (*tävlan* und *samförstånd*, d. h. Einverständnis); für die Religionen z. B. ders., *Das Werden des Gottesglaubens. Untersuchungen über die Anfänge der Religion*, Leipzig 1916, 380 f (»universales Zusammenwirken und Wettkampf«, welch letzterer hier »unerbittlich« genannt wird). Der Zusammenhang handelt von der Mission.

Demnach sind Kirchen und Religionen als institutionelle Größen insofern als prinzipiell mit gesellschaftlichen Schichten und Klassen analog anzusehen, als sie gegenüber dem sich offenbarenden Göttlichen nur relative Vermittlungsinstanzen sein können und deshalb ebenso wenig wie die sich absolutistisch gebenden Pseudoreligionen Theokratie und Ökonomismus einen Monopolanspruch haben. Das Korrelat zu dieser Relativierung ist der Gedanke einer durch das Wirken des göttlichen Geistes im Lauf der Religionsgeschichte fortschreitenden Offenbarung, die am Ende mit Gewissheit das Evangelium zum Sieg führen werde.[227] Das ist der Sache nach nichts anderes als die Sauerteigwirkung der Religion, von der in dem Aufsatz die Rede war. Sie soll auf allen Gebieten des Lebens die harte Konfrontation konkurrierender Absolutheitsansprüche zur friedlichen Zusammenarbeit gleichberechtigter Gemeinschaften innerhalb eines gesellschaftlichen Ganzen – letzten Endes der Menschheit – wandeln, welche die Unterschiedlichkeit ihrer jeweiligen traditionellen Prägungen gegenseitig respektieren.

Deutlich unter dem Eindruck der sozialen Problematik steht auch das Buch mit dem charakteristischen Titel *Jesu Bergpredigt und unsere Zeit* aus dem folgenden Jahr.[228] Es geht darin also nicht primär um einen neuen Beitrag zur Exegese, obwohl der Verfasser die wissenschaftliche Debatte kennt und sich mit ihr auseinandersetzt. Vielmehr werden in den ersten fünf Kapiteln verschiedene in der Geschichte wirksame Auslegungstypen kritisch analysiert und in den folgenden sechs Kapiteln mit der eigenen Auslegung des Verfassers konfrontiert, deren Schwerpunkt bei dem Gegenwartsbezug liegt.[229]

Von besonderem Interesse sind dabei im ersten Teil Tolstoj und Luther. Tolstojs radikale Entgegensetzung von Bergpredigt und Weltordnung, die damals viel diskutiert wurde, musste dem inzwischen in sozialen Problemen erfahrenen Pfarrer absurd erscheinen. Trotzdem hebt er den religiösen Ernst hervor, der diese Sicht bestimmt und, ähnlich wie bei dem hier vergleichbaren Søren Kierkegaard, als »Salz der Erde« unverzichtbar

---

227 Vgl. N. SÖDERBLOM, *Lettre*, in: Victor Charbonnel (Hg.), Congrès universel des Religions en 1900. Histoire d'une idée, Paris 1897 (217–222), 220–222.

228 N. SÖDERBLOM, *Jesu bergspredikan och vår tid*, Stockholm 1898. Ich zitiere hier nach der 2. Aufl., in: ders., Tal och skrifter 6, Malmö 1930. Sie enthält gegenüber der 1. nur wenige – als solche gekennzeichnete – Zusätze.

229 Eine interessante methodische Parallele bietet der schöne Aufsatz *Jesu kläder* aus demselben Jahr, in: När stunderna växla och skrida 1, Stockholm ³1935, 116–142. Hier werden, anknüpfend an eine Bemerkung Pontus Wikners (s.o., 35), die verschiedenen in der Geschichte wirksamen Jesusbilder (»Jesu Kleider«) geschildert, die doch alle unvollkommen bleiben, insofern sie die innerliche »Gleichzeitigkeit« (Kierkegaard), auf die es letztlich ankommt, nicht herstellen können; das ist allein Gottes Werk (133. 136).

ist (83–85). Luther, der von dem gleichen Ernst durchdrungen ist, aber zugleich in seiner Zwei-Reiche-Lehre eine Vermittlung mit der Wirklichkeit der Welt sucht, steht ihm näher. Seine Auslegung erscheint Söderblom als der bisher wichtigste Beitrag (100), weil er, ebenso wie Jesus, Gottesfurcht mit Achtung vor der weltlichen Rechtsordnung verbinden kann (88. 105). Freilich bemängelt Söderblom auch hier Luthers zu einseitig negative Bestimmung des Staates als Instrument des göttlichen Zorns (106). Außerdem sieht er die Gefahr (die ja im Luthertum seiner eigenen Zeit ganz akut war), dass die Unterscheidung von Christperson und Amtsperson zu einer allzu bequemen Aufteilung gemacht wird, die vergessen lässt, dass das Leben in zwei »Reichen« eben doch eine Notsituation ist (119). Die aus dem christlichen Glauben hervorgehende Liebe, auch dieser Gedanke kehrt hier an herausgehobener Stelle wieder, müsse doch wie ein Sauerteig die weltliche Ordnung durchdringen (122 f).

Darum gilt die Parole: Vorwärts über Luther hinaus heißt zurück zu Jesus (123). Söderblom ist sich natürlich darüber klar, dass dies eine etwas zu plakative Formulierung ist. Einer unmittelbaren Anwendung der Botschaft Jesu auf die eigene Gegenwart steht vor allem der eschatologische Charakter seiner Verkündigung im Wege, den Johannes Weiß herausgearbeitet hat. Söderblom erkennt diese Sicht grundsätzlich an (70), insbesondere im Gegensatz zu Ritschls Interpretation des Reiches Gottes (60–63), meint aber, nicht hier sei die Originalität Jesu zu finden, sondern in seiner Achtung für den einzelnen Menschen, im »unendlichen Wert der Menschenseele« (77 f; vgl. 146. 209).[230] Söderblom will diesen Ausdruck allerdings nicht im Sinne einer humanistischen Verklärung des Individuums verstanden wissen (80 f). Er wird vielmehr an Geijers Persönlichkeitsphilosophie und vor allem an Kierkegaards Kategorie des Einzelnen (vgl. 212) gedacht haben. Im Übrigen gibt er zu bedenken, dass das Reich Gottes bei Jesus nicht bloß als zukünftige, sondern immer auch als gegenwärtige Größe zu verstehen sei. Auf die Einheit von Gegenwart und Zukunft komme alles an (71. 80 f).

Berücksichtigt man dies, so wird verständlich, warum Söderblom meinen konnte, trotz des unleugbaren Wandels der historischen Situation die heute verbindliche Verhältnisbestimmung von absoluter Verpflichtung und

---

230 Bei der Formel vom »unendlichen Wert der Menschenseele« denkt man natürlich sofort an ADOLF HARNACKS *Das Wesen des Christentums* (hg. v. C.-D. Osthövener, Tübingen 2005, 43–47). Nur ist dieses berühmte Buch erst 1900 erschienen. Doch verweist der Hg. auf RICHARD ADELBERT LIPSIUS, *Lehrbuch der protestantischen Dogmatik*, Braunschweig ³1893, 343, wo dieser »den unendlichen Werth jeder einzelnen Menschenseele« als Gegenstand der göttlichen Vorsehung benennt. Die Auffälligkeit der Formel, die bei Söderblom sonst nicht vorkommt, lässt vermuten, dass Lipsius die Quelle ist.

bedingungsloser Zuversicht (219), von Gottesfurcht und Gottvertrauen (225) der Verkündigung Jesu entnehmen zu können, statt wie Johannes Weiß und Albert Schweitzer einen Hiatus zur Moderne zu konstatieren. Um das erste Thema geht es in den Kapiteln VII–IX, die sich mit den radikalen Forderungen hinsichtlich der Ehe, des Eides und der Vergeltung befassen; das zweite ist Gegenstand der Kap. X und XI, die von dem ebenso radikalen Vertrauen – nicht sorgen, Erhörung des Gebets – handeln.

Die radikalen Forderungen werfen die Frage nach der Vollmacht zur Vermittlung mit der Lebenswirklichkeit auf. Söderblom macht zwei Formen solcher Vermittlung aus, eine positive und eine negative. Die erstere ist mit dem schon mehrfach erwähnten Gleichnis vom Sauerteig bezeichnet. Während diese durchaus der Intention Jesu entsprechen dürfte, ist das bei der zweiten Form weniger sicher, nämlich mit der Begründung der Zulässigkeit von Konzessionen mit »eurer Hartherzigkeit« (Mt 19,8). Söderblom hält sie trotzdem für authentisch. Er führt sie nicht nur entsprechend der zitierten Stelle als Rechtfertigung der Möglichkeit von Ehescheidungen durch den Staat an (149), sondern macht sie auch in Bezug auf den Eid und die Legitimität der Anwendung von Gewalt gegen das Böse (Strafrecht, Verteidigungskrieg) geltend (154.167.170.174). Jesus habe dieses Argument zwar nur in Bezug auf die Vergangenheit, die Zeit des Mose, benutzt, aber es sei in seinem Sinne, es auch heute anzuwenden (125), obwohl dies für Christen eigentlich überflüssig sein müsste (154 f). Natürlich hat Söderblom dabei nicht die Etablierung einer zweiten, niederen sittlichen Ordnung im Sinn, die er ja gerade in Form der älteren römisch-katholischen Ethik zurückgewiesen hatte (88–96). Vielmehr setzt er immer das Bewusstsein voraus, dass es sich dabei um eine Notsituation handelt (119). Auf diese Weise versucht er der Tatsache gerecht zu werden, dass die Tendenz Jesu – auch an der zitierten Stelle! – gerade nicht auf eine allfällige Ermäßigung, sondern auf eine Radikalisierung des Gebotes zielt (32).

Ähnlich sehen die Vermittlungsversuche in den letzten beiden Kapiteln aus. Die Aufforderung »Sorget nicht« widerspreche nicht der natürlichen menschlichen Zukunftsvorsorge, auch nicht der Kulturarbeit, sondern nur der Vergötterung der Kultur und der sklavischen Abhängigkeit von den eigenen Bemühungen; sie wolle nicht den »sittlichen Kampf« überflüssig machen (207 f). Eine Mittelinstanz wäre hier die ihrer Grenzen bewusste menschliche Verantwortlichkeit, die sich letztlich der allumfassenden Fürsorge Gottes unterordnet. Solche Unterordnung findet exemplarisch im Gebet statt (260). Der Beter kann nicht einkalkulieren, dass Gott sein Gebet erhört. Vielmehr ist es ein Wunder, ja das Wunder schlechthin, dass Gott ein Gebet erhört, wenn auch oft anders als vom Beter erhofft. Mit diesem Gedanken schließt sich Söderblom seinen Pariser Lehrern Auguste Sabatier und Eugène Ménégoz an, denkt aber vermutlich auch an

seinen eigenen Gebetskampf und die ihm folgende Lösung seiner religiösen Krise.[231]

Sehr ausführlich setzt Söderblom sich mit dem Wunderbegriff auseinander (232–281). Ein Wunder ist für ihn keinesfalls eine Durchbrechung
der Naturgesetze, sondern allein die Gottesgemeinschaft, die als solche
nicht aufweisbar ist. Wenn er bemerkt, die Naturgesetze seien lediglich
unsere menschliche Abstraktion (236), so ist der Gegenbegriff nicht die
allfällige Ausnahme, sondern die Gesamtheit der Fakten, aus denen Gesetze abgeleitet sind. Söderblom will sich also nicht eine apologetische
Hintertür offenhalten, nicht einmal um der Möglichkeit des leeren Grabes
bei der Auferstehung Jesu willen (267).[232] Vielmehr bleibt es bei der »symbolischen« Wunderdeutung der Pariser Schule.

Das Buch ist interessant als Station auf dem Wege zu einer vollends
selbstständigen und konsequenten theologischen Position. Auf der einen
Seite ist es nicht frei von apologetischen Restbeständen. So umgeht Söderblom das offene Eingeständnis, dass Jesus sich hinsichtlich des Zeitpunk-
tes der Vollendung des Reiches Gottes geirrt hat. Hier ist offensichtlich
die Jesusfrömmigkeit des Erweckungstyps noch zu stark. Aber im Großen
und Ganzen ist die Wende zur historisch-kritischen Methode der Bibel-
interpretation vollzogen. Auf der anderen Seite bleibt er bei deren histo-
ristischer Gestalt nicht stehen, sondern versucht den religiösen Kern der
Botschaft Jesu, und zwar nicht als abstrakte Idee, sondern als Gehalt seiner Vollmacht zu erfassen.[233] Als solchen macht er die Dialektik von un-

---

231 Vgl. AUGUSTE SABATIER, *Esquisse d'une philosophie de la religion d'après la
psychologie et l'histoire*, Paris 1897, 90 (dt. v. A. Baur: Religionsphilosophie auf
psychologischer und geschichtlicher Grundlage, Freiburg u. a. 1898, 72); EUGÈNE
MÉNÉGOZ, *La notion biblique du miracle* (1894), in: ders., Publications diverses
sur le fidéisme et son application à l'enseignement chrétien traditionel, vol. 1, Paris ²1909 (124–162), 152, vgl. 161. Den Vortrag von Ménégoz, der durch seine
Ablehnung von Naturwundern einen Sturm auslöste, hat Söderblom gehört, vgl.
Brev ... (wie Anm. 1), Nr. 8 (19.12.1894) an N. J. Göransson.
232 Das ergibt sich schon daraus, dass er I Kor 15 als wichtigste Quelle für die Auferstehung Jesu ansieht (268). Später wird er (in einem Andachtsbuch!) noch die
Auffassung des Paulus, der Auferstehungsleib sei ein »geistlicher« Leib, gegen die
»materialistische« Vorstellung einer Wiederbelebung des irdischen Leibes ins Feld
führen. Die eigentliche Bedeutung der Auferstehung Jesu sei allein seine wieder-
gewonnene Macht über die Herzen der Jünger: *Kristi pinas historia. Vår herres
Jesu kristi lidande. En passionsbok för stilla veckan och andra veckor*, Stockholm
⁴1965, 362–374.
233 Vgl. zu diesem Ausdruck die ungedruckte Rez. zu E. Troeltsch, Die Selbständigkeit der Religion (ZThK 5/1895, 361–436; 6/1896, 71–110. 167–218), NSS C MS
1896, UUB, p. 88 b, wo Söderblom Troeltschs Kombination von Person Jesu als
Teil der religionsgeschichtlichen Entwicklung und Prinzip bzw. Grundidee seiner
Botschaft »Jesu eigene, in keinem Prinzip auszudrückende persönliche Macht, die
Herzen der Menschen zu überwinden und an sich zu ziehen« gegenüberstellt.

bedingter Verpflichtung und bedingungsloser Zuversicht (219) bzw. von Gottesfurcht und Gottvertrauen (225) aus. Diese Grundbestimmung hat ihre Wurzel in den oben beschriebenen religiösen Schlüsselerfahrungen. Doch ist er sich bereits darüber klar, dass sie nicht eine christliche oder gar nur subjektive Besonderheit darstellt. Zwar geht er in diesem Buch sehr sparsam mit religionsgeschichtlichen Verweisen um. Aber an einer Stelle bemerkt er mit William Robertson Smith ausdrücklich, dass die von ihm beschriebene Dialektik charakteristisch für alle Religionen sei (225). Worin dann die Besonderheit Jesu besteht, bleibt einstweilen eine offene Frage, deren Beantwortung nicht weniger als den noch ausstehenden Erwerb eines umfassenden religionsgeschichtlichen Überblicks voraussetzt.

c Die Lehrer an der Sorbonne

Die Grundentscheidungen für seine eigene theologische und religionsgeschichtliche Konzeption hatte Söderblom getroffen, bevor er nach Paris ging. Nun galt es sie auszuarbeiten. Dazu bedurfte es in der Theologie einer Präzisierung der Problemstellungen und einer Schärfung der Begrifflichkeit, in der Religionsgeschichte darüber hinaus einer erheblichen Erweiterung der Materialkenntnis. Während Letzteres vorerst Sache seiner in Arbeit befindlichen Dissertation war, konnte er in Theologie und Philosophie in freier Weise Anregungen aufnehmen und so seinen Horizont erweitern. Dazu gab es bei der hervorragenden Besetzung der Sorbonne mehr als genug Gelegenheit.

In der Theologie fand Söderblom in dem reformierten Systematiker Auguste Sabatier (1839–1901) noch einmal einen Lehrer, der ihn erheblich förderte.[234] Dieser hatte in Montauban, Tübingen und Heidelberg, u. a. bei Johann Tobias Beck und Richard Rothe studiert und war 1870 in Straßburg promoviert worden. Dort hatte er jedoch keine Stelle angenommen, weil er nach dem Sieg Preußens über Frankreich nicht unter der neuen Regierung dienen wollte. Er zog nach Paris, wo er erreichen konnte, dass die Regierung 1877 die verlorene Straßburger Fakultät der Sorbonne angliederte. Dieser Vorgang wurde alsbald von vielen als Ausdruck der unverhältnismäßigen Machtposition der französischen Protestanten kritisiert. 1906 wurde die Fakultät auf Grund des Gesetzes über die Trennung von Staat und Kirche von 1905 aus der Sorbonne wieder entfernt.

234 Über ihn vgl. EUGEN LACHENMANN, Artikel *Sabatier, August* (sic!), in: RE³, Bd. 17, 275–283. Dass weder die RGG⁴ noch die TRE einen Artikel über diesen weit über Frankreich hinaus einflussreichen Gelehrten bringen (nur dessen jüngerer Kollege Paul Sabatier ist vertreten), ist mehr als befremdlich.

Sabatier bekam nun einen Lehrstuhl an der Sorbonne und wurde als Leiter der religionsgeschichtlichen Abteilung *Directeur adjoint* an der *École des Hautes Études*, wo seine Vorlesungen auch Angehörige anderer Fakultäten und Konfessionen, nicht zuletzt römische Priester, anzogen. Daneben setzte er durch regelmäßige politische Artikel in der Zeitung *Temps* die journalistische Tätigkeit fort, mit der er sich vor der Neugründung der Fakultät über Wasser gehalten hatte. Sabatier stammte aus einem vom réveil geprägten Elternhaus und hatte sich zunächst intensiv mit der protestantischen Orthodoxie beschäftigt, sich dann jedoch immer mehr der historisch-kritischen Methode zugewandt und hier sein Lebensthema gefunden: das Verhältnis des christlichen Glaubens zur modernen Kultur. Zusammen mit dem Lutheraner Eugène Ménégoz (1838–1921) wurde er zum Begründer der Pariser Schule, des Symbolofideismus.

Sabatier war ein offener, weit über die Grenzen seines Fachs hinaus gebildeter Mann von großer Liebenswürdigkeit, in vielem Söderblom verwandt, der ihn alsbald zum Betreuer seiner Doktorarbeit erkor. Alles andere als ein Konfessionalist, öffnete er durch die enge Zusammenarbeit mit seinem lutherischen Kollegen bei Söderblom die Tür zur Tradition Calvins noch weiter, als es bereits die Amerikareise getan hatte. So dürfte die Umgestaltung der Zwei-Reiche-Lehre in Richtung auf eine starke Betonung der Weltgestaltung aus dem Glauben auch auf den Einfluss Sabatiers zurückzuführen sein. Ebenso findet die doppelte Frontstellung Sabatiers und überhaupt des damaligen französischen Protestantismus gegen Ultramontanismus und atheistisches Freidenkertum eine freie Entsprechung in Söderbloms Abwehr von Theokratie und Marxismus, die seinen Vortrag über die soziale Entwicklung kennzeichnete.

Sabatiers Hauptwerk ist die glänzend geschriebene *Esquisse d'une philosophie de la religion d'après la psychologie et l'histoire*. Söderblom war davon so begeistert, dass er das Werk sofort ins Schwedische übersetzt hat.[235] Eine kurze Skizze soll Verwandtschaft und Unterschiede deutlich machen.

Schon die Gliederung lässt die Intention Sabatiers klar erkennen: Religion – Christentum – Dogma. Das heißt: Das Christentum wird zunächst der Welt der Religionen eingeordnet. Die Religion aber hat ihren Ort pri-

---

235 *Esquisse* ... (wie Anm. 231). Danach die folgenden Seitenzahlen nach dem Orig., an zweiter Stelle nach der dt. Übers. Vgl. auch Söderbloms Rez. des Buches, die allerdings – vielleicht wegen ihrer Länge von 12 S. – ungedruckt blieb: *Anmälan av Aug. Sabatier: Esquisse ...*, NSS C MS 1897, UUB. Er sieht in dem Erscheinen des Werkes, analog zu Schleiermachers Reden, den zwar noch undeutlichen, aber doch hoffnungsvollen Anbruch eines neuen Tages für die Theologie (10f). Veröffentlicht hat Söderblom lediglich einen kurzen Zeitungsartikel über Sabatiers Religionsphilosophie in Nya Dagligt Allehanda am 19.2.1897 (Ågren 54).

mär nicht im Verstand, sondern im Herzen. Sie besteht deshalb ihrem Wesen nach nicht darin, eine Lehre für wahr zu halten. Das Dogma ist also der christlichen Religion gegenüber sekundär.

Psychologisch gesehen hat die Religion ihren Ursprung sowohl in Furcht als auch in Hoffnung (12 f/9). Genauer: Sabatier ist der Meinung, dass im primitiven Stadium der Religion die Furcht vorherrsche und erst am Ende, also im Christentum, der Grundton des Vertrauens als Erfüllung der Hoffnung sich vollends durchsetze (130 f/103) – ein evolutionstheoretischer und zugleich apologetischer Schematismus, dem Söderblom entschieden widerspricht.[236] Für ihn sind Furcht und Vertrauen – jedenfalls nach seiner m. W. ersten überlieferten Definition von Religion, die er in einer wenig später geschriebenen Rezension »versteckt« hat – stets gleichermaßen konstitutiv für jede Religion: »Les sentiments de confiance et de crainte, accompagnés d'un culte et qui exercent un puissant ascendant sur toute la vie, les ensembles de sentiments, d'actions et de conceptions, que nous appelons religion …«[237] Sabatiers These dagegen, dass die Religion ihre exemplarische Verwirklichung im Gebet finde, durch das sich der Fromme in den Willen der Gottheit ergibt und so Freiheit gewinnt, kann er sich anschließen, wenn auch nicht ganz in dem Sinn, in dem Sabatier ihn gemeint hatte. Dieser hatte sie nämlich in der Absicht formuliert, damit Schleiermachers Begriff der schlechthinnigen Abhängigkeit zu verbessern, und damit ein gängiges Missverständnis reproduziert (25 f/19 f).

Dieser subjektiven Seite der Religion liegt ihre objektive Seite zugrunde: ihre Stiftung durch Offenbarung in der Geschichte. Offenbarung liegt allen Religionen zugrunde, aber diese sind untereinander nicht alle gleich, sondern unterliegen einer fortschreitenden Entwicklung der Offenbarung im Sinne einer Vergeistigung, Universalisierung und Steigerung der Sittlichkeit (34. 103–135/25. 80–106). Indiz für diesen Wandel ist das Verständnis des zentralen Phänomens des Wunders. Auf der naiven, mythischen Stufe der Religionsgeschichte ist es das Naturwunder, das auf poetische Weise die Durchsichtigkeit der Weltwirklichkeit für die Wahrheit darstellt (36/27). Für ein fortgeschrittenes Verständnis der Religion gelten allein die aktive Gegenwart Gottes, die Erhörung des Gebets und die Freiheit der Hoffnung als Wunder (90/72). Die Gegenwart Gottes ist also nicht äußerlich identifizierbar, sondern: »Le Dieu que j'adore me devient à la fin un

236 Vgl. N. SÖDERBLOM, *Brev* … (wie Anm. 1), Nr. 24 (15.11.1898) an N.J. Göransson.

237 »Die Gefühle des Vertrauens und der Furcht, begleitet von einem Kult, die einen mächtigen Einfluss auf das ganze Leben, die Gesamtheit der Gefühle, der Handlungen und der Gedanken ausüben, welche wir Religion nennen …«: *Rez. E. Siecke, Die Urreligion der Indogermanen* (1897), in: RHR 42/1900 (275–278), 277. Vgl. auch N. SÖDERBLOM, *Die Religionen der Erde* (RV 3/3), Tübingen 1906, 64.

Dieu intérieur dont la présence m'enlève de toute crainte et met au-dessus de toutes les menaces des choses« (26/dt. 20f: Der Gott, den ich anbete, wird für mich am Ende zum Gott in meinem Innern, dessen Gegenwart mich von aller Furcht befreit und mich über alle Drohungen der Welt erhebt). Der »Dieu intérieur« ist wie bei Pascal der dem Herzen, nicht der Vernunft gegenwärtige Gott.[238]

Das Christentum ist für Sabatier die höchste Religion, weil es schlechthin universal ist und die vollkommene Sittlichkeit ausgebildet hat (118f/94f), so weit folgt er dem gängigen liberalen Schema. Doch der wichtigste Grund ist, dass in der Person Jesu die vollkommene Gottesgemeinschaft verwirklicht ist (176/136) und sich anderen durch Heilung und Verkündigung mitteilt (193/150). Diese Gottesgemeinschaft muss als die eines geschichtlichen Menschen, nicht als die substanzhaft-metaphysische der zweiten Person der Trinität verstanden werden, denn das wäre eine doketische Christologie, die keinerlei Bezug zur menschlichen Wirklichkeit hätte (179f/137–139). Inhaltlich ist die Botschaft Jesu in ihrer Dialektik von liebender Nähe und Ehrfurcht gebietender Heiligkeit Gottes, von Gesetz und Evangelium, die vollkommene Verwirklichung des Wesens der Religion als Furcht und Hoffnung (201f/157–159).

Im dritten Teil, der vom Dogma handelt, wird die Eigenart dieser theologischen Position am deutlichsten. Ein Dogma ist ein Lehrgesetz. Daraus folgt aber nicht, dass es überflüssig wäre. Im Gegenteil, die Religion bzw. der Glaube als die unsterbliche Seele des Christentums bedarf eines Leibes, also einer lehrhaften Gestaltung, um vermittelbar zu sein (265f 292/204. 229) – im Unterschied zu der missverständlichen Parole von Ménégoz »salut par la foi, indépendamment de croyance« (das Heil durch den Glauben, unabhängig von Glaubenssätzen).[239] Doch ist dieser Leib veränderlich (309/270) und nimmt in jeder Konfession eine andere Gestalt an (174/134).

238 Vgl. BLAISE PASCAL, Pensées, hg. v. L. Brunschvicg, Paris 1934, 108 (Nr. 278): »C'est le cœur qui sent Dieu, et non la raison. Voilà ce que c'est que la foi, Dieu sensible au cœur, non à la raison.« (Es ist das Herz, das Gott spürt, nicht der Verstand. Das ist der Glaube: Gott spürbar dem Herzen, nicht dem Verstand«). Sabatier verweist auf diese Stelle.

239 Alles Äußere in der Religion kann als ihr »Leib« bezeichnet werden; vgl. den Vortrag Religionen och den moderna kulturen (schwed. v. N. Söderblom), in: Religionsvetenskapliga kongressen i Stockholm 1897, hg. v. S.A. Fries (381–411), 400, so z.B. auch die Moral, 402. Sie muss von der Religion wie von einem Sauerteig durchdrungen werden, ebd. – Das Zitat von E. MÉNÉGOZ: Réflexions sur l'évangile du salut (1879), in: Publications ... (wie Anm. 231, 1–58), 33. Er wollte das später durch die These korrigieren, der Glaube (foi) impliziere Glaubenssätze (croyance), bzw. diese seien seine Wirkung: La croyance et la foi (1894), ebd. (119–123), 121f. Doch wird damit nicht hinreichend klar, dass solche Sätze den Glauben in die jeweilige geschichtliche Situation hinein vermitteln sollen.

Der Theologe muss deshalb hinter die dogmatischen Formulierungen und den Wortlaut der biblischen Texte, sogar hinter die Worte Jesu, insofern sie eine zeitgebundene Sichtweise widerspiegeln, auf die geschichtlichen Tatsachen und auf die religiöse Erfahrung zurückgehen (142.175.195.348/ 110.135.152.273). Sonst verkommt der Glaube zu dem Gesetzeswerk bloßen Fürwahrhaltens, das sich auf äußere Autorität und Macht stützt, wie es der offizielle Katholizismus propagiert (235 f/184; Sabatier unterscheidet scharf zwischen der Amtskirche und der wirklichen katholischen Frömmigkeit, die nicht selten evangelische Züge trage, 242 f/190). Dafür bedürfe es einer kritischen Theorie religiöser Erkenntnis, die es erlaubt, die Idee von dem sie vermittelnden Bild, dem Symbol, zu unterscheiden und doch die jeweilige organische Einheit von beidem, von Seele und Leib, darzustellen (353. 390–400/275. 307–315).

Das ist in ihren Grundzügen die Theorie des so genannten Symbolofideismus. Der damals beliebte Vorwurf – besonders von römisch-katholischer Seite, dies sei reiner Subjektivismus, ignoriert den Leitgedanken einer Entsprechung von geschichtlich bezeugter göttlicher Offenbarung und subjektiver Aneignung. Diese ist durch Erfahrung, oder genauer: ein Widerfahrnis bestimmt (175. 188/135. 145 f), verdankt sich also göttlichem Handeln. Die Verweisungsfunktion des Symbols, das nicht mit dem identifiziert werden darf, worauf es verweist, öffnet dabei die Polarität von Erkenntnissubjekt und Objekt für die Transzendenz als ein Drittes, das zu beiden gewissermaßen quer steht. Das ist die Leistung des Konzepts, das damit Ritschls Kategorie des Werturteils überlegen ist. Dieser Begriff taucht freilich in anderem Zusammenhang auch bei Sabatier auf, nämlich zur Unterscheidung geistesgeschichtlicher Urteile von naturwissenschaftlichen Existenzurteilen (371 f/291). Doch kann er diese Funktion nicht wirklich einleuchtend machen. Denn die höchste Instanz, so wird mit Nachdruck versichert, sind auch in den Geisteswissenschaften, insbesondere in der Geschichte, die Tatsachen (348/273). Auf dieser Ebene ist also die historistische Subjekt-Objekt-Polarität nicht überwunden; die Einsicht, dass alle geschichtliche Erkenntnis selbst wieder geschichtlich bedingt ist, hat er noch nicht erreicht. Das ändert freilich nichts daran, dass dieses Konzept durchaus auf der Höhe seiner Zeit steht und sich überdies im Ganzen durch große Klarheit auszeichnet.

Söderblom hat an Sabatier die enge Verbindung von innerlicher Frömmigkeit und wissenschaftlicher Offenheit geschätzt und den Verfasser gleich nach Ritschl und Harnack eingeordnet – doch sei er eine reichere Persönlichkeit als Ritschl und nicht so »dogmatisch« wie Harnack in Bezug auf das Dogma.[240] Bezeichnenderweise begrüßt er besonders die Ver-

---

240 Vgl. N. SÖDERBLOM, Brev ... (wie Anm. 1), Nr. 14 vom 2.2.1897 an N. J. Göransson.

mittlungsfunktion der Pariser Schule in dem gerade in Gang befindlichen Prozess der Annäherung zwischen Liberalen und Orthodoxen in der Reformierten Kirche Frankreichs.[241] Er sieht durchaus beide, vor allem Sabatier und auch Ménégoz, als seine Lehrer an, wenn auch nicht mehr in dem Sinn, dass ihm nun ganz neue Einsichten erschlossen worden wären. Der kritische Symbolismus ist für ihn eher eine begrifflich neue Fassung von grundsätzlich bereits gewonnenen Erkenntnissen. Äußerlich ist das daran abzulesen, dass der *Begriff* des Symbols selbst – im Unterschied zu dem damit bezeichneten Sachverhalt – in Söderbloms Denken keine prominente Rolle einnehmen wird. Allerdings wird ihm die damit gemeinte Denkstruktur später die Verbindung der reichen liturgischen Tradition seiner Kirche mit seinen kritischen Überzeugungen erleichtern. Etwas anders steht es mit der Leib-Seele-Metapher. Sie wird später eine wichtige Funktion in Söderbloms Denken bekommen. Aber er setzt einen anderen Akzent: Er verwendet sie für das Verhältnis von persönlichem Glauben und kirchlicher Institution, nicht für das Verhältnis zum Dogma. Das ist ein Problem der sozialen Wirklichkeit, nicht eines des Intellekts. Natürlich besteht zwischen beidem ein enger sachlicher Zusammenhang, doch werden wir später zeigen, dass die andere Akzentsetzung auf eine andere Herkunft verweist und in einen anderen Diskussionskontext gehört.[242]

Eine eindrucksvolle Gestalt war auch Paul Sabatier (1858–1928), Kirchenhistoriker und Schüler (kein Verwandter) von Auguste Sabatier. Sein Spezialgebiet war das Mittelalter. Bekannt wurde er durch seine enorm erfolgreiche Biographie des Franz von Assisi.[243] Er betrachtete Franz als einen Vorläufer der Reformation. Diese Sicht hat Söderblom zeitlebens geteilt. Zwar könne er das franziskanische Lebensideal nicht für sich selbst übernehmen, aber er möchte ihm doch innerhalb der protestantischen Kirche im Rahmen ihrer Variationsbreite einen Platz zugestehen: »… die Geister sind so unterschiedlich. Und Christus ist so reich.«[244]

Eine nicht zu unterschätzende Rolle spielte Alfred Loisy (1857–1940) in der Pariser Zeit. Auf ihn kommen wir zurück, wenn wir Söderbloms Arbeit über den katholischen Modernismus und die daraus gezogenen Konsequenzen besprechen.

241 Vgl. N. SÖDERBLOM, *Återblick* … (wie Anm. 206), 138.
242 Es gibt Ausnahmen. So verwendet er die Metapher in einem Aufsatz von 1897 genau im Sinne Sabatiers: *Återblick* … (wie Anm. 206), 116. Doch steht er da noch unter dessen unmittelbarem Einfluss.
243 PAUL SABATIER, *La vie de St. François d'Assise*, Paris 1893, ⁴²1931.
244 »sinnena är så olika. Och Kristus är så rik«, *Brev* … (wie Anm. 1), Nr. 22 an N. J. Göransson vom 28.5.1898.

d Auf dem Weg zur Religionsphänomenologie

Die theologischen Schriften Söderbloms während seiner Pariser Zeit und sein Verhältnis zu den theologischen Lehrern an der Sorbonne müssen wir ebenso wie seine pfarramtliche Tätigkeit im Sinn behalten, wenn wir uns nun seiner religionsgeschichtlichen Arbeit zuwenden. Auch die Kenntnis der berühmten Chicagoer Konferenz des World Parliament of Religions im Jahr vor seiner Ankunft in Paris (1893), deren Zweck die Verständigung unter den Religionen war, wird man als Inspirationsquelle veranschlagen müssen. Söderblom hat das Fach Religionsgeschichte immer bewusst als Theologe betrieben, allerdings ohne dabei einer apologetischen Attitüde zu verfallen, wie beispielsweise die oben (117) erwähnte Kritik an Auguste Sabatier und die Tatsache zeigt, dass er immer auch umgekehrt theologische Themen als Religionshistoriker behandelt hat. Das vergessen diejenigen leicht, die ihn nur noch als Kirchenmann kennen. Wie weit ihm diese Balance gelungen ist, werden wir sehen. Aber die Absicht gilt es im Auge zu behalten.

Die Bedingungen für ein Studium der persischen Religionsgeschichte in Paris hatten sich insofern verändert, als der große Iranist James Darmesteter, auf den Söderblom große Hoffnungen gesetzt hatte, wenige Monate nach seiner Ankunft in Paris verstorben war. Doch blieben ihm der ausgezeichnete Philologe Antoine Meillet (1866–1936) und der Religionshistoriker Albert Réville (1826–1906), der sich vor allem durch seine *Prolégomènes de l'histoire des religions* einen Namen gemacht hatte.[245] Er ist für uns in dreierlei Hinsicht interessant: Erstens sieht er den Ursprung der Religion in völlig gleicher Weise im Furcht einflößenden Schrecken und in der freudigen Zuversicht des Vertrauens, die oft auch miteinander vermischt auftreten (104). Zweitens zeichnet er einen Entwicklungsgang der Religion in der Geschichte, an dessen höchster Spitze die großen Persönlichkeiten der Religionsstifter, Propheten und Offenbarer stehen (123–126). Schließlich bildet er im (umfangreicheren) zweiten Teil seines Werkes (145–320) eine Art von religiöser Phänomenologie aus, jedenfalls hat man zunächst diesen Eindruck. Dazu gehören: Mythos, Symbol und Ritus, Opfer, Priester, Prophetie, religiöse Autorität. Dann folgen freilich noch Theologie, Philosophie, Moral, Kunst, Zivilisation und Wissenschaft, die sich nicht ohne weiteres in diese Reihe fügen wollen.

Eine weitere Anregung in gleicher Richtung bot der Amsterdamer Religionshistoriker Pierre Daniel Chantepie de la Saussaye (1848–1920), den man gemeinhin als den Vater der Religionsphänomenologie ansieht. Söder-

---

245 ALBERT RÉVILLE, *Prolégomènes de l'histoire des religions*, Paris ⁴1886. Danach die folgenden Seitenzahlen.

blom hatte ihn im Herbst 1898 auf einer Reise in die Niederlande getroffen, auf der er auch Cornelis Petrus Tiele in Leiden besucht hatte, und war persönlich sehr angetan von ihm.[246] Chantepies Lehrbuch der Religionsgeschichte, das Söderblom natürlich kannte, enthält in erster Auflage einen phänomenologischen (Bd. 1, 48–170), einen ethnographischen (Bd. 1, 171–231) und einen historischen Teil (Bd. 1, 232–463 und Bd. 2).[247] Der erste Teil behandelt zunächst den Kultus (§§ 10–15 Objekte und §§ 16–23 Formen der Verehrung), sodann in partieller Überschneidung Formen der Lehre (§§ 23–27; der letzte Paragraph über Sittlichkeit und Kunst gehört nur bedingt dazu). Das Ganze macht freilich noch eher den Eindruck einer Materialsammlung als einer systematischen Durchdringung. Das gilt auch für die §§ 19–21, die zunächst durch den ihnen gemeinsamen Begriff des Heiligen auffallen: heilige Orte, Zeiten und Personen. Doch wird dieser Begriff weder zum Zentralbegriff erhoben noch auch inhaltlich umschrieben. Chantepie war offenbar selbst nicht zufrieden mit dem phänomenologischen Teil, denn er hat ihn in der zweiten Auflage gestrichen und ein eigenes Werk zu diesem Komplex angekündigt (Bd. 2, V), das freilich nie erschienen ist. In beiden Fällen, bei Réville und bei Chantepie, ist nur schwer zu erkennen, was sie eigentlich unter Religion verstehen. Ihre empirische Arbeit ist wenig theoretisch reflektiert. Andererseits muss man Chantepies Verzicht auf eine Theorie religionsgeschichtlicher Entwicklung (§ 2) als Fortschritt gegenüber dem damaligen Stand der Dinge einstufen. In seinem Vortrag auf dem Stockholmer Kongress hat Chantepie einen Lösungsvorschlag für das theoretische Problem angedeutet. Er gibt zu, dass der religionsgeschichtlichen Betrachtung trotz der fraglosen Erweiterung des Gesichtskreises, die ihr zu danken sei, noch eine gewisse Oberflächlichkeit eigne. Um sie zu überwinden, müsse man das Wesen einer Religion aus der Analogie mit dem eigenen Gemüt, d. h. dem christlichen Glauben, zu verstehen suchen.[248]

Aus dem Gesagten ergibt sich, dass es zur Zeit Söderbloms eine Religionsphänomenologie allenfalls in Ansätzen gab. Was Söderblom in dieser Hinsicht geleistet hat, müssen die weiteren Ausführungen ergeben.

Die erste religionsgeschichtliche Veröffentlichung Söderbloms hatte rein historischen Charakter. Sie hieß *Les Fravashis* und trug ihm das

246 Vgl. N. Söderblom, *Brev* … (wie Anm. 1), Nr. 23 (10.10.1898) an S. Fries. Chantepie lehrte ab 1899 in Leiden. Der Besuch bei Tiele ist deshalb wichtig, weil Söderblom später den Auftrag bekam, dessen Lehrbuch der Religionsgeschichte neu zu bearbeiten. Darauf wird zurückzukommen sein.

247 Vgl. Pierre Daniel Chantepie de la Saussaye, *Lehrbuch der Religionsgeschichte*, 2 Bd., Freiburg i. B. 1887.1889; ²1897.

248 Vgl. P. D. Chantepie de la Saussaye, *Die vergleichende Religionswissenschaft und der christliche Glaube* (SgV 7), Freiburg 1898, 13.15.24 f.

Diplom der religionswissenschaftlichen Abteilung der École des hautes Études ein.[249] Fravashis sind nicht eigentlich Totenseelen, sondern die Toten selbst, die unsichtbar, aber leiblich ihre irdische Existenz fortsetzen (394. 408). So jedenfalls verhält es sich in der ältesten Form der altpersischen Religion, noch vor Zarathustra. Sie haben Anspruch auf ihr altes Haus und auf Opfer von Nahrung, und sie übernehmen dafür Schutzfunktionen für die Lebenden (256. 375–381. 400). Später wird dann zwischen guten und bösen Fravashis unterschieden, die ihr Nachleben entweder im Himmel oder in der Hölle verbringen (394. 411). Auf weitere inhaltliche Einzelheiten einzugehen, ist an dieser Stelle nicht erforderlich. Wohl aber ist etwas zu sagen über die methodischen Probleme, die sich bei diesem Thema stellten.[250] Einmal gab es noch kein brauchbares Lexikon, und grammatikalisch war vieles noch unsicher. Söderblom hatte sich durch die Quellen zu den verschiedenen Phasen der persischen Religionsgeschichte hindurchgearbeitet, aber er beherrschte die Sprache nur so weit, dass er die Übersetzungen kontrollieren konnte. Vor allem aber ist die hier zu behandelnde älteste Phase nur aus späteren Quellen wie dem Avesta herauszuschälen, und die Beschreibung der kultischen Handlungen musste aus den gegenwärtigen Praktiken der indischen Parsen rekonstruiert werden (240). Der bedeutende Orientalist Nyberg lobt die »geologischen« Fähigkeiten Söderbloms, Schritt für Schritt die einzelnen Überlieferungsschichten abzutragen, seine scharfe Beobachtungsgabe auch für scheinbar unwichtige Details und seine Spezialkenntnisse auf dem Gebiet des Kultus. Diese Arbeit sei in ihren Grundzügen nicht überholt.[251]

Wesentlich ehrgeiziger als diese Spezialstudie, die als eine Art Probelauf verstanden werden kann, war das Projekt der Dissertation, mit der Söderblom im Januar 1901 promoviert wurde. Das zeigt schon der Titel: *La vie future d'après le Mazdéisme à la lumière des croyances parallèles dans les autres religions.*[252] Er will also nicht nur eine Darstellung der alt-

249 N. SÖDERBLOM, *Les Fravashis. Étude sur les traces dans le mazdéisme d'une ancienne conception sur la survivance des morts*, in: RHR 39/1899, 229–260. 373–418. Danach die folgenden Seitenzahlen.
250 Vgl. zum Folgenden H. S. NYBERG, *N. Söderbloms insats ...*, a.a.O. (wie Anm. 182).
251 Ähnlich CARSTEN COLPE, *Der Begriff »Menschensohn« und die Methode der Erforschung messianischer Prototypen*, in: Kairos 11/1969 (241–263), 259 f; SVEN HARTMAN, *N. Söderblom and the Religion of Ancient Iran*, in: HSoed 7/1984 (35–51), 49; ERIC J. SHARPE, *N. Söderblom ...* (wie Anm. 2), 78 f.
252 N. SÖDERBLOM, *La vie future d'après le Mazdéisme à la lumière des croyances parallèles dans les autres religions. Étude d'eschatologie comparée* (AMG 9), Paris 1901. Söderblom hat sie auf Schwedisch geschrieben und dann von Jean de Coussange übersetzen lassen. Obwohl er inzwischen gutes idiomatisches Französisch schreiben konnte, wie seine Briefe und Zeitschriftenartikel zeigen, hat

persischen Eschatologie im Ganzen bieten, sondern darüber hinaus einen Vergleich mit »den« anderen Religionen. Er hat also nicht die Absicht, zum Spezialisten für altpersische Religionsgeschichte zu werden. Das Spezialgebiet bleibt das Standbein der Untersuchung, aber es ist das Spielbein, das die großen Schritte in Richtung auf das Ziel unternimmt, das Söderblom sich bereits zu Beginn seiner religionsgeschichtlichen Studien gesetzt hatte: »ein konkretes Bild der [ganzen] Religionsgeschichte«.[253] Trotz dieser Ambitionen ist Söderblom mit seinen Vergleichen wesentlich vorsichtiger als z. B. Viktor Rydberg und viel mehr darauf bedacht, auf die jeweilige Besonderheit jeder einzelnen Religion auch bei scheinbar ganz offensichtlichen Verwandtschaften zu achten.[254]

Die Arbeit ist streng systematisch aufgebaut. Jedes der fünf Kapitel enthält zuerst einen iranischen, dann einen religionsvergleichenden Abschnitt. Die Kapitel I und II behandeln eschatologische Vorstellungen, die das Schicksal des individuellen Lebens nach dem Tode betreffen, in Kapitel III und IV geht es um die eschatologische Zukunft der Welt. Quer dazu befasst sich jeweils das erste Kapitel dieser beiden Gruppen (I und III) mit solchen Vorstellungen, die von einer Fortsetzung des irdischen Lebens nach dem Tode ausgehen, die also primär an der Macht des Lebens über den Tod interessiert sind (52). Jeweils das zweite Kapitel (II und IV) legt mit der Vorstellung des Endgerichts und der Vergeltung einen mehr oder weniger ausgebildeten moralischen Dualismus zwischen Gut und Böse zugrunde, und das vorrangige Interesse gilt der Überwindung der Ungerechtigkeit des irdischen Lebens nach dem Modell des irdischen Rechtes (154. 163).[255]

er sich das für eine Qualifikationsschrift, noch dazu unter dem Zeitdruck, unter dem er seit 1898 wegen seiner Bewerbung auf die Professur in Uppsala (s. dazu weiter unten) stand, offenbar nicht zugetraut.

253 N. SÖDERBLOM, Brev … (wie Anm. 1), Nr. 1 an N. J. Göransson, 18.2.1893.

254 RYDBERG hatte versucht, eine alt-arische Urmythologie hinter den verschiedenen arischen Mythen zu rekonstruieren: vgl. seine Undersökningar …, a.a.O. (wie Anm. 182), Bd. 2, 5–182. Söderbloms Mahnung zur Vorsicht an diesem Punkt richtet sich gegen einen anderen Autor (La vie future, 212, Anm., gegen Sophus Bugge), dürfte aber auch Rydberg meinen. Außerdem wendet er sich gegen Rydbergs Vernachlässigung der Unterscheidung von Fortsetzungs- und Gerichtseschatologie (s. o. das Folgende), die für ihn selbst grundlegend ist (7–77. 78–168). Damit erledigt sich der Eindruck starker Abhängigkeit von Rydberg, den Sharpe, a. a. O. (wie Anm. 2), 41, erweckt, wenn er behauptet, Söderblom habe ihn viel zitiert. Es sind 11 Zitierungen auf 448 Seiten, wovon drei kritisch sind und die meisten anderen sich auf Details beziehen. Eine starke Abhängigkeit sieht anders aus.

255 Die Unterscheidungen zwischen altiranischer und zoroastrischer Religion sowie die zwischen Fortsetzung irdischen Lebens und moralischer Scheidung im Eschaton stammen von EDVARD LEHMANN, Zarathustra. En bog om Persernes gamle tro, Bd. 1, København 1899, 75–77, bzw. EDWARD BURNETT TYLOR, Primitive Culture Bd. 2, London ²1873, Reprint London 1958, 445–447.

Diese Art von Eschatologie gehört nach Söderblom nicht notwendig einer höheren moralischen und religiösen Entwicklungsstufe an; sie findet sich z. B. nicht bei den Propheten Israels (136). Das fünfte Kapitel ist dem Gedanken der Gegenwart des ewigen Lebens, einer *union avec Dieu* (5) gewidmet, sei es, dass sie durch magische Mittel gewonnen oder allein göttlichem Handeln verdankt wird. Das Kapitel endet mit der Darstellung des Christentums, welches das ewige Leben als gegenwärtiges rein als Gabe Gottes versteht.

Um diese Gesamtauffassung zu exemplifizieren, eignet sich die iranische Religionsgeschichte deshalb besonders gut, weil sie alle genannten Stadien umfasst. Aber Söderblom betont, dass sein Konzept nicht der apriorische Leitfaden der empirischen Untersuchung, sondern ihr Ergebnis gewesen sei. Ihm liegt auch keine einheitliche Entwicklungstheorie zugrunde. Vielmehr handelt es sich um nebeneinander herlaufende Entwicklungsstränge, die sich auch gegenseitig durchdringen oder Elemente früherer Stadien überleben lassen können (5).[256] Eine weitere Komplikation entsteht dadurch, dass – nach Meinung des Autors – die Grundelemente in den »primitiven«, ethnisch bestimmten Religionen im Wesentlichen immer gleich sind, während die historisch entstandenen, ethischen (auch: prophetischen oder offenbarten) Religionen jeweils eine ausgeprägte spezifische Eigenart haben, die sie der Person ihres Stifters verdanken (1). Ihnen schreibt Söderblom zwar einen höheren Rang zu, aber der Gipfel der religionsgeschichtlichen Entwicklung ist nicht schon mit einer höheren Moral erreicht, denn Religion muss klar von Moral unterschieden werden. Erst wenn das Prophetische sich mit der persönlichen Gottesgemeinschaft verbindet und in ihr sich gründet, kommt das Wesen der Religion zu adäquatem Ausdruck (393. 395). Dies sind für Söderblom die Gründe dafür, das Christentum als die Vollendung der Religionsgeschichte anzusehen.

Freilich ist diese Geschichte mit dem Auftreten Jesu nicht zu Ende. Deshalb lässt Söderblom noch einen Ausblick auf die Christentumsgeschichte folgen. Dabei fungiert als Kriterium, dass die Gewissheit der Gottesgemeinschaft nicht auf einem Denkakt oder auf einer subjektiven Erfahrung, sondern auf der historischen Offenbarungswirklichkeit der Person Christi beruhe (427). Dementsprechend werden mystisch-asketische und scholastisch-intellektualistische Tendenzen in allen Konfessionen negativ beurteilt (432 f). Der Beginn einer bis heute andauernden neuen Epoche und zugleich unbestreitbarer Höhepunkt dieser Geschichte ist für Söderblom Martin Luther (433). Er habe die Gottesgemeinschaft allein im Ver-

---

256 Die Behauptung von »survivals«, z. B. alten Aberglaubens in der Moderne, war eine zentrale These TYLORS, vgl. *Primitive Culture* Bd. 1, London ²1873, Reprint London 1958, 16 f 70–159.

trauen auf Gottes Vergebung der Sünde in Jesus Christus verankert. Dieses Vertrauen sei der Sieg über die religiös-innerlich als Verzweiflung verstandene Macht des Bösen, des Teufels (435–437). Darüber hinaus habe er das ewige Leben viel stärker als das Urchristentum mit dem irdischen Leben verknüpft, wie besonders seine Lehre vom Beruf ausweise (437 f).

Man muss sich bei diesem umfangreichen Programm klar machen, dass hier vor allem anderen eine völlige Neuordnung der religionsgeschichtlichen Wissenschaft zu leisten war, die zu dieser Zeit auf weite Strecken noch auf Reiseschilderungen und Berichten von Missionaren aufbaute. Und was das iranische Spezialgebiet angeht, so war hier bei dem damaligen Stand der Philologie und der schwierigen Quellenlage keine abschließende Lösung der vielfältigen Probleme zu erwarten. Erst recht bleiben hinsichtlich der Vergleiche viele Fragen offen. Trotzdem muss man mit H.S. Nyberg dem Werk bescheinigen, die Hauptlinien der vergleichenden Eschatologie gut getroffen zu haben. Nyberg bemerkt darüber hinaus, dass der komparative Ansatz viel dazu beigetragen habe, die zoroastrische Religion überhaupt erst aufzuschließen.[257] Die Aufnahme der Arbeit durch die Fachwelt war insgesamt unterschiedlich, aber, soweit ich sehe, überwiegend positiv.[258] Anerkennend äußerten sich besonders Edvard Lehmann, selbst Spezialist in iranischer Religionsgeschichte, sowie der Leidener Religionshistoriker Cornelis Pieter Tiele und Alfred Loisy.

Drei Probleme waren es insbesondere, die man diskutiert hat. Erstens ist die Annahme einer einfachen Vergleichbarkeit aller primitiven Religionen (ein Begriff, der übrigens hier wie auch später nicht pejorativ zu verstehen ist) auf immer mehr Kritik gestoßen; sie ist auch von Söderblom selbst später so nicht aufrechterhalten worden. Die zweite Frage betrifft die religionsgeschichtliche Zuordnung des Zarathustra. Dass Söderblom ihn als Propheten und als Reformator dargestellt hat, der eine neue Epoche eingeleitet habe, wird ausdrücklich anerkannt. Doch der Vergleich mit Mose, den klassischen Propheten Israels und Jesus – eine Lieblingsidee Söderbloms – stieß auf breite Ablehnung.[259]

Am interessantesten ist das dritte Problem. Hier geht es um den Einfluss der iranischen Eschatologie auf die jüdische Religion. Söderblom betont vor allem die Unterschiede zwischen beiden: Das Auftauchen eines bösen

---

257 Vgl. H.S. Nyberg, a.a.O. (wie Anm. 182), 10–12.

258 Vgl. E.J. Sharpe a.a.O. (wie Anm. 2), 88; und Alfred Loisy, in: Revue critique d'histoire et de littérature N.S. vol. 52, année 35/1901, 507–509. Bei Sharpe, a.a.O., 86, klingt große Skepsis durch, wenn er behauptet, die Fachleute hätten geschwiegen, was aber so nicht stimmt, s. das Folgende.

259 Vgl. H.S. Nyberg, a.a.O., 12; ders., N. Söderblom och studiet av religionen, in: RoB 25/1966 (3–13), 8; auch schon ders., Die Religionen des alten Iran (dt. v. H.H. Schaeder, MVÄG 43), Leipzig 1938, 63.

Geistes im AT lasse zwar auf iranischen Einfluss schließen, doch dürfe man diesen nicht zu hoch veranschlagen (281 Anm. 1). Was die Vorstellung der Auferstehung angeht, so sei hier »vielleicht« persischer Einfluss anzunehmen, doch wichtiger sei die Besonderheit der israelitischen Ansicht, dass nur die Frommen, nicht alle Toten, auferstehen; das lasse auf einen anderen Ursprung schließen (316–321). Bousset hat in seiner (an sich anerkennenden) Rezension die Differenzen nicht bestritten, aber energisch darauf hingewiesen, dass nach dem Stand der Forschung iranischer Einfluss in beiden Fällen nicht bloß möglich, sondern gar nicht zu bestreiten sei.[260] Das wirft natürlich die Frage auf, was Söderblom (der sich auf andere angesehene Forscher berufen kann) zu seiner Beurteilung bewogen hat. Sie wird in der Literatur oft als apologetisch angesehen. Das trifft dann zu, wenn man beachtet, dass diese Apologetik die Eigenständigkeit und Überlegenheit der alttestamentlichen Prophetie und vor allem des Christentums mit Argumenten erweisen will.[261] Dabei dürfte der an Geijer erinnernde Gedanke der individuellen Originalität jeder – nicht nur der jüdischen oder christlichen – Religion im Vordergrund stehen.[262] Vermutlich spielt darüber hinaus das Interesse eine Rolle, gegen die antisemitischen Tendenzen der Zeit die Selbstständigkeit der israelitischen Religion zu betonen.

So angreifbar manche Thesen des Buches im Einzelnen schon damals gewesen sein mögen, insgesamt muss man es als eine große Leistung ansehen, welche die Religionswissenschaft einen großen Schritt vorangebracht hat. Man kann es als die erste wirklich religionsphänomenologische Arbeit bezeichnen. Söderblom hat es hier unternommen, ein bestimmtes religiöses Phänomen systematisch durch alle wichtigen Religionen hindurch zu verfolgen und zugleich versucht, die je spezifische Eigenart einer bestimmten kollektiven religiösen Individualität zu ihrem Recht kommen zu lassen. Dass er die zuletzt genannte Bemühung später beträchtlich intensiviert hat, sei hier nochmals unterstrichen.[263]

---

260 Vgl. WILHELM BOUSSET, Rez. N. Söderblom, La vie future, in: ThLZ 26/1901 (517–522), 520f.

261 So auch, bezogen auf Söderbloms Gesamtwerk, TOR ANDRAE, N. Söderblom som religionshistoriker (wie Anm. 159), 49. Gröber dagegen GEO WIDENGREN, Die religionswissenschaftliche Forschung in Skandinavien in den letzten 20 Jahren, in: ZRGG 5/1953 (193–222. 320–334), 194.

262 Darauf lässt SÖDERBLOMS Entgegnung auf Bousset in der Rezension von dessen Religion des Judentums im neutestamentlichen Zeitalter schließen: Relations du judaïsme avec le parsisme (drei Rezensionen), in: RHR 47/1903 (372–378), 377f, wo er betont, selber beide Religionen streng je für sich auf die »prémisses contenues dans chacune« untersucht und erst dann einen Vergleich gezogen zu haben.

263 Vgl. dazu vor allem seine Hauptwerke, Gudstrons uppkomst, Stockholm 1914, dt.: Das Werden des Gottesglaubens, Leipzig 1916, und The Living God, London 1933, dt.: Der lebendige Gott im Zeugnis der Religionsgeschichte, München 1942.

e Abschied von Paris

Am 24.1.1901 hat Söderblom seine Doktordisputation gegen Albert Réville, Adolphe Lods und Léon Marillier bestanden. Aber schon lange vorher hatte er sich in Uppsala um die Professur für »teologiska prenotioner
och teologisk encyklopedi«, theologische Propädeutik und theologische
Enzyklopädie, beworben, die 1898 durch die Ernennung Johan August
Ekmans zum Bischof von Västerås frei geworden war. (Söderblom verstand den Aufgabenbereich dieses Lehrstuhls jetzt als Religionsphilosophie und Religionsgeschichte.[264]) Zu diesem frühen Zeitpunkt sah er zwar
nur geringe Chancen für eine Berufung[265], zumal er offenbar durch die
Vielzahl seiner Aktivitäten, insbesondere durch das Buch über die Bergpredigt, mit der Arbeit an seiner Dissertation arg ins Hintertreffen geraten war. Doch mit der ihm eigenen Arbeitsenergie hat er sie nicht nur in
erstaunlich kurzer Zeit (noch im Jahr 1900) zu einem guten Abschluss
gebracht, sondern auch die gesamte Promotion mit Auszeichnung abgeschlossen und war nun der erste und einzige Doktor der Theologie an der
Protestantischen Fakultät, die 1905 mit dem neuen Gesetz über die Trennung von Staat und Kirche wieder geschlossen wurde.

Wir müssen also für einen Moment noch einmal in der Chronologie
ein Stück zurückgehen. Zum Berufungsverfahren gehörten zwei Probevorlesungen, die auch schon vor Einreichung der Doktorarbeit gehalten
werden konnten; für die erste legte die Fakultät dem Anwärter fünf Themen zur Auswahl vor, während die Wahl des Themas für die zweite frei
war. Söderblom hatte als erstes, angeregt durch Rudolf Ottos Jubiläums-
ausgabe, die Bedeutung von Schleiermachers Reden, und als zweites die
Versuchungsgeschichten von Gautama Buddha, Zarathustra und Jesus gewählt.[266] Beide Themen haben, wie es der Anlass nahe legte, etwas Programmatisches an sich. Beim ersten Vortrag geht es um die Frage, ob

---

264 Vgl. N. SÖDERBLOM, *Brev* ... (wie Anm. 1), Nr. 53 an A. Loisy vom 8.7.1901.
265 Vgl. die Briefe an N.J. Göransson vom 3.9.1898 und H. Hjärne vom 4.9.1898
   (NS brevsamling, till svenskar, UUB); vgl. E.J. Sharpe, a.a.O. (wie Anm. 2), 76.
266 *Betydelsen af Schleiermachers »Reden über die Religion«. Ett hundraårsminne,
   Profföreläsning Uppsala 11 nov. 1899*, Uppsala 1899 (danach die Seitenzahlen im Text); *Frestelseberättelserna om Gotama Buddha, Zarathushtra och Jesus Kristus*, in: I religiösa och kyrkliga frågor 35/1900, 12–50. Söderblom hatte
   die Reden-Ausgabe R. Ottos, welche dieser ihm im August zugeschickt hatte
   (Postkarte v. 4.8.1899: NS brevsamling, från utlänningar, UUB), in Nya Dagligt
   Allehanda besprochen (vgl. Ottos Dankesbrief v. 9.11.1899; die Rezension fehlt
   in Ågrens Bibliographie). Das zweite Thema hat Söderblom später noch einmal
   aufgegriffen: *Siddharthas kallese och frestelse jämförda med Jesu*, in: Ur religionens historia, Stockholm 1915, 253–291. Diese Fassung hat einen Anhang über
   Zarathustra.

und inwiefern Schleiermachers Reden eine neue Epoche eingeleitet haben und was das für Theologie und Religionswissenschaft bedeute.[267] Söderblom sieht die epochale Bedeutung in der Behauptung der Selbstständigkeit der Religion gegenüber Metaphysik und Moral – und zugleich den entscheidenden Mangel im fehlenden Zusammenhang zwischen ihnen (*Betydelsen* ..., 11 f 17. 31). Es fehle das prophetische Element; hier hebt der Verf. Schleiermacher gegen Luther ab (20. 30). Ein weiterer wichtiger Gedanke ist für Söderblom – hier denkt er natürlich an das eigene Fach – die Beachtung der je besonderen kollektiven Individualität einer Religion, analog der Individualität des einzelnen Menschen. Wichtiger aber ist ihm die Wirkung der Theologie Schleiermachers, insbesondere ihrer christozentrischen Anlage, wie sie in dem zweiten Umbruch des Jahrhunderts bei Ritschl und Sabatier zutage tritt (25 f). Daneben stellt er die aus der Schule Hegels hervorgehende historische Bibelkritik. Beides gelte es festzuhalten in der doppelten Überzeugung, dass die Wissenschaft der Kirche letztlich nütze, die Quelle aller Religion jedoch allein Offenbarung und Glaube sein könne (30. 32). Das ist in nuce der theologische Ansatz, zu dem sich Söderblom seither stets bekannt hat.

Söderblom hat diese Vorlesung während seines Aufenthaltes in der Heimat gewissermaßen umrahmt durch zwei andere Reden. Die eine ist die Universitätspredigt über »Hunger und Durst nach der Gerechtigkeit«, die mit der eindringlichen Mahnung, im Namen Christi voranzuschreiten und sich nicht mit dem Bestehenden zu begnügen, das prophetische Element thematisiert, das er bei Schleiermacher vermisst hatte.[268] Die andere Seite des Rahmens bildet ein Vortrag über das 19. Jahrhundert, den er an Stelle Hjärnes 14 Tage nach der Probevorlesung vor der Studentenschaft gehalten hat.[269] Hier beschreibt er souverän und mit einer Fülle von Anschauungs-

---

267 E. J. SHARPE, a. a. O. (wie Anm. 2), 83 meint, es gehe nur um die Bedeutung für die Religionswissenschaft. Darauf kann man kommen, wenn man nur bis S. 5 liest, wo diese Frage als Ziel angegeben ist. Auf S. 30 stellt Söderblom jedoch unmissverständlich fest, dass die Hauptbedeutung des Werkes nicht dort, sondern auf theologischem Gebiet liege. – Ein wesentlicher Einfluss von Ottos Einleitung und Nachwort zu seiner Ausgabe auf Söderblom lässt sich nicht behaupten. Die Rede von Schleiermachers Pantheismus (16. 25) richtet sich sogar gegen Otto (dort 174) und scheint eher von Ritschl inspiriert zu sein (vgl. A. RITSCHL, *Schleiermachers Reden über die Religion und ihre Nachwirkungen auf die ev. Kirche Deutschlands*, Bonn 1874, 58).

268 Vgl. N. SÖDERBLOM, *Hunger och törst efter rättfärdighet*, Predigt am 5.11.1899, in: ders., När stunderna växla och skrida 1+2, Uppsala ³1935, 9–22. Am Schluss kommt Söderblom diskret – in 3. Person – auf seine Christusbegegnung von 1890 zu sprechen, als Beispiel für die alleinige Quelle alles christlichen Lebens.

269 N. SÖDERBLOM, *Det nittonde århundradet* (25.11.1899), in: ders., Tal och skrifter 3, Stockholm 1933, 25–38.

material einen großen geistesgeschichtlichen Bogen weit über Theologie und Religionswissenschaft hinaus: von der frohen Zuversicht des Jahrhundertanfangs über die Verzweiflungsausbrüche der folgenden Jahrzehnte bis zu dem angeblich daraus befreienden Materialismus, der dem Denken aber nur noch engere Fesseln angelegt habe, und zu dem Geniekult der Neuromantik und der Machtgier des Ultramontanismus. Der mitreißende Vortrag mündet in der Aufforderung, entschlossen und selbstständig die Methoden wissenschaftlicher Forschung anzuwenden und zugleich sich auf Gottes Führung zu verlassen, sich von großen Einzelnen wie Carlyle, Kierkegaard und Tolstoj inspirieren zu lassen und sich mutig dem geistigen Wettkampf (*tävlan*) mit den herrschenden Weltanschauungen der Moderne zu stellen. Die Rede gibt einen Vorgeschmack auf den ganz großen Auftritt bei der Installation zum Professor zwei Jahre später, obwohl es einstweilen ja noch völlig unentschieden ist, wie die Bewerbung ausgehen wird.

Die andere Probevorlesung über die drei Versuchungsgeschichten nimmt ihren Ausgang von dem damals viel diskutierten Buch von Rudolf Seydel über das Verhältnis des Evangeliums zum Buddhismus, das die Abhängigkeit der Versuchungen Zarathustras und Jesu von derjenigen Buddhas behauptet hatte.[270] Nach Erörterung der prinzipiellen zeitlichen und geographischen Möglichkeiten für eine solche Abhängigkeit und der Feststellung von tatsächlichen Berührungen zwischen Avesta-Religion und Buddhismus widmet sich Söderblom der wegen der schwierigen Quellenlage im Fall Zarathustras und der Mehrzahl unterschiedlicher Versuchungsgeschichten Buddhas komplizierten Darstellung der drei Traditionsstränge. Der entscheidende Punkt in der Versuchung Zarathustras sei das Ansinnen des Teufels, der alten Religion seiner Mutter treu zu bleiben statt seine Reformation durchzuführen (25). Im Fall Buddhas seien weniger die späten Versionen charakteristisch, die den Inhalt der Versuchung im Aufgeben der Askese sehen (dann wäre Buddha im Effekt der Versuchung erlegen), als vielmehr sein Wunsch, getreu seiner eigenen Lehre sogleich ins Nirwana einzugehen statt die große Inkonsequenz zu begehen, zuerst seine Jünger zu belehren (29–40). Dazu tritt schließlich die Verlockung für Jesus, ein Messias nach Art der alten Verheißungen einer Wiederherstellung des davidischen Reiches zu werden (40–42). Alle drei Versuchungsgeschichten haben ihre unverwechselbare Eigenart, welche die von Seydel behauptete Abhängigkeit ausschließt. Daran schließt Söderblom als Quintessenz eine

---

270 RUDOLF SEYDEL, *Das Evangelium von Jesu in seinen Verhältnissen zu Buddha-Sage und Buddha-Lehre*, Leipzig 1882, umgearbeitet zu *Die Buddhalegende und das Leben Jesu nach den Evangelien – erneute Prüfung ihres gegenseitigen Verhältnisses*, Weimar ²1897. – Seitenzahlen im Folgenden nach der Vorlesung *Frestelseberättelsenerna ...* (wie Anm. 266).

methodologische Überlegung an, die das Prinzip seiner religionsgeschichtlichen Arbeit angibt: So gewiss es hier wie auch sonst in der Geschichte Abhängigkeiten gibt, so wenig kann man sie aus der bloß formalen Gleichheit eines Topos (Versuchung) erschließen. Entscheidend kann allein das Verhältnis der jeweiligen Inhalte zueinander sein: »Innerhalb der größeren oder geringeren Ähnlichkeit der Formen verbirgt sich die durchgreifende Ungleichheit der Inhalts« (50). Eine christliche Bewertung wird lediglich angedeutet: Es sei Buddhas Tragik gewesen, dass er den Versucher nicht auf einen Gott und Vater habe hinweisen können (45). Das heißt: Der Religionshistoriker hat zwar eine bestimmte persönliche Überzeugung, die er auch benennen sollte, die aber die sachliche Argumentation nicht bestimmen darf. Sie hat lediglich, gemäß dem in der anderen Vorlesung vorgestellten schleiermacherschen Programm, die religiösen Phänomene in ihrer geschichtlichen Vielfalt aufzuzeigen und sich ganz in sie hineinzuleben (49), um sie dann methodisch einwandfrei miteinander vergleichen zu können.

Nach der durch diese Vorlesungen veranlassten vorübergehenden Heimkehr musste Söderblom nun alle freie Zeit und alle Kraft daran wenden, seine Dissertation zum Abschluss zu bringen. Es gibt aber noch eine kleinere Arbeit aus der letzten Pariser Zeit, die für seine Positionierung im Blick auf die angestrebte Professur nicht uninteressant ist. Das ist das Vorwort zur schwedischen Übersetzung von Adolf Harnacks »Wesen des Christentums«. Er hatte es zunächst nicht schreiben wollen, weil er es angesichts des Ruhmes, den der Autor genoss, für überflüssig hielt, dann aber dem Drängen des Verlegers nachgegeben.[271] Das Vorwort lobt Harnacks lebendigen historischen Sinn, der den Einseitigkeiten Renans und Tolstojs sowie dem begrenzten Einfühlungsvermögen Ritschls weit überlegen sei (X). Darüber hinaus sei die Vorurteilsfreiheit des Buches ein wirksames Gegenmittel gegen den neuen Dogmatismus der Positivisten vom Schlage Ernst Haeckels, der nur deren Unkenntnis verrate (IX). Nicht zustimmen könne er Harnack in Bezug auf die Wunder Jesu, das Mysterium seines Leidens und vor allem Jesu Bedeutung für das Gottesverhältnis seiner Jünger, was zum Teil mit seiner anderen Auffassung vom 4. Evangelium zusammenhänge (VII). Das ist natürlich eine tiefe Differenz, die noch einmal zeigt, dass man Söderblom trotz seiner nach wie vor ausgeprägten liberalen Tendenzen nicht einfach diesem Lager zurechnen darf. Doch wird ihm klar gewesen sein, dass allein das Faktum dieses Vorworts wegen der Assoziation mit dem nicht vergessenen Fredrik Fehr und dem Apostolicumsstreit die daheim gegen ihn bestehenden Vorurteile befestigen musste.

---

271 A. HARNACK, *Kristendomens väsende* (übers. v. A.F. Åkerberg), Stockholm 1900. Danach die folgenden Seitenzahlen. Vgl. auch N. SÖDERBLOM, *Brev* ... (wie Anm. 1), Nr. 29 an N.J. Göransson am 19.12.1900.

Wir kehren zurück zu der mündlichen Doktorprüfung. Danach sollten sich die Ereignisse überstürzen. Am 12. April 1901 starb Auguste Sabatier, der für Söderblom noch einmal eine Art Vaterfigur geworden war. Im Juni starb auch der alte Jonas Söderblom. Der Sohn war auf die Nachricht vom nahenden Ende nach Norrala geeilt und hatte seinen Vater, der schon seit Tagen geschwiegen hatte, noch lebend angetroffen. Dessen eiserne Disziplin hatte ihn noch nicht verlassen und ermöglichte es ihm, mit dem Sohn in einem zweistündigen Gespräch über sein Leben zu sprechen und ihm sein geistliches Vermächtnis einzuschärfen. Nachdem er schon in seinem letzten, mit sichtbarer Mühe geschriebenen Brief nach Paris seiner Hoffnung Ausdruck gegeben hatte, der Sohn werde seinen Weg in Treue zum lutherischen Bekenntnis und zu seiner Kirche und vor allem gottesfürchtig gehen, war jetzt die Summe ganz einfach das eigene Lebensmotto: »Nicht dass wir Herren wären über euren Glauben, sondern wir sind Gehilfen eurer Freude« (2Kor 1,24). Dieses Motto entsprach so sehr Söderbloms eigener Einstellung, dass er es nicht nur aus Pietät lebenslang in Ehren gehalten hat. Ja, er hat es zum Ausgangspunkt seines ersten Hirtenbriefes als Erzbischof gemacht und an dessen Ende mit einer Erinnerung an seinen Vater verbunden.[272]

Wenige Stunden nach seiner Rückkehr nach Paris am 5.7.1901 erreichte Söderblom das Telegramm aus Uppsala, das ihm die Berufung zum Ordinarius mitteilte. Das war bis zum Schluss nicht ganz sicher gewesen. Deshalb hatte er für alle Fälle eine Ausweichmöglichkeit vorbereitet. Es gab auch noch die vage Aussicht auf Tieles Lehrstuhl in Leiden, wo er an dritter Stelle auf der Berufungsliste stand. In Uppsala hatte er vier Mitbewerber, darunter der Studienfreund Nils Johan Göransson. Als ernsthafte Alternative hatte sich bald die zwischen Söderblom und Dozent Johan Alfred Eklund herausgeschält. Dieser, ein hochbegabter Mann, hatte im Gebiet der Religionsphilosophie publiziert sowie ein Buch über das Nirwana verfasst. Ihm fehlten freilich einschlägige Sprachkenntnisse, und er hatte sein religionsgeschichtliches Werk auf Grund von Sekundärliteratur geschrieben. In beiden Punkten war Söderblom klar überlegen. Doch gegen ihn wurde seine eines ernsthaften Lehrers der Kirche unwürdige, will sagen liberale, Einstellung zum kirchlichen Dogma ins Feld geführt. Am Ende war die Entscheidung, nach fachlicher Beratung durch den Professor für Sanskrit, Karl Ferdinand Johansson, dann doch deutlich mit 4:2 Stimmen gefallen.[273]

---

272 Vgl. Jonas Söderblom, Brief an N. Söderblom vom 28.5.1901, NSS familjebrev, UUB; N. Söderblom, *Herdabref till prästerskapet och församlingarna i Uppsala ärkestift*, Uppsala 1914, (bes. 79–81, noch einmal abgedruckt in: Anna u. N. Söderblom, *N. Söderbloms fader*, in: Svenskars fromhet NF [wie Anm. 51; 9–41], 40f). Auch die Bekenntnistreue kommt im Hirtenbrief vor, freilich in dem freien Sinn von Treue zum Geist des Bekenntnisses (25–27).

273 Vgl. B. Sundkler, a.a.O. (Anm.2), 56f.

3.

Religionswissenschaftler in Uppsala

a Der akademische Lehrer

Es muss eine bewegende Abschiedsfeier in der Pariser Gemeinde gewesen sein. Sie schenkte dem scheidenden Pastorenehepaar ein silbernes Teeservice. Der norwegische Großkaufmann Sigurd Løchen, eines ihrer Mitglieder, machte dazu die hintersinnige Bemerkung: »Da oben in Uppsala schickten sie uns einen jungen Studenten als Pastor. Wir schicken ihn zurück als Professor.«[274] Nun trat also Söderblom seine Professur in Uppsala an, zu der damals auch die Wahrnehmung des Präbendepfarramts an der schönen alten (seit 1302) Trefaldighetskyrka (Dreifaltigkeitskirche) nahe dem Dom gehörte, wo er zunächst einmal bis 1905 eine gründliche Renovierung leiten musste. Dort hat er viele eindrucksvolle Predigten gehalten. Diese »Bauernkirche«, eingerichtet für die Bewohner der ländlichen Umgebung, wurde im Lauf von Söderbloms Tätigkeit dort zu dem, was die Kapelle der Charité in Berlin zur Zeit Schleiermachers gewesen war: viele der Kirche entfremdete Intellektuelle kamen zum Gottesdienst, um ihn zu hören. Intellektuelles Niveau und Originalität, religiöse Tiefe und menschliche Zuwendung haben viele Hörer bewegt und aufgerichtet.[275] Es wird noch Gelegenheit sein, genauer auf den Prediger Söderblom einzugehen.

Wie sah nun der neue Anfang aus? Die überwiegend konservative Fakultät empfing den neuen Kollegen mit gemischten Gefühlen. Die Studenten dagegen, die ihn noch von seiner Rede zwei Jahre zuvor in Erinnerung oder jedenfalls davon gehört hatten, hegten sicherlich große Erwartungen. Sie sollten nicht enttäuscht werden. Die programmatische Antrittsvorlesung am 24.9.1901, dem 31. Geburtstag seiner Frau, über *Die allgemeine Religionsgeschichte und die kirchliche Theologie* sowie insbesondere das anschließende *Wort an die Studenten* gelten mit Recht als Meilenstein in

---

274 »Der uppe i Upsala sendte de os en ung student til pastor. Vi sender ham tilbage som professor.« Nach ANNA SÖDERBLOM, *På livets trottoir*, Bd. 2 (wie Anm. 2), 21.

275 Ein Zeugnis für viele findet sich in dem autobiographischen Roman von AXEL HAMBRÆUS, *Annelis son*, Stockholm ³1961, 123 f.

der schwedischen Theologiegeschichte.[276] Schon deshalb müssen sie hier für sich betrachtet werden.

Die Antrittsvorlesung bestach sogleich durch die Eigenständigkeit ihres Ansatzes. Sie kontrastierte nicht nur mit dem schlichten apologetischen Ansatz des Vorgängers auf dem Lehrstuhl, Johan August Ekman, sondern bezog auch Stellung gegen die deutsche Religionsgeschichtliche Schule. Diese hatte ihre vergleichende Arbeit ja auf das Umfeld der Bibel beschränkt. Dagegen denkt Söderblom ganz selbstverständlich an die Welt der Religionen in ihrem gesamten Umfang. Dieses ganze Feld gehört für ihn institutionell eindeutig in die theologische Fakultät (34), gegen Harnacks gerade einige Monate zuvor in seiner Söderblom bereits bekannten Rektoratsrede dezidiert vertretene gegenteilige Meinung.[277] In diesem Zusammenhang mokiert er sich auch über die Rückständigkeit der damaligen deutschen Wissenschaftspolitik, die, trotz herausragender Leistungen einzelner Gelehrter, im Unterschied zu etlichen Ländern Westeuropas und Nordamerika noch keinen einzigen religionswissenschaftlichen Lehrstuhl geschaffen hatte (15–17. 42).

Natürlich ist Söderblom sich der enormen Widerstände bewusst, die sich gegen ein solches Konzept erheben. Auf der *einen Seite* steht die Befürchtung, dass die Religionswissenschaft unter theologischer Voreingenommenheit, also nicht objektiv betrieben werde. Söderblom entgegnet, das dabei leitende historistische Objektivitätsideal sei verfehlt. Niemand könne eine Religion verstehen, der nicht selbst religiöse Erfahrungen gemacht habe. Da zur religiösen Erfahrung auch die Zugehörigkeit zu einer religiösen Gemeinschaft zählt, spricht nichts gegen eine Zuordnung der allgemeinen Religionsgeschichte zu einer christlichen theologischen Fakultät, sondern im Gegenteil alles dafür (19. 22). Damit führt er auch einen Seitenhieb gegen »das moderne deutsche Rezept«, wissenschaftliche Theologie streng gegen alles Kirchliche abgeschottet zu betreiben (27; gemeint ist wohl besonders wieder die Religionsgeschichtliche Schule), und zwar im Namen gerade nicht eines kirchlichen Herrschaftsanspruches, sondern einer recht verstandenen wissenschaftlichen Redlichkeit. Vorausgesetzt ist dabei, dass es zwischen der christlichen und allen anderen Religionen ein gemeinsames Erfahrungselement gibt, das es möglich macht, auch die individuelle Eigentümlichkeit einer fremden Religion sachgemäß zu er-

---

276 N. Söderblom, *Den allmänna religionshistorien och den kyrkliga teologien* und *Ord till de teologie studerande*, in: ders., Om studiet av religionen, hg. v. E. Ehnmark, Lund 1951, 13–48. Danach im Folgenden die Seitenzahlen.

277 Vgl. Adolf Harnack, *Die Aufgabe der theologischen Fakultäten und die allgemeine Religionsgeschichte* (1901), in: ders., Reden und Aufsätze II/1, Gießen ²1906, 159–187.

schließen. Das auszuführen wäre freilich Aufgabe eines gesonderten Reflexionsganges gewesen.

Auf der *anderen Seite* bedurften die Sorgen wegen der von der Religionswissenschaft ausgehenden Gefahren für die Kirche in jener Zeit, insbesondere vor Theologiestudenten, einer ausführlicheren Behandlung. Ohne die Risiken einer engen Zusammenarbeit von Theologie und Religionswissenschaft zu leugnen, weist Söderblom zunächst auf den Nutzen hin, den die Theologie schon jetzt daraus gezogen hat. Einmal denkt er natürlich an sein altes Interesse an der Mission: Ein Missionar muss die Religion des Landes kennen, in das er geht, um nicht unkritisch den Menschen die spezifisch europäisch-amerikanische Gestalt des Christentums aufzuzwingen, sondern eine dem Wesen des Christentums angemessene, aber der fremden Kultur entsprechende Form zu etablieren (32 f 37 f). Auch abgesehen von der Aufgabe der Mission fordert die kleiner gewordene Welt mit ihren vielfältigen Möglichkeiten der Begegnung mit fremden Religionen ganz allgemein ein gewisses Maß an Kenntnissen, um mit den Völkern, welche diesen Religionen anhängen, friedlich und verständnisvoll statt mit Kanonenbooten und kolonialer Ausbeutung zu begegnen (33) – ein überraschend moderner Ausblick auf die heutigen Probleme des religiösen Pluralismus. Vor allem aber, und das ist für Theologie und Kirche entscheidend, lernt man das Wesen des Christentums erst durch den Vergleich mit anderen Religionen richtig zu verstehen, so wie man auch die Kirchen- und Theologiegeschichte nicht ohne die fremden Religionen verstehen kann, mit denen das Christentum in Berührung gekommen ist (32. 34). Harnacks berühmter These, wer die eine so umfassende Religion des Christentums kenne, der kenne alle, setzt Söderblom die nicht minder berühmte ältere These des deutsch-englischen Religionshistorikers Max Müller entgegen, wer nur eine Religion kenne, der kenne keine (34).[278] Dabei lehrt die Religionsgeschichte gerade als strenge Wissenschaft nach Söderbloms fester Überzeugung sowohl den besonderen Charakter der prophetischen Religionen gegenüber allen anderen als auch die Einzigartigkeit des Christentums zu sehen (35–37). Ein solches durchgeklärtes christliches Selbstverständnis ist nicht zuletzt innerhalb der westlichen Kultur selbst mit ihrer erschreckenden Unkenntnis von großer Bedeutung (gesprochen 1901, nicht 100 Jahre später!). Die Wahrheit ihrer Religion freilich, welche die Christen in Anspruch nehmen, können sie nur auf Grund einer persönlichen Entscheidung behaupten (41).

Strenge Wissenschaftlichkeit ist aber auch in den herkömmlichen theologischen Fächern zu fordern. Nur so lässt sich der Platz der Theologie

---

278 Vgl. HARNACK, a.a.O. (wie vorige Anm.), 168; MAX MÜLLER, *Einleitung in die vergleichende Religionswissenschaft*, Straßburg ²1876, 14.

an der Universität rechtfertigen. Dem widersprechen weder ihre letztlich praktischen Aufgaben der Selbstvergewisserung der Kirche und der Ausbildung für den kirchlichen Dienst (sonst müsste man auch die Medizin von der Universität verbannen) noch die Tatsache, dass sie das Christentum »einseitig« in den Mittelpunkt ihrer Bemühungen stellt, denn wie die philosophische Fakultät sich vornehmlich mit abendländischer Philosophie beschäftigt, so die theologische mit der im Abendland faktisch vorherrschenden Religion (20 f).

Gewichtiger freilich als diese institutionelle Frage ist für Söderblom das theologieinterne Verhältnis von persönlichem Glauben und historisch-kritischer Methode. Auch hier setzt er sich energisch für uneingeschränkte wissenschaftliche Redlichkeit ein. Sie habe der Theologie in neuerer Zeit zu einem viel getreueren Bild vom geschichtlichen Jesus und von Luther[279] verholfen (29). Daran wird exemplarisch deutlich, was eine Wissenschaft leisten kann, die sich nicht in einem neuen Dogmatismus zur unbezweifelbaren Autorität aufwirft, sondern in demütigem und zur Selbstkorrektur bereiten »Respekt vor der Wirklichkeit« verharrt (27. 30 f). In diesem Respekt vor der Wirklichkeit sind sich Religion (Glaube) und Wissenschaft einig, zumindest nach evangelischem Verständnis (23–25). Solche Gemeinsamkeit wird explizit in dem Glauben, dass die Wahrheit nur eine ist (31). Damit ist zugleich gesagt, dass auch die Wirklichkeit selbst als die der Wissenschaft zugängliche irdische und als die nur dem Glauben erschlossene transzendente letztlich eine Einheit bildet und die Widersprüche zwischen diesen beiden Aspekten nur scheinbar sind (vgl. 31).

So weit dieses eindrucksvolle Programm, dessen Grundgedanken wir im weiteren Verlauf unserer Abhandlung auf Schritt und Tritt wieder begegnen werden. Über seine grundsätzliche Bedeutung hinaus, dem Publikum vor Augen zu führen, was es von dem neuen Professor zu erwarten habe, dokumentiert dieser Text auch – was m.W. bisher kaum beachtet worden ist – Söderbloms außerordentlich geschickte Art, auf die vorgefundene Situation einzugehen. Wenn er die Zuordnung der Religionsgeschichte zur

---

279 Mit dem zweiten Beispiel ist der Initiator der so genannten schwedischen Luther-Renaissance (lange vor Holl!) EINAR BILLING gemeint, der ein Jahr zuvor das Werk *Luthers lära om staten* I veröffentlicht hatte. Billing hat dort zunächst eine sorgfältige traditionsgeschichtliche Analyse vorgelegt. Im Hauptteil hat er sodann – gegen Ritschl – scharf den »Dualismus« von Gericht und Gnade herausgearbeitet (89. 93–96). In der Zwei-Reiche-Lehre betont er gegen das konservative deutsche Luthertum und in Erinnerung an die besondere Geschichte der schwedischen Reformation besonders die Grenzen des Gehorsams gegen die Obrigkeit bei Luther sowie die innere Verbindung der beiden »Reiche« im Gewissen und im positiv gestaltenden Handeln aus Liebe (97. 105–107.112.138.144; zitiert nach der postumen, um den handschriftlich vorliegenden zweiten Teil ergänzten Ausgabe G. Wredes, Stockholm 1971).

theologischen Fakultät gegen Harnack verteidigt, so rechtfertigt er damit ja den in Uppsala bereits bestehenden Zustand und bescheinigt diesem durch geradezu genüsslich ausführliche Beschreibung der Verhältnisse in anderen Ländern (15–17. 42 f), dem internationalen Standard zu entsprechen, und das in kritischer Abgrenzung gegen die Rückständigkeit ausgerechnet der als so modern auftretenden und als solche gefürchteten deutschen Theologie. Die sachliche Begründung dieser Zuordnung durch den Religion und Wissenschaft gemeinsamen »Respekt vor der Wirklichkeit« soll zugleich der Sorge begegnen, die neue Offenheit gegenüber der je spezifischen Eigenart der fremden Religionen könne bei den Studenten die Treue zum Geist des kirchlichen Bekenntnisses gefährden; auch hier wird wieder die kritische deutsche Theologie als wissenschaftstheoretisch zu simpel hingestellt. Im Rückblick wird man zugeben müssen, dass Söderblom die konservative Fakultätsmehrheit zwar vielleicht mit dem ersten, aber wohl sehr viel weniger mit dem zweiten Argumentationsgang hat überzeugen können. Nichtsdestoweniger kann man den Versuch nur als glänzend bezeichnen.

In der unmittelbar an diese Vorlesung anschließenden Rede an die Studierenden projiziert Söderblom seinen Gedankengang von der wissenschaftstheoretischen auf die persönliche Ebene des religiösen Einzelnen. Die Rede beginnt gleichsam mit einem Fanfarenstoß: »Sie bekommen, meine Herren, in dieser Zeit vielerlei Bedauern zu hören. Ich muss Sie beglückwünschen« (44). Sie werden bedauert, weil sie sich einer so abgelebten Sache wie der Kirche zuwenden, oder weil die moderne Theologie sie in große innere Schwierigkeiten stürzen werde. Dagegen beglückwünscht Söderblom sie dazu, »das Studium der Theologie in dieser Zeit zu betreiben, und zu Ihrer zukünftigen Berufung« (44). Ja, es werden innere Krisen zu bestehen sein, doch Anfechtung gehöre nach Luther nun einmal zum Glauben hinzu. Aber sie werden im Nachdenken über die großartigen in der Theologie behandelten Texte auch das tröstliche Geheimnis des Glaubens entdecken. Er selbst habe am Ende immer gefunden, dass die Zerstörung des Glaubens nicht von der Wissenschaft selbst, sondern von einem Verstoß gegen ihren wahren Geist herrühre. Darum gilt: »... nicht weniger Wissenschaft, sondern mehr Wissenschaft, tieferer Wirklichkeitssinn, ernsthaftere Untersuchung, denn dann kommt neue Klarheit und mit neuer Demut neue Stärke« (46).

Der Glückwunsch gilt auch dem gewählten Pfarrerberuf. Hier geht die Rede in die Ermahnung über, diesen Beruf als unerschrockene Zeugen für die Wahrheit und als Dienst an den Menschen auszuüben: »...bist du zu groß, um dich mit dem Kleinsten zu befassen, so bist du zu klein, um Pfarrer zu sein« (47). Sofern sie Christi Diener und nicht irgendjemandes Sklaven seien, würden sie in jedem menschlichen Herzen einen heimlichen Verbündeten haben. Die so völlig auf die innere Freiheit des Glaubens gestimmte Rede mündet schließlich ohne Bruch in den die Erweckungstradition reflektierenden Satz: »Der Herr entzünde das heilige Feuer in Ihnen und erhalte es!« (48).

Das waren im alten Uppsala ganz ungewohnte Töne, die der junge Professor da angeschlagen hatte, und die Begeisterung unter den Studierenden war groß und nachhaltig (sogar von einem Frühling für die schwedische Kirche ist im Rückblick die Rede).[280] Sie äußerte sich gleich im Anschluss an die akademische Festveranstaltung in einer großen Aufwartung draußen vor der Universität. Söderblom hat die Studenten dann in seiner Dankesrede zu einem von da an jeden Montag stattfindenden offenen Abend in seinem Hause eingeladen, so wie er es zuvor mit seiner Pariser Gemeinde gehalten hatte. Einzige Bedingung: man möge sich so absprechen, dass nicht mehr als 25–30 auf einmal kommen, damit nicht aus Raummangel jemand zurückgeschickt werden müsse.[281] Selbst diese Zahl kann man sich kaum vorstellen, denn das alte Pfarrhaus der Trefaldighets-Gemeinde, das noch heute draußen in Stabby, einem Dorf westlich der Stadt (jetzt Teil des Vorortes Luthagen) steht, war schon für Söderbloms Familie mit ihren damals vier Kindern knapp bemessen, ganz abgesehen von der primitiven Ausstattung (es gab weder Strom noch Zentralheizung oder fließendes Wasser[282]). Trotzdem hatte das Haus eine beeindruckende Atmosphäre, nicht zuletzt durch die modernen Gemälde und Skulpturen, welche die Söderbloms aus Paris mitgebracht hatten.[283]

Diese Abende sind geradezu legendär geworden. Anna Söderblom war eine charmante Gastgeberin. Es wurde viel Literatur gelesen: Strindberg, Ibsen, Lagerlöf. Nathan Söderblom spielte Bach und Beethoven auf dem Klavier oder sang Erweckungslieder, allein oder gemeinsam mit den Studenten. Man führte politische Diskussionen, z. B. über die Reform des Wahlrechts oder den russisch-japanischen Krieg 1905 (Letzteres im weltabgelegenen Schweden sonst wohl kaum üblich), oder man spielte Ratespiele. Und es gab für alle zu essen (aber niemals Alkohol oder Rauchwaren). Den Abschluss bildete immer ein Choral.[284] Aus dem ungezwungenen

---

280 Vgl. SAMUEL GABRIELSSON, Några personliga minnen av N. Söderblom, in: Hågkomster 12 (wie Anm. 97), 260.

281 Vgl. ANNA SÖDERBLOM, På livets trottoir (wie Anm. 2), Bd. 1, 37–43.

282 Vgl. ESTER KARLSSON, Minnen från Stabby prästgård, in: Axel Runestam u. a., N. Söderblom i Stabby prästgård (wie Anm. 96), 75. Frau Karlsson war damals Hausmädchen bei Söderbloms.

283 Vgl. die Schilderung des ganzen Hauses bei ANNA SÖDERBLOM, Staby prästgård, a. a. O. (wie Anm. 96), 32–45; dort bes. Boussets Bemerkung: »Außen eine Bauernhütte, innen Kunst und Kultur« (32).

284 Vgl. die lebendigen Schilderungen bei A. SÖDERBLOM, På livets trottoir, Bd. 2 (wie Anm. 2), 44–52, und EMIL LIEDGREN, En kristen människas frihet. Personliga minnen från ett 30årigt lärjungarskap hos N. Söderblom, in: N. Söderblom in memoriam (wie Anm. 4, 348–390), 360–366.

Umgang der Studenten mit ihrem Professor und seiner Frau – man stelle sich so etwas im wilhelminischen Deutschland vor! – ergab sich manches seelsorgerliche Gespräch.

Neu an Nathan Söderbloms Leben in Stabby war auch, dass seine Mutter auf Dauer zu ihnen zog und bis zu ihrem Tode 1913 dort lebte. Auch abgesehen von diesem Dauergast und von den Abenden mit den Studenten empfingen die Söderbloms gern und häufig Gäste, deren Spektrum sich immer mehr ausweitete: Kollegen und Studenten aus anderen Fakultäten, Künstler, Kirchenleute, zunehmend auch ausländische Besucher. Sehr intensiv waren die Beziehungen zu Kollegen anderer Fakultäten, so zu dem schon genannten Historiker Harald Hjärne, dem Literaturhistoriker Henrik Schück, dem Professor für skandinavische Sprachen Adolf Noreen, dem Mediziner Ulrik Quensel, der auch sein Hausarzt wurde und während Söderbloms Leipziger Aufenthalt 1912–1914 dessen ältesten Sohn bei sich aufgenommen hatte.[285] Auch etliche andere bedeutende Gelehrte, vor allem aus der Philosophischen Fakultät, waren geschätzte Gesprächspartner, so die Semitisten Herman Almkvist und Karl Vilhelm Zetterstéen, die klassischen Philologen Olof August Danielsson und Per Persson, der Sanskrit-Experte Karl Ferdinand Johansson.[286]

Nur das Verhältnis zur eigenen Fakultät war in den ersten Jahren, als sie noch mehrheitlich konservativ war und dem neuen Kollegen misstraute, kühl und sehr bald auch konfliktgeladen, im Unterschied etwa zu den liberaleren Lundenser Systematikern Pehr Eklund und Magnus Pfannenstill. Die Konflikte entluden sich in zwei negativen Berufungs- bzw. Prüfungsentscheidungen. Die erste war 1902 die Ablehnung der Bewerbung von Söderbloms Freund Samuel Fries auf den neutestamentlichen Lehrstuhl; obwohl er der mit Abstand fähigste und auch am besten ausgewiesene Bewerber war, wurde an seiner Stelle der erzkonservative Adolf Kolmodin berufen, ein »frommer aber wissenschaftlich unbegabter Mensch«, wie Söderblom an Bousset schreibt.[287] Die zweite Entscheidung betraf die Ablehnung einer Dozentur für seinen brillanten Schüler Torgny Segerstedt (1876–1945) auf Grund von dessen Abhandlung über den Ursprung des Polytheismus im Jahr 1903. Die Begründung war deren angeblicher Mangel an »christlicher Substanz«. Die Koryphäen der Philosophischen Fakul-

285 Vgl. N. SÖDERBLOM, *Brev* ... (wie Anm. 1), Nr. 35 an N.J. Göransson vom 5.12.1902; Nr. 58 an U. Quensel vom 7.6.1913.
286 Vgl. B. SUNDKLER, a.a.O. (wie Anm. 2), 63 f.
287 *Brev* ..., Nr. 39, am 10.4.1903. Seinem alten Freund N.J. Göransson vertraut er freilich (in etwas gewundener Form) an, wie bewundernswert Fries' wissenschaftliche Leistung auch sei, man könne es doch manchen Leuten nicht verdenken, wenn ihnen die religiöse Seite seiner Schriften zu dürftig erscheine; Brief vom 10.7.1902 (NSS, Brev till svenskar, UUB).

tät Hjärne, Noreen, Schück und Almkvist unterstützten sämtlich Söderblom – es half nichts. Die Sache entwickelte sich zum öffentlichen Skandal, der von den Zeitungen weidlich ausgeschlachtet wurde.[288] Söderblom selbst war verbittert über diesen Affront, der ja auch ihn traf, und erwog eine Zeitlang sogar, sein Amt niederzulegen. Im Sommer hatte er – gewiss nicht zufällig – das erste blutende Magengeschwür, eine Erkrankung, die sich später öfters wiederholen sollte. Seine menschliche Grundeinstellung in Verbindung mit seiner fast übermenschlichen Selbstdisziplin hat ihn immer daran gehindert, Ärger und Zorn richtig ausbrechen zu lassen; nicht nur seine Magenprobleme, sondern auch seine späteren Herzerkrankungen dürften damit in Zusammenhang stehen.

Auf der anderen Seite hatte Söderblom von Anfang an durchschlagenden Lehrerfolg. Er konnte seine Zuhörer fesseln, in Vorlesungen ebenso wie in Predigten. Beide hatten eine künstlerische Form. Die Darstellung war manchmal dramatisch, stets frisch und ohne jegliche pastorale Salbung, »aber vielleicht gelegentlich mit einer Winzigkeit Theaterton«, wie Emil Liedgren sich erinnert. In den Seminaren konnten die Studenten ihre Ideen (»wenn sie welche hatten«) frei äußern, und der Lehrer war stets großzügig mit Anerkennung, hielt freilich auch mit strenger Kritik nicht zurück, wenn er das für nötig hielt.[289] Allerdings weckte dieser Erfolg auf konservativer Seite auch Ängste. Man erzählt von einem värmländischen Pfarrer, dessen Söhne nach Uppsala zum Studium gegangen waren, er habe das Stoßgebet gesprochen: »Und nun, Herr, mögest Du die Jungen vor Satan und Nathan erretten (*frälsa*). Amen.«[290]

Sundkler hat dankenswerterweise Söderbloms Lehrprogramm zusammengestellt. Danach hat dieser von 1901 bis 1908 große Teile der Religionsgeschichte durchgearbeitet – mit einem besonderen Akzent auf Indien. Die schwedische Theologiegeschichte (1903/04) hat er mit dazugerechnet (damals ein dringendes Bedürfnis), ebenso wie Luther und die Mystik (1904). Das Christentum ist eben konsequent als Teil der Religionsgeschichte gesehen. Deshalb gehören auch das Verhältnis von Protestantismus und Katholizismus sowie der katholische Modernismus ins

---

288 Vgl. B. SUNDKLER, a. a. O., 60; EVA STOHLANDER-AXELSSON, *Ett brännglas för tidens strålar. Striden om Torgny Segerstedts docentur 1903* (BTP 66), Lund 2001, bes. 210 f 222; KENNE FANT, *Torgny Segerstedt. En levnadsskildring*, Stockholm 2007, 39 f.

289 E. LIEDGREN, *Studentmottagning i Stabby prästgård*, bei A. Runestam (wie Anm. 96, 62–68), 64: »utan spår av den yrkesmässiga salvelse[n] ..., men kanske med en aning teaterklang emellanåt«; ders., *En kristen människas ...* (wie Anm. 284), 369–372; T. ANDRAE, a. a. O. (wie Anm. 2), 136. 138.

290 Vgl. DAVID NYVALL, »*Han var så omfattande, att han för somliga blev oöverskådlig*«, in: Hågkomster ..., 15. saml., (wie Anm. 94, 338–343), 339 f.

Programm (1909/1910). Die letzten Jahre bis 1914 sind dann der Religionsphänomenologie gewidmet: Gebet, Mythos, Eschatologie, Heiligkeit, Rituale. Die Seminare beschäftigen sich mit europäischer, sufistischer und buddhistischer Religionsphilosophie (1901–1904, 1908/1909, 1912), Sokrates (1905), Religionspsychologie (2 Sem., 1905, 1907), Luther (2 Sem. 1910), schwedischer Volksfrömmigkeit (2 Sem., 1910/1911).[291] Also eine breite Palette, in die gerne auch besonders aktuelle Themen eingingen wie der Babel-Bibel-Streit (1902) oder zeitgenössische Religionsphilosophen wie Harald Høffding (1901), Émile Boutroux (1908) und Henri Bergson (1909). Dabei kann man eine Tendenz wahrnehmen, sich durch sorgfältige Einzelanalysen voranzuarbeiten zu den großen Linien einer Gesamtschau.

b Offenbarung und Mystik

1. In seiner literarischen Produktion dagegen hat Söderblom schon früh versucht, eine der großen Linien auszuziehen. Das ergab sich freilich zunächst, wie auch später oft, als Reaktion auf einen bestimmten Anlass. Der Assyriologe Friedrich Delitzsch (Sohn des konservativen Theologen Franz Delitzsch) hatte 1902 in Anwesenheit des deutschen Kaisers zwei Vorträge (später noch einen dritten) über Babel und Bibel gehalten[292], in denen er die turmhohe Überlegenheit der babylonischen Religion und Kultur über die israelitische zu erweisen suchte. Das Alte Testament könne nicht als Zeugnis göttlicher Offenbarung gelten, weil darin moralisch verwerfliche Gebote wie Blutrache (II, 28) und eine partikularistische Gottesvorstellung enthalten seien, die sich »mit unserm geläuterten Gottesbewusstsein« nicht vertrügen (II, 39). »Offenbarung« versteht Delitzsch ungeschichtlich-supranaturalistisch, und der Maßstab der Beurteilung ist das – ebenso ungeschichtlich aufgefasste – moralische Bewusstsein und das rationale Verständnis »natürlicher« Religion im Sinne der Aufklärung (22). Beides wird nicht entfaltet, sondern einfach vorausgesetzt. Nicht nur

---

291 B. SUNDKLER, a.a.O. (wie Anm. 2), 61f. GUSTAF AULÉN gibt in seinem Art. *Schweden*, in: RE³ Bd. 18 (17–43), 39 (1906) der Hoffnung Ausdruck, Söderblom werde seine Vorlesung über schwedische Kirchengeschichte zum Druck bringen. Dazu ist es nie gekommen. Auléns Begründung ist freilich etwas seltsam: Es gebe keine Publikation, die einen Überblick über die theologische Entwicklung in Schweden gebe. Doch hatte man das große Werk von HENRIK REUTERDAHL *Swenska kyrkans historia*, 4 Bde. Lund 1838–1866. Das Bedauern kann sich also nur darauf beziehen, dass in den seitdem vergangenen 40 Jahren nichts Gleichwertiges erschienen war.
292 FRIEDRICH DELITZSCH, *Babel und Bibel*, Stuttgart 1903, durchges. Aufl. 1904. Danach die Seitenzahlen.

der theologisch interessierte Kaiser machte seinem Unwillen Luft, sondern es entspann sich eine lebhafte öffentliche Debatte mit einer großen Zahl von Streitschriften. Das meiste davon ist mit Recht vergessen. Die von Söderblom verfasste ist mit Abstand die bedeutendste. Sie nimmt Gunkels Kritik an Delitzsch und an dessen polemischer Identifikation des christlichen Offenbarungsverständnisses mit der Lehre von der Verbalinspiration auf, um nach kurzer Stellungnahme zum konkreten Streitfall das Phänomen des Glaubens an göttliche Offenbarung grundsätzlich in den Blick zu nehmen.[293] Das geschieht, nebenbei bemerkt, an denkbar abgelegener Stelle: in der Festschrift zum 90. Geburtstag des Professors für Pastoraltheologie Carl Axel Torén.

Der Verfasser würdigt die Begeisterung Delitzschs für die babylonische Kultur (23), insistiert aber darauf, dass man weder diese noch erst recht die neuzeitliche Kultur zum Maßstab für die Beurteilung des Alten Testaments machen könne. Auch die Moral als Kulturleistung (15 f) könne diese Funktion nicht übernehmen, denn die Religion sei eine Sache weder des Willens noch des Intellekts oder des Gefühls, sondern des Herzens (18 f).[294] Der Begriff des Herzens, den Söderblom von Pascal entlehnt, lokalisiert die Religion im Innersten des einzelnen Menschen, so dass er ganz und gar durch sie bestimmt wird. »Herz« oder auch »Innerlichkeit« bezeichnen nicht eine psychologisch-empirisch identifizierbare Größe, auch nicht »mein eigenes, sublimiertes Ich« sondern die Teilhabe der ganzen Person »an einer höheren Wirklichkeit, an göttlichem Leben«, kurz: den »Geist«.[295] Religion ist auch kein Produkt menschlicher Kultur und Geschichte, sondern hat ihre Wurzel in göttlicher Offenbarung, die in ihr intuitiv vernommen wird. Das gilt für jede Religion, davon ist Söderblom jetzt mit Rudin, Pfleiderer und Sabatier überzeugt, nicht nur für das Christentum. Sonst könnte man dessen Verwandtschaft mit anderen Religionen nicht verstehen (20 f). Dies ist aber nicht als »objektiv« historisches Argument für die Wirklichkeit von Offenbarung zu verstehen. Vielmehr besagt der Verweis auf das »Herz«, die »Innerlichkeit«, dass es sich um die phänomenologische Be-

293 HERMANN GUNKEL, *Israel und Babylonien*, Göttingen 1903, 34–39; N. SÖDERBLOM, *Uppenbarelsereligion* (1903), 2., um zwei Vorträge erweiterte Aufl. Stockholm 1930, 13–15. Danach die folgenden Seitenzahlen.
294 Mit der Abgrenzung gegen den Gefühlsbegriff (im Sinne von Emotion) meint Söderblom nicht Schleiermacher, auf den er sich vielmehr unmittelbar darauf positiv bezieht.
295 N. SÖDERBLOM, *Den inre gästen* (Predigt 1907. 1909), in: ders., När stunderna växla och skrida 1, Uppsala ³1935 (36–45), 42. Der »innere Gast« entspricht Sabatiers *Dieu intérieur*. Vgl. auch die schöne kleine Schrift von BERNHARD DUHM, *Das Geheimnis in der Religion* (SgV 1), Tübingen 1896, die Söderblom S. 80 zustimmend zitiert, sowie ERLAND EHNMARK, a.a.O. (wie Anm. 2), 189. 193 f.

schreibung des in allen Religionen anzutreffenden Selbstverständnisses handelt, auf eine transzendente Einwirkung gegründet zu sein.

Die »allgemeine Offenbarung« des einen und selben Gottes (24) tritt nun nicht wie die revelatio generalis der orthodoxen Dogmatik oder die »natürliche Religion« der Aufklärung überall gleich, sondern religionsgeschichtlich differenziert auf. Religionen finden sich nicht isoliert, sondern nur im Zusammenhang mit der Kultur, wenngleich ihre Entwicklung weder synchron mit derjenigen der Kultur verläuft noch gar deren Produkt ist. Deshalb kommt es darauf an, wie jeweils das Verhältnis der Religion zu Kultur und Moral beschaffen ist (17. 20). Es ist die Verschiedenheit dieses Verhältnisses, also des menschlichen Umgangs mit Gottes Offenbarung, welche die Verschiedenheit der Religionen zustande bringt.[296]

An dieser Stelle führt Söderblom die Unterscheidung von Natur- und Kulturreligionen einerseits und prophetischen Religionen andererseits ein (20–44). Dies ist eine phänomenologische Unterscheidung von Religionstypen, nicht eine dogmatische Wertung (48). Natur- und Kulturreligionen richten sich nach den naturhaften Gegebenheiten bzw. folgen der Kulturgeschichte; man kann die Entwicklungsstufen Klan-, Stammes- und Volksreligionen unterscheiden (24). Es gibt also zwischen ihnen keinen prinzipiellen Unterschied, wie man ihn zu jener Zeit noch zu machen pflegte, denn beiden ist der fundamentale Dualismus von Natur und Geist gemeinsam, die den prophetischen Religionen nicht zugrunde liegt. Diese – konkret: die semitischen Religionen Judentum, Christentum und Islam sowie der Zoroastrismus – sind Offenbarungsreligionen im engeren Sinn von besonderer Offenbarung in der Geschichte, die nicht die Vollendung der Volksreligion darstellen, sondern etwas durch die großen Stifterpersönlichkeiten geschaffenes prinzipiell Neues (38). Das ist daran zu erkennen, dass sie sich nicht primär an die kulturell vermittelten äußeren Formen wie Riten und Organisationen oder auch heilige Bücher binden, sondern an den neuen religiösen Inhalt, der sich unmittelbar an das Herz des Menschen richtet und ihm Lebenskraft verleiht. Dass man es dabei tatsächlich mit einer besonderen Offenbarung zu tun habe, lässt sich weder historisch noch psychologisch aufweisen, sondern setzt den Sprung des Glaubens voraus, der sich innerlich dem »lebendigen Gott« gegenübersieht (42). Die

---

296 JAN HJÄRPE hat diesen komplexen Zusammenhang nicht richtig erfasst, wenn er behauptet, nach Söderblom habe sich Gott in der menschlichen Kultur in der Weise »inkarniert«, dass seine Offenbarung mit ihr geradezu identisch werde, was Söderblom ja ausdrücklich bestreitet. Vgl. J. HJÄRPE, *Theology on Religions. N. Söderblom and the Religious Language*, in: The Relevance of Theology. N. Söderblom and the Development of an Academic Discipline (AUU, Uppsala Studies in Faith and Ideologies 11), hg. v. C.R. Bråkenhielm und G.W. Hollman, Uppsala 2002 (49–66), 58.

Religionsphänomenologie hat dieses Glaubensurteil lediglich zu beschreiben. Sie kann zwar auf Wertungen nicht verzichten, wie das Vorhergehende zeigt. Aber diese Wertungen betreffen erstens immer nur relative Differenzen, denn wenn allen Religionen göttliche Offenbarung zugrunde liegt, muss auch allen ein Wahrheitsgehalt eignen. Zweitens ist sich Söderblom der subjektiven Bedingtheit seiner Wertungen durch den »Glaubenssprung« bewusst, und er ist deshalb zur Diskussion seiner Ergebnisse bereit.[297]

Wenn Söderblom als Religionshistoriker den prophetischen Religionen eine primäre Orientierung an der inneren Erfahrung zuschreibt, so darf man ihm natürlich nicht unterstellen, dass er ihre äußeren Formen für uninteressant oder gar für überflüssig hielte. Sie sind vielmehr für die kulturelle Vermittlung des neuen Inhalts unentbehrlich. Deshalb hat Söderblom ihnen in Lehrtätigkeit und Publikationen breiten Raum gegeben und sich im christlichen Bereich lange, bevor die Übernahme des Bischofsamtes zur Debatte stand, gründlich mit der Gestaltung kirchlicher Formen auseinandergesetzt. Er will lediglich davor warnen, in der kulturellen Außenhaut das Wesen der Religion zu sehen. Sonst laufe die Religion Gefahr, im Verlauf des fortschreitenden Vergeistigungsprozesses der Kultur sich in Pantheismus, Idealismus oder Agnostizismus zu verflüchtigen, wie dies die Religionsgeschichte mehrfach bezeugt (30–32. 49). So wird verständlich (um noch einmal auf den Anlass der Schrift, den Babel-Bibel-Streit, zurückzukommen), dass religiös höher stehende Bildungen auf einer kulturell niederen Stufe stehen können, wie im Fall Israels gegenüber Babylon (36f).

Nun muss näher bestimmt werden, was mit Offenbarung gemeint ist. Sie darf nach Söderblom nicht mit Aufklärung oder Information über einen Sachverhalt gleichgesetzt werden. Ganz allgemein könnte man von einer Selbsterschließung der Transzendenz sprechen. Aber eine klare Auskunft über das Subjekt von Offenbarung geben lediglich die prophetischen Religionen: Es ist »der lebendige Gott«, der in der Geschichte han-

---

297 Meine Argumentation richtet sich gegen FOLKE HOLMSTRÖMs These, a.a.O. (wie Anm. 2), Söderblom mache die Offenbarung empirisch verifizierbar und sei damit Ritschls Historismus und Sabatiers Psychologismus aufgesessen (49.140.163. 175f). Söderbloms frühe Kritik an beiden ist ihm unbekannt. Er selbst fasst den Begriff der Offenbarungsreligion dogmatisch-exklusiv statt religionsphänomenologisch und redet deshalb in seiner ganzen Untersuchung an Söderblom vorbei. EHNMARK sieht das Problem richtig, a.a.O. (wie Anm. 2), 176, scheint aber anzunehmen, Söderbloms wertende Aussagen ließen sich abgesehen von ihrem theologischen Hintergrund verstehen (179). Das dürfte überzogen sein. – Zu Holmströms Prinzipienreiterei, seiner ermüdend langatmigen Schreibweise und seinem fehlenden historischen Einfühlungsvermögen vgl. bereits die scharfe Kritik von J.M. VAN VEEN, a.a.O. (wie Anm. 2), 5–7.

delt (33). Doch zu ihm gibt es z.B. im ursprünglichen Buddhismus keine Entsprechung. Der Hinweis, dass in späteren Stadien viele Buddhas an die Stelle Gottes oder der Götter treten (32), hilft auch nicht weiter. So befindet sich Söderblom einstweilen in der Verlegenheit, keine allgemeine Bestimmung, die auf alle Religionen passt, geben zu können. So bleibt diese Seite der Frage hier ohne befriedigende Antwort. Sie bedarf noch ausgiebiger religionsgeschichtlicher Forschung, bevor Söderblom sie mit seiner Deutung des Heiligen geben kann.

Ausführlich hat er sich dagegen der Frage nach dem Empfänger der Offenbarung und der Art ihres Empfangs angenommen. Er führt in dieser Schrift seinen erfahrungstheologischen Ansatz näher aus, indem er sein Verständnis der »Religion des Herzens« ausdifferenziert. Dafür bedient er sich des Begriffs Mystik. Er knüpft damit an seine Auseinandersetzung mit Ritschl an, in der er bereits die »mystische«, innerliche Gottesgemeinschaft als das allen Religionen Gemeinsame benannt hatte (s.o., 84 f). Mystik war damals ein Modewort und wurde entweder mit dem römischen Katholizismus assoziiert (Ritschl) oder mit ekstatischen Phänomenen. Söderblom war schon 1892 dieser Verwirrung der Begriffe nicht gefolgt, hatte aber selbst zu deren Klärung noch nicht viel beigetragen. Mit der Neuedition von Schleiermachers Reden durch Rudolf Otto und mit William Ralph Inges Buch *Christian Mysticism* im gleichen Jahr kam Bewegung in die Debatte.[298] Söderblom machte nun in *Uppenbarelsereligion* einen Vorschlag, der die Forschung wirklich voranbringen sollte. Er verstand Mystik in einem weiten Sinn als Innerlichkeit, die jeder lebendigen Religion zu Eigen sei. Innerhalb dieses Rahmens unterschied er zwei Arten. Die Gottesgemeinschaft in den Kulturreligionen nannte er Unendlichkeitsmystik oder auch Übungsmystik, diejenige der prophetischen Religionen dagegen Persönlichkeitsmystik. Was ist damit gemeint?

Unendlichkeitsmystik basiert auf dem Dualismus von Natur und Geist. Das religiöse Ziel ist hier das Aufgehen des Einzelnen in der namenlosen Unendlichkeit (Neuplatonismus) oder die »Ent-ichung« im Nirwana (Buddhismus). Die Folge ist eine Abwertung des irdischen Lebens mit einer negativen (asketischen) Moral oder Quietismus, oft auch eine Neigung zu ekstatischen Gefühlsäußerungen (59 f). Dem entspricht die reine Negativität aller Aussagen über Gott (71 f), bis hin zur tatsächlichen Negation der Gottheit im Buddhismus. Söderblom kann diese Art von Mystik auch als Übungsmystik bezeichnen, weil man hier durch asketische und/oder meditative Übungen versucht, gewissermaßen nach einem unpersönlichen Re-

---

298 Vgl. E.J. SHARPE, a.a.O. (wie Anm. 2), 113–115. WILLIAM RALPH INGE, *Christian Mysticism*, London 1899.

zept, die angestrebte religiöse Erfahrung zu erreichen (73. 77). Diese bleibt aber nach Söderblom, sofern sie denn eintritt, auch hier das Werk göttlicher Offenbarung. Deshalb kann die Religionsphänomenologie im Verhältnis zur Persönlichkeitsmystik zwar einen Artunterschied, nicht aber eine prinzipielle Differenz ausmachen (164–166).[299] Sieht man von der Terminologie ab, so wird man dieser Unterscheidung durchaus auch heute noch einen Sinn abgewinnen können; dass freilich die indische und griechische Mystik dann auf die Seite der Naturreligionen zu stehen kämen, ist angesichts der Tatsache, dass sie doch gerade danach streben, der Welt zu entrinnen, recht misslich.[300]

Persönlichkeitsmystik dagegen richtet sich auf einen dem Menschen in der Geschichte handelnd begegnenden Gott. Sie legt den Dualismus von Gut und Böse zugrunde und damit eine viel tiefere Erfahrung von Sünde als positiven Widerstrebens gegen die Gottheit statt als bloßer Mangelerscheinung. Ein solcher sittlich-religiöser Dualismus versteht Gott positiv als Schöpfer der Welt und als erlösenden, sittlichen Liebeswillen. Hier wird der Mensch in seiner irdischen Gestalt nicht vernichtet, sondern wiedergeboren. Sein Verhältnis zur Welt besteht nicht in einer Flucht, sondern positiv in aktiver Gestaltung, und deshalb gibt es auch nur hier eine vollständige Eschatologie mit Gericht und Erlösung (56f 59–62).

Ein weiteres Kriterium für die Klassifizierung der Religionen ist ihr Verhältnis zum Leiden. Unter diesem Gesichtspunkt attestiert Söderblom dem Zoroastrismus, dass er sich deshalb nicht zur führenden Religion Asiens habe entwickeln können, weil es ihm in diesem Punkt an Tiefe fehle. Nur der Buddhismus sei in dieser Hinsicht dem Christentum ebenbürtig. Doch müsse seiner pessimistischen Negation des Leidens durch Auslöschung des Lebens die positive christliche Antwort vorgezogen werden, die in der Überwindung des Leidens den Zugang zu wahrem Leben sieht und damit dem Leiden selbst eine Bedeutung für die Erlösung zuweist (63). Darin erweist sich das Christentum als die absolute Religion. Diese Überzeugung

---

299 HOLMSTRÖM versteht Mystik im traditionellen, engeren Sinn und setzt sie dem christlichen Glauben entgegen, a.a.O. (wie Anm. 2), 2. 357. Das führt zu dem Postulat eines methodischen Dualismus bei Söderblom zwischen einer prinzipiellen Linie, die in den Begriffen Unendlichkeits- und Persönlichkeitsmystik zum Ausdruck komme, und einer angeblich späteren psychologischen Linie: spontane/Übungsmystik (20). Andererseits stellt Holmström fest, die beiden Linien seien schwer zu unterscheiden (67). Kein Wunder, denn die Konstruktion einer prinzipiellen Linie beruht darauf, dass der Vf. Söderblom seine eigene dogmatische Voreingenommenheit unterstellt. Streicht man diese Fiktion, so löst sich das ganze Gebäude Holmströms in Luft auf. Ähnlich EHNMARK, a.a.O. (wie Anm. 2), 167–169. 179f.

300 So mit Recht J.M. VAN VEEN, a.a.O. (wie Anm. 2), 169. 172.

wird ähnlich wie bei Troeltsch als Stellungnahme persönlichen Glaubens deklariert[301], die als solche unumgänglich ist, weil über Religion sinnvoll nur reden kann, wer religiöse Erfahrungen gemacht hat – und das sind immer Erfahrungen einer bestimmten Religion. Söderblom geht aber insofern über Troeltsch hinaus, als er nicht ethnographisch mit globalen Kulturkreisen operiert, die ja in sich heterogen sind, sondern phänomenologisch mit Religionstypen. Das begründet seine Überzeugung, noch bessere Argumente für sich zu haben, freilich ebenfalls ohne den Anspruch eines wissenschaftlichen Beweises (74, vgl. 46).

Das Christentum empfiehlt sich nach Söderblom dadurch, dass Jesus den Dualismus von Gut und Böse aufs Äußerste zugespitzt hat; er kann das sogar gelegentlich, im Widerspruch zu seiner sonstigen Terminologie, dem prophetischen »Monismus« entgegensetzen (64, sofern das nicht bloß ein Versehen ist). Für die Geschichte des Christentums hebt er besonders die Spannung von *terrores conscientiae* und getrostem Gottvertrauen, niederschmetterndem und erlösendem (*förkrossande* und *frälsande*) Gott bei Luther heraus. In solcher »Mystik« wird der Mensch zuerst einmal erniedrigt, im Gegensatz zu dem Versuch der Selbsterhöhung in der Übungsmystik.[302] Wenngleich Söderblom Luthers extreme Anfechtungserfahrung nicht zum Modell für jeden Christen erheben möchte, dient ihm der Hinweis darauf zur Abgrenzung nicht nur gegen die von der Unendlichkeitsmystik angestrebte unendliche Harmonie, sondern auch gegen die liberalen Ermäßigungen Ritschls und Harnacks (82–86).

Zum Ärger mancher Interpreten hat Söderblom in einem Zusatz der 2. Auflage (1930) den schon zuvor jedenfalls andeutungsweise entschärften Artunterschied von Unendlichkeits- und Persönlichkeitsmystik noch weiter relativiert. Diese Typen kommen nämlich in der Geschichte nirgends in Reinkultur vor, sondern treten, wiewohl voneinander unterscheidbar, stets miteinander verbunden auf (90). Beispiele sind das hellenistische Judentum und der christliche Platonismus oder auch die Aufnahme mittelalterlicher Mystik durch Luther. Was jenen Interpreten als Inkonsequenz erschien, ist in Wirklichkeit nur die schlichte Redlichkeit des historischen Beobachters. Man kann also nach Söderblom nicht von einer exklusiven Bestimmtheit

---

301 Vgl. ERNST TROELTSCH, *Die Absolutheit des Christentums und die Religionsgeschichte* (2. Aufl.), KGA 5, Berlin/New York 1999, 199–209. Söderblom weist auf diese Schrift hin. Er benutzt jedoch nicht den Ausdruck »ethische« Entscheidung, weil er missverständlich ist. Zu der genannten Grundbedingung für alle Rede über Religion vgl. die Antrittsvorlesung *Den allmänna religionshistorien* ..., a.a.O. (wie Anm. 276), 19. 22 und den Text oben S. 135f.
302 Vgl. N. SÖDERBLOM, *Outsägliga suckar* (1911), in: ders., Tal och skrifter 4, Stockholm 1933 (203–213), 209f.

einer Religion durch den einen oder anderen Dualismus reden, sehr wohl jedoch von einem jeweils dominanten Typus.[303]

Die Relativierung des nicht nur von Ritschl, sondern von vielen Zeitgenossen nahezu unbestritten angewandten Natur-Geist-Schemas, die entsprechende Differenzierung des Begriffs der Mystik und die Überwindung des damals verbreiteten moralischen Religionsverständnisses stellen einen großen Schritt auf dem Weg zur Ablösung von einem eurozentrischen Verständnis der Religion und vor allem zur Erkenntnis des spezifisch Religiösen dar. Das wird noch deutlicher in einer Entwicklung, die sich etwa 10 Jahre nach der 1. Aufl. von *Uppenbarelsereligion* anbahnt. Da ist Söderblom klarer als bisher die Gefährdung eines personalistischen Religionsverständnisses durch Anthropomorphismus aufgegangen. Deshalb heißt es jetzt, die beiden Formen der Mystik kommen nicht nur miteinander vor, sondern sie bedürfen einander zur gegenseitigen Ergänzung.[304] Dass dabei die Unendlichkeitsmystik das probate Mittel gegen Anthropomorphismus sei, wird zwar m. W. nirgends klar ausgesprochen, liegt aber auf der Hand. Freilich bleibt dieser Gedankengang ein Nebengleis. Mehr hat offenbar die Söderblom so sehr prägende Kraft der schwedischen Persönlichkeitsphilosophie nicht zugelassen.

2. In den Jahren 1910 und 1911 hat Söderblom das Thema der religiösen Erfahrung der Offenbarung in zwei Schritten weiter vorangetrieben, indem er es in den geistigen und gesellschaftlichen Kontext der Neuzeit hineinstellte. Der erste Schritt besteht darin, dass er es erkenntnistheoretisch mit der modernen Wissenschaft und Philosophie konfrontierte. Er tat das in zwei unterschiedlichen Zusammenhängen: in einem Vortrag vor der damals als »Reichstreffen der radikalen Theologie« berüchtigten kirchlich-theologischen Konferenz in Örebro und im zweiten Teil seines Buches über Religion in katholischem und evangelischem Verständnis, das sich vor al-

---

303 Vgl. schon 1914 in *Naturlig religion ...* (wie Anm. 25), 53 f; und 1915 in *Bön utan ord*, in: Ur religionens historia (wie Anm. 266, 65–70), 70, zu Paulus. HOLMSTRÖM vermag hier nur ein unklares Nebeneinander von Festigkeit der Grundunterscheidung und »Dehnbarkeit in seinen ökumenischen Sympathien« zu erblicken, a.a.O. (wie Anm. 2), 221. Das grenzt an den ehrenrührigen Vorwurf des Opportunismus (vgl. auch ebd., 100. 114). Ähnlich meiner Auffassung dagegen auf Grund religionspsychologischer Überlegungen HANS ÅKERBERG, *Oändlighetsmystik och personlighetsmystik. Till belysning och möjligheter i N. Söderbloms mystikdistinktion*, in: RoB 40/1981 (49–73), 56–58.

304 Vgl. N. SÖDERBLOM, *Naturlig religion ...*, 112; ferner *Religionsgeschichtliche Betrachtung der christlichen Frömmigkeitstypen*, 7.–9.5.1923, III, 33: Typoskript, UUB NSS 1923, 7–9 maj Religionsgeschichtliche, Folio (Vorlesung in München); *Fadren i det fördolda*, in: SvTK 1/1925 (8–19. 117–134), 120; *Christliche Einheit!*, Berlin 1928, 85; sowie E. EHNMARK, a.a.O. (wie Anm. 2), 225.

lem mit dem katholischen Modernismus beschäftigt.[305] Gleich die beiden Überschriften sind interessant. Den ursprünglichen Titel des Vortrags *Uppenbarelse* hat Söderblom für den späteren Druck zu *Uppenbarelsens portar* präzisiert, Die Pforten der Offenbarung. Die Überschrift in dem Modernismus-Buch lautet *Religionens genombrott*, Der Durchbruch der Religion. Beide Formulierungen weisen auf die Debatte hin, die um die vorige Jahrhundertwende über das »religiöse Apriori« geführt wurde. Ernst Troeltsch hatte in einer viel beachteten Schrift die These aufgestellt, dass Religion als Apriori der Vernunft mit der Vernunft selbst gesetzt sei.[306] Das bestreitet Söderblom mit dem Ausdruck »Durchbruch«. Die Gottesbeziehung des Menschen wohnt ihm nicht vor und unabhängig von bestimmter religiöser Erfahrung inne. Das richtet sich an dieser Stelle primär gegen die damals herrschende römisch-katholische Auffassung von der imago Dei, greift aber auch in die innerprotestantische Diskussion ein. Andererseits steht das Bild der »Pforten« der Offenbarung gegen die supranaturalistische Vorstellung von einem Deus ex machina. Es ersetzt die Idee einer religiösen Anlage, denn die »Pforten« selbst (Intuition, Gewissen und Verstand) sind für sich genommen nichts spezifisch Religiöses. Lediglich die *Frage* nach Sinn, die *Empfänglichkeit* für göttliche Offenbarung kann jetzt nach Söderbloms Auffassung bei allen Menschen vorausgesetzt werden.

Auf welche Weise öffnen nun die drei genannten Pforten den Weg zu religiöser Erkenntnis? Gleich eingangs muss festgehalten werden, dass Söderblom Gefühl bzw. Intuition und Gewissen nicht etwa an die Stelle des Verstandes setzt. Dieser ist vielmehr zur Kontrolle religiöser Erkenntnis unentbehrlich, etwa durch religionsgeschichtliche Arbeit. Auf Grund seines »Respekts vor der Wirklichkeit« ist er in der Lage, die erforderlichen Kriterien zu eruieren. Eine eigene religiöse Erkenntnisquelle ist der Verstand nicht (UR 99).

Allgemeiner gefasst: Söderblom will das Verhältnis von Religion und Wissenschaft nicht antithetisch bestimmen. Doch spricht er der Wissenschaft die Fähigkeit ab, zum Wesen der Wirklichkeit selbst vorzudringen. Denn sie neige dazu, um des praktischen Interesses der Herrschaft über

---

305 Der Vortrag ist das 2. Kap. von *Uppenbarelsereligion*[2] (wie Anm. 293), 91–115; die Konferenz bekam diesen Spottnamen, weil auf ihr mit Söderblom, Samuel Fries (über die Entstehung des Christentums) und N. J. Göransson (über Christologie) lauter Theologen referierten, die dem liberalen Flügel zugerechnet wurden. Vgl. A. SÖDERBLOM, *På livets trottoir*, Bd. 1 (wie Anm. 2), 175–183. – Das andere oben erwähnte Buch ist *Religionsproblemet inom katolicism och protestantism*, Stockholm 1910, darin das »2. Buch«, 373–471. Wir verwenden dafür im Folgenden die beiden Kürzel UR bzw. RP und die entsprechenden Seitenzahlen.

306 E. TROELTSCH, *Psychologie und Erkenntnistheorie in der Religionswissenschaft. Eine Untersuchung über die Bedeutung der Kantischen Religionslehre für die heutige Religionswissenschaft*, Tübingen 1905, 46 (vgl. 43–54).

die Natur willen die Wirklichkeit auf Quantifizierbarkeit und Kausalitätsverhältnisse zu reduzieren. Damit aber setze sie ein geschlossenes Regelsystem an die Stelle der Wirklichkeit selbst, die als »Leben« zu verstehen sei. Leben aber sei kein Zustand, sondern Veränderung, ja Kampf (RP 395–398. 405–414).

Offensichtlich benutzt Söderblom hier einen engeren Wissenschaftsbegriff, als es seinem sonstigen Sprachgebrauch entspricht, nämlich den westeuropäischen, stark an der Physik (damals noch: der klassischen Physik) orientierten Begriff von »science«. Das dürfte daran liegen, dass er sich in diesem Zusammenhang mit der kritischen Wissenschaftstheorie der französischen Philosophie seiner Zeit auseinandersetzt, wie er sie in Paris kennen gelernt hatte. Der eine der beiden Lehrer ist der vor allem als Philosophiehistoriker hervorgetretene Émile Boutroux. Söderblom hatte dessen Kolleg über Pascal 1896/97 gehört, das in der ganz und gar laïzistisch geprägten philosophischen Fakultät großen Widerhall bei den Studenten fand (RP 158). Der andere Denker ist dessen Schüler Henri Bergson, dessen Lebensphilosophie Söderblom stark beeindruckt hat. Beide hatten damals gerade gewichtige Bücher veröffentlicht: Boutroux eines über Wissenschaft und Religion (1908) und Bergson das später berühmt gewordene Werk *L'évolution créatrice* (1907).[307] Durch beide dürfte Söderblom sich auch an seine frühe Lektüre Geijers erinnert gefühlt haben, der die Historie zur Mittlerin zwischen Wissenschaft, Kunst und Glaube erklärt hatte, und ebenso an Norströms Auseinandersetzung mit dem naturwissenschaftlichen Monismus, wenn auch in beiden Fällen ohne ihnen bis ins Einzelne zu folgen.[308]

Den beiden französischen Autoren geht es ebenso wenig wie den beiden anderen um eine pauschale Ablehnung der Wissenschaft, sondern lediglich um den Aufweis ihrer Grenzen. Boutroux beschreibt ihr Verhältnis zur Religion als das von Generalisierung und Subjektivität. Dabei handelt es sich um unterschiedliche Perspektiven, die miteinander in Konflikt geraten können, zugleich aber im realen Leben auf Zusammenspiel angewiesen sind (Boutroux 350.360.392). Konflikte entstehen aus

307 ÉMILE BOUTROUX, *Science et religion dans la philosophie contemporaine* (Bibl. de philosophie scientifique), Paris 1908 (hier zit. nach der unveränd. Ausgabe von 1913); die erwähnte Vorlesung ist 1900 in Paris unter dem schlichten Titel *Pascal* als Buch erschienen, das SÖDERBLOM seinem Freund N. J. Göransson wärmstens empfohlen hat: *Brev* ... (wie Anm. 1), Nr. 31 vom 1.2.1901; HENRI BERGSON, *L'évolution créatrice*, Paris 1907 (hier zit. nach der unveränd. 9. Aufl. von 1912, Seitenzahlen im Text für das zuerst genannte Werk mit »Boutroux« und für das zuletzt genannte mit »Bergson« als Zusatz).
308 S.o., 24; zu Norström vgl. RP 260f 410f, kritisch gegen seine Vermengung von Christentum und antikem Weltbild RP 373. Vgl. auch oben, 37–39.

der Tendenz der Wissenschaft, dogmatischen Charakter anzunehmen im Sinn des Anspruchs auf den alleinigen Weg zur Wahrheit (Boutroux 352). Dahinter steht das leitende Interesse, auf Grund sicherer Erkenntnis die Natur völlig beherrschen zu können (Boutroux 348). Der wissenschaftliche Dogmatismus ist damit ein Spiegelbild des Herrschaftsanspruchs des kirchlichen Dogmas, der, sofern er sich z.B. auf dem Weg eines quasiwissenschaftlichen Beweises durchzusetzen versucht, den Tod der Religion bedeutet (Boutroux 344). Auch Söderblom hatte schon früher, unabhängig von Boutroux, davon gesprochen, dass dem naiven Realismus des wissenschaftlichen Monismus eine Art von Glaube zugrunde liege, der aber eben wegen dieser Naivität in der Frage nach dem Tiefensinn des Lebens nicht weiterführe.[309] Ihm setzt er jetzt die Demut des religiösen Menschen vor dem »Mysterium« der Wirklichkeit entgegen (RP 398 f). Das ist nur ein anderer Ausdruck für den »Respekt vor der Wirklichkeit«, den er früher im gleichen differenzierten Sinn der Religion ebenso wie der wahren Wissenschaft zugeschrieben hatte (s. o., 136). Eine solche religiöse Innerlichkeit müsse als »Salz der Erde« die kulturelle Aktivität bestimmen.[310]

Wenn Bergson statt von *science* von *intelligence* spricht, so hat er dabei ebenfalls das Spannungsverhältnis von abstrahierendem logischem Denken und der Wirklichkeit im Blick. Diese will er mit dem biologisch verstandenen Ausdruck »Leben« erfassen. Das Leben lässt sich durch ein starres kausalmechanisches Schema nur verzerrt abbilden, denn es ist ein irreversibler zeitlicher Prozess (*durée*), der kreativ ist und ständig unvorhersehbar Neues hervorbringt (Bergson 1–7. 49 f 260). Hierin sieht Söderblom Bergsons Originalität, die er mit dessen jüdischem Erbe, der prophetischen Tradition, in Verbindung bringt (RP 157 f). So weit kann er auch dem zentralen Gedanken Bergsons eines dem Leben innewohnenden *élan originel* (*élan vital*) etwas abgewinnen. Aber an zwei Punkten grenzt er sich von ihm ab. Zum einen kann er ihm nicht darin folgen, jenen *élan* in fast pantheistisch anmutender Weise mit Gott als »*vie incessante*« zu identifizieren (Bergson 95.105.270); seine eigene Gleichsetzung des »lebendigen Gottes« mit der »wahren Wirklichkeit« (RP 114) soll gerade dessen Unterschiedenheit von der Welt bezeichnen. Sie wird in der Offenbarung des Übernatürlichen als gestaltender und lenkender Wille in der Geschichte manifest. Der zweite Punkt von Söderbloms Kritik an Bergson betrifft die einseitig

---

309 Vgl. N. Söderblom, *Tro, Gudstro* (1902), in: ders., När stunderna växla och skrida 1, Uppsala ³1935 (76–99), 79 f; ders., *Bildning och innerlighet*, a.a.O. (56–75), 61 (Vortrag auf der Studentenkonferenz in Sorö 1903).
310 Vgl. N. Söderblom, *Bildning ...*, a.a.O., 58. So solle die Welt zum Reich Gottes gemacht werden, heißt es hier noch ganz im Sinne Ritschls; eine späte Reminiszenz, dergleichen sich sonst nicht mehr findet.

biologische Färbung seines Entwicklungsbegriffs, die der Geschichte als Bereich menschlicher Gestaltung nicht gerecht werde (RP 411).[311]

Damit haben wir den philosophischen Hintergrund für Söderbloms Verständnis von Offenbarungserkenntnis skizziert. Von Gottes Offenbarung gilt, dass er in ihr sich selbst dem Menschen mitteilt. Sie ist somit ein reines Geschenk (UR 91). Der Zugang zu ihr kann deshalb weder durch gedankliche Arbeit erworben werden noch durch eine religiöse Anlage oder die Teilhabe an dem evolutionären Prozess des Lebens verfügbar sein. Vielmehr geht sie dem Menschen auf wie das plötzliche Aufblitzen eines Lichtes (UR 92). Das geschieht vermittelt durch zwei der oben genannten »Pforten« oder »Kanäle«, Intuition und Gewissen, oder wie Söderblom es formuliert: Unendlichkeitswahrnehmung (*oändlighetsförnimmelse*) und Idealtrieb (*idealdrift*: UR 97). Diese merkwürdigen Ausdrücke kehren später nicht wieder. Gemeint ist mit dem ersten die Intuition für das innerste Geheimnis der Wirklichkeit, vergleichbar der Eingebung, die das künstlerische Schaffen leitet, religiös oft zusammenhängend mit Ekstase oder Kontemplation (UR 91 f 100 f), mit dem zweiten das Gewissen als handlungsleitende, auf Vollkommenheit zielende Instanz (UR 102 f). Es handelt sich also um eine begriffliche Variation des Gegenübers von Unendlichkeits- und Persönlichkeitsmystik, denn alles religiöse Leben ist Mystik (RP 159).[312] Die Terminologie verrät wiederum die Beziehung vor allem zu Bergson, für den *instinct* und *intuition* die entscheidenden Lebensäußerungen des Menschen sind (RP 147. 290 u.ö.). Bei Söderblom fehlen die biologischen Konnotationen; er redet hier rein religionspsychologisch.

Unendlichkeitswahrnehmung und Idealtrieb müssen stets miteinander verbunden sein (UR 103–105), so fordert Söderblom jetzt prinzipiell. Doch bleibt es bei dem Vorrang des Gewissensmomentes. Dabei achtet Söderblom genau darauf, aus der Religion nicht eine bloße Überhöhung der Moral zu machen. Das »Ideal« ist mehr und anderes als das sittliche Leben, nämlich die Gegenwart Gottes in einem herausgehobenen Repräsentanten, einem »Heiligen«, (exemplarisch der »Geist« Christi), die dann auf die übrigen Menschen ausstrahlt (UR 102 f). Freilich ist die Hingabe an die wirk-

---

311 Dieser Gedanke erinnert an Geijer, s.o., 25. Zu Söderbloms Verhältnis zu Bergson vgl. auch CARL REINHOLD BRÅKENHIELM, N. *Söderblom's Theology of Life*, in: The Relevance ... (wie Anm. 296), 35–46.

312 Diese Auffassung teilt Söderblom mit BOUTROUX, *Science* ... a.a.O. (wie Anm. 307), 380 und WILLIAM JAMES, *The Varieties of Religious Experience. A Study in Human Nature* (1902), Neudruck New York 1963, 379, aber er hat sie unabhängig von ihnen gewonnen. In der näheren Bestimmung des Begriffs weicht er von beiden ab; Boutroux' Unterscheidung von aktiver und passiver Mystik (*Science* ..., 381) deckt sich nicht mit den beiden Arten der Mystik bei Söderblom, und die »methodische« Mystik bei James (*Varieties* ..., 400) hat dort keinen Widerpart.

same Gegenwart Gottes immer zugleich ein Sich-Einlassen auf den göttlichen Willen im Handeln und insofern durchaus eine Sache des Gewissens in einem transmoralischen Sinn. Eine Verifizierung des religiösen Verhältnisses durch das praktische Leben wie im amerikanischen Pragmatismus sollte man darin nicht sehen; davon grenzt sich Söderblom ausdrücklich ab. Der in sich einheitliche Akt von Vertrauen und Gehorsam ist vielmehr selbst Ausdruck der religiösen Gewissheit; diese folgt ihm also nicht erst nach wie die Erkenntnis dem Experiment (RP 434. 438 f, vgl. UR 115).[313]

Wenn Söderblom nun zu den beiden »Pforten« der Offenbarung, wie wir bereits gesehen haben, als dritte den Verstand hinzufügt (im Text sogar als erste genannt, UR 97–99), dann bestimmt er dessen Verhältnis zu ihnen keineswegs wie Boutroux und Bergson bloß als ein gespanntes. Er soll ja die Funktionen gewissenhafter kritischer Rechenschaft und systematischer Ordnung wahrnehmen, wozu er gar nicht in der Lage wäre, wenn er von der göttlichen Offenbarung nicht auch selbst berührt würde. Wenn also Ingemar Hedenius später höhnt, Söderblom sei ein Irrationalist gewesen, der ohne jede eigene Argumentation blindlings dem »Modephilosophen« Bergson nachgelaufen sei, so wird man das als blinden, also irrationalen polemischen Eifer ansehen müssen.[314] Nur muss die Reflexionsebene der Ebene der Unmittelbarkeit nachgeordnet bleiben; Phantasie, Intuition, Eingebung einerseits und Gewissensspruch andererseits unterliegen immer erst nachgängig der verstandesmäßigen Prüfung. Man könnte zwar in Anlehnung an Kant den Begriff der *Vernunft* so weit fassen, dass er die genannten Phänomene mit umfasst, vorausgesetzt, dass man ihn streng als »Vernehmen« auffasst. Das wäre m. E. sachlich durchaus im Sinne Söderbloms, hätte freilich in dem Diskussionskontext, in dem er sich bewegte, eher Verwirrung gestiftet.

Wie soll nun die rationale Rechenschaft über die empfangene Offenbarung aussehen? Dass sie nicht in dem Versuch bestehen kann, Gott »auf den Begriff zu bringen«, haben wir gesehen. Es bleibt dann nur das verweisende Symbol (UR 95–97; RP 258–263). An diesem Punkt wird also dieser auf Sabatier und Ménégoz zurückgehende Signalbegriff ausdrücklich verwandt, durchaus in grundlegender Funktion. Hier wie dort haftet das Interesse nicht am Gottes*gedanken*, sondern an der Vermittlung des »Wunders der Wirklichkeit« (*verklighetens under*) – bzw. in charakteristischer Abwandlung des Gedankens: der »Grundmacht der Wirklichkeit« (*verklighetens grundmakt*), Gottes *selbst* (UR 96). Geheimnisvolle Macht, *Mana*, das ist eines der Elemente aus der religionsgeschichtlichen

---

313 Gemeint ist W. JAMES, vgl. a. a. O. 458: »... the true is what works well« (vgl. 295–378 über »saintliness«).
314 INGEMAR HEDENIUS, *Tro och vetande*, Stockholm (1949) 1958, 84 f.

Diskussion jener Zeit, die Söderblom später zu dem Begriff des Heiligen zusammenfassen wird. Dabei ist für alle wirkliche Religion entscheidend, dass diese Grundmacht stets das handelnde Subjekt ist.

Wenn es die übermenschliche Macht selbst ist, die sich in religiösen Symbolen Geltung verschafft, dann sind damit zwei einander scheinbar ganz entgegengesetzte Möglichkeiten des Verständnisses von vornherein ausgeschlossen. Das ist zum einen die Vorstellung von der dem Menschen verfügbaren, das Übernatürliche in ihren Bann schlagenden magischen Kraft eines kultischen Symbols. Zwischen Magie und Religion besteht für Söderblom ein unüberbrückbarer Gegensatz.[315] Ebenso wenig kann einem Symbol zweitens die Macht einer intellektuellen Bemächtigung zugeschrieben werden. Ein Symbol »be-greift« nicht wie ein Begriff, sondern greift über alles Begreifbare hinaus (letztlich ist freilich auch der Begriff lediglich die Abstraktion eines Bildes, das auf die intendierte Wirklichkeit verweist). Das Symbol verweist auf den Gott, der vielmehr umgekehrt den Menschen ergreift.

Deshalb ist es keineswegs gleichgültig, welche Symbole man verwendet; sie sind nicht beliebig austauschbar. Hier hat der kontrollierte Verstandesgebrauch eine wichtige Funktion. In erster Näherung wäre das auf Weltbeherrschung ausgerichtete kausale Denken (das in seiner magischen Gestalt abzuweisen ist, im Bereich der Wissenschaft aber natürlich sein Recht behält) durch den Gesichtspunkt der Teleologie zu ergänzen – religiös gesprochen: es wäre auf die Willensäußerung Gottes in seiner Vorsehung zu rekurrieren (UR 109–111). Indessen, so sehr dieser Gedanke jeder Religion selbstverständlich eigen ist, so wenig kann er doch schon als zureichend gelten. Denn er degeneriert für sich genommen allzu leicht zu einem flachen Utilitarismus (Söderblom denkt hier wohl an die problematische Privilegierung der Kirche oder des einzelnen Frommen durch die alte Lehre von der providentia specialis oder specialissima). Oder man baut eine Lehre von der gerechten Vergeltung zu einer Rechtfertigung Gottes, einer Theodizee aus (RP 425–434). Das wird jedoch dem Faktum unschuldigen Leidens nicht gerecht; Söderblom lässt keinen der mannigfachen – auch theologischen – Versuche einer Theodizee gelten, sondern rechnet es Israel zur Ehre an, die Frage am Ende unbeantwortet gelassen zu haben: »Der Bankrott der Theodizee bedeutete eo ipso den Sieg der Religion«, weil er (namentlich im Buch Hiob) den menschlichen Versuch, auf

---

315 Vgl. N. SÖDERBLOM, *Om religionsurkunder* (1907), Neudruck hg. v. E. Ehnmark, Lund 1954, 192. JAMES GEORGE FRAZER hatte in der 1. Auflage seines Hauptwerks (1890) die Magie als eine Vorstufe der Religion angesehen, diese Auffassung aber später korrigiert: *The Golden Bough. A Study in Magic and Religion*, Part I: The Magic Art and the Evolution of Kings, vol. I, London 1926, Vorwort zur 2. Aufl. (1900), XX.

dem Wege gesicherter theologischer Erkenntnis über Gott zu herrschen, zunichte gemacht und so den Sinn für »Gottes unentrinnbare und unentbehrliche Herrschaft« gestärkt habe.[316]

In *Religionsproblemet* (258–263) stellt Söderblom vier Gruppen von möglichen Gottessymbolen zusammen: Bilder aus der unbelebten Natur entweder für Unveränderlichkeit und Stabilität oder für Kraft und Energie sowie Symbole aus der Menschenwelt, entweder naive Anthropomorphismen, wie es sie schon in Naturreligionen gibt, oder ethisch und geschichtlich akzentuierte Symbole. Seine Entscheidung fällt eindeutig für die vierte Gruppe. Das bedeutet, wie gesagt, nicht den Ausschluss des »Unendlichkeitsgefühls«, denn das würde die Gefahr eines akosmistischen Schöpfungsglaubens heraufbeschwören, der nur noch von der Schöpfung des Menschen zu reden weiß. Am Vorrang der »ethischen Mystik« hält Söderblom aber unbeirrt fest, mit der Begründung, dass sich nur so die persönliche und geschichtliche Gottesbeziehung adäquat darstellen lasse (RP 463. 468), nämlich als »überwältigendes und auf die Probe stellendes Andringen« (en öfverväldigande och pröfvande närgångenhet, RP 465) und als Wunder der Neuschöpfung durch den »lebendigen Gott«, der sich im Kampf gegen menschlichen Widerstand durchsetzt (RP 441; UR 122). Die hier vorgetragenen Bestimmungen des Gottesbegriffs wird Söderblom später in dem Grundbegriff der Heiligkeit zusammenfassen, der zwar gelegentlich schon vorkommt (RP 388. 394), aber noch ohne ausdrücklich mit jenen Aussagen in Verbindung gebracht zu werden.

Auf diese Weise wird der Boden bereitet für die Entscheidung zwischen dem auf die Seite des Unendlichkeitsgefühls gehörenden Buddhismus und dem Christentum, und damit für die Auflösung des im Letzten entscheidenden Antagonismus der Religionsgeschichte (RP 461–463). Beide Seiten dieser Alternative gehören jedoch auf eine Ebene jenseits des reduktionistischen Wissenschaftsglaubens, dem nur der öde Monismus toter Kausalgesetze bleibt (UR 112). Was hier vielleicht manchem als zeitgebundene Fixierung auf das Weltbild der klassischen Physik und dessen Auswertung durch den Materialismus des 19. Jahrhunderts erscheinen mag, hat mittlerweile mutatis mutandis neue Aktualität gewonnen.

Die beschriebene Stellungnahme für einen bestimmten Religionstyp wird nach wie vor ausdrücklich als persönliche Entscheidung deklariert; nur in diesem terminologisch lockeren Sinn können die Aussagen über den lebendigen Gott als metaphysisch bezeichnet werden, während die Religionswissenschaft auf dem Boden von Psychologie und Historie verbleibt

---

316 RP 433: »... teodicéns bankrutt betydde i själfva verket religionens seger.« Er hat ein »ökad känsla af Guds oundkomliga och omistliga herravälde« mit sich gebracht.

(RP 252–254. 446 f). Das schließt eine vorgängige Definition der Religion aus. Man wird aber voraussetzen können, dass Söderblom die oben (117) erwähnte Gelegenheitsdefinition nach wie vor für zutreffend hält. Die dort genannten Elemente waren einerseits Furcht und Vertrauen des einzelnen religiösen Subjekts und andererseits der gemeinsame Kult. In ihm insbesondere haben die religiösen Symbole ihren Ort. Man muss deshalb in Söderbloms Religionstheorie immer den soziologischen (bzw. in Söderbloms Redeweise: »historischen«) Aspekt mitdenken. Es ist völlig unsinnig, ihm vorzuhalten, diese Theorie sei individualistisch. Schon der Blick auf sein Lehrprogramm widerlegt das. Dass er der Innerlichkeit des Einzelnen den sachlichen Primat einräumt, widerspricht dem nicht.

Persönliche und kollektive Individualität sind also für die Wirklichkeit der Religion konstitutiv. Darum ist ein »Wettstreit« (tävlan) unumgänglich, wenn verschiedene Religionen aufeinander treffen (RP 453). Diesen Begriff hatte Söderblom einst der Sozialphilosophie entnommen (s. o., 109 f). Das bedeutet, dass es sich um die Auseinandersetzung der Religionen als sozialer Körperschaften handelt. In ihr, und nicht in einer theoretischen Vorentscheidung, wird sich erweisen, was Religion ihrem Wesen nach ist.

»Wettstreit« ist auch hier nicht in einem harmlosen, »sportlichen« Sinn zu verstehen. Es wäre naiv, dem kundigen Religionshistoriker Söderblom dergleichen zu unterstellen. Selbstverständlich ist ihm bewusst, wie voll die Geschichte ist von gewaltsamen Auseinandersetzungen zwischen den Religionen. Der friedliche Charakter des Wettstreits ist vielmehr als Zielvorstellung zu sehen.

3. Im zweiten Schritt seiner Auseinandersetzung mit der Situation der Neuzeit stellt sich Söderblom dem Faktum, dass Philosophie und Wissenschaft dem gesellschaftlichen Deutungsmonopol des Christentums ein Ende bereitet haben. Sofern es sich dabei um das Ende einer dogmatisch fixierten Weltanschauung einschließlich des geozentrischen Weltbildes handelt, hält er das nicht für ein Unglück. Insofern eröffne dieser Vorgang vielmehr umgekehrt, nicht zuletzt mit Hilfe der Religionsgeschichte, den Zugang zu einem tieferen Verständnis von Religion und Christentum (RP 373 f 443). Doch weiß Söderblom natürlich, dass die Auswirkung dieses Prozesses weit über dieses theoretische Problem hinausreicht. Muss man nicht damit rechnen, dass die christliche Religion dabei ist, ihre Macht über die Herzen der Menschen zu verlieren? In einem Vortrag, den er 1911 auf einer internationalen Studentenkonferenz in Konstantinopel gehalten hat und der dem Buch über Offenbarungsreligion als dritter Teil unter dem Titel *Die Fortsetzung der Offenbarung* angefügt worden ist, versucht Söderblom eine Antwort auf diese Frage zu geben.

Die Überschrift macht deutlich, dass die Frage falsch gestellt ist, wenn das Interesse sich nostalgisch an die jenes Monopol einst tragende kulturelle und institutionelle Machtposition der christlichen Kirche heftet. Nicht sie, sondern die den Menschen überwältigende Macht der Offenbarung Gottes soll ihn beherrschen. Offenbarung aber als souveräne Selbsterschließung Gottes lässt sich nicht in die Grenzen einer ganz bestimmten Konstellation geschichtlicher Vergangenheit einschließen und damit zu einem dem Menschen verfügbaren Faktum machen, was das Ende der Wirksamkeit Gottes implizieren würde. Vielmehr entspricht es nach Söderblom der Vielfalt des überall in der Geschichte sich offenbarenden Gottes, dass auch die reinste Gestalt der Offenbarung, das Christentum, in überraschend neuen geschichtlichen Ereignissen, bzw. genauer: in neu auftretenden großen Persönlichkeiten, seinen eigenen »Heiligen« eine Fortsetzung findet, so wie auch das Christentum selbst etwas unverrechenbar Neues und eine Fortsetzung älterer Religionen, insbesondere (aber nicht nur) des Judentums ist (RP 454 f). Man muss dabei jeden Gedanken an einen Entwicklungsfortschritt, sei es im Sinne der römisch-katholischen Offenbarungslehre als fortschreitende Entfaltung dogmatisch und rechtlich institutionalisierter Religion, sei es im Sinne der aufklärerischen Idee einer inhaltlichen Perfektibilität des Christentums, völlig fernhalten. Fortsetzung heißt hier das stets neue offenbarende Eingreifen Gottes, das jedenfalls innerhalb des Christentums die einmal in Christus ergangene Offenbarung jeweils neu auf die Geschichte bezieht, etwa so, wie Schleiermacher am Ende der 5. Rede von einer »Palingenesie« des Christentums spricht.[317]

Auf den ersten Blick erinnert dieser Gedankengang an E. G. Geijers Gedanken: »die ganze Geschichte ist bloß eine fortgesetzte Offenbarung Gottes.«[318] Söderblom wird sicherlich an ihn gedacht haben. Aber er formuliert charakteristisch anders, und was aussehen mag wie eine bloße Nuance, entpuppt sich bei näherem Hinsehen als gravierende Differenz. Er spricht nämlich nicht von Geschichte *als* Offenbarung, sondern von Offenbarung Gottes *in* der Geschichte; nicht von Offenbarung in allen möglichen »Genies« (*snille*), sondern in den »Heiligen«, d. h. solchen Menschen, die sich dienend auf Gottes Willen einlassen, ihn dadurch erkennen (*tjäna och skönja*, in dieser Reihenfolge!) und so zu seinen Dolmetschern (*tolkar*) werden können (UR 125. 138). »Heilige sind die, welche in Leben, Wesen und Handeln klar und unzweideutig zeigen, dass Gott lebt« (UR 138). Sie dürfen nicht supranaturalistisch aus der Geschichte isoliert werden, sondern sie sind diejenigen, die in der Geschichte aus ihrer Gottesbeziehung heraus Neues anstoßen. Solches Neue wird näher charakterisiert als Wunder. Ein Wunder ist nicht naturalistisch als Durchbrechung

---

317 Fr. Schleiermacher, *Reden* ... (wie Anm. 41), Orig.-ausg. 1. Aufl., 309.
318 E. G. Geijer, *Om historien* ... (wie Anm. 15), 274; s. o., 25.

des Kausalzusammenhanges zu interpretieren, wie es auch in der christlichen Kirche fälschlich noch oft getan wird, sondern religiös als Gottes gnädige Durchbrechung des Sündenzusammenhanges (UR 155–162; RP 441 f).[319] Diese tiefere Dimension der Wirklichkeit ist freilich nur dem Glauben erschlossen: »Wunder [ist] nicht das Unbegreifliche oder Mirakulöse, sondern das, was der Glaube begreift« (UR 160). Söderblom ist also weder ein Epigone Geijers noch ein Vorläufer Wolfhart Pannenbergs; seine Lehre von der Offenbarung unterscheidet sich vielmehr grundlegend von beiden.

Die Heiligen zeichnen sich dadurch aus, dass sie einem inneren Prinzip folgen, das nicht mit einer äußeren Norm identifizierbar oder in festen Regeln formulierbar ist, sondern unmittelbar im Handeln Gottes wurzelt. Sie folgen diesem Prinzip aus einer Art innerem Müssen heraus – nicht einem versklavenden Zwang, sei es von außen oder von der eigenen Triebnatur auferlegt, sondern analog dem Schaffensdrang des kreativen Künstlers aus der von Gott geschaffenen, vorwärts drängenden Freiheit heraus (UR 153 f; RP 421). Sie erwächst aus der Hingabe an Gott im Gebet und äußert sich – nicht ausschließlich, aber besonders – in der Freiheit sittlichen Handelns (UR 152 f; RP 419–425).

Das größte Zeugnis geschichtlicher Offenbarung ist Jesus Christus. Auch er bleibt in die Geschichte eingebunden und steht doch zugleich mit seiner Naherwartung in dramatischer Spannung zu ihr. Sein Menschsein zeigt sich darin, dass diese Naherwartung in ihrer zeitlichen Bedeutung auf einem Irrtum beruhte (UR 141). Zugleich aber enthüllt sich ihr eigentlicher Sinn in der eschatologischen Dringlichkeit seiner Verkündigung, durch die »der gegenwärtige Augenblick mit Ewigkeit gefüllt war« (UR 142), wie Söderblom in deutlicher Anlehnung an Kierkegaard formuliert.[320] Auch darin ist er jedoch für den Historiker durchaus mit anderen Großen der Religionsgeschichte vergleichbar (ebd.). Von hier aus wird die Rede von der Fortsetzung der christlichen Offenbarung in den »Heroen« der Christentumsgeschichte verständlich, unter denen insbesondere Luther ein Ehrenplatz eingeräumt wird (UR 129–137). Doch auch über ihn geht die Offenbarungsgeschichte hinaus, zumal Luther natürlich Christus unterstellt und deshalb von Söderblom nicht unkritisch rezipiert wird (s. o., 94.107). Dabei beschränkt sich die Aufgabe der Religionswissenschaft darauf, den Typus der Offenbarungsreligion, das für sie konstitutive Grundverhältnis des Einzelnen zu der Person ihres Stifters und das darin

---

319 In diesem Punkt ist sich Söderblom mit Geijer wiederum einig; s. o., 25.
320 Vgl. Søren Kierkegaard, *Begrebet Angest*, Samlede Værker 6, København ³(1962) 1982, 175 f, dt. Übers. v. E. Hirsch: *Der Begriff Angst*, GW 11./12. Abt., Düsseldorf 1952, 88 f.

implizierte Verständnis der Geschichte festzustellen sowie die Konsequenz zu beurteilen, mit der dies alles jeweils zum Ausdruck gebracht wird (UR 163–166).[321]

Dieses hier in ziemlicher Ausführlichkeit dargestellte Konzept Söderbloms, das die Religion als individuelle und soziale Erscheinung in dem Verhältnis von Offenbarung und »Mystik« zu verankern sucht, mit seinen Unterscheidungen einmal von Offenbarungsreligion und Natur- bzw. Kulturreligion, zum anderen zwischen Persönlichkeits- und Unendlichkeitsmystik, muss als einer seiner bedeutendsten Beiträge zur religionsgeschichtlichen Forschung angesehen werden.[322] Die Leistung scheint mir vor allem darin zu bestehen, dass er mit dieser Begrifflichkeit gegenüber der bis dahin fast ausschließlich anthropologisch und ethnologisch bestimmten Forschung den Versuch gemacht hat, das Spezifikum von Religion zu bestimmen, ohne dabei von vornherein eine interpretatio Christiana ins Spiel zu bringen. Daneben gehört der Gedanke der Offenbarung mit ihren vielfältigen Fortsetzungen ebenso wie die Unterscheidung der beiden Arten von Mystik auch zu den Grundlagen von Söderbloms Auffassung der Einheit der Kirche in bleibender Mannigfaltigkeit.

4. In diesen religionsgeschichtlichen und religionsphilosophischen Zusammenhang zeichnet Söderblom in verschiedenen Anläufen seine Sicht speziell christlicher Rede von Offenbarung ein, indem er in kritischer Anknüpfung einerseits an Kierkegaard, andererseits an die moderne eschatologische Exegese die Grundlinien seiner Christologie entwirft. Dabei wendet er sich nicht nur gegen jede Art von objektivierender Spekulation (in dieser Hinsicht stehen für ihn Hegel und die altchristliche Dogmatik auf derselben Ebene) und gegen das juridische Denken, das in der anselmischen Lehre von der stellvertretenden Genugtuung zum Ausdruck kommt, sondern entschiedener noch gegen die berühmte These Harnacks, nicht der Sohn, sondern allein der Vater gehöre ins Evangelium: Die »mysteriöse«, d. h. göttliche, erlösende Macht Jesu und damit das Kyrios-Prädikat kann nicht von seinem Reden und Handeln getrennt werden, so wenig dies auch dem historischen Forscher als solchem zugänglich ist. Wie Söderblom plastisch formuliert: Der Christus des Glaubens ist keine Photographie des

---

321 Als Zeugen für diesen Aufweis ruft Söderblom HERMANN USENER auf, der in seinem berühmten Buch *Götternamen*, Frankfurt a. M. 1896, den Begriff Offenbarungsreligion geprägt habe. Indessen ist dort (nach der unveränd. 3. Aufl. 1948, 348 f) lediglich von einer besonderen äußeren (christlichen) Offenbarung die Rede, die allein in der Lage gewesen sei, den Wandel von den antiken Religionen zu einem echten Monotheismus zu bewirken. In der Sache kommt das freilich Söderbloms Gedanken nahe.

322 So auch H. S. NYBERG, *N. Söderblom och studiet ...* (wie Anm. 179), 11.

historischen Jesus der wissenschaftlichen Forschung.[323] Genau diese un-
lösliche Einheit von historischem Jesus und Christus des Glaubens ist der
eigentliche Sinn der Naherwartung, also nicht der mögliche Zeitpunkt des
Weltendes, sondern die eschatologische Konzentration, in der Jesu Botschaft den ganzen Horizont der Geschichte in dem gegenwärtigen Augenblick zusammendrängt. So nimmt Jesus zugleich seinen Ort innerhalb des
historischen Entwicklungsganges ein – auch die Struktur der eschatologischen Konzentration ist ihm mit anderen prophetischen Gestalten gemeinsam – und tritt doch in scharfen Gegensatz zu jeder Art von Evolutionismus, wenn er die Menschen im eschatologischen Augenblick quer zu aller
Kontinuität mit der Unmittelbarkeit der Gottesbegegnung konfrontiert.
Damit bewirkt er im Leben des Einzelnen das Wunder der »Erweckung«
(väckelse) zum Glauben und inauguriert zugleich im Gang der Geschichte
eine Zeitenwende.[324]

Die strenge Konzentration auf den Ernst des eschatologischen Augenblicks geht, entsprechend der Inspiration sowohl durch Kierkegaard als
auch durch die Erweckungstradition, mit der energischen Abwehr jedes
Ästhetizismus in der Religion einher, der sich seinen Lebenssinn nach eigenem Geschmack und Wohlgefallen zurechtdichtet. Die Betrachtung des
Lebens Jesu, so heißt es wiederum in Anlehnung an Kierkegaard, soll vielmehr den Anstoß dazu geben, sein Leben von Gott dichten zu lassen.[325]
Auf diese Weise soll der eschatologische Ernst wie bei Luther zum Grund
der Sendung in den irdischen Beruf werden, statt wie bei Johannes Weiß
und Albert Schweitzer einer allgemeinen religiösen Kulturethik zu wei-

323 Vgl. N. Söderblom, *Den myndige* (1903), in: ders., Där stunderna växla och
skrida 1, Uppsala [3]1935 (100–115), 108; *En Kristusbild* (1905), a.a.O. (191–232),
227; *Jesus eller Kristus? Den snara väntan* [Die Naherwartung] *i evangeliet*
(1910), a.a.O. (275–301), 280f 287. Vgl. A. Harnack, *Das Wesen des Christentums* (wie Anm. 230), 85. Harnack wird von Söderblom allerdings hier nicht ausdrücklich genannt.
324 Vgl. N. Söderblom, *Kallet* (1909), a.a.O. (wie vorige Anm., 145–155), 147f;
Jesus eller Kristus, a.a.O., 280–283.288.292.299–301.
325 Vgl. N. Söderblom, *En Kristusbild* (wie Anm. 323), 206.215.229. Vgl. S. Kierkegaard, *Enten – Eller* II, Samlede Værker 3, København [3](1962) 1982, 130
(Übers. E. Hirsch: Entweder/Oder II, GW 2./3. Abt. Düsseldorf 1961, 145f). –
Söderblom wendet sich hier gegen Oscar Wilde, dem er aber auf Grund seines
Briefes aus dem Zuchthaus *De profundis* attestiert, Entscheidendes über den Zusammenhang von Leiden und Religion gelernt zu haben (200. 232), und er verbindet das mit einem Seitenhieb gegen Goethes Mangel an solchen Einsichten. Das
ist – in beiden Fällen! – ein schönes Beispiel für den klaren Blick Söderbloms auch
für solche Menschen, die ihm wesensmäßig fremd sind. – Der Gedankengang erinnert an den frühen Aufsatz *Jesu kläder*, wo es heißt, der Interpret der Evangelien
müsse historischen und künstlerischen Sinn mit dem »högre verklighetssinne«
(höheren Wirklichkeitssinn) verbinden, a.a.O. (wie Anm. 229), 134f.

chen. Diese Verklammerung von Eschatologie und natürlicher Weltlichkeit ist nach Söderblom das eigentlich Neue, das durch das Christentum in die Religionsgeschichte gekommen ist. Sie lehrt zugleich, in jedem Moment geschichtlicher Entwicklung immer auch das unableitbare, schöpferisch Neue zu sehen.[326] Diese Sicht stellt eine in der damaligen theologischen Diskussionslage in Europa einmalige Position zwischen Orthodoxen, Liberalen und Ritschl-Schule dar. Sie vermag die Stärken aller Parteien zu rezipieren und miteinander zu verbinden, ohne doch in den Halbheiten der »Modern-Positiven« zu versanden. In der hier vorgestellten Form hat sie allerdings erst skizzenhafte Gestalt, die noch der genaueren Ausarbeitung harrt.

c Grundlagen akademischer Lehre

In den Jahren 1905 und 1906 hat Söderblom, gemessen an seiner späteren Produktivität, wenig publiziert. Das war die Zeit, in der er zwei für die Lehre wichtige Werke vorbereitete, die 1907 und 1908 erschienen sind. Das eine war die dreibändige religionsgeschichtliche Quellensammlung *Främmande religionsurkunder,* die zwar gegenüber vergleichbaren Werken in anderen Sprachen nicht viel Neues brachte, aber zum ersten Mal in schwedischer Sprache eine solide Grundlage für den akademischen Unterricht bereitstellte. Das andere Buch war eine höchst interessante theologisch-religionsgeschichtliche Enzyklopädie mit dem Titel *Studiet av religionen.*

Die Übersetzungen in dem Quellenwerk sind natürlich das Gemeinschaftswerk mehrerer Autoren; Söderblom fungierte dabei als Gesamtherausgeber. Uns interessiert hier die von ihm selbst stammende ausführliche Einleitung *Om religionsurkunder.*[327] Söderblom nennt sieben Schriftenkomplexe: die Veden sowie den jainistischen Kanon Siddharta und das buddhistische Tripitaka, sodann das Alte und das Neue Testament, den Koran und das Avesta als die wichtigsten Gegenstände. Das Tao-te-king, das

---

326 N. SÖDERBLOM, *Kallet* (wie Anm. 324), 151–153. J. WEISS, *Die Predigt Jesu ...* (wie Anm. 218), 246; A. SCHWEITZER, *Geschichte der Leben-Jesu-Forschung,* Tübingen ⁶1951, 640 (»die Idee der sittlichen Weltvollendung«); sowie N. SÖDERBLOM, *Framtidstanken* (1906), in: ders., När stunderna ... 1, Stockholm ³1935 (243–251), 243.

327 N. SÖDERBLOM, *Främmande religionsurkunder,* 3 Bde., Stockholm 1907/08. Die Einleitung dazu hat E. Ehnmark unter dem Titel *Om religionsurkunder* separat herausgegeben, Lund 1954. Danach im Folgenden die Seitenzahlen. Die Urkundensammlung wird von dem niederländischen Religionswissenschaftler J. M. VAN VEEN a. a. O. (wie Anm. 2), 73, sehr gelobt; er bedauert jedoch, dass sie nur auf Schwedisch zugänglich ist.

keine eigentliche Religion, sondern eher eine vernünftige Morallehre darstelle (173), und der japanische Shintoismus, der sich im Wesentlichen chinesischem Einfluss verdanke (181), erscheinen nur als Anhang. Der Hauptteil der Einleitung ist gerahmt durch zwei grundsätzliche Abschnitte: »Die Urkunden der Schriftreligionen und ihre Autorität« (9–20) und »Über den übernatürlichen Ursprung kanonischer Bücher« (162–180). Im ersten Abschnitt geht es um den Bezug aller genannten Corpora – außer den Veden – auf einen Religionsstifter. Sie repräsentieren jedoch diesem gegenüber die zweite Periode der betreffenden Religion, die Periode der organisatorischen Etablierung, und sie dienen bereits der Abwehr von Missverständnissen und Ketzereien. Anders ist das nur beim Koran, dem keine Stiftungsepoche vorangeht. Dafür wird Muhammed selbst als bloßer Epigone von Judentum und Christentum eingestuft.

Die Gefahr, die in der Zuschreibung absoluter Autorität an Religionsurkunden liegt, besteht in einer Knechtung der Gewissen, sei es dass sie als Orakel, als bindendes Gesetz oder gar als Fetisch betrachtet werden. Doch werde dieses Risiko durch den Vorzug mehr als aufgewogen, dass man ihnen Kunde über den Stifter verdankt. Beide Seiten finden sich in allen Stifterreligionen (16 f.). Es ist deutlich, dass der hier ins Spiel gebrachte Gesichtspunkt derjenige der freien evangelischen Theologie ist. Doch darf man nicht übersehen, dass Söderblom ausdrücklich auf das Risiko hinweist, dass mit der Befreiung von der Knechtschaft des Buchstabens auch die Ehrfurcht vor den alten Urkunden verloren geht (17).

Der andere Abschnitt beschäftigt sich mit der Frage nach dem übernatürlichen Ursprung solcher Urkunden. Ein solcher Anspruch findet sich überall. Hier muss genau unterschieden werden. Dass es göttliche Offenbarung in allen Religionen gibt, daran hält Söderblom fest. Ja, nicht nur Propheten, sondern auch z. B. Platon, Voltaire und Goethe hätten Gottes Hand über sich gespürt (169). Sofern göttliche Eingebung die Schreiber religiöser Urkunden leitet, kann Söderblom sogar der altorthodoxen Inspirationslehre Recht geben (171). Nur werde dann allzu leicht der Fehler begangen, den übernatürlichen Ursprung des persönlichen Offenbarungserlebnisses auf den ihm gegenüber sekundären Kanon zu übertragen.

Nun bestehen natürlich zwischen den verschiedenen Urkunden unübersehbare inhaltliche Unterschiede. In dieser Hinsicht müssen sie einer Prüfung ihres jeweiligen Wertes unterzogen werden. Aber das ist nicht die Aufgabe des Religionsforschers, sondern des Wettstreites (*tävlan*) unter den Religionen, der ihre »Lebenstauglichkeit« (*livsduglighet*) erweisen wird (166–168). Einen Hinweis sieht Söderblom allerdings, entsprechend der ihn leitenden Persönlichkeitsphilosophie, in dem jeweiligen Grad an Originalität. Die meisten wunderbaren Erlebnisse förderten nur traditionelle Gedanken zutage (171). Doch auch nach diesem Kriterium bleiben der Brahmanismus, Buddha, die alttestamentlichen Propheten, Jesus und Sokrates als religiös ausgesprochen originell übrig (164). Söderblom reduziert dieses Feld noch weiter, indem er wie schon früher als die wirkungsmächtigsten Weltreligionen den Buddhismus und das Christentum einander gegenüberstellt. Buddha hat eine Mönchsregel geschaffen, Jesus ein Gebet formuliert; Buddha setzt auf rationale Untersuchung, für Jesus ist die Welt voll des Wunders der göttlichen Gegenwart, die ihn zu schöpferischem Wirken ermächtigt (165). Es ist offensichtlich, dass Jesus, nicht Buddha, für Söderblom die reine Religiosität vertritt. Damit nimmt er gewissermaßen das Ergebnis des »Wettstreits« vorweg. Aber er betont einmal mehr, dass eine solche Vorwegnahme nicht auf größerem historischem Wissen oder psychologischer Analyse beruhe, sondern allein eine Sache der »Mystik«, der Innerlichkeit des religiösen Subjekts sei (171 f). Es bleibt also bei der Unterscheidung der religionswissenschaftlichen Kompetenz, die im Vorfeld der Verschiedenheit von Offenbarungszeugnissen verbleibt, von der persönlichen religiösen Stellungnahme. Dass diese dennoch immer wieder ins Spiel kommt, stellt keine Inkonsequenz dar, sondern ist in der uns schon bekannten Überzeugung Söderbloms begründet, der Religionswissenschaftler müsse auf eigene religiöse Erfahrung – also auf Erfahrung innerhalb einer bestimmten Religion – zurückgreifen. Es ist also ein dialektisches Verhältnis von »Neutralität« und »Parteilichkeit«, das nur scheinbar durch die vielen argumentativen Übergänge (Kriterien zur Beurteilung der Religionen) aufgehoben wird. Darin steckt die dem Historismus und Positivismus widersprechende hermeneutische Einsicht, die sich inzwischen weithin durchgesetzt hat, dass die Subjektivität des Interpreten ein konstitutives Moment alles Verstehens ist. Doch ist die Frage, ob und inwieweit denn ein christlicher Religionswissenschaftler dem innersten Wesen einer fremden Religion wirklich gerecht werden könne, dadurch nicht erledigt.

Hier führt die 1908 erschienene Enzyklopädie *Studiet av religionen* einen Schritt weiter.[328] Sie zeigt deutlich den Einfluss sowohl Schleiermachers als auch des von Söderblom sehr geschätzten (125) Lundenser Kirchenhistorikers Henrik Reuterdahl, ist aber ein durch und durch eigenständiges Werk, das den bisher – und vielleicht überhaupt – klarsten Aufriss von Söderbloms Position enthält. Man kann es geradezu als das Programm seiner wissenschaftlichen Tätigkeit bezeichnen. Dementsprechend komplex ist der Gedankengang, der in ganz gedrängter Form – nur 96 Seiten – vorgetragen wird und deshalb nicht auf Anhieb in seiner ganzen Tragweite zu erkennen ist. Wie weit die Studenten, denen Söderblom das

---

328 Abgedruckt in: N. SÖDERBLOM, *Om studiet av religionen* (wie Anm. 276), 49–146. Danach die folgenden Seitenzahlen.

diesem Entwurf zugrunde liegende Kolleg im Herbstsemester 1906 vorgetragen hat, den Gedanken ihres Lehrers haben folgen können, ist mir nicht bekannt. Kommentierende Literatur, die das Verständnis des gedruckten Textes erleichtern und seine Bedeutung würdigen würde, gibt es nicht.[329] Es lohnt sich aber, hier genauer hinzuschauen. Nicht zuletzt lösen sich dadurch viele gängige Vorurteile über den Autor in Luft auf – insbesondere die immer wieder zu lesende, außerordentlich bequeme Ansicht, Söderblom sei kein systematischer Denker. Es handelt sich im Gegenteil, hat man sich erst einmal in die fremde Terminologie eingelesen, um ein bestechend klares, streng systematisches und auch für gegenwärtige Debatten noch relevantes Konzept, das man m. E. zu den bedeutendsten dieses Genres zählen muss.

Man liest den Text am besten von hinten her, d. h. vom zweiten Teil, der sich mit dem Verhältnis von Theologie und Religionswissenschaft befasst. Söderblom bestreitet einen prinzipiellen Unterschied zwischen den beiden Disziplinen (Vorwort, 53). Damit ist aber durchaus etwas anderes gemeint als das, was damals Lagarde und andere gefordert haben und was dann so ähnlich in der Reform der theologischen Fakultäten Schwedens 1969–1977 verwirklicht worden ist, nämlich ihre Umwandlung zu religionswissenschaftlichen Fakultäten in dem Sinn, dass sie »reine« Wissenschaft betreiben sollen, für die eine religiöse Überzeugung nicht notwendig ist.[330] An diesem Punkt hatte ja bereits Söderbloms implizite Kritik an der deutschen religionsgeschichtlichen Schule in seiner Antrittsvorlesung angesetzt (s. o., 134). Nichtsdestoweniger muss der gesamte Bereich der Religionen Gegenstand der Lehre an der theologischen Fakultät sein, und dies nicht nur aus dem praktischen Grund, dass entsprechende Kenntnisse in Schweden schon damals von den Religionslehrern in den Schulen verlangt wurden (129), auch nicht nur aus dem eher technischen Grund, dass die Eigentümlichkeit des Christentums durch einen Vergleich klarer hervortritt, sondern weil es sich weder historisch noch in seiner gegenwärtigen Praxis (Mission) aus der Welt der Religionen isolieren lässt (80 f 93).

329 Die einzigen beiden mir bekannten Auseinandersetzungen stammen von verdienten Religionshistorikern: H. S. Nyberg: *N. Söderblom och studiet av religionen* (wie Anm. 179), und Anders Hultgård, *Integrating History of Religion into the Curriculum: N. Söderblom and the Emerging Science of Religion*, in: The Relevance ... (wie Anm. 296), 133–141. Beide beachten weder die Stellung des Textes in der Geschichte der theologischen Enzyklopädie, noch machen sie sich überhaupt die Mühe, die Systematik der Schrift analytisch zu erfassen.
330 Vgl. Paul de Lagarde, *Über das Verhältnis des deutschen Staates zu Theologie, Kirche und Religion* (1873), in: ders., Deutsche Schriften, Göttingen ⁵1920, 71. 73–79. Dieses Wissenschaftsideal trägt auch Hultgårds Kritik daran, dass Söderblom dem Christentum den Löwenanteil im Curriculum einräume, a. a. O. (wie vorige Anm.), 136.

Diese Forderung führt natürlich sofort zu der Frage, welches Verhältnis von Wissenschaftlichkeit und Glaubensüberzeugung ihr zugrunde liegt. Aus früheren Schriften ist uns bereits Söderbloms Argument bekannt, dass die wissenschaftliche Behandlung von Religion die Teilhabe an religiöser Erfahrung voraussetze. Da diese jedoch nur die Erfahrung im Bezugsrahmen einer bestimmten Religion einschließlich der Zugehörigkeit zu einer bestimmten Religionsgemeinschaft sein kann, lauert hier die Gefahr einer einseitigen – in diesem Fall christlichen – Wertung fremder Religionen. Söderblom begegnet dieser Befürchtung, indem er jene Bedingung präzisiert: Es gehe dabei lediglich um die Vertrautheit mit dem Gegenstand (Vorwort, 51) – und nicht etwa um eine Rechtfertigung von Parteilichkeit. Auf dieser Grundlage können dann Wissenschaft und Glaube in dem ihnen gemeinsamen Respekt vor der Wirklichkeit konvergieren (146). Sie tun das freilich in verschiedener Hinsicht: der religiösen Überzeugung geht es um Gewissheit und Erlösung, die sie in der je besonderen religiösen Erfahrung findet, der Wissenschaft dagegen um die Klarheit vernünftiger Erkenntnis (135). Diese Zwiegesichtigkeit kommt der Theologie als der speziellen ebenso wie der Untersuchung aller Religionen als der allgemeinen Religionswissenschaft zu. Beide Zweige gehen von dem Gegebensein eines Offenbarungsglaubens aus, lassen auch die Debatte über Wertungen der verschiedenen Religionen zu, aber als Wissenschaften können sie nicht die Absolutheit des Christentums aussagen (132f).[331] Dazu bildet es keinen Widerspruch, wenn Söderblom für die Theologie differenziert formuliert:

»In der theologischen Fakultät kann die Ausbildung der Diener der Kirche nicht ohne Unzuträglichkeit durch denjenigen erfolgen, der evangelischem Christentum und positiver Religion fremd gegenübersteht. Doch ist diese Unzuträglichkeit gewiss nicht in allen Fächern gleich groß. ... Aber in den zentralen Fragen geht das nicht« (134).

Die zentralen Fragen – das betrifft insbesondere die systematische Theologie. In den anderen Fächern bleibt zumindest implizit die Möglichkeit,

---

331 HENRIK REUTERDAHL versucht das Problem mit dem Offenbarungsbegriff zu erfassen. Er wendet sich innerhalb des religionsphilosophischen Erörterungsrahmens gegen eine Unterscheidung offenbarter Religion von der nicht offenbarten, »natürlichen« Religion, wie sie die Aufklärung verstand. Nur in der Apologetik, die nach Schleiermachers Vorbild die Aufgabe hat, das Besondere der christlichen Religion zu beschreiben, ist deshalb von Offenbarung die Rede: *Inledning i Theologien*, Lund 1837, 69 f 83. Damit geht er hinter Schleiermachers Offenbarungsverständnis zurück. Söderblom hat beiden Autoren gegenüber durch die Aufnahme der Absolutheitsdiskussion die Möglichkeit einer genaueren Differenzierung gewonnen.

dass sie von Lehrern mit anders gearteter religiöser Überzeugung unterrichtet werden, wenngleich die Anstellung von Atheisten an der theologischen Fakultät, wie sie die moderne schwedische Hochschulreform auf Grund eines positivistischen Wissenschaftsverständnisses ermöglicht hat, von Söderbloms Voraussetzungen her ausgeschlossen ist.

Damit ist zugleich die Frage nach dem institutionellen Verhältnis der theologischen Fakultät zur Kirche aufgeworfen. Söderblom sieht die Epoche machende Leistung Schleiermachers in der *Kurzen Darstellung des theologischen Studiums* darin, dass er die Theologie in ein enges Verhältnis zu der Gemeinschaft gesetzt habe, in der die Frömmigkeit lebendig ist, zur Kirche. In der näheren Bestimmung dieses Verhältnisses jedoch kann Söderblom ihm nicht folgen, dass nämlich die Aufgabe der Theologie *allein* in der Ausbildung des »Kirchenfürsten«, in der Vorbereitung für den kirchlichen Dienst bestehe. Ebenso wenig kann er sich dem Vorschlag Reuterdahls anschließen, der den Ort der praktischen Theologie im Haus der Wissenschaften durch den Vergleich mit der Jurisprudenz legitimieren wollte, die doch auch eine anwendungsbezogene Disziplin sei.[332] Das hängt nicht nur mit der Erweiterung des Stoffes gegenüber beiden Vorgängern zusammen, sondern hat grundsätzliche Bedeutung: Die Theologie kann und darf nicht einem praktischen Zweck unterworfen werden, sondern soll allein der Erforschung der lebendigen Religion dienen (126 f). Eher kann sich Söderblom mit dem Gedanken seines Lundenser Kollegen Pehr Eklund anfreunden, der in seinem enzyklopädischen Entwurf die Theologie als die Entfaltung des Selbstbewusstseins der Kirche bezeichnet hatte.[333] Doch will er diese Charakteristik nicht für das Ganze der Theologie, sondern nur für die Systematik gelten lassen (89. 126). Ebenso kann für ihn die praktische Theologie auch nicht die Krone des Fachs sein wie bei Schleiermacher. Sie muss zwar, weil die Theologie *auch* die Aufgabe hat, Diener für den Staat, genauer: die Staatskirche auszubilden, an der Fakultät vertreten sein, aber sie steht in Söderbloms Konzept am Rande und hat in der Übersicht über die einzelnen Disziplinen (Tabelle S. 124) keinen eigenen Platz angewiesen bekommen. Es wäre natürlich völlig verfehlt, den Grund für diese Sicht der Dinge in einer praxisfremden Theorielastigkeit oder gar einer persönlich unkirchlichen Haltung Söderbloms zu sehen. Ganz im Gegenteil: Er ist der Meinung, die Kirche brauche gerade um einer angemessenen Praxis willen eine solche wissenschaftliche Theo-

---

332 Vgl. Friedrich Schleiermacher, *Kurze Darstellung des theologischen Studiums zum Behuf einleitender Vorlesungen*, 2. Aufl.(1830), §§ 3 und 9, Krit. Ausg. v. H. Scholz (1910), 4. Aufl. Darmstadt o. J., 2. 3 f; H. Reuterdahl, a. a. O., 13.
333 Pehr Eklund, *Om theologiens begrepp och indelning* (AUL.T 11), Lund 1874 (1–50), 17.

logie, die nicht durch einen ihr von vornherein zugeordneten praktischen Zweck funktionalisiert ist (128). Man kann hinzufügen, dass die darin implizierte Befürchtung einer apologetischen Verfälschung angesichts des mehrheitlich äußerst konservativen Charakters der damaligen schwedischen Theologie wesentlich stärkere Gründe für sich hatte als die Situation im Deutschland der Zeit Schleiermachers.

Von diesen Voraussetzungen aus kann nun das Gesamtkonzept verstanden werden. Söderblom beginnt mit einer allgemeinen, bewusst vorläufigen Bestimmung der Religion als des welthaften Reflexes einer höheren Macht, die als solche nicht Gegenstand der Wissenschaft sein kann. Diese konzentriert sich auf die psychischen und historischen bzw. sozialen Erscheinungsformen jenes Reflexes, die in ihrem inneren Zusammenhang das »Drama« der Religionsgeschichte ausmachen (54–58). Mit dieser Verklammerung von Psychologie und Historie (Soziologie) folgt er im Wesentlichen Reuterdahl, der mit einer später für Söderblom wichtigen Metapher die Frömmigkeit als die Seele bezeichnet hatte, zu der unabtrennbar ein (vielfältig variabler) sozialer Leib gehöre.[334] Aber er zieht daraus die Konsequenz, anders als Reuterdahl und auch Schleiermacher, nicht mit der Ausbildung eines klar umrissenen allgemeinen Religionsbegriffs oder gar seiner Definition in einer »philosophischen Theologie« zu beginnen, zu der dann erst in einem zweiten Schritt die empirischen Befunde in Beziehung zu setzen wären, sondern umgekehrt empirisch einzusetzen und das so Gewonnene erst sekundär einer philosophischen Betrachtung zu unterziehen, um jeden Anschein einer apriorischen Konstruktion zu vermeiden (53 f).

Weil nun Religion immer nur als positive, geschichtliche vorkommt, muss die wissenschaftliche Untersuchung zunächst als *spezielle Religionswissenschaft* bzw. spezielle Religionsgeschichte bei einer positiven Religion einsetzen und von da aus das Feld sukzessive erweitern. Der Ausgangspunkt ist hier das Christentum. Dies zunächst einfach deshalb, weil das in einem europäischen Land nun einmal das Nächstliegende ist. Das ist einleuchtend. Die zweite Begründung dagegen, dass es die größte Breite religiöser Phänomene, die größte Tiefe des inneren Lebens und eine außerordentlich lange Tradition aufweise, weltgeschichtlich die größte Bedeutung habe und deshalb die wichtigste Religion darstelle (63–68), dürfte entgegen Söderbloms Meinung schon zum Bereich subjektiver Wertungen gehören. Denn für fast jedes dieser Prädikate – ausgenommen allenfalls die Bedeutung für die Weltgeschichte – lassen sich unter den großen Weltreligionen auch andere Kandidaten ausmachen. Solche Subjektivität wird für

334 H. Reuterdahl, a.a.O., 4 f 44. 46. Vgl. N. Söderblom, *Svenska kyrkans kropp och själ*, Stockholm 1916, 1–59.

das dritte Argument, das Christentum sei wegen seiner »Lebenstauglichkeit« (*livsduglighet*), die Verleihung sowohl von Trost als auch Handlungskraft, die höchste Religion, ausdrücklich als unvermeidlich zugestanden (69).

Diese spezielle Religionsgeschichte ist folgendermaßen unterteilt: 1) Evangelienforschung, 2) Studium des Alten Testaments, 3) Studium des Neuen Testaments[335], 4) Geschichte der christlichen Religion.

Hier fällt sogleich der erste Punkt ins Auge. Er hat deswegen einen eigenen Platz bekommen, weil die Evangelien Kunde von Jesus als dem Stifter der christlichen Religion geben, womit eine neue Epoche der Religionsgeschichte eingeläutet wurde (70). Freilich hat der historische Jesus keine neue Religion stiften, sondern die bestehende reformieren wollen (72). Darum schließt sich das Alte Testament samt der nachbiblischen jüdischen Religionsgeschichte als Zeugnis eben dieser prophetischen Religion an, in der Jesus lebte. Es folgt das Neue Testament als Dokument der Religionsgeschichte des Urchristentums. Insgesamt wird die Bibel nicht als normativer Text, sondern historisch-kritisch als religionsgeschichtliche Quellensammlung behandelt, denn die evangelische Christenheit »erkennt keinen festgelegten heiligen Text an« (77), weil nach ihrer Grundüberzeugung die göttliche Offenbarung nicht in einem Buch, sondern in der Person Jesu Christi erfolgt ist.

Deshalb ist das Neue Testament auch zur Kirchengeschichte hin offen (82). Diese umfasst nicht nur die Dogmengeschichte und Frömmigkeitsgeschichte, sondern auch Symbolik (Konfessionskunde), die statistische Theologie, welche die Verfassung der Kirche und ihr Verhältnis zum Staat zum Gegenstand hat, sowie die systematische Theologie (Dogmatik und Ethik), die das »Idealbild« (88) des gegenwärtigen Christentums zu zeichnen hat. In den letzten beiden Punkten lehnt sich Söderblom wieder an Schleiermacher an. Der Ausdruck »Idealbild« entspricht Schleiermachers Rede von »der in einer christlichen Kirchengesellschaft zu einer gegebenen Zeit geltenden Lehre«[336], denn es wird gebildet aus »dem wahren Wesen des Christentums und den gegenwärtigen Erfordernissen der Frömmigkeit« (ebd.). Als solches Vermittlungsprodukt bleibt es korrigierbar und sogar korrekturbedürftig. Das ist der Sinn der Einordnung der Dogmatik als historische Disziplin.

---

335 Diese Überschrift fehlt in der hier benutzten Ausgabe im Inhaltsverzeichnis, aber nicht im fortlaufenden Text.

336 Vgl. FRIEDRICH SCHLEIERMACHER, *Der christliche Glaube*, 2. Aufl. (1830/31), § 19 Leitsatz (vgl. Anm. 28). J. M. VAN VEEN hat offenbar den Ausdruck »Idealbild« übersehen, wenn er Söderblom vorwirft, keinen Unterschied zwischen Dogmatik und den anderen historischen Disziplinen zu machen, wodurch dann die Theologie zur Religionswissenschaft werde, *Leven* … (wie Anm. 2), 245.

So weit die spezielle Religionsgeschichte. An sie schließt sich die *allgemeine Religionsgeschichte* an. Sie mündet in die religionsphilosophische Betrachtung (*Philosophie der Religionsgeschichte*), die eine – das Christentum einbeziehende – Gesamtsicht zu formulieren hat.[337] Dies ist nur möglich mittels der nach einsichtigen Kriterien wertenden vergleichenden Religionswissenschaft (104), der deshalb in diesem Zusammenhang die Schlüsselfunktion zukommt.[338] Es handelt sich also um einen im schleiermacherschen Sinn des Begriffs »kritischen« Reflexionsgang, oder mit Reuterdahl gesprochen, um ein Wechselspiel zwischen Konstruktion und Analyse.[339] Die Ausführungen dieses Abschnitts gipfeln in Söderbloms Überzeugung, »dass die Religionsgeschichte selbst zu einer Einheit führen wird, in der das Lebenstauglichste in der Welt der Religion zu seinem Recht kommt«. Dabei muss man freilich wiederum beachten, dass er sich den dorthin führenden Prozess nicht kulturoptimistisch oder auch christlich-apologetisch als eine sich in stetig wachsender Harmonie vollziehende Synthese, sondern als den eines Wettbewerbs und der Auseinandersetzung vorgestellt hat (103).

Der allgemeinen Religionsgeschichte steht als zweite allgemeine empirische Disziplin die *Religionspsychologie* gegenüber. Auch zu ihr gehört eine Wertung, die wiederum nur eine philosophische sein kann, weil der übernatürliche Ursprung der religiösen Innerlichkeit kein Gegenstand der Wissenschaft ist. Innerhalb des empirischen Bereichs gilt Söderblom die Unterscheidung William James' von *once-born* und *twice-born* als wenig hilfreich, weil beides bei den unterschiedlichsten Menschen vorkomme – und man darf wohl hinzufügen: weil sie die Identifizierbarkeit des göttlichen Wunders mit einem bestimmten religionspsychologischen Typus suggeriert.[340] Für ebenso irreführend hält er James' Konzentration auf das Anomale und Pathologische oder auch einen Rekurs auf das Unterbe-

---

337 Damit ist das Verhältnis von Empirie und philosophischer Reflexion entschieden klarer bestimmt als bei REUTERDAHL, der dem Sprachgebrauch seiner Zeit folgend die Psychologie ganz der Philosophie einordnet (a.a.O., 6. 40), bei der Religionsgeschichte jedoch schwankt, ob er sie der Philosophie gegenüberstellen (so ebd., 7) oder zuordnen soll (vgl. die Überschrift *Religionsphilosophien* für den religionsgeschichtlichen Teil (ebd., 68) und die abweichende Formulierung *Religionshistoriens philosophi* im Inhaltsverzeichnis).

338 Gegen E. J. SHARPE, a.a.O. (wie Anm. 2), 125, der darin »only one approach« unter anderen erkennen will.

339 Vgl. FR. SCHLEIERMACHER, *Kurze Darstellung* ... (wie Anm. 332), 2. Aufl. § 32 (S. 13); H. REUTERDAHL, a.a.O., 1.

340 Vgl. WILLIAM JAMES, a.a.O. (wie Anm. 312), 166–258. Deshalb erübrigt sich auch E. EHNMARKS kritische Anfrage, ob denn so etwas wie eine Bekehrung in allen Religionen anzutreffen sei, a.a.O. (wie Anm. 2), 120. Söderblom hatte das gar nicht behauptet.

wusste.[341] Vielmehr plädiert er, gemäß seiner Unterscheidung von Unendlichkeits- und Persönlichkeitsmystik, für das Kriterium einer Verneinung oder Bejahung der Persönlichkeit, und hier insbesondere für eine Würdigung der großen schöpferischen Genies (111–114) Trotz der fraglosen Abhängigkeit von Geijer an diesem Punkt sollte das aber nicht als Ausdruck von Geniekult, sondern im Zusammenhang seiner Charakterisierung der »Heiligen« als Zeugen göttlichen Handelns verstanden werden.

Die Darstellung der speziellen und allgemeinen Religionswissenschaft wird abgeschlossen durch die *Religionsphilosophie*, welche die beiden Zweige der empirischen Wissenschaft, Religionsgeschichte und Religionspsychologie, sowie deren jeweilige philosophische Reflexion zusammenführt und zu einer prinzipiellen Wertung nach Religionstypen sowie zu einer Bewertung der Rolle der Religion im Zusammenhang des menschlichen Lebens überhaupt vorstößt. Diese Wertung soll als eine philosophische den Standpunkt des christlichen Glaubens noch ausklammern. Welchem Maßstab eine solche Wertung zu folgen habe, bleibt freilich bis auf die ganz formale Frage, ob der Religion für das menschliche Leben zentrale oder periphere Bedeutung zukomme, an dieser Stelle offen (114f). Unausgesprochen steht wohl auch hier die geijersche Persönlichkeitsphilosophie im Hintergrund.

Zu diesem empirisch-philosophischen Teil tritt schließlich ein grundsätzlicher religionstheoretischer Gedankengang – nicht zu verwechseln mit einer Etablierung von Normativität. Dieses Stück hat zwei Unterteile: Erkenntnistheorie (*kunskapslära*) und Spekulative Theologie oder Philosophie. Nachdem die bisherigen Überlegungen ohne metaphysische Behauptungen ausgekommen sind, lässt sich am Ende die Frage nicht mehr umgehen, ob der religiösen Erfahrung mit ihren notgedrungen subjektiven Werturteilen ein Erkenntniswert zukommt, d. h. ob sie einen Anhalt an der Wirklichkeit hat. Dabei ist für Söderblom zweierlei von vornherein klar: Einmal ist die Subjektivität religiöser Erfahrung durch kein nachträgliches Manöver überschreitbar, und zweitens nehmen die verschiedenen Religionen zu dieser Frage eine unterschiedliche Stellung ein. So verbleibt etwa der ursprüngliche Buddhismus mit dem Fehlen einer Gottheit gänzlich im Bereich der Psychologie (117). Aber dessen Antipoden, dem Christentum, kann die Frage nach der Wirklichkeit Gottes nicht gleichgültig sein. Dabei ist es für Söderblom seit Kant ausgemacht, dass ein Gottesbeweis nicht möglich ist (121); er würde dieses Verdikt auch gegen Kants eigenen, moralischen Gottes-»beweis« geltend machen. Wenn also weder ein bestimmter psychischer Zustand (etwa ein Bekehrungserlebnis oder ein Überzeugungsgefühl) noch ein rationaler Beweis Gottesgewissheit verbürgen kann,

341 Vgl. WILLIAM JAMES, a.a.O., 40 u.ö.

dann kann ihr Grund nur in »persönlicher, und durch die Vertiefung der Persönlichkeit zu universaler Wesentlichkeit objektivierter Gewissheit« zu finden sein. Das ist die Ebene, auf der es um ewiges Leben, um die Sinnhaftigkeit des Lebens geht.[342]

An dieser Stelle kommt die *spekulative Theologie oder Philosophie* ins Spiel (119–123). Ihre Funktion wird oft einfach der Dogmatik zugeschrieben. Dem hält Söderblom entgegen, dass die Dogmatik doch Bekenntnis im Sinne einer Beschreibung der faktischen Glaubenserfahrung der Kirche sei, hier dagegen gehe es um die Frage nach dem *Recht* des Glaubens und damit nach der *Möglichkeit* der Dogmatik. Die spekulative Theologie ist also eine »Meta-Disziplin«. Dabei darf deren Ausgangspunkt in der religiösen Erfahrung keinen Augenblick lang vergessen werden. Deshalb kommt weder eine vorkritische Metaphysik in Frage noch eine Letztbegründung in der ethischen Entscheidung, die ja als solche eben nicht religiös ist (s. o., Anm. 301); ebenso wenig eine Überhöhung der Kultur ins »Geistige« im Sinne Norströms oder Euckens.[343] Im einen Fall hätte man das religiöse Subjekt suspendiert, im zweiten dessen Umfeld in Natur und Geschichte ignoriert, während es im dritten Fall zum Gegenstand der Religion selbst avanciert. Dann bleibt nur übrig, die religiöse Erfahrung auf göttliche Offenbarung zu beziehen, und zwar jetzt, wo es um die Frage nach dem letzten Grund geht, auf die bestimmte Offenbarung Gottes in Jesus Christus. Das ist natürlich nicht als Rückkehr zu deren Monopolstellung im Sinne Ritschls gemeint, sondern innerhalb des weiten im Vorhergehenden aufgespannten Rahmens als der Punkt, an dem die Subjektivität des In-Anspruch-genommen-Werdens von Gott schlechthin unhintergehbar wird. Die hier intendierte Metaphysik am Ende der ganzen Enzyklopädie ist daher in keinem Sinn eine »neutrale« oder »objektive« und kann es nicht sein, sondern sie ist eine Metaphysik des Glaubens, also im Fall eines christlichen Denkers eine christliche Metaphysik. »Dieses Zusammenstimmen von persönlicher Erfahrung und einer historischen, durch die Jahrhunderte fortlaufenden sukzessiven

---

342 Diese Gewissheit »måste ha grund i personlig och, genom personlighetens fördjupande till universell väsentlighet, objektiverad visshet.« Es geht »om evigt liv, om livets meningsfullhet« (119).

343 Zu NORSTRÖM s. o., 36–40; von RUDOLF EUCKEN vgl. *Hauptprobleme der Religionsphilosophie der Gegenwart. Drei Vorlesungen*, Berlin 1907, bes. 7–37. 76–119, wo er sich auch für eine Wiedergewinnung der Metaphysik einsetzt (28). Seine Ausführungen sind oft recht weitschweifig und sehr allgemein. Nichtsdestoweniger genoss er zu seiner Zeit als Streiter wider den Materialismus hohes Ansehen. Hinzu kommt sein flüssiger und gut lesbarer Stil, der ihm 1908 sogar den Nobelpreis für Literatur eingebracht hat. Söderblom konnte ihn also nicht gut übergehen; heute ist er praktisch vergessen.

religiösen Schöpfung ist das Eigentümliche an der Metaphysik des Christentums« (123).[344]

Man fühlt sich durch diese Ausführungen an die frühe Notiz zu der Rolle der Spekulation bei Pfleiderer erinnert (s. o., 87 f). Doch ist Söderbloms Reflexion inzwischen in mehrfacher Hinsicht fortgeschritten. Das betrifft insbesondere das viel klarer gewordene Verhältnis des Historischen zur Spekulation. Diese bezieht sich jetzt weder auf das einer historischen Entwicklung zugrunde Liegende noch auf eine religiöse Anlage des einzelnen Menschen, sondern allein auf göttliche Offenbarung. Vor allem aber hat die spekulative Theologie, die man auch als Philosophische Theologie (oder als Fundamentaltheologie) bezeichnen könnte, ihren Platz nicht mehr wie bei Schleiermacher und Reuterdahl am Anfang, sondern erst am Ende des Reflexionsganges. Das ist die Konsequenz aus der empirischen Wende, die den großen spekulativen Systemen des frühen 19. Jahrhunderts gefolgt war. Damit ist die kritische Frage nach der spekulativen Konstruierbarkeit empirischer Wirklichkeit gegenstandslos geworden, mit der die Linkshegelianer in den 1830er und 1840er Jahren jene Wende eingeleitet hatten. Zugleich aber wendet sich Söderblom mit seiner Wiederaufnahme der metaphysischen Fragestellung zum einen gegen den Monismus seiner Zeit und zum anderen gegen Ritschls Offenbarungspositivismus und dessen historistische Abwandlung durch die Religionsgeschichtliche Schule, die innertheologisch ebenfalls tendenziell den Transzendenzbezug des Glaubens gefährdeten.

Um die Probe aufs Exempel zu machen, stellen wir an Söderblom die Frage, ob die von ihm reklamierte »meta-dogmatische« oder, wie man heute eher sagen würde: fundamentaltheologische Ebene nicht letztlich doch mit der dogmatischen in eins zusammenfällt. Er würde darauf antworten, dass die Dogmatik ja lediglich die spezielle Religionswissenschaft zum Abschluss bringt und die allgemeine Religionsgeschichte gar nicht in den Blick gefasst hat. Dagegen ließe sich einwenden, dass es bei diesem Überstieg auf eine neue Ebene gar nicht nur um eine Ausweitung der Perspektive gehe. Vielmehr solle die spekulative Theologie doch klären, wie sich die persönliche Glaubensgewissheit zu wissenschaftlicher und philosophischer Erkenntnis verhält (123), und so »Horizont, Richtlinien und Sanktion für alle Zweige menschlichen und nationalen Lebens« bereitstellen (121). Das setzt den Geltungsanspruch des »positiven religiösen Inhalts« der Offenbarung (123 Anm.1) voraus. Da Söderblom immer wieder nachdrücklich darauf insistiert, dass die Beglaubigung dafür und

---

344 »Denna samstämmighet mellan personlig erfarenhet och en historisk, genom århundraden fortlöpande successiv religiös skapelse är det egendomliga för kristendomens metafysik.«

damit auch für die Wirklichkeit Gottes als Grund der irdischen Wirklichkeit allein durch die religiöse Erfahrung erfolgen kann, so kann man ausschließen, dass hier nun doch eine erfahrungsunabhängige metaphysische Behauptung ins Spiel kommt. Wenn es demnach in der spekulativen Theologie ebenso wie in der Dogmatik um die vom Glauben bezeugte Selbstdurchsetzung der Offenbarung gehen soll, so lautet die endgültige Formulierung der Anfrage, was rechtfertigt dann noch die Inanspruchnahme einer Meta-Ebene?

Darauf ist zweierlei zu antworten. Erstens: Die Ausweitung der Rede von der Offenbarung Gottes auf die gesamte Religionsgeschichte erweitert eben nicht nur quantitativ den Gegenstandbereich des Nachdenkens über Religion, sondern bringt durch die Einbeziehung prinzipiell des gesamten Wissens über die conditio humana einen qualitativ neuen Faktor ein, nämlich die Aufhebung der Gefahr eines christlichen Subjektivismus und tendenziellen Akosmismus, die eine in sich abgeschlossene christliche Dogmatik in sich birgt. Diese Gefahr kann eine individuelle Gestalt haben, etwa in einem erfahrungstheologischen Ansatz, oder auch eine kollektive wie in einem kirchlich-institutionell verbürgten Glaubensgesetz. Positiv formuliert: »... die Spekulation allein vermag über den Arbeitsbereichen und Lebensbereichen die Tempelgewölbe zu errichten, unter denen diese sich in Freiheit und Andacht vereinigt fühlen« (121). – Zweitens: Die spekulative Theologie hat nicht wie die den historischen Disziplinen zugerechnete Dogmatik deskriptiven, sondern assertorischen Charakter.

Die spekulative Theologie als der Schlussstein des kunstvollen Gebäudes dieser Enzyklopädie beweist damit einmal mehr, dass Söderbloms Denken sich jenseits der theologischen Parteiungen Liberal oder Orthodox, Rationalistisch oder Supranaturalistisch bewegt. Das dürfte der entscheidende Grund für das besorgte oder unwirsche Urteil vieler seiner Kritiker sein, dass man bei Söderblom gar nicht wisse, wo er eigentlich stehe.

Zusammenfassend kann man sagen, dass wir es bei dieser Enzyklopädie mit einem außerordentlich eindrucksvollen Entwurf zu tun haben. Sie ist die erste und, soweit ich sehe, bisher einzige, die von einem religionswissenschaftlichen Standpunkt geschrieben ist. Umgekehrt bietet sie zugleich eine durchreflektierte Theorie der Religionswissenschaft von einem theologischen Ausgangspunkt aus, der aber innerhalb der wissenschaftlichen Reflexion keinen Monopolanspruch stellt, sondern die letzte Entscheidung dem wissenschaftlich nicht mehr einholbaren persönlichen Glauben überlassen muss. Es gibt in der neueren Theologiegeschichte nicht viele Schriften auf solchem Niveau.

d Universität und Kirche

Söderbloms Ansehen in der gelehrten Welt war jetzt gesichert. Doch seine berufliche Situation war in diesem ersten Jahrzehnt des 20. Jahrhunderts nach wie vor prekär. Von seinem großen Lehrerfolg und seiner Beliebtheit bei Studenten und Doktoranden sowie von seinen Predigten in der »Bauernkirche« auf der einen Seite und von seinem gespannten Verhältnis zur Mehrheit der konservativen Fakultät, wie es sich vor allem in der unseligen Segerstedt-Affäre entlud, auf der anderen Seite war bereits die Rede (s.o., 139 f). Dieses Verhältnis veränderte sich erst, als im Jahre 1908 der Dozent (seit 1900) Einar Billing zum ordentlichen Professor für systematische Theologie ernannt wurde und damit zum gleichrangigen Kollegen aufrückte, der Söderbloms neuen Kurs an der Fakultät tatkräftig unterstützte, bis dieser 1914 Erzbischof wurde. (Billing blieb bis 1920 und ging dann als Bischof nach Västerås.)

Zuvor jedoch forderte Söderbloms Situation an der Fakultät ihren gesundheitlichen Tribut.[345] 1906 kehrte sein Magenleiden zurück und peinigte ihn die nächsten beiden Jahre immer wieder. Im Frühjahrssemester 1908 war die Attacke so heftig, dass er seine Lehrveranstaltungen abbrechen und die Klinik aufsuchen musste. Nachdem er ein paar Wochen wieder unterrichtet hatte, kam die schlimmste, lebensgefährliche Phase im Juni, als seine Ärzte gerade in den Ferien waren. Der schließlich doch eingetroffene Medizinprofessor und Freund Ulrik Quensel verordnete ihm sogleich, wie schon früher, eine Kur in Karlsbad.

Dennoch fielen zwei wichtige institutionelle Tätigkeiten Söderbloms in diese Jahre, die für die Folgezeit erhebliche Auswirkungen haben sollten. Die erste wurde von einer wohlhabenden Stockholmer Dame, Anna Lindblad angestoßen. Sie wandte sich im Oktober 1907 an Söderblom, weil sie von ihm etwas über die berühmten Hibbert- und Gifford-Vorlesungen gehört hatte. Nun überlegte sie, der Universität Uppsala eine bedeutende Summe zu stiften, damit hier etwas Ähnliches installiert werden könnte, unter der Bedingung, dass Söderblom lebenslang die alleinige Verfügung über die Gelder haben sollte. Dieser stimmte gerne zu. Die Verhandlungen zogen sich nicht zuletzt wegen Söderbloms Krankheit eine Weile hin. Frau Lindblad, die eigentlich anonym bleiben wollte (was ihr trotz Söderbloms Schweigen auf Dauer nicht gelang), schickte den Donationsbrief am 19.5.1908 mit Maiglöckchen ins Krankenhaus. Er sah ein Kapital von 80.000 schwedischen Kronen vor, das wären heute etwa 3.200.000 Kro-

---

345 Zu diesem und dem nächsten Absatz vgl. ANNA SÖDERBLOM, *På livets trottoir*, Bd. 2: *Efterlämnade minnesanteckningar*, Lund 1956 (postum), 82–109.

nen oder ca. 350.000 €.[346] Dann verständigten sie sich über die Einzelheiten wie den thematischen Rahmen des Vorlesungsprogramms und legten als zusätzlichen Stiftungszweck die Gewährung von Auslandsstipendien für examinierte Theologiestudenten fest. Für die Vergabe sollte laut ausdrücklichem Vermerk in den Statuten nicht allein die Examensnote ausschlaggebend sein. Frau Lindblad schlug als Namen der Einrichtung vor: Olaus Petri-Stiftelse, nach dem Reformator Schwedens, und Söderblom stellte sie unter das Motto »Die Wahrheit wird euch frei machen« (Joh 8,32). 1909 ging die Donation bei der Universität ein. Die ersten Vorlesungsreihen wurden in diesem Jahr von Rudolf Eucken und Wilhelm Herrmann gehalten. Später folgten Gelehrte wie Franz Cumont, Adolf Deißmann, Ignaz Goldziher, Adolf von Harnack, Friedrich Heiler, Edvard Lehmann, Rudolf Otto. Schon diese Auswahl von Namen zeigt, dass die Institution ihrem Anspruch, eine Entsprechung zu den Gifford Lectures zu bieten, durchaus gerecht wurde. Die Stiftung wurde 1921 anonym noch einmal um 100.000 Kronen aufgestockt und existiert bis heute.

Während diese erste Initiative die theologische Fakultät der Universität betraf, geht es bei dem nun folgenden Thema um die Kirche. Es handelt sich um die Entstehung der so genannten Jungkirchenbewegung (*ungkyrkorörelsen*), einer landesweiten Reformströmung. Söderblom hat dazu maßgebliche Anstöße gegeben, wenn er auch nicht zu ihren Initiatoren gehörte. Er hat sie dann aktiv unterstützt, blieb freilich immer in einer gewissen Distanz zu ihr. Zum Zustand der schwedischen Kirche hatte er sich kritisch und zugleich ermutigend bereits in Vorträgen der Jahre 1906 und 1907 geäußert.

Die Jungkirchenbewegung ist die bedeutendste Reformbewegung der schwedischen Kirche in neuerer Zeit; ihre Wirkungen sind bis in die Gegenwart hinein spürbar.[347] Ihr Hintergrund ist die schwierige Lage der Kirche um die Jahrhundertwende. Da stand auf der einen Seite die nach wie vor wirksame Erweckungsbewegung, von der in der Einleitung die Rede war, zusammen mit den ab 1907 rasch vordringenden Pfingstlern. Auf der anderen Seite finden wir die radikalliberalen Strömungen der 1880er Jahre

346 Vgl. EMILIA FOGELKLOU NORLIND, *Från Olaus Petri-Stiftelsens grundläggning och tidigare arbetsår* (Hågkomster ...12, wie Anm. 97, 241–255), 246, sowie den Donationsbrief vom 19.5.1908, S. 1 (Olaus Petri-stiftelsens arkiv, UUB). Anna Söderblom nennt irrtümlich die Summe von 60.000 Kronen.

347 Vgl. dazu die beiden gründlichen Untersuchungen von ALF TERGEL, *Ungkyrkomännen, arbetarfrågan och nationalismen 1901–1911* (SHEU 15), Stockholm 1969 (Diss. Uppsala), und *Från konfrontation till institution. Ungkyrkorörelsen 1912–1917* (SHEU 25), Uppsala 1974, sowie URBAN CLAESSON, *Folkhemmets kyrka. Harald Hallén och folkkyrkans genombrott. En studie av socialdemokrati, kyrka och nationsbygge med särskild hänsyn till perioden 1905–1933*, Diss. Uppsala 2004.

und ihre Nachwirkungen vor allem in der damaligen Sozialdemokratie. Soweit die Staatskirche selbst von der Erweckungsbewegung geprägt war, orientierte sie sich vornehmlich an der individuellen Frömmigkeit; andere Gemeinden waren häufig sehr konventionell und äußerlich geworden, auch wenn die Entkirchlichung in Schweden damals bei weitem nicht so weit fortgeschritten war wie auf dem Kontinent. Eine Auseinandersetzung mit dem radikalen Gedankengut fand kaum statt.

Von 1896–1902 hatte es eine »Gemeindebewegung« (*församlingsrörelse*) gegeben, die sich für eine stärkere Laienaktivität in der Kirche einsetzte. Ihre Wirkung blieb begrenzt. Doch dann trat im Zusammenhang mit der Auflösung der Union mit Norwegen 1905 als neuer Faktor der sich rasch verstärkende schwedische Nationalismus hinzu. Er verband sich im kirchlichen Bereich insbesondere in der Person des politisch zu der konservativen Partei der »jungen Rechten« (*unghögern*) gehörenden Bischofs von Karlstad, Johan Alfred Eklund (1863–1945) mit dem energischen Bemühen, vor allem die jungen Menschen für die Kirche zurückzugewinnen und zu aktivieren. Auf der christlichen Studentenkonferenz in Huskvarna vom 29.7.–4.8.1907 sprach er, der kurz zuvor sein Bischofsamt angetreten hatte, über »Die Jugend und unsere evangelische Kirche«. Wir haben ihn schon als Mitbewerber Söderbloms um die religionsgeschichtliche Professur kennen gelernt, die er während der Vakanz 1899–1900 vertretungsweise wahrgenommen hatte. Eklunds Vortrag fand ein großes Echo, und er hat lange Zeit hindurch in der schwedischen Kirche ungefähr ebenso viel Einfluss gehabt wie Söderblom. Doch gab es zwischen den beiden erhebliche sachliche Differenzen. Eklund stellte zwar nicht das Nationale über die Kirche, war auch nicht prinzipiell gegen gute Beziehungen zu ausländischen Kirchen, aber das beschränkte sich im Wesentlichen auf die lutherische Konfession. Er verstand die schwedische Kirche als erwähltes Volk Gottes, analog zu Israel, aber antisemitisch und als Bollwerk gegen die römisch-katholischen Völker und die slawische Orthodoxie.[348] Auf diese Weise hat er das Gedankengut der Jungkirchlichen Bewegung, die sich dann 1908/09 an der Universität in Uppsala formierte, maßgeblich mitbestimmt, nicht zuletzt auch durch die Kirchenlieder, die er gedichtet hat. Eines davon ist geradezu die Hymne der Bewegung geworden: »Kirche der Väter im schwedischen Land / teuerste G'meine auf Erden«.[349]

---

348 Vgl. E. RODHE, *En blick på de trenne sista decenniernas svenska teologi*, in: SvTK 3/1927 (207–229. 305–335), 320; U. CLAESSON, a.a.O. (wie vorige Anm.), 105 f.

349 »Fädernas kyrka i Sveriges land / kärast bland samfund på jorden«, Nr. 169 im Gesangbuch von 1937; *Den svenska Psalmboken* von 1986 enthält das Lied nicht mehr. Zu Söderbloms Kritik am nationalen Tonfall dieser Lieder vgl. ALLAN ARVASTSON, *Svensk psalm under 1900-talet*, Lund 1959, 54 (briefl. Mitteilung von S. RUNESTAM vom 12.8.2008).

Neben Eklund hat der junge Einar Billing (1871–1939) als Ideengeber der neuen Bewegung eine große Rolle gespielt. Seine Berufung auf die systematisch-theologische Professur in Uppsala 1908 als Nachfolger des konservativen Hjalmar Danell, der als Bischof nach Skara gegangen war, hatte eine Gewichtsverschiebung an der Fakultät mit sich gebracht, welche die kirchliche Erneuerung sehr begünstigte. Auch Billing hat in Huskvarna referiert. In seiner Schrift über die Versöhnung schildert er die Heilsgeschichte als das Drama des Kampfes Gottes gegen das Böse, in den der »Exodus« des einzelnen Menschen eingebunden ist. Mit diesem Konzept hat er stark auf die Jungkirchler und überhaupt auf die schwedische Theologie und Kirche, insbesondere auf die Lunder Schule (Gustaf Aulén) gewirkt. Von Nationalismus oder von einem auserwählten Volk der Schweden kann man bei ihm nicht reden. Im Gegenteil: Billing betont, dass Gott durch Jesus nicht mehr ein Volk als solches, sondern den einzelnen Menschen in seinem Gewissen anrede, und in seinem großen Lutherbuch wendet er sich ausdrücklich gegen die damals vor allem in Deutschland verbreitete nationalistische Interpretation Luthers. Auch in seiner sehr viel später erschienenen, bedeutenden Arbeit über den Gedanken der Volkskirche wird man keinen Nationalismus, sondern nur ein gewisses Maß an Romantisierung finden können, die sich aber nie zu den Exzessen der »Völkischen« in Deutschland verstiegen hat.[350] Später hat er sich klar und deutlich gegen die Deutschen Christen geäußert.[351]

Die dritte der führenden Persönlichkeiten war der aus der Lundenser Hochkirchlichkeit stammende Manfred Björkquist (1884–1985), der nicht Theologie, sondern Philosophie und Geschichte bei Boström und Hjärne studiert hatte.[352] Er war der große Organisator der Jungkirchenbewegung und außerdem der Verfasser ihrer mitreißend geschriebenen Programmschrift *Kyrkotanken*.[353] Mit Nachdruck fordert er die Umwandlung der Pastorenkirche zu einem Priestertum aller Gläubigen (8. 15). Das impliziert eine umfassende Volksmission. Das immer wieder aus dem Zusammenhang gerissene, berühmte Schlagwort aus dieser Schrift »Schwedens

---

350 Vgl. EINAR BILLING, *De etiska tankarna i urkristendomen*, Stockholm (1907), ^{2}1936, 19. 25; ders., *Luthers lära om staten*, Stockholm (1900), 2. um einen zweiten Teil erw. Aufl. 1971, 149–152; ders., *Försoningen*, Stockholm 1908, bes. 8 f 48. 64 f 69. 110–112. 133; ders., *Den svenska folkkyrkan*, Uppsala 1930. Zum Verhältnis der beiden großen Theologen vgl. GUSTAF AULÉN, *N. Söderblom och E. Billing – Kontraster i samverkan*, in: SvTK 38/1962, 205–223.

351 Vgl. HANS CHRISTOPH DEPPE, *Wächter und Späher. Studien zu Einar Billing vor dem Hintergrund theologischer Strömungen auf dem Kontinent* (Diss.), Lund 1975, 51.

352 Vgl. A. TERGEL, *Ungkyrkomännen* ... (wie Anm. 347), 160.

353 MANFRED BJÖRKQUIST, *Kyrkotanken*, Uppsala 1909. Danach die folgenden Seitenzahlen.

Volk – Gottes Volk« (Sveriges folk – Guds folk) beschreibt nicht einen Zustand göttlicher Erwählung, sondern ist eine Kampfparole: »Schwedens Volk möge durch Jesus Christus ein Volk Gottes werden« (Sveriges folk må bli ett Guds folk genom Jesus Kristus). Jedes Volk solle einen Aspekt christlichen Lebens ausprägen; von nationalem Größenwahn ist nichts zu halten (4. 13). Doch verrät schon rein sprachlich die Häufigkeit der Wortverbindung »echt schwedisch« (12 u.ö.) ein sehr ausgeprägtes Nationalgefühl; in dieser Hinsicht steht Björkquist zwischen Eklund und Billing, aber dem Ersteren zunächst deutlich näher. Im Herbst 1914 schwenkt er jedoch auf den Friedenskurs Söderbloms ein und grenzt seine Auffassung von der Volkskirche stärker gegen den Nationalismus ab.[354] Im Jahr 1917 richtete die Jungkirchenbewegung unter maßgeblicher Mitwirkung Björkquists durch die Sigtuna-Stiftung eine Volkshochschule und eine Akademie ein, an der bis heute die verschiedensten Tagungen mit Vertretern des gesellschaftlichen und kirchlichen Lebens stattfinden. Dieses Zentrum hat im Lande einen nicht zu unterschätzenden Einfluss ausgeübt. Björkquist, der es viele Jahre hindurch als sein erster Direktor geleitet hat, fand darin seine eigentliche Lebensaufgabe.

In den gedanklichen Hintergrund der Jungkirchenbewegung gingen ohne Frage Elemente der Erweckungsfrömmigkeit ein. Doch über diese wuchs sie unter dem starken Einfluss der damals modernen christozentrischen Offenbarungstheologie in Uppsala, insbesondere Söderbloms und Billings, rasch hinaus. Entscheidend war der Gedanke der Volkskirche, der ebenfalls die klare Tendenz zur Überwindung pietistischer Enge in sich trug.

Daneben befasste man sich intensiv mit dem Studium der noch sehr im Argen liegenden Situation der Arbeiter. Das ist besonders Einar Billings Lehrtätigkeit zu verdanken, die sich rasch auf die ganze Bewegung auswirkte.[355] Aber auch Björkquist ist hier zu nennen, der einschlägige Lehrveranstaltungen des Philosophen Axel Hägerström besucht hatte, und natürlich Söderblom, von dessen Einsatz für soziale Belange bereits früher die Rede war und der von den Protagonisten politisch am weitesten links stand. Man wollte das Thema nicht den radikalen Vereinigungen wie Verdandi an der Universität oder den damals noch oft sehr kirchenfeindlichen Sozialdemokraten überlassen, sondern selbst etwas zur Veränderung beitragen. So veranstaltete man Diskussionen mit Arbeitern und vor allem »Kreuzzüge«, jeweils im Sommer 1909, 1910 und 1911, d.h. die Studenten gingen in Gemeinden in Arbeitervierteln, um dort mit den Menschen das

---

354 Vgl. A. TERGEL, Från konfrontation ... (wie Anm. 347), 180.
355 Vgl. dazu A. TERGEL, Ungkyrkomännen ... (wie Anm. 347), 176–182.

Gespräch zu suchen und für die Sache der Kirche zu werben.[356] Mittlerweile war die Jungkirchenbewegung eine feste Organisation geworden, die außerordentlich belebend auf die schwedische Kirche gewirkt hat.

Nun ist über Söderbloms differenzierte Stellung zur Jungkirchenbewegung zu berichten. In seinem Buch *Sveriges kyrka*[357] setzt er sich zunächst mit dem Pietismus der Erweckungsbewegung auseinander. Er schätze ihn hoch als seine geistliche Herkunft, kritisiert ihn jedoch wegen seines Individualismus, seiner Klüngelwirtschaft (*kotteri*) und seiner Enge. Demgegenüber gelte es, die schwedische Kirche als ganze (wieder) zu entdecken (154 f). Dann gibt er der Hoffnung Ausdruck, dass die nationale Wiedergeburt (nach der Trennung von Norwegen, so ist das gemeint) zu einer kirchlichen Renaissance führen werde. Das klingt zunächst auch sehr national. Doch nun folgt in zwei Schritten die Abgrenzung. Sie beginnt mit einer Polemik gegen die damalige Schwärmerei für das alte germanische Heidentum z. B. bei dem bekannten Dichter Verner von Heidenstam, die das Christentum als fremd und unschwedisch ablehnte.[358] Konnte er sich im Widerspruch gegen diese radikale Position noch mit Eklund und Björkquist einig wissen, so hat das unmittelbar folgende Zitat der berühmt gewordenen Zeile des schwedischen poeta laureatus Esaias Tegnér »Bloß die Barbarei war einmal vaterländisch« (160) weiter reichende Implikationen.[359] Das ist ein unverkennbarer Seitenhieb gegen den neuen innerkirchlichen Nationalismus. Schon in seiner Vorlesung über schwedische Theologie 1903/04 hatte er sich kritisch zu Eklunds und anderer Drängen auf eine spezifisch schwedische Theologie geäußert: Man solle sich in der Tat nicht einfach von der deutschen Theologie ins Schlepptau nehmen lassen, wie es damals in Schweden weithin noch üblich war, aber eine schwedische Theologie lasse sich nun einmal nicht so einfach herstellen wie

356 Vgl. A. TERGEL, a. a. O. (wie vorige Anm.), 188–192. 235 f.

357 N. SÖDERBLOM, *Sveriges kyrka*, Stockholm 1908; hier zitiert nach dem Neudruck in Svenskars fromhet N. F., Stockholm 1941, 153–214. Danach die folgenden Seitenzahlen.

358 Vgl. VERNER VON HEIDENSTAMS großes Prosaepos *Folkungaträdet* (1905/07), besonders dessen 1. Teil, der den Bruch mit dem Heidentum behandelt: Samlade Verk 13, Stockholm 1944; vgl. dazu SÖDERBLOM, *Sveriges kyrka*, a. a. O. (wie vorige Anm.), 160.

359 ESAIAS TEGNÉR, *Sång Den 5 April 1836*, in: ders., Samlade dikter, Bd. 6, Lund 1962 (68–74), 74. Tegnér hatte diese Auftragsarbeit zum 50. Jahrestag der Gründung der Schwedischen Akademie durch Gustaf III. geschrieben. Er nimmt darin Stellung gegen die damals verbreitete Kritik, die Akademie sei doch bloß eine Kopie der Académie française, also etwas Unpatriotisches. Tegnér erwidert darauf: »Alle Bildung steht letztlich auf unfreiem Grund« (All bildning står på ofri grund till slutet), d. h. sie beruht auf Anregungen von außen; dann folgt die oben zitierte Zeile (blott Barbariet var en gång fosterländskt). Durch Aneignung seien solche Anregungen dann zu einem festen Bestandteil schwedischer Kultur geworden.

schwedische Schuhcreme; Theologie sei allemal ein internationales Unternehmen.[360]

Insgesamt überwiegt jedoch die Hoffnung auf einen Neubeginn in der Kirche die kritischen Vorbehalte. Die praktischen Vorschläge zur kirchlichen Neugestaltung wie z. B. Ersetzung des Apostolicum bei der Konfirmation durch ein Bekenntnislied wie *Ein feste Burg*, Abschied von dem Zwang zur allsonntäglichen Predigt in kleinen Dörfern und stattdessen auch einmal rein liturgische Gottesdienste, in jeder »Hochmesse« (*högmässa*) Feier des Abendmahls (195–197. 201–204), brauchen hier nicht im Einzelnen behandelt zu werden. Sie zeigen aber, wie sehr dieser Professor nicht nur seinen theologischen Überzeugungen treu, sondern auch mit der realen volkskirchlichen Situation und mit der praktischen kirchlichen Arbeit vertraut geblieben war. Die Schrift endet mit dem Satz: »Aus verschiedenen Richtungen sind Laute zu vernehmen, die darauf hindeuten, dass es in der Kirche Schwedens noch einmal zur Hochmesse läuten wird« (214). Das ist sicher nicht zuletzt auf die Jungkirchliche Bewegung zu beziehen.

Auf dem Treffen der Jungkirchenbewegung in Huskvarna zwei Jahre später (1909) wurde Söderblom – sicherlich in Anwesenheit ihrer führenden Persönlichkeiten – deutlicher, nachdem inzwischen u. a. Björkquists Programmschrift zumindest in ihrer mündlichen Vorform allgemein bekannt geworden war. Söderblom hielt einen Vortrag über das ihm zugeteilte Thema *Der Einzelne und die Kirche*.[361] Zwar sei die Kirche für die Menschen da und nicht umgekehrt (74), und die »Gleichzeitigkeit mit Christus« habe allemal den Vorrang vor dem Verhältnis zur Kirche (71). Die institutionelle Kirche sei als Menschenwerk etwas Vorläufiges (93). Doch sei sie gleichwohl für das Leben des Christen unentbehrlich als Traditionskette der Zeugen und Ermöglichung gegenseitigen Trostes (70.72.74), als gottesdienstlicher Raum (78–81) und als »Arbeitsraum« (82–92). Dabei verzichtet Söderblom bewusst auf die Unterscheidung von sichtbarer und unsichtbarer Kirche (85) – hält freilich mit dem Verweis auf das von der sozialen Wirklichkeit unterschiedene persönliche Gottesverhältnis den Gedanken einer *verborgenen* Kirche aufrecht.

Was ist nun mit dem »Arbeitsraum« Kirche gemeint? Hier fallen die für Söderbloms Verhältnis zur Jungkirchenbewegung und darüber hinaus zum Nationalbewusstsein überhaupt entscheidenden Sätze. Der »Arbeitsraum« ist zunächst einmal die schwedische Staatskirche (84). Nur das schwedische Luthertum habe einerseits in der Gestalt Gustaf Adolfs im welthistorischen Maßstab auch politisch zu handeln verstanden und an-

---

360 Nach B. Sundkler, a. a. O. (wie Anm. 2), 82 f.
361 *Den enskilde och kyrkan*, abgedruckt in: Svenska kyrkans kropp och själ, Stockholm 1916, 65–94. Danach die folgenden Seitenzahlen.

dererseits auf der Synode von Uppsala 1593 seine Unabhängigkeit von staatlicher Einmischung behaupten können (88). Das ist zweifellos patriotischer Stolz, und ihn hat Söderblom auch zeitlebens festgehalten. Mit Nationalismus hat das gleichwohl nichts zu tun, wenn anders unter diesem Begriff die Überzeugung von der prinzipiellen Überlegenheit und einzigartigen welthistorischen Aufgabe der eigenen Nation zu verstehen ist. Söderblom lehnt vielmehr mit wünschenswerter Deutlichkeit z.B. die an Schwedens Großmachtzeit orientierten Vorstellungen Eklunds ab (83). Von einer Erwählung des schwedischen oder irgendeines anderen modernen Volkes und damit auch von einer prinzipiellen Entgegensetzung gegen andere Völker könne christlich keine Rede sein. Denn die göttliche Offenbarung durch Jesus gelte eben nicht wie im Alten Testament einem auserwählten Volk, sondern der Christenheit insgesamt, innerhalb deren die schwedische Kirche nur ein Glied ist (86f). Darum könne Björkquists Slogan »Das schwedische Volk ein Volk Gottes« nur den Sinn eines missionarischen Auftrags haben.[362]

Nachdem die Jungkirchenbewegung sich beim Ausbruch des I. Weltkrieges recht prononciert progermanisch und antislawisch geäußert hatte, schwenkte sie doch im Ganzen während des ersten Kriegsjahres, nicht zuletzt unter Söderbloms Einfluss, auf einen Friedenskurs um und milderte ihren nationalistischen Tonfall erheblich.[363]

In den Zusammenhang der Jungkirchenbewegung gehört auch Söderbloms Einsatz während des Generalstreiks im August 1909 (s.o., S. 20). Er hatte versprochen, im sozialistischen Volkshaus (*folkets hus*) in Uppsala zu den Arbeitern zu sprechen. Doch der Saal dort war hoffnungslos überfüllt. Daraufhin lud er die 900 Zuhörer in seine Dreifaltigkeitskirche ein.

362 Vgl. N. Söderblom, *Svenska kyrkans kropp* ... (wie Anm. 226), 87; *Kyrkan i nutiden* (1911), in: ders., Tal och skrifter 3, Stockholm 1933 (67–102), 100f. Mit dieser Auffassung befinde ich mich im Einklang mit den Interpretationen von Gustaf Aulén, *Hundra års svensk kyrkodebatt* (wie Anm. 77), 87–92, und A. Tergel, *Ungkyrkomännen* ... a.a.O. (wie Anm. 347), 236f. Dagegen hält Kjell Blückert, *The Church as Nation. A Study in Ecclesiology and Nationhood* (EHS.T 697), Frankfurt a.M. 2000, 259–310 (bes. 276–281) Söderblom für einen – wenn auch nicht geradezu radikalen – Nationalisten, für den die Nation sogar wichtiger sei als die eschatologisch vorläufige Kirche (265. 306f). Das mag mit der römisch-katholischen Konfession des Vf.s zu tun haben, vor allem aber mit einem methodischen Mangel dieser Arbeit. Blückert schafft zunächst mit Hilfe zeitgenössischer Nationalismus-Theorien einen begrifflichen Rahmen, in den er sodann u.a. Söderblom einzeichnet. Dabei gerät ihm die Relativität aller historischen Begriffe aus dem Blick. Die Erfahrungen mit den Exzessen des 20. Jahrhunderts haben den Begriff des Nationalismus ja vielfach derartig ausgeweitet, dass er seine Trennschärfe zu verlieren droht. Blückerts Arbeit ist dafür ein gutes Beispiel.

363 Vgl. A. Tergel, *Från konfrontation* ... (wie Anm. 347), 173f 178–180.

Dort sprach er zwei Stunden lang vor einem gespannt lauschenden Auditorium, zuerst über diese Kirche, ihre Einrichtung, die Kanzelinschrift »Die Wahrheit wird euch frei machen«, und nach einer Musikeinlage über Stationen der Geschichte der Christen in Schweden und ihren Einsatz für Recht und Gerechtigkeit. Am Ende fasste er die christliche Botschaft mit einer Umdeutung der Namen zweier radikaler sozialistischer Zeitungen und einem eigenen Stichwort als christlichem Kommentar zusammen: *Brand* (Kampf gegen das Böse), *Fram* (= Vorwärts; Weg des Kreuzes und der Aufopferung) und *Tröst* (= Trost; Vergebung der Sünden).[364] Eine brillante Koppelung von Solidarität mit berechtigten sozialen Interessen und christlicher Neuorientierung.

e Erste ökumenische Impulse

1. Eingedenk seiner frühen Erfahrungen auf der Studentenkonferenz in Northfield 1890 hat Söderblom schon als Universitätsprofessor seine kirchliche Tätigkeit nicht auf den schwedischen Kontext beschränkt.[365] Eines Tages im Frühjahr 1908 besuchte er den Erzbischof Ekman, mit dem er als Mitglied des Domkapitels eng zusammenarbeitete. Auf dessen Schreibtisch sah er Dokumente der Church of England und fragte, ob er Einblick nehmen dürfte. Es handelte sich um die Protokolle der Lambeth-Konferenz von 1897, in denen von dem Wunsch nach Verhandlungen mit der schwedischen Kirche über eine gegenseitige Annäherung die Rede war. Der schwedische Botschafter Herman Wrangel hatte sie geschickt, zusammen mit einem Brief des Erzbischofs von Canterbury, Randall Davidson. Hintergrund war ein Gespräch, das Wrangel im Jahr zuvor mit Davidson anlässlich der damals aktuellen Frage geführt hatte, ob Ordinationen Ein-

---

364 Vgl. GUSTAF KYHLBERG, *Ett minne från storstrejken år 1909*, in: Hågkomster ... 12 (wie Anm. 97), 291–297; B. SUNDKLER, a.a.O. (wie Anm. 2), 75. *Brand* war eine sozialistisch-anarchistische Wochenzeitung jener Jahre, *Fram* das Organ der sozialdemokratischen Jugendorganisation, das ebenfalls weit links im politischen Spektrum angesiedelt war.

365 Vgl. zum Folgenden B. SUNDKLER, a.a.O. (wie Anm. 2), 88–96; E. RODHE, *Svenska kyrkan* ... (wie Anm. 68), 397–401; CARL HENRIK LYTTKENS, *The Growth of Swedish-Anglican Intercommunion between 1833 and 1922* (BTP 24), Lund 1970, 197–271; TORE FURBERG, *Ett ekumeniskt tecken, Svenska kyrkans biskopsämbete i mission och ekumenik under första hälften av 1900-talet* (Studia missionalia Svecana CVII), o.O. 2004; RICKARD LIND, *Den apostoliska successionen i Svenska kyrkan. En studie av den apostolica successionens roll i dialogen med Church of England*, Göteborgs universitet 2008, 116–145, = http://www.mimersbrunn.se/Den_ apostoliska_ successionen_i_ Svenska_kyrkan_En_studie_av_den_a_15264.htm (22.1.2010).

heimischer in Südindien durch schwedische Missionare (statt durch Bischöfe) von anglikanischer Seite anerkannt würden. Davidson hatte das verneint; dergleichen würde die von englischer Seite angestrebte engere Zusammenarbeit mit der schwedischen Kirche gefährden. Er verwies dabei auf die genannte Konferenz, auf der die Frage der Gültigkeit schwedischer kirchlicher Amtshandlungen diskutiert worden war, und auf das *Quadrilateral* von Lambeth 1888, in dem die anglikanischen Bedingungen für kirchliche Einheit festgelegt worden waren: die Heilige Schrift, Taufe und Abendmahl, Apostolicum und Nicaenum sowie ein allgemein gültiges Priesteramt auf der Grundlage der *successio apostolica*. Davidson war 1889 schon einmal in Schweden gewesen, um eine Annäherung der beiden Kirchen mit dem damaligen Erzbischof von Uppsala, Anton Niklas Sundberg, zu besprechen. Doch dieser ließ sich verleugnen, weil er Gespräche wegen der Situation der Augustana Synod, der schwedischen Tochterkirche in den USA, für nicht opportun hielt. Diese Kirche hatte kein Bischofsamt und war von den Episcopalians (Anglikanern) vielfach unter Druck gesetzt und von Proselytenmachern überzogen worden.

Es handelte sich also um vermintes Gelände. Trotzdem ließ sich Söderblom von Ekman, der selber kaum Auslandserfahrung besaß, mit der Angelegenheit betrauen. Für ihn war die Annäherung an die Anglikaner »ein alter Traum«, wie er in einer Tagebuchnotiz schreibt – wie alt, das lässt sich allerdings nicht mehr erheben.[366] Die anglikanische Verbindung von Hochschätzung kirchlicher Tradition und geistlichem Leben mit freier Forschung, dazu der tatkräftige soziale Einsatz und der Kampf für die Aufhebung der Klassengegensätze ließ ihn eine starke Verwandtschaft empfinden. Er hat diese Kirche immer als wesentlich evangelisch verstanden, wenn ihm auch die katholisierenden Neigungen des High Church-Flügels nicht entgangen sind. (Mit einem Seitenhieb bemerkt er gelegentlich: »Die Gefahr der Nachäffung [*efterapning*] gewisser unevangelischer englischer Hochkirchen-Unsitten [*högkyrkofasoner*] ist bei uns größer, als diese Unsitten in England selbst gefährlich sind«.[367]) Des Weiteren schätze er die ausgeprägte Liberalität und Toleranz dieser Kirche, die freilich mit einem Mangel an »aggressiver Lebenskraft« einhergehe.[368]

In den jetzt anstehenden Gesprächen war die indische Frage im Grunde ein Nebenschauplatz, und die amerikanische Augustana Synod musste als selbstständige Körperschaft ihre Angelegenheiten selber regeln. Was die Gültigkeit der schwedischen Ämter anging, so war Söderblom überzeugt, dass durch die Forschungen seines kirchengeschichtlichen Kollegen

---

366 Nach B. SUNDKLER, a.a.O., 88f.
367 N. SÖDERBLOM, *Religionsproblemet* ... (wie Anm. 305), 288.
368 N. SÖDERBLOM, a.a.O., 284–293.

Herman Lundström die schwedische Teilhabe an der apostolischen Sukzession gesichert sei. Allerdings sah er diese Art von Kontinuität zwar als ein wertvolles Gut, aber wie das Bischofsamt selbst nicht als etwas für die Kirche Wesentliches an.[369] Diese Position hat er stets beibehalten; nicht erst die allmähliche Erweiterung seines ökumenischen Horizonts, sondern schon der Blick auf die Freikirchen im eigenen Land, hat ihn darin bestärkt.

Anfang April 1908 setzte sich Söderblom zum Zweck gegenseitiger Abstimmung in Verbindung mit Henry William Tottie (s. o., 96), inzwischen Bischof in Kalmar, der nach Übereinkunft mit Ekman als schwedischer Abgesandter an der Lambeth-Konferenz desselben Jahres teilnehmen sollte. Tottie, dessen Ahnen aus Schottland stammten, war 1883–1893 für die schwedische Missionsgesellschaft tätig und 1893–1900 Professor für Pastoraltheologie in Uppsala gewesen. Schon wegen seiner hervorragenden Englisch-Kenntnisse und seiner ausgesprochen hochkirchlichen Einstellung war er erste Wahl für diesen Auftrag. Der Hauptgrund dürfte aber sein starkes Interesse an kirchlicher Einheit gewesen sein. Er hatte 1892 eine kleine Schrift über Evangelisation veröffentlicht, die bereits einen zentralen Gedanken von Söderbloms späterer ökumenischer Theorie vorwegnimmt. Es heißt dort: Die Trennung der Kirchen »darf nicht allein menschlicher Relativität und Sünde zugeschrieben werden, sondern hat ihren tiefsten Grund in dem organischen Charakter (*organiskhet*) der Kirche, auf Grund dessen sie auch in der empirischen Wirklichkeit als eine Einheit in Mannigfaltigkeit hervortreten muss.« Und weiter: Die eine Kirche existiert nur in konfessionellen Kirchen. Deshalb braucht die Treue zur Partikularkirche »umso weniger einen wahren ökumenischen Sinn auszuschließen …, als die Wahrheit nicht im Unbestimmten, sondern im Bestimmten gesucht werden soll.« Die Norm für diese Suche sei – stets innerhalb des eigenen konfessionellen Rahmens – das Wort Gottes, womit hier wohl einfach die Bibel gemeint ist.[370] Söderblom kann weder diese normative Festlegung als solche akzeptieren, sondern fordert den Rekurs auf die Offenbarung Gottes in Jesus Christus, noch teilt er die statische Sicht des status quo der Konfessionen. Vielmehr beschreibt er deren Verhältnis als ein dialektisches von Wettstreit (*tävlan*) und Zusammenarbeit (darüber später mehr).[371] Aber der Grundgedanke der Einheit in Mannigfaltigkeit kehrt bei ihm wieder.

369 Vgl. N. Söderblom, *Sveriges kyrka* (wie Anm. 357), 166 (1907).
370 Henry William Tottie, *Evangelistik*, Uppsala 1892, 77. 79, unter Berufung auf den finnlandschwedischen Vermittlungstheologen Axel Fredrik Granfelt, *Kristlig Dogmatik*, Helsingfors 1861, 34 f. Vgl. z. B. N. Söderblom, *Svenska kyrkans kropp och själ* (wie Anm. 226), 44. 58 f.
371 Vgl. N. Söderblom, a. a. O. (wie vorige Anm.), 58.

Söderblom schrieb am 24.5.1908 anlässlich des Besuchs des englischen Königs Edward VII. in Stockholm einen Artikel in Stockholms Dagblad, in dem er dazu aufforderte, die ausgestreckte Hand Englands nun endlich zu ergreifen. Tottie begehrte mittlerweile in seiner sehr staatskirchlichen Gesinnung eine offizielle Entsendung durch den König, aber Söderblom setzte unter Berufung darauf, dass es sich um eine rein kirchliche Angelegenheit handle, eine kirchliche Mission durch. Auf der Lambeth-Konferenz in der ersten Augustwoche hat Tottie dann die schwedische Position zur Amtsfrage erfolgreich vertreten. Söderblom selbst, von seiner schweren Krankheit nur knapp genesen, reiste im Herbst gegen den Rat seines Arztes zu einem religionsgeschichtlichen Kongress in Oxford und nahm anschließend Kontakt zu wichtigen Kirchenleuten wie Bischof Herbert E. Ryle von Winchester, Bischof John Wordsworth von Salisbury (der Schwedisch konnte und drei Jahre später eine schwedische Kirchengeschichte veröffentlichte[372]) und Dean William Ralph Inge von St. Paul's in London auf.

All diese Bemühungen führten dazu, dass die ersten offiziellen Verhandlungen vom 21.–23.9.1909 in Uppsala stattfinden konnten. Außer den bereits genannten Bischöfen nahm als Episcopalian (US-Anglikaner) noch der Bischof G. Mott Williams aus Marquette/Illinois teil. Auf schwedischer Seite saßen ihnen die Bischöfe Ekman und Tottie sowie die Uppsalienser Professoren Söderblom, Billing und Lundström gegenüber. Man verhandelte hauptsächlich über die apostolische Sukzession, die für die Anglikaner der zentrale Punkt war[373], außerdem über Priesteramt, Diakonat und Konfirmation. Dabei trug Söderblom ohne Umschweife seine Position vor: »No particular organisation of the Church and of its ministry is instituted jure divino, not even the order and discipline and state of things, recorded in the New Testament ...« Die kirchliche Verfassung sei eine menschliche Einrichtung, die pragmatisch nach ihrer Eignung als »Gefäß für den übernatürlichen Gehalt ... der göttlichen Offenbarung« zu beurteilen sei. Die überkommenen Ordnungen seien gewiss als »a blessing from the God of history« anzusehen – nur eben nicht als ein Gesetz.[374]

Gegen diese Relativierung der *successio apostolica* durch Söderblom hat die anglikanische Seite offenbar keine grundsätzlichen Einwände erhoben. Aber zu einem gemeinsamen Kommuniqué kam es auch nicht. Der

---

372 Vgl. JOHN WORDSWORTH, *The National Church of Sweden*, London 1911.

373 Die Anglikaner bestanden besonders nachdrücklich darauf, seitdem LEO XIII. in dem Brief *Apostolicae curae et caritatis* vom 13.9.1896 die anglikanischen Weihen für nichtig erklärt hatte (DH 3315–3319).

374 N. SÖDERBLOM, *Statement as to the doctrine of our Church about the holy ministry and the ecclesiastical constitution* (22.9.1909), UUB, NSS C kapsel 53 Intercommunion.

einzige sichtbare Erfolg war eine gemeinsame Abendmahlsfeier, bei der Söderblom dem Bischof Ryle assistierte und insofern die intendierte Interkommunion antizipierte. Jedoch zog sich die Sache dann sehr in die Länge. Dazu dürfte auch der Einspruch des Bischofs von Visby, Knut Henning Gezelius von Schéele, eines orthodoxen Lutheraners, auf der Synode vom 18.11.1909 beigetragen haben. Er wies vor allem auf die ablehnende Haltung der amerikanischen Augustana Synod hin, die er kurz zuvor besucht hatte. Die anglikanische Kirche fasste ihrerseits auf den Bericht ihrer dafür eingesetzten Kommission hin 1911 einen Öffnungsbeschluss. Doch mag es im Hintergrund auch dort noch Bedenken gegeben haben. Jedenfalls wurden vorerst keine konkreten Schritte zur Umsetzung unternommen. Zu seiner Installation als Erzbischof am 8.11.1914 wünschte sich Söderblom als Bekräftigung der ökumenischen Zusammenarbeit die Mitwirkung dreier anglikanischer Bischöfe. Auch das kam nicht zustande, nicht zuletzt wegen des inzwischen begonnenen Weltkrieges.

Söderblom hat dann auf andere Weise versucht, die Angelegenheit auch unter diesen erschwerenden Bedingungen weiter voranzutreiben. Er schrieb zwei miteinander zusammenhängende Aufsätze in einer amerikanischen interdenominationellen Zeitschrift, um den Anglikanern die schwedische Kirche genauer vorzustellen. Der Text wurde später als erster Teil des Buches *Svenska kyrkans kropp och själ* auf Schwedisch veröffentlicht und sollte zur Keimzelle seiner ganzen Kirchentheorie werden.[375] Der Leib der Kirche ist ihre institutionelle Gestalt, die ihre Seele, d.h. den in ihr herrschenden göttlichen Geist, zum Ausdruck bringen soll. Von diesem »Leib« handelt vor allem der erste Aufsatz (4–26). Er stellt die Geschichte der schwedischen Kirche insbesondere in der Reformationszeit dar und hebt hervor, wie das Bischofsamt seit der Synode von 1593 die Selbstständigkeit der Kirche gegenüber dem Staat begründet (12–16. 42), während die gleichzeitige Bindung an ihn in Schweden dazu dient, klerikalen Machtgelüsten vorzubeugen (17). Der zweite Aufsatz beschreibt die religiöse Grundlage (die »Seele«) als das Prinzip der evangelischen Freiheit, das nach evangelischem Vertändnis den Primat gegenüber der Institution hat. Die *successio apostolica* ist darum für die schwedische Kirche zwar eine wertvolle geschichtliche Gabe Gottes, aber für die Kirche nicht konstitutiv. Darüber hinaus verträgt sich das evangelische Grundprinzip nicht

---

375 N. Söderblom, *On the Character of the Swedish Church*, und *On the Soul of the Swedish Church*, in: The Constructive Quarterly 3/1915, 281–310. 506–545. Ich zitiere nach der schwedischen Fassung: *Svenska kyrkans kropp och själ*, Stockholm 1916, 1–59. Danach die folgenden Seitenzahlen. Der Text war im schwedischen Original bereits im April 1914 fertig, vgl. das Vorwort. Außerdem ders., *Sommarminnen* (wie Anm. 135), 256, und zur Brückenfunktion der schwedischen Kirche bereits *Religionsproblemet ...* (wie Anm. 305), 284–294.

mit eklektischen Tendenzen im Sinne des Erasmus (35–37. 39). Mit beidem grenzt Söderblom sich gegen den Anglikanismus ab, den er aber andererseits für die reformatorisch geprägten 39 Artikel und für seine Hochschätzung der Tradition, insbesondere der Patristik, rühmt (29). Er hebt also pointiert den lutherischen Charakter seiner Kirche hervor und zitiert nicht ohne Stolz den katholischen Kirchenhistoriker Ignaz Döllinger, nach dem die schwedische Kirche lutherischer sei als die deutsche (35). In diesem Sinn entfaltet er ihre Bekenntnisgrundlage (47–52).

Es schließt sich noch eine Beschreibung der lange bestehenden kirchlichen Einheit in Schweden, das keine Religionskriege gekannt hat, sowie der welthistorischen Rolle der schwedischen Kirche in der Großmachtzeit an, vor allem unter Gustaf II. Adolf (52–58), nicht ohne dass auch Kritik geäußert wird, z.B. an dem Verhalten orthodoxer Kreise gegenüber der Erweckungsbewegung. Dieser Abschnitt dient als Kontrastfolie für den Schlussabschnitt (58 f), auf den Söderblom alles ankommt. Jetzt geht es um die gegenwärtige Situation. Da müsse der Blick über den Horizont der Nation und der Partikularkirche hinaus auf die Gesamtsituation der Christenheit ausgeweitet werden. Deshalb könne die schwedische Kirche sich nicht auf die bequeme Position der Besitzerin einer großen Tradition zurückziehen, sondern müsse sich mit dem Faktum auseinandersetzen, dass die Einheit der Christenheit nicht mehr durch eine einheitliche kirchliche Organisation garantiert wird. Eine solche sei ohnehin für die Reinheit des christlichen Glaubens gefährlich, weil sie ihn mit weltlichen Machtgelüsten vermenge. Deshalb könne die Zielvorstellung nur die eines »neuen corpus evangelicorum« also eines Zusammenschlusses auf der Grundlage evangelischer Freiheit sein. Ein solcher könne nicht durch eine (unvermeidlich auf Zwang beruhende) Vermischung zustande kommen. Eine »wirksame Katholizität (= Allgemeinheit)« setze vielmehr »einen geschärften Blick für die echte Gnadengabe jeder Kirche«, also Treue zur eigenen Tradition, voraus. Das sei im Fall der schwedischen Kirche die Verbindung von ungebrochener episkopaler Tradition und »evangelischem Geist« sowie auch reformierten Elementen.[376] Söderblom sieht daher den Auftrag

376 Calvinistische Einflüsse gab es schon im 16. Jahrhundert. So hatte Erik XIV., Sohn Gustaf Vasas, einen calvinistischen französischen Erzieher, und Karl IX., der 1593 auf der Synode von Uppsala auftrat, hatte calvinistische Neigungen. Vgl. N. SÖDERBLOMS Rede *Vid Calvinjubiléet i Genève 1909*, in: Svenska kyrkans … (wie vorige Anm.), 144–146. Später hatten die Hugenotten auch in Schweden einen nicht unbedeutenden Einfluss. Dagegen war das Geschlecht der Bernadotte, das Schweden seit 1818 regiert, nicht hugenottisch, sondern katholisch. Dessen erster schwedischer Vertreter, der Marschall Napoleons, Jean Baptiste Bernadotte, der sich dann Karl XIV. Johan nannte, musste offiziell die lutherische Lehre annehmen.

seiner Kirche darin, zwischen Lutheranern und Anglikanern eine Brücke zu bilden. (Auf die weiter reichenden Implikationen dieser letzten Gedanken werden wir später zurückkommen.)

Auf Söderblom antwortete der Oxforder Theologieprofessor Arthur Cayley Headlam 1920 in seinen Bampton Lectures.[377] Er wandte sich zunächst gegen die Anwendung der Leib-Seele-Metapher auf die Kirche, weil sie zu viele Wahrheit suchende Menschen ausschļeße (213–215). Dahinter steht wohl die in England damals schon viel intensivere Erfahrung mit der Entkirchlichung, wenngleich Headlam seine Kritik ganz allgemein fasst. Es folgt eine sorgfältige Auseinandersetzung mit der Frage der apostolischen Sukzession, die in ihrer pragmatischen Argumentation sehr englisch ist und zugleich der anglokatholischen Fraktion der eigenen Kirche entschieden widerspricht (261–269).

Headlam wendet sich gegen eine rein formale Berufung auf die Gültigkeit des Amtes als einziges Kriterium der Abgrenzung gegen Rom. Sodann führt er all die aus der Forschung bekannten historischen Schwierigkeiten an, die der Lehre von der *successio apostolica* durch Ordination im Wege stehen: Die Urgemeinde war nicht hierarchisch konstituiert, jene Lehre ist in dieser Form bis einschließlich zum Tridentinum nicht ausgebildet. Im Übrigen könnten ja auch Laien gültig die Sakramente austeilen, wenn kein Priester zur Verfügung stehe. Ohnehin gebe es wahren Glauben auch in anderen, sogar in nonkonformistischen Kirchen. Nach gemeinsamer reformatorischer Überzeugung sei die aufrichtige Intention, Christus zu folgen, also die sachliche Kontinuität mit der Alten Kirche entscheidend. Demnach sei die apostolische Sukzession im formalrechtlichen Sinn nicht notwendig. Doch gegenüber dieser theologischen Argumentation müsse aus praktischen Gründen zur Sicherung einer Einheit der Kirche in Zukunft sehr wohl die Ordination nach apostolischer Regel durch Gebet und bischöfliche Handauflegung verlangt werden (vgl. 307). Zum Schluss warnt er seine Anglikaner vor Dominanzstreben und fordert sie auf, Entscheidungen, welche die Kirche mehrheitlich getroffen habe, auch tatsächlich zu akzeptieren. Denn die Herausforderungen der Moderne verlangten eine einige Kirche (317).

Söderblom ist auf Headlams Kritik an der Leib-Seele-Metapher nicht eingegangen. Sie ist auch nicht einleuchtend, sofern man, wie er es immer getan hat, die organisierte Kirche erstens als Menschenwerk versteht und ihr zweitens konsequent jede Exklusivität abspricht. Dagegen kann man sich sehr wohl fragen, warum Söderblom, der doch ein gelehrter

---

377 ARTHUR CAYLEY HEADLAM, *The Doctrine of the Church and Christian Reunion*, London 1923. Zum Zeitpunkt der Veröffentlichung war Headlam (1862–1947) bereits Bischof von Gloucester, ein Amt, das er bis 1945 wahrnahm.

Historiker war, trotz des bekanntermaßen nicht hierarchischen Charakters der Urgemeinde und der Lückenhaftigkeit der ältesten Bischofslisten doch relativ großen Wert auf die schwedische Teilhabe an der *successio* legen konnte. Darauf gibt es wohl nur eine, wenngleich nicht restlos befriedigende Antwort. Es war das Verhalten der schwedischen Bischöfe gewesen, das in der Reformationszeit die institutionelle Kontinuität gewahrt und innerhalb des Staatskirchensystems die Unabhängigkeit der Kirche vom König ermöglicht hatte. Dieser Zusammenhang war ihm so wichtig, nicht zuletzt im Blick auf die Probleme anderer Staatskirchen, die wie die deutschen den Souverän zum *summus episcopus* gemacht hatten, dass er meinte, auf die historisch weiter zurückliegenden Probleme nicht eingehen zu müssen. Abgesehen davon aber hat sich Söderblom stets gern auf die Bundesgenossenschaft mit Headlam in dem wesentlichen Punkt berufen, dass die *successio* nützlich, aber nicht heilsnotwendig sei, obwohl Headlam ja im Unterschied zu ihm eine praktische Notwendigkeit um der Ordnung willen behauptet hatte.[378]

Durch die Zustimmung der Lambeth-Konferenz von 1920 und der schwedischen Bischöfe 1922 waren schließlich die letzten Hindernisse für die Abendmahlsgemeinschaft ausgeräumt. So hat sich diese erste ökumenische Aktion Söderbloms über 14 Jahre hingezogen. Aber sie schuf ihm eine wichtige Plattform insbesondere für die große Konferenz in Stockholm von 1925.[379] Man wird freilich zweierlei hinzufügen müssen. Zum einen konnte der anglokatholische Flügel der anglikanischen Kirche angesichts der These Söderbloms, dass die kirchliche Ordnung nicht iure divino bestehe, mit dem Arrangement nie ganz zufrieden sein. Das zeigte sich offen allerdings erst viel später, nämlich auf der Faith and Order-Konferenz in Lausanne 1927, und dürfte ein – wenn auch nicht der einzige – Grund für die Ergebnislosigkeit dieser Konferenz gewesen sein.[380] Zweitens legte die Einigung über die Abendmahlsgemeinschaft zugleich auch das Fundament für die – wie wir gesehen haben, von Söderblom *nicht* beabsichtigte – allmähliche Anglikanisierung der schwedischen Kirche, die sich nach dem II. Weltkrieg im Zusammenhang mit der allgemeinen kulturellen Neuorientierung zur angelsächsischen Welt hin anbahnte, und für das m. E. ebenfalls nicht unproblematische *Common Statement* von Porvoo

---

378 Zu der Stellung zu Headlam vgl. z.B. Brief an Fr. Heiler vom 14.1.1927, in: N. SÖDERBLOM, *Brev* ... (wie Anm.1), Nr. 290.

379 So mit Recht E. RODHE, *Svenska kyrkan omkring selkelskiftet* (wie Anm. 68), 401.

380 Vgl. dazu N. SÖDERBLOM, *Randanmärkningar till Lausanne*, in: SvTK 3/1927 (336–381), 363–375; B. SUNDKLER, a.a.O. (wie Anm. 2), 411 f, zieht diese Linie nicht aus. Er hat aber sicherlich Recht damit, dass eine Mehrzahl von Gründen für das Scheitern verantwortlich war. Wir werden später darauf zurückkommen.

mit seiner Festschreibung der *successio* als wesentliches Kennzeichen der beteiligten Kirchen.[381]

2. Neben die Verhandlungen mit den Anglikanern tritt in diesen Jahren die Auseinandersetzung mit dem römischen Katholizismus. Am 8.9.1907 hat Pius X. in der Enzyklika *Pascendi dominici gregis* die Modernisten verurteilt.[382] Aus diesem Anlass hat Söderblom im Frühjahrssemester 1909 eine Vorlesung über die Modernisten gehalten, die den für damalige Uppsalienser Verhältnisse riesigen Zulauf von 112 Hörern hatte.[383] Das zeigt, wie sehr jener Vorgang die Gemüter auch außerhalb der ganz oder teilweise römisch-katholisch geprägten Länder bewegte. Aus dieser Vorlesung ist das Buch *Religionsproblemet inom katolicism och protestantism* hervorgegangen, das wohl bis heute als die beste Darstellung des Themas gelten kann.[384]

Die Vorlesung – und damit dann auch das Buch – hat zugleich einen persönlichen Hintergrund. Denn der Hauptbetroffene der Enzyklika war Alfred Loisy, mit dem Söderblom während seiner Pariser Zeit einen intensiven wissenschaftlichen Austausch gepflogen und eine freundschaftliche Beziehung begründet hatte. Zugleich erinnerte ihn die Verurteilung der Modernisten natürlich an die Anfeindungen, die Leute wie Samuel Fries, Fredrik Fehr, Torgny Segerstedt und nicht zuletzt auch er selbst zu ertragen hatten, einschließlich der Methode moralischer Diffamierung. Der Konflikt zwischen freier wissenschaftlicher Forschung und kirchlich-offizieller Gängelung oder jedenfalls dem Versuch dazu sei deshalb keineswegs bloß eine katholische Angelegenheit (1–3.18.27).

Die Härte des römischen Vorgehens wird Söderblom, sofern es dessen angesichts des Unfehlbarkeitsdogmas von 1870 überhaupt noch bedurfte, klar gemacht haben, dass Gespräche mit dem Vatikan ähnlich denen mit

---

381 *The Porvoo Common Statement*, London 1993, bes. Sections IV C und D. Die vorsichtige Formulierung in # 50, the »intended continuity from the apostles themselves«, vermag das Problem nicht zu entschärfen. Stünde sie in einem römisch-katholischen Dokument, so würde sie sogleich an die berühmte Formel der recta intentio mit all ihren Implikationen erinnern. – SVEN-ERIK BRODD ist der Auffassung, dass Söderblom »initiated« die Anglikanisierung seiner Kirche: *The Church as the Soul of European Civilization. Archbishop N. Söderblom on Church and Society*, in: KZG 4/1991 (128–138), 132. Das ist eine hochkirchliche Wunschvorstellung, die sich aus den Texten leicht widerlegen lässt. Vgl. dagegen schon die differenzierte Verhältnisbestimmug von YNGVE BRILIOTH, *Den ekumeniska gärningen*, in: N. Söderblom in memoriam (wie Anm. 4, 273–347), 281 f.

382 DH 3475–3500.

383 Vgl. B. SUNDKLER, a.a.O. (wie Anm. 2), 62.

384 *Religionsproblemet inom katolicism och protestantism*, Stockholm 1910. Danach die folgenden Seitenzahlen.

den Anglikanern zumindest in absehbarer Zukunft nicht in Frage kamen. Nicht zuletzt deshalb hat er in den Verhandlungen mit Canterbury als Zielvorstellung ganz bewusst ein neues corpus evangelicorum und nicht eine allumfassende Einheit der Kirche angegeben, wie wir gesehen haben.

Doch war damit die Frage des Verhältnisses von römischem Katholizismus und Protestantismus nicht erledigt. Dieses war durch das Auftreten der Modernisten im Unterschied zur Reformationszeit komplexer geworden. Einerseits gibt es unübersehbare Gemeinsamkeiten zwischen liberalen Protestanten und den Modernisten, was die freie kritische Forschung in der Exegese und Dogmenhistorie angeht, andererseits aber handelt es sich beim Modernismus keineswegs um eine halbprotestantische Bewegung, so viel er auch der historisch-kritischen Forschung des Protestantismus verdankt (6.318.331.333). Er ist vielmehr in der Art seiner Frömmigkeit und in seinem Verhältnis zur institutionellen Kirche geradezu »erzkatholisch« (*ärkekatolsk*, 337). Denn er hat das urkatholische, franziskanische Frömmigkeitsideal bewahrt und lediglich den neuzeitlichen wissenschaftlichen und kulturellen Optimismus hinzugefügt, diesen jedoch im Grunde eher im Sinne der vorreformatorischen Gedankenfreiheit des Mittelalters verstanden, die mit der Gewissensbindung an die kirchliche Autorität einhergehen konnte (337. 339f 359–371).

Ist der römische Katholizismus aber als eine Frömmigkeitsform zu begreifen, dann ist er nicht identisch mit dem Machtstreben des Vatikans (4), mit dem ganzen offiziellen »System« der Amtskirche, das Söderblom geradezu als Ausdruck von Gottlosigkeit in seiner schlimmsten Form bezeichnen kann (313). Vielmehr stellt der Modernismus als innerkatholische Bewegung den Protestanten die unabweisbare Aufgabe, den Katholizismus besser, differenzierter zu verstehen, als es die damals gängige Polemik im langen Schatten des Kulturkampfes zu tun pflegte. Was sich für einen Leser der Zeit nach dem 2. Vatikanischen Konzil und einer im katholischen Kirchenvolk weit verbreiteten skeptischen bis kritischen Einstellung gegenüber der päpstlichen Autorität wie eine bare Selbstverständlichkeit ausnimmt, war für einen Protestanten zu Beginn des 20. Jahrhunderts Ausweis eines seltenen Scharfblicks.

Söderblom war nun der Meinung, dass man das eigentliche Wesen des römischen Katholizismus gerade an den Modernisten besonders gut studieren könne. Dafür sei es aber notwendig, im Unterschied zur Enzyklika diese Bewegung nicht als in sich geschlossenes System zu begreifen (16). Deshalb präsentiert er in seinem Buch nicht »den Modernismus«, sondern die wichtigsten, untereinander sehr verschiedenen Modernisten, insbesondere John Henry Newman, Alfred Loisy, George Tyrrell und Friedrich von Hügel. Ihnen stellt er auch nicht die römische Amtskirche insgesamt, sondern drei wiederum sehr verschiedene Päpste gegenüber: Pius IX., der 1854 im Alleingang das Dogma von der unbefleckten Empfängnis Mariae verkündet und 1870 das Unfehlbarkeitsdogma durchgesetzt hat, als geistigen Ahnherrn des damaligen Pontifex Pius X., und zwischen ihnen den milderen Leo XIII., den Autor der großen Sozialenzyklika *Rerum novarum*. Auf diese Weise will er die beiden damaligen Konfliktparteien angemessen differenziert betrachten und insbesondere der ausgeprägten Gewissensorientierung der modernistischen Denker gerecht werden, ohne doch zu versäumen, das ihnen allen gemeinsame spezifisch Katholische herauszuarbeiten.

Im Folgenden soll nicht das Buch im Einzelnen referiert werden. Ebenso wenig kann es uns an dieser Stelle um die Frage zu tun sein, ob die Darstellung den darin vorgestellten Denkern adäquat ist. Das wäre Gegenstand einer Spezialuntersuchung. Vielmehr soll das Buch als Ausgangspunkt dienen für die Frage nach Söderbloms Sicht des römischen Katholizismus, wie er sie in der Auseinandersetzung mit den Modernisten gewonnen hat. Deshalb halten wir uns an die heimliche systematische Mitte des Buches, nämlich an die Auffassung von der Kirche, die Söderblom anhand der Position Alfred Loisys entfaltet. Frankreich war das klassische Land des Modernismus, weil hier insbesondere nach dem Beschluss des Gesetzes über die Trennung von Staat und Kirche von 1905 die Gegensätze von Laïzismus und Ultramontanismus am heftigsten aufeinander prallten. Loisy war auf Seiten der Modernisten Söderbloms wichtigster Gesprächspartner, nicht nur als der Bedeutendste unter ihnen, ebenso wenig bloß weil er als Exeget ihm in der wissenschaftlichen Methodik am nächsten stand, sondern auch als persönlicher Freund aus der Pariser Zeit. An dieser Debatte lässt sich deutlicher als in den anderen Fällen zeigen, wie Söderbloms eigene Sicht durch die Konfrontation mit dem Modernismus an Profil gewinnt. Alle weiteren wichtigen Aspekte seines Verhältnisses zum Katholizismus lassen sich dem ekklesiologischen Hauptpunkt ohne Mühe zuordnen und entsprechend kürzer behandeln.

Alfred Loisy hat im Jahr 1902 seine berühmte und immer noch faszinierende kleine Schrift *L'évangile et l'église* als Kampfschrift gegen Adolf von Harnacks nicht minder berühmtes Buch *Das Wesen des Christentums* veröffentlicht.[385] Sie steht freilich in Deutschland bis heute ebenso im Schatten von Ernst Troeltschs Kritik an Harnack, wie dessen *Wesen des Christentums* in Frankreich im Schatten von Auguste Sabatiers Reli-

---

385 Alfred Loisy, *L'évangile et l'église*, Paris 1902, hier zitiert nach der textgleichen ⁷1930 (danach die folgenden Seitenzahlen); Adolf Harnack, *Das Wesen des Christentums*, Leipzig 1900, zit. nach den in der krit. Ausgabe von C.-D. Osthövener, Tübingen 2005 am Rand angegebenen Seiten der Erstauflage: Seitenzahlen mit Zusatz »Harnack« im Text.

gionsphilosophie stand.[386] Aus Loisys Schrift ist eigentlich nur ein einziger Satz in Deutschland bekannt geworden, und der wurde zumeist falsch verstanden: »Jésus annonçait le royaume, et c'est l'église qui est venue« (153). Loisy wollte nämlich nicht im Sinne Franz Overbecks zum Ausdruck bringen, dass der Prozess der Institutionalisierung des Christentums ein Verrat an der ursprünglichen Intention Jesu gewesen sei[387], sondern ganz im Gegenteil die Entstehung einer kirchlichen Organisation als notwendige Entwicklung beschreiben. Sie habe sehr wohl einen Anhalt an dem Jüngerkreis Jesu, der bereits ein »rudiment d'organisation sociale« erkennen lasse, durchaus in gewisser Weise hierarchisch, auch wenn Jesus nicht im eigentlichen Sinn die Organisation Kirche gegründet habe (132. 153). Wenn er diesen Gedanken gegen Harnack ins Feld führt, so hat er dabei keineswegs übersehen, dass auch Harnack die Bildung einer organisierten Kirche für notwendig hielt (Harnack 114). Doch seine Kritik richtet sich dagegen, dass sie bei Harnack im Kontext den Anstrich eines notwendigen Übels bekommt, insofern sie vornehmlich als Prozess der Veräußerlichung und Verrechtlichung interpretiert wird. Für Loisy dagegen ist die wahre Kirche niemals unsichtbar, ein Geist ohne Leib, sondern die soziale Gestalt gehört von vornherein zu ihrem Wesen (126). Sie hat diese Gestalt im Lauf der Geschichte immer wieder den veränderten Umständen anpassen müssen, aber das gehört zum Wesen jeder geschichtlichen Entwicklung. Jedenfalls habe die katholische Kirche in ihrer ununterbrochenen Kontinuität zu den Anfängen das Wesen der christlichen Botschaft treu bewahrt. Auch wenn die wechselnden Gestalten des katholischen »Baumes« nicht mit diesem Wesen einfach identisch seien, so habe doch das einst im »Samen« Angelegte sich durchgehalten (XXVI–XXVIII).

So kann Loisy die gesamte Entwicklung der katholischen Lehre als unfehlbar ansehen (210), freilich nicht als fertiges Produkt, sondern als ständig fortschreitenden, stets unabgeschlossenen Prozess (215 f). Die Unfehlbarkeit selbst wird ganz minimalistisch interpretiert: die dogmatischen Formeln beanspruchten nicht, eine schlechthin vollkommene Wiedergabe der Wahrheit zu sein, sondern nur »l'expression la moins imparfaite qui soit moralement possible« (216). Die Kirche sehe sich auch lediglich als »institution provisoire« (155). In diesem Sinn aber gelange die einzelne Seele durch den Unterricht der Kirche, nicht durch die unmittelbare, die Jahrhunderte überspringende Begegnung mit dem biblischen Text zum

---

386 ERNST TROELTSCH, »*Was heißt Wesen des Christentums*«? (1903), GS 2, Tübingen 1913, 386–451; A. LOISY, a.a.O., V. – Es ist wohl bezeichnend für die deutsche Diskussionslage, dass Loisys Name im historischen Nachwort C.-D. OSTHÖVENERS zu seiner Harnack-Edition gar nicht auftaucht.

387 Vgl. FRANZ OVERBECK, *Über die Christlichkeit unserer heutigen Theologie* (1873), Neudr. d. 2. Aufl. (1903), Darmstadt 1963, bes. 83–93.

Glauben (213). Möglicherweise sei der moderne Katholizismus im Gefolge des Vatikanischen Konzils etwas zu bevormundend, aber das spreche keineswegs gegen den persönlichen Charakter des Glaubens und die Lebendigkeit des Dogmas in der katholischen Kirche (216f).

Harnack dagegen kenne nur ein einziges und zudem jeder Entwicklung entrücktes, statisches Dogma, aus einer ganz schmalen Quellenbasis (Mt 11,27 und Lk 17,21) herausdestilliert: »Gott der Vater, die Vorsehung, die Kindschaft, der unendliche Wert der Menschenseele« (XIXf 169; Harnack 44), ein magerer Extrakt, der selbst gegenüber der unhistorischen Enge des protestantischen *sola scriptura* noch einmal eine gravierende Reduktion darstelle. Überhaupt sei das ganze Verfahren der Scheidung von Schale und Kern einer historischen Untersuchung völlig unangemessen (XXX), wie z. B. an der unsachgemäßen Eliminierung Jesu als des Sohnes Gottes aus Jesu Evangelium (71–89; Harnack 91)[388] oder auch an der Ausscheidung der Eschatologie (44) zu erkennen sei. Das alles erscheint Loisy als willkürliche Setzung des radikalen protestantischen Individualismus, der sich gegenüber der kirchlichen Tradition und damit im Grunde gegenüber dem Christentum gänzlich verselbstständigt hat (XXXIV).

Söderblom nimmt eine Position zwischen den beiden Kontrahenten ein. Auf der einen Seite billigt er zwar Harnacks Konzentration auf den geschichtlichen Jesus (*Religionsproblemet*, 342), doch hatte er bereits in seinem Vorwort zur schwedischen Übersetzung der Wesensschrift deren christologische Reduktion kritisiert und darüber hinaus, wie wir gesehen haben, wiederholt gegen jede historische Isolierung der Gestalt Jesu Stellung bezogen: durch Hervorhebung des Traditionszusammenhanges mit der alttestamentlichen Prophetie einerseits und durch die These von der Fortsetzung der Offenbarung in der Geschichte des Christentums andererseits. Auch gegen Harnacks allzu »dogmatische«, einseitig negative Bewertung des kirchlichen Dogmas hat er Stellung bezogen.[389] Zwar ist seine eigene Polemik gegen jegliche Lehrgesetzlichkeit genauso scharf wie die Harnacks, und selbstverständlich ist auch für ihn das Dogma nicht Voraussetzung, sondern Folge des religiösen Gottesverhältnisses, doch hat es den positiven Sinn, dass es das Bekenntnis der Kirche auf eine konsensfähige, wenn auch gewiss nicht gegen Kritik immune Formulierung bringt (s. o., 168).

---

388 Der Zusammenhang zeigt ebenso wie die Formulierungen im Einzelnen, dass Loisy im Unterschied zu anderen Kritikern Harnacks Text durchaus genau gelesen hat: »Nicht der Sohn, sondern allein der Vater gehört in das Evangelium, *so wie es Jesus verkündigt hat*« (HARNACK 91 mit der in der 2. Aufl. hinzugefügten Anm.).

389 Vgl. N. SÖDERBLOM, *Brev* ... (wie Anm. 1), Nr. 14 an N.J. Göransson vom 2.2.1897. S. auch oben, 119. Die folgenden Seitenzahlen im Text wieder nach *Religionsproblemet* ... (wie Anm. 384).

Doch die Differenz zu Loisy reicht erheblich tiefer als die zu Harnack. Söderbloms Darstellung ist durchweg von großem Respekt für Loisys Scharfsinn, seine Gründlichkeit, seinen Wahrheitsernst und seine Freiheit gegenüber dem biblischen Text bestimmt. Diese Freiheit erscheint ihm an einem bestimmten Punkt noch größer, radikaler als seine eigene, sogar mit dem Beigeschmack einer gewissen skeptischen Willkür, nämlich in der Bestreitung der Ursprünglichkeit des Johannesevangeliums (120. 126–128). Loisy hatte in einem Brief Söderbloms Zutrauen zur historischen Zuverlässigkeit des 4. Evangeliums auf eine typisch protestantische Scheu vor sekundärer kirchlicher Tradition zurückführen wollen und hinzugefügt: »Sie lieben Johannes, weil er Ihnen ähnlich ist; das beweist lediglich, dass er gut ist, aber nicht, dass er sich auf eine von den Synoptikern unabhängige Tradition gründet.« Söderblom bestreitet den ersten Punkt, m. E. mit Recht.[390] Der zweite Punkt dagegen trifft sehr genau, freilich auf eine solche Weise, dass Söderblom darauf schlecht eingehen konnte. Denn soweit ich sehe, ist die einzige Erklärung, die man dafür finden kann, dass er sich hier ebenso wie sein Freund Samuel Fries gegen den weit über Loisy hinausreichenden Konsens der kritischen Exegese entscheidet, in der schwedischen Persönlichkeitsphilosophie und ihrer Lehre vom Genie zu finden. Ganz analog hatten ja zu Beginn des 19. Jahrhunderts Schleiermacher und der gesamte Deutsche Idealismus das Johannesevangelium sogar für das ursprünglichste gehalten, weil es das geistvollste ist, so dass damals die an sich schlagenden Argumente Karl Gottlieb Bretschneiders für eine Spätdatierung keine Chance hatten.[391]

Doch ist dies alles bloß ein Geplänkel im Vorfeld. Den entscheidenden Differenzpunkt trifft Söderblom, indem er Loisy einen nur mühsam kaschierten historischen Widerspruch nachweist: Auf der einen Seite sieht dieser, dass Jesus keine hierarchische Organisation begründet hat, auf der anderen Seite soll diese aber auch als solche einen gewissen Anhaltspunkt im Jüngerkreis gehabt haben (131). An dieser nur scheinbar belanglosen Stelle kommt der zugrunde liegende »Artunterschied« zwischen katholischer und evangelischer Sicht (6) plastisch heraus. Loisy löst nämlich die Spannung zwischen bedingungsloser wissenschaftlicher Redlichkeit und dem Bedürfnis des Glaubens nach existenzieller Geborgenheit auf katholische Weise durch die Unterscheidung zwischen historischer Wahrheit und religiösem Wert auf. Letztlich behält also das Zutrauen zu der

390 Vgl. N. SÖDERBLOM, *Brev* ... (wie Anm. 1), Nr. 37 und 38.
391 Vgl. K.G. BRETSCHNEIDER, *Probabilia de evangelii et epistolarum Joannis, apostoli, indole et origine eruditorum judiciis modeste subjecit*, Leipzig 1820. Vgl. meine Arbeit *Historischer Jesus oder mythischer Christus. Untersuchungen zu dem Gegensatz zwischen Fr. Schleiermacher und D. F. Strauß*, Gütersloh 1975, 95–97.

in allen Wandlungen ungebrochenen Autorität der Kirche die Oberhand und ermöglicht es Loisy, in seiner radikalen historischen Kritik an der Bibel so gelassen zu bleiben (120). Nach evangelischer Auffassung dagegen gründet die Zuversicht in der persönlichen Glaubensbeziehung zu der geschichtlichen Person Jesu. Das macht den Weg zu einer Lösung jener Spannung einerseits wesentlich konfliktreicher, bietet aber andererseits die Chance, der Spaltung von Religiosität und intellektueller Redlichkeit zu entgehen (121). Dabei verhindert die oben (s. o., 180) geschilderte Lehre Söderbloms von dem Verhältnis des Einzelnen zur Kirche ein kurzschlüssiges Verständnis dieses Lösungsweges als ungeschichtlichen Sprunges über 1900 Jahre historischer Entwicklung hinweg. Der soziale »Leib« der Kirche und damit auch ihre Tradition ist unentbehrlich als Kette der Zeugen und als Gestalt der gegenseitigen Tröstung der Gläubigen, als Raum gemeinsamer Andacht und öffentlichen Wirkens. Nur ist diese Tradition ebenso wenig wie die gegenwärtige Organisation Kirche dem Einzelnen als göttliche Autorität vorgeordnet, sondern beides erwächst erst aus der in der Geschichte sich fortsetzenden göttlichen Offenbarung an immer neue einzelne Menschen. Diese vermitteln sie dann auf menschliche – immer auch fehlbare – Weise durch ihr vom Glauben getragenes Lebenszeugnis weiter.

Wir haben es also bei Söderbloms Behandlung des Problems von Glaube und kirchlicher Tradition mit einer Weiterentwicklung der berühmten These Schleiermachers zu tun, man könne »den Gegensaz zwischen Protestantismus und Katholizismus vorläufig so fassen, daß ersterer das Verhältniß des Einzelnen zur Kirche abhängig macht von seinem Verhältniß zu Christo, der leztere aber umgekehrt das Verhältniß des Einzelnen zu Christo abhängig von seinem Verhältniß zur Kirche«.[392]

Die Frage der kirchlichen Autorität ist auch das Thema der subtilen theologischen Prinzipienlehre von John Henry Newman (1801–1890, römisch-katholisch seit 1845) in seiner *Grammar of Assent*.[393] Was Söderblom daran vor allem interessiert, ist das Verhältnis von *assent* und *certitude*. Newman versteht *assent* als unreflektierte Zustimmung, im Sinne der *fides implicita* (213), *certitude* dagegen als Erhebung dieses einfachen Aktes auf die Ebene eines bewussten, willensmäßigen Glaubensaktes mit Hilfe guter Gründe: »an active recognition of propositions as true« (216. 219, Zitat 345). Reflexion ist dabei nicht als theoretische Begründung gedacht, was sie ja auf eine intellektuelle Elite beschränken

---

392 Fr. Schleiermacher, *Der christliche Glaube*, 2. Aufl. (wie Anm. 28), § 24 Leitsatz.
393 John Henry Newman, *An Essay in Aid of a Grammar of Assent*, London/New York ⁷1888. Danach die folgenden Seitenzahlen.

würde. Sie bedient sich vielmehr des »illative sense«, was man auch mit Wirklichkeitssinn oder natürlichem Urteilsvermögen wiedergeben kann (380). Die so gewonnene Gewissheit ist, sofern sie sich wirklich auf Wahrheit bezieht, dauerhaft und unfehlbar (220 f), denn Wahrheit ist unveränderlich.

Im Bereich der Religion bezieht sich solche Erkenntnis entweder mit Hilfe des Gewissens auf die natürliche Einsicht oder auf Offenbarung. Diese versteht Newman als »authoritative teaching, ... claiming to be received intelligently ... as one doctrine given from above« (387). Die intelligente Aufnahme mittels des illative sense begreift die Wirkungen der offenbarten Lehre (431) und der sakramentalen Heilsvermittlung auf das ganze Leben des Menschen, »a practical efficiency which even unbelievers cannot deny« (489). Vertrauen zur kirchlichen Autorität und Bestätigung durch den Wirklichkeitssinn der gesunden Vernunft stützen sich gegenseitig. So kann Newman zur Gewissheit über die Wahrheit der gesamten biblischen und katholischen Lehre gelangen, wenngleich er die 1870 dogmatisierte Unfehlbarkeit des päpstlichen Stuhls immer in einem minimalistischen Sinn verstanden hat und auch als Kardinal (seit 1879) in Rom nie ganz unangefochten war. Söderblom würdigt das Bestreben der redlichen Prüfung und den Abschied von der scholastischen Methode als das spezifisch Modernistische in dieser Konzeption, weist aber den konstitutiven Bezug des Glaubens auf kirchlich autorisierte Lehre ab: Christlicher Glaube ist »nicht ein Zutrauen zu Schlussfolgerungen und Denknotwendigkeit, sondern der risikoreiche Kampf der Menschheit für das Leben« (*Religionsproblemet* 70–75, Zitat 74), oder anders: Er ist kein Verstandesakt, sondern das Wagnis persönlichen Gottvertrauens.

Mit dieser Interpretation Loisys und Newmans ist, ohne dass die Begriffe hier schon fallen, der Gegensatz von persönlicher und institutionalistischer Religion formuliert, der von nun an nicht nur für Söderbloms Verständnis des konfessionellen Problems innerhalb des Christentums, sondern für seine Sicht der Religionsgeschichte insgesamt grundlegende Bedeutung gewinnt.

Der letzte wichtige Aspekt des Modernismus, der hier zu behandeln ist, betrifft die besondere Form der Mystik, die Söderblom am Beispiel des gelehrten theologischen Autodidakten Friedrich Freiherr von Hügel (1852–1925) exemplifiziert. Dieser war als Spross eines deutschen katholischen Adelsgeschlechts in Florenz geboren und früh mit seiner Familie nach England übergesiedelt. Der plötzliche Tod seines Vaters und eine lebensgefährliche Typhuserkrankung lösten 1870 bei dem 18-Jährigen eine innere Krise aus, in deren Verlauf er eine ausgeprägte religiöse Mystik entwickelte. Er hat nie eine Schule besucht und, infolge der Krankheit schwer hörgeschädigt, auch später kein Studium absolviert, sich aber ein breites Wissen und die Beherrschung des Englischen und Französischen selbst angeeignet und dabei zu freier wissenschaftlicher Forschung gefunden. Sein Hauptwerk, eine umfangreiche zweibändige Monografie über Katharina von Genua, ist zu wesentlichen Teilen die Entfaltung seiner eigenen Religionsphilosophie.[394] In überbordend langen Sätzen eines wenig ansprechenden englischen Stils gehalten und überquellend von langen Zitaten der unterschiedlichsten Autoritäten, ist das Werk doch ein kluges und hochinteressantes Zeugnis des englischen Modernismus.

Der Grundgedanke von Hügels Religionsphilosophie ist die Balance dreier Elemente: institutionelle Autorität, rationales Denken, Verbindung von experimenteller Handlungsorientierung mit religiöser Innerlichkeit (I 50–82. II 387–396). Hügel bezieht diese drei Elemente auf die Abfolge der Lebensalter des Menschen Kindheit, Jugend, Erwachsenenalter mit kritischen Phasen jeweils an den Übergängen, und er untersucht ihre Rolle in den verschiedenen Religionen. Entscheidend ist aber für ihn, dass keines allzu sehr überwiegt. Sonst endet man entweder in autoritätshörigem Aberglauben, in plattem Rationalismus, der in Agnostizismus umschlagen kann, oder in emotionalem Fanatismus (II 387–391). Prinzipiell am vollkommensten vereinigt seien die drei Elemente im (katholischen) Christentum (I 61). Bei aller Betonung des Gleichgewichts kann man aber sagen, dass faktisch die kirchliche Autorität die Grundlage des Ganzen darstellt und dass der Mystik – nicht nur wegen des besonderen Gegenstandes des Buches – das zentrale Interesse des Autors gilt. Die rationale, wissenschaftliche Reflexion hat in erster Linie die Funktion kritischer Rückfrage. (Die Unterscheidung in Natur- und Geisteswissenschaften, wie sie in Deutschland beispielsweise Dilthey oder Rickert durchgeführt haben, setzt Hügel dabei voraus.) Zugleich reinigt sie die Seele durch die Nötigung, sich an Unpersönlichem, Dinghaftem wie Naturereignissen oder auch den Institutionen und dogmatischen Lehren der Religion abzuarbeiten, insbesondere sich mit Biologie oder historischer Kritik zu befassen, mit denen die christliche Religion aktuell Konflikte auszutragen hat. Religion sei zwar primär etwas Persönliches, aber erst durch solche Auseinandersetzungen könne sich das Individuum aus seiner Anthropozentrik lösen und zur Person reifen (II 330. 367–386).

---

394 Baron Friedrich von Hügel, *The Mystical Element of Religion as Studied in Saint Catherine of Genoa and Her Friends*, 2 vol., London (1908) 1909. Danach die folgenden Seitenzahlen. Leider ist als Reaktion v. Hügels auf Söderbloms Behandlung seines Werkes nur sein kurzer Dank für den Erhalt des Buches bekannt, dem er hinzufügt, er wolle es sich übersetzen lassen, vgl. Paul Misner (Hg.), *Fr. v. Hügel, N. Söderblom, Fr. Heiler, Briefwechsel 1909–1931* (KKSMI 14), Paderborn 1981, Brief Nr. 6 vom 19.10.1910 (S. 68).

Außer der Verklammerung mit kirchlicher Autorität einerseits und red-
lichem Denken andererseits bedarf die Mystik noch weiterer Stützen, um
nicht einseitig zu werden. Hügel nennt hier die Askese, die dafür sorgen
müsse, dass die Mystik nicht in einen seligen Pantheismus abgleitet, sondern das Leiden an der Transzendenz Gottes in sich aufnimmt (II 342 f),
sowie die soziale Dimension, damit aus der Mystik nicht ein enger religiöser Individualismus wird (II 365 f).

Zwei Problemkreisen widmet von Hügel seine besondere Aufmerksamkeit. Der eine ist das Verhältnis der Mystik zum Pantheismus (II 325–
340). Eine gewisse Affinität der mystischen Versenkung ins Unendliche
zum Pantheismus lasse sich nicht bestreiten. Das Wahrheitsmoment darin
liegt in der Ablehnung jedes Anthropomorphismus, wie sie von Hügel
mit dem Deutschen Idealismus vertritt. Doch der reine Pantheismus sei ir-
religiös, weil er die konstitutive Differenz zwischen Gott und Mensch und
insbesondere die Notwendigkeit der Erlösung leugne. Deshalb vermeidet
von Hügel eine schlichte Identifikation der Begriffe *God* und *the Infinite*
und kann dann doch von Gott als *spiritual personality* und seinem Handeln sprechen.

Der andere Komplex betrifft das Verhältnis des Mystikers zum Bösen
(II 290–307). Von Hause aus sei der Mystiker optimistisch gestimmt und
geneigt, die positive Realität des Bösen zu leugnen. Deshalb setzt sich von
Hügel ausführlich mit der neuplatonischen Neigung auseinander, das Böse
lediglich als Mangel an Gutem zu begreifen. Doch endet er bei der römischen Lehre von der Sünde als *concupiscentia*, die eigentlich etwas Natürliches sei und lediglich durch den Verlust des *donum superadditum* zur
Sünde werde.

Söderblom (*Religionsproblemet*, 221–235) würdigt zunächst ausführlich die historische und systematische Leistung von Hügels, um sich dann
an zwei Punkten mit ihm auseinanderzusetzen. Die Kritik richtet sich vor
allem gegen das Überwiegen des metaphysischen Interesses. Zwar hatte
Söderblom ja selbst ansatzweise in seiner Enzyklopädie eine Metaphysik
entwickelt, aber das war im Unterschied zu von Hügel eine personale Metaphysik. Bei diesem dagegen trete gerade das Personale ungebührlich in
den Hintergrund. Söderblom illustriert das an von Hügels vernichtender Kritik an dem Religionsverständnis Immanuel Kants und der theologischen Neukantianer (238–245). Von Hügel habe, seinem eigenen sensiblen Gewissen zum Trotz, die Tiefe von Kants Einsicht in die Majestät
des sittlichen Ideals überhaupt nicht begriffen, die man durchaus als eine
Mystik des Gewissens bezeichnen könne (240. 255). Ebenso wenig habe
er einen Sinn für das Prophetische in der geschichtlichen Offenbarung
nach jüdisch-christlichem Verständnis, für die religiöse und sittliche Bedeutung Jesu Christi, für Luthers Dialektik von Glaube und Anfechtung

auf dem Grund seiner radikalen Sicht der Sünde (268–272). Metaphysik könne sehr wohl dem Klarheitsbedürfnis philosophischer Reflexion dienen, aber das Christentum sei nun einmal eine ethische Erlösungsreligion; da müssten die Gewichte anders verteilt werden (252 f). Söderblom weist die Problematik besonders an von Hügels Interpretation der Sünde auf, der es nicht gelinge, deren Charakter als Position herauszuarbeiten (272 f 300).

Mit dem ermäßigten Sündenverständnis hängt zusammen, dass von Hügel die Neigung des Mystikers zur seelischen Selbstbespiegelung nicht wirklich ausschließen kann. Söderblom hält in einer dicht und zugleich anschaulich formulierten Passage dagegen, dass die Begegnung mit dem unentrinnbaren Gott solche Selbstbezogenheit schlicht unmöglich macht:

> »Die Seele kommt nicht dazu, zur Seite zu springen wie der Photograph und zu sehen, wie sie sich ausnimmt. Sie kommt nicht dazu, einen Blick in den Spiegel zu werfen, sondern wird selbst ein Spiegel, der die harte Herrlichkeit der Wirklichkeit wiedergibt – das ist Gottes Macht ... Wer sein Leben verliert, der wird es finden« (281 f).

Die letztlich doch stark neuplatonisch gefärbte Metaphysik von Hügels hat auch Folgen für das Gottesverständnis. Söderblom erkennt von Hügels Erörterung des Pantheismusproblems durchaus ein gewisses Recht zu. Nicht jede Abweichung von einem »handfesten [*bastant*] jüdischen Anthropomorphismus« sei gleich als Pantheismus zu verteufeln (257). Er hatte ja selbst in seinem Buch über Offenbarungstheologie der »Unendlichkeitsmystik« ein gewisses, relatives Recht zuerkannt (s. o., 146–148). Doch zu einer Unendlichkeit könne man letzten Endes kein persönliches Verhältnis haben; der Primat gebühre deshalb der Ich-Du-Beziehung, für welche die ewige Unveränderlichkeit Gottes nicht die eines statischen, ruhenden Seins, sondern die eines dynamischen, lebendigen Willens sei (258). Söderblom unterscheidet vier Stufen steigender Adäquatheit der Symbole für die Gottheit: 1) Symbole aus der materiellen Welt, die Statik suggerieren, 2) das Symbol der Kraft, das Bewegung und Entwicklung zulässt, aber wirklich angemessen erst dann ist, wenn es die Konnotation der Lebendigkeit hat, 3) Symbole aus dem menschlichen Leben mit der Gefahr des Anthropomorphismus, 4) Symbole, die das ethische Mysterium enthalten wie das biblische Symbol des Vaters oder das neuzeitliche der Persönlichkeit (258–263).

Auch die Einwände, die Söderblom gegen von Hügel erhebt, lassen sich auf die Fundierung in der Autorität der institutionellen Kirche zurückführen. Das verbindet die drei sehr unterschiedlichen Denker miteinander, mit denen sich dieses Buch auseinandersetzt. Die Unendlichkeitsmystik hat eben innerhalb des Christentums ihr – stärkeres – Gegengewicht entweder wie bei Luther in der Mystik des Gewissens oder in der schützenden kirchlichen Institution. So kann Söderblom das Ergebnis seiner Auseinandersetzung mit dem römischen Katholizismus anhand des Modernismus folgendermaßen zusammenfassen:

- Die katholische Seite weist der Kirche in Bezug auf das Heil zu viel, der religiös schöpferischen Kraft der geschichtlichen Person Jesu Christi zu wenig Autorität zu. (Eine pädagogische Aufgabe der Kirche will Söderblom damit nicht bestreiten.) Deshalb relativiert sie die Normativität des apostolischen Zeitalters, welche diesem nicht wegen der besonderen Heiligkeit der Apostel, sondern wegen ihrer historischen Nähe zur Gestalt Christi zukommt. Eine zweite Folge ist die Duldung von Heidentum und Aberglauben in der Kirche (340–350. 357–359).
- Die katholische Kirche versucht, die Gewissensnot des Einzelnen vor Gott durch Berufung auf ihre göttliche Autorisierung zu entschärfen, statt sie durch das unmittelbare Verhältnis des Einzelnen zu Christus gelöst sein zu lassen (350f).
- Die katholische Kirche hat ein gespaltenes Verhältnis zur geschichtlichen Wirklichkeit, weil sie ungeachtet aller historischen Kritik auf ihr *depositum fidei* zurückgreift, so als ob es innerhalb der Geschichte einen heilsgeschichtlichen Sonderbereich gäbe, der von keiner historischen Forschung erreichbar ist (351–357).
- Das historische Ideal des Modernismus ist das franziskanische. Diesem gesteht Söderblom ein begrenztes Recht zu. Doch fehlt ihm der viel wichtigere positive Gedanke des Berufs im evangelischen Sinn (359–371).
- Trotz ihres eigenen Gewissensernstes hat die Unendlichkeitsmystik bei den Modernisten den Vorrang vor der Gewissensmystik, wie besonders das Beispiel von Hügels zeigt (371 f).

Alle diese einzelnen Differenzen lassen sich letzten Endes auf den ersten Punkt zurückführen. Sie sind insgesamt Ausdruck nicht eines graduellen, sondern eines Artunterschiedes (6), der sich nicht durch irgendwelche Kompromisse überbrücken lässt. Deshalb zieht Söderblom die Schlussfolgerung: »Unsererseits müssen wir, was Rom angeht, eine kirchliche Verbindung jetzt und in absehbarer Zukunft als ebenso hoffnungslos ansehen, wie deren Wert zweifelhaft ist« (293). Das sind deutliche Worte, die gewiss auch dem Vatikan kolportiert worden sind. Sie dürften dort im Gedächtnis geblieben sein und viele Jahre später bei der römischen Ablehnung der Einladung Söderbloms zur ökumenischen Konferenz in Stockholm noch eine Rolle gespielt haben, obwohl dort eine organisatorische oder lehrmäßige Vereinigung überhaupt nicht zur Debatte stand. Er selbst war sich völlig darüber im Klaren, dass er in Rom »schlecht angeschrieben« war, wie eine briefliche Bemerkung aus dem Jahr 1923 bezeugt.[395] Zwar hat er die römische Position stets respektiert, aber seine Auffassung von deren grundsätzlicher Unvereinbarkeit mit der evangelischen nie geändert.

3. Ebenfalls schon in seiner Professorenzeit hat Söderblom Kontakte zu Vertretern der Ostkirche geknüpft. Sie waren zwar einstweilen noch nicht sehr intensiv, müssen aber hier erwähnt werden, weil sie für die späteren ökumenischen Bemühungen eine nicht unerhebliche Bedeutung gewinnen sollten. Ausgangspunkt war Söderbloms Teilnahme, gemeinsam mit seiner Frau, an der 9. internationalen Konferenz des Student Christian Movement in Konstantinopel (Istanbul) vom 24.–28.4.1911.[396]

Söderblom und seine Frau hatten sich zuvor die Zeit genommen, u.a. Rom und Athen zu besuchen, um dort, was durch die unterschiedlichen Termine möglich war, jeweils die Karwoche und Ostern zu erleben. Diese Tage vermittelten ihnen einen zwar kurzen, aber intensiven persönlichen Eindruck von den Kirchen und von dem Leben der Menschen dort. Söderbloms Aufzeichnungen zeigen ihn uns wieder einmal als ungemein genauen Beobachter, der sich in der kurzen Zeit in Rom und anderen Orten Italiens gründlich umgesehen hat, insbesondere abseits der touristischen Attraktionen. Dabei ist ihm stets eine Fülle von kirchen-, kunst- und religionsgeschichtlichen Bezügen in den Sinn gekommen. Ebenso wie sein 900 Seiten starker Bericht von der Life-and-Work-Konferenz in Stockholm 1925, von dem später zu reden sein wird, gibt die kleine Schrift ein lebendiges Bild von Söderbloms Auseinandersetzung nicht nur mit der Theorie, sondern mehr noch mit der konkreten Wirklichkeit kirchlichen Lebens.

An der Schilderung der römischen Erlebnisse fällt sofort ihre Differenziertheit ins Auge. Gleich zu Beginn betont er die Gemeinsamkeit des christlichen Glaubens, deren man gewahr werde, sobald man durch die oft fremde Oberfläche zum wesentlichen Kern der katholischen Osterfeiern vordringe (183). Den hochmusikalischen Gast beeindruckt die großartige Liturgie, den Kunstkenner die Schönheit der alten Kirchen, den Historiker die uralte geistliche Tradition, die er sogleich in Verbindung bringt mit der dem Christentum vorausgegangenen römischen Religion. Auf der anderen Seite kontrastiert er die naturreligiösen Elemente und den volksfesthaften Charakter einer Osterprozession in Caserta mit den Osterfeiern der Alten Kirche in den Katakomben und bemerkt kritisch das Fehlen eines eigenen Ortes der Gethsemane-Szene in der Liturgie (186.188.201 f). Bei einer päpstlichen Audienz bedrücken ihn die Servilität kurialer Beamter,

395 Brief an Gottfrid Billing vom 11.8.1923, N. SÖDERBLOM, Brev ... (wie Anm. 1), Nr. 212.
396 Vgl. N. SÖDERBLOM, Tre heliga veckor (1911), abgedr. in: ders., Sommarminnen (wie Anm. 135), 182–242. Danach die folgenden Seitenzahlen.

die kirchliche Machtpolitik sowie der müde, apathische Eindruck des alten Papstes Pius X., der auf ihn wirkte wie »der göttliche Medizinmann der primitiven Religion« (184). Am schärfsten kritisiert er den Reliquienkult, doch lässt er sich von einem römisch-katholischen Gesprächspartner auch selbst in Frage stellen, wenn er dies als Götzendienst empfindet: »In dem Intellektualismus des Protestantismus betrifft das die Theorie, im römischen Wesen Riten. Aber das Problem ist im Wesentlichen dasselbe« (200). Ausgesprochen angetan ist er von der geistigen Lebendigkeit des Kardinals Louis Marie Olivier Duchesne, des berühmten modernistischen Kirchenhistorikers (184–186), dessen wissenschaftliche Arbeit er hoch schätzte.

Die erste Begegnung mit der Ostkirche in Athen (die zweite »heilige Woche«) berührt den skandinavischen Protestanten noch fremdartiger als der römische Katholizismus. War es dort das »Heidnische« und Abergläubische, was ihn abstieß, so machen ihm hier der Kontrast zwischen der sakral aufgeladenen Atmosphäre des Gottesdienstes mit der Einfachheit des Evangeliums sowie das unruhige Kommen und Gehen während der Feier zu schaffen (206. 209). Andererseits ist er beglückt von der Tatsache, dass die Menschen in Griechenland sprachlich unmittelbaren Zugang zu den Texten des Neuen Testaments haben. Besonders beeindruckt den schauspielerisch begabten Mann die an die Stelle einer Predigt tretende dramatische Aufführung der Passionsgeschichte im liturgischen Wechselgesang, die das Geschehen unmittelbar gegenwärtig erscheinen lässt (206 f 210–213). Dagegen empfindet er antijüdische Stellen in der Liturgie und den Stolz auf die vollkommen unveränderte Bewahrung der dogmatischen Tradition als ausgesprochen störend – da fühlt er sich dann sogar der römischen Kirche näher (214 f). Mit voller Wucht wurde ihm die Andersartigkeit dieser Frömmigkeit bewusst, als er in Konstantinopel einen Vortrag über Wissenschaft und Religion zu halten hatte. Für die teils türkischen, teils griechischen Zuhörer war Religion nichts anderes als Kult; dass sie auch etwas mit Weltanschauung zu tun haben sollte, war ihnen völlig neu (221).

Die dritte »heilige Woche« schließlich galt der ökumenischen Konferenz. Sie fand in den Räumlichkeiten eines amerikanischen College statt. Der Leser merkt sofort, wie Söderblom sich in dieser vertrauten Atmosphäre viel wohler fühlt als in dem bunten und geschäftigen orientalischen Gewimmel der Stadt, so sehr ihn dieses auch fasziniert. Die Konferenz war für Söderbloms weiteres Wirken in mehrfacher Hinsicht bedeutsam. Zum einen konnte er bereits früher geknüpfte Kontakte mit Kirchenleuten erneuern, die später zu wichtigen Mitarbeitern seiner ökumenischen Bestrebungen werden sollten wie John Mott, den er bereits von der Studentenkonferenz in Northfield/Mass. 1890 her kannte, und wichtige neue Bekanntschaften schließen wie mit dem reformierten schottischen Theologen David Smith Cairns oder dem chinesischen Kirchenführer Cheng-ting T. Wang (239–242). Vor allem lernte er den jungen Archimandriten Strenopoulos Germanos (1872–1951) kennen. Dieser war damals Direktor des orthodoxen theologischen Seminars auf der Insel Chalkis und wurde später als Metropolit von Thyateira sein wichtigster ökumenischer Partner auf Seiten der orthodoxen Kirche.[397]

Zweitens gaben die Vorträge der Konferenz über einen weiten Kreis orientalischer Länder bis hin zur Thomaskirche in Madras (heute Chennai) Söderblom einen Überblick über die kirchlichen Verhältnisse in diesem Teil der Welt, an den er später anknüpfen konnte. Das erklärte Ziel der Konferenz war es, Glieder der orientalischen Kirchen für die internationale christliche Studentenbewegung zu gewinnen (221). Söderblom gab sich freilich keinen Illusionen hin, was die Schwierigkeiten anlangte, angesichts der fest gefügten Tradition und des unerschütterlichen Selbstbewusstseins der orthodoxen Kirche dieses Ziel zu erreichen. Umso wichtiger erschien es ihm, eine Konzeption christlicher Einheit zu finden, in der auch die alten Kultkirchen ihren eigenen Platz finden könnten (242). Ermutigend musste ihm da die Anwesenheit einiger Vertreter orthodoxer Reformbewegungen erscheinen, die sich für eine Neubelebung der Predigt und gegen den verbreiteten Aberglauben einsetzten (222), sowie die einhellige Zustimmung zu der Notwendigkeit moderner wissenschaftlicher Theologie für die Kirche – keine Selbstverständlichkeit für die Studentenbewegung, die sich auf dieser Konferenz zum ersten Mal für theoretische theologische Fragen öffnete (235–238). Auf Grund dieser Einzelerfahrungen ebenso wie der guten Beziehungen, welche die schwedische Kirche von jeher zu Anglikanern, Lutheranern und Reformierten unterhalten hatte, träumte Söderblom schon jetzt von einer gesamtökumenischen Vermittlungsfunktion für sie (242). Persönlich konnte er sich auf dieser Konferenz durch seinen Vortrag über die Fortsetzung der Offenbarung (s. o., 156–159) für solch eine Vision schon einmal gut positionieren.

f Christentum und Religionsgeschichte

Wie Söderblom in der Theologie besonders an dem Verhältnis der Konfessionen zueinander und im Zusammenhang damit an der Herausarbeitung des spezifisch Christlichen interessiert war, so ist ihm in der Religionsgeschichte vor allem an dem Verhältnis der Religionen zueinander, insbesondere zum Christentum, gelegen, um auf diese Weise dem Wesen

---

397 Vgl. B. SUNDKLER, a. a. O. (wie Anm. 2), 97, und N. SÖDERBLOM, Brev ... (wie Anm. 1, s. dort das Register).

der Religion näher zu kommen. Beides hängt natürlich eng miteinander zusammen. So nimmt es denn nicht wunder, dass unter den vielfältigen Veröffentlichungen Söderbloms zu den unterschiedlichsten Gebieten, Personen und Sachfragen der Religionsgeschichte – von den »primitiven« Religionen bis zu Buddha, Laotse, Sokrates und Nietzsche, von der Askese bis zur religiösen Funktion von Rauschgetränken – die phänomenologisch vergleichenden Studien und die Gesamtüberblicke in Lehrbuchform herausragen. Ganz auf dieser Linie will die große Monographie über die Religionen der schriftlosen Völker (*Das Werden des Gottesglaubens*) »nicht nur von der geschichtlichen Bildung religiöser Vorstellungen« sprechen, sondern »von der Religion selbst«.[398] Eben diesem Interesse verdankt sich die Konzentration auf das Heilige als Grundbegriff aller Religion.

Auf diesen Feldern liegt Söderbloms eigentliche wissenschaftliche Leistung. Sie besteht in der Auswertung des in dieser Zeit des Aufbruchs der Religionswissenschaft reichlich fließenden Stromes an Material. Nach der empirischen Wende, der Abkehr von den großen spekulativen Systemen der Religionsphilosophie, war es außerordentlich strittig, wie man von der gewaltig angewachsenen Stoffsammlung zu einer einleuchtenden Bestimmung des spezifisch Religiösen gelangen sollte. Die meisten Lösungsansätze der Zeit beschränkten sich darauf, die Religion ethnologisch, psychologisch oder soziologisch zu erklären, weil man die wissenschaftliche Untersuchung von jeglichem religiösen Bekenntnis freihalten wollte. Die Kehrseite dieses Bemühens war jedoch, dass die Religionsgeschichte zu einer Spezialabteilung der genannten Wissenschaften wurde, ohne dass man hinreichend deutlich machen konnte, worin genau eigentlich ihr Specificum besteht. (Wir werden die wichtigsten dieser Vorschläge als Hintergrund der erwähnten Monographie Söderbloms zu erörtern haben.) Ob und ggf. wie Söderblom über diesen unbefriedigenden Zustand hinauszuführen vermochte, werden wir sehen. Zunächst einmal hielt er es für notwendig, in Auseinandersetzung mit vorliegenden Konzeptionen, vorzugsweise mit existierenden Lehrbüchern, sozusagen probeweise große Zusammenhänge herzustellen, die dann unter ständiger Überprüfung am empirischen Material auf den Begriff zu bringen waren. Es geht ihm also genau um die Überwindung eines geistlosen Historismus, für die er schon 1892 einen Bundesgenossen in Otto Pfleiderer entdeckt hatte (s. o., 87 f).

1. So traf es sich gut, dass Söderblom schon früh in seiner Karriere die Betreuung des Lehrbuchs des Leidener remonstrantischen Theologen und Religionshistorikers Cornelis Petrus Tiele (1830–1902) übertragen wurde, den er auf seiner Reise in die Niederlande 1898 persönlich kennen ge-

---

398 So der Herausgeber und Übersetzer RUDOLF STÜBE in: N. SÖDERBLOM, *Das Werden des Gottesglaubens* (wie Anm. 226), X.

lernt hatte (s. o., 122).[399] Zu seiner Bereitschaft, diese Aufgabe zu über-nehmen, wird sicherlich beigetragen haben, dass auch Tiele an der Verbin-dung zur Religionsphilosophie gelegen war und dass er sich dafür gern auf Pfleiderer berief.[400]

Dieses Interesse kommt allerdings im Kompendium außer in dessen Einleitung kaum zum Zuge. Im Gegenteil: Hier gibt Tiele explizit den em-pirisch zu erhebenden genealogischen und historischen Beziehungen der Religionen untereinander den unbedingten Vorzug vor jeglicher philoso-phischen Deutung (5). Dennoch meint er eine klare Entwicklungslinie fest-stellen zu können, die von den Resten der als solcher nicht mehr zu re-konstruierenden Urreligion im Animismus oder Polydämonismus zu der mit dem Fortschreiten der Kultur einsetzenden eigentlichen Religionsge-schichte überleitet; diese führt dann über die polytheistischen Volksreli-gionen zu den nomistischen Religionen (dazu rechnet er Konfuzianismus, Taoismus, »Mosaismus«, Brahmanismus und Mazdaismus), die in sich sowohl pantheistische als auch monotheistische Formen ausbilden, und schließlich zu den Weltreligionen Buddhismus, Christentum und Islam, denen jeweils ein bestimmtes Prinzip zugrunde liegt (2–6). Diese Entwick-lungslinie soll sich durch die gesamte Religionsgeschichte hindurchzie-hen, obgleich ihre Anfänge wahrscheinlich nicht in einer einzigen, son-dern in einer Vielzahl von Religionen in verschiedenen Teilen der Welt liegen (3).

In seiner später geschriebenen *Einleitung in die Religionswissenschaft*[401] führt Tiele genauer aus, dass die *Stufen* des von ihm beschriebenen (Rück-schläge nicht ausschließenden) Entwicklungsprozesses denen der Kultur-entwicklung entsprechen, unbeschadet der Tatsache, dass zum Selbstver-ständnis aller Religionen die Idee einer Offenbarung gehört (*Einleitung* I 30.113.227.229. 241). Die Stufen werden hier neu gegliedert in Natur-religionen (zu deren höchsten Brahmanismus, Hinduismus, ägyptische und babylonische Religion gehören) und ethische Religionen oder Offen-barungsreligionen im engeren Sinn, zu denen freilich keine lineare Ent-wicklung, sondern eine »Reformation« hinüberführen muss (*Einleitung* I

399 CORNELIS PETRUS TIELE, *Kompendium der Religionswissenschaft. Ein Hand-buch zur Orientierung und zum Selbststudium* (Geschiedenis van den godsdienst tot aan de heerschappij der wereldgodsdiensten 1876, dt. v. F.W.T. Weber), Ber-lin 1880; Prenzlau ²1887 (unverändert); von Söderblom bearbeitet: Breslau ³1903, 4.–6. Aufl. Berlin 1912–1931. Seitenzahlen im Text nach der 1./2. Aufl.

400 C.P. TIELE, *Einleitung in die Religionswissenschaft*, dt. v. G. Gehrich, 2 Bd. Go-tha 1899/1901, Bd. I, 14.

401 Von hier ab wechseln Zitate aus dem *Kompendium*, 1./2. Aufl. (wie Anm. 399) und aus der *Einleitung* (wie Anm. 400), jeweils mit Kurztitel und Seitenzahl ge-kennzeichnet.

59. 102). Das hängt mit der Rolle zusammen, die hier den Religionsstiftern als genialen Individuen zugeschrieben wird; sie sind nicht bloße Instrumente eines hegelschen Weltgeistes (*Einleitung* I 210–233).

Der Begriff der Reformation bezeichnet offenbar eine Bruchstelle in dem Konzept. Dennoch führt Tiele das zweite, zu den Stufen quer stehende Einteilungsprinzip der *Richtungen* der Entwicklung nicht an diesem Punkt ein, sondern setzt es mit den durch verschiedene Völker oder »Rassen« bestimmten Religionsfamilien gleich – wozu man freilich sogleich hinzufügen muss, dass er »Rasse« als unglücklichen Ausdruck bezeichnete und damit relativierte (*Einleitung* I 130). Als Christ und liberaler Niederländer hat er sich damit glaubhaft von der damals bereits grassierenden rassistischen Theorie des Grafen Gobineau distanziert, wenngleich die für das Kompendium konstitutive Einteilung in hamitisch-semitische und arische Religionen einem solchen Verständnis ungewollt Vorschub leistete.[402] Gemeint ist diese Einteilung rein ethnographisch, wie u. a. die ihr hier vorgeschaltete Behandlung der chinesischen Religion zeigt. In der *Einleitung* (I 133 f). hat er sie dann religiös näher bestimmt als überwiegend theanthropisch (arisch) bzw. überwiegend theokratisch (hamitisch-semitisch), d. h. als die Verwandtschaft von Gott und Mensch bzw. ihre radikale Differenz betonend.

Das ethnographische Einteilungsprinzip ist – nach einem Kapitel über »Die Religion unter der Herrschaft des Animismus« – im Kompendium völlig dominant. Das ist dadurch ermöglicht, dass die Darstellung laut dem niederländischen Originaltitel nur »bis zur Herrschaft der Weltreligionen« reichen, also dieses letzte Stadium nicht mehr einschließen soll. Darum kann Tiele darauf verzichten, Buddhismus und das Christentum in einer eigenen Abteilung zu behandeln. Das geht freilich nicht ohne Gewaltsamkeit ab. So wird der Buddhismus kurzerhand den indischen Religionen zugeordnet. Dem Christentum werden am Ende der Besprechung der semitischen Religionen zwei Sätze eingeräumt, die es als den Boden der Vermittlung zwischen der israelitischen Religion und der griechisch-römischen Religion zeigen; und im Anschluss an die Darstellung des Verfalls der römischen Religion wird die Funktion der Kirche auf zwei Seiten

---

402 Vgl. Joseph Arthur Comte de Gobineau, *Essai sur l'inégalité des races humaines*, 4 Bd., Paris 1853–1855; dt.: Versuch über die Ungleichheit der Menschenrassen, Stuttgart 1898–1901. Zur Geschichte der lange Zeit hindurch rein philologisch und wertfrei gemeinten Gegenüberstellung von »Arisch« und »Semitisch« vgl. Maurice Olender, *Die Sprachen des Paradieses. Religion, Philologie und Rassentheorie im 19. Jahrhundert* (Les langues du paradis, dt. v. P. D. Krumme), Frankfurt a. M. u. a., 1995, und Hans G. Kippenberg, *Die Entdeckung der Religionsgeschichte. Religionswissenschaft und Moderne*, München 1997, 70–73.

(*Kompendium*, 283 f) zunächst als die durch den neuen Geist modifizierte Gestalt der römischen Weltherrschaft, sodann als »Zuchtmeisterin der rohen Völker des Nordens« und als Hüterin der Tradition der Antike und Jesu geschildert. Dahinter steht freilich mehr als diese kargen Andeutungen vermuten lassen. Das Christentum ist nämlich die Frucht der Verbindung von semitischer und indogermanischer Religion (*Einleitung* I 179–182: Synthese der theokratischen und der theanthropischen Richtung) und hat sich als solche in Europa am höchsten entwickelt (*Kompendium*, 101).

Von einer Absolutheit des Christentums ist nirgends die Rede, auch wenn man annehmen kann, dass dieser Gedanke durchaus zur persönlichen Überzeugung Tieles gehörte. Sogar die Frage, worin das Wesen der Religion bestehe, wird abgesehen von der ganz allgemeinen Auskunft, dass sie sich selbst als Beziehung zu übermenschlichen Mächten verstehe, im *Kompendium* selbst bewusst offen gelassen (2). In der *Einleitung* dagegen lässt Tiele sich auf diese religionsphilosophische Fragestellung ein und bestimmt die übermenschliche Macht näher als Gottesidee (II 63–82) und dementsprechend die Religion als die ganze Hingabe des Menschen in Gemüt, Vorstellung und Gesinnung an die Gottheit, als Anbetung in Furcht, Vertrauen und Dankbarkeit (II 12–20. 160–163).

Was hat sich nun durch Söderbloms Bearbeitung des Kompendiums geändert? Die 3. Auflage, die erste unter seiner Ägide, war schon im Jahr 1903 erschienen. Doch sie fußte vor allem auf nachgelassenen Notizen Tieles und hätte von ihm auch noch durchgesehen werden sollen, bevor er starb. Söderblom hat sich deshalb mit Änderungen stark zurückgehalten und sie auf das Notwendigste beschränkt. Gerade wo seine eigene Auffassung von derjenigen Tieles stärker divergierte, hat er den ihm vorliegenden Text beibehalten (vgl. sein Vorwort).

Auch bei seiner völligen Neubearbeitung in der 4. Aufl. 1912 wollte und konnte Söderblom schon aus Pietät nicht ein ganz anderes Buch daraus machen. Doch hat er jetzt sehr viel stärker eingegriffen, schon rein äußerlich: Die gewisse sprachliche Kargheit Tieles hat weitgehend dem viel eleganteren Stil Söderbloms Platz gemacht. Sodann hat er das Buch stark erweitert – von 426 auf 564 Seiten – und viele Abschnitte ganz neu geschrieben, um dem fortgeschrittenen Stand der Forschung Rechnung zu tragen. Das betrifft besonders den Abschnitt über »Die Religion bei den Primitiven«, der von 2 auf 9 Paragraphen erweitert worden ist. Wichtiger ist aber die sachliche Korrektur. Söderblom hatte sich inzwischen intensiv mit diesem Gebiet beschäftigt; er hat ja zwei Jahre später sein bereits erwähntes, wohl bekanntestes Werk *Gudstrons uppkomst* (Das Werden des Gottesglaubens) darüber veröffentlicht. Dabei war ihm klar geworden, dass Tieles Versuch, es unter den einheitlichen Nenner des Animismus zu bringen, mittlerweile eindeutig überholt war[403], und er legt nun eine weit stärker differenzierte Fassung vor, in die er Bewährtes aus konkurrierenden Theorien (Totemismus, Allvätergestalten) zu integrieren sucht. Vor allem aber macht er die Vorstellung der Macht, des Mana, zum Fundament dieser ganzen Entwicklungsstufe.

Den Entwicklungsgedanken lässt Söderblom stehen. Aber er hat ihn in zweierlei Hinsicht stark modifiziert. Zum einen ist die Koppelung der religiösen Entwicklung an die der Kultur, die er ja bereits in seiner Schrift über Offenbarungsreligion im Zusammenhang des Babel-Bibel-Streites als inadäquat zurückgewiesen hatte, jetzt fortgefallen bzw. nur noch für den Typus der Natur- und Kulturreligionen in Geltung belassen. Der Entwicklungsgedanke bleibt insofern offen. Im Hintergrund dürfte bei Söderblom der Gedanke einer Fortsetzung der göttlichen Offenbarung (s. o., 156–159) stehen, den er aber bewusst nicht in eine streng historische Darstellung einbringt. Das hat, zweitens, unmittelbare Konsequenzen für das Verständnis der Arten (bei Tiele: Richtungen) der religionsgeschichtlichen Entwicklung. Söderblom nennt deren drei: neben Natur- und Kulturreligionen, die eine »Begleiterscheinung einer höheren Ackerbaukultur« sind, Religion »als asketische Reaktion gegen das Vertrauen zu Natur und Kultur« sowie »als prophetische Schöpfung oder Offenbarungsreligion« (*Kompendium*, 4. Aufl., 15 f; danach auch die folgenden Seitenzahlen).

Damit ist zugleich die Problematik der ethnographischen Einteilung Tieles entschärft. Nicht nur hatte Söderblom nach der Religion der schriftlosen Völker einen neuen Abschnitt über die vorkolumbianischen amerikanischen Religionen eingeschoben, den Abschnitt über Ostasien um ein Stück über den japanischen Shintoismus erweitert und auch sonst durch eine ganze Anzahl neuer Passagen das Bild erheblich ausdifferenziert, sondern vor allem die antithetische Gegenüberstellung von Hamiten/Semiten einerseits und Ariern andererseits dadurch aufgebrochen, dass er zu den prophetischen Religionen nicht nur Judentum, Christentum und Islam, sondern auch die iranische Religion Zarathustras rechnet (18). Damit ist, was für die zeitgenössische Diskussion wichtig war, der Verdacht einer rassistischen Interpretation wirksamer ausgeräumt, als es Tiele gelungen war.

Die wichtigste Erweiterung betrifft das Christentum. Söderblom selbst hat zwar noch 1920 eine Einführung in die Religionsgeschichte geschrieben, in der das Christentum ganz außer Betracht blieb, weil es in seinen Grundzügen allgemein bekannt sei.[404] Aber da handelt es sich um eine

---

403 Diese Sicht hatte freilich noch namhafte Vertreter, so z. B. WILHELM WUNDT in seiner *Völkerpsychologie*, Bd. II/2 = Kap. 4: Die Seelenvorstellung, Leipzig 1906.
404 Vgl. N. SÖDERBLOM, *Einführung in die Religionsgeschichte* (Wissenschaft u. Bildung 131), Leipzig 1920, 7.

volkstümliche Schrift mit begrenzter Zielsetzung. In seiner Neubearbeitung des tieleschen Kompendiums dagegen räumt er dem Christentum eine eigene Abteilung ein, nachdem er schon in der dritten Auflage (93–96) am Ende der Darstellung der westsemitischen Religionen einige Seiten über Jesus hinzugefügt hatte. Jetzt wird – natürlich in knapper Form – die Geschichte des Christentums bis zum katholischen Modernismus, in der 6. Auflage von 1931 bis zur Stockholmer ökumenischen Konferenz von 1925 fortgeführt. Damit ist das Christentum, den Vorgaben der Enzyklopädie entsprechend, in die Religionsgeschichte integriert.

2. Wie stark sich Söderbloms Verständnis der Religionsgeschichte bei aller Verwandtschaft von Tiele unterscheidet, wird naturgemäß deutlicher in einer von vornherein von ihm selbst konzipierten Übersicht über die allgemeine Religionsgeschichte[405], einem Leitfaden für Gymnasiallehrer, der sicher nicht zufällig im gleichen Jahr 1912 erschienen ist wie die 4. Auflage des Tiele. Es musste ihm ja daran gelegen sein, das Konzept, das er 1908 in seiner Enzyklopädie entworfen hatte, nun auch am religionsgeschichtlichen Stoff zu bewähren (III). Das scheint zwar beim ersten Blick auf das Inhaltsverzeichnis gar nicht wirklich durchgeführt worden zu sein, denn dieses enthält weder für das Judentum noch für das Christentum ein eigenes Kapitel. Auch hier ist vorausgesetzt, dass beide im Wesentlichen bekannt sind (was zumindest für das nachbiblische Judentum eine ziemlich kühne Annahme ist). Dafür aber ist die jüdisch-christliche Tradition insofern der Ausgangspunkt für den gesamten Entwurf, als seine Anordnung sich an der zeitlichen Abfolge orientiert, in der Judentum und Christentum mit den anderen Religionen der Welt in Berührung gekommen sind, sei es durch Mission oder in feindlicher Konfrontation (4). Dabei ist die Mission eindeutig der vorherrschende Gesichtspunkt. Denn der rote Faden, der sich laut der Überschrift über den bei weitem umfangreichsten, historischen Hauptteil durch die Religionsgeschichte hindurchzieht, ist »Der Weg (oder: Gang; schwed. gång) der Religion zur Weltgeschichte«. Das Kriterium für den zugrunde liegenden Entwicklungsgedanken ist also nicht der allfällige Fortschritt von Kultur oder Moral, auch nicht die ethnographische Aufteilung in Völkerfamilien oder Rassen, also kein der Religion äußerlicher Maßstab, sondern die innere Lebenskraft der Religion selbst, wie sie sich in der Geschichte ihrer Ausbreitung manifestiert.

Dabei ist aber nicht eine rein christliche Welt als Fernziel im Blick, obgleich die christliche Mission explizit als Mittelpunkt der historischen Darstellung genannt wird (8). Denn deren Ende bildet (ähnlich wie schon in der Schrift über die Religionsurkunden, s. o., 163) der unaufgelöste

---

405 N. SÖDERBLOM, *Översikt av allmänna religionshistorien*, Stockholm 1912. Danach die folgenden Seitenzahlen.

Gegensatz zweier missionierender Weltreligionen, des Buddhismus und der jüdisch-christlichen Offenbarungsreligion (1) bzw. des Christentums samt seiner Vorstufe. Ganz entsprechend der Enzyklopädie (s. o., 169) ist also der Leitgedanke nicht der einer evolutionären Synthese, sondern der des Wettstreits, *tävlan*, wiewohl dieser Begriff hier nicht ausdrücklich fällt.

Man kann sich fragen, weshalb Söderblom den Islam nur auf einer einzigen Seite behandelt und ihn dabei nicht dem Christentum als ernsthaft mit ihm konkurrierende Weltreligion gegenüberstellt. Über das Gewicht dieser historischen Beziehung ist er doch informiert. Er gibt eine doppelte Antwort auf diese Frage: zum einen sei der Islam ursprünglich nichts anderes als »eine arabische Abart des biblischen Monotheismus«, nämlich wie dieser zum Typus der prophetischen Religion gehörig (68), und zum anderen wirke seine strenge Disziplinierung zugleich als Hindernis für eine religiöse Höherentwicklung (81).[406] Es hat den Anschein, als ob Söderblom in der Ausbreitung des Islam zwar in vergangenen Jahrhunderten (6), nicht aber in seiner eigenen Gegenwart eine ernsthafte Gefahr für das Christentum gesehen hat. Dieser kurze Abschnitt ist wohl der schwächste des ganzen Buches. Möglicherweise ist dies einer der Gründe, weshalb Söderbloms Schüler Tor Andrae sich gerade auf den Islam spezialisiert hat.

Jedenfalls belässt Söderblom es am Ende bei dem Gegensatz von Unendlichkeitsreligion (Buddhismus) und Persönlichkeitsreligion (Christentum), der uns schon aus der Schrift über Offenbarungsreligion vertraut ist, und zwar ohne eine wertende Entscheidung zu treffen. In einer anderen kleinen volkstümlichen Darstellung lässt er dagegen keinen Zweifel an dem von ihm erwarteten endgültigen Ausgang. Der Kontrast von Buddhismus und Christentum wird nämlich hier geschildert als der einer bloßen Betäubung des Leidens einerseits und der Gabe des ewigen Lebens und der daraus hervorgehenden »welterobernde[n] Macht« andererseits.[407] Doch ist das nur im allerletzten Satz gerade eben angedeutet. Weit gewichtiger ist auch hier die Gegenüberstellung der beiden großen Religionen auf gleicher Höhe. Da der ursprüngliche Buddhismus keine Gottheit anerkennt, lässt dieser Endpunkt bereits die in den folgenden Jahren von Söderblom breit entwickelte Einsicht ahnen, dass man für die Wesensbestimmung der Religion auf etwas noch Elementareres als den Gottesbegriff zurückgehen muss.

---

406 Die hohe Blüte der arabischen *Kultur* während des europäischen Mittelalters, die Söderblom natürlich bekannt war, hat er hier merkwürdigerweise völlig übergangen. Selbst in einer solchen Skizze hätten ein paar Sätze dazu durchaus Platz gehabt.

407 N. SÖDERBLOM, *Die Religionen der Erde* (Kristendomen och religionerna. En öfverblick, 1904, dt. in RV III/3, Tübingen 1906, fast wortgleich ²1919), 62 f.

Darauf kommt Söderblom in dem Rahmen des historischen Hauptteils seiner »Übersicht« zu sprechen. Er wird gebildet durch ein Kapitel über die Religionen der schriftlosen Völker unter dem Titel »Die Macht und die Mächte« auf der einen Seite und eines über »Grundbegriffe der Religion« auf der anderen. Das erste dieser beiden Stücke fasst, wie Söderblom durchaus bewusst ist, sehr unterschiedliche Religionen in weit voneinander entfernten Weltteilen zusammen. Sein Interesse besteht darin, vergleichbare Phänomene eines noch unklaren Transzendenzglaubens wie Mana und Tabu, Fetischismus, Geisterglaube, Totemismus zu beschreiben, die auch in höheren Religionen noch fortleben (5). Das Kapitel stellt die empirische Vorbereitung für den Schlussabschnitt dar, dessen Gegenstand Söderblom in der Enzyklopädie (s. o., 169 f) als Philosophie der Religionsgeschichte bezeichnet hatte. Als Grundbegriffe der Religion werden hier genannt: Heiligkeit, Gottesglaube, Gottesverehrung (*helighet, gudstro, gudsdyrkan*). Diese Phänomene werden hier noch nicht untereinander gewichtet, sondern stehen gemeinsam als drei Aspekte des Wesens der Religion, wie es sich in der Religionsgeschichte aus seinen verworrenen Anfängen bis zu der an ihrem vorläufigen Ende stehenden Alternative zweier großer Weltreligionen immer klarer herausschält. Auf diese Weise hat Söderblom jetzt das in der Enzyklopädie beschriebene »kritische« Verfahren in skizzenhafter Form konkretisiert. (Am Schluss folgt noch ein Anhang über den Gegensatz von Religion als Gebet und magischen Praktiken, mit denen der Mensch die übermenschliche Macht seinen eigenen Zwecken verfügbar machen will, 189–194.)

Damit sind zugleich die beiden großen Arbeitsvorhaben bezeichnet, die Söderblom etwa drei Jahre zuvor ungefähr zur selben Zeit in Angriff genommen hatte und die – neben der Schrift über Offenbarungsreligion und der Enzyklopädie – die bedeutendsten Ergebnisse seiner religionsgeschichtlichen Arbeit zeitigen sollten: die Analyse der so genannten primitiven Religionen und die Herausarbeitung des Heiligen als des Schlüsselbegriffs aller Religion.[408] Ferner ist mit der Mission als Ordnungsgesichtspunkt für die Darstellung der Religionsgeschichte ein Thema angesprochen, das Söderblom seit seiner Mitgliedschaft in der Studentenmissionsvereinigung und dem Beginn seiner religionsgeschichtlichen Studien zumindest unterschwellig ständig beschäftigt hat, auf dessen explizite Ausführung man jetzt natürlich gespannt sein kann. Zuvor soll jedoch exemplarisch für

---

408 Söderblom hatte im Herbstsemester 1909 eine Vorlesung über primitive Religion gehalten, vgl. B. SUNDKLER, a.a.O. (wie Anm. 2), 62. Aus dem gleichen Jahr stammt sein erster Artikel über den Begriff des Heiligen: *Helig, helighet*, in: Nordisk familjebok 11, Sp. 310–314. Auf die engen sachlichen Beziehungen zwischen beiden Themen kommen wir weiter unten zu sprechen.

Söderbloms Religionsvergleiche seine Sicht der Stellung des Christentums in der Religionsgeschichte anhand einer besonders interessanten Spezialuntersuchung genauer beleuchtet werden.

3. Schon im Jahr 1903 hatte Söderblom eine kleine religionsgeschichtliche Arbeit zur *Trinitätslehre* auf Schwedisch veröffentlicht. Sie wurde sechs Jahre später von einer erheblich umfangreicheren Studie auf Deutsch abgelöst, an die wir uns im Folgenden halten werden.[409] Ausgangspunkt ist die allgemeine Beobachtung, dass Dreiheiten in der Religionsgeschichte eine gängige Erscheinung sind. Söderblom warnt freilich gleich eingangs vor einer einheitlichen Erklärung der darunter befassten, untereinander höchst unterschiedlichen Phänomene, etwa aus der Heiligkeit der Zahl Drei oder aus der Tatsache, dass manche Naturvölker nur bis Drei zählen (2). Vier Arten von Triaden lassen sich unterscheiden (5–17). Da sind erstens mythologische Dreiheiten nach dem Modell des menschlichen Familienverhältnisses von Vater, Mutter und Kind. Hierher gehört die Linie von Isis, Osiris und Horus im alten Ägypten zur heiligen Familie im Christentum, oder eigentlich zu der Dreiheit Gottvater, Gottessohn und Gottesmutter (Kirche) im christlichen Mittelalter und im römischen Katholizismus. Die Letztere lässt sich nicht mit der Trinitätslehre vergleichen, sondern konkurriert mit ihr, denn Maria muss natürlich vom Heiligen Geist unterschieden werden. Zweitens gibt es hierarchisch vermittelnde Dreiheiten wie in der babylonischen Religion der Göttervater Ea, sein Sohn Marduk und der den Zugang zu ihnen vermittelnde Feuergott Gibil. Hier besteht eine (entfernte) Analogie zu Jesus als christlicher Mittlergestalt, aber mit dem gravierenden Unterschied, dass das Christentum nirgends von drei Göttern spricht. Entsprechendes gilt von Emanationsgottheiten, die sich an den Mythos einer Ehe von Himmel und Erde anlehnen. Keine wirklich eigene Kategorie bilden drittens enumerative Dreiheiten, die rein zufälligen Charakter haben.

Übrig bleiben als letzte, vierte Form die Dreiheiten in den historischen Stiftungsreligionen. Im Unterschied zu den polytheistischen Triaden handelt es sich hier um eine Offenbarungstriade aus dem Offenbarer (Stifter), dem Offenbarten (der übermenschlichen Macht) und der Wirkung der Offenbarung, dem neuen Leben (18). Beispiele sind Zarathustra, Mose, Mani, Muhammed (26). Aber keine dieser großen Gestalten ist als Person selbst Mittler zwischen Gott und Mensch; sie sind alle nur Propheten

---

409 N. SÖDERBLOM, *Treenighet* (I vår tids lifsfrågor 30), Uppsala 1903 (50 S.); ders., *Vater, Sohn und Geist unter den heiligen Dreiheiten und vor der religiösen Denkweise der Gegenwart* (SgV 58), Tübingen 1909 (73 S.). Danach die folgenden Seitenzahlen. Die wichtigsten Ergebnisse sind übrigens in *Översikt ...* (wie Anm. 405), 177f, reproduziert.

oder Verkünder. Als einzige echte Analogie zur christlichen Trinität bleibt wiederum nur der Buddhismus übrig. Für Buddha als Personifizierung seiner Religion und Jesus als Erlöser leuchtet das sofort ein. Aber nun kennt der ursprüngliche Buddhismus ja keine Gottheit. Söderblom sieht an ihrer Stelle das Dharma (die Regel), dem übermenschliche Autorität zukommt. Das impliziert – noch einmal – die Einsicht, dass das allen Religionen Gemeinsame etwas Elementareres als der Gottesbegriff sein muss. Dem heiligen Geist und der durch ihn gebildeten neuen Lebensgemeinschaft der Menschen entspricht im Buddhismus das Sangha, der Mönchsorden (18 f 40). Auf Buddha, Dharma und Sangha verpflichtet sich der Novize bei seinem Eintritt in diesen Orden.[410]

Natürlich ist sich Söderblom nicht nur der fundamentalen Differenzen zwischen Buddhismus und Christentum, sondern auch der tief greifenden Veränderungen und Ausdifferenzierungen bewusst, die beide in ihrer langen Geschichte durchlaufen haben. Er nimmt ausdrücklich auf sie Bezug. Man muss die aufgestellte Analogie deshalb idealtypisch verstehen. So aber besitzt sie für Söderblom durchaus heuristischen Erkenntniswert. Er verdeutlicht das insbesondere am Begriff des Geistes. Dieser ist in allen Religionen die im irdischen Leben wirksame übermenschliche Macht, das Mana (39), im Buddhismus wie im Christentum zu denken als die innere Lebenskraft der neuen Gemeinschaft. Damit hat Söderblom bereits Stellung bezogen gegen die klassische Form der christlichen Trinitätslehre, die mit der ihr zugrunde liegenden Substanzontologie eine der stiftungsgemäßen Eigenart der christlichen Religion fremde Spekulation in die Theologie eingeführt habe (42). Stattdessen verweist er auf die älteste christliche Verwendung des Geistbegriffs bei Paulus als Bezeichnung für die Wirkmacht des auferstandenen Christus oder auch für diesen selbst als »in euch wohnend« (Röm 8,9–11), nicht aber als dritte »Person« (39). Berücksichtigt man diesen ihren Hintergrund, so kann man von der Trinitätslehre sagen, dass durch sie »die Gottesgewissheit doch wenigstens *im Prinzip* mit der Offenbarungsgeschichte und mit der religiösen Erfahrung verbunden blieb« (42). Dabei ist die enge innere Verklammerung der Dreiheit zu einer Einheit dem Christentum mit dem Buddhismus gemeinsam. Die strukturelle Differenz besteht darin, dass die Hingabe des Menschen in dem Letzteren unmittelbar dem Dharma, also der Entsprechung zur Gottheit gilt, im Christentum dagegen die Zuversicht zu Gott an die geistige Wirksamkeit des Offenbarers gebunden bleibt (19. 66).

Söderbloms Einsatz beim Geistbegriff hat nicht den Sinn, diesen einseitig als das wichtigste Moment der Trinitätslehre herauszustellen. Vielmehr

---

410 Vgl. *Översikt ...*, 178.

steht die Beobachtung einiger Hauptlinien der theologiegeschichtlichen Entwicklung dahinter. Er sieht in den Jahrhunderten von der Alten Kirche bis zur Reformation eine Tendenz, die Trinitätslehre in Gestalt dreier konzentrischer Kreise aufzufassen. Den äußersten Kreis bilde der allgemeine Gottesglaube, als Prinzip der Welterklärung aufgefasst. Den mittleren Kreis bildet die Näherbestimmung des Gottesglaubens durch die Offenbarung in Christus, und den innersten beherrscht der Geist als das Allerheiligste (44 f). Luther durchbrach dieses Schema, indem er den Gottesbegriff von vornherein religiös bestimmte als verzehrendes Feuer und als Barmherzigkeit. An die Stelle der Welterklärung tritt damit auf Grund der Heilsoffenbarung in Christus das vom Geist gewirkte Vertrauen (46. 49). Die Aufklärung – exemplifiziert an Hume – habe dagegen die Trinität reduziert auf Gott als vernünftigen Ursprung der Welt (47).

In der eigenen Gegenwart haben die Selbstverständlichkeiten der Aufklärung ausgedient, weil sie gegen die Erfahrungen von Antinomien im wirklichen Leben nicht aufkommen (48). Jetzt hat sich die frühere Anordnung der drei konzentrischen Kreise umgekehrt: Als das Allgemeinste fungiert nunmehr die geistige Erfahrung, manifestiert im Rahmen einer allgemeinen Religiosität entweder »persönlichkeitsmystisch« als Vertiefung der Sittlichkeit oder »unendlichkeitsmystisch« als eine (nicht selten buddhistisch beeinflusste) Naturreligiosität. Diesen individualistischen Formen stellt Söderblom die sozialen gegenüber: den »Menschheitskult des Positivismus« und die sozialen Utopien (49–54). Den mittleren Kreis stellt in dieser Sicht der christliche Glaube dar als eine spezielle Form von Religion. Der innerste Kreis, der dem Vater zukommt, bleibt in der modernen Weltfrömmigkeit merkwürdig leer und dunkel.

Dieser Abart trinitarischen Denkens ordnet Söderblom auch vorherrschende Formen zeitgenössischer christlicher Theologie zu. Indizien sind die Polemik gegen jegliche Metaphysik und der Christomonismus. Söderblom demonstriert das an Wilhelm Herrmann. Auch diese Art von Theologie (ebenso wie die ältere, andersgeartete Emanuel Swedenborgs) reflektiert die Ratlosigkeit des modernen Menschen angesichts der verborgenen Weltregierung Gottes (54. 61–64. 71). Als symptomatisch sieht Söderblom an, dass Wilfred Monod angesichts des Theodizeeproblems den Gedanken der Allmacht Gottes aufgab (61). Man könnte auch schärfer formulieren: Sind das alles nicht am Ende Formen eines religiös verbrämten Atheismus? Gottschicks berühmt gewordener Ausspruch: »Ohne Christus wäre ich Atheist« könnte als geradezu erschreckender Beleg dafür gelten.[411] Hinter dieser Anfrage steht Söderbloms an Luther und an seiner eigenen frühen

---

411 JOHANNES GOTTSCHICK, »*Ohne Christus wäre ich Atheist*«, in: ChW 2/1888, 461–463.

Erfahrung gebildete Einsicht, dass der *Deus absconditus* konstitutiver Bestandteil jedes tiefen Gottesglaubens ist.

Vor diesem Hintergrund ist Söderbloms nachdrückliche Betonung der soteriologischen Einheit der Trinität zu verstehen. Von ihr aus kritisiert er die objektivierenden Formulierungen des zweiten Artikels des Apostolicums und stellt sie in Gegensatz zum dritten Artikel (65). Daraus zieht er den Schluss, dass der Einsatz der modernen Religiosität beim Geist dem in früheren Zeiten gängigen Ausgang von einem Gottesbegriff, der die Funktion der Welterklärung habe, religiös überlegen sei (66 f). Dennoch unterscheidet sich Söderbloms eigene Sicht tief von dem so beschriebenen Weg des modernen Menschen. Zwar denkt auch er vom Geist her zum Sohn und zum Vater hin, aber eben nicht im Sinne von konzentrischen Kreisen, sondern von Anfang an theozentrisch. Der Geist ist bei ihm von vornherein als die wirksame Gegenwart Gottes in Christus verstanden, und der Mensch Jesus ist kraft des ihm innewohnenden Geistes der die Menschen im Innersten treffende Offenbarer Gottes. Zwischen die Offenbarung Gottes und das sie empfangende Herz des Menschen passt kein Blatt Papier, um es einmal etwas plakativ auszudrücken.

Sozusagen als Gegenprobe bringt Söderblom am Schluss die gegen jede Art von Erfahrungstheologie immer wieder erhobene Frage nach der Objektivität der Offenbarung ins Spiel (67–73). Solche »Objektivität« kann, christlich verstanden, allein in der geschichtlichen Gestalt Jesu und in dem »Heer der Zeugen« zutage treten, durch deren Einwirkung wiederum neue Zeugen aufstehen und die Kette der »Fortsetzung der Offenbarung« verlängern (72), nicht aber in einer religiös neutralen Satzwahrheit. Pointiert ausgedrückt: Der dritte Artikel – und mit ihm das ganze Bekenntnis des Glaubens – kommt zu seiner Wahrheit, wo der »Durchbruch des persönlichen Gebets« sich ereignet, der mir Anteil gibt am Heil und mich zugleich der Gemeinschaft der Glaubenden eingliedert (70).

Nach dieser Konzentration auf die spezifisch christliche Perspektive wird noch einmal der Bogen zurück zur allgemeinen Religionsgeschichte geschlagen. So gewiss Christus innerhalb der religiösen Tiefe und geistigen Lebendigkeit seine eigentliche Bedeutung hat und insofern nur in diesem Zusammenhang richtig verstanden werden kann, so sehr müsse doch, »ideell gesehen«, zugestanden werden, dass zu den »Zeugen des inneren Lebens« auch solche Menschen außerhalb des Einflussbereichs dieser Tradition gehören, die eine vergleichbare religiöse Erfahrung gemacht haben. Zur religiösen Tiefe der Konzentration auf die Erlösung in Christus gesellt sich also die religiöse Weite der uralten Lehre vom *logos spermatikos*, ohne dass die beiden Gesichtspunkte einander neutralisieren.

Die religionsgeschichtliche Einordnung der Trinitätslehre, mit der Söderblom, soweit ich sehe, keine Nachfolger gefunden hat, sollte zunächst einmal mit der Vorstellung aufräumen, dass sie etwas absolut Einmaliges sei. Das Verhältnis von Vater, Sohn und Geist erscheint nach dieser Auslegung in seiner ursprünglichen Gestalt, vor der Dogmatisierung der Trinitätslehre, nur als besonders klare und angemessene Ausformung einer auch sonst in der Religionsgeschichte anzutreffenden Struktur. Das hat man wohl als Gefährdung des Zentrums des Christentums empfunden, zumal Söderblom ohnehin in dem Ruf unzuverlässiger »Rechtgläubigkeit« stand. Jedenfalls ist diese Schrift von der Theologie so gut wie völlig ignoriert worden.

Zweitens wollte Söderblom mit dieser Schrift dazu beitragen, auch die leiseste Analogie der Trinität zum Polytheismus, die dem Christentum sowohl von jüdischer als auch von islamischer Seite häufig angelastet wird, ein für allemal auszuschließen (26). In diesen Zusammenhang gehört seine Abweisung der klassischen Form jener Lehre, ja sein Verzicht auf jede Form von immanenter Trinitätslehre. Deshalb kann man Söderbloms Auffassung von einer Offenbarungstrinität auch nicht als eine Art Vorwegnahme von Karl Barths Konzeption ansprechen. Sie steht vielmehr Schleiermachers heimlichem »Modalismus« sehr viel näher.

Drittens, und das ist der wichtigste Punkt, hat Söderblom mit Hilfe der Religionsgeschichte die Vorstellung von der Dreieinigkeit aus den Widersprüchen und aus der Abstraktheit und Lebensferne ihrer dogmatisierten Gestalt befreit und ihre ursprüngliche soteriologische Bedeutung wieder ans Licht gebracht.[412]

---

412 So auch J. M. van Veen, a.a.O. (wie Anm. 2), 88.

4.

Professor in Leipzig

a Söderblom im wilhelminischen Deutschland

Schon im Jahr 1909 hatte Söderblom pari passu mit Edvard Lehmann aus Kopenhagen auf dem ersten Platz der Berufungsliste für den Lehrstuhl des systematischen Theologen Otto Pfleiderer in Berlin gestanden, der für Religionsgeschichte umgewidmet worden war. Dahinter stand vor allem Harnack. Söderblom hatte von Anfang an große Bedenken. Er fühlte sich in Schweden sehr verwurzelt, und er dachte nicht zuletzt an seine damals acht Kinder. So war er nicht unglücklich, als die Fakultät Lehmann berief.[413]

Anders wenige Jahre später. Vom 28.–31.8.1911 fand in Uppsala eine Allgemeine Evangelisch-Lutherische Konferenz statt, an welcher der Leipziger Kirchenhistoriker Albert Hauck teilnahm.[414] Sein Besuch diente aber noch einem anderen Zweck. Die Leipziger Theologen hatten, nachdem religionsgeschichtliche Veranstaltungen an der Universität schon längst fest etabliert waren[415], vornehmlich auf sein Betreiben als zweite deutsche Fakultät in ihren Reihen einen Lehrstuhl für Religionsgeschichte eingerichtet und suchten nun einen renommierten Fachvertreter, der zwar nicht faule Apologetik betreiben, aber sich in ihren eher konservativen Geist einfügen, also möglichst nicht der Göttinger Religionsgeschichtlichen Schule angehören sollte. In Söderblom lernte Hauck nun einen Kollegen kennen, der auch kirchengeschichtlich sehr belesen war und zudem sein eigenes In-

---

413 Vgl. N. SÖDERBLOM, *Brev* ... (wie Anm. 1), Nr. 49 an Deißmann vom 1.7.1909; Brief Nr. 51: Harnack an Söderblom am 23.12.1909 nach der für Söderblom negativen Entscheidung; sowie Söderbloms Antwort: Brief Nr. 52 vom 1.1.1910. REINHART STAATS macht darauf aufmerksam, dass Harnack damit seine frühere Auffassung, ein religionsgeschichtlicher Lehrstuhl gehöre nicht in die theologische Fakultät, revidiert hat: *A. v. Harnack in Schweden und Norwegen*, in: A. v. Harnack. Theologe, Historiker, Wissenschaftspolitiker, hg. v. K. Nowak und O. G. Oexle (VMPIG 161), Göttingen 2001 (343–364), 351.

414 Vgl. T. ANDRAE, a. a. O. (wie Anm. 2), 147.

415 Vgl. den lesenswerten Überblick von KURT RUDOLPH, *Die Religionsgeschichte an der Leipziger Universität und die Entwicklung der Religionswissenschaft. Ein Beitrag zur Wissenschaftsgeschichte und zum Problem der Religionswissenschaft* (SSAW.PH 107, H. 1), Berlin 1962, 67–109.

teresse an der englischen Kirche teilte, der zwar durchaus liberale Auffassungen vertrat, aber zugleich kirchlich gesonnen war. Nicht zuletzt der menschliche Eindruck wird ihn bewogen haben, sich nach seiner Rückkehr mit Nachdruck für Söderbloms Berufung einzusetzen. Als dann der Ruf erging, zögerte Söderblom zunächst auch wieder, denn er wollte auf keinen Fall seine Position in Uppsala einfach preisgeben. Er erreichte schließlich das Zugeständnis, dass der Vertrag zunächst nur für zwei Jahre gelten sollte und dass er neben der Leipziger Professur die in Uppsala beibehalten konnte (was wegen der unterschiedlichen Semestertermine möglich war). Ebenso behielt er neben der deutschen Staatsbürgerschaft, die er als sächsischer Beamter automatisch bekam, die schwedische bei. Ein kniffliges Problem bestand anfänglich darin, dass die Fakultät ihrem neuen Ordinarius eine Wohnung in der Sedanstraße angeboten hatte. Das konnte dieser wegen seiner persönlichen Beziehungen zu Frankreich unmöglich annehmen. Es wurde dann die politisch unverfängliche Stallbaumstraße 9. Am 7. Oktober 1912 siedelte Söderblom mit dem größten Teil seiner Familie nach Deutschland um.[416]

Leipzig war damals eine rasch wachsende, wohlhabende Industriestadt mit über 600.000 Einwohnern. Durch seine bereits 1409 gegründete Universität, seine weltweit bekannte Messe, seine bedeutenden Verlage und sein reiches kulturelles, insbesondere musikalisches Angebot zog die Stadt eine Vielzahl von Menschen aus dem In- und Ausland an und hatte auf diese Weise ein weltoffenes Flair gewonnen. Als Sitz des Reichsgerichts hatte sie überdies große Bedeutung für Justiz und Verwaltung des deutschen Reiches. Es verwundert deshalb nicht, dass sie schon damals einer der wichtigsten Verkehrsknotenpunkte des Landes war. 1913 wurde der Flughafen eingeweiht, und von 1902 bis 1915 wurde der neue Hauptbahnhof, noch heute Europas größter Kopfbahnhof, errichtet, der also zur Zeit von Söderbloms Ankunft noch im Bau war. Leipzig unterschied sich somit durch seine besondere Atmosphäre wohltuend von vielen anderen Städten des damaligen Deutschland und empfahl sich dadurch dem Kosmopoliten Söderblom. Doch blieb auch diese Stadt nicht von dem exzessiven Nationalismus und Militarismus des Kaiserreichs verschont, schon des-

---

416 Vgl. N. Söderblom, Brev ... (wie Anm. 1), Nr. 53 vom 3.10.1912 an David Cairns. B. Sundklers Datierung auf November, a.a.O. (wie Anm. 2), 84f, ist irrig. – E.J. Sharpe meint, Leipzig habe Söderblom wegen »Wittenburg« (sic!) und der schwedisch-deutschen Beziehungen im 30-jährigen Krieg angezogen, außerdem habe Luther 1501–1505 in Leipzig (sic!) studiert, und schließlich habe Söderblom ja nicht zur »Tübingen-based« (sic!) Religionsgeschichtlichen Schule gehört, a.a.O., 134f. Die Andeutung eines Bezuges zur Schlacht von Lützen 1632, in der Gustaf II. Adolf gefallen ist, leuchtet ein, denn Lützen liegt in der Tat nicht weit von Leipzig entfernt. Der Rest ist einigermaßen befremdlich.

wegen nicht, weil sie Garnisonsstadt war. Äußeres Zeichen dieser Sinnesart waren die riesigen Dimensionen des Völkerschlachtdenkmals, das am 100. Jahrestag des Sieges über Napoleon, am 8.10.1913 eingeweiht wurde. Der höfliche und verbindliche sächsische Umgangston konnte die Auswirkung dieser Mentalität vielleicht mildern; gänzlich verhindert hat er sie nicht.

Auf die nationalistischen und militaristischen Töne hat Söderblom, der so etwas aus der Heimat in dieser Form nicht gewohnt war, mit Entsetzen reagiert.[417] Er war zwar, trotz der Einflüsse Tolstojs in der Pariser Zeit, kein Pazifist in dem Sinne, dass er das Recht eines Staates zur Selbstverteidigung abgelehnt hätte. Vielmehr hat er sich in den Jahren 1911–1914, als in Schweden König Gustaf V. und die Konservativen gegen die liberale Regierung Staaff vehement eine erhebliche Erhöhung des Wehretats, für eine Verlängerung der Wehrdienstzeit und für den Bau von Schlachtschiffen forderten, zusammen mit Manfred Björkquist, Harald Hjärne und anderen ganz auf diese Seite geschlagen.[418] Aber zum einen ist ihm der scharfe nationalistische Ton der einflussreichen Broschüren, die Sven Hedin dazu veröffentlicht hatte, immer fremd geblieben. Zum anderen muss man im Auge behalten, dass viele Schweden sich damals angesichts der Maßnahmen der russischen Besatzungsmacht zur Beschneidung der Autonomie Finnlands real bedroht fühlten; Russland war seit dem Untergang des schwedischen Großreichs der Angstgegner geblieben.

Der deutsche Vorkriegsnationalismus hatte also eine ganz andere Qualität als die nationale Stimmung in Schweden. Man fühlt sich bei Söderbloms maßvollen Äußerungen über ihn immer wieder an den klassischen »Untertan« von Heinrich Mann erinnert, dessen groteske Schilderungen der Realität gar nicht fern standen. Söderblom hat sich – mit der taktvollen Zurückhaltung des Ausländers, aber deutlich – auch persönlich mit solchen Nationalisten auseinandergesetzt. So berichtet er von einem Zusammentreffen mit Leipzigs größtem Zeitungsverleger, dem er eine kritische Frage zu dessen kurz zuvor geschriebenem, gehässigem Artikel gegen den englischen König gestellt hatte. Als jener empört reagierte, beruhigte Söderblom ihn mit dem Vorschlag, England und Deutschland könnten sich doch in aller Ruhe den Rest der Welt teilen, und Deutschland könne gern den Löwenanteil bekommen. Für Ironie fehlte dem Herrn Verleger offensichtlich das Organ. Im gleichen Brief kritisiert Söderblom die deutsche

---

417 Vgl. N. SÖDERBLOM, Brev … (wie Anm. 1), Nr. 54 (an Gustaf Ribbing, 15.3.1913); Nr. 58 (an Ulrik Quensel, 7.6.1913); Nr. 64 und 65 (an Harald Hjärne, 11. und 28.1.1914).

418 N. SÖDERBLOM, Brev … (wie Anm. 1), Brief Nr. 60 an H. Hjärne vom 13.11.1913. Karl Staaff musste im weiteren Verlauf der Auseinandersetzung 1914 abtreten.

»Herrenrasse« (so wörtlich) scharf für ihre skandalöse Behandlung polnischer Erntearbeiter, von der er anlässlich seines Besuchs in einem Dorf bei Quedlinburg Kenntnis erhalten hatte.[419]

Im Kreis seiner Kollegen an der Fakultät dagegen fand Söderblom offensichtlich mit seiner Einstellung vollen Rückhalt. So erzählt er von deren heftiger Reaktion auf den Zwischenfall von Zabern im Elsass im November 1913. Dort hatte ein junger preußischer Leutnant seinen Soldaten befohlen, bei Wirtshausschlägereien mit Waffengewalt einzugreifen, also im Stil einer Besatzungsmacht die Befugnisse der örtlichen Polizei an sich zu reißen, und in dem Zusammenhang einen beleidigenden Ausdruck gegen die Elsässer gebraucht. Als das öffentlich bekannt geworden war und dagegen eine Demonstration stattfand, wurden die Demonstranten kurzerhand von der Armee verhaftet. Der Zwischenfall führte zu einem Misstrauensvotum gegen den Kanzler Bethmann-Hollweg im Reichstag und zu heftigen Debatten im preußischen Abgeordnetenhaus. Der Leutnant und sein Vorgesetzter wurden jedoch vom Militärgericht freigesprochen. Zivilrechtliche Maßstäbe galten nicht für Offiziere. Diesen ganzen Vorgang verurteilten die Professoren. Ebenso eindeutig waren ihre Reaktionen auf die außenpolitischen Provokationen des Kaisers. Die Studenten freilich standen größtenteils im Bann der kriegstreiberischen Zeitstimmung.[420]

Wer waren nun die Kollegen, mit denen Söderblom zwei Jahre lang zusammenarbeiten sollte? Da war einmal der oben genannte Albert Hauck (1845–1918), neben Harnack und Karl Müller einer der bedeutendsten Kirchenhistoriker seiner Zeit. Aus der Erlanger Schule (Johann Christian Konrad von Hofmann) kommend, auch von Leopold von Ranke beeinflusst, schrieb er eine fünfbändige *Kirchengeschichte Deutschlands* (1904–1920), die er von den Anfängen bis ins späte Mittelalter führen konnte und die zu einem Standardwerk wurde. 1916 hielt er auf Söderbloms Einladung die Olaus-Petri-Vorlesungen in Uppsala über das Verhältnis der deutschen zur englischen Kirche.

Der Alttestamentler Rudolf Kittel (1853–1929) ist jedem Theologiestudenten bis heute durch seine Edition der hebräischen Bibel bekannt. Mit seiner Hilfe hat Söderblom nach dem Krieg eine Hilfsaktion organisiert, durch die 100 hungernde sächsische Kinder für einige Monate nach Schweden eingeladen wurden.[421]

---

419 N. Söderblom, *Brev* ... (wie Anm. 1), Nr. 54.

420 Vgl. N. Söderblom, *Brev* ..., Nr. 64 und 65 vom 11. und 28.1.1914. Vgl. Wolfgang Mommsen, *Bürgerstolz und Weltmachtstreben. Deutschland unter Wilhelm II. 1890–1918* (PWG VII/2), Berlin 1995, 440–446.

421 Vgl. die Korrespondenz zwischen beiden in N. Söderblom, *Brev* ..., Nr. 154. 157.158 (12.2., 7.3.1920, sowie ein undatiertes Telegramm).

Der praktische Theologe Franz Rendtorff (1860–1937) verfügte als leitender Mitarbeiter im Gustav-Adolf-Werk (ab 1916 als dessen Präsident) über zahlreiche Kontakte zu protestantischen Minderheiten in aller Welt. Außerdem war er beteiligt an den *Associated Councils of Churches in Britain and Germany for Fostering Friendlier Relations Between the Two Peoples of the British and German Empires*, die 1908 begründet worden waren und, wie der umständliche Name besagt, die durch das Wettrüsten der Marine und das Bramarbasieren des deutschen Kaisers beschädigten Beziehungen beider Länder verbessern wollten. Diese Vereinigung, in Deutschland von dem Berliner Vikar und späteren Pfarrer Friedrich Siegmund-Schultze (1885–1969) geleitet, der später ein enger ökumenischer Mitarbeiter Söderbloms werden sollte, war die Vorläufer-Organisation der umfassenderen *World Alliance for Promoting International Friendship through the Churches*, deren Gründungskonferenz gleich nach Beginn des Weltkrieges auf das lebhafteste Interesse Söderbloms stieß und deren schwedisches Komitee er später leiten sollte. Diese World Alliance wiederum war eine der Keimzellen der ökumenischen Bewegung.

Weiter wäre zu erwähnen der Leipziger Pfarrer und Dozent für Assyriologie Alfred Jeremias (1864–1935), der als Schüler Friedrich Delitzschs eine Art von Panbabylonismus mit seinem konfessionellen Luthertum zu verbinden suchte; ferner Paul Althaus d. Ä. (1861–1925), Professor für systematische Theologie und Neues Testament, vor allem aber der Systematiker Ludwig Ihmels (1858–1933). Er war ein Schüler des Erlangers Franz Hermann Reinhold von Frank, vertrat aber, in partieller Abgrenzung von ihm, eine dezidiert an den gegenständlichen Heilstatsachen und an der Formula Concordiae orientierte Offenbarungstheologie, die er zugleich gegen die einseitige Betonung der subjektiven religiösen Erfahrung durch die Erweckungstheologie ins Feld führte. Seine Vorlesungen hatten großen Zulauf, und seine wichtigsten theologischen Schriften (*Die christliche Wahrheitsgewissheit*, 1901, ³1914, und die *Centralfragen der Dogmatik in der Gegenwart*, 1910, 4. Aufl. 1920) fanden weite Verbreitung. 1922 wurde er Landesbischof von Sachsen. In dieser Eigenschaft leitete er 1923 die Tagung des Lutherischen Weltkonvents, an der auch Söderblom teilnahm, und 1925 war er einer der wichtigsten Redner auf der Ökumenischen Konferenz in Stockholm.[422]

In der philosophischen Fakultät hatte Söderblom intensiven Kontakt zu dem Historiker Karl Lamprecht (1856–1915). Ihn hatte er bereits 1909 in

---

422 Vgl. CHRISTOPH MICHAEL HAUFE, Art. *Ihmels, Ludwig*, in: TRE 16, 55–59 (1987); ausführlicher NOTGER SLENCZKA, *Der Glaube und sein Grund. F. H. R. von Frank, seine Auseinandersetzung mit A. Ritschl und die Fortführung seines Programms durch L. Ihmels* (FSÖTh 85), Göttingen 1998, 219–316.

St. Andrews kennen gelernt, wo sie beide, zusammen mit Harald Hjärne und Adolf Deißmann, zu Ehrendoktoren ernannt worden waren. Lamprecht hatte sich im Senat sehr für Söderbloms Berufung eingesetzt. Er arbeitete nicht nach der noch weithin herrschenden Devise »Große Männer machen die Geschichte«, sondern unter dem Einfluss von Wilhelm Wundts *Völkerpsychologie* (deren Verfasser übrigens als 80-jähriger Emeritus noch in der Nähe von Leipzig lebte) vorwiegend kultur- und wirtschaftsgeschichtlich, und er meinte, dabei Gesetzmäßigkeiten aufspüren zu können, die den in der Natur geltenden analog wären. Der dadurch in den 90er Jahren ausgelöste heftige historische Methodenstreit war zu Lamprechts Ungunsten ausgegangen.[423] Trotzdem war er mit seinem weiten internationalen Horizont ein interessanter Gesprächspartner.

Alles in allem befand sich Söderblom also in Leipzig in einer höchst anregenden Umgebung. Hinzu kam die reichlich gegebene Gelegenheit, klassische Musik zu hören, vor allem die von Johann Sebastian Bach, die er besonders liebte. Aus dieser Zeit stammt sein berühmt gewordener Ausspruch, die deutsche Passionsmusik und besonders diejenige Bachs sei das fünfte Evangelium.[424] Trotz all dieser Vorzüge, die Leipzig ihm bot, ist Söderblom aber in dieser Stadt nicht wirklich heimisch geworden. Die angespannte militaristische und nationalistische Atmosphäre des wilhelminischen Vorkriegsdeutschlands hat auf diesen gleichermaßen patriotischen wie kosmopolitischen Mann bis zum Schluss fremd und beklemmend gewirkt.

Dennoch erreichte Söderblom in Leipzig den Gipfel seiner wissenschaftlichen Arbeit, dokumentiert in dem großen ERE-Artikel *Holiness* und in dem Buch *Das Werden des Gottesglaubens*. Die Zahl seiner Hörer war trotzdem nicht groß, weil Religionsgeschichte (im Unterschied zu Uppsala) noch nicht Prüfungsfach war, aber dafür befanden sich relativ viele begabte Studenten unter ihnen. So gehörten der Religions- und Missionswissenschafter Hilko Wiardo Schomerus (1879–1945) und der Alttestamentler Johannes Hempel (1891–1964) damals zu den regelmäßigen Seminarteilnehmern.[425]

423 Vgl. H. G. Kippenberg, a.a.O. (wie Anm. 401), 184f.
424 Vgl. Anna Söderblom, *Bachs musik*, in: dies., På livets trottoir, Bd. 2 (wie Anm. 345), 12, 127–149, bes. 133–136; N. Söderblom, *Kristi församlings väg i denna tid*, in: Religionen och tiden, Stockholm 1919 (67–93), 76f (dt. v. P. Katz in: Zur religiösen Frage der Gegenwart, Leipzig 1921, 30); ebenso *Kristi pinas historia. En passionsbok*, Stockholm ⁴1965, 345, und *Om kyrkomusik* (1926), in: Tal och skrifter 3 (224–228), 226.
425 Vgl. Carl-Martin Edsman, *N. Söderblom in Leipzig*, in: FuF 40/1966 (342–346), 346.

b Mission und religionsgeschichtliche Forschung

Seine bisherige wissenschaftliche Arbeit stellte Söderblom unabweisbar vor die Frage, wie das aller Religion Gemeinsame aufzufinden und zu beschreiben sei. Dieses meinte man zu seiner Zeit vor allem in den so genannten primitiven Religionen entdecken zu können. Ohne sich dieser Auffassung einfach anzuschließen, hat auch er diesem Gebiet umfangreiche Forschungen gewidmet. Die Auseinandersetzung mit jener verbreiteten Meinung bildet einen wichtigen Bestandteil seiner Bestimmung des Wesens der Religion. Die methodische Voraussetzung dafür ist eine Bestimmung des Verhältnisses der Religionswissenschaft zur Mission. Diese hat ja einen der wichtigsten Anreize zu religionswissenschaftlicher Forschung gegeben und ihr lange Zeit hindurch auch den größten Teil ihres Materials geliefert. Weil das natürlich nicht ohne Auswirkungen auf das Verständnis fremder Religionen geblieben ist, beginnen wir mit Söderbloms Stellungnahme zu dieser Frage.

Wir erinnern uns, dass Söderblom seit seiner Jugend, im Einklang mit der Erweckungstradition, der er entstammte, ein lebhaftes Interesse für die christliche Mission an den Tag gelegt hat. In den inzwischen vergangenen Jahren hat er für sich eine moderne, kritische Theorie der Mission ausgearbeitet, die deren Verhältnis zu den fremden Religionen sehr differenziert bestimmt.

Auf der einen Seite attestiert Söderblom den christlichen Missionaren, dass deren Nachrichten über urtümliche Religionen auf Grund der langjährigen Tätigkeit im Lande vielfach genaue und detaillierte Kenntnisse vermitteln, die für den Europäer, auch für den europäischen Gelehrten, immer noch ganz unentbehrlich seien. Zwar hätten sie in früheren Zeiten ihre Fragen an die Ureinwohner ganz unreflektiert von christlichen Voraussetzungen aus gestellt, inzwischen aber sich sehr viel besser in die Vorstellungen und Gefühle ihrer Gesprächspartner hineingefunden. Dafür litten die neueren Theorien unter einem der sachlichen Erkenntnis hinderlichen Zwang zur einheitlichen Erklärung der ganzen Religionsgeschichte (z. B. Naturismus, Animismus, Totemismus). Solche Schematisierungen stellten, abgesehen von der selbstverständlichen empirischen Forschung, die wichtigste Herausforderung für die wissenschaftliche Weiterarbeit dar.[426] Daneben gab es in der Missionsliteratur, zumindest auf der Ebene volkstüm-

---

426 N. Söderblom, *Wissenschaftliche Erforschung und religiöse Beurteilung des primitiven Heidentums*, in: DE 5/1914 (193–206), 193 f; erw. dt. Fassung von: *Primitiv hedendom och missionen*, 1914, in: ders., Ur religionens historia, Stockholm 1915, 1–8; *Missionens motiv och kulturvärde* (1906), ebd. (170–199), 188–190. Danach die folgenden Seitenzahlen.

licher Missionszeitschriften und Traktate, immer noch die gröbere Form christlicher Voreingenommenheit, die Reduktion der »primitiven« Religionen auf die »Gräuel des Heidentums« (172).

Notwendig ist deshalb eine kritische Zusammenarbeit und gegenseitige Korrektur von Mission und Religionswissenschaft. Der spezifische Beitrag der Letzteren besteht in der möglichst genauen Unterscheidung von Religion und Kultur. Über die Schwierigkeit eines solchen Versuchs macht Söderblom sich keine Illusionen: Jeder Missionar ist natürlich von seiner Herkunftskultur geprägt, ohne dass ihm das im Einzelnen immer bewusst ist (173). Nichtsdestoweniger schärft Söderblom diesen Gesichtspunkt mit Nachdruck ein. Die christliche Mission dürfe unter keinen Umständen zur kulturellen oder gar machtpolitischen Kolonisation verkommen oder sich ihr als willige Gehilfin andienen. Diese Gefahr sieht Söderblom besonders bei der russisch-orthodoxen, aber auch in weiten Teilen der evangelischen Missionsarbeit – womit er übrigens zu seiner Zeit längst nicht mehr allein stand.[427] Westliche Missionare sollen auch nicht ihre Dogmatik, Kirchenordnung oder Liturgie verpflanzen, sondern die christliche Botschaft in die vorgefundene Kultur einfügen (173–175). Alles komme für die Mission darauf an, sich auf den Kern des Evangeliums, auf Jesus Christus zu konzentrieren (173). Als praktisches Kriterium sowohl für diese Konzentration als auch für den Willen zur Inkulturation nennt Söderblom die Liebe, die ihre eigene Genialität der Einfühlung besitze (174. 193 f 198).

Söderblom ist sich natürlich darüber im Klaren, dass die Schwierigkeit darin besteht, einen Weg zu finden zwischen Vorstellungen von der Reinheit des Evangeliums, die von den Adressaten gar nicht verstanden werden können, und einer Form von Inkulturation, die faktisch auf Synkretismus hinausläuft. Er sieht auch, dass nicht einmal die Unterscheidung zwischen christlicher Verkündigung und kultureller Überformung sich so sauber durchführen lässt, wie es zunächst den Anschein hatte. Als Beispiele nennt er das indische Kastenwesen, Kannibalismus, und die Vielehe vieler afrikanischer Völker (182. 190). Sie zeigen, dass gerade im Namen Christi und unter dem Vorzeichen der Liebe viele Formen von Kulturvermittlun-

---

427 N. SÖDERBLOM, *Missionens dårskap* (1916), in: ders., Tal och skrifter 3, Stockholm 1933, 117–122. Für einen ähnlichen Standpunkt vgl. die klassische Darstellung von GUSTAV WARNECK, *Abriß einer Geschichte der protestantischen Mission von der Reformation bis auf die Gegenwart*, Berlin ⁹1910, 511 f. Sie dürfte freilich in vielem inzwischen überholt sein durch HORST GRÜNDER, *Welteroberung und Christentum. Ein Handbuch zur Geschichte der Neuzeit*, Gütersloh 1992. Das gut recherchierte Buch beurteilt die Geschichte der Mission überwiegend kritisch, notiert jedoch auch ihren Beitrag zur Bewegung gegen die Sklaverei und für eine Entwicklung der Kirchen und Völker zur Eigenständigkeit (z.B. 506–518. 582–588).

gen sich faktisch eben doch nicht vom Auftrag der Mission trennen lassen. Hebung der Sittlichkeit, Hochschätzung der Arbeit, medizinische Hilfe, Verbesserung landwirtschaftlicher Methoden, Alphabetisierung – sofern das alles als Hilfe zur Selbsthilfe verstanden wird, ist es Bestandteil christlicher Liebe (190–193). Dies gilt nicht zuletzt gegen das bis heute zu hörende Argument, man solle doch die Angehörigen fremder Religionen mit der Verkündung der eigenen in Ruhe lassen. Dahinter steht ohnehin eine romantisierende Vorstellung von unberührten Naturvölkern, die längst nicht mehr der Wirklichkeit entspricht: Die Berührung mit westlicher Zivilisation findet auch ohne Mission statt, nicht selten in unerwünschten Formen wie der Einführung von Alkohol und Rauschgift (195).

Damit ist deutlich, dass das geforderte Verfahren in der Praxis eine Gratwanderung darstellt. Söderblom ist ehrlich genug, um die Schwierigkeit des Problems anzuerkennen und keine glatte Lösung anzubieten. Doch spricht das keineswegs gegen seine Ideen. Im Gegenteil: Wäre dieser bereits 1906 gegebene Gesprächsanstoß Söderbloms früher befolgt worden, so wären der Missionswissenschaft manche Debatten und den jungen Kirchen viele unnötige Ausgrenzungen aus ihrer Gesellschaft erspart geblieben.[428]

Die geforderte Konzentration auf die Mitte des Evangeliums bringt natürlich Konflikte mit sich, denen ein Missionar nicht ausweichen darf. Denn Mission, welche Religion auch immer sie ausübt, impliziert einen Universalitätsanspruch. Dieser darf weder von Machtstreben noch von Mitleid mit »den armen Wilden«, also Herablassung, motiviert sein (171). Auch ohne solche Entartungen aber bringt jede Missionsbemühung einen Wettstreit (tävlan) zwischen den Religionen in Gang. Dessen Ausgang steht nicht in menschlicher Macht (195); er ist eine Sache der überlegenen Lebenskraft, die einer Religion innewohnt, die übrigens (das war damals unbedingt notwendig zu betonen) nichts mit Rasse und Blut zu tun hat (175 f). Der Wettstreit muss aber ausbalanciert werden durch Zusammenarbeit zwischen den Religionen, wo sie möglich ist, z. B. beim friedlichen Gespräch über die jeweiligen Grundüberzeugungen (197 f), aber auch bei den oben genannten Versuchen einer Kulturvermittlung. Hier kommt zum ersten Mal, in diesem Fall mit Bezug auf das Verhältnis zu anderen Religionen, der Gedanke der Zusammenarbeit als Gegengewicht zum Wettstreit ins Spiel, der später für die ökumenische Theorie grundlegende Bedeutung gewinnen sollte. Damit dürfte der Verdacht auf Sozialdarwinismus, der dem Begriff des Wettstreits dank seiner Herkunft von Benjamin Kidd (s. o., 109 f) anhaftet, endgültig ausgeräumt sein. Freilich fehlt

---

428 So mit Recht SIEGFRIED KRÜGEL, *Nathan Söderblom* (Christ in der Welt 54), Berlin (Ost) 1983, 24.

bisher noch eine genauere Bestimmung des Verhältnisses, in dem beide Begriffe zueinander stehen. Eine unabdingbare Voraussetzung dafür ist das gründliche Verständnis der fremden Religionen, das die Religionswissenschaft vermitteln kann.

c Die »primitiven« Religionen

Die Mission hatte es überwiegend mit Völkern zu tun, die einer der »primitiven« Religionen anhingen. Aber nicht nur deshalb befasste sich die außerordentlich lebhafte religionswissenschaftliche Debatte zu Söderbloms Zeit so leidenschaftlich mit gerade diesen Religionen. Vielmehr meinte man, hier dem Ursprung und dem Wesen der Religion überhaupt besser auf die Spur kommen zu können als irgendwo sonst. Obwohl Söderblom dieser Meinung mit einer gewissen Skepsis gegenüberstand, oder auch gerade deswegen, ist es begreiflich, dass er seine vielleicht bedeutendste wissenschaftliche Leistung, die große Monographie *Das Werden des Gottesglaubens*, diesem Gegenstand gewidmet hat. Um sie würdigen zu können, muss zuerst der damalige Diskussionskontext skizziert werden.

1. Seit ihren Anfängen um die Mitte des 19. Jahrhunderts nahm die Entwicklung der Religionswissenschaft einen stürmischen Verlauf. Dabei entstand ein deutlicher Schwerpunkt bei der Erforschung der »primitiven« Religionen. Wie kam es dazu, dass gerade sie die Wissenschaftler so sehr faszinierten? Mehrere Faktoren wirkten zusammen. Einer davon war sicherlich das allmählich wachsende Verständnis der Missionare für die eigene Würde der ihnen begegnenden fremden Religionen. Hinzu kommt die rasch zunehmende verkehrsmäßige und ökonomische Erschließung bis dahin von Europäern und Amerikanern unberührter Gebiete, die neben der zu Recht viel kritisierten imperialistischen Ausbeutung eben auch eine wachsende Flut von zumindest zum Teil wissenschaftlich interessanten Reiseberichten hervorbrachte.

Entscheidend aber dürfte die geistige und gesellschaftliche Situation in den Ländern gewesen sein, in denen die Forscher zu Hause waren. Es ist das Verdienst von Hans G. Kippenberg, durchgängig auf diese Zusammenhänge hingewiesen zu haben.[429] Die in diesem Zeitraum immer rascher fortschreitende Industrialisierung im Verein mit der Erosion kirchlichen Einflusses, die zusätzlich gefördert wurde durch die radikale Religionskritik, schuf neben allem aufgeklärten Fortschrittsoptimismus quer zu den gesellschaftlichen Klassen eine immer stärker sich ausprägende materialistische Lebenseinstellung. Sie verband sich mit massiven Vorurteilen

---

429 Vgl. H. G. Kippenberg, a. a. O. (wie Anm. 401).

gegen Kultur und Religion der »nicht zivilisierten« Völker. Gegen dieses Syndrom meldete sich zunehmend ein romantisch motiviertes Bedürfnis nach Lebenssinn zu Wort. Man hoffte, ihm gerade in der unberührten Natürlichkeit der schriftlosen Völker auf die Spur zu kommen. Hier vermutete man, die ursprüngliche Reinheit des Religiösen noch unverändert anzutreffen, auch wenn man sich vielfach durchaus darüber klar war, dass auch diese Völker eine lange (wenngleich nicht dokumentierte) Entwicklung hinter sich haben. So diente die Forschung, die sich mit diesen urtümlichen Religionen beschäftigte, insbesondere in ihren Anfängen auch einem ganz aktuellen gesellschaftlichen Interesse.

Das ist gleich bei dem ersten großen Gelehrten, der hier zu nennen ist, ganz evident. Friedrich Max Müller (1823–1900), Oxforder Indologe deutscher Herkunft, war der Erste, der eine *Einleitung in die vergleichende Religionswissenschaft* geschrieben hat.[430] Er wollte durch Rekonstruktion der Ursprachen des Arischen und des Semitischen – die er, noch ohne jede Wertung, als Erster so unterschied – den Urformen der Religion auf den Grund gehen. Dieses Interesse am Ursprung der Sprache war von Herder, Wilhelm von Humboldt und der Romantik geprägt. Am Anfang der Sprache ebenso wie der Religion standen nicht Begriffe (*concepts*), sondern Wahrnehmungen (*percepts*), nämlich Wahrnehmungen großer Naturphänomene wie besonders der Sonne, die zur Ahnung des Unendlichen im Endlichen Anlass boten. Daraus hätten sich dann allmählich die verschiedenen expliziten mythischen Vorstellungen von der Erscheinung des Unendlichen im Endlichen entwickelt.[431] Müllers vorrangiges Interesse galt den alten indischen Religionen, für deren Natürlichkeit er geradezu schwärmte. Dabei leitete ihn auch eine kritische Absicht gegenüber den Vorurteilen der zeitgenössischen Engländer und gegenüber der Behandlung der indischen Bevölkerung durch die Kolonialmacht. Allerdings litten seine großen religionsgeschichtlichen Konstruktionen, die zunächst viel Aufmerksamkeit gefunden hatten, unter Einseitigkeit und gravierenden methodischen Mängeln, die sie bald wieder in Vergessenheit geraten ließen.[432] Doch wäre es ungerecht, nur die problematischen Seiten seiner Arbeit im Gedächtnis zu behalten. Große Pionierleistungen sind fast immer von großen Fehlgriffen begleitet.

Der nächste große Forscher war der einflussreiche Autodidakt Edward Burnett Tylor (1832–1917), ebenfalls Professor in Oxford. Auf Grund

---

430 Straßburg 1874; das englische Original *Introduction to the Science of Religion* war im Jahr zuvor in London erschienen.
431 F. Max Müller, *Natural Religion* (Gifford Lectures), London 1889, 123. 125–127.133.143.
432 Vgl. H. G. Kippenberg, a. a. O. (wie Anm. 401), 76–78.

eines riesigen Quellenmaterials – Berichte von Missionaren und Reisen-
den, antike Chronisten und Geschichtsschreiber usw. – verglich er alte und
neue Formen von Religion, insbesondere die religiösen Vorstellungen verschiedener »Rassen« (ein Ausdruck, den er sofort relativiert) in verschiedenen Erdteilen miteinander.[433] Er war der Meinung (unkritischer als Müller), in den gegenwärtigen »primitiven« Religionen das Kindheitsstadium
der Religion, das in ihrer späteren Entwicklung gewissermaßen ins Unter-
bewusstsein abgesunken sei, wiederentdecken zu können. Das Resultat
seiner Untersuchung ist eine umfassende einheitliche Theorie über den Ursprung aller Religion: der Animismus (II 1–447). Das heißt: Religion entsteht durch Beseelung des Unbeseelten. Das können Bäume, Berge, Tiere,
Tote (Ahnen), Totems und Fetische sein. Die Skala reicht noch viel weiter
über die Erklärung von Träumen und Visionen bis hin zum Geisterglauben und zur Vorstellung von Gottheiten und schließlich zum Monotheismus. Dieser Vorgang ist so zu erklären, dass der Mensch seine Vorstellung
von sich selbst in seine Außenwelt projiziert. In diesem Punkt schließt sich
Tylor an David Humes *Natural Religion* von 1757 an.

Doch ist die Intention dieser Theorie keineswegs von vornherein reli-
gionskritisch. Tylor betont vielmehr, dass den Religionen der »Wilden«
nichts Lächerliches anhafte (I 22). Dies umso weniger, als er der Überzeugung ist, dass die urtümlichen Vorstellungen auf vielfältige Weise im
modernen Aberglauben fortleben. Diese Theorie von den so genannten
survivals ist der zweite wichtige Beitrag Tylors zur religionswissenschaftlichen Forschung seiner Zeit. Sie richtet sich innerhalb des Faches gegen
die ältere Ansicht orthodoxer Theologen von einem Verfall aus einer ursprünglichen Höhe offenbarter Religion hinab zur gegenwärtigen Stufe
der Primitivität auf Grund des Sündenfalls. Zwar ist die Figur des Verfalls
nicht völlig verschwunden, denn Tylor rechnet mit der Möglichkeit eines
Kulturverlustes (I 28 f 38). Aber aufs Ganze gesehen nimmt er eine stetige, mit der Kultur synchrone Höherentwicklung der Religion an (I 15. 32
u.ö.). Wenn er sich am Ende seines Werkes kritisch gegen einen gefährlich
gewordenen Aberglauben wendet, so geschieht das aus Achtung vor den
Vorfahren, in deren Namen »the progressive work of past ages« fortgesetzt
werden soll (II 539). Insgesamt bleibt es bei der – positiv gewerteten – Aktualität animistischer Vorstellungen, möglicherweise unter anderem motiviert von seinem lebhaften Interesse an spiritistischen Phänomenen der
eigenen Gegenwart.[434] Die Erklärung für diese Grundeinstellung liegt in
der zeitkritischen Tendenz seiner Forschung, die sich einer spirituellen an

433 E.B. Tylor, *Primitive Culture* (wie Anm. 255), Bd. I, 6f. Danach die folgenden
   Seitenzahlen.
434 Vgl. H.G. Kippenberg, a.a.O. (wie Anm. 401), 96.

Stelle der vorherrschenden materialistischen Philosophie verpflichtet weiß (I 23; II 9 f 85 f u. ö.).

Die Theorie besticht zunächst durch ihre imponierende Geschlossenheit. Aber schon bald erkannte man, dass die animistische Erklärung von Göttergestalten, eine Art Neuauflage des antiken Euhemerismus, sich empirisch nicht halten lässt. Hinzu kommt ein prinzipielles Argument. Zwar ist der Verzicht auf die Annahme einer Offenbarung für jede religionswissenschaftliche Theorie selbstverständlich, doch wenn sie kraft eines exklusiven Geltungsanspruchs de facto beansprucht jene Annahme zu widerlegen, überschreitet sie ihre Kompetenz.

Nun hat der Animismus seine Plausibilität nicht vollständig eingebüßt. Doch taugt er weder für eine Universalerklärung aller religiösen Phänomene, noch trifft er schon das wirklich Elementare in der Religion. Das ergab sich bald aus den Arbeiten von Robert Henry Codrington (1830–1922). Dieser lebte als anglikanischer Missionar seit 1863 auf den melanesischen Inseln und leitete dort von 1867–1887 die Missionsschule. Er war der erste Erforscher der melanesischen Religionswelt und widmete sich ihr mit großem Einfühlungsvermögen. Nach einer Studie über deren Sprache (1885) publizierte er 1891 das grundlegende Werk *The Melanesians*, in dem es heißt: »That invisible power which is believed by the natives to cause all such effects as transcend their conception of the regular course of nature, and to reside in spiritual beings, whether in the spiritual part of living men or in the ghosts of the dead, being imparted by them to their names and to various things that belong to them ..., is that generally known as *mana*.«[435] Die geheimnisvolle übernatürliche Macht des Mana, die sowohl gut als auch böse sein kann (193 f 213), ist also für Codrington offenbar elementarer als die Seelenvorstellung. Sie wird von den Lebenden als etwas ihnen Verliehenes geglaubt, das nicht nur der Person, sondern auch Dingen wie z. B. Steinen anhaften kann (201). Aber obwohl Mana eine unpersönliche Macht ist, soll es stets mit irgendeinem Geist verbunden sein (119).[436] Man sieht hier, dass Codrington sich noch nicht völlig von den Grundannahmen des Animismus hat lösen können. Überdies zeigt die Bemerkung an der zuletzt angeführten Stelle, das an einen Gegenstand gebundene Mana bedürfe immer einer Person, die es lenke (*directs*), dass er Religion und Magie noch nicht voneinander geschieden hat.

Trotz dieser Mängel ist es in der damaligen Diskussionslage ein Vorzug von Codringtons Arbeit, dass er keine allgemeine Religionstheorie

---

435 ROBERT HENRY CODRINGTON, *The Melanesians. Studies in Their Anthropology and Folklore*, Oxford 1891, 191. Danach die folgenden Seitenzahlen.

436 SÖDERBLOM hat gezeigt, dass dies empirisch nicht immer zutrifft: *Das Werden des Gottesglaubens* (wie Anm. 226), 37.

konstruiert, sondern sich auf die Beschreibung empirischer Befunde beschränkt. Vor allem aber bedeutete die Entdeckung des Mana einen ungeheuren Fortschritt im Verständnis der Religion. Deshalb hatte das Buch zu Recht eine weit über seinen speziellen Gegenstand hinausreichende Wirkung.

Söderblom, der viel von Codrington gelernt hat, ist wohl durch einen jüngeren Forscher auf ihn aufmerksam geworden, der auf ihm fußt, aber aus seiner Entdeckung entschiedener die Konsequenzen gezogen und die Abgrenzung zu Tylor deutlicher herausgearbeitet hat: Robert Ranulph Marett (1866–1943), der zunächst in Exeter College und ab 1910 in Oxford gelehrt hat. Söderblom hat dessen Vortrag über Mana entweder 1908 auf dem religionswissenschaftlichen Kongress in Oxford selbst gehört oder zumindest im Kongressbericht von ihm gelesen.[437] Man wird nicht fehlgehen in der Annahme, dass seine eigene im Herbstsemester 1909 gehaltene erste Vorlesung über Religionen der schriftlosen Völker damit in Zusammenhang steht.

Marett will Tylor nicht restlos zurückweisen, erklärt aber den Animismus als lediglich eine unter mehreren Frühformen der Religion, z. B. neben dem Totemismus; Tylors Theorie sei angesichts der Dunkelheit, welche die Anfänge der Religion umgibt, viel zu eng und spezifisch (IX. XII. 22). Allen Frühformen liege etwas Elementareres zugrunde, das man viel offener beschreiben müsse. Er schlägt dafür den Begriff der »pre-animistic religion« vor (1–32). Damit ist keine Phase der Urzeit gemeint, sondern ein »state of mind« (3. 9), der die Vorstellungen von einer übernatürlichen Macht objektiviert oder personifiziert. Marett redet deswegen auch von »animatism« statt von »animism« (9–11. 13). Er kehrt also in diesem Punkt zu Humes Theorieansatz zurück, bestimmt aber den sachlichen Gehalt religiösen Sinnes dialektisch differenziert als *fear* und *fascination* (70) – eine frühe Vorwegnahme der Begrifflichkeit Rudolf Ottos.

Auch für Marett ist das Mana stets »personally controlled« (68. 141); hier hält er sich noch an Codrington.[438] Auch darin, dass er die von James George Frazer in der 2. Aufl. seines *Golden Bough* (1900) eingeführte scharfe Trennung von Religion und Magie nicht akzeptiert (31. 33–84), bleibt er bei ihm stehen. Aber unzweideutiger als er stellt Marett fest, dass die Korrespondenz von Mana und Tabu generell, also nicht nur für Melanesien und Polynesien, besser als Minimaldefinition von Religion geeignet

---

437 Vgl. ROBERT RANULPH MARETT, The Conception of Mana, abgedruckt als Kap. IV in: ders., *The Threshold of Religion* (1909), reprint London 1997. Nach diesem Buch die folgenden Seitenzahlen.
438 Gegen H. G. KIPPENBERG, a. a. O. (wie Anm. 40), 182, der Marett einen Vorwurf daraus macht, im Unterschied zu Codrington jene persönliche Bindung vernachlässigt zu haben.

sei als Animismus, wobei er analoge Ausdrücke anderer Religionen wie Orenda, Wakanda o.ä. mit einbezieht (137).

Damit haben wir bereits ein Stadium der Debatte über das Wesen der Religion erreicht, an das Söderblom unmittelbar anknüpfen wird. Bevor wir uns ihm selber zuwenden, müssen wir aber noch einige andere Konzeptionen kurz beleuchten, mit denen er sich ebenfalls auseinandergesetzt hat. Dazu gehört insbesondere die soziale bzw. soziologische Interpretation der Religion. Zwar ist Religion auch für Marett mindestens ab 1907 (nicht zuletzt unter dem Einfluss von Émile Durkheim) nicht nur »a state of mind«, sondern auch »a mode of social behaviour« oder geradezu »a product of corporate life« (X. 93), doch sind diese beiden Sichtweisen bei ihm noch nicht recht miteinander vermittelt.

Der sozialen Verankerung der Religion, die in den bisher referierten Positionen nicht im Vordergrund stand, galt das zentrale Interesse des schottischen Alttestamentlers und Arabisten William Robertson Smith (1846–1894). Er hatte 1869 Julius Wellhausen in Göttingen kennen gelernt, der ihn stark beeinflusst hat. Als Professor für Hebräisch und Altes Testament in Aberdeen vertrat er klar und mit teilweise provozierenden Formulierungen dessen historische Kritik. Das führte in einem Aufsehen erregenden Häresieprozess 1881 zu seiner Absetzung. Nach einer Zwischenphase als Redakteur der Encylopaedia Britannica bekam er dann eine Professur für Arabistik in Cambridge.

Für Robertson Smith war »solidarity of Gods and worshippers as part of one organic society« die Grundidee antiker Religion, und diese selbst war deshalb integrierender Bestandteil gesellschaftlichen Lebens.[439] Im Mittelpunkt religionswissenschaftlichen Interesses haben deshalb die Rituale zu stehen (20f). Für die älteste Zeit denkt er (auch bei den Israeliten) an Totemverehrung (124. 137). Weit wichtiger aber ist das Opfer, das ursprünglich ein fröhliches Gemeinschaftsmahl gewesen, in Israel jedoch vor dem Hintergrund nationaler Katastrophen zu einem sühnenden Brandopfer geworden sei.[440] Allemal sind religiöse Riten nicht private, sondern soziale Vorgänge. Als solche sind sie nicht nur an besondere Regeln des Vollzugs, sondern auch an besondere Orte und Zeiten gebunden (139–158). Diese Ausgrenzung ist dem Verhältnis zu der Gottheit geschuldet, der die Rituale gelten. Der zentrale Begriff dafür ist Heiligkeit (91), die sich im Tabu manifestiert (152.155.158).

---

439 WILLIAM ROBERTSON SMITH, *Lectures on the Religion of the Semites*, London ³1927 (mit leichter Bearbeitung = ²1894), 21. 32 (hier das Zitat). Danach die folgenden Seitenzahlen.
440 W.R. SMITH, Art. *Sacrifice*, in: Encyclopaedia Britannica 21, ⁹1886, 132–138. Dazu H.G. KIPPENBERG, a.a.O. (wie Anm. 401), 117.

Der klassische Vertreter einer sozialen Erklärung der Religion war der große französische Soziologe Émile Durkheim (1858–1917). Von Robertson Smith hatte er wichtige Anregungen empfangen; ebenso von der Völkerpsychologie Wilhelm Wundts, den er als Student 1885/86 während eines Semesters in Leipzig gehört hatte. Er bekam 1887 einen Lehrauftrag in Bordeaux, wo er neun Jahre später zum ersten französischen Professor für Soziologie ernannt wurde. Ab 1902 lehrte er an der Sorbonne.[441]

Die Leitfrage seiner soziologischen Arbeit betraf die Verbindlichkeit moralischer Normen. Sie führte ihn auf die Religion, die er definiert als »un système solidaire de croyances et de pratiques relatives à des choses sacrées, c'est-à-dire séparées, interdites, croyances et pratiques qui unissent en une même communauté morale, appelée Église, tous ceux qui y adhèrent.«[442] Religiöse Vorstellungen sind also immer kollektiv (13/28). Sie haben ihren Ursprung in dem gesellschaftlichen Bedürfnis nach einem Minimum moralischer Konformität (24/38). Dafür ist gesellschaftliche Autorität erforderlich, die sich in Symbolen vermittelt (26/40). Dabei ist wie selbstverständlich vorausgesetzt, dass Religion nichts anderes als eine bestimmte Äußerung menschlicher Tätigkeit ist (33/46). Sie wird konkret insbesondere in Ritualen, deren Bedingung die scharfe Unterscheidung von Heilig und Profan ist; d. h. die Gesellschaft setzt die absolute Andersartigkeit (Heiligkeit) der legitimierenden Autorität (50–58/62–68). Durkheim akzeptiert die von Robertson Smith herausgearbeitete Ambivalenz des Heiligen, das sowohl Reinheit als auch Unreinheit bezeichnen kann (584–592/548–555) – freilich erst ganz am Ende und ohne dass dies auf den Hauptstrang des Gedankenganges wesentliche Auswirkungen hätte.

Das zentrale Beispiel, an dem Durkheim seine These verifiziert, ist der Totemismus australischer Ureinwohner (123–342/128–326). Die Quintessenz von dessen Analyse lautet: Das Totemsymbol repräsentiert den Totemgott und zugleich den Klan, der es aufgerichtet hat, indem es ihm seinen Namen gibt – das Totemprinzip ist mit dem Klan identisch und zugleich göttlich – die Gesellschaft selbst ist der Gott (293–295/283 f;

---

441 Vgl. H. G. Kippenberg, a. a. O., 194–199.
442 Émile Durkheim, *Les formes élémentaires de la vie religieuse. Le système totémique en Australie*, Paris 1912, Nachdruck (= 5. Aufl.) 1968, 65; dt. v. L. Schmidts: Die elementaren Formen des religiösen Lebens (Suhrkamp Wissenschaft Weißes Programm), Frankfurt a. M. 1984, 75: »ein solidarisches System von Überzeugungen und Praktiken, die sich auf heilige, d. h. abgesonderte und verbotene Dinge, Überzeugungen und Praktiken beziehen, die in einer und derselben moralischen Gemeinschaft, die man Kirche nennt, alle vereinen, die ihr angehören.« Seitenzahlen im Folgenden zuerst nach dem Original, dann nach der Übersetzung.

314/302). Der Gott ist zugleich höchste Autorität und eine Kraft (Mana), welche die Menschen durchdringt (299/288 f.). Dieses Gefühl des Heiligen entsteht ursprünglich in ekstatischen Versammlungen, rein durch die Ausstrahlung geistiger Energie, ohne äußeren Zwang, aber so, dass die Menschen der gesellschaftlichen Autorität folgen, ohne weiter nachdenken zu müssen (296–298/286 f; 308–313/296–301).

Nach dieser Theorie vergottet also die Gesellschaft, indem sie ständig heilige Dinge produziert (304/293), sich unkontrolliert selbst. Die Eigenschaft der Heiligkeit eignet nicht den Dingen selber, sondern wird ihnen durch die Gesellschaft übergestülpt (*superposé*) (328/314). Durkheim sieht eine neuzeitliche Parallele dazu pikanterweise ausgerechnet in der französischen Revolution, die mit dem Prinzip der freien Prüfung (*libre examen*) eine eigene Religion der Selbstvergottung geschaffen habe (305 f/ 294). Man möchte hinzufügen, dass hier der elementaren Emotionalität ekstatischer Versammlungen in urtümlichen Religionen der ebenso unkontrollierte Fanatismus revolutionärer Ideologen entspricht. Doch Durkheim bewertet diese Prozesse positiv. Er sieht in ihnen nichts Problematisches; vielmehr sind sie für ihn die unerlässliche Bedingung für die Entstehung gesellschaftlicher Autorität und damit für einen funktionierenden moralischen Zusammenhalt.

Die verheerenden Konsequenzen, die aus einer solchen Anschauung gezogen werden können, hat Durkheim in seinem Kulturoptimismus offensichtlich nicht geahnt. Hier hat Söderblom entschieden weiter gesehen. Er hat Durkheims Theorie immer nachdrücklich abgelehnt. Dies nicht deswegen, wie man ihm immer wieder unterstellt hat, weil ihn die soziale Seite der Religion nicht interessiert hätte. Er hat im Gegenteil Rituale und andere Gemeinschaftsformen in seinen religionsgeschichtlichen Arbeiten breit behandelt und in Vorträgen Mystik und Riten als die beiden Säulen dargestellt, auf denen alle Religion ruht. 1914 hat er sogar eine Vorlesung eigens über Rituale gehalten.[443] Vollends unübersehbar ist sein zentrales Interesse, wie seine gesamte bischöfliche und ökumenische Tätigkeit zeigt, an der sozialen Gestalt des Christentums, der Kirche; das darf man nicht als »nur theologisch« von der religionswissenschaftlichen Perspektive abtrennen. Wenn er also – religionswissenschaftlich wie theologisch – in seinem Modernismus-Buch gegen den römisch-katholischen Institutionalismus Stellung bezogen hat, dann richtet sich das nicht gegen kirchliche Institutionen überhaupt, sondern gegen den Primat des Institutionellen und gegen seine Verabsolutierung; man könnte auch sagen:

443 Vgl. N. SÖDERBLOM, *Kristendomen den högsta religionen?* Föredrag i Köping 15 aug. 1913, 1 f, NSS C MS 1913 (UUB); zu der Vorlesung vgl. B. SUNDKLER, a.a.O. (wie Anm. 2), 62.

gegen seine Vergöttlichung. Die Vergottung des Klans, der Gesellschaft, oder – im Sinne der damals aktuellen Problemlage formuliert – der Nation stellt, strukturell gesehen, vor das gleiche Problem. Hier hat Söderbloms Protest gegen den Nationalismus der Zeit seine Wurzel. Er war gegenüber der *ungkyrkorörelse* noch recht zurückhaltend; das waren ja auch keine Ultranationalisten. Aber er wird, wie wir alsbald sehen werden, unüberhörbar deutlich in der Auseinandersetzung mit dem deutschen Nationalismus zu Beginn des Weltkrieges, wo er dem Gott Jesu Christi antithetisch den »deutschen Gott« (oder Götzen) gegenüberstellt.[444] Auch dies ist ein nicht nur theologisch, sondern ebenso religionswissenschaftlich motivierter Protest. Dabei dürfte Söderblom m. E. durchaus einen Zusammenhang zu der Problematik von Durkheims soziologischer Erklärung der Religion gesehen haben.[445]

Im Gegensatz zu Durkheim hat Söderblom den vielseitigen schottischen Gelehrten Andrew Lang (1844–1912) trotz mancher Kritik als einen seiner Lehrmeister angesehen.[446] Lang, Schriftsteller und Dichter, Historiker (u. a. Verfasser einer Geschichte Schottlands) und Ethnologe, war der Hauptvertreter der so genannten anthropologischen (= ethnologischen) Schule. Söderblom hat sich vielfach auf seine wichtigsten religionswissenschaftlichen Werke (*Custom and Myth*, 1884; *Myth, Ritual, and Religion*, 2 Bd., 1887; *The Making of Religion*, 1898, ²1900; *Magic and Religion*, 1901) bezogen.

Lang hat seine religionswissenschaftlichen Studien ebenfalls auf die Ureinwohner Australiens konzentriert. Aber anders als Durkheim galt sein Interesse weniger dem »Sitz im Leben« als vielmehr dem spezifischen Gegenstand der Religion, genauer: den Göttergestalten. Er hatte in den Mysterien der untersuchten Völker den Glauben an urtümliche Hochgötter mit Namen wie Bäjämi o.ä. gefunden, die zugleich Allväter und moralische Gesetzgeber waren. Darin sah er so etwas wie einen ältesten Monotheismus.[447] Dieser Glaube könne nicht auf christlich-missionarischen Einfluss zurückgehen, weil er dann nicht gut Gegenstand von Mysterien hätte

---

444 N. Söderblom, *De två gudarne* (wie Anm. 215).

445 Vgl. N. Söderblom, *Das Werden des Gottesglaubens* (wie Anm. 226), 69 f 210 u.ö.

446 Vgl. N. Söderblom, *Andrew Lang och Bäjämi* (1902), in: ders., Ur religionens historia, Stockholm 1915, 71–98. J. M. van Veen, a.a.O. (wie Anm. 2), 91 f, weist darauf hin, dass Söderblom sich nach Ausweis seiner beiden Qualifikationsschriften an der Sorbonne bereits in Paris durch Lang von der Unhaltbarkeit des Animismus als einer Religionstheorie mit universaler Geltung hat überzeugen lassen – als einer der ersten seines Fachs.

447 Vgl. Andrew Lang, *The Making of Religion*, London ²1900, 167. 173–184. Danach die folgenden Seitenzahlen.

werden können.[448] Er lässt sich auch nicht animistisch erklären, denn diese unsterblichen Götter waren bereits da, als es noch keinen Tod in der Welt gab (186f); der Geisterglaube dagegen bezieht sich vornehmlich auf Tote. Es gibt in diesen einfachen Religionsformen auch keinen Kult; Ahnenverehrung ist aber ohne irgendeine Form von Opfer nicht vorstellbar (190). Zwar kommt Animismus hier vor, aber Lang hält ihn für eine spätere Erscheinung, die den Hochgottglauben verdrängt und den Schöpfergott zum *deus otiosus* depotenziert (207). Diese Verfallstheorie, mit der sich Lang gegen den allgemeinen Fortschrittsglauben wendet, kann allerdings, wie Söderblom mit Recht anmerkt, allenfalls partielle Geltung beanspruchen: Es gebe in der Religionsgeschichte wie in der Geschichte allgemein immer beides, Fortentwicklung und Rückschritt.[449]

Den frühen Hochgottglauben, wie Lang ihn beschreibt, darf man sich nicht als vollendeten Monotheismus vorstellen. Denn Bäjämi muss Menschen um Rat fragen; er hat zuerst als Medizinmann auf der Erde gelebt und ist nun ein Mischwesen aus Mensch und Vogel.[450] Lang ist vielmehr der Meinung, dass diese alte Religionsform lediglich ein Frühstadium sei, von dem aus die weitere Entwicklung über Geisterglauben, Väterkult und Polytheismus zum ausgebildeten Monotheismus in der christlich-jüdischen Tradition geführt habe.[451] Doch kann man verstehen, dass der katholische Pater Wilhelm Schmidt (1868–1955) in seinem monumentalen Werk über den Ursprung der Gottesidee seine These vom Urmonotheismus nicht zuletzt unter Berufung auf Lang entwickeln konnte, wenngleich er dabei, anders als Lang, eine Uroffenbarung voraussetzte.[452] Söderblom hat nicht nur dieser (von Schmidt bereits in einer früheren Artikelserie vertretenen) These, sondern auch Langs Behauptung eines alten Monotheismus schon in dem genannten Aufsatz von 1902 den Boden entzogen, indem er feststellte: Ein Schöpfergott wie Bäjämi unterscheide sich zwar klar vom Polydämonismus ebenso wie vom ausgebildeten Polytheismus, trete aber nie als einziger Gott auf. Man könne hier daher nicht einmal von Henotheismus reden. Eine Entwicklungslinie bis hin zum Jahweglauben zu ziehen sei vollends abwegig. Trotz dieser gewichtigen Einwände misst Söderblom der Entdeckung Langs sehr hohe Bedeutung bei.[453]

Das wird unterstrichen durch einen Brief vom 3. Oktober 1912, noch aus Uppsala, in dem Söderblom von einer gerade abgeschlossenen Vorlesungs-

---

448 Vgl. A. LANG, *Myth, Ritual, and Religion* II, London 1887, 177.
449 Vgl. N. SÖDERBLOM, *A. Lang* … (wie Anm. 446), 94f.
450 Vgl. N. SÖDERBLOM, a.a.O., 84.
451 Vgl. A. LANG, *Myth* … I, 238.
452 Vgl. WILHELM SCHMIDT, *Der Ursprung der Gottesidee*, 12 Bd., Münster 1912–1955.
453 Vgl. N. SÖDERBLOM, *A. Lang* … a.a.O. (wie Anm. 446), 95.

reihe über »primitive« Religionen berichtet.[454] In ihr hatte er versucht, wie später noch einmal in zwei grundsätzlichen Zeitschriftenartikeln und dann vor allem in dem Buch *Das Werden des Gottesglaubens*[455], den inneren Zusammenhang zwischen primitiven und hohen Religionsformen herauszufinden, das, was sie alle zu Religionen macht. Sein Ziel war es, die Konkurrenz der unterschiedlichen Theorien über die Entstehung von Religion als unsinnig zu überwinden: »... kein Schlüssel öffnet alle Türen.«[456] Er stellt deshalb drei in verschiedenen Weltgegenden anzutreffende Urformen von Religion nebeneinander: die alten Schöpfergötter, von denen Lang gesprochen hatte; Mana und Tabu; Animismus bzw. Animatismus (nicht im Sinne einer Seelentheorie, sondern einer durch Willen bestimmten Individualität). Von solchen zunächst ganz vagen Vorstellungen hätten die Religionen dreier großer Kulturen ihren Ausgang genommen: der »deistische« Shang-ti Tien in China, dessen Weisheit im 18. Jahrhundert die europäische Aufklärung begeisterte, das unpersönliche Bráhman der indischen Religion, die von Schopenhauer bis zur Theosophie im 19. Jahrhundert so viel Anklang fand, und der willensbestimmte Gott von Judentum und Christentum. Alle drei Elemente seien für die Religion wichtig, wenngleich Söderblom in der Macht (Mana), die er mit Heiligkeit gleichsetzt, das spezifisch Religiöse relativ am besten ausgedrückt findet. Doch dürfe keines der drei Elemente isoliert werden; sie seien in den »primitiven« Religionen nur noch nicht zu ihrer Klarheit gelangt.[457] Es kommt hinzu, dass die Isolierung einer dieser Gestalten in der zeitgenössischen Diskussion oft mit einem latenten oder offenen Rassismus einherging, den Söderblom mit Entschiedenheit zurückweist.[458]

2. Die beschriebene Synthese hat Söderblom in seinem Buch *Das Werden des Gottesglaubens* näher ausgeführt.[459] Gleich zu Beginn stellt er nachdrücklich fest, dass die »primitiven« Religionen der Gegenwart ganz ebenso wie die so genannten höheren Religionen eine lange Entwicklung hinter sich haben, die nur mangels einer schriftlichen Überlieferung nicht

454 N. Söderblom, *Brev* ... (wie Anm. 1), Nr. 53 am 3.10.1912 an David Cairns.
455 N. Söderblom, *Über den Zusammenhang höherer Gottesideen mit primitiven Vorstellungen*, in: ARW 17/1914, 1–16; ders., *Wissenschaftliche Erforschung und religiöse Beurteilung des primitiven Heidentums*, in: DE 5/1914, 193–206; *Das Werden* ..., 161.
456 Vgl. N. Söderblom, *Über den Zusammenhang* ..., 2.
457 Vgl. N. Söderblom, *Wissenschaftliche Erforschung* ..., 200–203. 206.
458 Vgl. N. Söderblom, *Über den Zusammenhang* ..., 15.
459 Das schwedische Original *Gudstrons uppkomst. Studier*, Stockholm 1914, ist für die deutsche Übersetzung überarbeitet und nicht unerheblich erweitert worden: *Das Werden des Gottesglaubens. Untersuchungen über die Anfänge der Religion* (dt. v. R. Stübe), Leipzig 1916. Wir legen deshalb hier diese Fassung zugrunde; danach auch die folgenden Seitenzahlen.

dokumentiert ist. Deshalb dürfe man (im Unterschied zu den meisten damaligen Theorien der Religionsgeschichte) »primitiv« nicht mit dem Anfang von Religion verwechseln, sondern müsse mit diesbezüglichen Vermutungen äußerst vorsichtig sein (5). Damit hängt unmittelbar ein zweites Problem zusammen: Die abendländische Religionsphilosophie neigt von Anfang an zur Generalisierung: Sie spricht von einer Entwicklung »der« Religion, im Singular. Dieses Verständnis liegt selbst Hegels Religionsphilosophie mit ihrer staunenswerten Materialfülle und lebendigen Anschaulichkeit noch zugrunde. Nicht einmal Schleiermacher hat sich ganz von der abstrakten Betrachtung »der« Religion gelöst, so sehr ihm prinzipiell die Einsicht in die Positivität aller Religion zu danken ist.

Dagegen ist die Unterscheidung dreier unterschiedlicher Linien der religionsgeschichtlichen Entwicklung genau umgekehrt aus dem Vergleich empirisch erhobener Phänomene hervorgegangen. Dieser Vergleich ist methodisch erst der zweite Schritt, der sich eine »spekulative« Wesensschau zunutze macht, um die verwirrende Fülle der historischen Gestalten auf das ihnen Gemeinsame hin zu ordnen, ohne doch damit ihre jeweilige Eigenart zu nivellieren. Dieser Ansatz Söderbloms verabschiedet nicht nur alle Versuche einer a priori die Religionsgeschichte konstruierenden Spekulation, sondern auch die oben geschilderten monokausalen historischen Religionstheorien. Auf diese Weise bringt er den von ihm stets angemahnten Respekt vor der Wirklichkeit zum Ausdruck, die »hier wie überall konkret und individuell«, also wirklich plural ist (8). Zugleich überwindet er den blinden Empirismus, der im Detailwissen ertrinkt und dann gar nicht mehr zu sagen weiß, was denn eigentlich Religion sei. Wir hatten die ersten Anfänge dieser Methodik ja bereits in Söderbloms Auseinandersetzung mit Ritschl und Pfleiderer beobachtet (s. o., 84–89). Und nicht zuletzt kommt hier der synthetische Grundzug von Söderbloms Denken zum Zuge, der fern aller Uniformierung gern unterschiedliche geschichtliche Größen in Beziehung zueinander bringt. Er ist auch in seiner Wissenschaft ein Ökumeniker, wie Andrae es formuliert hat.[460]

Auf der Ebene des religionsphänomenologischen Vergleichs geht Söderblom mit der in den zitierten Vorarbeiten schon skizzierten Dreiteilung auch über die bisherige Gegenüberstellung von Unendlichkeitsmystik und Persönlichkeitsmystik hinaus. Die neue Einteilung soll seinem inzwischen enorm erweiterten Kenntnisstand sowie sich daraus ergebenden, bisher nicht berücksichtigten Gesichtspunkten Rechnung tragen. Dabei sollen die in kühnem Schwung gezogenen Verbindungslinien vom Animismus/ Animatismus zur jüdisch-christlichen Tradition, von Mana und Tabu oder Heiligkeit zum indischen Bráhman und von den australischen Urheber-

---

460 Tor Andrae, N. *Söderblom som religionshistoriker* (wie Anm. 159), 39 f.

göttern nach China natürlich nicht etwa historische Genealogien, sondern ebenso wie schon in seinen früheren Abhandlungen (s. o., 143) Religionstypen beschreiben, die in ganz unterschiedlichen kulturellen Kontexten anzutreffen sind. Einzig die Linie vom Animismus zum persönlichen Gott der jüdisch-christlichen Tradition hat auch eine genealogische Komponente.

Die neue Anordnung ersetzt jedoch nicht einfach die alte Zweiteilung, sondern erweitert und präzisiert sie. Am leichtesten ist das an der ersten genannten Linie zu erkennen. Geht man vom Animismus – oder besser und umfassender mit Marett von Animatismus – aus, sei es von der Vorstellung belebter Naturdinge, der menschlichen Seele, einer Allbeseelung, oder freischwebender Geister (11), so versteht man, wie Söderblom zu der These kommt, dieser Typus eines von der Materie freien Geisteswesens kehre sowohl in dem Gedanken des persönlichen, souverän handelnden Jahwe (der niemals ein *deus otiosus* ist) als auch in jeder idealistischen Weltanschauung wieder (31). Zugleich besteht aber auch eine Beziehung zu den beiden anderen Typen. Den Gott der Patriarchen bezeichnet Söderblom als »Hervorbringer«, der sich dann mit dem Wüstengott Jahwe verbunden habe (316. 219). Zudem sei die Jahwereligion – nicht wie bei Hegel die Religion der Erhabenheit, sondern – die »Religion der Ergriffenheit«, denn dieser Gott sei ebenso schrecklich und unnahbar wie unentrinnbar, also heilig; das ist ein Synonym von Mana und Tabu (309 f).

Weniger ins Auge fallend ist die Analogie der Vorstellung vom Mana (positiv) bzw. Tabu (negativ) zum indischen Bráhman (40). Leitend ist der Gedanke der prinzipiellen Unterscheidung übermenschlicher Macht von innerweltlichen Geschehenszusammenhängen. Er findet vielfach seinen Ausdruck in der kultischen Ausgrenzung (*temenos*, 101). Die unheimliche, heilige Macht ist zwar in den urtümlichen Kulturen meistens mit einem persönlichen Willen verbunden (84–88), selbst aber unpersönlich (eine Seele hat, aber ist nicht Mana, 71–84). Von hier aus kann man Bezüge sowohl zum Pantheismus als auch zum Theismus erkennen (94 f). Auch die arische Vorstellung einer unpersönlichen Unendlichkeit, in bisheriger Terminologie: die Unendlichkeitsmystik, findet hier ihren Platz (319). Für die heilige Macht der Inder, Bráhman (neutrum), veranschaulicht er das an einem dreistufigen Prozess der Umstrukturierung: 1) vor dem Auftreten der großen Götter ist es die Macht, die der Brahmán (masculinum), der Schamane, ausübt; 2) in der folgenden polytheistischen Periode wird der Brahmán zum Haupt der Götter, die das Weltall ausmachen; 3) mit der fortschreitenden Weltverneinung wird das Bráhman zum unpersönlichen Einen (276 f). Auf diese Weise gewinnt die Universalität des Mana allmählich das Übergewicht über seine Intensität (107).

Die Urhebergötter, Heilbringer oder, wie es jetzt gerne heißt (139. 148 u. ö.): Hervorbringer (schwed. *frambringare*) spielten in Söderbloms früher

Religionstheorie noch keine Rolle, wenngleich ihre Charakterisierung als Weltschöpfer sie in die Nähe der Vorstellung von einer willensbestimmten, persönlich handelnden Gottheit rückt. Ihre Parallelisierung mit Shang-ti Tien, dem chinesischen Gott, der im Himmel wohnt oder gar der Himmel ist (239), macht im Rahmen von Söderbloms Denkschema keine Schwierigkeiten, wenn man bedenkt, dass sie als Urheber der irdischen Ordnung gesehen werden, ganz ebenso wie der Gott im Himmel der alten Chinesen, nur dass hier dessen kosmogonische Bedeutung zurückgetreten ist (126–133.239.241). Alle diese Gestalten sind den Menschen unendlich fern, oft *dei otiosi* (117. 139). Doch ist weder bei den zwischen Tier und Mensch schillernden Gestalten der urtümlichen Religionen noch bei dem chinesischen Himmelsgott ein wirklicher Monotheismus gegeben (128.134.150–185. 240). Ja, die Hervorbringer sind, im Unterschied zu Andrew Langs Interpretation, nicht im eigentlichen Sinn Götter, weil sie keinen Kultus haben (151).

Die drei religiösen Grundvorstellungen leisten verschiedene Beiträge zur Religionsgeschichte: Der Animatismus stellt der materiellen Welt die geistige, ihre Geschicke durch Willen und freies Handeln lenkende persönliche Gottheit gegenüber, das unpersönliche Mana repräsentiert die Ahnung von einer die Welt durchdringenden übernatürlichen Macht, und der Glaube die Urväter/Hervorbringer will über den Ursprung der Welt und ihrer Ordnungen Auskunft geben (318). Alle drei sind für das Gesamterscheinungsbild von Religion wichtig. Sie lassen sich weder nach Kulturkreisen noch gar nach »Rassen« auseinander dividieren. Anim(at)ismus und das unpersönliche Mana oder Heilige kommen vielmehr in irgendeinem Maß bei allen Rassen vor; nicht nur bei den Semiten gibt es prophetische Religion, sondern in Gestalt des Zoroastrismus auch bei Ariern; schließlich finden wir im Christentum eine Synthese aller drei Grundvorstellungen (320). Sie stehen also nicht nur im Wettstreit miteinander, sondern finden auch zum Zusammenwirken (380f). Neben ihnen in Anlehnung an Durkheims soziologische Theorie noch eine vierte Grundform anzunehmen, in der es speziell um den transzendenten Ursprung der Gemeinschaft ginge, besteht kein Anlass, da dieser Gesichtspunkt bereits durch den Typus der Hervorbringer als Urheber der rituellen und sittlichen Ordnungen abgedeckt ist. Zudem gilt nach Söderblom prinzipiell, dass eine Religion erst dann eine eigene geschichtliche Gestalt besitzt, wenn sie eine von der politischen Sozietät unabhängige Gemeinschaft ausgebildet hat.[461] Klarer kann man den Verdacht eines individualistischen Religionsverständnisses nicht zurückweisen. Ganz nebenher wird damit auch

---

461 Vgl. N. SÖDERBLOM, *Naturlig religion* ... (wie Anm. 25), 97 (dt. [s. u., Anm. 464]: 94 f).

Richard Rothes Idee eines eschatologischen Aufgehens der Kirche im Staat als dem Wesen der Religion unangemessen abgelehnt.

Die letzten beiden Kapitel vom *Werden des Gottesglaubens* sind dem Vordringen der chinesischen (18. Jahrhundert) und indischen (19. Jahrhundert) Religionen nach Europa gewidmet. Welche Phänomene hier historisch gemeint sind, haben wir oben bereits angedeutet und können das Nähere als bekannt voraussetzen. Erörtert werden muss jedoch die Funktion, welche diese Darlegungen im Gesamtkonzept des Werkes haben. Die Berührungen mit fremden Religionswelten sind in Söderbloms Gegenwart erheblich intensiver geworden als in früheren Zeiten. Sie gehen auch über die Erfahrungen überseeischer Missionare insofern hinaus, als die Religionen jetzt »gezwungen sind zusammenzutreffen« (381). Schon zu Anfang des 20. Jahrhunderts hatte demnach die zuvor rein theoretische Pluralität der Religionen in viel höherem Maß als je zuvor einem echten Pluralismus, der Nötigung zur Auseinandersetzung – und zur Mission in neuer Gestalt – Platz gemacht. Wenngleich es also zu Söderbloms Zeiten noch keine zahlenmäßig nur annähernd mit der heutigen Situation vergleichbaren fremdreligiösen Minderheiten in den Ländern des christlichen Abendlandes gab, so wirken seine Überlegungen zum religiösen Pluralismus doch wie eine Vorahnung der kommenden Entwicklung und verdienen deshalb auch heute noch Beachtung.

Schließlich ist noch auf das Kapitel über das Verhältnis von Religion und Magie einzugehen – nicht nur weil dieses Thema zu jener Zeit heftig diskutiert wurde, sondern weil es Söderblom für die Präzisierung seines eigenen Verständnisses von Religion wichtig war. Nicht umsonst hat er diesen Abschnitt »strategisch« zwischen die Analyse der Grundformen und die Darstellung der zugehörigen späteren Gestaltungen gesetzt. Damit fungiert das Verhältnis von Religion und Magie als Testfall für die fortschreitende Klärung des Selbstverständnisses der Religion(en) von den einfachsten bis zu den höchst ausgebildeten Formen. Söderblom konstatiert wie schon früher (s. o., 154) einen prinzipiellen Gegensatz zwischen Religion und Magie, sieht sich jedoch jetzt durch den empirischen Befund genötigt, diese These zu differenzieren. Grundsätzlich unterscheidet sich die Magie als auf Berechnung beruhende eigenmächtige Instrumentalisierung des Heiligen von der Religion, die in Erkenntnis der Grenzen des Menschen und der unbedingten Verbindlichkeit kultischer und sittlicher Gebote sich diesen gehorsam unterwirft (202 f). Trotzdem sind beide im Urstadium untrennbar ineinander verschränkt (193). Freilich ist für den sensiblen Beobachter auch hier schon der »Pulsschlag der Religion« in magischen Praktiken als etwas ihnen im Grunde Entgegengesetztes spürbar (203). Sachlich, wennschon nicht unbedingt zeitlich, ist die Magie gegenüber der Religion sekundär, denn sie ist ein eklatanter Missbrauch des Mana (194. 217) und setzt als solcher nicht nur das Getroffensein von dessen Übermacht, sondern auch schon den Verlust des Vertrauens zu ihm und im Gefolge davon das Absinken der heiligen kultischen Vollzüge zu toten Ritualen voraus (208). Das gilt für die Magie in allen ihren Formen, ob sie nun in guter oder in böser Absicht ausgeübt wird (216).

Diese Argumentation ist von einer Religionstheorie getragen, die im Gegensatz zu alten oder neuen euhemeristischen Erklärungsversuchen jede Religion durch den Glauben an eine ihr zuteil gewordene Offenbarung des Heiligen konstituiert sieht. Diesen Gedanken hatte Söderblom ja bereits im Zusammenhang mit dem Bibel-Babel-Streit 1903 in *Uppenbarelsereligion* entwickelt und seitdem festgehalten. Macht man dagegen den Versuch einer Erklärung des Weltlaufs für die Entstehung von Religion verantwortlich, dann hat man damit dem »primitiven« Menschen den Keim eines aufgeklärten Autonomiebewusstseins zugeschrieben und so die Geschichte auf den Kopf gestellt. Der eigenmächtige Umgang mit der »Macht« in der Magie erscheint in dieser Perspektive als primitive Vorform solcher Emanzipation von der Religion.

Eine zweite Voraussetzung spricht Söderblom unmittelbar an: Die Überzeugung von der unbedingten Verbindlichkeit des Religiösen impliziert, dass der Religion – jeder Religion – »vollster Ernst, harter, unbarmherziger Ernst, wirksamer, helfender Ernst« eignet. Dem kontrastiert der in der Moderne vielfach begegnende Unernst, der die Religion »zu einem Festtagskleid für stimmungsreiche Stunden« degenerieren lässt, eine Bestimmung, die häufig auch durch die Musik an Stelle der Religion wahrgenommen wird (204). Der heutige Leser muss sich klar machen, dass dies 1914 geschrieben wurde; damals ist eine spezifische Verflachung des Religiösen in der Bildungsschicht gemeint. Heute wäre an die Vorstellung von »Wellness« für die Seele als Religionsersatz für breite Schichten der Bevölkerung zu denken. Jedenfalls erweist sich hier einmal mehr die Fruchtbarkeit der religionswissenschaftlichen Betrachtungsweise für das Verständnis moderner Lebenswirklichkeit.

Der Ertrag dieser groß angelegten Untersuchung besteht in einem Doppelten. Zum einen hat Söderblom die noch recht allgemeinen Bestimmungen seiner frühen Schrift *Uppenbarelsereligion* erheblich ausdifferenziert und mit dem »Heiligen« (dazu unten mehr) ein begriffliches Mittel gefunden, das zusammen mit dem Offenbarungsbegriff eine wesentlich genauere Bestimmung des Wesens der Religion erlaubt. Zweitens hat er forschungsgeschichtlich das Verdienst, durch die Ausweitung der Fragestellung über das Gebiet der Religionen schriftloser Völker hinaus auf andere, analoge religiöse Phänomene die gängige Verwechslung eines hypothetischen Urzustandes mit dem Wesen der Religion überwunden zu haben. Darüber hinaus kann man, wenn man sich in die damalige Diskussionslage versetzt, die Einführung der modifizierten These Langs von den Urhebern als wichtigen Beitrag verbuchen, wenngleich Söderblom damit nur begrenzt hat überzeugen können.[462] Auf der anderen Seite ist klar, dass man heute auf Grund des inzwischen enorm erweiterten Kenntnisstandes die so genannten primitiven Religionen weit stärker differenzieren muss, als es Söderblom möglich war. Die Konnotation von Herablassung, die in dem Begriff »primitiv« mitschwingt, darf man Söderblom allerdings nicht anlasten. Er verstand den Begriff vielmehr im Sinne von »ursprünglich«.[463]

d Eine Programmschrift

Wie das Werk über das Werden des Gottesglaubens zeigt, hatte das reiche empirische Material der Religionsgeschichte für Söderblom zwar nichts von seiner Faszination verloren; vielmehr widmete er sich ihm weiterhin mit großer Sorgfalt. Doch richtete sich sein Interesse je länger desto mehr darüber hinaus auf die dadurch aufgeworfenen prinzipiellen religionsphilosophischen und theologischen Fragen, die er in seiner Enzyklopädie behandelt hatte, aber im dortigen Zusammenhang notgedrungen nur skizzieren konnte. So veröffentlichte er in den Jahren 1913 und 1914, also schon vor seinem soeben besprochenen Hauptwerk, eine kleine Schrift, die sich zuerst auf Deutsch, dann in etwas erweiterter Form im schwedischen Original mit eben diesem Themenkreis beschäftigte: *Natürliche Theologie und Religionsgeschichte* bzw. *Naturlig religion och religionshistoria*.[464] Sie ist in der Rezeptionsgeschichte merkwürdig wenig beachtet worden – merkwürdig deshalb, weil sie in der schwedischen Ausgabe ausdrücklich mit dem Untertitel »Ein historischer Überblick und ein Programm« ver-

---

462 Vgl. ÅKE HULTKRANTZ, N. *Söderbloms »frambringare« och indiansk gudstro*, in: RoB 38/1979 (17–25), 18. Hultkrantz neigt gelegentlich zu problematischen Thesen. So schreibt er, Söderblom habe keine Lust gehabt, sich mit Details zu befassen; oder: in seinen Gifford-Vorlesungen von 1931 entwickle er »im Geiste Ritschls« eine Geschichte der Offenbarung Gottes von primitiven Anfängen bis zum Christentum: *Concept of God in the Making: »Primitive Religion« in N. Söderblom's Interpretation*, in: N. Söderblom and His Contribution to the Study of Religion, Studies in commemoration of the 50th anniversary of his death, ed. E.H. (sic! Lies: E.J.) Sharpe and A. Hultgård (HSoed VII, 17–34), 18. Beides stimmt so nicht, wie wir gezeigt haben.
463 Vgl. Å. HULTKRANTZ, *Concept* ..., 20f.
464 N. SÖDERBLOM, *Naturlig religion och religionshistoria. En historik och ett program*, Stockholm 1914; deutsch: Natürliche Theologie und Religionsgeschichte, BRW 1, H. 1, Stockholm 1913. Die folgenden Seitenangaben zuerst nach der schwedischen, dann nach der deutschen Ausgabe.

sehen ist. Der Verfasser selbst hat ihr also eine grundsätzliche Bedeutung für seine weitere wissenschaftliche Arbeit beigemessen.[465]

Diese Schrift behandelt das Verhältnis von Theologie und Religionswissenschaft, und zwar auf zwei Ebenen. Zum einen wendet sich Söderblom jetzt entschlossen einem Thema zu, das er in der Enzyklopädie nur andeutungsweise hatte behandeln können, nämlich der Frage, wie die Religionsphilosophie angesichts der schier unübersehbaren Mannigfaltigkeit der Religionen etwas über das Wesen der Religion ausmachen könne, ohne dabei von vornherein christliche Maßstäbe anzulegen. In diesem Zusammenhang muss er zum anderen die uns von seinen früheren Schriften her vertraute Frage nach einer göttlichen Offenbarung noch einmal aufgreifen und das Verhältnis der beiden Wissenschaften zu ihr genauer bestimmen. Er nähert sich dieser doppelten Thematik historisch, indem er sich einerseits von dem alten theologischen Topos einer die göttliche Offenbarung vorbereitenden natürlichen Theologie abgrenzt, andererseits von dem aufklärerischen Konstrukt einer »natürlichen« Vernunftreligion, die genau umgekehrt den Glauben an eine übernatürliche Offenbarung allenfalls als Propädeutik gelten lässt. (Aus dieser doppelten Stoßrichtung erklärt sich die begriffliche Differenz zwischen deutschem und schwedischem Titel.) Den Inhalt des historischen Abrisses setzen wir als bekannt voraus und konzentrieren uns auf die beiden genannten systematischen Problemkomplexe.

Was die Frage nach dem Wesen des Religiösen angeht, so ist der unzweideutige Ausgangspunkt von Söderbloms Überlegungen der empirische Befund der individuellen Vielfalt positiver Religionen. Er beruft sich dafür natürlich auf Schleiermacher. Doch macht er bei diesem eine gravierende Inkonsequenz aus, insofern die noch aus der Aufklärung stammende Einteilung der Religionen (Entwicklung vom Chaos zur Einheit, nämlich vom Fetischismus über den Polytheismus zum Monotheismus, Unter- bzw. Überordnung sittlicher Aktivität in der Querteilung ästhetische/teleologische Religion) a priori aus dem Wesen der Religion konstruiert und erst sekundär an den empirisch gegebenen Religionen verifiziert worden sei – was sicher auch zutrifft (50/46).[466] Die empirische Vielfalt der Religionen

---

465 Das Fehlen des Untertitels in der deutschen Ausgabe beruht darauf, dass er in die Reihe, in der sie erschien, nicht gepasst hätte. Diese war nämlich auf religionswissenschaftliche Spezialuntersuchungen angelegt. Dass das Buch trotzdem dort erscheinen konnte, wird damit zu erklären sein, dass der Verfasser Ehrenmitglied der für die Reihe verantwortlichen religionswissenschaftlichen Gesellschaft Stockholm und der federführende Herausgeber sein Studienfreund Samuel Fries war; vgl. *Natürliche Theologie* ... (wie vorige Anm.), IV. 109 f.

466 Vgl. F. D. E. SCHLEIERMACHER, *Der christliche Glaube* (wie Anm. 28), §§ 7–10. Ein lebendiges Interesse an fremden Religionen ging Schleiermacher ab.

lasse sich überhaupt in keine abstrakte Theorie zwängen, weder in ein evolutionistisches Schema noch erst recht in den simplen altgläubigen Gegensatz von Wahr und Falsch. So indiskutabel diese Schwarz-Weiß-Malerei sei, so wenig seien die Differenzen zwischen den Religionen bloße Gradunterschiede innerhalb einer einheitlichen Skala. Sie seien vielmehr Artunterschiede (das klingt jedenfalls formal an Schleiermacher an). Dies darf freilich keinesfalls im Sinn einer Wertung verstanden werden. Dergleichen steht der Religionswissenschaft nicht zu (57–59. 109–111/53–55. 105.107 f). Das hat auch für die Theologie Konsequenzen: Nur wenn man den anderen – allen anderen! – Religionen in ihrer je besonderen Eigenart gerecht zu werden sucht und so lange jede Wertung suspendiert, kann man den besonderen Anspruch des Christentums vertreten. (68.70.83./65.67.77 f).

In diesem Sinn ist die zentrale These des Buches zu verstehen, dass an die Stelle der alten natürlichen Theologie – und ebenso jeder anderen a priori konstruierten Religionstheorie – die Religionsgeschichte selbst in ihrer Offenheit für einen Wettstreit zu treten habe (71–84/68–80). Damit bleibt die Wahrheitsfrage zunächst völlig offen. Nun aber gehört zu jeder Religion das Bewusstsein der unbedingten Geltung, das in Gestalt eines kategorischen Imperativs das religiöse Element auch der Ethik ausmacht (65 f/62). Deshalb liegt hier die Frage nahe, warum das Unbedingte in solcher Vielfalt und nicht eindeutig in Gestalt einer einzigen Offenbarung für die ganze Menschheit begegne. Doch führt eine solche Überlegung nicht weiter; in letzter Konsequenz läuft sie auf die Theodizeefrage hinaus, die keiner plausiblen Lösung zugänglich ist (109 f/106).

Trotzdem muss man sich nicht mit der puren Mannigfaltigkeit zufrieden geben. Einen Schritt weiter hilft die bereits in *Uppenbarelsereligion* vorgenommene und auch in der Enzyklopädie angesprochene Differenzierung in Religionstypen, insbesondere die Herausarbeitung des Typus der Offenbarungsreligion. Diese zeichnet sich dadurch aus, dass sie die Geschichte in sich aufnimmt, eine wirkliche Eschatologie ausbildet und schließlich die nationalen Grenzen ihres Ursprungs überschreitet. Damit ist scheinbar die alte Unterscheidung von allgemeiner und spezieller Offenbarung rehabilitiert (100–102.107.110/97. 99 f 102 f). Doch hat sie einen strikt religionsphänomenologischen Sinn bekommen: Die Offenbarungsreligion ist ein Religionstypus, der nicht nur das Christentum, sondern auch Judentum, Islam und Zoroastrismus umfasst. Deshalb ist sie etwas ganz anderes als »offenbarte Religion«: Das wäre eine dogmatische Aussage (92 f 110/89; die zweite Stelle fehlt in der Übersetzung). Die Unterscheidung von Religionstypen stellt zwar vor eine Wahl (112/109), doch von einer Wertung wie noch in der Enzyklopädie ist jetzt keine Rede mehr (s. o., 170).

Über diesen Punkt führt die philosophische Wesensschau hinaus (70).[467] Diese kann Söderblom – das ist das Neue gegenüber dem bisherigen Stand – nunmehr inhaltlich genauer bestimmen, und zwar mit Hilfe der religionsphänomenologischen Forschung über Mana und Tabu: Das Wesen aller Religion, ihre innere Einheit in aller Mannigfaltigkeit, besteht in ihrem Bezug auf die Macht des Heiligen. Alle Religionen haben insofern Anteil an der Wahrheit (65 f 84/62 f 79). Das heißt freilich zugleich: Keine geschichtliche Religion ist als solche mit der Wahrheit identisch – sonst müsste man z. B. auch die abergläubischen Auswüchse des Christentums legitimieren (58/53 f). Vielmehr haben alle Religionen – auch das historische Christentum – die Wahrheit außer sich. Sie ist das, »was an der Religion vorzugsweise als irrationell [Skandinavismus für »irrational«] erscheint« (66/63), in diametralem Gegensatz sowohl zur Vernunftreligion der Aufklärung als auch zur spekulativen Religionsphilosophie. Positiv ausgedrückt: Wahrheit wird den Religionen nach ihrem Selbstverständnis durch einen göttlichen Offenbarungsakt und nicht durch eigene Bemühung zuteil. Wissenschaftlich betrachtet, gibt dieser letzte Satz jedoch lediglich den »Eindruck« wieder, den der Forscher aus den Zeugnissen der Religionen gewinnt (112/108 f).

Damit ist auch die zweite oben gestellte Frage nach dem Verhältnis von theologischer und religionswissenschaftlicher Stellung zur Offenbarung beantwortet. Deren Affirmation ist allein Sache der religiösen Erfahrung. Während der Religionswissenschaftler religiöse Erfahrung zwar selbst besitzen, sie jedoch für die wissenschaftliche Untersuchung in der Schwebe lassen muss, setzt der Theologe sie bei der Explikation des christlichen Bekenntnisses ausdrücklich voraus. Diese Entscheidung ist unumgänglich, weil man den Glauben an die Erlösung durch Christus nicht beweisen kann (91. 111/87. 108).

Das ist scheinbar nur die Bestätigung der von Söderblom schon früher eingenommenen Position. In Wirklichkeit ist er aber einen Schritt darüber hinausgegangen. Religionswissenschaft und Theologie werden nämlich durch das, was sie trennt, zugleich zusammengehalten: durch die Einsicht in die gänzliche Unverfügbarkeit des Heiligen. Sie kommt in der Mannigfaltigkeit der Religionen ebenso zum Ausdruck wie in der Bindung durch das eigene Bekenntnis (54/49), wenngleich auf verschiedene

---

467 Von ihr ist interessanterweise in der deutschen Fassung nicht die Rede. Das dürfte damit zusammenhängen, dass sie in einer empirisch-religionswissenschaftlichen Reihe erschienen ist. Die Kehrseite ist, dass die schwedische Fassung zwar vom »Wesen der Religion« als Gegenstand religionsphilosophischer Reflexion redet, dies aber nicht auf die religionsphänomenologischen Erörterungen über das Heilige zurückbezieht. Insofern geht die obige Interpretation – im Sinne der Enzyklopädie – einen Schritt über den vorliegenden Text hinaus.

Weise. Söderblom fasst das in der griffigen Formel zusammen, dass die Menschheit »zu allen Zeiten unter dem Einfluss einer zugleich unzugänglichen und doch unumgänglichen [genauer: unentrinnbaren, DL] göttlichen Wirklichkeit (en på samma gång oåtkomlig och ändå oundkomlig gudomlig verklighet) gestanden habe«. Diese dialektische Bestimmung des Wesens der Religion wird freilich in der Wirklichkeit nur allzu leicht verletzt, sobald nämlich die Offenbarungsreligionen das Göttliche mit greifbaren Vorstellungen identifizieren (also gegen den Grundsatz der symbolischen Erkenntnis verstoßen) oder wenn die anderen Religionen es bei der Unzugänglichkeit des Heiligen bewenden lassen (112/109).

Mit dem Stichwort des Heiligen ist derjenige Begriff genannt, dessen Neuinterpretation eine der wichtigsten religionswissenschaftlichen Leistungen Söderbloms darstellt. Ja, an diesem Punkt nähern wir uns dem Zentrum seines ganzen Denkens. Es lässt sich zeigen, dass er das, was er mit jenem Begriff bezeichnet, zwar erst in den Jahren 1912/1913 im Zusammenhang mit seinen empirischen Forschungen auf den Begriff bringen konnte, dass es ihm aber *avant la lettre* schon lange vorher vor Augen stand.

Im Folgenden zeichnen wir zunächst die Genesis dieses Begriffs bei Söderblom selbst nach, ziehen sodann andere zeitgenössische Beiträge zum Vergleich heran. Eine besondere Rolle wird dabei natürlich Rudolf Ottos wenige Jahre nach Söderbloms großen Arbeiten zum Thema erschienenes berühmtes Buch über *Das Heilige* spielen, an das sich dann eine weit verzweigte Debatte angeschlossen hat. Auf diese Weise soll das spezifische Profil von Söderbloms Konzept noch schärfer herausgearbeitet werden.

e Das Heilige

1. Im Jahr 1909 schrieb Söderblom für das schwedische Konversationslexikon *Nordisk familjebok* seinen ersten Artikel über das Heilige.[468] Er ist einer von sechs Artikeln über verschiedene religionswissenschaftliche Themen, mit denen die Redaktion Söderblom beauftragt hatte: *Eskatologi* (Bd. 7/1907, 869–890), *Kristendom* (Bd. 14/1911, 1345–1357), *Manes, Manichaeus* (Bd. 17/1912, 748–751), *Mazdeism* (ebd., 1343–1346), *Religion* (Bd. 22/1915, 1323 f). Sieht man von dem zuletzt genannten Stück ab, dessen auffällige Kürze sich durch den Zeitdruck erklären wird, unter dem Söderblom durch die Einarbeitung in sein neues Amt als Erzbischof (seit dem 8.11.1914) stand, so ist man zunächst erstaunt, dass der Artikel über Heiligkeit gerade einmal fünf Spalten umfasst. Das kann natürlich

---

468 N. SÖDERBLOM, Art. *Helig, Helighet*, in: Nordisk familjebok, 2. Aufl., Bd. 11, Sp. 310–314. Danach die folgenden Seitenzahlen.

mit Vorgaben der Redaktion zusammenhängen, doch dagegen spricht die Länge des Eschatologie-Artikels, die kaum mit einem besonderen Interesse der Redakteure und viel eher mit Söderbloms Rückgriff auf seine Dissertation zu tun haben dürfte. Man könnte deshalb vermuten, dass das Heilige zu dieser Zeit noch nicht im Zentrum von Söderbloms Religionsverständnis stand. Dagegen spricht jedoch die Konzentration auf die Schlüsselbegriffe der »primitiven« Religionen Mana und Tabu, denen die erste Hälfte des Artikels gewidmet ist. Denn genau an diesem Punkt meinte man damals dem Wesen der Religion auf die Spur zu kommen. Nicht zuletzt deshalb hatte Söderblom im Herbst 1909 seine Vorlesung über Religionen schriftloser Völker gehalten – und wohl in diesem Zusammenhang den Artikel angenommen.

Der sachliche Zusammenhang wird noch deutlicher, wenn man sich den Inhalt von Söderbloms Ausführungen ansieht. Danach geht es bereits den »primitiven« Religionen um den spezifisch religiösen Sinn des Heiligen. Es bezeichne die Ahnung – nicht mehr – von etwas Übernatürlichem, ein elementares Staunen über Außergewöhnliches, impliziere aber nicht notwendig den Bezug auf eine Gottheit, bzw. dieser komme erst allmählich ins Spiel (310–312). Tabu bezeichne die Gefahr, die ebenso vom Heiligen (= Reinen) wie vom Unreinen ausgehe. Dieser religiöse Sinn des Heiligen lasse den sittlichen Aspekt mit dem Gegensatz von Gut und Böse ganz in den Hintergrund treten. Nur eine Andeutung von Sittlichkeit melde sich in der Ambivalenz des Mana als wohltätig und böswillig (311).

Das Zentrum des Artikels bildet die Verhältnisbestimmung von Religion und Sittlichkeit. Das ergibt sich aus den Abschnitten 3–5, die den prophetischen Religionen gewidmet sind. Hier falle Reinheit und sittlich Gutes im Heiligkeitsbegriff zusammen, der nun primär als Gottesprädikat und dann als sittliche Forderung Gottes an die Menschen verstanden werden müsse. Diese Sicht sei im Neuen Testament zu voller Klarheit gelangt (313). Ein weiterer Abschnitt behandelt die polytheistischen Naturreligionen Indiens und Griechenlands, deren weltflüchtiges, asketisches Heiligkeitsideal dann auch das Christentum und den persischen Sufismus beeinflusst habe – im Gegensatz zu der Hauptlinie abendländischer Frömmigkeit, die den wahren Gottesdienst im sittlichen Leben bestehen lasse (314).

Der zusammenfassende Satz am Schluss bringt die ethische Orientierung des ganzen Textes noch einmal prägnant auf den Punkt: »Der Heiligkeit eignet, angefangen von den Taburegeln bis hin zu Kants kategorischem Imperativ, der religiöse Charakter einer unbedingten Verpflichtung« (314).[469] Kommt man von der ausgereiften Fassung des Heiligkeits-

---

469 »Heligheten eger alltifrån taburleglerna till Kants kategoriska imperativ den religiösa karaktären af en ovillkorlig förpliktelse.«

begriffs her, die Söderblom 1913/14 in dem ERE-Artikel und in seiner Leipziger Vorlesung zum Thema sowie im *Werden des Gottesglaubens* erreicht hat, so muss man urteilen: In dem frühen Versuch von 1909 bleibt er mit seiner Absicht, den rein religiösen Sinn des Begriffs zu formulieren, auf halbem Wege stecken. Es gelingt ihm noch nicht, den ethischen Aspekt der übergreifenden religiösen Sicht klar ein- und unterzuordnen. Es ist deshalb auch noch nicht klar zu erkennen, welchen Rang der Begriff der Heiligkeit für die Religionsphilosophie haben soll.

Einen entscheidenden Schritt weiter führt eine Erörterung in *Religionsproblemet inom katolicism och protestantism* ein Jahr später.[470] Söderblom erklärt hier ohne Umschweife das Heilige zum religiösen Zentralbegriff: »Fromm ist der Mensch, der im Ernst etwas für heilig hält« (388).[471] Das setzt voraus, dass das Heilige in ganz unterschiedlichen Gestalten des Religiösen zum Ausdruck kommt. Söderblom unterscheidet zwei typische Formen. Die eine, repräsentiert durch Luther, fasst Religiosität als persönliche Grundeinstellung, die andere, vertreten durch Calvin, macht sie zu einem Prinzip. In der Neuzeit wird die erste Linie in dem Grundsatz der Eigenständigkeit des Religiösen gegenüber allen anderen Lebensäußerungen fortgeführt, doch wird das Religiöse dann von diesen abgekoppelt – indem es entweder zu einem für sich bestehenden Gefühl (Schleiermacher der Reden) oder zu einer ästhetisierenden Zuschauerhaltung (Goethe) verwandelt wird. Der andere Typus findet seine Fortsetzung in Kant, der die Religion zur Überzeugung von einer sittlichen Weltordnung macht, sie also ganz und gar mit der Ethik verschmilzt. Wir halten uns jetzt nicht bei den Einwänden auf, die man gegen so eine Faustskizze natürlich erheben kann, sondern beschränken uns auf das für Söderbloms eigene Sicht Wesentliche. Er erklärt beide Typen für defizient (wovon er freilich die Position Luthers ausnimmt, vgl. 384), aber auch beide für notwendig (381). Das heißt: Religion, das Für-heilig-Halten, ist etwas Eigenständiges, verleiht aber dem Leben seinen Inhalt und gibt damit der sittlichen und kulturellen Weltgestaltung die Richtung vor.[472] Wer sein Leben so in lebendiger Frömmigkeit vom Heiligen bestimmen lässt, ist ein Heiliger: »Heilige sind die, welche im Leben, im Wesen und im Handeln klar und unzweideutig zeigen, dass Gott lebt.«[473]

---

470 N. SÖDERBLOM, *Religionsproblemet* ... (wie Anm. 384), 380–389. Danach die folgenden Seitenzahlen.

471 »From är den människa, som på allvar håller någonting för heligt.«

472 N. SÖDERBLOM, *Helighet och kultur* (1913), in: ders., Tal och skrifter 4, Stockholm 1933 (214–224), 216. 224.

473 N. SÖDERBLOM, *Uppenbarelsereligion* (wie Anm. 293), 138 (1911). Söderblom hat diesen Gedanken zweimal zum Gegenstand eines eigenen Vortrags gemacht: *Helgon* (1910), in: När stunderna växla och skrida, 1, Uppsala ³1935, 305–314, und:

Wie ist diese Eigenständigkeit näher zu bestimmen? Söderblom beantwortet die Frage auf einem Umweg. Er stellt zunächst fest, dass das Objekt des Für-heilig-Haltens heute oft nicht die Gottheit oder das Übernatürliche, sondern Wissenschaft oder Kunst sei (394). Als religiös könne man diese Einstellung dann verstehen, wenn sie sich über das Denkschema (oder die Grundsätze der Ästhetik) erhebe und sich in Demut auf das Mysterium richte, das dahinter steht – so bewährt sich der Respekt vor der (wesentlichen) Wirklichkeit (398 f). Die Eigenständigkeit der Religion besteht also darin, dass sie sich auf das Heilige als ein Geheimnis richtet, über das sie nicht verfügen kann, weil es transzendenter (göttlicher) Natur und damit von aller irdischen Wirklichkeit kategorial unterschieden ist, das aber gleichwohl eben dieser Wirklichkeit zugrunde liegt.[474]

2. Am 25.6.1912 schrieb Söderblom auf der Fähre von Trelleborg nach Sassnitz einen Brief an seine Frau.[475] Er war auf dem Weg nach Leipzig, um dort Vorbereitungen für den Antritt seiner neuen Professur zu treffen. In dem Brief entwickelt er – auf Deutsch, um sich sprachlich zu üben – seine Pläne für die Lehrveranstaltungen, die er in den kommenden zwei bis zweieinhalb Jahren zu halten gedenkt. Da der Termin für die Fertigstellung des ERE-Artikels über Heiligkeit drängte und da er im Frühjahrssemester 1912 in Uppsala über dieses Thema gelesen hatte[476], wollte er es in der ersten von vier 4-stündigen Hauptvorlesungen in Leipzig (W. S. 1912/13) behandeln. Doch entschloss er sich wenig später, das Kolleg ganz neu zu machen und gleichmäßig über die gesamte Religionsgeschichte auszubreiten; in Uppsala war dem Alten Testament mehr als die Hälfte des Umfangs gewidmet, der in Leipzig auf einen einzigen Paragraphen zusammenschrumpfte. Er begann darum (wie ursprünglich geplant) mit einem Überblick über die gesamte Religionsgeschichte auf der Basis seines kurz zuvor erschienenen Lehrbuches *Översikt av allmänna religionshistorien*. Dadurch rückten – entsprechend dem Aufriss des Schlussteils dieses Buches – die »Hauptbegriffe« der Religion für die folgenden drei Semester

Der evangelische Begriff eines Heiligen. Eine akademische Vorlesung, Greifswald 1925. In der letzteren Fassung grenzt er sich gegen jede Vermittlungsfunktion der Heiligen und gegen die polytheistische Tendenz des katholischen Heiligenkultes ab (ebd., 11. 15), meint aber, die Protestanten sollten von Rom eine höhere Schätzung des Heroischen im Glaubensleben lernen (22 f). Doch damit konterkariert er den Grundgedanken, dass die Menschen nicht den Heiligen, sondern den ihn heiligenden Gott preisen sollen (24).

474 N. SÖDERBLOM, Art. *Communion With Deity* (1910), in: ERE 3 (736–740), 739 B.

475 NSS Familjebrev, UUB.

476 Ich habe diese Vorlesung nicht einsehen können. Die folgende Angabe über sie stützt sich auf C.-M. EDSMAN, *Människan och det heliga. Religionshistoriska småskisser*, Stockholm 1995, 236.

wieder zusammen: I »Heiligkeit«, II »Die Gottesidee«, III »Kultus, Gottesgemeinschaft«. Im Juli/August 1912 sollte er in der Summer School in Oxford über vergleichende Eschatologie vortragen und im Herbst desselben Jahres, vor seiner Abreise nach Leipzig, Vorlesungen über Natürliche Theologie und Religionsgeschichte in Uppsala halten, wo er ja seine Professur weiterhin zu versorgen hatte. Unter dem Druck dieser Verpflichtungen hat er im Wintersemester 1913/14 die Vorlesung über die Gottesidee durch eine überarbeitete Fassung der Oxforder Vorträge ersetzt. Hinzu kamen noch kleinere Vorlesungen und Seminare. Von diesem ganzen Angebot ist sowohl im Blick auf die Nachwirkung als auch in Söderbloms eigener Einschätzung das Thema der Heiligkeit bei weitem das wichtigste, wie nicht zuletzt das Faktum der Neubearbeitung zeigt.[477]

In der Vorlesung selbst bringt das gleich der Beginn des ersten Paragraphen unmissverständlich zum Ausdruck: Der Begriff der Heiligkeit ist schlechthin der Zentralbegriff der Religion; seine Bedeutung – und das ist in dieser Klarheit neu – ist noch fundamentaler als diejenige des Gottesbegriffs. Denn dieser kommt in vielen Urreligionen ebenso wenig wie im ursprünglichen Buddhismus vor[478], und im Übrigen ist am Begriff Gottes das religiös Entscheidende nicht seine bloße Existenz, sondern eben seine Heiligkeit (ERE 731A; Vorlesung 3. 6). Menschliche Religion besteht deshalb in der Unterwerfung des ganzen kollektiven und/oder individuellen Lebens unter die geheimnisvolle Macht des Heiligen. Diese Macht ist sowohl die Quelle der Lebenskraft des Einzelnen und der Lebensregeln der Kultgemeinschaft als auch drohende Vernichtung. In beiderlei Hinsicht evoziert sie »awe«, tiefe Ehrfurcht, religiöse Scheu (ERE 731f; Vorlesung 22.58.63). Dies gilt ungeachtet aller phänomenologischen Differenzierungen wie positiver (die Lebenskraft nutzenden) und negativer Tabu-Riten, permanenter und zeitweiliger (z.B. Festtage) Heiligkeit usw. (ERE 734–738; Vorlesung 58–62). Einzig die Unterscheidung von heiligen Dingen, Tieren, Orten einerseits und Heiligkeit als persönlicher Bestimmung Gottes und sekundär des nach Vollkommenheit strebenden Menschen wird als Qualitätssprung in der Religionsgeschichte besonders hervorgehoben

---

477 Vgl. zu diesem Programm C.-M. EDSMAN, N.S. in Leipzig (wie Anm. 424), 344f.
   – Zum Folgenden: N. SÖDERBLOM, Art. Holiness, in: ERE 6 (1913), 731–741; Vorlesungs-MS Heiligkeit, einschließlich Tabu, unrein, rein etc., Leipzig Sommersemester 1913: NSS C, MS 1913, kapsel 42, UUB. Hier handelt es sich um ein ausgeschriebenes Typskript in deutscher Sprache von 214 + 3 als »Beilage« gekennzeichneten Seiten, am Rand von verschiedenen Händen (vermutlich studentischer Hilfskräfte) mit sprachlichen Korrekturen in Bleistiftform versehen. Die Seitenzahlen im Folgenden sind mit »ERE« bzw. »Vorlesung« gekennzeichnet.
478 J.M. VAN VEEN behauptet a.a.O. (wie Anm. 2), 203, für Söderblom gebe es keine Religion ohne Gottesbewusstsein. Das steht eindeutig im Widerspruch zu den Texten.

(ERE 740B). Erst die Aufhebung jeglicher Fragmentierung des Heiligen bringt dessen Totalitätsanspruch voll zur Geltung. Deshalb gibt es in der Religionsgeschichte eine Tendenz von dem ursprünglich grundlegenden Gegensatz von Heilig und Profan hin zu einer Heiligung der ganzen Welt, insbesondere in der jüdisch-christlichen Tradition (Vorlesung 12 f). Das ist freilich eine eschatologische Grenzbestimmung, denn eine tatsächliche Aufhebung jenes Gegensatzes, der faktisch für jede Religion konstitutiv bleibt, würde zugleich das Ende ihrer institutionellen Gestalt und damit ihrer geschichtlichen Wirklichkeit bedeuten.

Die Vorlesung illustriert dies alles mit einer überwältigenden Fülle von empirischem Material. Auffällig ist dabei, dass Söderblom hier viel stärker mit dem Begriff des Tabu als mit dem des Mana arbeitet (§§ 4–12 von insgesamt 20 Paragraphen, Vorlesung 24–119), wiewohl er auch hervorheben kann, dass das Tabu zugleich das Mana sei (Vorlesung 58). Das hat zur Folge, dass insbesondere die unheimliche Seite des Heiligen scharf herausgearbeitet wird. So werden z. B. in der Religion Israels drei Phasen voneinander unterschieden: das Heilige als verzehrende Macht bei Mose, die strenge ethische Forderung bei den Propheten, schließlich die Heiligkeit als Wesensbestimmung des einzigen, eifernden Gottes. Diese Heiligkeit könne auch Erbarmen sein, aber das sei lediglich ein sekundärer Zug (Vorlesung 105–109).

Allerdings kennt Söderblom auch eine ganz andere Gestalt des Heiligen. Nach der Behandlung der »primitiven« Religionen und der semitischen Religionswelt bis hin zum Neuen Testament setzt er eine Zäsur und kommt dann – wesentlich kürzer, vielleicht wegen des nahenden Semesterendes – auf die iranischen und indischen (§ 14) sowie die griechischen, römischen und germanischen Religionen (§ 17) zu sprechen. Er stellt fest, dass im Iran und in Indien von dem übermenschlichen Schrecken und der unheimlichen Kraft des Tabu nichts zu spüren sei; es gebe dort noch nicht einmal ein Wort für »Heiligkeit«: an deren Stelle trete der Reinheitsbegriff (Vorlesung 122). Doch gelte die unbedingte Verbindlichkeit der menschlichen Lebensführung auch hier, etwa in Gestalt der Askese (Vorlesung 130).

Eine gewisse Unstimmigkeit lässt sich an dieser Stelle nicht leugnen. Söderblom hat ganz am Schluss der Vorlesung versucht, sie am Beispiel des Verhältnisses des Heiligen zur Sittlichkeit zu beheben.[479] Nachdem er deren enge Verwandtschaft (unbedingte Verbindlichkeit, das Ziel über-

---

479 Dieser Text, der sehr kurze § 20, ist dem Vorlesungs-MS als »Beilage« angefügt und hat mit 61 a – 61 c eine eigene Paginierung. Hier muss es einige Verwirrung bei der Archivierung gegeben haben, vielleicht schon vor der Heimreise Söderbloms nach Uppsala. So fehlen die ersten 14 Seiten des ursprünglich sehr ausführlichen § 19 über »Heilige« (Vorlesung 181–194). Doch besteht kein Grund, der »Beilage« die Zugehörigkeit zu dieser Vorlesung abzusprechen.

menschlicher Vollkommenheit, die Erhabenheit des Guten, das Ideal selbst-loser Hingabe) festgestellt hat, nennt er als Specificum des Heiligen die metaphysische Fundierung: »Der Religion gewährt der Heiligkeitsbegriff ihre Eigenart und ihren metaphysischen Gehalt der Übernatürlichkeit« (Vorlesung 61 c). Diese Fundierung besteht letztlich in der den Menschen schöpferisch prägenden und umformenden göttlichen Aktivität: »Heilig-keit bezeichnet das übernatürliche und gleichzeitig aktive Wesen der Gott-heit; ein Mensch ist heilig oder ein Heiliger insofern als er im persönlichen Leben, die lebendige Wirklichkeit des Göttlichen offenbart« (Vorlesung 196). Doch ist damit das Problem des Verhältnisses von Leben spenden-der und vernichtender Macht des Heiligen noch nicht geklärt. Der Bestim-mung des Heiligen fehlt hier noch der Schlussstein, der seine Erhebung zum Schlüsselbegriff vollends plausibel machen kann.

Diesen letzten Schritt hat Söderblom im *Werden des Gottesglaubens* vollzogen. Gegenüber der soeben behandelten Vorlesung fällt vor allem ins Auge, dass er das Heilige jetzt primär vom Begriff der die Vernunft übersteigenden, übernatürlichen Macht des Mana her konzipiert (Werden 33–113, bes. 33. 112), nicht so sehr vom Tabu aus (obwohl dieses seine unentbehrliche Kehrseite bleibt, Werden 38–40. 101 u. ö.).[480] Das erlaubt es ihm, den Aspekt der Lebensspendung und der Fundierung der Ge-meinschaft durch das Heilige deutlicher herauszuarbeiten. Die unheim-liche, Furcht erregende Seite des Heiligen wird keineswegs herunterge-spielt, aber ihr dialektisches Verhältnis zu ihrem Gegenpol kommt jetzt besser zur Geltung: Das Mana flößt eben nicht nur Furcht, sondern auch (natürlich ehrfürchtiges) Vertrauen ein; nicht nur Gefahr, auch Segen geht vom Heiligen aus (Werden 195. 205). In diesem Sinn ist die bereits zi-tierte (s.o., 247) formelhafte Wendung zu verstehen, die Religion habe es mit einer »på samma gång oåtkomlig och ändå oundkomlig gudomlig verklighet« zu tun.[481] Dass sowohl die Unzugänglichkeit als auch die Un-entrinnbarkeit des Heiligen unheimlich sind, liegt am Tage. Aber *beide* Seiten können zugleich als Ausdruck für die transzendente Fundierung des Lebens und für die liebende Nähe des Heiligen verstanden werden. Es ist diese Akzentuierung der aktiven, wirksamen Macht des Heiligen, durch die dessen einseitig metaethische Interpretation überboten wird (Werden 211. 214).

Fundierung des Lebens ist ebenso sehr auf den einzelnen Menschen wie auf die Gesellschaft zu beziehen – aber eben als etwas vom Leben des Ein-zelnen wie der Gesellschaft prinzipiell Unterschiedenes (Werden 209) und

480 Diese Akzentverschiebung ist J.M. VAN VEEN offenbar entgangen, vgl. a.a.O. (wie Anm. 2), 110.
481 N. SÖDERBLOM, *Naturlig religion* ... (wie Anm. 464), 112/109.

darum immer wieder auch gegen die faktische Lebenspraxis Gerichtetes. Die Autorität des Heiligen spiegelt sich deswegen auch in den meisten Religionen in der Befolgung besonderer kultischer Riten, denen die »Macht« des sie stiftenden Heiligen innewohnt (Werden 199. 205). Mit dieser Institutionalisierung der Unterscheidung von Heilig und Profan, die allen organisierten Religionen eigen ist (Werden 211), wird noch einmal das spezifisch Religiöse von der im Alltagsleben geforderten Sittlichkeit abgehoben, ohne doch von ihr abgetrennt zu werden.

Die negative und positive Doppelbestimmung des Heiligen erlaubt es auch, die Entartungen des Religiösen besser zu begreifen. Der Missbrauch des Religiösen in der Magie geht aus der Deformation des religiösen Vertrauens in das Heilige zur sich anbiedernden Vertrautheit bis hin zur kalten Berechnung hervor; er geht einher mit dem Verlust des Gefühls für die Grenzen des Menschen und der heiligen Scheu – und doch bleibt das ursprünglich Religiöse durch seine Verfälschung hindurch spürbar (Werden 202 f). Andere Entartungen sind ebenso verheerend. Das ehrfurchtsvolle Vertrauen zum Heiligen kann das wirkliche Leben überwuchern und schließlich ein von der Realität losgelöstes Eigenleben führen, das alle Kräfte des Menschen in Anspruch nimmt und ihn in einem Drohnendasein enden lässt. Oder aber das Vertrauen in die Macht des Heiligen wie die Furcht vor ihm kann versiegen und der religiöse Ernst verschwinden; die religiöse Institution kann dann noch als leere Hülle weiter bestehen, aber auf den Kanzeln macht sich fades Geschwätz breit, und das religiöse Bedürfnis der Menschen sucht sich Ersatzobjekte (Werden 204. 208 f).

Die ganze Konzeption ist getragen von Söderbloms fester Überzeugung, dass das Heilige als Ehrfurcht heischende Macht die wirkliche individuelle Lebensführung der Menschen und die gesellschaftliche Ordnung fundieren muss und dass der Verlust dieser Dimension des religiösen Ernstes den Untergang der Kultur bedeutet (Werden 210 f). Diese Einheit von Religionstheorie und religiöser Praxis war die Triebkraft der gesamten Aktivität Söderbloms, in der die Grenzen zwischen akademischer und kirchlich-praktischer Tätigkeit immer fließend gewesen sind.

3. Die Etablierung des Begriffs der Heiligkeit in der beschriebenen Form als Zentralbegriff der Religion ist eine der größten wissenschaftlichen Leistungen Söderbloms. Rückblickend kann man sagen, dass er schon lange daran gearbeitet hat. Elemente der Begriffsbestimmung finden sich – *avant la lettre* – schon sehr früh. So hat er die Eigenständigkeit der Religion gegenüber anderen menschlichen Lebensäußerungen im Anschluss an Schleiermacher schon in seinem Lutherbuch von 1893 (s. o., 93) vertreten. Die phänomenologische Bestimmung von Religionstypen, welche nach Söderbloms Auffassung die methodische Voraussetzung für die Auffindung einer Wesensbestimmung der Religion ist, ist bereits in

Uppenbarelsereligion 1903 angelegt (s. o., 143). Die Doppelbestimmung des Heiligen schließlich als einerseits Furcht einflößend und abweisend und andererseits Vertrauen schaffend und bergend steht der Sache nach bereits in der ganz frühen Definition der Religion im Jahr 1900: »Die Gefühle des Vertrauens und der Furcht, begleitet von einem Kult, die einen mächtigen Einfluss auf das ganze Leben, die Gesamtheit der Gefühle, der Handlungen und der Gedanken ausüben, welche wir Religion nennen ...« (s. o., 117). Eben diese Definition leitet dann Söderbloms Bestimmung des Heiligen in *Naturlig religion* im Jahr 1913/14. Letzten Endes hat sie ihre Wurzeln in den beiden grundlegenden religiösen Erlebnissen, die zusammengenommen Söderbloms religiösen Neuanfang ausmachen.

Trotzdem bedurfte es aus mehreren Gründen der jahrelangen intensiven Durcharbeitung des gesamten religionsgeschichtlichen Materials, um zu dem geschilderten Ergebnis zu kommen. Einmal wird die Erinnerung an die apologetische Betrachtungsweise seines Uppsalienser Lehrers Johan August Ekman Söderblom davor gewarnt haben, fremde religiöse Phänomene mit christlichen Maßstäben zu messen. Sodann musste er seinen Versuch, ein allen Religionen gemeinsames Wesen zu bestimmen, nicht nur gegen die vergangene Epoche spekulativer Religionsphilosophie, sondern auch gegen die Einseitigkeiten der damals gängigen religionswissenschaftlichen Theorien abgrenzen. Drittens musste er den Begriff der Heiligkeit mit Hilfe seiner Unterscheidung von Unendlichkeitsmystik und Persönlichkeitsmystik von 1903 so differenzieren, dass in ihm sowohl ein Überwiegen der Universalität (indische Religiosität) als auch ein Überwiegen der Intensität (prophetische Religionen) gedacht werden kann. Eben dies wird durch die Dialektik von »unendlichem qualitativem Unterschied« (Kierkegaard) und unendlicher Nähe, von unbedingtem religiösem Ernst und Erlösungsgewissheit möglich.

Zur Verteidigung seiner Deutung des Heiligen musste Söderblom sich auch mit anderen Verwendungen des Begriffs auseinandersetzen, die zu seiner Zeit diskutiert wurden. Der Begriff hat ja schließlich eine uralte Geschichte in den verschiedensten Religionen. Deshalb hatte man auch schon früher versucht, ihm eine allgemeinere Bedeutung zuzuschreiben. Hier wäre zuerst an William Robertson Smith zu denken.[482] Er sah den Begriff des Heiligen bereits als »the most general term« (91) für die Beschreibung des Verhältnisses von Gott und Mensch an. Freilich ist dies primär auf die Kultgemeinschaft zu beziehen (s. o., 232). Außerdem beschränkt er sich, dem Thema des Buches entsprechend, auf die semitischen Religionen. Darum ist auch eine Bedeutung des Heiligen, die über den Gottesbegriff

---

482 W. R. Smith, *Lectures on the Religion of the Semites* ... (wie Anm. 439). Danach die folgenden Seitenzahlen.

hinausgeht, nicht im Blick. Doch hatte Robertson Smith Heiligkeit bereits klar von Moral unterschieden (140) und religiös vorwiegend als Abgrenzung vom Göttlichen im Sinne von Tabu beschrieben (bes. 152–158). Speziell verdankt Söderblom ihm die Einsicht in die Ambivalenz des Heiligen hinsichtlich der Eigenschaften von Rein und Unrein (153 f).

Des Weiteren sah Söderblom sich genötigt, die Unterscheidung der Religion von der Moral und damit des Heiligen von sittlicher Vollkommenheit, die er von Schleiermacher übernommen hatte, gegenüber zeitgenössischen Religionsphilosophen zu präzisieren. Die Spuren dieser gedanklichen Arbeit konnten wir in den vorangehenden Ausführungen verfolgen. Als Gesprächspartner kam hier vor allem der Heidelberger Neukantianer Wilhelm Windelband in Frage, der schon 1902 in einem Aufsatz den Begriff des Heiligen ins Zentrum seiner Religionsphilosophie gerückt hat.[483] Söderblom hat diesen Text gekannt, wenn er sich auch selten auf ihn bezogen hat.[484] Für Windelband ist das Heilige das Ideal, der überweltliche Inhalt der Religion, der »aus dem inneren Wesen der Vernunft selbst heraus begriffen werden« müsse (274 f). Oder anders ausgedrückt: Es ist »die metapsychische Realität des Normalbewußtseins [= Normbewusstseins, DL]« (281), die ihren Ort jenseits der drei klassischen Funktionen der Vernunft (theoretische, praktische, ästhetische Vernunft) in der »Antinomie des Bewußtseins ... zwischen den Normen und den Naturgesetzen« hat (277). Das Heilige ist also das Fundament nicht nur der praktischen Vernunft, sondern aller Funktionen der Vernunft; es ist transzendent und nicht etwa eine menschliche Erfindung (282), aber es findet in allen menschlichen Lebensäußerungen seinen Ausdruck: im transzendenten Gefühl von Vertrauen und Furcht als das, wovon sich der Mensch schlechthin abhängig fühlt (283 f), in der transzendenten Vorstellung als der Erkenntnis nie ganz zugängliches Mysterium (285–295), im transzendenten Wollen als Entwertung und doch Gestaltung der Welt (296–301) und im transzendenten Handeln (Kultus), als Anwesendes und doch nur symbolisch Angedeutetes (301–309). Das Heilige ist hier bereits als der zentrale Begriff aller Religion gesehen. Doch zeigt seine Grundbestimmung als Norm, dass es letzten Endes eine metaethische Größe bleibt. Zwar klingt mancherlei an Söderbloms erste tastende Versuche an, das Verhältnis von Religion und

---

483 WILHELM WINDELBAND, *Das Heilige. Skizze zur Religionsphilosophie*, in: ders., Präludien. Aufsätze und Reden zur Einführung in die Philosophie, Bd. 2, Tübingen ⁴1911, 272–309; auszugsweise abgedruckt in: Die Diskussion um das »Heilige«, hg. v. C. Colpe (WdF CCCV), Darmstadt 1977, 29–56. Seitenzahlen hier nach dem Original.

484 Ein (freilich wenig aufschlussreicher) Beleg findet sich in dem Vorlesungsmanuskript über *Vergleichende Eschatologie* vom W.S. 1913/14, NSS C MS 1913/14 (UUB), S. 385.

Sittlichkeit zu bestimmen. Aber dieser hat Windelbands im Horizont kantischen Denkens verbleibende Lösung dadurch überwunden, dass er das Heilige konsequent als das der Vernunft prinzipiell unzugängliche, wiewohl den Menschen zuinnerst ergreifende Geheimnis des »ganz Anderen« verstand.

Ausdrücklich setzt sich Söderblom dagegen mit Émile Durkheim auseinander. Seine Argumentation lässt sich hier leicht auf einen Nenner bringen. Er erkennt die zentrale Bedeutung des Heiligen für die gesellschaftliche Wirklichkeit prinzipiell an. Zutreffend sei auch deren Bestimmung als Ehrfurcht und Gehorsam.[485] Doch bestreitet er vehement die Interpretation des Heiligen als mehr oder weniger bewusste Hypostasierung gesellschaftlicher Autorität. Damit werde das Entscheidende, das dem Menschen unverfügbare Geheimnis, eliminiert.[486]

Am wichtigsten für das Verständnis von Söderbloms Auffassung vom Heiligen ist sein Verhältnis zu Rudolf Otto. Um dessen berühmt gewordenes Buch *Das Heilige*[487] gruppieren sich die Beiträge des verdienstvollen, von Carsten Colpe hg. Sammelbandes *Die Diskussion um das Heilige*. Von Söderbloms vielfältigen Äußerungen bringt er leider nur den gelehrten, aber etwas trockenen ERE-Artikel. Jedenfalls in Auszügen hätte man noch die viel lebendigeren Ausführungen von Kap. 5.1 »Religion und Gottesglaube, das Wesen der Religion« in *Das Werden des Gottesglaubens* (193–214) reproduzieren müssen. In der vorliegenden Form unterstützt der Band noch einmal den in Deutschland verbreiteten Irrtum, der eigentliche »Entdecker« des Heiligen sei eben Otto gewesen und Söderblom nur einer seiner Vorläufer.[488] Ottos Buch ist aber erst 1917 erschienen, also eindeutig später als Söderbloms einschlägige Arbeiten.

Nun darf man allerdings nicht den umgekehrten Fehler machen, Otto zum bloßen Epigonen Söderbloms zu erklären. Dies nicht nur deshalb, weil er eine zusammenfassende Monographie zum Thema geschrieben hat, während Söderblom lediglich verstreute Äußerungen hinterließ, aus denen wir seine Gesamtauffassung rekonstruieren müssen. Zum einen gibt es auch bei Otto Vorstufen seiner Konzeption des Heiligen, an denen man zeigen kann, dass er unabhängig von Söderblom auf der gleichen Spur war. Da ist insbesondere seine umfangreiche Besprechung von Wilhelm Wundts Völkerpsychologie aus dem Jahr 1910 zu nennen, in der er bereits

---

485 N. SÖDERBLOM, Vorlesung (wie Anm. 477), 7 f.

486 N. SÖDERBLOM, ERE (wie Anm. 477), 732B; ders., *Das Werden* … (wie Anm. 459), 69 f 210; ders., *Helighet och kultur* (wie Anm. 472), 223 f.

487 RUDOLF OTTO, *Das Heilige. Über das Irrationale in der Idee des Göttlichen und sein Verhältnis zum Rationalen*, Breslau 1917; vielfach wieder aufgelegt und zuletzt 2004 nachgedruckt. Hier nach der ¹⁰1923 zitiert.

488 Vgl. Anm. 483.

die Polarität von Grauen und Faszination als Kennzeichen der Religion bezeichnet, wenn auch noch ohne den Begriff des Heiligen.[489] Zum anderen aber und vor allem gibt es trotz aller mit Händen zu greifender Berührungspunkte zwischen beiden Konzeptionen charakteristische Unterschiede, die es verbieten, die eine auf die andere zurückzuführen.

Dass es Berührungen geben muss, ist schon dadurch nahegelegt, dass Söderblom und Otto einander bereits seit langem persönlich kannten. Sie sind sich zuerst im November 1896 auf der Erfurter Tagung des Evangelisch-Sozialen Kongresses begegnet, und im Juni des darauf folgenden Jahres war Otto an einem Abend in Paris bei den Söderbloms zu Gast. 1899 hat Söderblom Ottos Ausgabe von Schleiermachers Reden rezensiert (s. o., Anm. 266) und auf der Grundlage dieses Textes eine seiner Probevorlesungen gehalten. Der gegenseitige Austausch in diesen Jahren fand weiterhin darin seinen Ausdruck, dass Otto Söderblom in diesem Zusammenhang sein Buch über *Luthers Anschauung vom Heiligen Geiste* (Göttingen 1898) zugeschickt hat.[490] Dann freilich klafft zwischen einem Brief Ottos vom 31.7.1900, in dem er anlässlich einer Finnlandreise Söderblom um eine persönliche Empfehlung bittet, und einem Dankesschreiben vom 1.10.1919 für die Zusendung der kleinen Schrift *Gå vi mot religionens förnyelse?*[491] in der überlieferten Korrespondenz eine große Lücke. Dass diese über so viele Jahre hinweg abgebrochen sein sollte, ist angesichts schon der genannten Bitte Ottos und erst recht der starken gemeinsamen Interessen ganz unwahrscheinlich. Umso mehr muss man den Verlust bedauern.

Fest steht immerhin, dass Otto *Das Werden des Gottesglaubens* vor Abfassung seines eigenen Buches gelesen hat, denn er hat es bereits in seiner

---

489 R. OTTO, *Mythus und Religion in Wundts Völkerpsychologie*, in: ThR 13/1910, 251–275. 293–305, bes. 299–305; in der um einige Zusätze erweiterten Fassung, die Otto in *Das Heilige* und dann noch einmal in seinen *Aufsätzen das Numinose* betreffend (Gotha 1923) vorgelegt hat, abgedruckt in *Die Diskussion um das Heilige* ... (wie Anm. 483), 257–301. (Eine zweite Rez., *Mythus und Religion nach Wundt*, DLZ 31/1910, 2373–2382, enthält nichts für unseren Zusammenhang Relevantes.) WILHELM WUNDT hatte in seiner *Völkerpsychologie. Eine Untersuchung der Entwicklungsgesetze von Sprache, Mythus und Sitte*, Bd. II/2, Leipzig 1906, 300–318 (= Die Diskussion ..., 57–75) die Unterscheidung von Heiligem und Unreinem als Näherbestimmung von Tabu behandelt und ihr die Begriffe Ehrfurcht und Abscheu zugeordnet. Doch hat er das Heilige nicht zum Zentralbegriff der Religion erklärt, obwohl er es gelegentlich mit dem Göttlichen gleichsetzt (ebd., 306).
490 Quellen: Brief Ottos vom 8.6.1897, in: N. SÖDERBLOM, *Brev* ... (wie Anm. 1), Nr. 17; Postkarte Ottos vom 4.6.1899 und Brief vom 9.11.1899 (NS Brevsamling, från utlänningar, UUB).
491 A. a. O., Brief Nr. 142.

schwedischen Originalfassung von 1914 rezensiert.[492] Damit steht zumindest die Priorität Söderbloms gegenüber Otto hinsichtlich der Verwendung von Heiligkeit als religionswissenschaftlichem Zentralbegriff fest. Die Rezension lässt sich in zwei negativen Punkten und einem positiven zusammenfassen: 1. Söderblom habe sich nicht klar genug gegen Tylors und Wundts Ableitung der Religion vom Animismus abgegrenzt, 2. die Urheberhypothese sei wenig überzeugend – und 3. positiv: Das beste Kapitel sei das über Religion und Magie, das die Polarität von Furcht und Vertrauen als Wirkung des Heiligen entfaltet.

Nun scheinen sich beide Denker in der Tat über diesen Punkt, diese »Kontrastharmonie« im Verständnis des Heiligen[493], ganz einig zu sein. Sie kommt auch bei beiden – unabhängig voneinander – schon früher vor, bei Otto in der genannten Wundt-Rezension von 1910, und bei Söderblom, ebenfalls in einer Rezension, bereits zehn Jahre früher (s. o., 117). Und doch meldet sich hier schon eine tiefgehende Differenz, die man vorläufig so ausdrücken kann: Ottos Analyse konzentriert sich primär auf das religiöse Subjekt, während Söderblom zwar auch bei der religiösen Erfahrung einsetzt, aber sein Augenmerk vor allem auf die darin begegnende Macht des Heiligen richtet.

In dieser Form ist die Gegenüberstellung freilich noch zu grobschlächtig. Ottos Interesse gilt nicht etwa einer empirischen Religionspsychologie. Vielmehr beschreibt er die von ihm angenommene, den religiösen Gefühlen zugrunde liegende religiöse Anlage, die dann einen »Trieb« auf das Heilige hin aus sich heraussetzt (143 f). Das Heilige ist insofern eine »Kategorie a priori« (140–174), die allererst in die Erscheinung treten muss (175–215). Dabei ist das Heilige nicht identisch mit dem Übernatürlichen, sondern stellt eine Verbindung von diesem, von Otto das Numinose genannt, mit dem Natürlich-Menschlichen dar. Heilig ist also die Durchdringung des Humanum mit dem Numinosen. Diese Durchdringung kommt durch das religiöse Erlebnis im Gefühl zustande.[494]

Das Numinose ist schlechthin irrational, keinem Begriff und keiner Vorstellung unmittelbar zugänglich (wozu es freilich schlecht passen will, dass Otto es als »ein Objekt außer mir« bezeichnet, 11). Es ist das »Ganz andere« (33). Streng genommen ist es das Numinose, dem die Doppelgestalt des mysterium tremendum und des fascinans eignet. Das Humane dagegen wird als das Rationale bezeichnet, und zwar in einem ganz weiten

---

492 RUDOLF OTTO, Rez. N. Söderblom, Gudstrons uppkomst, ThLZ 40/1915, 1–4.
493 R. OTTO, Das Heilige, a.a.O. (wie Anm. 487), 39. Danach die folgenden Seitenzahlen.
494 A.a.O., 14 f 20. 40 f 46 u.ö.; vgl. HANS-WALTER SCHÜTTE, Religion und Christentum in der Theologie Rudolf Ottos (TBT 15), Berlin 1969, 57. Söderblom ist in diesem Buch leider mit keinem Wort erwähnt.

Sinn und insbesondere nicht auf Intellektualität beschränkt: Alles Setzen von Zwecken, alle Sittlichkeit ist »rational« (137), »Liebe, Erbarmen, Mitleid, Hilfswilligkeit« sind »rationale Vorstellungen« (40). Die Verbindung von Rationalem und Irrationalem kommt durch »Schematisierung« zustande, wie Otto in Anknüpfung an Kants Begriff des Schematismus sagt, also durch eine Ordnungsleistung der Erkenntnis; so ist beispielsweise das Erhabene auf dem Gebiet der Ästhetik »ein echtes ›Schema‹ des Heiligen selber« (59 f). Über die Kriterien solcher Schematisierung gibt Otto allerdings ebenso wenig nähere Auskunft wie über ihren Ermöglichungsgrund im Verhältnis des »Irrationale[n] in der Idee des Göttlichen … zum Rationalen« (Untertitel des Buches).[495]

Mit dem Vollzug der Schematisierung ist das einzelne religiöse Subjekt zugleich Teilhaber eines kulturellen Entwicklungsprozesses, in dem das »Rohe« der urtümlichen Religiosität allmählich überwunden wird und so die religiöse Anlage des Menschen zu ihrer Erfüllung kommt. Der fortschreitende »Vorgang der Versittlichung und allgemeinen Rationalisierung« ist die »Heilsgeschichte« – man kann auch sagen: die Entwicklung des Heiligen, die im Christentum zu ihrem Ziel gelangt (94. 137–139). Wie das möglich sein soll, wenn doch das Numinose die bestimmende Kraft in der Synthese des Heiligen sein soll, bleibt ungeklärt.[496] Wichtig ist aber in jedem Fall, dass Versittlichung und Rationalisierung nicht selbst das Kriterium für den »Wert« einer Religion sind, sondern nur ihren ganz eigenen Wert zur Erscheinung bringen: »Nur das, was ihr [scil. der Religion] eigenstes Innerstes ist, die Idee des Heiligen selber, … kann hier den Maßstab abgeben« (210).[497]

Aus dem Gesagten ergibt sich zweierlei. Einmal ist die Durchdringung des irrationalen Numinosen mit dem Rationalen, insbesondere mit den »klaren sittlichen Momente[n]«, als zentrales Kriterium des Heiligen eingestandenermaßen ein christliches, ja sogar ein protestantisches (137). Das Interesse Ottos am Heiligen ist also im Grunde kein religionswissenschaftliches, sondern ein theologisches. Zweitens geht dieses Interesse vom Humanum aus und sucht aus der Analyse der durch das Heilige bestimmten Gefühlswelt und der kulturellen Entwicklung zu einem Verständnis des spezifisch Christlichen vorzudringen.[498]

495 Vgl. Georg Pfleiderer, *Theologie als Wirklichkeitswissenschaft. Studien zum Religionsbegriff bei Georg Wobbermin, Rudolf Otto, Heinrich Scholz und Max Scheler* (BHTh 82), Tübingen 1992, 125 f.
496 Vgl. G. Pfleiderer, a.a.O., 135.
497 Vgl. Carl Heinz Ratschow, Art. *Otto, Rudolf*, in: TRE 25 (559–563), 561: »Das Heilige ist ein Wertbegriff und kein Seinsbegriff!«
498 Vgl. H.-W. Schütte, a.a.O. (wie Anm. 494), 116.

Nun kommt zwar auch für Söderblom das Heilige im Christentum am klarsten zum Ausdruck. Aber er charakterisiert diese Auffassung stets als persönliche Überzeugung und grenzt sie damit klar von der wissenschaftlichen Betrachtung ab. Seine Bestimmung des Heiligen ist eindeutig von dem Interesse geleitet, das allen Religionen Gemeinsame zum Ausdruck zu bringen. Dieses Interesse ist also ein genuin religionswissenschaftliches. Das zeigt sich an der konstitutiven Funktion von Tabu und Mana. Das Letztere, die übernatürliche Macht, ist das eigentlich entscheidende Moment, auch wenn das erst spät so klar ausgesprochen wird.

Damit kann nun der Unterschied zu Otto genauer bestimmt werden. Zum einen ist deutlich, dass Söderblom in seinem erfahrungstheologischen Ansatz den Ton auf die solche Erfahrung begründende Offenbarung des Heiligen legt. Seine Orientierung ist also theozentrisch; religionspsychologische Aussagen sind ihr eindeutig untergeordnet.[499] Heilig ist allein der aktive, wirkende Gott, und sekundär der durch ihn geheiligte Mensch. Heilig ist also das, was Otto das Numinose nennt, sofern man aus dessen Bestimmung die Konnotation des Primitiven und Unentwickelten entfernt. Zweitens geht das Heilige nicht wie das Numinose bei Otto eine Synthese mit dem Rationalen ein. Es »entwickelt« sich deshalb auch nicht, offenbart sich zwar vielfältig, aber sozusagen quer zur kulturellen Entwicklung, nicht synchron mit ihr. Durch seine Offenbarung erweist es sich als richtunggebende, neuschaffende Macht, die sich das Menschliche unterwirft. Alle Rationalität kann auf das Heilige lediglich symbolisch verweisen.

Natürlich drängt sich im Rahmen von Söderbloms Konzept die Frage nach der Vielfalt der göttlichen Offenbarungen (s. o., 245) viel stärker auf, als das bei Otto der Fall ist. Doch ist das kein durchschlagender Einwand. Vielmehr leuchtet Söderbloms Antwort, dass sich das religiöse Subjekt mit der Unlösbarkeit der Frage bescheiden müsse, unmittelbar ein. Wenn er daher an dieser Stelle auf die persönliche Glaubensüberzeugung rekurriert, kann man das kaum als illegitime Eintragung eines theologischen Gesichtspunktes bezeichnen, zumal er die christliche Überzeugung dem »Wettstreit« (*tävlan*) der Religionen ausgeliefert bleiben lässt.

Zu bedauern ist freilich, dass man angesichts der Quellenlage darauf angewiesen bleibt, Söderbloms Konzeption des Heiligen aus verstreuten Äußerungen zu rekonstruieren, in denen er sich erst allmählich zu begrifflicher Klarheit durchgerungen hat. Trotzdem scheint mir, dass Gustaf Aulén Recht hat, wenn er im Vergleich mit Otto Söderbloms Fassung des

---

499 Deshalb ist es irreführend, wenn C.-M. EDSMAN, *Människan* ... (wie Anm. 476), 237, gerade in diesem Zusammenhang Schleiermacher als den Söderblom und Otto gemeinsamen Anreger nennt.

Begriffs für angemessener ansieht.[500] Allerdings kann man nicht eigentlich von einer Entdeckung des Heiligen als religionswissenschaftlichen Schlüsselbegriffs durch Söderblom sprechen. Darin sind ihm Robertson Smith, Windelband und Durkheim vorausgegangen.[501] Aber in einem *spezifisch religiösen Sinn* und zugleich auf *alle Religionen* bezogen hat er den Begriff in der Tat als erster so verwendet. Das ist nicht nur von begriffsgeschichtlichem, also ganz speziellem Interesse. Denn was er damit erreicht hat, ist nicht weniger, als die Eigenständigkeit der Religion gegenüber allen anderen menschlichen Lebensäußerungen präzise auf den Begriff zu bringen, was die genannten Vorgänger gerade nicht geleistet haben. Söderbloms Sicht enthält darum ihnen gegenüber das größere Potenzial für die Religionswissenschaft und ebenso für die Theologie, ein Potenzial, das freilich auf Grund des enormen Erfolges von Ottos Werk nicht wirklich zur Entfaltung gekommen ist.

f Eschatologie, die Geschichte und der Augenblick

Das Vorlesungsthema der vergleichenden Eschatologie wirkt auf den ersten Blick wie eine Reprise der Dissertation. Doch schon der Vergleich der jeweiligen Titel belehrt uns eines Besseren. Ging es 1901 um *La vie future*, so lautet die Themaformulierung der Oxforder Vorträge von 1912, die Söderbloms Leipziger Kolleg von 1913/14 zugrunde liegen: *The Eternal Circuit and Eschatology – Eternal Circuit and History*.[502] Es geht also jetzt um das Verhältnis von ewigem Kreislauf und Eschatologie zu – individueller wie kollektiver – Geschichte. Auf der einen Seite stehen die an den Jahreszeiten orientierten Naturreligionen (auf die Söderblom hier aber nicht näher eingeht) sowie die griechischen und indischen Seelenwanderungslehren, auf der anderen die »prophetischen Religionen« mit ihrer

---

500 GUSTAF AULÉN, *Det teologiska nutidsläget*, in: SvTK 5/1929 (119–146), 127 f.

501 Dazu ist zu ergänzen, dass Durkheim seine soziologische Interpretation der Unterscheidung von Heilig und Profan in ihren Grundzügen schon viel früher vorgetragen hat: E. DURKHEIM, *De la définition des phénomènes religieux*, in: ASoc 2/1898, 1–28. Auch der Gedanke, dass die Vorstellung von Gottheiten gegenüber der Idee des Heiligen sekundär sei, findet sich dort schon (ebd., 12–14).

502 Zum Folgenden vgl. N. SÖDERBLOM, *The Eternal Circuit and Eschatology – Eternal Circuit and History*. 4 lectures given at the Summer School of Theology in Oxford July/August 1912, NSS C MS 1912 juli-augusti Folio (in Abschrift, teilweise im Original erhalten); ders., *Vergleichende Eschatologie*, Vorlesung Leipzig W. S. 1913/14; NSS C MS 1913/14 (beides UUB). Hier ist die leicht überarbeitete Version der Oxforder Vorträge mit 1–403 paginiert; die neue Einleitung gesondert mit 1–20. Danach die folgenden Seitenzahlen; die Einleitung mit dem Zusatz »Einl.«.

Zukunftshoffnung und dem ihr entsprechenden linearen Geschichtsverständnis. Diese Fragestellung hat ihr aktuelles Seitenstück in der philosophischen und theologischen Diskussionslage der Zeit, die auch formal den Rahmen der ganzen Vorlesungsreihe bildet: auf der einen Seite die breite Wirkung von Nietzsches Wiederaufnahme der Lehre von der ewigen Wiederkehr des Gleichen und auf der anderen die Entdeckung der Naherwartung in der Verkündigung Jesu und der Urgemeinde durch Johannes Weiß und Albert Schweitzer. Dieses Thema steht ganz am Anfang, die Auseinandersetzung mit Nietzsche wird an mehreren Stellen, aber in konzentrierter Form ganz am Schluss geführt.

Wir gehen hier nicht im Einzelnen auf die religionsgeschichtlichen Untersuchungen ein. Sie sind viel gründlicher, als es die knappe Studie über Offenbarungsreligion von 1903 sein konnte, aber ihre Struktur, das gegensätzliche Weltverhältnis der genannten Religionskreise, ist natürlich dort vorgegeben. Wir wollen jetzt auf das deutliche Gefälle zur Gegenwartsbedeutung des religiösen Weltverhältnisses achten, das die Vorlesungen zeigen. Beide Vorlesungsreihen haben den folgenden Aufbau gemeinsam: I Der ewige Kreislauf (1. moderne Formen, 2. griechisch-römische Religion, 3. Indien); II Geschichtsperioden und Eschatologie (1. Einwände gegen die Vorstellung vom ewigen Kreislauf, 2. Eschatologie am Beispiel altpersischer Religion); III Religiöse Geschichtsauffassung (1. Primitive Religion am Beispiel der Maoris, 2. Ausweichen vor der Geschichte in Indien, 3. prophetische Religionen, 4. Ägypten); IV Seelenwanderung und nahes Ende (1. Beschreibung der Vorstellung, 2. Gründe für ihr Fehlen in den prophetischen Religionen). Die Leipziger Fassung schaltet diesem ganzen Komplex eine längere Einleitung über die Bedeutung der Eschatologie für die Religionsgeschichte vor.

In dieser Einleitung setzt Söderblom ein mit der theologischen Entdeckung der Naherwartung und gibt damit sogleich die Richtung vor. Zwar kritisiert er an Weiß und Schweitzer die einseitige Betonung der Abkehr von der Welt, betont jedoch die grundlegende Bedeutung der eschatologischen »Stimmung«. Sie durchdringt das ganze Leben einer Religion und begründet die Überzeugung von einem Sinn der Geschichte (Einl. 7–9. 19). Sie ist das beste Kriterium für die grundlegende Unterscheidung der »höheren« Religionen in prophetische und solche, die von einer steten Wiederholung des Gleichen ausgehen (Einl. 10–12). Zwar finde sich auch in nicht-prophetischen Religionen etwas von wirklicher eschatologischer Stimmung, aber insofern diese entweder bloß die Vergänglichkeit des irdischen Glücks aussagen wollen oder gar den eschatologischen Ernst durch Einordnung in das Schema der ständigen Wiederholung abschwächen, ist das streng genommen doch etwas anderes (12–17). Nur die prophetischen Religionen haben also eine echte Eschatologie ausgebildet in dem Sinn, dass alles auf den unwiederholbaren Augenblick ankommt; nur sie konnten daher auch den Begriff der Geschichte ausbilden, sowohl im Sinn einer individuellen Biographie als auch im Sinn eines weltumfassenden Prozesses. Dieser Begriff hat sodann unterschiedliche Ausprägungen erfahren. Als typisch moderne Form nennt Söderblom den Entwicklungsgedanken, der nicht zufällig auf abendländischem Boden entstanden ist. Die Erörterung der dennoch bestehenden fundamentalen Differenz zwischen prinzipiellem Evolutionismus und eschatologisch geprägtem Geschichtsverständnis verschiebt er jedoch auf den vierten Teil, um sich zunächst der ungleich wichtigeren Unterscheidung von Eschatologie und Kreislauf zuzuwenden (Einl. 17–22).

Wir lassen das erste Kapitel des Hauptteils, die Darstellung der Vorstellungen vom ewigen Kreislauf, hier auf sich beruhen und gehen gleich zum zweiten Kapitel über. Interessant sind hier vor allem die Einwände gegen die Vorstellung vom Kreislauf in Abschnitt II 1. Söderblom bezieht sich zuerst auf die schlichte individuelle Erfahrung des linear fortschreitenden Lebens und auf die in vielen Religionen anzutreffenden Vorstellungen von einer Endkatastrophe, sodann auf die Vorstellung, die Gegenwart sei das Ziel, wie er sie im alten Athen und vor allem in der durch die Aufklärung bestimmten Neuzeit sieht, wobei im zweiten Fall stets die mögliche Perfektibilität mitgedacht ist, weiter auf den umgekehrten Gedanken, das Ideal liege in der Vergangenheit, illustriert mit der Ahnenverehrung, und schließlich auf die Hoffnung der prophetischen Religionen auf ein zukünftiges erlösendes Eingreifen Gottes. Der Ton liegt auf den Einwänden der Neuzeit und der prophetischen Religionen, deren gegenseitiges Verhältnis im Folgenden untersucht wird.

Der dritte Teil, der von der religiösen Geschichtsauffassung handelt, wendet sich nach einer Schilderung der geradlinigen Begründung des irdischen Lebensweges durch eine übermenschliche Stiftung religiöser Riten als Markierungen sowie des indischen Opferkultes als Ausweichen vor der Geschichte wieder vor allem den prophetischen Religionen zu. Israel vertraue der Treue Jahwes statt den Naturgesetzen, heißt es da, also einem die Geschichte lenkenden, zielgerichteten Willen. Diese Orientierung ermögliche die Ausbildung sowohl einer geschichtlichen Chronologie als auch einer Eschatologie (283.313.316). Es folgt noch ein Abschnitt über das Zusammenfließen der gegensätzlichen Traditionen bei verschiedenen abendländischen Denkern.

Der letzte und entscheidende Teil der Vorlesung spiegelt das Problem von der Betrachtung der Geschichte zurück auf die individuelle Frömmigkeit, die ja nach Söderblom der eigentliche Sitz der Religion ist. Zunächst werden die verschiedenen Gestalten der Lehre von der Seelenwanderung dargestellt. Daraufhin wird die Frage gestellt, warum dergleichen in den prophetischen Religionen nicht zu finden sei. Söderblom führt das zurück auf den insbesondere durch die großen religiösen Persönlichkeiten repräsentierten »Druck, der durch die eschatologische Bestimmtheit auf den gegenwärtigen Augenblick ausgeübt wurde«. Er verleihe ihm durch das Gewicht der Ewigkeit Einmaligkeit und enthalte zugleich den Impuls zu einer aktiven Veränderung der Welt (372 f 375. 385). Dieser Gedanke schließt jeden Evolutionismus aus. Denn so sehr dieser nur auf dem Boden der durch das lineare Geschichtsverständnis ermöglichten Zukunftsorientierung entstehen konnte, so wenig kann diese doch als spezifisch religiöse evolutionistisch, also innergeschichtlich begründet werden: »Die übermenschliche Schönheit des Ideals kann nicht aufgefasst werden als Ergebnis einer Entwicklung, sondern nur als eine Offenbarung einer göttlichen Macht« (386). Durch diese Offenbarung werden der gesamte Verlauf der Geschichte sowie das ganze Leben des einzelnen Menschen samt seinem irdischen Ende in dem Brennpunkt einer einzigen erlösenden Schlüsselerfahrung zusammengedrängt, wodurch freilich die Einrichtung des Christentums in der Welt zu einem (unvermeidlichen) Paradox wird (386 f 389).

Auch die Doppelbestimmung des Heiligen kehrt im eschatologischen Gewand wieder: Der unerbittliche Ernst der Ankündigung des nahen Endes durch Jesus hat sein notwendiges Gegengewicht in seinem offenen Auge für die Schönheit der Natur, also in seiner Lebensbejahung (380 f). Dieser Gesichtspunkt tritt bei Johannes Weiß ungebührlich in den Hintergrund. Deshalb musste er ihn, so darf man wohl im Sinne Söderbloms ergänzen, am Ende seines Buches über das Reich Gottes[503] in Gestalt einer gänzlichen Abkehr von der angeblich weltflüchtigen Tendenz Jesu durch einen christlich geprägten Entwicklungsglauben ins Spiel bringen.

Das Kapitel, und mit ihm die ganze Vorlesung, schließt mit einer Auseinandersetzung mit Nietzsche (392–402). Söderblom sieht, dass man dessen Auffassung nicht auf den Gedanken der ewigen Wiederkehr des Gleichen reduzieren kann. Sie ist schon gar nicht als Resignation zu bezeichnen, sondern im Gegenteil als »ein gigantisches Erhöhen des Lebensdurstes« (401). Denn sie kombiniert mit dem Gedanken des Kreislaufs den verzweifelt optimistischen Glauben an das Auftreten des Übermenschen. Das ist nicht als Hoffnung auf eine Entwicklung gemeint, die zu diesem Ziel führen soll. Vielmehr gilt es, in jedem Augenblick des Kreislaufs das Übermenschliche zu erleben. Hier sei noch etwas von dem prophetischen Sinn des christlichen Glaubens lebendig, der jeden Augenblick mit Ewig-

---

503 J. Weiss, *Die Predigt Jesu vom Reiche Gottes*, Göttingen 1892, in der Ausgabe von F. Hahn, Göttingen 1964, 246: »Wir bitten nicht mehr: es komme die Gnade und es vergehe die Welt, sondern wir leben der frohen Zuversicht, dass schon diese Welt der Schauplatz einer ›Menschheit Gottes‹ immer mehr werden wird.«

keit erfülle, sagt Söderblom mit Bezug auf die Stelle am Ende des dritten Teils von Nietzsches Zarathustra, an der er sieben Abschnitte in Folge mit dem Refrain enden lässt: »Denn ich liebe dich, o Ewigkeit«.[504] Mit dem Hinweis auf den antinomischen Charakter des Verhältnisses von Eschatologie und ewigem Kreislauf endet die Vorlesung: Weiter könne der Historiker nicht kommen, hier müsse der Metaphysiker das Heft übernehmen (403 f) – mit anderen Worten: hier muss eine unmittelbare intuitive Wesensschau einsetzen, die durch rationale Argumente nicht mehr zu begründen ist.

Die eindrückliche Beschreibung des eschatologischen Augenblicks mit ihrer Dialektik von wehrlosem Empfangen und Impuls zur Aktivität, richtendem Ernst und gelöster Freude konkretisiert die Analyse des Begriffs des Heiligen im Blick auf das individuelle Entscheidungsleben des Einzelnen und die Geschichtsschau des Glaubens. Dieser Akzent ist bezeichnend für Söderbloms Verbindung von Strenge gegen sich selbst und freier, humorvoller Weltoffenheit, von inniger Frömmigkeit und energischer Tatkraft. Damit weist diese Vorlesung in gewisser Weise voraus auf die bevorstehende dramatische Veränderung in Söderbloms Lebensumständen, die durch die zeitlich nur wenige Wochen auseinander liegenden Ereignisse seiner Ernennung zum Erzbischof und des Ausbruchs des I. Weltkrieges schon bald eintreten sollte: auf das Ende seiner akademischen Tätigkeit und den Beginn einer ganz anderen Wirksamkeit, die den Akzent seiner Lebensarbeit noch stärker als bisher auf den lebendigen Umgang mit den Menschen legen sollte – auch wenn ihm selbst das zum Zeitpunkt der Abfassung dieser Vorlesungen im Sommer 1912 noch nicht bewusst sein konnte.

g Von der Universität in die Kirchenleitung

Während Söderblom in Leipzig noch seine Eschatologie-Vorlesung hielt, starb in Uppsala am 30. November 1913 der Erzbischof Johan August Ekman, der Mann, dem er einst 1901 auf dem Lehrstuhl für Religionsgeschichte in Uppsala nachgefolgt war. Dass er ihm nun noch ein zweites Mal nachfolgen sollte, daran hat Söderblom zunächst überhaupt nicht gedacht. Im Gegenteil: Er war mit dem Universitätskanzler in Uppsala über-

---

504 FRIEDRICH NIETZSCHE, *Also sprach Zarathustra*, in: Werke, hg. v. K. Schlechta, Bd. 2, München o. J., 473–476. SÖDERBLOMS Nietzsche-Interpretation ist hier differenzierter als in dem fünf Jahre zuvor geschriebenen Aufsatz *Nietzsche och kretsloppet* (in: Ur religionens historia, wie Anm. 266, 209–216), wo der Kreislauf selber nach Nietzsche die Verheißung enthalten soll (ebd., 215).

eingekommen, noch bis zum Sommer 1915 in Leipzig zu bleiben.[505] Unter anderem hatte er dort ein religionsgeschichtliches Forschungsinstitut gründen wollen – ein Vorhaben, das nun freilich durch den Kriegsausbruch ohnehin erledigt war.[506] Auf jeden Fall stand für ihn fest, dass er nach dem Leipziger Intermezzo auf seine alte schwedische Professur zurückkehren würde. Die Jahre in Leipzig waren außerordentlich produktiv gewesen, und über mangelnden Lehrerfolg konnte er auch nicht klagen. So schrieb er denn noch im Dezember ganz distanziert an den Kirchenhistoriker Herman Lundström, der die Sedisvakanz vertrat, er höre nur wenig von den Spekulationen über Ekmans Nachfolge; wer immer sie antrete, werde keinen leichten Stand haben angesichts der vielen schwerwiegenden Probleme, vor denen die schwedische Kirche in einer Zeit allgemeinen Umbruchs stehe.[507]

Eben jene Spekulationen hatten freilich schon unmittelbar nach Ekmans Tod außerordentlich lebhaft eingesetzt, umso mehr, als die langjährige Krankheit des alten Erzbischofs seine Arbeit stark beeinträchtigt hatte. Schon nach wenigen Tagen tauchte Söderbloms Name zum ersten Mal in den Diskussionen auf. Er wurde davon völlig überrumpelt, und er schätzte seine Chancen realistisch als minimal ein.

Die Wahlkommissionen der Diözesen wurden rasch tätig. Sie entschieden sich vorrangig für die Aufstellung der beiden Bischöfe Johan Alfred Eklund aus Karlstad, einen der führenden Köpfe der Jungkirchenbewegung, und den konservativen Hjalmar Danell aus Skara.[508] Söderblom selbst, der sich natürlich stark für den Wahlvorgang interessierte und sich seit dem 6. März wegen seiner dortigen Lehrverpflichtungen für drei Wochen in Uppsala befand, setzte sich für den von ihm als »giftig« (ettrig), aber bedeutend eingeschätzten Eklund ein.[509] Nun hatte aber auch die Universität ein Stimmrecht, weil der Erzbischof damals ex officio

505 Diese Information verdanke ich, wie auch manche Einzelheit im Folgenden, dem ungedruckten Aufsatz von STAFFAN RUNESTAM, *Ärkebiskopsvalet 1914. En fråga i blickpunkten för Nathan och Anna Söderbom 1913–1914*, den er mir freundlicherweise zur Benutzung überlassen hat.
506 Vgl. S. KRÜGEL, a.a.O. (wie Anm. 428), 12 f.
507 Brief vom 18.12.1913, zit. bei B. SUNDKLER, a.a.O. (wie Anm. 2), 99.
508 Vgl. hierzu und zum Folgenden die detaillierte Schilderung von B. SUNDKLER, a.a.O. (wie Anm. 2), 101–106.
509 Brief vom 24.3.1914 an Tor Andrae (T 33 aa 21, UUB), zit. von S. RUNESTAM a.a.O. (wie Anm. 505). Der Biograph Eklunds, der an sich um ein positives Charakterbild bemüht ist, bestätigt auf seine Weise diese Charakteristik, indem er den Polemiker Eklund dem eher auf Versöhnung bedachten Söderblom gegenüberstellt: ELIS MALMESTRÖM, *Eklund, Söderblom och Billing. Anteckningar och minnen*, Falköping 1969, 98. Die kleine Schrift gibt recht instruktiv Auskunft über die Beziehungen zwischen den drei genannten Männern.

deren Vizekanzler war. Von dieser Seite wurden die Namen Lundström und Söderblom ins Spiel gebracht. In der Diözese Uppsala selbst dagegen wurde Söderblom gar nicht nominiert. Auf die Gesamtliste, welche die kirchliche Wahl am 18.3.1914 ergeben hatte und die dann an den König weitergeleitet wurde, kam er überhaupt nur durch Auslosung, denn die Wahl hatte zunächst vier Namen ergeben, weil Danell und Eklund pari passu auf dem ersten Platz standen. Lundström und Söderblom folgten mit weitem Abstand. Dieser hatte nennenswerte Unterstützung nur bei den Professoren von Uppsala und Lund (die Letzteren bildeten dort die Wahlkommission der Diözese). Die schwache Resonanz, die sein Name in kirchlichen Kreisen fand, beruhte auf seiner liberalen theologischen Position, aber auch auf der Tatsache, dass er kein Mitglied des Bischofskollegiums und damit ein Außenseiter war. Hinzu kam, dass man, auf den ersten Blick jedenfalls, von der neuen konservativen Regierung Hammarskjöld, die seit Februar im Amt war, kaum Unterstützung für ihn erwarten konnte.

Man kann sich natürlich fragen, warum Söderblom seiner Nominierung trotz seiner geringen Chancen zugestimmt hat. Um die Frage zu beantworten, muss man beachten, dass er bei all seiner Bedeutung als Denker eben kein Stubengelehrter, sondern ein Mann der Tat war. Als solchen muss ihn diese Aufgabe gereizt haben, die ihm erlaubte, aktiv zu gestalten. Sein vitales Interesse galt hier einmal der Verbesserung des Verhältnisses zwischen Staatskirche und Freikirchen, sodann aber vor allem der Überwindung der Enge und internationalen Isolierung, die er an der theologischen Fakultät schon so erfolgreich betrieben hatte. Die Jungkirchenbewegung, aus deren Mitte er sich trotz allem eine gewisse Unterstützung erhoffte, hatte zwar für eine gewisse Auflockerung gesorgt, aber es blieb nach wie vor viel zu tun, und die sehr nationale Ausrichtung der Bewegung hatte nicht gerade zu einer Verbesserung der Beziehungen zu Kirchen anderer Länder beigetragen. Überdies hatte die in den letzten Monaten vor dem Krieg immer unerträglicher werdende politische Atmosphäre in Deutschland in ihm den Wunsch wachsen lassen, trotz des gerade erst begonnenen Aufbaus seines Leipziger Lehrstuhls in die Heimat zurückzukehren. Noch mehr sehnte Anna Söderblom sich nach einem Ende des Deutschlandaufenthalts.

Die gesetzliche Regelung sah nun vor, dass der König einen von den drei Kandidaten ernennen würde. Das war normalerweise, aber nicht notwendig, der erste. Nun hatten die Uppsalienser Professoren, die für Söderblom gestimmt hatten, einen guten Draht zur Regierung, besonders zu dem jungen Kirchenminister, dem Rechtshistoriker Karl Gustaf Westman, der von Außenminister Knut Agathon Wallenberg und von Justizminister Berndt Hasselrot unterstützt wurde. So kam nach der Berichterstattung über eine lange Kabinettssitzung schließlich am 20. Mai die gänzlich unerwartete Entscheidung des Königs zustande, Söderblom zum Erzbischof von Schweden zu ernennen. Die Überraschung war allgemein, auch bei Söderblom selbst. Die Reaktion in kirchlichen Kreisen war, wie zu erwarten, höchst gespalten. Was für ein Glücksfall die königliche Entscheidung für die schwedische Kirche war, ahnten zu diesem Zeitpunkt wenige. Ein schönes, gewiss ehrlich gemeintes Echo kam von Ernst Troeltsch, der Söderblom mit dem Satz gratulierte:»Hätten wir nur auch solche Erzbischöfe.«[510] Wenn auch manches Vorurteil noch lange fortbestand und Söderblom in kirchlichen Kreisen umstritten blieb, so hat er doch mit seiner tiefen Frömmigkeit und seiner Offenheit für die Fragen der Zeit enorm viel für eine Belebung und Öffnung der Kirche erreicht, vor allem dank seiner außergewöhnlichen Kommunikationsfähigkeit und seines ausgeprägten Organisationstalents. Durch seine Menschlichkeit hat er vor allem in den Gemeinden rasch die Herzen gewonnen.

Noch aber befand er sich in Leipzig. Es galt, neben den akademischen Verpflichtungen sich geistig und seelisch auf den bevorstehenden Berufswechsel vorzubereiten. Und dann brach wenige Wochen nach der Ernennung der I. Weltkrieg aus. Schon zwei Jahre zuvor hatten Söderblom angesichts des Wettrüstens dunkle Ahnungen beschlichen, und jetzt lassen die Briefe eine sich zunehmend verdüsternde Stimmung im Blick auf die politische Entwicklung spüren. Von den Auseinandersetzungen im Zusammenhang mit dem Zwischenfall von Zabern im November 1913 war schon die Rede (s. o., 221). Besonders anschaulich ist ein Brief an Harald Hjärne vom 28. Januar 1914.[511] Da heißt es in bitterer Ironie:»Heute wird hier Karls des Großen gedacht. Gestern wurde dem Friedenskaiser [scil. Wilhelm II.] mit Schulfrei gehuldigt – auch eine Art, königliche Gefühle zu stärken.« Und weiter unten, nach einer Schilderung des politischen Geredes im Volk: »Es wird einem angst und bange, wenn man sieht, wie der Nationalismus alles vergröbern kann.«

Eine Postkarte vom Tag des Kriegsausbruchs an den Lunder Bischof Gottfrid Billing spricht dann bereits von hektischer Vorbereitung auf die Heimreise mit der ganzen großen Familie. Sie war dadurch erschwert, dass Anna Söderblom ernsthaft erkrankt war, nachdem es im Juli bei der

---

510 Postkarte vom 10.6.1914, in: N. SÖDERBLOM, *Brev* ... (wie Anm.1), Nr. 68.
511 Die frühen Ahnungen finden sich in dem September 1912 gehaltenen Vortrag *Sveriges förste teologie professor*, in: N. SÖDERBLOM, *Svenska kyrkans kropp och själ*, Stockholm 1916, 156f. In einer bei der Drucklegung 1916 hinzugefügten Anmerkung äußert er zum ersten Mal die Wunschvorstellung der Vereinigten Staaten von Europa: 157 Anm. 1. – Der Brief an Hjärne: N. SÖDERBLOM, *Brev* ... (wie Anm. 1), Nr. 65.

Geburt ihres zwölften Kindes Komplikationen gegeben hatte. Vier Tage später bezeugt eine dramatische Postkarte an den alten Freund Göransson die weitere Zuspitzung der Lage.[512] Sie ist im Blick auf die Militärzensur auf Deutsch geschrieben. Wegen ihrer Dichte, in der sie Persönliches mit der großen politischen Perspektive verbindet, soll sie hier im Wortlaut wiedergegeben werden:

> Lieber Göran! Diese Woche nur Militärzüge. Angstvoll in dieser Zeit nicht zu Hause zu sein – obwohl wir ja hier bei den treuesten Menschen sind. Anna noch zu Bett, beginnt sich ein wenig kleiden zu können. Gern möchte ich sie mitnehmen. Der Weltbrand ist entfacht. Wie werden nicht alle Erzeugnisse der Kultur, geistige und materielle, unter den Füssen getreten. Englands Kriegserklärung war ein furchtbarer Schlag, Italien abwartend. Deutschland – Oesterreich ungefähr allein gegen eine Welt. Alles schlimmer als die pessimistischsten Erwartungen. Du kannst nicht denken wie peinlich [schwed. pinsam: hier = schmerzlich] es ist in dieser Schicksalstunde nicht zu Hause zu sein. Hoffe Beginn nächster Woche [der 5.8. war ein Mittwoch] in Upsala zu sein. Grüsse! Dein N. Söderblom

Diese scheinbar so einseitig deutschfreundliche Sicht, deren Formulierung fast an die deutsche Kriegspropaganda anklingt, dürfte bei allem Verständnis, das Söderblom für die deutsche Befindlichkeit hatte, in dieser Form der Rücksicht auf die Zensur geschuldet sein. Sie gibt jedenfalls nur die halbe Wahrheit wieder. Anna Söderblom hat in ihren Erinnerungen die andere Hälfte hinzugefügt: »Man kann solche Tage in einem Volk nicht erleben, ohne mitzufühlen. Aber wir hatten sieben reiche Jahre als junge Leute in Frankreich verbracht, und wir liebten dieses Land und Volk.«[513] Ebenso gespalten waren die Empfindungen ihres Mannes. Dafür spricht die tief pessimistische Stimmung dieser Zeilen, in der er bereits die ganze Tragweite des Konflikts vorausahnte. Sie ist durch einen Abgrund von dem gespenstischen deutschen Hurrapatriotismus jener Tage geschieden. Diese Stimmung ist der Hintergrund dafür, dass er nach seiner Rückkehr zuerst einmal frappiert war von dem scheinbar so unberührten Frieden im eigenen Land, obwohl es zu dieser Zeit nicht ausgeschlossen werden konnte, dass Schweden in diesen Krieg hineingezogen würde.[514]

---

512 Vgl. N. SÖDERBLOM, *Brev* ... (wie Anm. 1), Nr. 69 (an Billing) und 70 (an Göransson).

513 ANNA SÖDERBLOM, *På livets trottoir*, Bd. 2 (wie Anm. 2), 117.

514 Vgl. den Brief an Samuel Fries vom 12.8., geschrieben während eines Zwischenaufenthalts in Lund, *Brev* ... (wie Anm. 1), Nr. 72.

Söderblom hat den Krieg nicht nur beklagt, sondern sich von den allerersten Anfängen an nach Kräften für den Frieden eingesetzt. Einen der Anstöße dazu könnte die Gründungskonferenz der *World Alliance for Promoting International Friendship through the Churches* (2.–3.8.1914 in Konstanz) gegeben haben, deren schwedisches Komitee 1916 gegründet und nach einem Jahr öffentlicher Inaktivität 1917 Söderbloms Leitung unterstellt wurde.[515] Zurück in Schweden, hat er Ende September, noch vor seiner Installation als Erzbischof, einen Friedensappell an Kirchenführer in den neutralen und kriegführenden Nationen formuliert, der nach seinem Amtsantritt (8.11.) am 27.11. in mehreren Sprachen mit den Unterschriften von Kirchenvertretern aus den neutralen Völkern veröffentlicht wurde. Charakteristisch für Söderblom ist schon die Überschrift »For Peace and Christian Fellowship«. Ebenso charakteristisch für den Zustand der Kirchen in den am Krieg beteiligten Ländern ist die Tatsache, dass keine von deren leitenden Persönlichkeiten sich zur Unterzeichnung bereit gefunden hatte.[516] Wie wenig eine Beteiligung von ihrer Seite zu erwarten war, zeigt der *Aufruf deutscher Kirchenmänner und Professoren: An die evangelischen Christen im Ausland* vom 4. September 1914. Da heißt es, Deutschland sei ein gänzlich unschuldiges Opfer alliierter Einkreisungspolitik, es habe sich der asiatischen Barbarei Russlands erwehren müssen, und die belgische Neutralität sei von den Alliierten zuerst verletzt worden. Selbst Harnack und Deißmann hatten das Dokument unterzeichnet.[517] Die beiden englischen Erzbischöfe von Canterbury und York verwunderten sich in ihren öffentlichen Antworten über diese Selbstgerechtigkeit und bestanden ihrerseits auf dem reinen Friedenswillen Englands. Ihre Hauptkritik galt dem Bruch internationalen Rechts durch den deutschen Einmarsch in Belgien. Der Ton der französischen Protestanten war wesentlich schärfer. Sie stellten die deutsche Friedensliebe grundsätzlich in Frage und verwiesen z. B. auf die Behandlung der Hereros 1904. Gegen diese

---

515 Söderblom datiert 1928 den Beginn der Konstanzer Tagung irrtümlich auf den 31.7.1914: *Konstans–Stockholm–Lausanne*, in: Tal och skrifter 5, Stockholm 1933, 63–72. Vgl. die ausführliche Darstellung von NILS KARLSTRÖM, *Kristna samförståndssträvanden* ... (wie Anm. 2), 123–137 und 364 f. Y. Brilioth berichtet, dass einer der Konstanzer Tagungsteilnehmer Söderblom in Leipzig besucht hat. Das erklärt die Verbindung. Vgl. YNGVE BRILIOTH, *Den ekumeniska gärningen*, a.a.O. (wie Anm. 381), 285.

516 Der englische Text findet sich bei B. SUNDKLER, a.a.O. (wie Anm. 2), 163, sowie in N. SÖDERBLOM, *Brev* ... (wie Anm. 1), Nr. 75; das schwedische Original samt den Unterschriften bei N. SÖDERBLOM, *Tal och skrifter* 5, Stockholm 1933, 79–81.

517 Das Dokument ist abgedruckt bei Gerhard Besier (Hg.), *Die protestantischen Kirchen Europas im Ersten Weltkrieg. Ein Quellen- und Arbeitsbuch*, Göttingen 1984, 40. 42–45.

auf beiden Seiten verhärtete Stimmung kam auch die Unterstützung durch Männer wie den Theologieprofessor David Cairns in Aberdeen oder den amerikanischen Generalsekretär von Faith und Order, Robert Gardiner, nicht auf.[518]

Söderblom seinerseits hat in einer Predigt über Mt 5,43–45 vom 6.9.1914 seine Position zum Nationalismus weiter präzisiert. Schon der Titel ist programmatisch: »Die beiden Götter«.[519] Der Gott des Nationalismus steht gegen den Gott Jesu Christi, der Gott des Feindeshasses gegen den Gott der Feindesliebe. Der Gott des Nationalismus, das sind eigentlich viele Götter, die Götter all derer, die sich selbst anbeten: der deutsche Gott von Blut und Eisen, der französische Gott der Grande Nation, der englische Gott des Imperialismus. Am nächsten lag es Söderblom, von dem deutschen Gott zu sprechen, der eigentlich nach Walhalla gehöre – im Gegensatz zu dem Gott Jesu Christi, der auf Golgatha zu finden sei. Doch wird der christliche Gott von allen kriegführenden – nominell christlichen! – Völkern usurpiert und mit dem jeweiligen Nationalgott vermengt. Die Religion des Friedens wird zur Religion des Krieges gemacht, bis in die Predigten hinein. So treten die religionsgeschichtlichen Bezüge hier in den Dienst einer Predigt, die der alttestamentlich-prophetischen Tradition folgt. Diese macht sich auch in dem Aufruf an seine Zuhörer geltend, darüber nachzudenken, wo der Gott des schwedischen Nationalismus zu finden sei. In einer Bußtagspredigt des Jahres 1916 gibt er selbst die Antwort: in der Selbstgerechtigkeit der Neutralen![520] Da er sich selbst hier mit einbeziehen muss, liegt darin nicht die Anmaßung, über andere richten zu wollen.

In Wahrheit komme es darauf an, den Nationalismus (hier im Sinne von Patriotismus zu verstehen, 106), der auch Gutes wie die Zusammenarbeit zum gemeinsamen Besten bewirkt habe, zu der Einsicht zu vertiefen, dass

518 Die vielfältigen Reaktionen auf Söderbloms erste Friedensbemühungen samt dessen Antworten habe ich ausführlich dokumentiert in N. SÖDERBLOM, Brev … (wie Anm. 1), Nr. 76–91. Vgl. auch N. KARLSTRÖM, a.a.O. (wie Anm. 2), 275–335, sowie die Texte der englischen und französischen Antworten auf das deutsche Manifest, ebd., 602–614.

519 N. SÖDERBLOM, De två gudarne (wie Anm. 215). Zur Schlüsselfunktion dieser Predigt für Söderbloms Stellung zum Nationalismus vgl. STAFFAN RUNESTAM, N. Söderblom. Perspektiv på krig och fred, in: ders., Söderblomsstudier, Uppsala 2004 (177–230), 197.

520 N. SÖDERBLOM, Neutral egenrättfärdighet. Botdagspredikan, in: Kristendomen och vår tid 12/1916, 116–122; auch als Separatdruck Lund 1916. Englische Übersetzung: Our Spiritual Peril as Neutrals, in der amerikanischen Zeitschrift The Constructive Quarterly 5/1917, 91–96. Ob diese Fassung noch, wie wahrscheinlich beabsichtigt, vor dem Eintritt der USA in den Krieg am 6.4.1917 erschien, habe ich nicht feststellen können.

jedes Volk seine eigene Sendung habe und die Völker untereinander in friedlichem Wettstreit (*tävlan*) stehen sollen, der zum Ausdruck der Feindesliebe werden kann. Es gelte, die Mächte der Verbrüderung zu stärken: Mission, Wissenschaft, die Arbeiterbewegung, die Friedensbewegung und besonders die Staatskunst, die Söderblom sich ausgeweitet denkt zur Etablierung eines internationalen Rechtszustandes. Ganz bewusst macht er damit das Gebot der Feindesliebe zum letzten verbindlichen Maßstab auch der Politik, ohne dabei die scharfe lutherische Unterscheidung von Reich Gottes und Reich der Welt, Gottesbeziehung und Gestaltung der weltlichen Verhältnisse, preiszugeben. Im Gegenteil: die lutherischen Kriegsprediger in Deutschland haben, so darf man Söderblom verstehen, durch die Heiligsprechung der Nation die Grundintention der Zwei-Reiche-Lehre in ihr Gegenteil verkehrt. Söderblom sieht die Klammer zwischen beiden »Reichen« zum Schluss der Predigt im Gewissen des Einzelnen, der aus einem Anbeter des eigenen individuellen oder kollektiven Selbst zu einem Werkzeug der Liebe Gottes werden müsse. Diese Predigt kann geradezu als Schlüsseltext zur Problematik von Krieg und Frieden bei Söderblom angesehen werden.

Konkret wandte sich Söderblom gleichermaßen kritisch gegen die Verletzung der belgischen Neutralität, die Versenkung der Lusitania und die Politik der verbrannten Erde in Nordfrankreich durch die Deutschen wie gegen die alliierte, insbesondere französische Nachkriegspolitik (Versailler Vertrag, Besetzung des Ruhrgebiets), in der er wie der britische Ökonom John Maynard Keynes bereits den Keim eines neuen Krieges sah. Das sollte seine ökumenische Arbeit ebenso erleichtern, wie sie dadurch erschwert wurde, dass sein Sohn Sven 1917 als 19-jähriger Fähnrich in die deutsche Armee eingetreten war, was der Vater nicht hatte verhindern können.[521]

---

521 Vgl. N. SÖDERBLOM, *Tidens tecken*, in: För tanke och tro, FS O. Ekman, Uppsala 1923 (1–43), 6–9; ders., *Brev* ... (wie Anm. 1), Nr. 135.195.200; vgl. auch den Appell der schwedischen Bischöfe, ebd., Nr. 201 Beilage. Auf JOHN MAYNARD KEYNES' berühmtes Buch *The Economic Consequences of the Peace* (London 1919) hat Söderblom übrigens in einem Brief ausdrücklich Bezug genommen: Friedrich Siegmund-Schultze (Hg.), *Nathan Söderblom. Briefe und Botschaften an einen deutschen Mitarbeiter. Gedächtnisschrift zum 100. Geburtstag des schwedischen Erzbischofs* (SÖA II), Marburg/Lahn 1966, Brief v. 28.2.1920 (S. 50).

5.

Primas von Schweden

a Der Amtsantritt

Die Hektik der überstürzten Heimreise war noch bis über Söderbloms Ankunft in Uppsala hinaus spürbar, weil die Renovierung des erzbischöflichen Palais nicht abgeschlossen war, so dass der größte Teil der Familie bis zum Oktober noch einmal in der engen alten Behausung in Stabby
unterkommen und Söderblom selbst allein zwei Zimmer bei Freunden in
der Stadt[522] bewohnen musste. (Seine Frau lag im Krankenhaus.) Er nutzte
diese Zeit intensiv dazu, Kontakte zu knüpfen, um so rasch wie möglich
eine Basis für seine neue Tätigkeit zu haben. Neben der Friedensaktion bereitete er vor allem seinen Hirtenbrief an die Pfarrer der Erzdiözese Uppsala vor. Der erste Hirtenbrief eines neuen Bischofs ist in Schweden eine
anspruchsvolle, relativ umfangreiche Schrift, die auch im Druck erscheint;
im Fall Söderbloms war sie 83 Seiten stark. Der Verfasser legt darin seine
theologische Auffassung von Kirchenleitung dar und geht auf aktuelle Probleme ein, mit denen die Kirche konfrontiert ist. Nicht zuletzt macht er
sich den Menschen in seiner Diözese als Person bekannt. Es handelt sich
also zugleich um eine Begrüßung und um ein programmatisches Dokument, mit dem wir uns alsbald genauer befassen müssen. Der Übergang
in das neue Amt war also gewissermaßen ein fliegender Start, überschat-
tet von der düsteren Szenerie des Krieges und doch beflügelt von der Vor-
freude auf einen Neuanfang.

Ein Vierteljahr nach Söderbloms Rückkehr aus Deutschland, am 8. November 1914, vollzog der ehrwürdige 73jährige Bischof Gottfrid Billing
von Lund in Gegenwart König Gustafs V. im Dom zu Uppsala die feierliche Installation des neuen Erzbischofs. Billing war schon zu Zeiten Niklas
Sundbergs und Johan August Ekmans die überragende Gestalt im schwedischen Bischofskollegium, bedeutender als die beiden Erzbischöfe. So war
es eine Selbstverständlichkeit, dass die Wahl für die Durchführung des
Einsetzungsaktes auf ihn fiel, umso mehr, als er Söderblom ja 1893 bereits
ordiniert hatte. Bei der diesjährigen Wahl hatte er freilich gegen Söder-

---

522 Eine Aufnahme des Hauses findet sich bei B. SUNDKLER, a.a.O. (wie Anm. 2),
neben S. 113.

blom gestimmt und diesem das auch ganz offen mitgeteilt. Für Söderbloms theologische Einstellung hat er als konservativer Lundenser Hochkirchler nie Verständnis gehabt, obwohl er sich von seinem Sohn Einar und von Gustaf Aulén durchaus zu einer größeren Offenheit hatte inspirieren lassen (schon auf der Synode von 1893 hatte er einerseits die Beibehaltung des gesamten Konkordienbuches, andererseits aber auch die Regel einer freien Zustimmung zum Geist der Bekenntnisschriften durchgesetzt). Trotzdem hat er, der ein gerader und aufrechter Charakter war, nach der Ernennung Söderbloms diesem absolut loyal zur Seite gestanden, auch gegenüber anderen Bischöfen, die eher seine eigene theologische Ansicht teilten. Söderblom hat ihn als Erzbischof oft um Rat gefragt.[523]

Das Datum des 8. November hat Söderblom sich gewünscht. Es war der Geburtstag seines Vaters – der Terminwunsch war also Ausdruck einer engen Verbundenheit über den Tod hinaus. Eigentlich hätte Söderblom gern die Anglikaner an dem Akt der Einsetzung beteiligt gesehen, um gleich zu Beginn mit der weiteren Forcierung dieser Beziehung ein ökumenisches Zeichen zu setzen. Doch diese hielten einen solchen Vorstoß für voreilig. Im Endeffekt waren sie dann ohnehin durch die kriegsbedingte Unsicherheit der Nordsee daran gehindert, der Einladung Folge zu leisten. Immerhin hatten Söderbloms Leipziger Kollege Franz Rendtorff und der Generalsuperintendent von Schleswig Holstein, Theodor Kaftan, sowie ein Repräsentant der schwedisch-amerikanischen Augustana Synod kommen können.[524]

Den eindrucksvollen Auftakt von Söderbloms Amtsführung bildete der Hirtenbrief, wiederum an einem symbolischen Datum veröffentlicht: an Luthers Geburtstag am 10. November.[525] Thema ist das Lebensmotto seines Vaters, das dieser ihm auf dem Totenbett ans Herz gelegt hatte: »Nicht dass wir Herren wären über euren Glauben, sondern wir sind Gehilfen eurer Freude« (2Kor 1,24). Das war eine eindeutige Absage an jede Art von Klerikalismus und ein klares Bekenntnis zur alleinigen Herrschaft Christi als Grundlage für alles Weitere (3). Die Erinnerung an den Vater bildet den Rahmen der Ausführungen (2. 79–81), zusammen mit der Betonung seiner persönlichen Verbundenheit mit der Erzdiözese als nochmaliger Nachfolger von Johan August Ekman (1), als Krankenhauspfarrer in Ulleråker, als Präbendepfarrer von Helga Trefaldighet und nicht zuletzt durch seine Kindheit und Jugend in Hälsingland (77 f). Daran knüpft sich als eine von

523 Vgl. den schönen Aufsatz von HILDING PLEIJEL, *Nathan Söderblom och Gottfrid Billing. Två kyrkoledare i personlig konfrontation*, in: SvTK 43/1967, 137–158, bes. 137.143.151 f 155–157.
524 Vgl. B. SUNDKLER, a.a.O. (wie Anm. 2), 108–111.
525 N. SÖDERBLOM, *Herdabref till prästerskapet och församlingarna i Uppsala ärkestift*, Uppsala 1914. Danach die folgenden Seitenzahlen.

zwei Näherbestimmungen der Freude der Hinweis auf die eigenständige Linie des Sohnes gegenüber Jonas Söderblom. Die Freude des Glaubens hängt nämlich für ihn aufs engste zusammen mit der Freiheit, die der Geist Gottes schenkt: »Die Wahrheit wird euch frei machen« (Joh 8,32). Das ist der Vers, den Söderblom 1905 bei der Renovierung der Trefaldighetskyrka (s. o., 133) an der Kanzel anbringen ließ (lt. dort ausliegendem Kirchenführer) und ein paar Jahre später der Olaus-Petri-Stiftung als Motto gab (s. o., 175). Damit hatte er eine unterirdische Verbindungslinie zwischen religiöser Rede und kritischer Reflexion gezogen. Diese Linie macht der Hirtenbrief jetzt sichtbar: Die durch den göttlichen Geist verliehene Freiheit des Glaubens selbst schließt die Freiheit zu kritischer wissenschaftlicher Forschung ein, insofern diese hinter das Dogma und seine Hilfsfunktion zurückfragt, um wieder auf das ganz einfache Grundverhältnis des Glaubens zu stoßen. Dieses freilich ist wie alles Einfache zugleich das Schwerste (5 f 81). Das zeigt sich sogleich in der anderen Näherbestimmung der Freude: Sie ist nicht ohne Leiden zu haben (4). Die Freude an der Freiheit der Kinder Gottes überwindet also ebenso die Anfechtung durch das Leiden wie die Anfechtung durch den intellektuellen Zweifel. Beide Bestimmungen stellten schon bisher Lebensthemen Söderbloms dar. Sie ziehen sich in mannigfachen Variationen durch den ganzen Text hindurch. Damit signalisiert der neue Erzbischof seinen Pfarrern zweierlei. Er bleibt sich treu und verbiegt sich nicht. Aber genau darin sieht er trotz der fortbestehenden theologischen Differenzen zu ihrem konservativen Flügel die Möglichkeit einer fruchtbaren Zusammenarbeit in dem, was sie eint: in der Verkündigung des Evangeliums.

Das eigentliche Corpus des Hirtenbriefes gliedert sich in vier Hauptteile: Die inneren und äußeren Hindernisse der Freude des Glaubens im Blick auf den einzelnen Menschen; die Bedeutung des Evangeliums für das innere Leben der Kirche; seine Auswirkungen auf die Außenbeziehungen der Kirche; Sendung und Sammlung.

Der erste Hauptteil ist wiederum vierfach unterteilt. Er beginnt mit der Gewissensnot des Sünders vor Gott (6–9). Die göttliche Liebe, deren Strenge für die Vergebung unerlässlich ist, erweist sich als stärker als das menschliche Schuldbewusstsein. Sie wirkt somit dem Trübsinn des Jammertals ebenso entgegen wie einer aufgesetzten Fröhlichkeit. Der neue Erzbischof ist also mit der Psychologie christlicher Gemeinden sehr vertraut. Entsprechend gilt auch für den zweiten Unterteil, der von den natürlichen Ängsten handelt (9–11), ein dialektisches Verhältnis: Wir haben »den Schatz in irdenen Gefäßen« (2Kor 4,7).

Der entscheidende Punkt dieses ersten Hauptteils aber ist die Auseinandersetzung mit dem »Druck der Welt« (11–24), dessen Gewicht deutlich mit dem letzten Stück, den ganz kurzen Ausführungen über die nach

Söderblom für christliches Verständnis ganz randständige Askese (24), kontrastiert. Das heißt: Die Innerlichkeit des Glaubens ist zwar immer der Ausgangspunkt, aber sie ist unausweichlich auf das Dasein in der Welt bezogen. Söderblom beginnt mit der Grundform der Herausforderung durch die Welt, der Not des Einzelnen im Leiden (11–13). Sie sei eine Schule für die Seele; es gelte, der Unfassbarkeit Gottes standzuhalten und sich nicht an dem unchristlichen Unternehmen einer Rechtfertigung Gottes zu versuchen. Die Gewissheit des Glaubens sei nur in der Erfahrung der Wirklichkeit Gottes zu gewinnen, die im leidenden Erlöser begegne.

Sodann setzt sich Söderblom ausführlich mit der sozialen Frage auseinander (13–24). Zum einen wendet er sich gegen den damals beliebten Versuch, einen Gegensatz zwischen einem Einsatz für die Verbesserung der Lebensbedingungen der Arbeiter und der Verteidigung des Vaterlandes aufzumachen – er war nicht auf Deutschland (die Rede von den »vaterlandslosen Gesellen«) beschränkt. Es folgt ein klares Plädoyer für eine Weckung des sozialen Gewissens durch die Kirche auch in der Gesellschaft als ganzer: diese solle sich nicht auf Almosen beschränken oder gar einer sentimentalen Armutsromantik huldigen, aber auch keine Parteipolitik betreiben. Die Übernahme sozialer Aufgaben durch den Staat wird als Sieg des Evangeliums beschrieben, andererseits wird für die Einmischung der Kirche entsprechender Sachverstand eingefordert. (Hier ahnt man schon den Weg, der zu der großen ökumenischen Konferenz von Life and Work in Stockholm 1925 führen wird.) Der letzte Punkt zu diesem Thema gilt der Entfremdung der Arbeiter vom Christentum. Sie sei ernst zu nehmen, aber kein Anlass für eine Katastrophenstimmung. Eine lebenstaugliche Frömmigkeit (*livsduglig fromhet*, 21), die auf der Suche nach Lebenssinn sei, werde der Verheißung entsprechend auch fündig werden. Sozialdemokraten, die sich für ihre Gegnerschaft zum Christentum auf die Wissenschaft beriefen, müssten von der Intoleranz ihres Atheismus ebenso Abstand nehmen wie die Kirchen von ihrer dogmatischen Wissenschaftsfeindschaft. Mehr Offenheit und Wirklichkeitstreue (*verklighetstrohet*, 24) auf beiden Seiten ist zu fordern. Das ist ein klares öffentliches Gesprächsangebot.

Der zweite Hauptteil beschäftigt sich mit der Bedeutung des Evangeliums für das innere Leben der Kirche (24–34). Drei Akzente werden gesetzt. Einmal wird mit dem Hinweis auf die im Gang befindliche Öffnung durch die Jungkirchenbewegung die Gemeinsamkeit der Freude mit allen Christen betont – auch mit solchen, die der Staatskirche nicht in allem zustimmen. Das ist eine ausgestreckte Hand zu den Freikirchen (24f). Sodann geht der Verfasser auf die Bekenntnistreue ein, ein Thema, das angesichts der Vorbehalte, die man in kirchlichen Kreisen gegen ihn hegte, besonders sensibel war (25–27). Hier wird zunächst noch einmal betont, dass es um die Freude am Evangelium und nicht um formelle Orthodoxie gehe. Aber genau an diesem Punkt – dogmatisch ausgedrückt: wo das *sola gratia* zur Debatte steht – dürften in der Tat keine Abstriche geduldet werden. Und genau hier sei das Luthertum immer klarer gewesen als die anderen christlichen Konfessionen. Treue zum Bekenntnis ist also Treue zum Geist der Bekenntnisschriften, nicht notwendig auch zu ihrem Buchstaben. Im dritten Punkt (28–34) wendet sich Söderblom in knapper Form den Aufgaben der Gemeinde zu. Der Gottesdienstraum ist würdig zu gestalten. Die Andacht braucht eine angemessene, weder saloppe noch pathetische Form. In Bezug auf die Kirchenmusik, die immer ein besonderes Anliegen Söderbloms gewesen ist, ermutigt er die Gemeinden, bei aller Liebe zu den ganz großen Meistern den Einsatz auch eines dürftigen Kirchenchors nicht zu verachten. Die wichtigste Aufgabe der Gemeinde ist natürlich die Verkündigung. Hier erinnert Söderblom noch einmal an die Dialektik von *mysterium tremendum* (diesen Ausdruck hat Rudolf Otto also nicht erfunden) und Evangelium (32). Schließlich folgt noch ein Abschnitt über die kirchliche Unterweisung der Jugend, der die Wichtigkeit von guten Lehrbüchern, den bleibende Wert guter Sitten, die nicht als bloße Konvention verachtet werden dürften, und die große Bedeutung des Rituellen für Kinder und Jugendliche behandelt.

Der dritte Hauptteil ist den Außenbeziehungen der Kirche gewidmet (35–69). Er ist mit Abstand der längste und auch gewichtigste der ganzen Abhandlung. Der Verfasser knüpft an den letzten Abschnitt des vorigen Kapitels an, indem er mit dem Verhältnis zur Schule einsetzt (35–40). Die Kirche hatte in Schweden damals noch die Aufsicht über die Grundschule, was in einer Zeit wachsender Säkularisierung mancherlei Spannungen mit sich brachte. Hier mahnt Söderblom eine gute Zusammenarbeit mit den Lehrern an, auch wenn diese der Kirche gelegentlich skeptisch oder ablehnend gegenüberstehen: es sei wichtig, die Kompetenz der Lehrer positiv ins Spiel zu bringen.

Sodann wendet sich der Erzbischof dem Thema der Demokratie zu (40–43). Er sieht in ihr ebenso einen Fortschritt wie eine Gefahr: Die Überwindung der Willkür eines einzelnen Herrschers und seiner Behörden diene der Würde des Einzelnen und sei insofern eine Folge des Christentums und ein Anlass zur Freude. Darin bestehe im Übrigen ein starkes gemeinsames Interesse mit der Arbeiterbewegung. Söderblom verfolgt also in diesem Punkt weiterhin die Linie, die er bereits in Paris eingeschlagen hatte, nicht zuletzt unter dem Einfluss Naumanns auf dem Erfurter Kongress von 1896. Andererseits berge die Demokratie aber das Risiko einer Willkür der Mehrheit und des Opportunismus in sich. Es gelte also, ein Bewusstsein gemeinsamer Verantwortung zu entwickeln, bis hin zur Schaffung einer internationalen Rechtsordnung.

Damit ist das Stichwort gegeben, das zu dem zentralen Thema der damaligen Weltlage überleitet, dem kürzlich begonnenen großen Krieg (44–69). Söderblom arbeitet an dieser Stelle die Gedanken der Predigt vom 6. September für eine größere Öffentlichkeit weiter aus. Der Ton liegt jetzt auf dem Gefühl der Ohnmacht gegenüber dem blinden Hass und der Brutalität, welche jenen Konflikt beherrschen. Ein solches Gefühl wird dadurch noch potenziert, dass selbst christliche Prediger auf beiden Seiten den Krieg je in ihrem Sinn für heilig erklären. Daraus erwächst den Neutralen, insbesondere den skandinavischen Ländern, eine Vermittlungsaufgabe. Was Söderblom nicht sagt und bei dieser Gelegenheit auch nicht sagen kann: Er sieht sich selbst in die Pflicht genommen, nicht nur durch seine Position als schwedischer Erzbischof, sondern auch durch seine intime Kenntnis sowohl der französischen als auch der deutschen Szene. Über die Schwierigkeiten eines solchen Versuchs macht er sich keine Illusionen: So etwas könne Jahre dauern. Er begrüßt in diesem Zusammenhang den Friedensappell Papst Pius X., kann aber den Verdacht nicht unterdrücken, dass sich in dessen Anspruch, für alle Christen zu sprechen, das alte römische Streben nach geistlicher Weltherrschaft verberge. Wenn dagegen die reformatorischen Christen eher geneigt sind, auf Gottes Reden in den irdischen Schickungen zu hören, so sind sie in der Gefahr, im Nationalen stecken zu bleiben. So endet dieser Passus damit, dass Katholiken und Protestanten in ihren Friedensbemühungen in einem »edlen Wettbewerb« (*en ädel tävlan*, 52) begriffen seien.

Der Ausbruch des Krieges gibt Söderblom Gelegenheit zu einem zweiten umfassenden Ausblick. Er erkennt in dieser »Weltkatastrophe« das Ende eines ganzen Zeitalters, das durch den Glauben an einen steten Fortschritt gekennzeichnet war.[526] Er führt sie zurück auf eine Offenbarung Gottes, die den Menschen unüberhörbar an die Ambivalenz all seiner Bestrebungen erinnert (53–69). Die hoch entwickelte Wissenschaft, der Stolz des vorangegangenen Zeitalters, wird in den Dienst eines möglichst effizienten Mordens gestellt. Die so sehr gepriesene Vernunft unterliegt also den elementaren aggressiven Emotionen. Der unbestreitbare Opferwille der Menschen in den kriegführenden Ländern wird aufgewogen durch ihren unversöhnlichen Hass auf den jeweiligen Gegner. Noch einmal schärft Söderblom darum die Notwendigkeit einer internationalen Rechtsordnung ein, um ein friedliches Zusammenleben der Völker zu ermöglichen. Von hier aus

---

526 Diese Sicht hat er später in einem Stockholmer Vortrag vor dem Arbeiterbildungswerk weiter ausgebaut und seinem gewiss kritischen Auditorium dabei auch den Glauben an den Gekreuzigten als Alternative zum Fortschrittsglauben zugemutet: N. SÖDERBLOM, *Världskatastrofens inverkan på gängse åskådningar* (1924), in: ders., Tal och skrifter 4, Stockholm 1933, 249–261.

sind die großen Hoffnungen zu verstehen, die Söderblom nach Kriegsende auf den Völkerbund gesetzt hat.

Nachdem er die Gefahren dargestellt hat, die der Krieg für den Glauben mit sich bringt, schließt Söderblom diesen Abschnitt mit dem Hinweis darauf, dass die Not auch viele Menschen zur Suche nach dem Glauben bewege. Er will damit die schrecklichen Leiden nicht wegdiskutieren – aber die Freude am Evangelium hat auch hier das letzte Wort.

Der kurze vierte Teil des Hirtenbriefes (69–77) schließlich verknüpft das über die Innen- und Außenbeziehungen der Kirche Gesagte. Er unterscheidet zwei Ämter der Kirche, die er mit zwei unterschiedlichen Frömmigkeitstraditionen in Verbindung bringt: die Sendung in die Welt, also die (innere und äußere) Mission, zu welcher der Verzicht auf die Annehmlichkeiten des Gewohnten und der Sesshaftigkeit gehört. Ihr entspricht nach dem Urchristentum das franziskanische Frömmigkeitsideal, das Söderblom seit seiner Bekanntschaft mit dem Franciscus-Biographen Paul Sabatier in Paris immer besonders geschätzt hat. Dabei seien die asketischen Züge zweifellos problematisch, aber man dürfe den Wert des außerordentlichen Dienstes nicht unterschätzen. Das andere Amt repräsentiert das lutherische Berufs- und Familienbild. Es wird von den lokalen Beauftragten der Kirche wahrgenommen, also von den unterschiedlichen Amtsträgern der Ortsgemeinde. Hier besteht die Gefahr in einem Konformismus mit der Welt. Deshalb müssten beide Frömmigkeitsformen sich gegenseitig korrigieren. Auch wenn es Protestanten eher schwer falle, das zu akzeptieren: Der Enthusiasmus habe ein Recht in der Kirche. Bloße Klugheit reiche nicht aus, um ihrem Auftrag gerecht zu werden: »Es muss einen Schuss Glauben darüber hinaus geben« (det måste finnas en smula tro därjämte, 76). Dieses »Mehr« greift insgeheim auf die traditionellen Formen christlichen Gemeindelebens über; es hat als starkes evangelistisches Element die gesamte kirchliche Arbeit Söderbloms geprägt. Ganz am Ende der Abhandlung aber führt er die beiden Frömmigkeitsformen wieder zusammen in dem letztlich Entscheidenden: Angesichts der Gewissensqual kommt es auf die Gewissheit des einzelnen Christen, dass ihm seine Sünden vergeben sind, und angesichts der Unruhe des Lebens auf die Klarheit über die christliche Lebensführung an: »Bete, arbeite, vertraue!« (bed, arbeta, förtrösta, 82).[527]

Insgesamt ist der Hirtenbrief ein klares Bekenntnis zur Herrschaft Christi über den einzelnen Gläubigen, die jedoch, durch dessen Gewissen vermittelt, eine unumgängliche Relevanz für die drängenden Probleme der profanen Welt hat. Deshalb liegt der Schwerpunkt der Schrift als ganzer

---

527 Sigfrid Estborn, a. a. O. (wie Anm. 2), 205, sieht hierin mit Recht den prägnantesten Ausdruck für Söderbloms Verständnis des christlichen Glaubens.

eindeutig bei den konkreten Herausforderungen durch die soziale Frage und den Krieg, und im letzten Hauptteil auf der Sendung und nicht auf der Sammlung. Darin kommt Söderbloms gegenüber dem Luthertum seiner Zeit neues Verständnis der Zwei-Reiche-Lehre klar zum Ausdruck, das bei bleibender Unterscheidung vor allem auf die Verbindung beider »Reiche« abhebt. Dahinter steht gewiss der Einfluss des französischen Calvinismus in Gestalt seines Pariser Lehrers Auguste Sabatier (s. o., 116). Dieser Zug seiner theologischen Überzeugung wird in den kommenden Jahren noch deutlicher hervortreten und Söderblom schon im Vorfeld der Stockholmer Konferenz von 1925 in eine nicht einfache Stellung zwischen den konservativen Angehörigen seiner eigenen Konfession und den angelsächsischen Kirchenleuten bringen, die ihm aber andererseits die hier zu leistende Vermittlungsaufgabe entscheidend erleichtert hat.[528]

b Das Wirken des Erzbischofs: Würde und Volkstümlichkeit

Eine detaillierte Nachzeichnung von Söderbloms allmählichem Hineinwachsen in sein neues Aufgabengebiet und den einzelnen Maßnahmen seiner Amtsführung anhand der vielen umfänglichen Visitations- und Synodalprotokolle könnte sicherlich noch manche interessante Information zutage fördern, die bisher in der Literatur nicht genutzt wurde. Doch wäre dies methodisch nicht der richtige Weg, um seiner Arbeit gerecht zu werden. Denn er ist nicht mit einem Programm für eine institutionelle Reform der Kirche angetreten, wenngleich er von anderer Seite angestoßene Reformmaßnahmen durchaus gefördert hat. Gewiss wollte er seine Kirche aus ihren Verkrustungen und ihrer Isolierung lösen, und das ist ihm auch in erheblichem Maße gelungen. Aber der Weg dahin war nicht so sehr durch organisatorische Maßnahmen als vielmehr durch seine beständige persönliche Einwirkung auf die Menschen, auf Gemeindeglieder, Amtsträger und Mitarbeiter der kirchlichen Verwaltung bestimmt. Sein Einfühlungsvermögen sowohl in die Befindlichkeit eines einzelnen Menschen als auch in die Stimmung großer Versammlungen, seine enorme Personenkenntnis und die Fülle von Kontakten auch außerhalb der Kirche und außerhalb des Landes, Hilfsbereitschaft im Kleinen und im Großen, die Fähigkeit, durch Charme und Bestimmtheit finanzielle Mittel für

528 Vgl. dazu auch RENÉ HEINRICH WALLAU, *Die Einigung der christlichen Kirche vom evangelischen Glauben aus*, Berlin 1925, 92. Das Buch bietet eine recht gute Analyse der »evangelischen Katholizität«. Es wurde vor der Stockholmer Konferenz abgeschlossen (Vorwort vom Mai 1925).

wichtige Projekte einzuwerben (fundraising würde man das im Neudeutschen nennen), das sind die Mittel, mit denen er sowohl einzelne Mitarbeiter als auch ganze Gemeinden und Kirchenkreise in Bewegung zu setzen vermochte.[529] Natürlich hat das Organisatorische einen großen Teil seiner Zeit in Anspruch genommen, und er hat sich gewissenhaft und mit großem Geschick dieser Seite seiner Aufgabe gewidmet. So sind in seiner Amtszeit viele neue Kirchen gebaut worden (in enger Zusammenarbeit des kunstverständigen Erzbischofs mit den Architekten), die königliche Bibelkommission hat 1917 eine neue Bibelübersetzung herausgebracht, aber auf anderen Gebieten waren Neuansätze nicht erfolgreich. So ist die Neubearbeitung des alten Wallinschen Gesangbuchs von 1819 (*Psalmboken*) erst 1937, lange nach Söderbloms Tod, vollendet worden, und auch die drängende Frage der Einrichtung einer selbstständigen Diözese Stockholm wurde erst 1942 gelöst. Moderne kirchliche Technokraten würden das als Versagen beurteilen. Söderbloms entscheidendes Kriterium für die Kirchenleitung war stets, dass die Institution Kirche Ausdruck der lebendigen Gemeinschaft der Gläubigen, der verborgenen Kirche sein müsse. Dazu gehörte für ihn eine große Offenheit für die Kultur und die sozialen Fragen der Zeit. Demgegenüber hatten rein organisatorische Maßnahmen eine eindeutig untergeordnete Funktion.[530]

Die Gemeinschaft der Gläubigen umfasst Christen aus allen Konfessionen und übergreift auch die vergangenen Zeitalter der Geschichte. In diesem Sinne – nicht im Geiste des Traditionalismus – war die institutionelle Kirche für Söderblom Bewahrerin fortlebender Tradition.[531] Darin war er, der in anderer Hinsicht – z.B. als Benutzer von Auto und Flugzeug – durchaus modern sein konnte, eher konservativ. Die Kirche war von Jugend auf seine Heimat, zudem war er Historiker. So war die lebendige Fortführung der Tradition zugleich mit der kritischen Wissenschaft für ihn zeitlebens ein wichtiges Anliegen. Er hat sie exemplarisch in der

---

529 Vgl. die lebendige Schilderung von Söderbloms persönlichem Sekretär FOLKE PALMGREN, *Minnen och intryck från min sekreteraretid*, in: Hågkomster ... 12 (wie Anm. 97, 313–332), 323–326, sowie OTTO CENTERVALL, *Ärkebiskop Söderblom såsom tiggare*, a.a.O. 306–309.

530 Vgl. MANFRED BJÖRKQUIST, *Svenska kyrkans primas*, in: N. Söderblom in memoriam, (wie Anm. 4, 197–234), 225–230; T. ANDRAE, *Gärning och personlighet*, in dem von K.J. Rådström hg. Gedenkheft Till minnet av ärkebiskop Nathan Söderblom, Stockholm 1931, nicht nummerierte Seite [17].

531 Vgl. TOR ANDRAE, N. Söderblom (wie Anm. 2), 142. 155. Die von Andrae gewählte Formulierung, die Institution trete bei Söderblom hinter der »unsichtbaren Kirche« zurück (142), scheint mir freilich den Sachverhalt nicht adäquat zum Ausdruck zu bringen. – Vgl. auch BENGT SUNDKLER, *Ärkebiskop N. Söderbloms kyrkogärning*, in: KHÅ 65/1965 (13–31), 20: Die Historie ist Zeugnis der fortgehenden göttlichen Offenbarung.

besonderen Eigenart der schwedischen Reformation verwirklicht gesehen, die eben nicht eine neue Kirche gebildet, sondern die vorhandene an den Einsichten Luthers orientiert und umgebaut hat. Der Reformator Laurentius Petri hatte ja dafür gesorgt, dass sowohl im gottesdienstlichen Ritus als auch in der liturgischen Kleidung alles Herkömmliche erhalten blieb, soweit es nicht im Widerspruch zur reformatorischen Grundauffassung stand – ganz im Geiste von Luthers *Vorrede zur Deutschen Messe* von 1526. Das spiegelt sich in manchen einen deutschen Protestanten »katholisch« anmutenden Formen schwedischen Sprachgebrauchs wie *högmässa* (Hochmesse) für Gottesdienst mit Abendmahl und *prästvigning* (Priesterweihe) für Ordination.

In diesem Zusammenhang muss man Söderbloms Auffassung von der Würde des Amtes sehen. Ob man sie tatsächlich mit einer besonderen Vorliebe für die erzbischöflichen Prachtgewänder und den großen Auftritt zusammenbringen kann, wie immer wieder behauptet wird, erscheint mir höchst zweifelhaft.[532] Klerikales Gehabe passt jedenfalls überhaupt nicht zu seiner ganzen Art. So weiß ein Pastor von ihm zu erzählen, er habe über einen anderen im Übrigen durchaus geschätzten Amtsträger ein wenig spöttisch bemerkt: »Er hat nur einen Fehler: er ist so entsetzlich kirchlich!«[533] Die Würde des Amtes besteht in der Ehrung Gottes, nicht der Kirche. Das alles spricht eher für die Auffassung, dass Söderblom die überlieferte Pracht pragmatisch benutzt hat, »obwohl er in Wirklichkeit einen ›asketischen‹ Vorbehalt gegenüber aller Prachtentfaltung hatte.«[534] Sinn für Form und Stil war für ihn eine Gabe Gottes, aber diese Gabe hatte der Verbreitung des Evangeliums zu dienen und war kein Selbstzweck[535] – ganz entsprechend seiner Sicht des historischen Bischofsamtes. Man darf schließlich nicht vergessen, dass er aus einer low-church-Tradition stammte. Nur so wird die gewisse Spannung verständlich, in der solcher Pomp zu seiner theologischen Grundauffassung steht, die doch ihr Zentrum im Kreuz Jesu hat, und zu seiner großen Verehrung für die Frömmigkeit des Poverello, des Franz von Assisi.

Ging es Söderblom nicht um den Ruhm der Kirche, so erst recht nicht um Befriedigung persönlicher Eitelkeit. Das Motto seines Hirtenbriefes »Wir sind ... Gehilfen eurer Freude« und nichts weiter, war keine bloße

---

532 Ich korrigiere damit die Auffassung, die ich in der Einleitung zu meiner Briefausgabe vertreten hatte: N. Söderblom, *Brev* ... (wie Anm. 1), 10.

533 Bengt Wallman, »*Vi skola slita ut oss* ...«, in dem Anm. 530 zit. Gedenkheft, [31].

534 Poul Georg Lindhardt, *Kirchengeschichte Skandinaviens*, Göttingen 1983, 1920.

535 Vgl. Märta Lindqvist, *En trogen överstepräst*, in: Hågkomster ... 12 (wie Anm. 97, 339–353), 341 f.

Redensart. Er war in seinen persönlichen Ansprüchen immer außerordentlich bescheiden, und er war sich nie zu schade, auch bei ganz schlichten körperlichen Arbeiten zu helfen, wenn es notwendig war.

Damit sind wir bei dem anderen Pol seiner Amtsführung, der Volkstümlichkeit. Sie stand nie im Widerspruch zur Würde des Amtes, sondern war völlig natürlich, das Gegenteil von leutseliger Herablassung. Trotz der Ehrungen, mit denen er überschüttet wurde – 14 Ehrendoktorate aus aller Welt, mehrere hohe Orden usw. – war er immer er selbst geblieben, authentisch, wie man heute sagen würde. Das war einer der Hauptgründe für seine außerordentlich große Ausstrahlungskraft. Und da er einerseits handwerkliches Geschick besaß[536] und etwas von Landwirtschaft verstand, andererseits in großen geschichtlichen und geistigen Zusammenhängen zu denken vermochte, konnte er mit einfachen Menschen und mit hochgestellten Persönlichkeiten gleichermaßen natürlich umgehen.

Doch begründete seine persönliche Autorität zugleich auch immer eine gewisse Distanz. Er konnte impulsiv sein, aber in der Regel sprach und handelte er sehr überlegt. In Predigten konnte er zwar sogar von seiner religiösen Krise sprechen, aber stets verfremdet und anonymisiert in dritter Person. Nur den vertrautesten Menschen gegenüber äußerte er seine innersten Gefühle, und selbst da hat man bei der Lektüre der Briefe den Eindruck, als würde seine Selbstdisziplin den Ausdruck auf das Strengste zügeln. Er war eine kraftvolle Gestalt und hat sich doch jede heftige Reaktion selbst auf ausgesprochen schäbige Angriffe versagt. Mir ist nur ein einziger Brief bekannt, in dem er wirklich einmal deutlich wird, wenn auch immer noch zurückhaltend in der Wortwahl. Der alte, erzkonservative finnische Erzbischof Gustaf Johansson hatte auf das – unwahre – Gerücht hin, Söderblom sei Freimaurer, diesem mit einer gehörigen Portion geistlicher Überheblichkeit die kirchliche Gemeinschaft aufgekündigt. Söderblom antwortet, immer noch mit der Anrede Hochwürdiger Bruder (*vördade broder*), indem er zunächst den Sachverhalt richtigstellt, dann anfügt, es seien im Übrigen einige der besten schwedischen Bischöfe Freimaurer gewesen, und im letzten Satz lediglich feststellt, es sei ihm unverständlich, wie Johansson es mit schlichtem menschlichem Verantwortungsgefühl vereinbaren könne, auf bloßes Hörensagen hin einen solchen Brief zu schreiben, ohne ihn erst einmal zu fragen, ob an dem Gerücht etwas Wahres sei.[537] In den meisten anderen Fällen hat Söderblom auf jede scharfe Replik verzichtet. Und an

---

536 Vgl. EFRAIM RANG, *Min bekantskap från slöjdverkstaden*, in: Håkomster … 12 (wie Anm. 97, 202–212), 202.

537 Briefe vom 18. bzw. 21.1.1928, in: N. SÖDERBLOM, *Brev* … (wie Anm.1), Nr. 298 und 299.

»frommen« Anfeindungen aus dem In- und Ausland gab es wahrlich keinen Mangel.

Insgesamt muss seine Zurückhaltung und Verschwiegenheit, die offenbar über das unter Schweden übliche Maß deutlich hinausging, Söderblom trotz seiner legendären Kontaktfreudigkeit stark isoliert haben. So schreibt sein langjähriger Sekretär Folke Palmgren: »Er schien mir ein einsamer Mann zu sein«, und er fragt sich, ob es außer Anna Söderblom überhaupt noch einen Menschen gab, der sein Vertrauter gewesen sei.[538] Das ist einer der vielen Widersprüche, an denen diese komplexe Persönlichkeit so reich war.

Das innerste Geheimnis des spannungsvollen Verhältnisses von Würde des Amtes und Nähe zu den Menschen dürfte in der Frömmigkeit Söderbloms zu finden sein – genauer: in dem Beter Söderblom. Das Gebet war für ihn das Kennzeichen lebendiger Frömmigkeit schlechthin, und zwar primär als Ausdruck des Gottesverhältnisses des Einzelnen.[539] Es verdankt sich, evangelisch verstanden, nicht in erster Linie der Selbstdisziplin und Übung (obwohl es auch auf Übung nicht verzichten kann), sondern es ist wesenhaft frei und spontan. Gerade so aber ist es eine Gabe Gottes, oder anders ausgedrückt: aktiver Empfang der sich schenkenden Gegenwart Gottes.[540] Das Gebet ist weder der magische Versuch, sich die Gottheit dienstbar zu machen, noch wie bei Ritschl bloßes Dankgebet, sondern die Dialektik von Aktivität und Passivität ist bis zum Äußersten gespannt. In außerordentlich dichter und prägnanter Form verdeutlichen das die folgenden Sätze aus einer Betrachtung zu Lk 11,1–13:

»Er, der kleine Mensch, bekommt durch die Arbeit des Gebets Anteil an Gottes schöpferischem Werk. Gottes Werk ist Kampf und Sieg ... Das Gebet erobert sich Glauben an Gottes Macht, wenn es so aussieht, als ob die Welt die Macht hätte ... Das Gebet ist erobernde Kühnheit (*dristighet*), nicht bloß das Streben, sich in sein Schicksal zu finden. Aber allemal muss dies mit dabei sein: Dein Wille geschehe! Das Gebet drängt voran. Aber das Gebet muss auf Gottes Wegen vorandrängen, nicht auf eigenen, selbstischen Wegen. Alle wirklichen Siege im Gebet sind Siege für Gottes Sache.«[541]

---

538 F. PALMGREN, *Minnen och intryck* ... (wie Anm. 529), 331.
539 N. SÖDERBLOM, *Bönens historia* (1921), in: ders., När stunderna växla och skrida 2, Uppsala ³1935 (190–210), 190; ders., *Bönens erövring* (wahrscheinlich 1912), ebd. (32–37), 34; *Bönhörelse* (1927), in: ders., Tal och skrifter 4, Stockholm 1933 (41–47), 45; *Bedjaren* (1929), a.a.O. (95–102), 97. Vgl. B. SUNDKLER, *Ärkebiskop N. Söderbloms kyrkogärning*, a.a.O. (wie Anm. 531), 30.
540 *Bönens historia*, 192–204.
541 *Bönens eröving*, 32. 34.

Gottes Hoheit erscheint also gerade in seiner Nähe (das ist der Sinn der Vater-Anrede)[542], und der Anteil an seiner schöpferischen Macht begründet den untrennbaren Zusammenhang von Beten und Arbeiten des Menschen. Gottes Herrschaft im einzelnen Herzen und in der Welt bedient sich sozusagen der menschlichen Aktivität.[543] Gottes Kampf und Sieg (*strid och seger*) bildet sich ab in der menschlichen Teilnahme am Wettstreit (*tävlan*) zwischen Menschen, Religionen, Völkern – so ließe sich die Linie weiter ausziehen. Auf diese Weise ist das Gebet für Söderblom der Kern- und Angelpunkt seiner Lebenspraxis gewesen.

c Der Seelsorger

Söderbloms Überzeugung, in göttlichem Auftrag zu wirken, geht einher mit einem äußerst sensiblen Einfühlungsvermögen für Menschen, selbst solchen gegenüber, deren Eigenart ihm ganz fremd sein musste. Nimmt man seine Verschwiegenheit hinzu, so versteht man, dass er das Vertrauen vieler Menschen gewann und zu einem begnadeten Seelsorger geworden ist. Über seelsorgerliche Gespräche unter vier Augen können wir naturgemäß nichts sagen. Aber es gibt nicht wenige Briefe, die uns einen guten Eindruck von Söderbloms Wirken auf diesem Gebiet vermitteln, auch wenn man, wie es selbstverständlich ist, bei der Wiedergabe dieser Briefe (wie bereits bei deren Edition) die Grenzen persönlichen Taktes wahrt.

Zwei Vorbemerkungen sind noch notwendig. Zum einen wird dem heutigen Leser auffallen, dass die hier vorgestellten Gesprächspartner ausschließlich Männer sind. Das liegt daran, dass mich bei meiner Auswahl der Korrespondenz, auf die ich mich hier stütze, der Gesichtspunkt geleitet hat, neben Söderbloms Studienfreunden vor allem solche Menschen zu berücksichtigen, die als Universitätskollegen, Kirchenleute oder Politiker im öffentlichen Leben eine Rolle spielten – und das waren nun einmal in der damaligen Zeit fast ausschließlich Männer. Wie einfühlsam und charmant Söderblom Frauen gegenüber sein konnte, zeigt etwa der Briefwechsel mit Selma Lagerlöf. Der zweite Punkt betrifft die Art der Seelsorge Söderbloms. Man erwarte nicht so etwas wie eine seelsorgerliche »Methode«. Wir befinden uns hier in einer Zeit, in der es noch keine Pastoralpsychologie gab, mit der heutzutage Seelsorge fast gleichgesetzt wird. So wenig man auf die vielerlei hilfreichen Einsichten wird verzichten wollen, welche dieser Wandel mit sich gebracht hat, so sehr droht doch die Betonung

---

542 N. Söderblom, *Fader vår* (Predigt 1920), in: När stunderna ... 2, Uppsala ³1935 (163–181), 167.
543 A.a.O., 173. 175.

des Methodischen die intuitive Sicherheit der Empathie in den Schatten zu stellen, ohne die nun einmal keine Seelsorge auskommt. Genau hier liegt die große Stärke Söderbloms. Ich will nun versuchen, sie anhand einiger Beispiele sichtbar zu machen.

Ich beginne mit einem Brief an Gustaf Aulén (1879–1977). Dieser war ein langjähriger Vertrauter Söderbloms: Sein und Einar Billings Schüler, war er von 1907–1913 bei Söderblom Dozent gewesen[544] und dann nach Lund berufen worden, wo er bis zu seiner Ernennung als Bischof von Strängnäs 1933 systematische Theologie und Dogmengeschichte gelehrt hat. Auléns ältester Sohn war kurz vor Weihnachten 1913 noch im Kindesalter an einer Infektionskrankheit gestorben. Söderbloms Beileidsbrief beginnt mit dem Eingeständnis, wie schwer es ihm falle, diesen Brief zu schreiben.[545] Er kennt ja die Situation aus eigener Erfahrung, erwähnt dies aber nicht, vermutlich weil Aulén davon weiß. Vor diesem Hintergrund spricht er von dem tiefen Eindruck, den die Geduld und die Tapferkeit der Eltern auf seine Frau und ihn selbst gemacht haben, und lässt die Zuneigung zu ihnen beiden durchscheinen. Ein erster Trost des Glaubens kommt ganz verhalten und in eine für den gelehrten Mann erstaunlich schlichte eschatologische Vorstellung gekleidet: Es sei eine Gnade Gottes, dass die Qual der Krankheit nicht lange gedauert habe und dass das Kind ganz bald seine Augen in Gottes jenseitiger Welt wieder öffnen konnte. »Aber das ist kein Trost für Euch …«, setzt er sogleich hinzu und bedauert, wie unzureichend ein schriftlicher Gruß in einer solchen Situation aus der Ferne, von Leipzig aus, sein muss. In solcher Machtlosigkeit bleibt nur ein Segenswunsch für die Familie. Die letzten Zeilen sind in ganz knappen Halbsätzen, geradezu bruchstückhaft formuliert: »Weihnachten mit Tränen! Und dennoch Weihnachten, Christus wirklich, Gottes Barmherzigkeit.« Einen treffenderen Ausdruck der eigenen Machtlosigkeit und der überwältigenden Macht Gottes kann man sich kaum denken. Dabei muss man jeden Gedanken an kalkulierten Einsatz von Stilmitteln, von literarischer Raffinesse fernhalten. Das ist Unmittelbarkeit, Spontaneität.

---

544 In Schweden sind Universitätsdozenten einem Ordinarius zugeordnet, bis sie einen Ruf auf eine Professur bekommen, also eine Art Zwischenstufe zwischen einem wissenschaftlichen Assistenten und einem Dozenten in Deutschland. Eine Habilitation gibt es in Schweden nicht. – AULÉNS bekannteste Werke sind seine Dogmatik *Den allmänneliga kristna tron*, Stockholm 1923, ⁶1965 (ins Englische übersetzt 1961, nie ins Deutsche); *Den kristna försoningstanken*, Stockholm 1930 (und 19 weitere Aufl.), verkürzte deutsche Fassung: Die drei Haupttypen des christlichen Versöhnungsgedankens, in: ZSTh 8/1931, 501–538.

545 Vgl. N. SÖDERBLOM, *Brev* … (wie Anm. 1), Nr. 61 (17.12.1913). Danach die folgenden Zitate.

Wir wenden uns einem anderen Kollegen zu, mit dem Söderblom ebenfalls eine viele Jahre während Freundschaft verbunden hat, Friedrich Heiler (1892–1967).[546] Die Bekanntschaft begann 1918 mit Heilers Übersendung seiner Dissertation über das Gebet, die Söderblom sogleich als großen Wurf erkannte. Auf dessen Rezension hin schrieb Heiler ihm mehrere lange Briefe, in denen er seine große Verehrung für Söderblom zum Ausdruck brachte. Er schilderte ihm seinen inneren religiösen Zwiespalt: durch seine Dissertation über das Gebet war er in der katholischen Kirche persona non grata geworden und innerlich dem Katholizismus weitgehend entfremdet, einmal wegen der Behinderung freier Forschung, aber auch wegen der inneren Widersprüchlichkeit seines Synkretismus. Er hatte bereits beschlossen, zum Protestantismus zu konvertieren; doch fehlten ihm dort das Sakramentale und die tiefe Religiosität seiner Mutterkirche. Diese Überlegungen gipfeln in dem Satz: »Mit Neid und Sehnsucht schaue ich stets auf *Ihre* Kirche, welche die evangelische Katholizität, mein christliches Kirchenideal, verkörpert.« Ganz konkret bat er Söderblom um Rat, in was für eine Landeskirche er eintreten solle, in eine eher orthodoxe oder eine eher liberale.[547]

Söderblom reagierte scheinbar ganz indirekt, indem er eine schon nach Erhalt von Heilers Dissertation angedeutete Einladung nach Schweden konkretisierte: Heiler solle an einer Kirchenkonferenz in Vadstena vom 2.–7.8.1919 teilnehmen, ihn anschließend auf einer Visitation begleiten, danach in Uppsala Vorträge über den Katholizismus halten und bis 1.10. bei ihm (bzw. für die Dauer einer Dienstreise bei einem Freund) zu Gast sein.[548] Dieser Vorschlag, von Heiler sofort begeistert angenommen, lässt sich leicht erklären. Söderblom hatte in der großen Offenheit und Ausführlichkeit von Heilers Briefen und besonders wohl in der für sich genommen

546 Werke HEILERS: *Das Gebet*, München 1918 (seine erweiterte Diss.), ⁵1923; *Das Wesen des Katholizismus*, München 1920, erweitert zu: *Der Katholizismus und seine Erscheinung*, München 1923. Heiler war ursprünglich katholisch, konvertierte 1919 in Vadstena, Schweden, zum Luthertum. Er habilitierte sich 1918 in München für Religionswissenschaft mit einer Arbeit über die buddhistische Versenkung, wurde 1920 durch Vermittlung Rudolf Ottos a.o. Professor an der theol. Fakultät in Marburg, 1922 o. Professor. 1935–1945 aus politischen Gründen in die phil. Fakultät strafversetzt, 1960 emeritiert.
547 Vgl. die Briefe 116 (29.3.1918); 118 (15.5.1918); 122 (1.10.1918); 123 (2.10.1918); 138 (26.6.1919) in N. SÖDERBLOM, *Brev* ... (wie Anm. 1), dort bes. S. 201 (15.5.); das Zitat (Hervorh. im Orig.) S. 235 (26.6.). Ob der Ausdruck »evangelische Katholizität«, den Söderblom in die Debatte eingeführt hatte (*Svenska kyrkans kropp och själ*, Stockholm 1916, 112), damit richtig verstanden ist, dazu vgl. Abschnitt 6 a.
548 Brief vom 15. (19.?) 6.1919, NS brevsamling UUB (Abschrift); sowie in meiner Edition (wie Anm. 1): Brief Nr. 139 vom 3.7.1919.

nicht sonderlich sinnvollen Frage nach der richtigen Landeskirche einen Hilferuf erkannt, der ihn an seine eigenen religiösen Probleme aus der Jugendzeit erinnerte. Zugleich war ihm klar, dass die geschilderten Schwierigkeiten weit über die bloß intellektuelle Ebene hinausreichten. Dieser hochbegabte, aber innerlich noch sehr unsichere Mann brauchte zum einen die Erfahrung realen religiösen Lebens in der evangelischen Kirche und, da er aus einer katholischen Familie stammte und zu dieser Zeit als Aspirant auf das Priesteramt noch Junggeselle war, möglichst auch in einer evangelischen Familie. Zum anderen ließen Heilers Briefe auch ganz handfest seine äußeren Lebensbedingungen erkennen. Er lebte in äußerst dürftigen ökonomischen Verhältnissen in einem noch unter den Kriegsfolgen leidenden Land mit Lebensmittelknappheit und rasch steigenden Preisen, und er hatte ständig mit seiner labilen Gesundheit zu kämpfen. Sollte er in dieser Lebenskrise wieder auf die Füße kommen, muss Söderblom sich gedacht haben, so brauchte er neben menschlicher Zuwendung schlicht eine längere Erholung und eine ordentliche Ernährung.

So kam es ab Anfang August 1919, unterstützt durch ein Reisestipendium des Bayerischen Kultusministeriums[549], zu einem Aufenthalt Heilers in Schweden, der sich schließlich sogar bis zum Jahresende hinzog. Gleich auf der Kirchenkonferenz in Vadstena nahm er am Abendmahl in beiderlei Gestalt teil und konvertierte dadurch, kirchenrechtlich gesehen, zum evangelischen Christentum. Das dann folgende Programm, obwohl noch durch weitere Vorträge und Einblicke in das kirchliche und universitäre Leben angereichert, ließ viel Zeit zum Knüpfen persönlicher Kontakte übrig. Einer davon sollte sich als folgenreich erweisen. Heiler verliebte sich in ein junges Mädchen. Die Beziehung war nur von kurzer Dauer, aber die Trennung muss für beide Seiten sehr schmerzlich gewesen sein. Heiler hat Söderblom das mündlich anvertraut. In seinem letzten Brief vor der Heimreise kommt er, schon aus einer gewissen Distanz, noch einmal darauf zu sprechen.[550] Söderblom antwortet sofort erleichtert, dass Heiler das Land ohne Bitterkeit verlässt, und bestärkt ihn in seiner Entscheidung:

»In jedem Fall besteht die wahre Liebe darin, dass jemand seinen eigenen Selbstzweck im Selbstzweck eines anderen sieht. Sollte dieses Gefühl nicht geteilt werden, so bleiben doch der Wunsch und die Pflicht der Liebe bestehen, den Selbstzweck des geliebten Menschen zu beför-

---

549 Vgl. Fr. Heiler, »En härold för de heligas samfund«, in: Hågkomster och livsintryck, 14. saml., Till minnet av N. Söderblom, hg. v. S. Thulin, Uppsala ²1933 (208–232), 211. Der Einladungsbrief Söderbloms ist dort versehentlich auf den 3.3. statt 3.7.1919 datiert.
550 Brief vom 23.12.1919, in: N. Söderblom, Brev ..., Nr. 147.

dern. Vielleicht bedeutet das für einen selbst einen schmerzlichen, tief einschneidenden Verzicht ... Das wird eine bittere, doch auf die Dauer heilsame Unterweisung in dem Schwersten, was es gibt, *uns selbst zu vergessen und preiszugeben* um der Liebe zu den Brüdern willen.«[551]

Zurück in München, stellt Heiler zunächst betroffen fest, wie tief inzwischen seine Entfremdung vom Katholizismus geworden ist. Zunächst findet er noch Halt in der evangelischen Kirche. Doch wenige Monate später, nachdem er seine neue Stelle in Marburg angetreten hat, ist er auch vom norddeutschen Protestantismus tief enttäuscht, der ihm im Vergleich mit der schwedischen Kirche steril und geistlich tot erscheint, zumal die radikale moderne Theologie – gemeint ist Rudolf Bultmann – nach seiner Meinung bei den Studenten auch noch die letzten »Reste evangelischer Frömmigkeit ... zerstört.« Er selbst werde jetzt in Marburg von vielen Seiten als kryptokatholisch angegriffen. So fühlt er sich kirchlich heimatlos.[552] Söderblom enthält sich in seiner Antwort jeglicher Kritik an dem, was darin als Anflug von Selbstmitleid erscheinen könnte, und sieht genau in dieser Situation den besonderen Auftrag Heilers, »Pilger in der Welt zu sein«; er möge nur seine »evangelisch-katholische Richtung geradlinig weiter ... verfolgen.« Im Übrigen habe »die norddeutsche evangelische Christenheit ... trotz ihrer Armut in Andacht und Gefühl ganz gewiss große Gaben vom Evangelium in Gestalt unbedingter Achtung für die Wahrheit, Gewissenhaftigkeit, Charakterstärke, Berufstreue und Gottvertrauen.« Ohnehin könne »[K]ein äußeres Kirchentum ... dem innersten Bedürfnis der Seele völlig entsprechen« – auch das schwedische nicht. Wie Heilers Antwort zeigt, hat Söderblom mit dieser Ermutigung zu einer positiveren Sicht den richtigen Ton getroffen.[553]

Das dritte Beispiel betrifft einen weiteren bedeutenden Theologen, Torsten Bohlin (1889–1950). Er war 1918 Dozent in Uppsala geworden, später Professor für systematische Theologie zuerst in Åbo (1925), dann in Uppsala (1929), schließlich Bischof in Härnösand (1934).[554] Söderblom hatte ihm 1921 die Stelle des Legationspfarrers in Paris vermitteln wollen, die

---

551 Brief vom 26.12.1919, N. SÖDERBLOM, *Brev* ... Nr. 148 (im Original Schwedisch).
552 Briefe vom 5.1. und 20.6.1920, a. a. O., Nr. 149. 168.
553 Brief Söderbloms vom 1.7.1920; Antwort Heilers vom 8.7.1920, N. SÖDERBLOM, *Brev* ... Nr. 169 und 170.
554 Er wurde vor allem als Kenner Søren Kierkegaards bekannt (*S. Kierkegaards dogmatiska åskådning i dess historiska sammanhang*, Stockholm 1925, dt.: Kierkegaards dogmatische Anschauung in ihrem geschichtlichen Zusammenhang, Gütersloh 1927) und auf dieser Basis als scharfer Kritiker der Dialektischen Theologie (*Tro och uppenbarelse. En studie till teologiens kris och »krisens teologi«*, Stockholm 1926; dt. Glaube und Offenbarung, Berlin 1928).

er selbst früher innegehabt hatte. Aber Bohlin hatte Bedenken: Er müsste sich ja dafür zunächst einmal ordinieren lassen. Doch seine liberale Stellung gegenüber dem Apostolicum und den Bekenntnisschriften schien ihm diesen Weg zu versperren, obwohl er von Jugend auf Pfarrer hatte werden wollen. Jedenfalls meinte er aus Gewissensgründen das Angebot, das ihn an sich sehr gereizt hatte, ablehnen zu müssen.[555] So wurde daraus nichts, obwohl, wie man annehmen kann, Söderblom unter Hinweis auf seine eigene Liberalität versucht haben wird, ihm Mut zu machen. Er hat ihn aber offensichtlich nicht gedrängt, sondern sein Gewissen geehrt. Jedenfalls kommt er volle vier Jahre später, als Bohlin gerade den Ruf nach Åbo bekommen hatte, noch einmal auf sein »ceterum censeo« zu sprechen: Vor dem Hintergrund seiner tiefen religiösen Erfahrung solle er doch nun den Mut haben, den Talar anzuziehen, »der vielleicht nicht immer so erfreulich zu tragen ist, aber doch … eine Uniform in der Armee unseres Herrn ist«. Um den ermahnenden Ton zu mildern, fügt er am Schluss einen besonders charmant formulierten Gruß an Bohlins Frau hinzu, die er gar nicht so unverdient, wie Bohlin selbst wohl meine, als eine Gabe Gottes bekommen habe.[556] Es vergehen mehr als drei Jahre. Da stirbt Bohlins zweijähriger Sohn Sverker. Das erinnert Söderblom natürlich an den Verlust seiner eigenen kleinen Tochter in Paris. »Das Leben ist ungewiss und hart«, schreibt er dazu, fährt aber fort: »Der kleine Sverker zieht Sie hinauf. Das ist wie ein Teil von Ihnen selbst, der da hinübergegangen ist. Sie sind auf dem Weg, Ihre Pilgerfahrt zu vollenden. Eia, wärn wir da.«[557] Dieses Mal wird der Ewigkeitsglaube nicht nur auf das Kind, sondern auch auf den Vater bezogen. Dazu mag beigetragen haben, dass Söderblom sich auf Grund seiner inzwischen stark geschwächten Gesundheit (von der auch Bohlin erfahren hatte) darüber im Klaren war, dass er nicht mehr allzu lange zu leben haben würde. Man wird annehmen können, dass Bohlin diesen Zusammenhang erfasst hat.

Der Verlust des Kindes, der Bohlin natürlich tief getroffen hatte, brachte zugleich die Wende in der Ordinationsfrage. »Lassen Sie mich hier offen reden wie zu einem Vater«, schreibt er nach Eingang der Berufung auf den Lehrstuhl in Uppsala, »… jene Nacht, in der ich meinte das ganze Grauen des Lebens zu spüren, lehrte mich etwas Unvergessliches: dass die Brücke des Glaubens hält, auch wenn wir sie manchmal mit wankenden Schritten beschreiten müssen.« Er hat verstanden, dass diese Erfahrung wichtiger war als die theologische Frage seiner Stellung zum Apostolicum (die sich nicht verändert hat), und er hat nun im Zusammenhang mit seiner

---

555 Brief vom 17.7.1921, in: N. SÖDERBLOM, *Brev* … (wie Anm. 1), Nr. 182.
556 Brief vom 28.5.1925, a.a.O., Nr. 245.
557 Brief vom 24.10.1928, a.a.O., Nr. 305.

Installation als Professor beschlossen, sich ordinieren zu lassen.[558] Das geschieht am 6.10.1929, acht Jahre nachdem die Frage in der Korrespondenz zum ersten Mal aufgetaucht war, und Bohlin bedankt sich hernach für Söderbloms ergreifende und tröstende Worte in seiner Predigt: »... ich brauche ja nicht zu sagen, warum sie von mir als ein so *persönliches* Evangelium erlebt wurden.«[559] Söderblom konnte als Seelsorger in Gewissensfragen einem Menschen in schier grenzenloser Geduld Zeit lassen, viele Jahre, wenn es nötig war.

Mit diesen Beispielen gewinnt man einen kleinen Einblick in Söderbloms Wirken als Seelsorger seiner Pfarrer und ebenso auch anderer Menschen in den Gemeinden, das einen Hauptteil seiner bischöflichen Tätigkeit ausmachte. Es ist vielfältig bezeugt, dass er in dieser Hinsicht jederzeit ansprechbar und bis an die Grenzen seiner Kraft einsatzbereit war – und dass er mit seiner großen Menschenkenntnis, seiner sicheren Intuition für den Kern eines Problems und seinem praktischen Sinn vielen Ratsuchenden hat helfen können. Seine Seelsorge war das Gegenteil von Prinzipienreiterei. Am Beispiel der Ehescheidung demonstriert: Natürlich sollten die Eheleute um der Kinder willen nach Möglichkeit zusammenbleiben; Söderblom beklagt, dass schon damals die Scheidung vom Gesetzgeber zu leicht gemacht werde. Andererseits weiß er aber als erfahrener Seelsorger, dass es Fälle gibt, in denen eine Scheidung das kleinere Übel ist.[560]

Zur Seelsorge an seinen Pfarrern gehörte freilich auch, dass er von ihnen den gleichen harten Arbeitseinsatz erwartete, den er sich selber abverlangte; ein fauler Pfarrer gehörte für ihn zum Schlimmsten, was es gab. So sprach er in einer Ordinationspredigt mit einem Quäntchen Humor, aber zugleich sehr ernst die seither in unterschiedlichen Zusammenhängen kolportierten berühmten Worte: »Ihr sollt euch zu Tode arbeiten – aber langsam und klug.«[561]

d Der Prediger

»Keine menschliche Mitteilung ist wichtiger als die Predigt. Keine stellt höhere Anforderungen.« Mit diesen Sätzen, gesprochen auf einer Pfarrkonferenz, markiert Söderblom den Rang der Predigt innerhalb der pfarr-

---

558 Brief vom 28.8.1929, a.a.O., Nr. 318.
559 Brief vom 10.10.1929, NS brevsamling, UUB. Hervorhebung im Original.
560 Vgl. N. SÖDERBLOM, *Hemmet* (1928), in: ders., Tal och skrifter 4, Stockholm 1933 (273–296), 280–288; ders., *Äktenskap och skilsmässan* (Predigt 1929), in: Tal och skrifter 1, Stockholm 1933, 81–102.
561 N. SÖDERBLOM, *Ringa tjänare* (1927), in: ders., Tal och skrifter 4, Stockholm 1933 (83–89), 87.

amtlichen Tätigkeit und darüber hinaus im Zusammenhang menschlicher Lebensäußerungen überhaupt.[562] Aber so sehr sich diese steile These gegen seichtes Kanzelgeschwätz und hohle Phrasen richtet (107 f), so wenig hat er dabei so etwas wie den »religiösen Virtuosen« im Auge. Zwar soll der Prediger schlechthin alles aufbieten, was ihm an gedanklicher Kraft, Phantasie, menschlicher Wärme zur Verfügung steht (115). Dennoch besteht die Anforderung an ihn gerade darin, als Person hinter seiner Sache zurückzutreten. Er soll bedenken, dass Gott nahe ist (106), oder noch schärfer mit dem Titel einer von Söderbloms eigenen Predigten: er soll sich wie einst die Propheten im »Griff Gottes« befinden, sich von ihm ergreifen lassen.[563] Söderblom wird nicht müde, die Unentbehrlichkeit solcher Erfahrung einzuschärfen. Doch ist sie nicht Thema der Predigt (das ist der eigentliche Grund für die indirekte Art, in der er gelegentlich seine eigene religiöse Erfahrung in einer Predigt erwähnt). Der Prediger soll nicht an seinen Glauben oder an seine Erfahrung glauben, sondern allein an die geschichtliche Offenbarung Gottes, wie sie dem heutigen Menschen begegnet.[564] Gerade ein erfahrungstheologischer Ansatz führt nach Söderblom zu einer theozentrischen Predigt. Aus diesen Überlegungen ergeben sich drei Grundforderungen an den Prediger: 1. Er hat die »Objektivität« der Offenbarung zu bezeugen. Diese Formulierung ist weder in einem dogmatischen noch in einem historistischen Sinn gemeint, sondern soll das *ab extra* der Transzendenz bezeichnen. 2. Er soll sich im Gebet dem ihn ergreifenden Gott ausliefern (wozu auch eine gewisse »asketische« Verzichtbereitschaft in der Lebensführung gehört). 3. Er muss intensiven und ausgiebigen Umgang mit den Menschen in der Gemeinde pflegen (110–114).

Richtet sich der Prediger nach diesen Anweisungen, so wird er gewahr, dass er Anteil hat an den Grundfragen der Menschheit, so wie sie sich aktuell in seiner eigenen Zeit stellen: Lohnt es sich, an Gott zu glauben? Ist es möglich – oder gar notwendig – an Gott zu glauben? Beide Fragen sind nicht theoretischer Art, sondern als Lebensfragen gemeint; die Alternative ist nicht die abstrakte Überzeugung, dass es keinen Gott gebe (denn jeder Mensch hat de facto irgendeinen Gott), sondern die Verzweiflung an-

---

562 N. Söderblom, *Om predikan*, in: Protokoll och handlingar rörande prästmötet i Uppsala 1927, Uppsala 1928, 103–123. Danach die folgenden Seitenzahlen. Wir werden im Folgenden auch einige kirchliche Vorträge in die Erörterungen einbeziehen.

563 N. Söderblom, *Guds grepp* (1921), in: Tal och skrifter 3, Stockholm 1933, 185–191. Nach diesem Titel hat Sigfrid Estborn seine schöne Studie über den Prediger Söderblom benannt: *Under Guds grepp. En studie i N. Söderbloms förkunnelse*, Stockholm 1944.

564 Vgl. N. Söderblom, *Från Upsala till Rock Island*. (wie Anm. 10), 23 (aus einer Predigt über Joh 9,1–41).

gesichts der Abwesenheit Gottes.[565] Diese Fragestellung, an der zitierten Stelle im Horizont der heftigen Angriffe des Materialismus der vorigen Jahrhundertwende aufgeworfen, hat sich für Söderblom durch den Ausbruch des Krieges nur noch weiter verschärft.[566]

Daraus folgt, was Söderblom bereits in seinem Hirtenbrief hatte anklingen lassen, dass der Prediger nicht als Herrscher über den Glauben der Gemeinde auftreten darf. Ihm wird die Wahrheit über den Menschen als Sünder und über die versöhnende Kraft von Gottes leidender Liebe nicht anders offenbart als jedem anderen Menschen auch (111).

Damit ist die zentrale Thematik der Predigten Söderbloms genannt, die sich mit nur geringen Veränderungen durch die Jahre hindurchzieht, so sehr sie natürlich auf Grund der Vermittlung mit der jeweiligen Zeitsituation ständig Neues zu bieten haben. Die Theozentrik seiner Grundauffassung findet ihren innersten Punkt in der Gestalt Jesu Christi – genauer: im stellvertretenden Leiden Jesu am Kreuz.[567] Die so verstandene Erlösung hat theologisch ein – relativ – größeres Gewicht als die Inkarnation. Damit grenzt sich Söderblom gegen den Anglikanismus ab.[568] Weiter insistiert er darauf, dass der leidende Erlöser zugleich auch der Richter ist. Das zeige bereits die Bergpredigt mit ihren hyperbolischen Forderungen.[569] Das ist eine deutliche Absage an die Christologie der liberalen Theologie etwa Adolf von Harnacks, Albert Schweitzers oder Johannes Weiß'. Jesus sei nicht als Muster der Tugend zu verstehen, sondern als Gottes Kraft.

Damit ist keine Rehabilitierung der klassischen Zwei-Naturen-Lehre intendiert. Deren Schwäche, die in ihrer monophysitischen Tendenz besteht, hat Söderblom klar erkannt.[570] Er versteht Jesus eher nach Art der Schleiermacherschen Urbildchristologie als den Menschen, der darin seiner Bestimmung entspricht, dass er sich ganz und gar dem Handeln Gottes aussetzt und so in Freiheit zu seinem Werkzeug wird. Freilich ist Jesus bei Söderblom anders als bei Schleiermacher ein Mensch, der wirklich versucht wird und in Gethsemane und am Kreuz wirklich unter der Gottferne leidet und nicht souverän ein ungebrochenes Gottesbewusstsein aufrecht-

---

565 Vgl. den Vortrag *Tro, Gudstro*, 1902, (erw. 1909), in: När stunderna växla och skrida 1, Uppsala ³1935 (76–99), 93–97.

566 So mit Recht S. ESTBORN, a.a.O. (wie Anm. 563), 22. 77.

567 Vgl. N. SÖDERBLOM, *Warum ich Lutheraner bin*, in: CuW 1/1925 (193–203), 197, und z.B. die Predigt *Vem borde korsfästas?* vom Karfreitag 1916, in: Tal och skrifter 1, Stockholm 1933, 208–215.

568 Vgl. N. SÖDERBLOM, *Mandomsanammelsen*, in: Vår lösen 20/1929 (75–78), 76.

569 N. SÖDERBLOM, *Jonas profetens tecken* (1924), in: ders., Tal och skrifter 2, Stockholm 1933 (161–176), 171; ders., *Domen* (1927), ebd. (187–202), 201.

570 N. SÖDERBLOM, *Varför kallar du mig god?* (1912), in: När stunderna växla och skrida 2, Uppsala ³1935 (50–54), 52; ders., *Mandomsanammelsen*, a.a.O. (wie Anm. 568), 77f.

erhält. Diese Differenz wird noch deutlicher, wo Söderblom sich gegen ein moralisches Verständnis der Sündlosigkeit Jesu absetzt – wohlgemerkt in einer Predigt: »Was hätte es uns geholfen, wenn Jesus von allerhand menschlichen Fehlern und [in diesem Sinn!] Sünden frei gewesen wäre? Was uns geholfen hat, ist seine Liebe, die sich ganz und gar hingegeben hat.« Und das ist letztlich die in ihm und durch ihn wirkende Liebe Gottes selbst. Explizit wendet sich Söderblom mit diesen Sätzen gegen eine pietistische oder rationalistische Interpretation, aber ihm ist selbstverständlich klar, dass er damit zugleich gegen die Lehre der altprotestantischen Orthodoxie von den Vollkommenheiten Christi verstößt. Das hat Söderbloms erzkonservativer finnischer Erzbischofskollege Gustaf Johansson klar erkannt, freilich zugleich sein Unverständnis für die positive theologische Aussage gezeigt, wenn er aus dieser Stelle den Schluss zieht, Jesus sei nach Söderblom Sünder. Er hätte nur einen Satz weiterlesen müssen: Jesu »Vollkommenheit« [also seine Sündlosigkeit!] besteht (nicht negativ in etwas, das ihm fehlt, sondern positiv) »in der Hochspannung von Liebe und Gerechtigkeit in seiner Seele und in seinem Leben.«[571] Es ist Gott, der Jesus zum Herrn macht, Jesus ist es nicht aus sich selbst heraus, heißt es in einer Himmelfahrtspredigt.[572] Also nicht nur im Hörsaal, sondern auch auf der Kanzel, nicht nur als Gelehrter, sondern auch als hoher kirchlicher Amtsträger stellt sich Söderblom bewusst und klar zwischen die theologischen und kirchlichen Fronten – nicht um zu polarisieren und schon gar nicht um einen Kompromiss anzubieten, sondern um von der religiösen Oberflächlichkeit beider Optionen wegzuführen und die Dialektik des Heiligen zur Geltung zu bringen.

Ganz entsprechend verhält es sich mit dem Menschenbild der Predigten. Wenn Söderblom so energisch darauf insistiert, dass die Unentrinnbarkeit des göttlichen Gerichts als Widerpart zur christlichen Heilspredigt hinzugehört, dann wendet er sich damit nicht nur gegen bestimmte Tendenzen liberaler Theologie, sondern ganz allgemein gegen eine Zeitstimmung, der das tiefe Schuldgefühl, das noch die Reformatoren und auch den Pietismus bestimmt hatte, weithin fremd geworden ist – eine bis heute aktuelle Problematik. Nimmt man diesen Gedanken mit den Ausführungen über die Sündlosigkeit Jesu zusammen, so sieht man, dass beide Male der religiöse Ernst im Angesicht des Heiligen radikalisiert wird. Ein moralisches Verständnis des Gottesverhältnisses unterscheidet sich prinzipiell nicht von

---

571 Vgl. seine Predigt *Helgon*, in: Från Upsala till Rock Island ... (wie Anm. 10, 72–83), 82; Johanssons Brief vom 26.1.1928, in: N. SÖDERBLOM, *Brev* ... (wie Anm. 1), Nr. 300.
572 N. SÖDERBLOM, *Himmelsfärden* (1924/1929), in: Tal och skrifter 2, Stockholm 1933 (28–41), 38.

der modernen Form der Selbstgerechtigkeit; beide sind lediglich Varianten einer Depotenzierung des Heiligen.[573] Erst recht gilt das von modernen Formen der Naturfrömmigkeit und von dem Ästhetizismus, die vielfach an die Stelle des christlichen Glaubens getreten sind: So sehr Gott auch durch die Natur oder durch das Schöne reden kann, so wenig ist das Gewissen als der eigentliche Ort der Offenbarung Gottes durch den Schönheitssinn zu ersetzen.[574]

Zugleich gewinnt damit auch die Heilsbotschaft an Radikalität. Auf ihr liegt stets und unzweideutig der Akzent in Söderbloms Predigten. Die lebendige und überall spürbare Spannung von Gericht und Gnade ist in Söderbloms Grundlehre vom Heiligen angelegt und ist zugleich – akzentuiert, aber nicht konstituiert durch seine meisterhafte stilistische Kunst und Rhetorik – das, was seine Predigten »spannend« gemacht hat. Aber diese Spannung ist kein statischer Zustand, sondern ihr wohnt die Tendenz zur Lösung im Evangelium inne. Das Leiden und die Gewissensnot sind das Feuer, welches das Gold herausschmilzt, wie Estborn es im Bild ausdrückt.[575] Um Vergebung und Versöhnung geht es letzten Endes immer in der Predigt, wobei die Versöhnung zwischen den Völkern ausdrücklich eingeschlossen ist.[576]

Gottes Vergebung kann als Ausdruck seiner Erwählung verstanden werden. Von einer doppelten Prädestination und dementsprechend von einer Verwerfung als Gegenpol ist freilich, soweit ich sehe, bei Söderblom nirgends die Rede, es sei denn in der Form der Anfechtung des einzelnen Gläubigen. Ihm wird Gottes Erwählung verkündet, welche die menschliche Entscheidung nicht ausschließt, aber ihr als der letzte Grund immer schon voraus ist. Die Wahl Gottes findet ihren sichtbaren Ausdruck in Taufe und Wiedergeburt.[577] In dem zweiten Begriff schwingt ein Moment aus der Erweckungsfrömmigkeit mit: Söderblom ist von der Notwendigkeit einer neuen Erweckung(sbewegung) überzeugt.[578] Doch betont er energisch mit Luther, dass die Wiedergeburt ständig neu erfolgen müsse, solange das Leben währt. Zu tief sitzt in ihm die Erfahrung aus dem Umgang mit Erweckungskreisen, dass die Berufung auf das eigene »Bekehrungs-«erlebnis zu unerträglichem geistlichem Hochmut führen kann. Der christliche Charakter müsse seinen Ausdruck im Dienst finden; nur in der Unterwerfung

573 N. SÖDERBLOM, *Domen* (wie Anm. 569), bes. 197 f 200.
574 N. SÖDERBLOM, *Pingst* (1925), Tal och skrifter 2 (43–62), 45. 60 f.
575 S. ESTBORN, a. a. O. (wie Anm. 563), 11–14.
576 Ein Beispiel von vielen: N. SÖDERBLOM, *Förlåtelse utan gräns*, in: ders., Från Upsala till Rock Island (wie Anm. 10, 50–62), 50.
577 Vgl. die Predigten *Utkorelse. Jesu utvalda* und *Dop och ny födelse*, a. a. O., 25–31. 63–71.
578 Vgl. die Predigt *Himmelens port* (1922), in: Tal och skrifter 1 (122–136), 132.

unter Gottes Liebeswillen, d. h. indem er Gottes Geist in sich das neue Leben wirken lässt, gewinne er seine Freiheit.[579]

Das neue Leben in Furcht und Vertrauen ist ein Leben zu Gottes Ehre. Die calvinistische Färbung eines solchen Satzes ist kein Zufall.[580] Sie zeigt sich noch deutlicher in der Art, wie Söderblom das von ihm so sehr geschätzte biblische Bild vom Sauerteig auf die Wirksamkeit des einzelnen Christen und der Kirche in der Gesellschaft bezieht: Das Entstehen des Sozialstaats im Abendland sei eine Folge davon, dass die Kirche mit ihrer Diakonie die Gesellschaft durchsäuert habe; sie habe das Gewissen der Gesellschaft zu sein, freilich so, dass die letzte Verantwortung für die Gestaltung der Welt immer beim Einzelnen und nicht bei der Institution liege.[581] Die Einzelnen haben dabei – entsprechend Luthers Berufslehre – ihrer je spezifischen Berufung durch Gott zu folgen.[582] Man sieht daran: Söderblom meint noch auf das Modell einer wenngleich auch in Schweden nicht mehr durchgängig christlich geprägten, so doch jedenfalls prägbaren Gesellschaft zurückgreifen zu können. Er war der Auffassung, eine Wiederbelebung der Religion werde aus den Jesu Kreuz analogen Leidenserfahrungen des Weltkrieges und der ihm folgenden Notzeit erwachsen und die Einsicht in die Notwendigkeit der Versöhnung fördern, wie es seiner Kreuzestheologie entsprach.[583] Auf alle Fälle verfolgt er damit aber nicht eine konservative, auf Erhaltung der bestehenden Verhältnisse gerichtete Tendenz, sondern zieht die Konsequenz aus seiner Lehre von der Fortsetzung der göttlichen Offenbarung (s. o., 156–159).

---

579 N. SÖDERBLOM, *Dop och ny födelse*, a. a. O. (Från Uppsala …), 71; *Himmelens port*, in: Tal och skrifter 1, 132–134; Vortrag *Den kristna karaktären* (1927), in: Tal och skrifter 3, Stockholm 1933 (229–240), 239; *Andens undervisning* (1912), in: När stunderna växla och skrida 2, Uppsala ³1935 (22–28), 23–25.

580 N. SÖDERBLOM, *Det heliga, den helige* (1925), in: Tal och skrifter 4 (53–60), 55; vgl. S. ESTBORN, a. a. O. (wie Anm. 563), 41; s. auch oben 116.281.

581 N. SÖDERBLOM, *Förlåtelsens verkan* (1917), in: Tal och skrifter 1 (179–191), 183. 187; Vortrag bei einer Konferenz der Inneren Mission in München 1922 *Samariten*, in: Tal och skrifter 2 (115–135), 115 f 118. Die noch sehr nach Ritschl (oder auch nach dem amerikanischen Social Gospel) klingende Verwendung der biblischen Metapher vom Salz der Welt, wonach die Christen die Welt zum Reich Gottes zu machen hätten (*Bildning och innerlighet*, [1903], in: När stunderna växla … 1, 58) hat er später nicht mehr wiederholt.

582 N. SÖDERBLOM, *Frestelsen* (1917), in: Tal och skrifter 1, 146–178, bes. 159–161; Vortrag *Kallet* (1909), När stunderna … 1, 145–155, bes. 151–153.

583 Vgl. den Vortrag *Gå vi mot religionens förnyelse?* (Sveriges studentrörelses skriftserie 101), Stockholm 1919, bes. 11. 30; ferner den letzten Teil des geplanten Hirtenbriefes von 1919: *Herdabrev till prästerskapet och församlingarna i ärkestiftet nyåret 1919: Religionen och kyrkan*, 52–59 (NSS C Manuskript 1918 8/12 [UUB]), sowie *Tidens tecken* (wie Anm. 521), 30.

Kennzeichnend für Söderbloms Predigten ist, dass sie offen sind nicht nur über die Grenzen der eigenen Konfession hinaus, sondern auch für Menschen, die der Kirche fernstehen. Er erreicht das einmal dadurch, dass er sehr persönlich und mit natürlicher Autorität spricht, ohne den leisesten Anflug einer Sprache Kanaans, und niemals ein homiletisches Schema zugrunde legt. Sodann sind alle Predigten exegetisch und systematisch gründlich durchreflektiert und übersichtlich aufgebaut. Sie sind drittens nicht nur tief in der Bibel verwurzelt, sondern stets unmittelbar auf elementare Lebenserfahrung bezogen. Hinzu kommen – nicht nur in Universitätspredigten – Vergleiche mit anderen Religionen und Beispiele aus Literatur, Kunst und Geschichte. Vor allem aber bringt er stets die allgemeine geistige Situation und die sozialen Verhältnisse zur Sprache, in den späteren Jahren besonders den Krieg und seine Folgen. Dabei liegt der Akzent oft auf der Ambivalenz alles kulturellen Fortschritts, die in der Kriegs- und Nachkriegszeit von vielen empfunden wurde. Die Ambivalenz kann sich bis zum Dualismus steigern, wie die oben genauer betrachtete Predigt über die beiden Götter, den Gott Jesu Christi und den Gott des Nationalismus, zeigt.[584]

Wir kehren noch einmal zu dem Vortrag über die Aufgabe des Predigers zurück, mit dem wir diesen Abschnitt begonnen haben. Söderblom war sich natürlich darüber im Klaren, wie hoch die von ihm geschilderten Anforderungen sind. Deshalb kommt er am Schluss auf ganz praktische Fragen zu sprechen, die manche seiner Zuhörer wohl schon auf der Zunge gehabt haben: 1. Darf man die Predigten anderer verwenden? 2. Darf man eine gute Predigt wiederholen? 3. Was tun, wenn man zwar ein guter Seelsorger ist, aber mit dem Predigen große Schwierigkeiten hat? Söderbloms Antworten zeigen, dass er in seiner Pariser Zeit Erfahrungen damit gesammelt hat, wie einem Prediger zumute ist, der jeden Sonntag auf der Kanzel stehen und eine neue Predigt halten soll. Auf die erste Frage, die heute im Zeichen des Internet von manchen schon gar nicht mehr so gewissenhaft gestellt wird, antwortet Söderblom, dass man alle brauchbaren Anregungen, deren man habhaft werden könne, verwenden könne, aber im Fall wesentlicher Anleihen nur unter Nennung der Quelle. Damit ist die Frage faktisch verneint. Den zweiten Punkt bejaht er dagegen ganz unbefangen mit Hinweis auf die eigene Praxis, empfiehlt aber (abgesehen von dem selbstverständlichen zeitlichen Abstand) jeweils gewisse Änderungen. Auch für die dritte Frage hat er Verständnis; er weiß, dass die Begabungen

---

584 N. SÖDERBLOM, *Får trädet stå?* (1915), in: När stunderna ... 2, 124–130; ders., *De tre rikena* (1921), ebd. (253–263), 254; zu der Predigt *De två gudarne*: s.o., S. 272 mit Anm. 519. Vgl. auch GUSTAF LIZELL, *Stiftschefen*, in: N. Söderblom in memoriam, (wie Anm. 4, 105–138), 121 f 129–135.

verschieden sind. Darum rät er dazu, begabte Prediger in mehreren Gemeinden einzusetzen, um so andere zu entlasten. Im Übrigen sei bei aller Strenge der Anforderungen an den Prediger der Gottesdienst nicht primär als Sache des Pfarrers, sondern als Sache der Gemeindeglieder anzusehen, die bei aller christlichen Freiheit doch die Notwendigkeit von Disziplin und Ordnung für das christliche Leben erkennen und regelmäßig teilnehmen müssten.[585] Dies war, wie die Ausführungen zeigen, auch damals schon eine Wunschvorstellung. Bemerkenswert ist jedoch die Unabhängigkeit des Referenten von jedem kirchengesetzlichen Formalismus.

e Kirchenleitung

1. Wohl das wichtigste Mittel der Leitung seiner Kirche waren für Söderblom die *Visitationen*.[586] In seinen 17 Amtsjahren sind alle 240 Gemeinden seiner Diözese besucht worden, manche davon mehrmals, und fast immer war er selbst der Visitator und nicht ein Stellvertreter. Das allein ist eine Leistung, die kaum einer seiner Vorgänger vorweisen konnte. Jede solche Visitation war außerordentlich gründlich vorbereitet und dauerte in den größeren Gemeinden mehrere Tage. Auf dem Programm standen immer zuerst ein Besuch des Schulunterrichts, des Kindergottesdienstes und des Konfirmandenunterrichts. Hier schaltete sich Söderblom gern selbst ein; dabei muss es immer sehr lebendig und unkonventionell zugegangen sein, denn er verstand sich sehr gut mit Kindern und Jugendlichen. Dazu kamen Gespräche mit dem Kirchenvorstand, dem Pfarrer, Einblick in die Finanzen und Statistiken, Besuche bei Nähkreisen und Kirchenchören, und natürlich eine Predigt des Visitators. Auch die für sich genommen eher trockenen Teile des Programms verstand Söderblom interessant zu gestalten. Stets lenkte er die Aufmerksamkeit auf Schätze, welche die Gemeinde besaß, wie Kunstwerke in der Kirche, alte Bilder und Bücher – auch dann, wenn sie in seinen kunstverständigen Augen eigentlich nicht viel wert waren. Vor allem würdigte er die Tätigkeit der Laien und ermutigte dazu, ihren Anteil an der Gemeindearbeit zu verstärken. Natürlich ergaben sich aus der gründlichen Durchleuchtung des Gemeindelebens auch kritische Anfragen, mit denen der Erzbischof nicht hinter dem Berge

---

585 N. SÖDERBLOM, *Om predikan* (wie Anm. 562), 118–123.
586 Zum Folgenden vgl. BENGT JONZON, *N. Söderblom och församlingarna*, in: N. Söderblom in memoriam (wie Anm. 4), 139–196; B. WALLMAN, *Vi skola …*, a.a.O. (wie Anm. 533), (30f); T. ANDRAE, N. Söderblom (wie Anm. 2), 166f; MÄRTA LINDQVIST (Journalistin), *En trogen överstepräst*, in: Hågkomster …, Bd. 12 (wie Anm. 97, 339–353), 344f; ANDERS HILDING (Kirchenvorsteher), *En kyrkvärds minnen av ärkebiskop Söderblom*, ebd., 358–364.

hielt. Aber die Anerkennung des Geleisteten stand immer im Vordergrund. Man erzählte sich, bei einer Visitation würde Söderblom jedes Mal entweder der Gemeinde zu ihrem Pfarrer oder dem Pfarrer zu seiner Gemeinde gratulieren.

Den Visitationen verdankte Söderblom seine stets auf dem aktuellen Stand befindliche, präzise Kenntnis der Diözese. Dabei kam ihm sein enormes Personengedächtnis zu Hilfe, das ihm zur Verblüffung der Gemeindeglieder erlaubte, sich nach Jahren an scheinbar unbedeutende Einzelheiten zu erinnern. Das war sichtbarer Ausdruck seines intensiven Interesses für die Menschen. Dabei waren ihm Standesunterschiede herzlich gleichgültig. Selbstverständlich nahm der Chauffeur an dem Essen teil, zu dem der Erzbischof eingeladen war, und hernach ging Söderblom in die Küche, um sich beim Personal zu bedanken.[587] Nie versäumte er, sich eingehend nach den sozialen Verhältnissen am Ort und nach eventuellen Problemen zu erkundigen. Nicht selten, vor allem wohl auf dem Lande, stellte er sofort ganz persönlich einen Vermieter wegen unzumutbarer Wohnverhältnisse oder einen Behördenleiter wegen einer mangelhaften Infrastruktur zur Rede.[588] Die Autorität der Staatskirche konnte damals noch viel bewirken.

Ein Detail verdient noch Erwähnung: Häufig ließ sich Söderblom bei einer Visitation von einem ausländischen Amtsbruder begleiten. Ökumenische Verbundenheit sollte nicht nur auf kirchenleitender Ebene gepflegt, sondern auch an der Basis fest verankert werden. Nur so ließ sich die Isolierung der schwedischen Kirche und auch ihre Neigung zum Nationalismus wirksam überwinden.[589] Außerdem hat Söderblom, wo es nötig war, zu einer guten Zusammenarbeit mit den *Freikirchen* gemahnt, wie er sie auch selbst praktizierte. So hat er sich z.B. für deren staatliche Unterstützung eingesetzt.[590]

2. Intensiv hat Söderblom sich um den *Nachwuchs* für das Pfarramt gekümmert. Oft lud er Theologiestudenten ein, und vor allem versammelte er die Ordinanden. Bei den Ordinationen hielt er besonders eindrucksvolle Predigten. Wenn es hernach um eine Anstellung ging, sorgte er dafür, dass die jungen Pfarrer möglichst bald in der Lage waren, eine Familie zu gründen. Dazu trug die unkonventionelle Art der Stellenbesetzung bei: Ins-

---

587 Vgl., Ruben Gustafson, *Bland svanungar och annat småfolk i Svabensverk*, in: Hågkomster ..., Bd. 12 (371–376), 375 f.

588 Vgl. T. Andrae, a.a.O. (wie Anm. 2), 164; B. Jonzon, a.a.O. (wie Anm. 586), 165–169; G. Lizell, *Stiftschefen* (wie Anm. 584), 126.

589 Vgl. Mats Åmark, *Med ärkebiskopen på hans sista visitationsresa*, in: Hågkomster ..., Bd. 12 (377–386), 378.

590 Vgl. M. Lindqvist, *En trogen* ..., a.a.O. (wie Anm. 586), 347 f; Evald Malmström (Heilsarmee), *N. Söderblom och Frälsningsarmén*, in: Hågkomster ..., Bd. 15 (wie Anm. 94), 294–305; T. Andrae, a.a.O. (wie Anm. 2), 143.

besondere bei wichtigen Positionen richtete Söderblom sich weniger nach dem Dienstalter als nach der speziellen Eignung eines Interessenten.[591]

3. Unvermeidlich war natürlich die Vielzahl der *Konferenzen*. Da waren einmal die Synoden der gesamten schwedischen Kirche (*allmänna kyrkomöten*) die allgemein interessierende Themen wie die sozialdemokratische Infragestellung der Staatskirche (1920), eine religiöse Zeitanalyse (1923) oder Grundsätze christlicher Lebensführung (1927) behandelten[592], die Sitzungen der Diakonieverwaltung, deren Vorsitzender der Erzbischof ex officio war, sodann die Pfarrkonferenzen für die ganze Diözese alle paar Jahre, ferner die Bischofskonferenzen für das ganze Land, die Söderblom zur Erörterung allgemeiner innerkirchlicher Fragen wie der dramatisch abnehmenden Bibelkenntnis regelmäßig (alle zwei Jahre) einberief, sowie die skandinavischen Bischofskonferenzen, die er 1920 zwecks Behandlung kirchenpolitischer und ökumenischer Fragen einrichtete. Alle diese Konferenzen waren sorgfältig vorbereitet. Man kam unter seiner Leitung immer rasch zur Sache. Profilierungsversuche, die auf Kosten einer ergebnisorientierten sachlichen Arbeit gingen, blockte er ab (was wohl einer der Gründe für die unterschiedliche Beurteilung seiner Verhandlungsführung ist). Aber er legte Wert darauf, abweichende Meinungen zur Geltung kommen zu lassen, und bei wichtigen Fragen legte er eine schier unendliche Geduld an den Tag, wenngleich er in den für ihn entscheidenden Punkten ganz unbeweglich sein konnte. In jedem Fall aber versuchte er, die Teilnehmer menschlich zusammenzuführen, indem er zu Beginn jeden Einzelnen persönlich begrüßte und die Sitzungen durch humorvolle Bemerkungen auflockerte.[593]

4. *Diakonie* und sozialer Einsatz der Kirche lagen Söderblom besonders am Herzen. Diakonie war für ihn Wegbereiterin des Sozialstaates, die aber als solche niemals überflüssig wird. Söderblom hat eine ganze Anzahl von umfangreichen sozialen Hilfsmaßnahmen in die Wege geleitet, die über die Zuständigkeit der institutionellen Diakonie weit hinausgingen und die dann ebenso wie größere Projekte der Diakonie selbst mit Hilfe von in großem Stil eingeworbenen Spenden finanziert wurden. So wurden 1917 Kinder bedürftiger Eltern aus Industrierevieren für einige Wochen zur Erholung aufs Land geschickt; während des Krieges schickte er wiederholt Lastwagen in die ländlichen Gebiete, um für Notleidende Lebensmittel zu

591 Vgl. G. Lizell, a.a.O. (wie Anm. 584), 110–116.
592 Vgl. N. Söderblom, *Kyrkans frihetskrav*, in: Samtal om kyrkan, Stockholm 1920, 58–79; ders., *Tidens tecken* (wie Anm. 521); *Den kristna karaktären* (1927), in: Tal och skrifter 3, Stockholm 1933, 229–240. Vgl. M. Björkquist, *Svenska kyrkans* ..., a.a.O. (wie Anm. 530), 218.
593 Vgl. M. Björkquist, a.a.O. (wie Anm. 530), 213–220; G. Lizell, a.a.O. (wie Anm. 584), 124.

sammeln; im ersten Jahr des Krieges hat er sich um einen Gefangenenaustausch zwischen Deutschland und Frankreich sowie um humanitäre Hilfe für die Gefangenen bemüht, bis dann das Schwedische Rote Kreuz diese Aufgaben übernahm; und 1920 organisierte er zusammen mit seinem früheren Leipziger Kollegen Rudolf Kittel einen mehrmonatigen Aufenthalt für 100 sächsische Kinder in Schweden.[594]

Eine weithin bekannt gewordene Einzelaktion sei hier – als ein Beispiel für viele – eigens erwähnt. Als Söderblom 1920 erfuhr, dass Albert Schweitzer nicht bei guter Gesundheit und überdies so hoch verschuldet war, dass die weitere Existenz seiner Urwaldklinik in Lambarene auf dem Spiel stand, lud er ihn nach Schweden ein, wo er sich zunächst in seinem Hause erholte und dann durch Vorträge und Orgelkonzerte so viel einnahm, dass er seine Schulden vollständig abzahlen konnte. Söderblom hat auch Schweitzers Buch *Zwischen Wasser und Urwald* angeregt, das in Windeseile geschrieben und sofort ins Schwedische übersetzt wurde, in welcher Form es dann zuerst erschienen ist. Hier waren zwei Männer von gleichem Format und gleich weitem Horizont zusammengetroffen.[595]

5. Ebenso wichtig wie die Diakonie war Söderblom das schwedische *Missionswerk*, dem er ebenfalls kraft Amtes vorstand.[596] Er war der erste schwedische Erzbischof seit der Verknüpfung der beiden Ämter (1874), der mit den einschlägigen Prinzipienfragen vertraut war. Wir haben gesehen, dass sein Interesse für die Mission bis in die früheste Zeit zurückgeht, und dass bereits die Debatten in der studentischen Missionsvereinigung den Grund gelegt hatten sowohl für die ökumenischen Bestrebungen als auch für das religionsgeschichtliche Interesse Söderbloms (s.o., 65 f). Das missionarische Interesse ist bis an sein Lebensende eine der entscheidenden Triebkräfte seiner Arbeit gewesen, freilich in dem oben (225) entwickelten Sinn, dass sie auf jede Form von Kolonisation zu verzichten und auf die Dauer sich selbst zugunsten der Selbstständigkeit der neuen Kirchen überflüssig zu machen habe. Charakteristisch war die Übernahme des aus der Sozialphilosophie stammenden Begriffs des Wettstreits (*tävlan*) nicht nur in die Religionsphilosoophie, sondern auch für das Verhältnis der christlichen Mission zu den von ihr vorgefundenen Religionen; ungefähr gleich-

594 Vgl. G. Lizell, a.a.O. (wie Anm. 584), 126; B. Jonzon, a.a.O. (wie Anm. 586), 183; B. Sundkler, a.a.O. (wie Anm. 2), 183. Zu der Aktion mit Kittel s.o., 221.

595 Vgl. Albert Schweitzer, »*En välgörare för de primitiva invånarna i Ogowes urskogar*«, in: Hågkomster ..., Bd. 14 (wie Anm. 549), 272–282; der Titel des Buches: *Mellan urskog och vatten. En läkares upplevelser och iakttagelser i Ekvatorialafrikas urskogar*, schwed. v. G. Lagerfelt, Uppsala 1921.

596 Vgl. dazu den instruktiven Aufsatz von Gunnar Dahlquist, *Ärkebiskop Söderblom och missionen*, in: N. Söderblom in memoriam (wie Anm. 4), 235–272.

zeitig wurde der Begriff dann auch in die ökumenische Theorie eingeführt. Dazu passt, dass die Weltmissionskonferenz von Edinburgh 1910
als Vorbild für die Stockholmer Konferenz von Life und Work 1925 anzusehen ist. Und wie die ökumenischen Aktivitäten Söderbloms von Anfang
an aufs Engste mit seinen Bemühungen um Frieden zwischen den Völkern
verbunden waren, so wird auch die Mission auf Grund der von ihr verbreiteten Friedensbotschaft in diesen Zusammenhang hineingestellt: Der
Friede mit Gott, der das Herz eines christlichen Missionars regieren und
jedes Machtinteresse bei ihm ausschließen soll, führt zu Respekt und Liebe
zu den Menschen, denen die Botschaft verkündet werden soll, und wie
diese einst die Schranken zwischen Juden und Heiden niedergerissen hat,
so soll und kann sie auch heute Grenzen überwinden und sogar zur Schaffung eines politischen Friedens beitragen. Voraussetzung dafür ist allerdings, dass eine »einträchtige« (endräktig; nicht eine einheitliche!) Christenheit dahinter steht; darin besteht die Verbindung zur Ökumene und zu
Edinburgh.[597]

Wie intensiv Söderblom sich für die Mission einsetzte, kann man vom
Anfang seiner Amtszeit an verfolgen. Seine erste Amtshandlung war die
Amtseinführung des Pastors Paul Sandegren als Missionar. Die Zahl der
schwedischen Missionare hat sich während der Amtszeit Söderbloms von
70 auf 130 fast verdoppelt. Während des Krieges haben die Schweden die
Tätigkeitsgebiete der Leipziger Mission, mit der sie eng zusammenarbei-
teten, übernommen, was allerdings erst 1926 rückgängig gemacht werden
konnte. Stets hat Söderblom sich dafür eingesetzt, dass die Kirchen in den
von Schweden betreuten Gebieten in Südindien und in Südafrika möglichst bald von Einheimischen geleitet wurden, was dann freilich in der
Praxis eine längere Entwicklung erforderlich machte.

Vieles wäre noch zu erwähnen, so die Abfassung lebendig geschriebener
und sehr erfolgreicher Lehrbücher für den Schulunterricht in Religion und
Religionsgeschichte, der starke persönliche Einsatz für die Kirchenmusik,
und nicht zuletzt der ungeheuer rege Briefwechsel.[598] Aber wir müssen uns
hier auf einige Schwerpunkte beschränken.

---

597 N. SÖDERBLOM, *Missionen såsom fridens budbärarinna*, in: Gemensam gärning.
Föredrag vid nordiska missionskonferensen i Stockholm 1925, Stockholm 1925,
58–66.
598 N. SÖDERBLOM, *Liten lärobok i religionshistoria för skolan*, Stockholm 1919,
²1925; ders., *Levnaden, tron och bönen. Ur bibeln och psalmboken i anslutning
till M. Luther framställda*, Stockholm 1919, ⁶1928; ders., *Jesu undervisning om
Guds rike*, Stockholm 1931, ⁶1945; vgl. M. BJÖRKQUIST, a.a.O. (wie Anm. 530),
230–232; GEORG KEMPFF, *N. Söderblom och Fru Musica*, in: Hågkomster …,
Bd. 14 (wie Anm. 549), 236–271. Für den Briefwechsel verweise ich auf meine
Edition (vgl. Anm. 1).

f Kirche und Staat

Die mit Abstand wichtigste kirchenpolitische Frage in Söderbloms Amtszeit wurde durch die Absicht der Sozialdemokraten aufgeworfen, die Verbindung von Staat und Kirche aufzulösen.[599] Schon 1918 hatten sie im Reichstag zwei entsprechende Gesetzesvorschläge eingebracht, die in der zweiten Kammer angenommen, in der ersten Kammer dagegen abgelehnt wurden. Söderblom hatte die Zeichen der Zeit schnell erkannt – nicht zuletzt auf Grund der fortgesetzten antikirchlichen Polemik des sozialdemokratischen Abgeordneten Arthur Engberg, der eine starke Fraktion innerhalb der Partei repräsentierte. Söderblom schrieb zunächst im April drei Zeitungsartikel, einen über die Frage nichtkirchlicher Beerdigungen (6.4.), eine Erörterung der Vor- und Nachteile von Staatskirche und Freikirche (11.4.), und ein Plädoyer für die Fortsetzung des obligatorischen Religionsunterrichts in den Schulen (19.4.). Alle drei gab er zusammen mit einem weiteren, bisher unveröffentlichten Aufsatz über das Freiheitsproblem des Kulturstaats unter dem Titel »Die Religion und der Staat« als Buch heraus.[600] Er hatte beabsichtigt, es allen Reichstagsabgeordneten während der laufenden Sitzungsperiode zukommen zu lassen. Dazu ist es wahrscheinlich nicht gekommen, weil das Buch erst nach Beginn der Sommerferien erschien.

Die Aufsätze sind von unterschiedlichem Gewicht. Der zuletzt geschriebene und der über Staatskirche und Freikirche sind die wichtigsten. Söderblom setzt sich unzweideutig für die Beibehaltung der Staatskirche ein. Das setzt freilich voraus, dass sie ihre seit der Reformation bestehende Unabhängigkeit in ihren inneren Angelegenheiten behält (193 f).[601] Seine Argumentation ist kurz zusammengefasst die folgende: 1. Der Staat bedarf der Kirche als seiner »Seele«: Ohne die ständige Erinnerung an eine überweltliche Macht und an die Liebe als letzten ethischen Maßstab würde er sich leicht zum Abgott machen; deshalb ist die Spannung zwischen beiden Institutionen gesund (96–100.183.185.189. 200). 2. Freikirchen sind zwar oft religiös aktiver und bieten eine engere Gemeinschaft als die Staatskirche, sie neigen aber eher zur Engstirnigkeit. Die lutherische Staatskirche ist offener für die Freiheit der wissenschaftlichen Forschung, hat ein stärkeres Verantwortungsgefühl für die Gesellschaft als ganze und ist we-

---

599 Zum Folgenden vgl. STAFFAN RUNESTAM, N. Söderblom och böndagsplakaten 1914–1930, in: ders., Söderblomsstudier, Uppsala 2004 (25–70), 34–56.

600 N. SÖDERBLOM, Religionen och staten, Stockholm 1918. Danach die folgenden Seitenzahlen.

601 Schon 1882 und 1883 hatte der liberale Abgeordnete Carl Johan Svensén entsprechende Anträge im Reichstag gestellt, die jedoch nicht angenommen wurden, vgl. Svenskt biografiskt lexikon II, 574.

niger abhängig von der Gunst Einzelner, weil sie an dem sola gratia für alle Menschen eindeutiger festhält (90f). 3. Die Machtvollkommenheit einer unabhängigen Selbstverwaltung mit eigener Verfassung täte der Kirche nicht gut, da das Reich Gottes, dem sie sich verpflichtet weiß, nicht von dieser Welt ist. An der viel größeren Gefährdung der Freikirchen, einer »päpstlichen« Intoleranz zu verfallen, könne man diese Problematik gut erkennen (93–100). Alles in allem wirbt Söderblom dafür, die historisch gewachsene Verbindung von Freiheit und Pietät, wie sie das Staatskirchensystem in seiner schwedischen Ausprägung repräsentiert, nicht preiszugeben, und wendet sich in der einzigen scharfen Formulierung des ganzen Buches gegen die »Vandalen«, die nichts als Abschaffung im Sinn haben (100f).

Zu dieser Argumentationslinie gehört auch, dass Söderblom für die Beibehaltung des obligatorischen christlichen Religionsunterrichts an den Schulen eintritt. Zwar begrüßt er die politischen Initiativen, die eine Einbeziehung anderer Religionen verlangen, weist aber die Forderung einer »Neutralität« als Illusion ab, unter anderem mit der damals sehr berechtigten Frage, ob denn eine negative Einstellung zur Religion als neutral gelten solle (3–13. 28–30.37.43–45). Schließlich setzt sich Söderblom sogar für die Fortsetzung der bisherigen Praxis ein, nach der allein die Kirchen das Recht zur Beerdigung haben (110–168).

Der zuletzt genannte Aufsatz ist sicherlich der schwächste. Denn das Argument, dass für nichtkirchliche Beerdigungen keine geeigneten Personen und keine nichtkirchlichen Grundstücke zur Verfügung stehen, kann nur so lange überzeugen, wie man die damaligen staatskirchlichen Verhältnisse als unveränderlich voraussetzt.

Im Übrigen aber lässt sich die Argumentation angesichts der damaligen Zeitverhältnisse nicht einfach von der Hand weisen. Zwar erscheint sie im Rückblick noch sehr stark der Vorstellung von einer christlichen Welt verhaftet, die der Wirklichkeit immer weniger entsprach. Doch angesichts der politischen Alternative, die Kirche vollständig der staatlichen Verwaltung zu unterstellen, war Söderbloms Position wohl dennoch die klügste. Natürlich kann man sich gerade auf Grund seiner Auffassung, dass die institutionelle Kirche als weltliche Größe etwas Vorläufiges sei (s. o., 180), eine Anwendung der Zwei-Reiche-Lehre vorstellen, welche die »äußeren« Angelegenheiten der Kirche eben nicht dem Staat überlässt, sondern der vernünftigen Gestaltung innerhalb ihrer selbst überantwortet, wozu sie gerade dank ihrer lutherischen Tradition auch in der Lage sein müsste. Wir werden gleich sehen, dass Söderblom sich dieser Möglichkeit nicht völlig verschlossen hat.

Die jungen radikalen Sozialdemokraten um Arthur Engberg, die Grund hatten, eine Annäherung des gemäßigten Flügels ihrer Partei an die Kirche zu befürchten, reagierten hysterisch. Söderblom ließ sich davon nicht beirren, zumal sich ihm im weiteren Verlauf der Auseinandersetzungen bald die Möglichkeit bot, seine Position abzufedern und seine Stellung zur Sozialdemokratie im Zusammenhang differenziert darzustellen. Am 8. Dezember 1918 hatte nämlich der Reichstag die große Wahlrechtsreform beschlossen, die das allgemeine und gleiche Wahlrecht für alle Bürgerinnen und Bürger einführte. Söderblom sandte daraufhin am folgenden Tag ein Glückwunschschreiben an den sozialdemokratischen Kirchenminister Verner Rydén.[602] Damit konnte er deutlich machen, dass er nach wie vor in Fragen demokratischer und sozialer Reformen stark mit den Sozialdemokraten sympathisierte, obwohl er der marxistischen Ideologie kritisch gegenüberstand.

Aber schon am gleichen 8. Dezember, also bewusst unabhängig vom Ausgang der Reichstagsdebatte, hielt Söderblom in der Engelbrektskirche in Stockholm vor dicht gedrängtem Publikum einen Grundsatzvortrag über »Die Kirche und das Religionsproblem in unserem Lande«, in dem das Verhältnis zur Sozialdemokratie eine zentrale Rolle spielte. Er hatte diesen Vortrag ursprünglich als Hirtenbrief zu Neujahr 1919 veröffentlichen wollen, wozu es allerdings nicht gekommen ist.[603]

Im ersten Teil streift Söderblom kurz die Staatskirchenfrage und lässt erkennen, dass es ihm nicht primär um die Erhaltung des institutionellen Status quo gehe; die Umwandlung zu einer Freikirche sei für ihn darum nicht gänzlich unvorstellbar. Man darf ihm also nicht die rigide Staatskirchenlehre Boströms unterstellen. Entscheidend sei nicht die Art der Verfassung, sondern die Verkündigung des Evangeliums, die der Staatskirche und den Freikirchen gleichermaßen aufgetragen sei (12 c-f). Damit sind beide aufgefordert, angesichts der zunehmenden Christentumsfeindschaft zusammenzustehen (54). Dazu passt die Kritik an einer verbreiteten Form der Verkündigung, die sich aalglatt an der Wirklichkeit vorbeiwindet, statt mutig auf die Herausforderungen der Zeit einzugehen (20–23).

Sodann fordert Söderblom eine völlige Abkehr von der »veralteten patriarchalischen Auffassung« der sozialen und ökonomischen Verhältnisse, die noch immer in weiten Kreisen herrschend war (25–27). Die durch Vorurteile von beiden Seiten errichtete Mauer zwischen Kirche und Arbeiterschaft müsse abgetragen werden (27–32). Sehe man von der marxistischen Ideologie ab, der ein Teil der sozialdemokratischen Partei sich verpflichtet fühlt, so müsse man erkennen, dass das ihr vorschwebende Ideal sozialer

---

602 S. RUNESTAM, a.a.O. (wie Anm. 599), 51.
603 N. SÖDERBLOM, *Herdabrev* ... 1919 (wie Anm. 583). Die Überarbeitung des Vortrags ist offenbar nicht bis zu einer druckfertigen Fassung gediehen. Die folgenden Seitenzahlen nach diesem Text.

Gerechtigkeit »eine Verwirklichung christlicher Grundsätze« sei (29). Die Kirche solle also weniger auf Konfrontation als auf ihre Rolle als Sauerteig, als Licht und Salz der Erde bedacht sein und deshalb – bei strikter parteipolitischer Neutralität – vor allem auf Versöhnung der sozialen Klassen und die Schaffung gesellschaftlicher Gestaltungsmöglichkeiten für alle Bürger hinwirken (33. 49). Das setze individuelle Selbstkritik hinsichtlich der Einstellung zu Besitz und sozialer Position, kritische Reflexion des – damals bei Sozialdemokraten verbreiteten – naiven Glaubens an die Allmacht des Wissens und vor allem eine religiöse Erneuerung als letztes Fundament auch der sozialen Wirksamkeit voraus. Für das alles sei die Bemühung um wissenschaftliche Klarheit schon im Religionsunterricht an den Schulen vonnöten (44–46).

Die so skizzierte umfassende gesellschaftliche Reform müsse nicht unbedingt von einer großen Persönlichkeit ausgehen; auch die Reformation sei ja nicht allein Luthers Werk gewesen (40–43.48.52–54) – eine interessante Relativierung der Persönlichkeitsphilosophie, die nicht dazu dient, eventuelle klassenkämpferische Gegenargumente im Voraus zu entschärfen, sondern sich auf eine bereits in Gang befindliche allgemeine Veränderung auf vielen Gebieten – z. B. in Literatur und Kunst – bezieht. Söderblom hegt also die reale Hoffnung auf einen umfassenden Neuanfang vor dem Hintergrund der durch den Krieg hervorgerufenen allgemeinen Krise.

In der Folgezeit sah sich Söderblom nicht nur mit den zu erwartenden Vorwürfen von Leuten wie Engberg konfrontiert, die Arbeiterklasse kirchlich domestizieren zu wollen, sondern auch mit Kritikern aus dem freikirchlichen Lager, die seine ökumenischen Bestrebungen als Ausdruck eines kirchlichen Imperialismus deuteten. Diese zweite Front muss Söderblom angesichts der Herausforderung von »Links« und natürlich im Blick auf seine weiterreichenden Bemühungen um eine internationale Zusammenarbeit der Kirchen erheblich irritiert haben, denn er wendet sich mit einer gewissen Schärfe gegen Neigungen zu einer geistlichen Arroganz in diesen Kreisen gegenüber der von ihnen als zu liberal verurteilten lutherischen Kirche. Kurz und bündig stellt er fest: »… ein dogmenfreies Christentum ist ein Christentum ohne Rückgrat«, aber »eine an Dogmen oder an Buchstaben gebundene Religion ist kein Christentum, jedenfalls kein evangelisches Christentum.«[604]

---

604 N. SÖDERBLOM, *Några ord i anledning av kyrkostriden*, undatiertes Typoskript, NSS C MS dec. 1919, von S. Runestam auf einem beiliegenden Blatt überzeugend auf die Zeit um Weihnachten 1919 datiert. Vermutlich handelt es sich um einen Vortrag; ob er gehalten wurde, ist mir jedoch nicht bekannt. Veröffentlicht wurde der Text nie (Zitat: S. 18).

Doch die eigentliche Auseinandersetzung stand noch bevor. Im Februar 1920 beschloss der Parteitag der Sozialdemokraten die Abschaffung der Staatskirche. Zwar gab es in der Kommission auch Vorbehalte, die man als Abflauen der rabiaten Christentumskritik deuten konnte. Aber als dann kurz darauf die erste sozialdemokratische Regierung unter dem gemäßigten Hjalmar Branting gebildet worden war, stellte Arthur Engberg im Reichstag den Antrag, das Vetorecht der Synode gegen Änderungen von Kirchengesetzen zu liquidieren. Der Antrag kam zwar nicht durch, aber er war ein Alarmzeichen.

Söderblom berief nun für den März die 10. allgemeine Synode nach Stockholm ein. Er stellte sie unter das Thema »Gespräch über die Kirche« und hielt selbst den Hauptvortrag über »Die Freiheitsforderung der Kirche«.[605] Darin bezog er so polemisch wie selten Stellung gegen den radikalen Flügel der Sozialdemokraten. Dessen Votum, die Kirche ihres Vetorechts zu berauben, mache aus ihr in viel radikalerem Sinn eine Staatskirche, als Boström sie propagiert hatte – nur freilich nicht in seinem Sinne, nämlich um die Kirche als Seele des Staates zu etablieren, sondern im Gegenteil um die Religion langsam aber sicher zu ersticken (58. 61). Dieses Ansinnen sei »unsittlich, unschwedisch, unmodern« (64). Zusammen mit der damit einhergehenden Forderung, das kirchliche Eigentum zu verstaatlichen, laufe das geradezu auf Raubmord hinaus – ein Vorgang, für den es außer der Sowjetunion kein Beispiel gebe. Das sichert Schweden eine gewisse Originalität, fügt er sarkastisch hinzu (72 f). Sollte sich so etwas eines Tages durchsetzen, dann bliebe der Kirche in der Tat nichts anderes übrig als eine Trennung vom Staat (65). Um zu zeigen, dass er damit keine Privilegierung erreichen will, wiederholt Söderblom seinen Vorschlag, die Freikirchen in gleicher Weise am Steueraufkommen zu beteiligen – vorausgesetzt dass sie ihren Amtsträgern die gleiche gründliche wissenschaftliche Ausbildung angedeihen lassen wie die Staatskirche (67 f). Als Gegenmittel gegen jene Attacken komme eine christliche Partei als Vermischung von Religion und Politik nicht in Frage. Vielmehr solle man sich auf die gläubigen Christen in allen Parteien verlassen und das ganze Volk entscheiden lassen. Dieses werde von den Religionsfeinden ebenso wenig repräsentiert wie von »anderen Obskurantisten« (75).

Auf der anderen Seite vergisst Söderblom nicht die Selbstkritik der Kirche. Zum einen sei die allgemeine Synode zu wenig bekannt; sie sollte direkt gewählt werden und häufiger und öffentlichkeitsorientierter tagen (65–67). Zum anderen komme die Gefahr für die Kirche nicht von außen

---

605 N. SÖDERBLOM, *Kyrkans frihetskrav*, in: Samtal om kyrkan. Föredrag vid tionde allmänna kyrkliga mötet i Stockholm 1920, Stockholm 1920, 58–79. Danach die folgenden Seitenzahlen.

(sie habe schon Schlimmeres überstanden), sondern von innen durch schleichende Verweltlichung (73. 78). Der Vortrag schließt mit der Aufforderung, der Herrschaft Gottes zu vertrauen, dessen Wirkung als Senfkorn bzw. Sauerteig nicht ausbleibe (79).

Das war eine starke Rede, die an Klarheit nichts zu wünschen übrig ließ. Sie hat denn auch auf beiden Seiten ihren Eindruck nicht verfehlt. Das war die eine Seite dieser Synode. Daneben hat nun aber Söderblom zwei sozialdemokratische Reichstagsabgeordnete vom gemäßigten Flügel dafür gewonnen, auf der Synode zu reden, P. H. Sjöblom und vor allem den mit ihm selbst befreundeten, populären Fabian Månsson (1872–1938), einen früheren Arbeiter, der sich als Autodidakt zu einem bekannten Journalisten und Buchautor emporgearbeitet hatte. Er war freikirchlich geprägt und verstand die Freikirchen vor allem als eine soziale Bewegung. Politisch stand er weit links.[606] Zusätzlich war der neue Ministerpräsident Hjalmar Branting als Zuhörer eingeladen und sehr herzlich begrüßt worden. Dieser geschickte Schachzug schuf Vertrauen und trug in den folgenden Jahren wesentlich dazu bei, die öffentliche Debatte zu entschärfen und den Kurs der Sozialdemokratie zu verändern. Staffan Runestam beurteilt diese Synode daher als Söderbloms größten kirchenpolitischen Erfolg, was selbst dann berechtigt ist, wenn man meint, unter anderen Umständen wäre eine Trennung vom Staat schon damals ratsam gewesen.[607]

Söderbloms wissenschaftliche Leistungen waren bereits früher durch vier von insgesamt 14 Ehrendoktoraten gewürdigt worden. So war nun sein Ansehen auch als Persönlichkeit des öffentlichen Lebens endgültig etabliert. Ein Zeichen dafür war, dass er 1921 als »einer der Achtzehn« in die Schwedische Akademie aufgenommen wurde – mehr Mitglieder darf sie nicht haben. Eingeführt wurde er von Bischof Gottfrid Billing, der nun schon zum dritten Mal in solcher Funktion agierte. Söderblom kommentierte das scherzhaft: Jetzt »gibt es wohl kaum noch irgendwelche weiteren Mysterien, in die er mich einweihen kann. Sonderbar, dass ihm das Los zufallen sollte, so viel mit diesem Unruhestifter zu tun zu haben.«[608]

---

606 Vgl. sein Buch *Rättfärdiggörelsen genom tron*, Stockholm 1916, sowie den von aufrichtiger Verehrung zeugenden Nachruf auf Söderblom in dem o. g. (Anm. 530) Gedenkheft [18–20].

607 Vgl. S. RUNESTAM, N. *Söderblom och böndagsplakaten* ... (wie Anm. 599), 55 f. Vgl. auch M. BJÖRKQUIST, *Svenska kyrkans primas*, a.a.O. (wie Anm. 530), 213.

608 E. LIEDGREN, *En kristen människas frihet* ..., a.a.O. (wie Anm. 284), 388 f.

6.

Kämpfer für Versöhnung

a Die Einheit der Kirche und die Völkerwelt

Wenn wir jetzt die Grenzen der schwedischen Kirche überschreiten, um uns der weltweiten kirchlichen Wirksamkeit Söderbloms zuzuwenden, so ist es erforderlich, zuerst einen Blick auf die theologischen Grundlagen seiner Arbeit zu werfen. Zwar hat schon Tor Andrae gegen ein solches Vorgehen den Einwand erhoben, Söderblom habe bei seinem Nachdenken über die Kirche niemals mit einem vorgefassten theoretischen Konzept eingesetzt, sondern stets »mit der alten Steinkirche zwischen Ulmen und Eschen«, und er sei auch unwandelbar in dieser Lebenswirklichkeit verwurzelt geblieben.[609] Doch bei näherem Hinsehen erweist sich diese Alternative als schief. Denn Söderbloms Ekklesiologie hat immer beides im Auge, die theologische Bestimmung des Wesens der Kirche und deren konkretes, wirkliches Leben in seiner Auswirkung auf die Welt. Pointiert bringt er das in dem Titel des Buches zum Ausdruck, in dem er die Grundgedanken seiner Ekklesiologie in knapper Form formuliert hat: *Svenska kyrkans kropp och själ*, Leib und Seele der schwedischen Kirche.

Die beiden wichtigsten Aufsätze darin, die bereits in anderem Zusammenhang erwähnt wurden, hat Söderblom 1915 zunächst auf Englisch und dann innerhalb des Buches 1916 auf Schwedisch veröffentlicht. Sie waren zwar zunächst an die Adresse der anglikanischen Kirche gerichtet, um ihr die schwedische Kirche vorzustellen (s. o., 186); das ist der konkrete Ausgangspunkt. Doch blickte Söderblom schon damals – der Text wurde im April 1914 fertig, als schon seine Kandidatur für das Amt des Erzbischofs feststand – über diesen Rahmen hinaus und legte so den Grund zu seiner ökumenischen Theorie von der Kirche.

Ein Indiz dafür ist, dass Söderblom hier nicht wie in der innerschwedischen Diskussion Einar Billing und andere Vertreter der Jungkirchenbewegung gegen Boströms Lehre von der Staatskirche den Begriff der Volkskirche ins Spiel bringt.[610] Dieser *Begriff* spielt bei ihm keine heraus-

---

609 T. ANDRAE, *Gärning och personlighet*, in: Gedenkheft (wie Anm. 530), [17].
610 Vgl. EINAR BILLING, *Herdabref till prästerskapet i Västerås stift*, Stockholm 1920, 55–85, bes. 57; ders., *Den svenska folkkyrkan*, Stockholm 1930. Gelegent-

ragende Rolle (so sehr er natürlich der *Sache* nach die Kirche fest im Volk verankern wollte). Schon in der Schrift *Sveriges kyrka* von 1908 hatte er ihn kritisch behandelt (s. o., 179 f). Die darin enthaltene Kritik an nationalistischen Neigungen der Jungkirchenbewegung impliziert, dass er auf keinen Fall mit einem von deren theologischen Ahnen, dem großen schwedischen Kirchenhistoriker der Romantik Henrik Reuterdahl, den »Leib« der Kirche in der Nation sehen kann (das war der historische Hintergrund des Slogans »Schwedens Volk ein Gottesvolk«).[611] Vielmehr stellt er jetzt, angesichts der im Vorfeld des Weltkrieges immer mehr hochkochenden europäischen Nationalismen, die Gegenthese auf: Der Leib des in der Gemeinschaft der Gläubigen wirksamen innerlichen Gottesverhältnisses (3) ist nichts anderes als die in sich differenzierte Institution der Weltkirche, die mit keiner Nation identifiziert werden kann (45). Dass als »Seele« der Geist genannt wird, entspricht in der Sache dem neutestamentlichen Ausdruck »Leib Christi«; diesen verwendet Söderblom vermutlich nur deshalb kaum, weil er dabei dessen katholische Deutung im Sinne eines Christus prolongatus vor Augen hat, bei der die Gefahr einer Identifikation der Gemeinschaft der Gläubigen mit einer irdischen Größe genauso droht wie beim Nationalkirchentum.

Nun hatten wir oben bereits darauf hingewiesen, dass Söderblom in diesen Aufsätzen die Vermittlungsfunktion der schwedischen Kirche zwischen Anglikanern und Lutheranern mit dem begrenzten Ziel eines neuen corpus evangelicorum empfiehlt. Das bedeutet, dass weder die orthodoxe noch die

lich benutzt freilich auch SÖDERBLOM diesen Begriff, z. B. *Christian Fellowship or the United Life and Work of Christendom* (The Christian Unity Handbook Series) New York/Chicago 1923, 96–105, wo er allerdings mit *national church* wiedergegeben ist), zur Abgrenzung auch von einer Vereinskirche bzw. Freikirche. (Die Übersetzung von P. Katz: *Einigung der Christenheit. Tatgemeinschaft der Kirchen aus dem Geist der werktätigen Liebe*, Halle 1925 [hier: 91–95] ist leider nicht sehr zuverlässig.) Aber er betont sogleich wieder, jede Volkskirche sei lediglich eine Provinz in der Gesamtkirche (ebd., 104, dt. 99). Im Übrigen könne die Volkskirche viel von den Freikirchen lernen, was den aktiven Einsatz angeht: ders., *Kristi församlings väg i denna tid. Ny gammal förkunnelse*, in: Religionen och tiden, av E. LIEDGREN et al., Stockholm 1919 (67–93), 70.

611 H. REUTERDAHL, *Swenska kyrkans historia* I, Lund 1838, If und 83. Vgl. zu ihm LARS ÖSTERLIN, *Nationalism och nationalkyrklighet i svensk tradition*, in: Kyrka och nationalism i Norden. Nationalism och skandinavism i de nordiska folkkyrkorna under 1800-talet, hg. v. I. Brohed (BHEL 39), Lund 1998 (313–326), 315 f. Reuterdahls Kirchengeschichte war Söderblom mit Sicherheit seit seiner Studienzeit als Kurslektüre bekannt. – Die Metapher Seele/Leib wird von Söderblom meistens so wie oben angegeben gebraucht, später auch für das Verhältnis von christlicher Religion und Völkerbund (dazu s. u., 322), aber kaum wie im französischen Symbolofideismus (s. o., 119) mit der eher intellektuellen Beziehung auf das Dogma, wie man oft liest. – Die nächsten Seitenzahlen nach N. SÖDERBLOM, *Svenska kyrkans kropp och själ*, Stockholm 1916.

römische Kirche ausdrücklich einbezogen werden. Dass der Horizont dennoch weiter gespannt ist, wird schon im ersten Vortrag erkennbar. Dort stellt Söderblom drei Frömmigkeitstypen einander gegenüber, die aus der mittelalterlichen Welt hervorgegangen seien: erstens ein bildungsaristokratischer, zu dem er neben den Anglikanern auch Erasmus und Melanchthon, die Reformpäpste des 16. Jahrhunderts und den katholischen Modernismus rechnet, zweitens die streng gesetzliche und asketische »Übungsmystik« des Ignatius von Loyola, die von unbedingtem Gehorsam gegenüber dem Papsttum bestimmt ist, und schließlich drittens die Gewissensfrömmigkeit, die er bei der heiligen Birgitta beginnen sieht, die aber vor allem in Luthers Konzentration auf die Vergebung der Sünde und die treue Ausübung des weltlichen Berufs zum Ausdruck kommt (26–39). Trotz des archetypischen Gegensatzes zwischen Luther und Ignatius hebt Söderblom als besonderes Verdienst des schwedischen Reformators Olaus Petri hervor, dass er auch um Gerechtigkeit gegenüber den Katholiken bemüht gewesen sei, und Gustaf II. Adolf habe auch den römischen Gottesdienst geschützt (34. 54). Eine wache Gelassenheit (en vaken trygghet) könne eben andere Formen des Christentums ruhiger und allseitiger beurteilen (58).

Damit ist prinzipiell der Ausblick auf eine die gesamte Christenheit umfassende Einigungsbewegung eröffnet, auch wenn die entsprechenden Konkretionen (sicher auch wegen des begrenzten Anlasses) noch ausbleiben.[612] Gerade durch die lutherische Reformation sieht Söderblom die Möglichkeit einer Wiederbelebung des genuinen christlichen Universalismus gegeben, da Luther ja keine neue Kirche gründen, sondern die bestehende reformieren wollte. Deshalb bezeichne er die Kirche im Kleinen Katechismus als die »ganze Christenheit auf Erden«. Damit habe er nicht einen mit dem päpstlichen konkurrierenden eigenen Universalitätsanspruch erhoben, sondern die Universalität der göttlichen Gnade zum Ausdruck gebracht (36). Der faktisch mit der Reformation entstandene konfessionelle Pluralismus – die Trennung der Ostkirche von Rom 1054 bleibt unerwähnt – muss einen grundsätzlichen Umbau im Kirchenverständnis zur Folge haben:

> »Seit der stolze, aber für die Reinheit der Religion nicht ungefährliche Gedanke einer einzigen, weltbeherrschenden Kirchenorganisation für immer untergegangen ist, wird der Universalismus des Christentums dadurch verwirklicht, dass die verschiedenen Gemeinschaften sich als Mitarbeiter in Verständigung (samförstånd) oder Wettstreit (tävlan) auffassen« (58).

---

612 Diese weite Perspektive nimmt schon einige Jahre früher (1911) der Aufsatz Kyrkan i nutiden ein, a.a.O. (wie Anm. 362), 74–102.

Wenn Söderblom das Luthertum für die Durchsetzung eines solchen Kirchenverständnisses für besonders geeignet hält, setzt er voraus, dass es über Luthers einseitig individualistische Deutung der Erlösung hinausgewachsen sei und sich auf die neuzeitliche Aufgabe der aktiven Weltgestaltung eingestellt habe. Nun müsse aber noch das lutherische Verständnis des Berufs über das einer individuellen Lebensgestaltung hinaus weiterentwickelt werden zu dem eines organischen Beitrags zur Gestaltung der modernen Industriegesellschaft. Auch hier sei eine Fortsetzung der Offenbarung am Werk (38). Trotzdem bleibt Söderblom mit Luther und Schleiermacher bei dem Primat des persönlichen Glaubens vor der Institution: Die Bildung der Gemeinschaft der Glaubenden geschehe erst sozusagen im zweiten Schritt durch den Geist, und die so miteinander Verbundenen schaffen sich dann institutionelle Formen. Die Umkehrung dieses Verhältnisses sei geradezu antichristlich (74). Damit hat Söderblom den Gegensatz zum römischen Modell (s. o., 201) auf die Spitze getrieben. Zugleich steht er damit in der innerschwedischen ekklesiologischen Diskussion klar auf der Uppsalienser Seite einer »low church«, im Unterschied zu der Lundenser Hochkirchlichkeit.[613]

Die entscheidenden Begriffe für eine ökumenische Beziehung der Konfessionen im Sinne Söderbloms sind *tävlan* (Wettstreit) und *samförstånd* (Verständigung) bzw. *samarbete* (Zusammenarbeit). Wie verhalten sie sich zueinander? Um diese Frage zu beantworten, muss man sich erinnern, dass *tävlan* die ganze Bandbreite vom sportlichen Wettkampf über die geistige Auseinandersetzung bis zum kriegerischen Vernichtungskampf umfasst.[614] Söderblom hatte den Begriff im Anschluss an den englischen Sozialphilosophen Benjamin Kidd zunächst für gesellschaftliche Auseinandersetzungen eingeführt (s. o., 109 f), ihn dann im Zusammenhang mit Überlegungen über die christliche Mission auf das Verhältnis der Religionen bezogen (s. o., 156.162); jetzt wird er auch für das Verhältnis der Konfessionen zueinander gebraucht. In allen Fällen tritt im Laufe der Zeit die Zusammenarbeit als polares Gegengewicht hinzu (politisch: s. o., 272 f; für die Religionen: s. o., 226; für die Konfessionen s. das eben angeführte Zitat). Das kann nur so verstanden werden, dass die beiden Begriffe sich gegenseitig interpretieren: Der Wettstreit soll in Richtung auf eine Zusammenarbeit friedlichen Charakter annehmen, aber auch umgekehrt soll die Zusammenarbeit nicht die unterschiedlichen individuellen oder kollektiven

---

613 Vgl. dazu GUSTAF AULÉN, *Till Belysning* ... (wie Anm. 77), 153–219. 227 f; ders., *Hundra års* ... (wie Anm. 77), 13–55. S. auch oben, 47.

614 Zum Sport vgl. N. SÖDERBLOM, *Idrottens dygder och faror* (1929), in: ders., *Tal och skrifter 3*, Stockholm 1933, 286–295; zur geistigen Auseinandersetzung *Vaksamhet* (1924), ebd. (205–210), 207; zum Krieg s. o., 110.

Eigenheiten und Traditionen nivellieren, sondern die Grundlage für die Anerkennung und Achtung des anderen als eines anderen und damit für einen gesunden Wettbewerb schaffen. Ökumene ist demnach für Söderblom nicht nur der Gegensatz zu Proselytenmacherei, Ketzergerichten oder gar Religionskriegen, sondern auch zu faulen Kompromissen und einem uniformen Allerweltschristentum, ganz zu schweigen von einer erzwungenen Einheit in Lehre und Kirchenverfassung.

Diese Sicht der Dinge stellt den Kern von Söderbloms sozialer, religionstheoretischer und ökumenischer Auffassung dar. Sie darf als seine originelle Leistung verstanden werden. Dagegen könnte man einwenden, dass es für die Bestimmung des Verhältnisses der Konfessionen eine Berührung mit Gedanken Adolf von Harnacks gibt. Dieser hat in seiner Rede zum Geburtstag Kaiser Wilhelms II. 1907 über *Protestantismus und Katholizismus in Deutschland* das Bild von einem Garten entworfen, in dem einerseits das Schloss der römischen Kirche, andererseits die leicht gebauten Häuser der protestantischen Denominationen stehen. Tagsüber sind alle gemeinsam für die Instandhaltung des Gartens verantwortlich, aber nach Feierabend bewohnen sie jeweils die eigene Behausung. Die Zusammenarbeit verlangt ernsthafte Gespräche über die unterschiedlichen Auffassungen vom Christentum, um ehrlich zu vertretende Gemeinsamkeiten für den Kampf gegen den Säkularismus zu eruieren, nicht aber irgendeine Art von Einigungszwang.[615] Söderblom hat den Aufsatz gekannt und geschätzt – aber wohl kaum der Entfaltung seiner Sicht der Ökumene zugrunde gelegt. Weder findet sich bei ihm für die qualitative Unterscheidung der Wohnungen eine Entsprechung, noch umgekehrt bei Harnack eine Parallele zu dem für Söderblom entscheidenden Gedanken des Wettbewerbs. Der wichtigste Punkt aber ist, dass die durch die Begriffe Wettstreit und Zusammenarbeit bestimmte Grundanschauung Söderbloms älter ist als die genannte Rede Harnacks: Sie wurde – zumindest implizit – ja schon 1897 auf die sozialen Verhältnisse im Allgemeinen und explizit zum ersten Mal 1906 im Zusammenhang einer Abhandlung über die Mission auf das Verhältnis der Religionen zueinander bezogen.[616]

Die geschilderte Grundanschauung wird zwar in dem Buch *Svenska kyrkans kropp och själ* nur ganz kurz am Schluss erwähnt und ist dort auch nicht sehr konkret. Das muss jedoch angesichts der Absicht die-

---

615 Vgl. ADOLF HARNACK, *Protestantismus und Katholizismus in Deutschland*, in: ders., Aus Wissenschaft und Leben 1 = Reden und Aufsätze N.F. 1, Gießen 1911, 225–250.

616 Vgl. N. SÖDERBLOM, *Brev* … (wie Anm. 1), Nr. 252 an A. v. Harnack vom 20.7.1925. Dass Harnacks Aufsatz »one of the main inspirations« für Söderbloms Auffassung von der Ökumene gewesen sei, wie ich in Anm. 2 zu diesem Brief behauptet hatte, kann ich nicht mehr aufrechterhalten.

ses Buches, den Anglikanern die schwedische Kirche vorzustellen, nicht wundernehmen. Auf Grund der hier dargestellten Genesis jener Sicht sind wir trotzdem in der Lage, schon an dieser Stelle einige Schlüsse zu ziehen, die für alles Weitere von Bedeutung sind. 1. Wettstreit und Zusammenarbeit sind von vornherein als soziale Kategorien verstanden. Das gilt auch für ihre Anwendung auf Religionen und Konfessionen. So sehr nach Söderbloms Verständnis alle Religion primär aus individueller Erfahrung entsteht, so selbstverständlich ist es ihm immer gewesen, dass sie stets ein Gemeinschaftsleben aus sich heraussetzt, für das sie auch Institutionen ausbilden muss. 2. Wettstreit und Zusammenarbeit in ihrer wechselseitigen Interpretation bilden die Grundregeln des gemeinsamen Lebens in einer – trotz noch bestehender Dominanz des Christentums – grundsätzlich bereits als pluralistisch verstandenen Gesellschaft, und zwar ausdrücklich für das Verhalten nicht nur der Individuen, sondern auch der Gemeinschaften zueinander. 3. Der Entwicklungsgang der Theoriebildung Söderbloms von der Sozialphilosophie über die Religionstheorie bis zur Ekklesiologie zeigt, dass er ihre Elemente für allgemein einsehbar und darum auch für allgemein verbindlich angesehen hat. Dazu steht für ihn nicht im Widerspruch, dass diese gedankliche Entwicklung material die Sauerteigwirkung der Botschaft Jesu von der Feindesliebe zum Ausdruck bringt, insofern diese den Menschen an seine Bestimmung als Geschöpf Gottes erinnert. 4. Die bisherige literarische und praktische Wirksamkeit Söderbloms zeigt deutlich, was er sich konkret unter Wettstreit und Zusammenarbeit vorgestellt hat: Unterstützung der Benachteiligten in einer Gesellschaft und ihre Befähigung zur sozialen und religiösen Selbstbestimmung, sei das nun die Arbeiterklasse in der Industriegesellschaft oder die von der christlichen Mission angesprochenen Völker anderer Kontinente. Vor allem aber gehört in diesen Zusammenhang der unermüdliche Einsatz Söderbloms für den Weltfrieden, der ja gleich nach Beginn des großen Krieges mit seinem Friedensappell seinen Anfang nahm. Damit weitet sich automatisch die Perspektive auf die ganze Welt, zumindest auf die Völker Europas und Amerikas. Von jetzt an geht das Bemühen um die politische Versöhnung (nominell) christlicher Völker Hand in Hand mit dem Versuch, die Kirchen dieser Länder an einen Tisch zu bringen: Diese sollen in den politischen Auseinandersetzungen durch ihre Verkündigung die Sauerteigwirkung des Evangeliums umsetzen, das ist die leitende Vorstellung dabei. Das geht freilich über den Gesichtskreis der Abhandlung über die schwedische Kirche hinaus, deren Text ja bereits einige Monate vor Kriegsbeginn abgeschlossen war.

Die dargestellte Grundstruktur von Söderbloms Denken wird durch einen weiteren zentralen Begriff mit ekklesiologischem Inhalt gefüllt, der in zwei anderen Aufsätzen der hier besprochenen Schrift auftaucht: evangelische Katholizität.[617] Geht es an dieser Stelle noch lediglich um einen die Unterschiede zwischen der schwedischen lutherischen und der anglikanischen Kirche überbrückenden (nicht nivellierenden!) Universalitätsanspruch des evangelischen Prinzips, so hat Söderblom diesen Gedanken in der Folgezeit weiterentwickelt zu der für ihn charakteristischen Theorie von den drei Grundformen der Katholizität, der orthodoxen, der römischen und der evangelischen Katholizität.

Diese Begrifflichkeit bedarf der Erklärung. Katholizität ist ja in Bezug sowohl auf die orthodoxe als auch auf die römische Kirche geläufig, nicht aber für die evangelische Kirche. Söderblom knüpft damit an eine Schrift Johann Gerhards an, in der dieser freilich anders als er selbst die evangelische dogmatische *Lehre* als die allein »katholische« erweisen will und dabei auch nicht genau den Terminus »evangelische Katholizität« benutzt.[618] Diesen hat (jedenfalls in dem hier gemeinten Sinn) erst Söderblom in die Diskussion eingeführt[619], sich aber damit nicht durchsetzen können, vermutlich deshalb nicht, weil er als missverständlich empfunden wurde. Ein prominentes Beispiel für ein solches Missverständnis bietet die früher (s. o., 288) zitierte Stelle aus einem Brief Friedrich Heilers, an der dieser die schwedische Kirche als Verkörperung seines eigenen Ideals einer evangelischen Katholizität bezeichnet. Sieht man diese Stelle im Licht von Heilers übrigen Briefen und von seinen hochkirchlichen Aktivitäten, so ist evident, dass er dabei an eine Synthese von evangelischer Freiheit und katholischer Amtsautorität und Sakramentsfrömmigkeit gedacht hat, die seine innere

---

617 Vgl. N. Söderblom, *Tal i Gustaf Adolfskapellet vid Lützen den sjätte november 1912*, in: ders., Svenska kyrkans kropp och själ, Stockholm 1916 (111–113), 112; *Canterbury och Uppsala*, ebd. (114–143), 142 (1914). N. Karlström hat als erstes Vorkommen des Begriffs den Gedenkartikel Söderbloms für Bischof Wordsworth notiert: *Biskop John Wordsworth af Salisbury*, in: Stockholms Dagblad vom 21.8.1911; vgl. Nils Karlström, *Kristna samförståndssträvanden …* (wie Anm. 2), 241. Nicht der Begriff, wohl aber die Sache findet sich im gleichen Jahr in dem Aufsatz *Kyrkan i nutiden* (wie Anm. 362), bes. 74–102.

618 Vgl. Johann Gerhard, *Confessio catholica, in qua doctrina catholica et evangelica, quam Ecclesiae Augustanae Confessioni addictae profitentur, ex Romano-catholicorum scriptorum suffragiis confirmatur*, Jena 1634–1637.

619 Sven-Erik Brodd hat untersucht, ob sich Spuren der (wenig bekannten) Debatten des 19. Jh. über diesen Begriff bei Söderblom finden lassen – mit negativem Ergebnis; S.-E. Brodd, *Evangelisk katolicitet. Ett studium av innehåll och funktion under 1800-och 1900-talen* (BTP 39), Lund 1982. (Vgl. auch N. Karlström, *Kristna samförståndssträvanden …* [wie Anm. 2], 239, Anm. 3). Damals dachte man entweder an die ev. Kirche als wahre kirchliche Institution oder an eine Wiedervereinigung mit Rom. Trotzdem hat Brodd später behauptet, Söderblom habe an jene Debatte angeknüpft: *N. Söderblom – religionshistoriker, ärkebiskop och internationell ekumenisk kyrkoledare*, in: Ingemar Brohed, Sveriges kyrkohistoria Bd. 8, Stockholm 2005 (374–380), 377. Doch gibt er dafür keinerlei neue Belege an.

Zerrissenheit zwischen katholischer Herkunft und durch die Konversion erfolgter Zugehörigkeit zur evangelischen Kirche heilen könnte. Söderblom hat diese Differenz natürlich bemerkt und Heiler gegenüber auch benannt, freilich zurückhaltend im Ausdruck.[620] Um der Klarheit willen sei hier schärfer formuliert: Heiler hat die Verwendung des Begriffs durch seinen Mentor ganz falsch verstanden und durch seine zahlreichen Veröffentlichungen nicht wenig zur Verbreitung eines verkehrten Bildes von Söderbloms Ekklesiologie und seinem Verhältnis zum Katholizismus beigetragen.[621]

In einer grundsätzlichen Schrift von 1919 hat Söderblom den Begriff der evangelischen Katholizität näher bestimmt und mit dessen Hilfe sein bisher nur angedeutetes ökumenisches Programm genauer entfaltet.[622] Alle drei großen Konfessionen beanspruchen Katholizität, d.h. universale Relevanz ihrer jeweiligen Sicht des Christentums, müssen aber in dieser Konkurrenzsituation auf jeden Alleinvertretungsanspruch verzichten. Keine Konfession kann für sich das Recht eines solchen Anspruchs nachweisen. Daraus folgt jedoch nicht eine unterschiedslose Uniformität: »Wir sollen in Erwartung eines engeren Zusammenschlusses jeder seine vertrauten Gewohnheiten in der Formulierung des Glaubens, in der Gottesdienstordnung und in der Verfassung beibehalten.« Ausdrücklich wird hinzugefügt, dass ein solcher Zusammenschluss nach evangelischem Verständnis keine einheitliche Lehre, Liturgie und Organisation erfordert (103). Das Ziel ist vielmehr, wie es in der englischsprachigen Programmschrift *Christian Fellowship* heißt, »unity in variety«, Einheit in Mannigfaltigkeit.[623] (Damit ist nicht die »versöhnte Verschiedenheit« der Gegenwart gemeint, denn diese lässt Formelkompromisse nach Art der *Gemeinsamen offiziellen Feststellung* des Lutherischen Weltbundes und der Katholischen Kirche von

---

620 Vgl. die Briefe an Heiler vom 4.8.1926 u. 14.1.1927, in: N. Söderblom, *Brev* ... (wie Anm. 1), Nr. 280. 290.

621 So mit Recht Peter Katz, *N. Söderblom. Ein Führer zu kirchlicher Einheit*, Halle (1925), 106–113. Leider gibt Katz für seine z.T. sehr langen Zitate oft nicht genau die Quellen an. Zu Heiler vgl. seine Aufsatzsammlung *Evangelische Katholizität*, München 1926, bes. 152.163.172–175, sowie den Aufsatz *Gelehrter, Bischof und Heiliger. Erzbischof Söderbloms Leben und Wirken*, in: HKi 13/1931 (302–314), 308–311 über Söderbloms angeblich große Nähe zum Katholizismus.

622 Vgl. hierzu und zum Folgenden N. Söderblom, *Evangelisk katolicitet*, in: E. Lehmann, N. Söderblom, K.B. Westman, Enig kristendom, in: Kyrkans enhet 7/1919, 65–126 (danach die folgenden Seitenzahlen); ders., *Die Aufgabe der Kirche: Internationale Freundschaft durch evangelische Katholizität*, in: Die Eiche 7/1919, 129–136, abgedr. in: F. Siegmund-Schultze (Hg.), N. Söderblom, Briefe... (wie Anm. 521), 34–42; N. Söderblom, *Evangelische Katholizität*, in: FS Deißmann, Tübingen 1927, 327–334.

623 N. Söderblom, *Christian Fellowship* (wie Anm. 610), 21, dt. 15.

1999 zu, die durch ihre Unklarheit an den entscheidenden Punkten die Unterschiede lediglich verdeckt.[624])

Dies ist nach Söderblom die genuin evangelische Auffassung von der Einheit der Kirche. Die von ihr beanspruchte Universalität, die »evangelische Katholizität«, hat ihren Ort allein in Christus und im Heiligen Geist (115 f) und wird primär vom einzelnen Christen geglaubt. Das evangelische Christentum gehört damit dem Typus der persönlichen Religion zu, im Unterschied zu dem institutionellen Typus (67), der vor allem von der römischen Kirche repräsentiert wird (86–102). Für diese ist die Einheit primär eine institutionelle, weshalb sie von den übrigen Kirchen die Rückkehr in den Schoß der allein seligmachenden katholischen Kirche fordern muss. Mit diesem Alleinvertretungsanspruch isoliert sie sich aber und erweist sich damit faktisch als Sekte (93). Auf Grund dieser Einstellung ist auch eine Teilnahme dieser Kirche an einer ökumenischen Konferenz nicht zu erwarten (92). Söderblom hat zwar trotzdem auf Grund der Friedensinitiativen Benedikts XV. (zuerst am 1.11.1914 in der Enzyklika *Ad beatissmi apostolorum*) auf eine mögliche Kooperation in der Arbeit für den Frieden gehofft.[625] Doch allzu groß war diese Hoffnung nicht, denn er kalkuliert den Fall einer Ablehnung Roms ein und zeigt sich entschlossen, dann eben mit den übrigen Kirchen zusammen voranzuschreiten (118). Freilich bleibt die langfristige Perspektive bestehen: Auch nachdem sich endgültig herausgestellt hatte, dass der Vatikan keine Delegierten nach Stockholm schicken würde, hält Söderblom es immerhin für möglich, dass er irgendwann doch noch bereit sein wird, sich der Einigungsbewegung anzuschließen.[626]

Nun ist sich Söderblom völlig darüber im Klaren, dass er mit seiner Theorie die spezifisch evangelische Katholizität zur Bedingung für eine kirchliche Einheit macht. Er hat das in der dritten seiner in diesem Zusammenhang besonders wichtigen Münchner Gastvorlesungen von 1923[627]

---

624 Text in epdD 24/1999, 49–51, dort bes. Nr. 2 A und C zu *simul iustus et peccator* und zu *sola fide*. Das obige Urteil habe ich ausführlich begründet in meiner *Glaubenslehre* Bd. 2, Tübingen 2001, 168–170.

625 Die Enzyklika steht AAS 6/1914, 587–660 (in 5 Sprachen). Zu Söderbloms Skepsis bezüglich Rom vgl. auch den Aufsatz *Die Aufgabe der Kirche ...* (wie Anm. 623), 42.

626 Vgl. N. SÖDERBLOM, *Christian Fellowship* (wie Anm. 610), 204. Die deutsche Übersetzung macht aus der Möglichkeit eine Gewissheit, indem sie in der Wendung »may ... be willing« das Wort »may« unterschlägt (*Einigung* [wie Anm. 610], 210).

627 N. SÖDERBLOM, *Religionsgeschichtliche Betrachtung der christlichen Frömmigkeitstypen*, 7.–9.5.1923, III, 33: Typoskript, UUB NSS 1923, 7–9 maj Religionsgeschichtliche, Folio. Diese Vorlesungen sind bisher kaum ausgewertet worden. Söderblom hatte geplant, sie zu veröffentlichen, ist aber zu der dafür beabsichtig-

unzweideutig ausgesprochen: »Nur die reine evangelische Lehre kann eine auch nach außen geeinte Kirche ermöglichen, welche die Einheit des Geistes und eine gemeinsame äußere Organisation und Leitung, aufgebaut auf freier Wahl des christlichen Volkes, besitzt, aber doch zugleich Raum für verschiedene Formen und Meinungen in dem lässt, was für die Erlösung und die Einheit nicht wesentlich ist.« Nicht wesentlich in diesem Sinn sind »äußere Ordnungen und Satzungen.«[628] Zu diesen gehören auch dogmatische Formulierungen; auch sie sind Menschenwerk. Mit der »reinen evangelischen Lehre« ist daher nicht die (welche?) evangelische Dogmatik gemeint, auch nicht (im Widerspruch zu den aufgestellten Grundsätzen) ein Alleinvertretungsanspruch der evangelischen Kirche, sondern »Gottes Wort in Christus außerhalb des Menschen« als der zentrale, aber verschieden interpretierte christliche Glaubensinhalt.[629] Spezifisch evangelisch ist darum, weniger missverständlich formuliert, nicht die Lehre, sondern wie der Titel der ganzen Vorlesungsreihe sagt, der Frömmigkeitstypus (3. Vorl., 42), eben der Vorrang des persönlichen Umgangs mit Gott vor der Institution (2. Vorl. 26). Die hier angesprochene äußere Einheit kann dann nicht die Gestalt einer der römischen Kirche analogen zentralistischen Organisation haben, sondern nur die eines demokratisch zusammengesetzten, föderativen ökumenischen Rates der Kirchen, der keine Befugnis hat, in die inneren Angelegenheiten der einzelnen Kirchengemeinschaften hineinzuregieren.[630] Jede kirchliche Gemeinschaft hat ihre eigenen Gnadengaben und soll sie in einen solchen Zusammenschluss einbringen.[631] Das gilt auch für die römische Kirche; auch die »Übungsmystik«, von der Söderblom bekennt, selbst gelernt zu haben, und die »Anstaltsreligion« hätten ihr – relatives – Recht. Aber der evangelische Frömmigkeitstypus und die aus ihm abgeleitete Sicht der Einheit der Kirche seien der eigentlich konsequente Ausdruck des Wesens des christlichen Glaubens, und dazu müssten sich alle Kirchen – auch die römische! – »bekehren« (1. Vorl., 32 f 45; 3. Vorl., 8. 43).

ten Überarbeitung nicht mehr gekommen. Vgl. dazu STAFFAN RUNESTAM, *Evangelisk katolicitet och kyrkans enhet: N. Söderbloms föreläsningar i München 1923*, in: KHÅ 107/2007 (119–150), 138. Runestams Aufsatz ist der erste, der diese Vorlesungen für die Forschung erschließt.

628 N. SÖDERBLOM, *Religionsgeschichtliche Betrachtung...* (wie vorige Anm.), 3. Vorlesung, 41–43. Ähnlich ders., *Ev. Katholizität*, a.a.O. (wie Anm. 622), 332.
629 N. SÖDERBLOM, *Religionsgeschichtliche Betrachtung*, 2. Vorl., 18; vgl. 1. Vorl., 45. 47. Ganz in diesem Sinn hatte bereits der Aufsatz *Kyrkan i nutiden* (1911) argumentiert, a.a.O. (wie Anm. 362), 90 f.
630 Vgl. N. SÖDERBLOM, *Evangelisk katolicitet*, a.a.O. (wie Anm. 622), 119. 121 f.
631 Vgl. N. SÖDERBLOM, *Christian Fellowship* (wie Anm. 610), 21 f (dt. 15 f).

Beachtet man, dass die Münchner Vorlesungen vor überwiegend rö-
misch-katholischem Publikum gehalten wurden, so wird einem auch der
kirchenpolitische Akzent klar: Dass Rom die Einladung zur Stockholmer
Konferenz ablehnen würde, war seit den ausweichenden Antworten abzusehen, die der Kardinalstaatssekretär Gasparri 1918 und 1921 auf die
entsprechenden Schreiben zu den anfangs für sie vorgesehenen Terminen
gegeben hatte; schon die Anrede »Perillustres viri« zeigt, dass Rom die
einladenden Bischöfe gar nicht als legitim anerkannte.[632] Vollends schuf
das Dekret des Heiligen Offiziums vom 2.7.1919 Klarheit, indem es das
1864 ausgesprochene Verbot der Teilnahme von Katholiken an Zusammenkünften der englischen Association for the Promotion of the Unity of
Christendom, einer anglikanisch-katholisch-orthodoxen Gebetsgemeinschaft, auf sämtliche nicht von römischer Seite initiierten ökumenischen
Veranstaltungen ausdehnte. Dieses Dekret war die offizielle Reaktion auf
die Einladung zur Genfer Konferenz (1920) der anglikanisch dominierten
Bewegung Faith and Order.[633]

In der Programmschrift *Christian Fellowhip* von 1923 hat Söderblom
das bisher Gesagte noch weiter ausdifferenziert.[634] Er skizziert hier drei
mögliche Wege zu einer Einigung der Christenheit. Der erste ist die Aufsaugung aller Konfessionen in eine umfassende Organisation – das ist
der römische Weg, den er in anderem Zusammenhang bereits abgewiesen
hatte (121 f; dt. mit Erweiterungen 108–122). Der zweite Weg ist Witten-
bergs Weg des Glaubens. Er lässt die Lehrdifferenzen stehen, praktiziert
aber Gemeinschaft des Glaubens über sie hinweg (122–155; dt. 123–159).
Der Königsweg aber ist der Weg der Liebe: die Zusammenarbeit in der
praktischen Hilfeleistung zur Linderung der durch den Krieg verursachten Not und zur Erlangung und Sicherung des Friedens zwischen den Völkern (155–180; dt. 160–187). Man könnte die beiden letzten Wege als die

632 Die Antworten Gasparris vom 19.6.1918 und 13.4.1921 auf die Einladungen an
   Papst Benedikt XV. vom 11.3.1918 und 20.2.1921 sind abgedruckt in: N. Söder-
   blom, *Brev* ... (wie Anm. 1), Nr. 115.120.176.179. Die endgültige Einladung vom
   April 1924 wurde auch nach Rom geschickt, dort aber keiner Antwort gewürdigt.
   Vgl. N. Karlström, *Rom und die Stockholmer Bewegung. Ein chronologischer
   Beitrag*, in: KHÅ 31/1931 (100–112), 104.
633 Die Abgesandten von Faith and Order, die dem Papst im Mai 1919 die Einladung
   überbrachten, wurden freundlich empfangen, aber beim Hinausgehen mit einer
   Abfuhr bedacht. Vgl. Reinhard Frieling, *Der Weg des ökumenischen Gedan-
   kens. Eine Ökumenekunde* (KVR 1564), Göttingen 1992, 127 f; N. Karlström,
   Kristna samförståndssträvanden ... (wie Anm. 2), 64 und 551 (zu der Anrede).
   Das Dekret *De participatione catholicorum societati »Ad procurandam Christi-
   anitatis unitatem«* steht AAS 11/1919, 309–316.
634 N. Söderblom, *Christian Fellowship* (wie Anm. 610), 115–180 (dt.: 108–187).
   Danach die folgenden Seitenzahlen.

der damals noch getrennten ökumenischen Organisationen Faith and Order und Life and Work bezeichnen.[635] Söderblom hat ja die letztere Organisation mitbegründet und der anderen gegenüber als vorrangig angesehen; sie sollte auf der von ihm verantworteten Stockholmer Konferenz auf ein neues, ethisches »Glaubensbekenntnis« hinarbeiten (179 f; dt. 186 f).

Man wird dieser groß angelegten Konzeption in ihren Grundzügen die Bewunderung kaum versagen können. Doch leider werfen drei Unklarheiten, die später zu problematischen Entwicklungen in der Ökumene führen sollten, einen Schatten darauf. Erstens hat Söderblom den zweiten und den dritten Weg nicht sauber voneinander unterschieden. Auch in der »Methode Wittenberg« spielt neben dem Glauben die Liebe eine konstitutive Rolle, und umgekehrt soll die »Methode der Liebe« zu einem neuen, formulierten Glaubensbekenntnis führen. Diese Unklarheit hat zweitens die weitere zur Folge, dass die einleuchtend begründete Bestreitung der Notwendigkeit einer einheitlichen Lehre für die Einheit der Kirche halb wieder zurückgenommen wird. Söderblom macht weder deutlich, warum diese Überbietung des »Wittenberger Weges« nötig sein soll, noch auch, wie er sich ihr Zustandekommen vorstellt. Drittens hat die Rede von einem ethischen Glaubensbekenntnis die gerade ethisch verhängnisvolle Rede von einer »ethischen Orthodoxie bzw. Häresie« auf der Konferenz von Uppsala 1968 mit vorbereitet, die bestimmte soziale und politische Optionen mit dem Nimbus der (positiven oder negativen) Absolutheit versah, statt sie dem vernünftigen Diskurs (natürlich nach Maßgabe der Liebe als obersten Kriteriums) zu überlassen.

Trotz dieser Verwirrung muss aber festgehalten werden, dass die argumentative Hauptlinie der genannten Schrift eindeutig der Einheit des Glaubens als existenziellen Gottesverhältnisses bei fortbestehenden dogmatischen Differenzen gilt; sie bezeichnet sogar die Verschiedenheit der Bekenntnisformulierungen ohne Einschränkung als Bereicherung (21, dt. 15)! Daraus ergibt sich logisch eine föderative und nicht zentralistische Einheit der Kirche. In der Münchner Vorlesungsreihe konnte Söderblom (im Blick auf die Reformation) sogar sagen, Kirchenspaltungen seien keineswegs immer zu beklagen (3. Vorl. 6 f). Im Übrigen hat er die Forderung eines ethischen Glaubensbekenntnisses – das sollte man in der heutigen ökumenischen Diskussion beachten – schon auf der Stockholmer Konferenz nicht mehr wiederholt. Dass ein solches hier nicht zustande gekom-

635 Eine zunächst klarere Anordnung findet sich in N. SÖDERBLOM, *Från Upsala till Rock Island* (wie Anm. 10), 45–48, wo der zweite Weg als die Freiheit des Glaubens und der dritte als Liebe und Zusammenarbeit bezeichnet werden. Doch kehrt die gleiche Unklarheit darin wieder, dass »Zusammenarbeit« auch auf das Thema von Faith and Order bezogen wird (ebd., 48), ohne dass geklärt würde, was das dort bedeuten soll.

men ist, wird niemanden überrascht haben. Die Leistung dieser Konferenz war viel bedeutender als eine derartige Formel, nämlich im Vollzug eines intensiven Diskurses sehr unterschiedlich geprägter Kirchenleute in erstaunlich hohem Maß eine Einheit religiösen (nicht dogmatischen) Bekennens zutage treten zu lassen, die selbstverständlich eine »Einheit in Vielfalt« blieb und bleiben muss.[636]

Mit dem Stichwort Stockholm sind wir bereits bei einem weiteren Aspekt des Themas, bei der Beziehung der Einheit der Christen im Glauben zur Versöhnung der Völker. Söderblom hat dieses Verhältnis im Sinne der charakteristischen Form seiner Zwei-Reiche-Lehre als Anwendungsfall des Gleichnisses vom Sauerteig verstanden: klare Unterscheidung von Gottes- und Weltverhältnis des Menschen, aber Einwirkung des Religiösen auf die Welt, vermittelt durch menschliche Verantwortung. Das zeigt sich nicht zuletzt an der Unbefangenheit, in der er seinen Plan kirchlicher Einheit schon weit im Vorfeld jener Konferenz mit dem Völkerbund verbindet: Das Christentum, wie es die im Glauben einige Kirche zu verkünden hat (nicht etwa die Kirche selbst als Institution!), soll die Seele des Völkerbunds sein, statt sich wie bisher in Nationalkirchen aufzuspalten. Nur so könne dieser seiner Aufgabe wirklich nachkommen.[637] Dazu bedarf er einer internationalen Rechtsordnung. *Wie die Bildung eines die verschiedenen Konfessionen verbindenden Weltkirchenbundes auf einer Fortsetzung der Offenbarung des Evangeliums von Christus beruht, so ist die Majestät eines für die im Völkerbund organisierten Nationen verbindlichen Rechtes* »eine Fortsetzung von Gottes Schöpfung«. Beide Male handelt es sich nicht um die Herstellung eines starren Ordnungssystems, sondern um eine Wirkung der fortgehenden Aktivität der göttlichen Liebe (wenn auch gewiss nicht frei von der Einmischung der menschlichen Sünde). Die Liebe muss darum auch der Geist solchen Rechtes sein; dem internationalen juristischen Auditorium des soeben herangezogenen Vortrags legt Söderblom eine »aufgeklärte Gesinnung der Liebe« ans Herz.[638]

Man mag sich über diesen Gedankengang wundern angesichts der Tatsache, dass der Völkerbund doch keineswegs allein aus traditionell christlichen Nationen bestand. Doch befand er sich im Jahr 1919, in dem diese Idee bei Söderblom zum ersten Mal auftauchte, erst im Planungsstadium

---

636 Vgl. N. SÖDERBLOM, *Kristenhetens möte...* (wie Anm. 67), 862f 865.
637 N. SÖDERBLOM, *Evangelisk katolicitet* (wie Anm. 622), 105–108. 113 f. Sven-Erik Brodd beklagt, man habe bisher nicht bemerkt, dass nach Söderblom die Kirche die Seele des Völkerbunds sei. Doch bezieht sich dieser Ausdruck auf die christliche Religion und gerade nicht auf die Kirche. Die Nichtbeachtung dieses Unterschieds führt zu einem fatalen klerikalen Missverständnis der These Söderbloms. Vgl. S.-E. BRODD, *The Church as the Soul* ... (wie Anm. 381), bes. 135. 137f.
638 N. SÖDERBLOM, *Om lagens majestät* (1924), Tal och skrifter 3 (201–204), 202f.

(weshalb auch die politische Ineffizienz dieser Institution noch nicht zu ahnen war). Unter den 42 Gründungsstaaten von 1920 gehörte die erdrückende Mehrheit, nämlich 36, dem europäisch-amerikanischen Kulturkreis an, einer (Indien) war eine Kolonie. Allerdings waren die übrigen fünf, nämlich China, Japan, Liberia, Persien (Iran) und Siam (Thailand), von deren Mitgliedschaft 1919 sicher schon die Rede war, zu bedeutend, als dass sie einfach hätten ignoriert werden können. Also wird man hier eine gewisse Einschränkung der Sichtweise Söderbloms auf das Abendland konstatieren müssen, die er mit der Mehrheit der Zeitgenossen teilte.[639] Festzuhalten bleibt jedoch zweierlei. Zum einen zielt die Stoßrichtung von Söderbloms These gerade nicht auf eine Einschränkung, sondern auf die Ausweitung der Perpektive über die gängigen Nationalismen hinaus. Zum anderen ist die Hoffnung auf eine »christliche *Seele*« gerade nicht als Herrschaft einer christlichen *Körperschaft*, sondern als Konsequenz aus der Lehre von der Fortsetzung der Offenbarung Gottes gemeint, die nicht nur im Christentum, sondern in allen Religionen eine Kultur des Wettbewerbs und der Kooperation inspiriert.

Die Verbindung einer konfessionsübergreifenden Einheit der Kirche mit dem neugebildeten Völkerbund findet sich auch in der orthodoxen Kirche. Am 10.1.1919 wurde vor dem Heiligen Synod in Konstantinopel der Vorschlag gemacht, zu diesem Zweck eine Einladung insbesondere an die armenische, die altkatholische und die anglikanische Kirche, aber darüber hinaus auch an alle anderen Kirchen zu einer gemeinsamen Konferenz ergehen zu lassen. Ob schon hier die gedankliche Linie zum Völkerbund gezogen wurde, ist mir nicht bekannt; es erscheint mir aber eher unwahrscheinlich. Zwar heißt es in der im Januar 1920 verschickten Enzyklika des Patriarchats *Unto the Christian Churches of the Whole World*[640], man wolle analog zum Völkerbund (nicht in enger Verbindung zu ihm)

639 Sie wird auch dazu beigetragen haben, dass er interreligiösen Experimenten wie Rudolf Ottos »Religiösem Menschheitsbund« oder der amerikanischen *Universal Religious Alliance* nichts abgewinnen konnte; sie waren freilich ohnehin so unausgegoren, dass sie schon seinen Realitätssinn zum Widerspruch reizten. Vgl. R. Otto, *Religiöser Menschheitsbund neben politischem Völkerbund*, in: ChW 34/1920, 133–135; ders., *Vom religiösen Menschheitsbunde*, ChW 34/1920, 477 f Der Bund sollte internationales Recht und Frieden befördern. Er tagte tatsächlich zum ersten Mal 1922, wurde aber 1933 aufgelöst. Vgl. N. Söderblom, *Brev* ... Nr. 155 (Otto an Söderblom am 15.2.1920). Söderblom äußerte höflich »lebhaftes Interesse«, zeigte aber zugleich deutliche Zurückhaltung (Brief Nr. 156 v. 24.2.1920).
640 Im Internet zu finden unter http://www.plasticsusa.com/ortho/enc1920.htm (kein Datum; geöffnet 25.1.10). Eine deutsche Übersetzung bietet Athanasios Basdekis (Hg.), *Orthodoxe Kirche und ökumenische Bewegung. Dokumente – Erklärungen – Berichte 1900–2006*, Frankfurt a. M. 2006, 16–20.

»a contact and league (fellowship) between the churches« herstellen. Doch schreibt Söderbloms Verbindungsmann in Konstantinopel, der Legationsrat Johannes Kolmodin, am 3.3.1920, er habe darin viele von den Leitgedanken Söderbloms in dieser Sache wiedererkannt, die er den orthodoxen Würdenträgern mehrfach, zuletzt in seinen Neujahrsgesprächen 1920 vorgetragen habe.[641] Da liegt es näher, diese Bemerkung auch auf den Gedanken an den Völkerbund zu beziehen. Ohnehin hatte Kolmodin, wie die übrige Korrespondenz zeigt, schon seit Januar 1918 Verhandlungen mit dem Patriarchen über eine Teilnahme an der von Söderblom ursprünglich für den April jenes Jahres in Schweden geplanten Konferenz geführt (damals übrigens nur für protestantische und orthodoxe Teilnehmer konzipiert). Söderblom hatte dann eine Einladung geschickt, die beim Heiligen Synod ein sehr positives Echo fand.[642]

Im Übrigen weist der Schwerpunkt der ursprünglich von Konstantinopel vorgesehenen Adressatenliste zunächst auf eine andere, begrenztere Intention hin. Die Versuche Roms, sich durch »Unionen« auf Kosten der Orthodoxen in deren Gebieten zu etablieren, die Gespaltenheit der Orthodoxie in Nationalkirchen und insbesondere die endgültige Verselbstständigung des bulgarischen Exarchats gegenüber Konstantinopel 1913, die völlig veränderten Verhältnisse in Russland seit der Revolution von 1917, nicht zuletzt die eigene Minderheitsposition in einem islamischen Staat, all das ließ ein Bewusstsein wachsender Isolierung entstehen, dem man dadurch begegnen wollte, dass man den Kontakt vor allem zu denjenigen nichtrömischen Kirchen suchte, die auf Grund einer vergleichbaren episkopalen Struktur als verwandt gelten konnten. Daneben war man natürlich an der Überwindung der Zerstrittenheit innerhalb der Ostkirche selbst interessiert. Deshalb ist man in Konstantinopel (und ebenso in Athen) so bereitwillig auf die von Kolmodin vermittelte Anregung Söderbloms eingegangen. Der Entschluss zu einer eigenen Konferenz ist nicht als Kon-

---

641 JOHANNES KOLMODIN an N. Söderblom 3.3.1920, NS ekumeniska brevsamling (UUB). Vgl. auch NILS KARLSTRÖM, »*Ett ekumeniskt kyrkoråd*«. *Utvecklingslinjer inom den nutida ekumeniska rörelsen*, in: KHÅ 72/1972 (189–203), 192.
642 Vgl. Söderblom an Kolmodin vom 21.1.1918, dessen Antwort vom 8.2.1918 (im Original versehentlich auf 1916 datiert) und Schreiben vom 25.2. Alles in NS ekumeniska samling (UUB). Vgl. zu diesem Komplex auch NILS KARLSTRÖM, »*Ett ekumeniskt kyrkoråd*«. *N. Söderbloms ekumeniska program av år 1919*, in: KHÅ 58/1958 (143–153), 144. – W. Weisse macht darauf aufmerksam, dass Söderbloms Idee einer ökumenischen Konferenz und der entsprechenden Institution eines Rates auf eine Anregung zurückgeht, die er von dem kurzen Artikel des anglikanischen Priesters J.P. MALLESON, *An International Christian Conference*, in: The Challenge 8/1917–18, 4f, empfangen hatte: WOLFRAM WEISSE, *Praktisches Christentum und Reich Gottes. Die Ökumenische Bewegung Life and Work 1919–1937* (KiKonf 31), Göttingen 1991, 83. 130.

kurrenzunternehmen zu sehen, denn er erfolgte erst, nachdem Söderblom seinen zweiten Termin (September 1918) auf unbestimmte Zeit hatte verschieben müssen. Nachdem die Konstantinopolitaner ihr Ziel auch nicht erreicht hatten, ließen sie sich schnell für Söderbloms erneuerte Pläne gewinnen. Für diesen gab eine orthodoxe Teilnahme im Übrigen ein gutes Argument gegenüber den Anglikanern ab; der Erzbischof von Canterbury, Randall Davidson, hatte in seiner Antwort vom 12.2.1918 auf die Einladung zu dem zuerst anvisierten Konferenztermin im April dieses Jahres zur Bedingung gemacht, dass die römische und die orthodoxe Kirche angemessen repräsentiert seien.[643] Ja, vielleicht war die Einladung an Rom (zuerst am 26.1.1918) sogar vorausschauend bereits zum Teil durch die Rücksicht auf die Anglikaner motiviert, bedenkt man, wie dürftig die Aussichten auf eine Zusage von vornherein waren.[644] Maßgeblich dürfte freilich die Absicht gewesen sein, nichts unversucht zu lassen, um eine möglichst vollständige Repräsentanz der Kirchen zu erreichen. Jedenfalls gewann die Teilnahme der Orthodoxen, als sich abzeichnete, wie berechtigt die Skepsis war, umso größere Bedeutung.[645]

Nun ist noch kurz auf die gelegentlich diskutierte Frage einzugehen, wie sich Söderbloms Konzept der drei Formen von Katholizität zu der so genannten *branch theory* der Oxford-Bewegung verhält.[646] Nach dieser Theorie stellen diejenigen Kirchen »Zweige« der einen Kirche dar, die das Bekenntnis der ursprünglichen ungeteilten Kirche und die ununterbrochene apostolische Sukzession der Bischöfe bewahrt haben. Das sind die griechisch-orthodoxe, die römisch-katholische und die anglikanische Kirche. Die Theorie wurde zuerst 1833 aufgestellt; ihr Hauptvertreter war William Palmer.[647] Friedrich Heiler behauptet nun, Söderblom habe die von John Henry Newman in seiner anglikanischen Zeit vertretene *branch theory* weiterentwickelt.[648] Dies ist in doppelter Hinsicht unzutreffend. Erstens hatte Newman bereits 1839, also Jahre vor seiner Konversion (1845), erhebliche Zweifel an der Legitimität der anglikanischen Kirche

643 In: N. SÖDERBLOM, *Brev* ... (wie Anm. 1), Nr. 113. Vgl. Söderblom an Kolmodin vom 15.12.1919.
644 Das erste (handgeschriebene) Einladungsschreiben befindet sich im Archiv des Vatikans; vgl. N. KARLSTRÖM, *Kristna samförståndssträvanden* ... (wie Anm. 2), 550 Anm. 8.
645 Vgl. Söderblom an Kolmodin am 27.6.1918 und 15.12.1919 (NS ekum. saml., UUB).
646 Vgl. zum Folgenden: ODCC ³1997, 232, s.v. *branch theory of the Church*.
647 Vgl. WILLIAM PALMER *Treatise on the Church of Christ, designed chiefly for the use of students in theology*, 2 Bände, London 1838.
648 Vgl. FRIEDRICH HEILER, *Erzbischof Söderblom. Religionsforscher und Herold christlicher Einheit (1866–1931)*, in: ÖE 1/1948 (69–110), 95. Ebenso LARS THUNBERG, *N. Söderblom*, in: GK 10/1 (214–234), 230.

und kommt schon deshalb nicht als Vertreter dieser Theorie in Frage, ganz abgesehen davon, dass seine kritische Rezension von Palmers Buch im Widerspruch dazu steht. Zweitens stellt die Theorie eindeutig auf die Gegebenheit gemeinsamer institutioneller Vorgaben ab und ignoriert deshalb die evangelische Kirche. Sie kann also nicht das Modell für Söderbloms Auffassung von Ökumene sein, sondern steht in diametralem Gegensatz zu ihr. Dieser benutzt zwar auch gelegentlich das Bild vom Baum und seinen Zweigen. Aber er bezieht es auf die Kirchenspaltung im 16. Jahrhundert und gibt ihm damit einen ganz anderen Sinn.[649] Heilers Interpretation kann man immerhin noch damit erklären, dass er in seiner Verehrung für Söderblom eine möglichst weitgehende Übereinstimmung mit ihm annehmen wollte; seine Nachredner können diese Entschuldigung nicht mehr in Anspruch nehmen.

Ebenso kritisch verhielt sich Söderblom gegenüber Rudolf Ottos Idee eines Allgemeinen evangelischen Weltrates zur Wahrung protestantischer Gesamtinteressen (mit Sitz eventuell in Marburg!) als Dachorganisation für die in Stockholm zusammengekommenen Kirchen, der auf drei Säulen ruhen sollte: Protestantismus, Anglikanismus, Ostkirche. Söderblom wendet dagegen mit Nachdruck ein, dass man die Anglikaner zum Protestantismus rechnen müsse (der anglokatholische Flügel sei nur eine kleine Minderheit); eine Trennung von beiden sei zum einen unhistorisch und würde zum anderen die bereits erzielten Fortschritte ökumenischer Verständigung zwischen Lutheranern und Anglikanern aufs Spiel setzen.[650] Dabei denkt er natürlich besonders an seine eigenen jahrelangen Anstrengungen

---

649 N. Söderblom, *Evangelische Katholizität*, in: FS A. Deißmann, Tübingen 1927 (327–334), 329 f; vgl. auch den unveröffentlichten Vortrag *Evangelisch-katholisch bedeutet für mich* (Vortrag in Prag 4.10.1924), NSS Dag- och anteckningsböcker B 11:12 1924: Notebook 33–90 (UUB). B. Sundkler sieht in Söderbloms Benutzung jenes Bildes nur eine Anspielung auf die branch theory, a.a.O. (wie Anm. 2), 271, und deutet später (ebd., 403) einen sachlichen Unterschied an. Doch bestimmt er ihn nicht näher und lässt so die Sache im Unklaren. Söderblom selbst kommt m. W. nirgends auf diese Theorie zu sprechen. Wenn Sven-Erik Brodd trotzdem (bei durchaus korrekter inhaltlicher Beschreibung) für ihn diesen Ausdruck benutzt, so ist das eine Begriffsverwirrung; vgl. Brodd, *The Swedish Archbishop and European Catholicism 1914–1931*, in: N. Söderblom as a European, in: Tro och tanke 1993:7 (103–113), 105–107.

650 Vgl. R. Otto, *Gemeinsame Aufgaben des Protestantismus und die Form ihrer Erfüllung* (Vortrag zum Gedenktag des Marburger Religionsgesprächs am 14.9.1929), gedruckt als Beilage zu: ders., Sünde und Urschuld und andere Aufsätze zur Theologie, München 1932 (239–247). Vgl. dazu seinen Brief an Söderblom, *Brev* … (wie Anm. 1), Nr. 312 vom 22.6.1929, sowie dessen Gutachten (*Yttrande*), abgedruckt als Anhang zu Brief Nr. 315 vom 26.8.1929. Das Gutachten wurde den schwedischen Teilnehmern an der Jubiläumsveranstaltung und auch R. Otto zugestellt, vgl. Brief Nr. 320 vom 31.8.1929 an Fr. Heiler.

in dieser Sache. Interessant ist freilich, dass er darüber hinaus Ottos Gedanken einer Allianz der nichtkatholischen Kirchen nichts engegensetzt: von der römischen Kirche ist hier mit keinem Wort die Rede. Freilich muss man sich hüten, daran irgendwelche Folgerungen im Sinne eines *argumentum e silentio* zu knüpfen.

b Wegbereiter und Mitarbeiter

Bevor wir uns nun Söderbloms ökumenischen Aktivitäten zuwenden, müssen wir zunächst einen Schritt zurücktreten und uns zumindest in groben Zügen den historischen Hintergrund klarmachen, vor dem er agiert hat. Die ökumenische Bewegung ist ja ein sehr komplexes Gebilde, zu dem sehr unterschiedliche Strömungen des 19. und frühen 20. Jahrhunderts beigetragen haben.[651] Bei unserem Vorgehen werden wir zugleich eine Reihe wichtiger Personen kennen lernen, die für das Entstehen der Bewegung von Bedeutung waren und von denen viele zu Söderbloms Mitarbeitern gehören.

1. Für die Anfänge der kirchlichen Bestrebungen einer Internationalisierung im 19. Jahrhundert spielte die stark angelsächsisch geprägte *Erweckungsbewegung* eine zentrale Rolle. Im Unterschied zu den vielfältigen konfessionellen Zusammenschlüssen jener Zeit war sie, wie die pietistische Tradition seit dem 17. Jahrhundert insgesamt, von vornherein an einer Überwindung der Konfessionsgrenzen interessiert. Das gilt von der durch sie inspirierten Evangelischen Allianz (seit 1846) ebenso wie von der Jugendorganisation YMCA (CVJM), die 1855 ins Leben gerufen wurde. Damit verband sich von vornherein ein lebhaftes Interesse an der Mission.

Söderblom selbst war in vielfältiger Weise durch die Erweckungsbewegung geprägt worden: durch sein Elternhaus, durch das seine religiöse Krise lösende Erbauungsbuch von William Paton Mackay, die Studentenmissionsvereinigung in Uppsala, und nicht zuletzt durch den tiefen Eindruck, den der amerikanische Erweckungsprediger Dwight Lyman Moody (noch heute bekannt als Begründer des Moody Bible Institute in Chicago) 1890 auf der Studentenkonferenz in Northfield/Mass. auf ihn gemacht hatte (s. o., 77 f). Er hatte also sowohl persönlich als auch durch seine Beziehung zu einer ganzen Reihe von Organisationen Anteil an den ökumenischen Bestrebungen der Erweckungsbewegung.

Auf der Konferenz von Northfield hatte Söderblom mit John R. Mott Freundschaft geschlossen, der damals eng mit Moody zusammenarbeitete.

651 Zum Folgenden vgl. N. KARLSTRÖM, *Kristna samförståndssträvanden* ... (wie Anm. 2), 3–137; B. SUNDKLER, *N. Söderblom* (wie Anm. 2), 166–176.

Er hatte ihn auf der Studentenkonferenz von Konstantinopel 1911 wieder-getroffen und später vielfach mit ihm kooperiert (s. o., 78.203). Mott, zu-nächst Jurastudent, später lebenslang methodistischer Evangelist, war ein tief frommer Mann, zugleich ein genialer Organisator und eine der wich-tigsten Gestalten der frühen ökumenischen Bewegung. Als Generalsekre-tär des YMCA (1915–1928) und der World Student Christian Federa-tion (1895–1920) unternahm er weltweite Reisen, um beide international zu etablieren. 1910 war er Generalsekretär der internationalen Missions-konferenz in Edinburgh, die auf der vorbereitenden Arbeit jener Organi-sationen aufbauen konnte. Im Weltkrieg kümmerte er sich im Namen des YMCA intensiv um die Kriegsgefangenen auf beiden Seiten. Sein lebens-langer Einsatz für die Zusammenarbeit der Kirchen und für den Frieden wurde 1946 durch die Verleihung des Friedensnobelpreises und 1948 auf der Konferenz von Amsterdam durch die Ernennung zum Ehrenpräsiden-ten des Weltkirchenrates anerkannt. Mott war von ebenso rastloser Ak-tivität wie Söderblom, aber im Temperament recht verschieden von ihm. Söderblom sah trotz seiner Begeisterungsfähigkeit das Motto der Konfe-renz von Northfield »Evangelisation der Welt in dieser Generation«, das der unverwüstliche Optimist Mott mit Moody teilte, sehr viel nüchter-ner. Und als Mott auf einer Konferenz der World Alliance in Kopenhagen 1922 die Ansicht vertrat, der Weltkrieg sei geradezu notwendig gewesen, um eine religiöse Renaissance zu ermöglichen, erklärte Söderblom, der ja selbst an eine solche Erneuerung glaubte, nur entsetzt: »Nein, nein, nein! Ich kenne John Mott sehr gut, aber ich teile seine Ansicht in diesem Punkt nicht. Der Weltkrieg war schrecklich, nur schrecklich. Er war ein Desas-ter, nur ein Desaster!«[652]

2. Die *Missionskonferenz von Edinburgh* 1910 ist eine der wichtigs-ten Wegbereiterinnen der ökumenischen Bewegung geworden. Nachdem es in der angelsächsischen Welt schon seit der Mitte des 19. Jahrhunderts mannigfache Bemühungen gegeben hatte, die Konkurrenz der verschiede-nen Denominationen auf dem Missionsfeld abzubauen, hatte die Zusam-menkunft in Edinburgh mit ihrer wirklich umfassenden Repräsentanz als erste wirklich internationalen Charakter. Sie hat eine viel engere Koope-ration der verschiedenen nationalen Missionsgesellschaften initiiert, mit zunehmender aktiver Beteiligung der einheimischen Kirchen. Aus ihrem Fortsetzungskomitee, das dem Weltkrieg nicht zum Opfer gefallen war, ist 1921 der Internationale Missionsrat hervorgegangen. Die damals be-gründete Zeitschrift *The International Review of Missions* (Redaktion: Joseph Houldsworth Oldham, ein weiterer ökumenischer Pionier, der sich

---

652 Zitat nach B. SUNDKLER, a. a. O. (wie Anm. 2), 331. Vgl. außerdem STUART MEWS, Art. *Mott, John R.*, in: TRE 23, 379–382.

als Sozialethiker auch gegen Rassendiskriminierung eingesetzt hat) wurde zu einem wichtigen Publikationsorgan.[653] Söderblom hat in seinem ausführlichen Bericht über die Stockholmer Konferenz die Bedeutung von Edinburgh als Vorbild ausdrücklich gewürdigt.[654] Dabei ist ihm wichtig, dass damals die Vertreter der verschiedenen Kirchen sich nicht die (organisatorische) Einheit als Ziel gesetzt, sondern das Gebetsanliegen »Dein Reich komme« ins Zentrum gestellt haben. Daraus habe sich die Notwendigkeit der Zusammenarbeit von selbst ergeben. An genau diese Linie konnte er anknüpfen: »*Ohne das Treffen in Edinburgh hätte das Treffen in Stockholm niemals zustande kommen können*«. Und weiter: »Die Mission hat sich auf diese Weise als Botschafterin der Eintracht und des Friedens und als Werkzeug des Friedens erwiesen.« Umgekehrt müsse nun auch die Stockholmer Konferenz Bedeutung für die Mission gewinnen, nachdem auf Grund ihrer Themenstellung die »jungen Kirchen« dort relativ schwach vertreten waren.[655]

Damit ist auch ein sachlicher Zusammenhang benannt: Der Auftrag an die Kirche, das Reich Gottes zu verkündigen, ist allen anderen Aktivitäten übergeordnet. Es geht also nicht um die Verkündigung einer bestimmten Dogmatik oder um die Werbung für eine bestimmte Kirchenverfassung, sondern um das Handeln Gottes und um die daraus folgende menschliche Lebenshaltung des Glaubens.

3. Auch die im engeren Sinne ökumenischen Organisationen, die sich auf die gegenseitigen Beziehungen ganzer Kirchenkörper richteten, stehen im Zusammenhang mit der Konferenz von Edinburgh. Hier fasste nämlich der amerikanische Episcopalian (Anglikaner) Charles Henry Brent (1862–1929), damals Bischof der Philippinen, den Gedanken einer allgemeinen kirchlichen Einheitsbewegung.[656] Schon im gleichen Jahr kam es in Cincinnati/OH zur Gründung der ersten großen ökumenischen Dachorganisation *Faith and Order*, die aber erst vom 13.–23.8.1920 in Genf ihre erste Sitzung hatte. Die andere, Life and Work, hatte sich 1919 gebildet und trat vom 9.–12.8. am gleichen Ort zum ersten Mal zusammen. Die lange Dauer hatte im ersten Fall ihren Grund darin, dass viele Kirchen außerhalb der anglikanischen Kirchenfamilie zögerten, sich der Idee anzuschließen. Dann zwang der Krieg die Organisatoren, den Plan einstweilen auf Eis zu legen. (Das traf auch für Life and Work zu, das von Söderblom seit 1917 geplant war.) In Genf konnte sich Faith and Order dann aber mit

653 Vgl. ANDREW F. WALLS, Art. *Mission VI, Von der Reformationszeit bis zur Gegenwart*, TRE 23 (40–59), 53 f.
654 N. SÖDERBLOM, *Kristenhetens möte* ... (wie Anm. 67), 825–829.
655 A. a. O., 826f 829; Zitate 827. Hervorhebung im Original.
656 Vgl. REINHARD FRIELING, Art. *Ökumene*, in: TRE 25 (46–77), 55.

einer wirklich breiten Repräsentanz der christlichen Kirchen einschließlich der Orthodoxen konstituieren. Nur Rom hatte sich dem Werben der Initiatoren versagt (s. o., 320), was besonders die tonangebenden Anglikaner tief enttäuscht hat.

Dabei sollte der Zweck von Faith and Order laut Programm noch gar nicht die organisatorische Vereinigung der Kirchen sein, sondern lediglich das Studium der verschiedenen Lehren und Kirchenordnungen. Freilich schwang auf Grund der Dominanz der Anglikaner, welche die Bewegung gegründet hatten, zumindest unterschwellig immer die Tendenz auf eine sichtbare, doktrinale und institutionelle Einheit mit. Das war der Grund dafür, dass Söderblom die Bewegung Faith and Order immer seiner eigenen von Life und Work nachgeordnet hat. Trotzdem hat Faith and Order durch seine internationale und interdenominationelle Ausrichtung durchaus eine Vorbildfunktion für Life and Work gehabt. Das Sprachrohr der Organisation war übrigens die Zeitschrift *The Constructive Quarterly*, in der Söderblom einst die beiden für seine Ekklesiologie grundlegenden Aufsätze über die schwedische Kirche veröffentlicht hatte (s. o., 186).

Auch Söderblom hat an führender Stelle in Faith and Order mitgearbeitet. Schon seit 1911 stand er in brieflichem Kontakt zu Robert H. Gardiner III (1855–1924), von Beruf Rechtsanwalt in Boston, der als höchst aktives Mitglied der Episcopalian Church und Anhänger des Social Gospel entscheidend an der Organisation jener Bewegung beteiligt war. Er wurde auf ihrer konstituierenden Sitzung in Genf 1920 auf Vorschlag Söderbloms zum Generalsekretär gewählt. Nach beharrlichen ökumenischen Bemühungen während des Weltkrieges hatte er bereits 1919 mit einer Delegation von Faith and Order eine Reise durch Europa und Asien unternommen, um neue Kontakte zu knüpfen, unter anderem nach Uppsala, wo er Söderblom nun auch persönlich kennen lernte.[657]

Auf nationaler Ebene ist die Bildung des *Federal Council of the Churches of Christ in America* im Jahre 1908 ein wichtiges Ereignis. Sein Generalsekretär war seit 1912 Charles Macfarland (1866–1956). Er war nicht nur im gleichen Jahr, sondern auch im gleichen Land geboren wie Söderblom: als Sohn schottischer Eltern in Härnösand. Sein Briefstil weist ihn als äußerst effizienten Administrator aus. Söderblom wurde von ihm 1917 zum Reformationsjubiläum und dann noch einmal 1919 nach Amerika eingeladen, konnte aber beide Male nicht kommen. Die Reise, die er 1923 tatsächlich gemacht hat, war von der Augustana Synod, den schwedischen Lutheranern, und der Church Peace Union arrangiert worden. An deren Programm hatten sich so viele Interessenten zusätzlich angehängt, dass

---

657 Vgl. B. Sundkler, a.a.O. (wie Anm. 2), 267f 270; Mark D. Chapman, Art. *Gardiner, Robert Hallowell*, RGG⁴ Bd. 3, 466f.

für einen Besuch beim Federal Council keine Zeit mehr blieb.[658] Nichtsdestoweniger blieb Macfarland für die ökumenische Arbeit ein wichtiger, wenn auch nicht immer einfacher Verhandlungspartner. Auf der Tagung der World Alliance 1919 hat er Söderblom auch persönlich kennen gelernt.

Für die Organisation *Life and Work* standen naturgemäß die sozialen Probleme im Mittelpunkt. Mit ihnen hatte sich seit der Mitte des 19. Jahrhunderts besonders intensiv die anglikanische Kirche in Großbritannien befasst, wo das durch die Industrialisierung und den Manchester-Kapitalismus hervorgerufene Massenelend am gravierendsten war. In rascher Folge bildete sich dort eine Vielzahl christlich-sozialistischer Organisationen. Diese Tradition lebte bis in die Dreißigerjahre des 20. Jahrhunderts fort. Damals war William Temple (1881–1944) auf diesem Gebiet einer ihrer bedeutendsten Vordenker. Er war in jungen Jahren Mitglied der Christian Social Union, einer christlich-sozialistischen Vereinigung, die bis kurz nach dem I. Weltkrieg existierte, und entwickelte deren Gedankengut zusammen mit dem Wirtschaftshistoriker und Theologen Richard Henry Tawney weiter. 1921 wurde er Bischof von Manchester (1929 dann Erzbischof von York und 1942 Erzbischof von Canterbury). Ökumenisch war er sowohl an Faith and Order als auch an Life and Work beteiligt. Für die letztere Gruppierung ist die von ihm geleitete *Conference on Christian Politics, Economics and Citizenship* (COPEC) in Birmingham 1924 von entscheidender Bedeutung gewesen. Deren Gesellschaftskritik und Reformvorschläge haben unmittelbar auf die Stockholmer Konferenz des folgenden Jahres gewirkt.[659]

Auch die aus den USA stammende *Abstinenzbewegung*, für die Söderblom sich wegen des in Schweden grassierenden Alkoholismus sehr eingesetzt hat (wenn auch mit deutlicher Distanz zu dem damit oft verbundenen Moralismus), muss hier genannt werden.[660]

Seit Beginn des I. Weltkrieges ist die kirchliche Einigungsbewegung aufs Engste mit den Bestrebungen für die Wiederherstellung und Bewahrung des *Friedens* zwischen den Völkern verbunden gewesen. Deshalb gehören die Haager Konferenz von 1907 sowie die deutsch-englischen Kirchenkonferenzen in den Jahren 1908–1914, die sich um eine Verbesserung der bereits ramponierten Beziehungen zwischen beiden Ländern bemüh-

658 Vgl. N. SÖDERBLOM, *Brev* ... (wie Anm. 1), Nr. 216. 223; ders., *Från Uppsala till Rock Island* (wie Anm. 10), 8.
659 Vgl. ALAN M. SUGGATE, Art. *Temple, William*, in: TRE 33, 72–75
660 In seinem Bericht über die Stockholmer Konferenz heißt es, er wolle seine diesbezügliche Haltung niemandem aufdrängen, betrachte sie aber für sich selbst als soziale Pflicht: N. SÖDERBLOM, *Kristenhetens möte* ... (wie Anm. 67), 416.

ten, ebenfalls zur Vorgeschichte der ökumenischen Arbeit Söderbloms.[661] Unmittelbare Bedeutung sollte für ihn die *World Alliance for the Promotion of International Friendship through the Churches* gewinnen, der er selbst seit 1917 an führender Stelle angehörte (s. o., 222.271). Eine Schlüsselfunktion bekam sie dadurch, dass auf ihrer Tagung in Oud Wassenaar 1919 der endgültige Beschluss für die Stockholmer Konferenz von Life and Work gefasst wurde.

4. Nachdem wir die für die Ökumene wichtigsten Organisationen haben Revue passieren lassen, werfen wir nun einen Blick auf diejenigen beteiligten Länder, die in der Ökumene damals eine bedeutende Rolle gespielt haben. In *Frankreich* war der reformierte Professor für Praktische Theologie an der Faculté libre in Paris, Wilfred Monod (1867–1943), einer der bedeutendsten kirchlichen Verfechter sozialer Reformen. Er hatte schon als Student 1888 Uppsala besucht und zusammen mit Söderblom an der Konferenz in Northfield teilgenommen. Wie dieser kam auch er aus der Erweckungstradition. Seit 1912 Präsident der Union des églises réformées de France, war er ökumenisch, angeregt durch Söderblom, sowohl für Life and Work als auch für Faith and Order tätig. Diese Aktivitäten nahmen allmählich so sehr überhand, dass er seinen wissenschaftlichen Verpflichtungen nicht mehr ausreichend nachkommen konnte. Das führte 1929 zu seiner Entlassung aus der Fakultät. Umso mehr hat er auf praktisch-kirchlichem Gebiet bewirkt, vor allem als Organisator und mitreißender Redner.[662] Auch der methodistische Pfarrer Élie Gounelle (1865–1950), ebenfalls ein leidenschaftlicher sozialer Reformer, war in die ökumenische Arbeit eingebunden, unter anderem als Teilnehmer an der Stockholmer Konferenz.

Was *Deutschland* angeht, so war von Söderbloms Teilnahme an der Erfurter Tagung des Evangelisch-Sozialen Kongresses 1896 bereits die Rede (s. o., 103). Dessen Bedeutung für ihn, die sich von dem Traktat über soziale Entwicklung aus dem folgenden Jahr (s. o., 105–111) bis zur Arbeit für Life and Work ablesen lässt, ist kaum zu überschätzen. Der nächsten Generation sozial aktiver evangelischer Kirchenleute gehört der Berliner Pfarrer Friedrich Siegmund-Schultze an (1885–1969), Mitbegründer der World Alliance. Er wurde ein enger Mitarbeiter Söderbloms in Deutschland. Mit seiner Zeitschrift *Die Eiche. Vierteljahrsschrift für Freundschaftsarbeit der Kirchen* (1913–1933) setzte er sich intensiv für Frieden und Ökumene ein und ließ auch manchen Aufsatz Söderbloms in deutscher Übersetzung

661 Vgl. dazu N. KARLSTRÖM, *Kristna samförståndssträvanden* ... (wie Anm. 2), 109–118.
662 Vgl. den Art. *Wilfred Monod 1867–1943*, im Internet auf der Website: www. museeprotestant.org (kein Datum angegeben; geöffnet 25.1.10).

drucken. Im I. Weltkrieg leitete er die Kriegsgefangenenhilfe. 1917 wurde er Leiter des Berliner Jugendamtes und 1926 Honorarprofessor für Sozialpädagogik. Im Dritten Reich aus politischen Gründen in die Schweiz emigriert, setzte er sich dort für deutsche Flüchtlinge ein. 1948 übernahm er eine Professur in Münster. 1958–1968 leitete er das von ihm gegründete Ökumenische Archiv in Soest. Hier gab er in hohem Alter seinen Briefwechsel mit Söderblom heraus, der einen lebendigen Eindruck von den damaligen innerdeutschen Konflikten hinsichtlich der Ökumene vermittelt.[663]

Ein weiterer zuverlässiger Verbindungsmann war der Berliner Neutestamentler (seit 1908) Adolf Deißmann (1866–1937), dessen *Evangelische Wochenbriefe* (1914–1921) ein einflussreiches Sprachrohr der ökumenischen Bewegung in Deutschland wurden. 1925 und 1927 hat er sich auf der Brandenburger Generalsynode dafür eingesetzt, die Generalsuperintendenten zu Bischöfen zu ernennen. Damit verfolgte er prinzipiell das gleiche Anliegen einer stärkeren Unabhängigkeit der Kirche vom Staat, das Söderblom – diplomatisch verpackt, aber erwartungsgemäß ohne Erfolg – im Oktober 1917 Kaiser Wilhelm II. brieflich vorgetragen hatte. Außerdem hat er den umfangreichen deutschen Bericht über die Stockholmer Konferenz geschrieben. Im Lauf der Jahre wechselte Deißmann mit Söderblom eine große Anzahl von Briefen über aktuelle Themen.[664]

In *England* hat der schwedische Legationspfarrer in London von 1915–1930, Albert Hellerström (1881–1972), Söderblom unschätzbare Dienste geleistet. Er empfand eine starke Affinität zur anglikanischen Kirche und hatte ein sicheres politisches Gespür. So konnte er z. B. kompetenten Rat geben, als die angesehene Wochenzeitung Saturday Review 1919 herausgefunden hatte, dass Söderbloms Sohn Sven auf deutscher Seite am Krieg teilgenommen hatte. Die Zeitung hatte daraufhin seine Neutralität in Frage gestellt und dadurch seine ganze ökumenische Arbeit gefährdet.[665]

---

663 Vgl. FRIEDRICH SIEGMUND-SCHULTZE (Hg.), *Nathan Söderblom* (wie Anm. 521). Vgl. HARTMUT RUDDIES, Art. *Siegmund-Schultze, Friedrich*, in: RGG⁴ Bd. 4, 1310f.
664 Vgl. ADOLF DEISSMANN, *Die Stockholmer Weltkirchenkonferenz. Vorgeschichte, Dienst und Arbeit der Weltkirchenkonferenz für Praktisches Christentum 19.–30. August 1925. Amtlicher deutscher Bericht*, Berlin 1926. Zu dem Briefwechsel vgl. das Register zu N. SÖDERBLOM, *Brev ...* (wie Anm. 1). Vgl. auch FRIEDRICH WILHELM BAUTZ, Art. *Deißmann, Adolf*, in: BBKL 1, 1248 f. Das unausgesprochene Ziel des Schreibens an den Kaiser war eine den schwedischen Verhältnissen analoge Eigenständigkeit der Kirche ohne summus episcopus. Die kirchlichen Berater des Kaisers durchschauten das, wie die Antwort aus Berlin zeigt. Vgl. N. SÖDERBLOM, *Brev ...* (wie Anm. 1), Nr. 108. 111, und STAFFAN RUNESTAM, *Söderblomsstudier*, Uppsala 2004, 101–118.
665 Vgl. N. SÖDERBLOM, *Brev ...* (wie Anm. 1), Nr. 135. 136.

Hellerström hat alle Besuche Söderbloms in England organisiert und die nötigen Kontakte arrangiert, insbesondere natürlich zu Randall Davidson (1848–1930), dem Erzbischof von Canterbury (1903–1928). Dieser war ein äußerst versierter Kirchenpolitiker, im Gegensatz zu Söderbloms rascher und flexibler Handlungsweise vorsichtig abwägend, oft zaudernd, und hatte etwas von einem Grandseigneur. Söderbloms Einladung zu einer allgemeinen Kirchenkonferenz noch während des Krieges hielt er für inopportun und gab ihm das, vornehm im Ton, aber eindeutig, zu verstehen. Doch trotz mancher Spannungen zwischen den beiden Kirchenmännern haben sich das Staatsmännische bei Davidson und das »Prophetische« bei Söderblom gut ergänzt, und das war beiden wohl auch bewusst.[666] Auf der Stockholmer Konferenz von 1925 war dann die anglikanische Kirche durchaus würdig vertreten; Davidson war allerdings nicht erschienen.

George Kennedy Allen Bell (1883–1958) war zu jener Zeit Referent für internationale Fragen bei Davidson und hatte als solcher häufig mit Söderblom zu tun. Als Präsident der World Alliance setzte er sich während des Krieges intensiv für Versöhnung ein. 1929–1957 war er Bischof von Chichester. Als scharfer Gegner Hitlers unterstützte er die deutsche Widerstandsbewegung (1942 traf er in Sigtuna mit Bonhoeffer zusammen), kritisierte aber auch die alliierte Bombardierung der Wohngebiete deutscher Städte, was ihn wohl seine Chancen gekostet hat, Erzbischof von Canterbury zu werden.

Für die *Ostkirche* war der Metropolit von Thyateira, Strenopoulos Germanos (1872–1951), Söderbloms bester Kontaktmann. Söderblom hatte ihn zum ersten Mal 1911 auf der Studentenkonferenz in Konstantinopel getroffen; damals war er noch Rektor des theologischen Seminars auf Chalkis (s. o., 204). Germanos war der eigentliche Autor der Enzyklika des Patriarchats von Konstantinopel von 1920, welche die Einladung zu einer allgemeinen Kirchenkonferenz enthielt (s. o., 323), und darf wohl als die treibende Kraft der dortigen ökumenischen Bemühungen angesehen werden. Auf Grund seiner fließenden Beherrschung des Deutschen, Englischen und Französischen konnte er sich auf internationalem Parkett ebenso mühelos bewegen wie Söderblom.

Um die Gewinnung der orthodoxen Kirche für eine Teilnahme an der Stockholmer Konferenz haben sich zwei Schweden besonders verdient ge-

---

666 Vgl. Davidsons Brief vom 12.2.1918, *Brev* ... (wie Anm. 1), Nr. 113. Zu dem Verhältnis der beiden Erzbischöfe vgl. G.K.A. BELL, »*Överfull av liv och i varje ögonblick livgivande*«, in: Hågkomster... 14 (wie Anm. 549, 184–194), 187–190. SÖDERBLOM war wegen der seiner Meinung nach übertriebenen Vorsicht Davidsons gelegentlich recht ungehalten, so in einem Brief an Kolmodin vom 26.11.1919 (NS ekumen. saml., UUB). Vgl. W. WEISSE, *Praktisches Christentum*, a.a.O. (wie Anm. 642), 134.

macht. Das ist zum einen der bereits erwähnte (s. o., 324) Johannes Kolmodin (1884–1933), der hochbegabte Sohn des konservativen Uppsalienser Neutestamentlers Adolf Kolmodin (s. o., 139).[667] Die Ansichten seines Vaters teilte er nicht. Er war Orientalist und Historiker geworden, hatte Forschungen in Äthiopien und Eritrea betrieben und war 1917 nach Konstantinopel gegangen, um über den schwedischen König Karl XII. zu forschen (er hatte ein Faible für starke Herrscher). Seine große politische Begabung brachte ihm zunächst 1920 eine Anstellung als »Dragoman«, d. h. als Dolmetscher und Vermittler zwischen dem Botschafter und einheimischen Behörden ein, und einige Jahre später die Ernennung zum Legationsrat. Von 1931 bis zu seinem Tod war er politischer Berater Haile Selassies in Äthiopien. Durch seine genaue Kenntnis der orientalischen Verhältnisse und der ostkirchlichen Mentalität sowie durch geschicktes Taktieren hat er gegenüber der hinsichtlich internationaler christlicher Initiativen misstrauischen, nationalistischen türkischen Regierung, die ja die Reiseerlaubnis für die vorgesehenen Delegierten erteilen musste, Entscheidendes zum Gelingen der orthodoxen Beteiligung an der Stockholmer Konferenz beigetragen. Seine Idee, auch einen muslimischen Hospes einzuladen, die bei Söderblom unter Bezug auf Gemeinsamkeiten im Offenbarungsverständnis überraschend positiven Anklang fand, hat sich jedoch am Ende nicht durchgesetzt.[668]

Der andere Mittelsmann war Herman Neander (1885–1953).[669] Er hatte durch ein Stipendium der Olaus-Petri-Stiftung 1910–1911 die Möglichkeit bekommen, Griechenland, Palästina und Russland zu besuchen. Dank seiner Sprachkenntnisse und seiner diplomatischen Fähigkeiten war er hervorragend geeignet, Kontakte sowohl zu Konstantinopel und Athen als auch zu Moskau zu knüpfen. Während des Krieges war er im Auftrag Söderbloms als erster Delegierter des Schwedischen Roten Kreuzes für Kriegsgefangene in Deutschland, Sibiren (mit Elsa Brändström) und Japan tätig. Söderblom hat ihn gerne als ad-hoc-Abgesandten für schwierige Missionen eingesetzt.

5. Von zentraler Bedeutung für Söderbloms ökumenisches Wirken und oft nicht genügend gewürdigt war *die skandinavische Basis*, insbesondere

---

667 Zu ihm vgl. *Nordisk familjebok* Uggleuppl. 36 Suppl., 1898; sowie B. SUNDKLER, N. *Söderblom, Johannes Kolmodin och ortodoxa kyrkan*, in: RoB 26/1967, 64–77.

668 Vgl. SUNDKLER, a.a.O. (wie vorige Anm.), 71–73, und die Briefe Kolmodins vom 9.4.1918 und 12.8.1918 sowie Söderbloms Brief vom 15.12.1919 (NS ekumen. saml., UUB); außerdem JAN HJÄRPE, *Islam och svensk teologi*, in: SvTK 64/1988 (16–21), 17–19.

669 Vgl. B. SUNDKLER, a.a.O. (wie Anm. 2), 172.183.197.

die Rolle der Bischöfe.[670] Bereits den Friedensappell von 1914 haben der Bischof von Oslo, Jens Tandberg (1852–1922) und der Bischof von Sjælland (Seeland), Harald Ostenfeld (1864–1934), mit unterzeichnet, ebenso die Einladungen an Papst Benedikt XV. vom 11.3.1918 und vom 20.2.1921.[671] Im Vorfeld der Kirchenkonferenz der neutralen Länder 1917 wurde die Zusammenarbeit intensiviert. 1919 ergriff Söderblom die Initiative, nordische Bischofskonferenzen zu einer festen Einrichtung zu machen, um dadurch nicht nur den Zusammenhalt der skandinavischen Kirchen zu stärken, sondern auch um die Brückenfunktion der »lutherischen Kernländer« rund um die Ostsee (einschließlich Finnland, Estland und Lettland) zu den Anglikanern auszubauen.

Weitere wichtige Mitarbeiter waren der Bischof von Haderslev (Sønderjylland, Dänemark), Valdemar Ammundsen (1875–1936), zuvor (1901–1923) ein bekannter Kirchenhistoriker in Kopenhagen, und der norwegische Pastor und Journalist Eivind Berggrav (1884–1959), in dessen Zeitschrift *Kirke og kultur* Söderblom etliche Aufsätze veröffentlicht hat. Berggrav wurde 1929 Bischof von Tromsö und als Bischof von Oslo 1937–1951 Primas der norwegischen Kirche. Als solcher hat er – lange Zeit aus dem ihm auferlegten Hausarrest heraus – den norwegischen Kirchenkampf gegen die deutsche Besatzung geführt. Sein Hauptwerk, *Der Staat und der Mensch*, vertritt eine Zwei-Reiche-Lehre ganz im Sinne Söderbloms: Gott ist der Herr beider (klar voneinander zu unterscheidender) »Reiche«.[672] Schließlich muss noch der Finne Jaakko Gummerus (1870–1933) genannt werden. Er war von 1900–1920 Kirchenhistoriker in Helsinki, dann Bischof von Porvoo und ab 1923 von Tampere. Da der finnische Erzbischof Gustaf Johansson sich zunehmend mit Söderblom entzweit (s.o., 284.295) und seine Ablehnung des Konferenzplans auch öffentlich in scharfer Form kundgetan, sogar eine internationale konservativ-lutherische Gegenkonferenz geplant hatte[673], übernahm Gummerus die Rolle des führenden öku-

---

670 Vgl. zum Folgenden N. Söderblom, *Kyrkliga samarbetet i Norden*, in: Nordens årsbok 1/1920, 53–57, bes. 56f; ders., *De nordiska folkekirkers plads og opgave i kristenheden*, in: Nordens kirker og nordiske aandstrømninger efter verdenskrigen, hg. v. A. Th. Jørgensen, København u.a. 1921, 11–21; Jarl Jergmar, *De nordiska biskopsmötena*, in: Nordisk lutherdom över gränserna. De nordiska kyrkorna i 1900-talets konfessionella samarbete, hg. v. L. Österlin (Skrifter utg. av Nordiskt Intitutet för kyrkohistorisk forskning 2), København u.a. 1972 (99–123), bes. 99.102.105.113.

671 Vgl. N. Söderblom, *Brev* ... (wie Anm. 1), Nr. 75.115.176.

672 Vgl. Eivind Berggrav, *Når kampen kom*, Oslo 1945; ders., *Der Staat und der Mensch* (Staten och mennesket, Oslo 1945, dt. v. W. Lindenthal), Hamburg 1946, 277f 303.

673 Vgl. Gustaf Johansson, *Die Stockholmer Weltkonferenz und das Luthertum*, in: AELKZ 57/1924, 821–824. Zu dem Konkurrenzunternehmen (das schnell im

menischen Vertreters in Finnland und nahm gegen den Willen Johanssons auch an der Stockholmer Konferenz teil.

Nicht vergessen werden darf der engste Mitarbeiterkreis in Uppsala, dessen Leistungen naturgemäß kaum dokumentiert sind.[674] Dazu gehörte einmal Söderbloms Schwiegersohn Yngve Brilioth (1891–1959). Er war 1915–1918 Söderbloms Privatsekretär, wurde 1919 Dozent für Kirchengeschichte und ab 1925 Professor in Åbo, später für Praktische Theologie in Lund. 1950–1958 war er Erzbischof. Ab 1947 hatte er verschiedene wichtige Positionen im Weltkirchenrat inne. Besonders zur anglikanischen Kirche, über deren Geschichte er mehrere Werke geschrieben hat, unterhielt er enge Beziehungen. Am bekanntesten ist wohl seine Arbeit über das Abendmahl in der schwedischen Kirche geworden. Brilioth war im Unterschied zu Söderblom eher introvertiert, ein besonders sprachlich hochbegabter Gelehrter, der Söderbloms Briefe an den Patriarchen in Konstantinopel auf Griechisch und an den Papst in glänzendem Latein formulierte. Durch ein Forschungsjahr in Rom (1913/14) war er überdies mit dem römischen Katholizismus gut vertraut.[675]

Der zweite enge Mitarbeiter war Knut Bernhard Westman (1881–1967). Er war ein gelehrter Historiker und fungierte in den ersten Jahren (ab 1914) vorwiegend als Söderbloms Berater und Abgesandter im Ausland. Er organisierte die Konferenz der Kirchenvertreter aus den neutralen Staaten 1917 und führte die Korrespondenz der Olaus-Petri-Stiftung. Seine Bewerbung auf den Lehrstuhl für Kirchengeschichte scheiterte 1920 möglicherweise daran, dass er wegen seiner Arbeit für Söderblom nicht genügend Veröffentlichungen vorweisen konnte. Er ging dann als Professor zur schwedischen Mission in China und kehrte 1930 als Professor für Missionswissenschaft nach Uppsala zurück.

Schließlich gehörte als Vertreter von Söderbloms eigener Generation Karl Fries (1861–1943) in diesen Kreis, ein erfahrener kirchlicher Praktiker, ein offener, humorvoller und freundlicher Mann. Er lebte in Stockholm, also 70 km von Uppsala entfernt. Erster Generalsekretär des KFUM (schwedischer CVJM) seit 1888, einer der Leiter der studentischen Mis-

Sande verlief) vgl. AILA LAUHA, N. *Söderblom and the Nordic Countries from a Finnish Point of View*, in: N. Söderblom as a European (wie Anm. 649, 43–59), 51. Auch Söderbloms politische Neigung zur Sozialdemokratie spielte wohl angesichts des gerade überstandenen Bürgerkrieges zwischen »Roten« und »Weißen« in manchen Kreisen Finnlands eine Rolle – außerdem vermutlich der Neid des alten Erzbischofs auf den populäreren schwedischen Kollegen, vgl. LAUHA, a.a.O., 50. 55.

674 Vgl. dazu B. SUNDKLER, a.a.O. (wie Anm. 2), 166–170.

675 Vgl. YNGVE BRILIOTH, *Nattvarden i svenskt gudstjänstliv*, Stockholm 1926, Englisch: *Eucharistic Faith and Practice Evangelical and Catholic*, London 1930.

sionsvereinigung zu Söderbloms Studienzeit, Mitbegründer der World Student Christian Federation 1895, stand er in vielfältiger Verbindung zu Söderblom. Seinem Vorschlag hatte Söderblom es zu danken, dass er an der Tagung in Northfield teilnehmen konnte. Von 1916–1918 war er Sekretär des schwedischen Komitees der World Alliance.

c Auf dem Weg nach Stockholm

Wie wir gesehen haben (s. o., 322), war es charakteristisch für Söderbloms Verständnis der Zwei-Reiche-Lehre, dass seine Bemühungen um Völkerverständigung und seine ökumenische Arbeit Hand in Hand gingen. Söderblom war darum auch überzeugt, die Verantwortlichen in den kriegführenden Ländern auf deren christliches Erbe ansprechen zu können, obwohl er natürlich wusste, wie vielfältig dessen Herrschaft bereits erodiert war, und obwohl selbst tonangebende Persönlichkeiten in Kirche und Theologie auf beiden Seiten den Sinn der christlichen Botschaft zu einem nationalen Götzendienst verfälscht hatten.[676] Damit aber die Kirchen ihrer Aufgabe als Boten der Versöhnung gerecht werden konnten, mussten sie da, wo es möglich war, mit den Politikern zusammenarbeiten.

1. Die Grundauffassung, dass Einigkeit der Kirchen die Bedingung für ihre Friedensbemühungen sein müsse, hatte bereits hinter dem Friedensappell von 1914 gestanden. Er war keineswegs naiv gewesen, sondern stellte bereits eine Reaktion auf die oben (271) beschriebenen unversöhnlichen öffentlichen Erklärungen deutscher, englischer und französischer Kirchenführer dar. Dass Söderblom dann von dort für seinen Aufruf keine Unterschriften bekam, hat ihn natürlich geschmerzt, aber gänzlich unerwartet war es für ihn nicht. Er hat sich in den folgenden Jahren mit weiteren Appellen zunächst zurückgehalten. Das änderte sich im Jahr 1917. Im Osten hatte sich die Lage durch die russische Februarrevolution völlig verändert. Zudem war nach den entsetzlichen Materialschlachten an der Westfront eine verbreitete Kriegsmüdigkeit eingetreten. Beides ließ die Hoffnung auf ein baldiges Ende des Massensterbens wachsen. Söderblom reagierte darauf, indem er am 23.3. an die beiden Bischöfe Ostenfeld und Tandberg mit dem Vorschlag herantrat, für August eine Konferenz von Kirchenvertretern aus den neutralen Staaten einzuberufen.[677] Daraus wurde zwar nichts, aber es mehrten sich nun ähnliche Versuche

---

676 Vgl. N. SÖDERBLOM, Herdabref ... 1914 (wie Anm. 272), 48, sowie die bereits mehrfach zitierte Predigt De två gudarne von 1914 (wie Anm. 215).
677 Vgl. N. KARLSTRÖM, a.a.O. (wie Anm. 2), 417 Anm. 9, und zum Folgenden das 4. Kap. (ebd., 405–472).

von ganz verschiedenen Seiten. So plante die Arbeiterbewegung eine internationale Friedenskonferenz in Stockholm für den Mai, die freilich trotz Terminverschiebung ebenfalls nicht zustande kam. Dafür gelang es Söderblom, evangelische Kirchenführer aus der Schweiz, den Niederlanden, Dänemark und Norwegen für die Unterzeichnung eines neuen Friedensaufrufs zu gewinnen, der Ende Mai 1917 veröffentlicht wurde.[678] Er trug auf Schwedisch den bezeichnenden Titel *Upprop om freden och reformationsminnet*, Aufruf zum Frieden und Reformationsgedächtnis. Die Zerrissenheit der christlichen Kirchen, insbesondere der evangelischen, angesichts der bevorstehenden Feier des Reformationsjubiläums, war der Anlass für diesen eindringlichen Appell. Die Reaktionen waren auch dieses Mal gemischt. Aber es war ein Zeichen gesetzt, das hier und da auch aufgegriffen wurde. So hat etwa Deißmann den Text in seinen Wochenbriefen abgedruckt und sich dort auch sonst für die Sache eingesetzt. Außerdem ergingen Appelle von anderen Seiten. Der bekannteste ist der von Papst Benedikt XV. an die Regierungschefs der kriegführenden Länder zum dritten Jahrestag des Kriegsbeginns am 1. August, an Stelle der Waffen das Recht walten zu lassen und gegenseitig auf Reparationen zu verzichten.[679] Auch verschiedene Gruppierungen deutscher Pfarrer meldeten sich zu Wort[680], und noch manche andere. Aber dann führten die Ablehnung des Friedensangebots, das Bethmann-Hollweg zur Jahreswende 1916/17 gemacht hatte, durch die Entente sowie der Kriegseintritt Amerikas zum Sturz des Kanzlers im Juli 1917 und ließen damit die Hoffnungen auf ein baldiges Ende des Krieges wieder in weite Ferne rücken.

2. Vor diesem Hintergrund sind erneute Versuche zu sehen, eine internationale Friedenskonferenz der Kirchen zustande zu bringen. Mitte August 1917 appellierte der *British Council for Promoting an International Christian Meeting*, anknüpfend an den Friedensappell der Neutralen vom Mai, an Söderblom, in dieser Richtung tätig zu werden. Das Schreiben kam erst einen Monat später in Uppsala an. Aber ungefähr zur gleichen Zeit erreichte Söderblom ein Artikel von William Temple vom 14.9., worin dieser, u.a. mit Beziehung auf eine Verlautbarung der englischen Quäker, ebenfalls auf eine solche Konferenz noch während des Krieges drängte.[681] Nun handelte Söderblom rasch. Er schlug seinen skandinavischen Bischofskollegen einen Termin im November in Verbindung mit der von der World Alliance geplanten Tagung vor. Aufgefordert werden

678 Text auf Schwedisch, Deutsch, Englisch und Französisch bei KARLSTRÖM, a.a.O., 626–631.
679 Vgl. AAS 9/1917, 417–423 (Französisch und Italienisch).
680 Beispiele bei KARLSTRÖM, a.a.O. (wie Anm. 2), 635–637.
681 WILLIAM TEMPLE, *Notes of the Week*, in: The Challenge 7/1917, 301. Vgl. KARLSTRÖM, a.a.O., 451 f 455 f 468; T. ANDRAE, a.a.O. (wie Anm. 2), 179 f.

sollten u. a. die beiden englischen Erzbischöfe, der deutsche Oberhofprediger Ernst von Dryander und ein amerikanischer Kirchenvertreter. Der Vatikan und die Ostkirchen waren nicht eingeladen. Das Datum musste wegen der Knappheit der Zeit auf den 14.–16.12. verschoben werden. Söderblom schrieb noch einen kurzen werbenden Artikel in der englischen Zeitschrift The Challenge, der am 23.11. veröffentlicht wurde. Darin berief er sich auf eine Passage in Adolf von Harnacks aus Anlass des Reformationsjubiläums verfasstem Aufsatz, wo dieser (eine eigene Äußerung von 1891 zitierend) geschrieben hatte, »die brüderliche Einheit der Menschen«, wie sie vom Evangelium verkündigt wird, stehe unendlich höher als jeder Patriotismus. Offensichtlich hoffte Söderblom, dass diese Abkehr des berühmten Theologen von seinen nationalistischen Äußerungen zu Kriegsbeginn die englischen Leser beeindrucken würde.[682] Doch erhoben sich teils wiederum gravierende Bedenken gegen die Durchführung einer solchen Konferenz vor dem Ende der Kampfhandlungen (Davidson), teils erreichten die Einladungen ihre Empfänger offenbar zu spät, so z. B. in Frankreich, wo man aber ohnehin nach wie vor strikt ablehnend war. Der amerikanische Federal Council war mit Frankreich, das damals in Amerika weithin als Vertreter des »guten, demokratischen« Prinzips gegen den »bösen« deutschen Militarismus galt, solidarisch. So beschlossen die Planer in Uppsala wenig später, den Teilnehmerkreis auf Kirchenvertreter aus den neutralen Ländern zu beschränken. Von diesen kamen dann 34 Delegierte zum angekündigten Termin in Uppsala zusammen, davon 23 Mitglieder der World Alliance. Wichtigster Punkt der Tagesordnung war die Vorbereitung der eigentlich intendierten großen Konferenz, die dieses Mal ohne Koppelung mit der World Alliance stattfinden

---

682 N. Söderblom, An International Church Conference, in: The Challenge 8/ 1917–1918, 55 f; A. v. Harnack, Die Reformation und ihre Voraussetzung, in: Erforschtes und Erlebtes, Reden u. Aufs. N. F. 4, Gießen 1923 (72–140), 131 (urspr. in: IMW 11/1916–17, 1281–1352). Vgl. N. Karlström, a. a. O. (wie Anm. 2), 477 f. – Harnack zitiert hier seinen Aufsatz Was wir von der römischen Kirche lernen und nicht lernen sollen, in: ChW 5/1891 (401–408), 403, abgedruckt in Reden u. Aufs. 2, Gießen ²1906 (247–264), 252 f. Am 10.9.1914 hatte er in einem offenen Brief an 11 englische Pfarrer die Verletzung der belgischen Neutralität noch als »Notrecht« gegen die Ermutigung Belgiens zum Krieg durch die Entente und als »sittliche Pflicht« verteidigt, weil es um den Schutz Europas vor »dem Wüstensande der asiatischen Unkultur Rußlands und des Panslawismus« gehe (ders., Aus der Friedens- und Kriegsarbeit. Reden u. Aufs. N. F. 3, Gießen 1916, 295 f). Noch am 1.8.1916 (ders., An der Schwelle des 3. Kriegsjahres, ebd. 331–348) rief er dazu auf, alle eroberten Gebiete zu halten, von der Somme bis zur Beresina, und die Kolonien zurückzugewinnen (ebd., 343 f). Doch hat er sich später für einen Verständigungsfrieden eingesetzt und die Demokratie prinzipiell bejaht.

sollte.[683] Für deren Beginn wurde der 14.4.1918 vorgeschlagen; für den Ort einigte man sich auf Uppsala. Danach wurden im Blick auf das gesetzte Ziel die Sachthemen diskutiert: Die Einheit der Christen im Glauben an Christus; die Aufgabe der Christen, sich als »Salz der Erde« im Namen der Liebe für Völkerverständigung einzusetzen; die Durchsetzung einer internationalen Rechtsordnung, die eine Gabe Gottes sei, gegen reine Machtpolitik und Gewalt; der übernationale Charakter der Mission (konkret: z. B. die Rückgabe der bis 1914 betreuten Missionsfelder an die deutschen Missionsgesellschaften nach Beendigung des Krieges, zugleich aber Hinwirken auf wachsende Eigenständigkeit der afrikanischen und asiatischen Kirchen).

Der Termin musste noch einmal verschoben werden, jetzt auf den September 1918. Schon zum Frühjahrstermin waren auch der Vatikan und die Orthodoxen zur Mitarbeit gebeten worden (für das zweite Datum hatte Söderblom auch Kontakte nach Athen und Moskau aufgenommen). Die Letzteren reagierten durchaus positiv; von der de facto ablehnenden Reaktion des Vatikans war bereits die Rede (s. o., 320). Aber die Bedenken der Kirchen in den kriegführenden Nationen gegen eine Zusammenkunft vor einem Waffenstillstand waren noch nicht behoben. Dazu kamen Schwierigkeiten, Pässe für die Ausreise zu bekommen, die fortdauernde Gefährlichkeit des Seeweges sowie die Auffassung der englischen Behörden, Söderblom sei einseitig deutschfreundlich. So musste das Projekt einstweilen auf unbestimmte Zeit verschoben werden. Immerhin hatte es aber inzwischen nicht wenige Fürsprecher in verschiedenen Ländern gefunden. Söderblom selbst versuchte das Interesse dadurch am Leben zu erhalten, dass er eine Vorlesungsreihe im Rahmen der Olaus-Petri-Stiftung über die Einheit der Kirche einrichtete, zu der namhafte Redner aus dem Ausland wie Deißmann, Siegmund-Schultze oder der russische orthodoxe Theologe Nikolaj Glubokowskij aufgefordert wurden. Die Reihe wurde in den folgenden Jahren noch fortgesetzt. Sie bot Söderblom abgesehen von der Publizität für seine Pläne auch die Gelegenheit, mit Kirchenleuten aus den kriegführenden Ländern persönlich zu sprechen.

3. Die positive Wende erfolgte schließlich im Oktober 1919 auf einer Tagung der World Alliance in Oud Wassenaar, einem kleinen Ort in der Nähe von Den Haag. Die äußeren Hinderungsgründe aus der Kriegszeit waren jetzt weggefallen. Freilich war Söderbloms Stellung in der World Alliance noch keineswegs gesichert, es gab starke Kräfte, die ihn in Schach halten wollten. Er hielt sich zunächst im Hintergrund, legte aber dann ein ausführliches Memorandum vor, das seinen langgehegten Plan einer

---

683 Vgl. KARLSTRÖM, a. a. O., 498–502. Zum Folgenden vgl. seine gründliche Darstellung ebd., 522–558.

großen internationalen Kirchenkonferenz noch einmal darlegte und begründete.[684] Nach längerer Diskussion entschied man, dass die Einberufung einer solchen Konferenz nicht in die Zuständigkeit der World Alliance fiel, sondern durch die Kirchen erfolgen sollte. Man bildete ein Komitee für die Weiterarbeit, aus dem sich dann die neue Organisation Life and Work entwickeln sollte. Damit war zugleich eine Ausweitung der Thematik über die Friedenspolitik hinaus auf die sozialen Probleme überhaupt gegeben.

Auf einem informellen Treffen im folgenden Monat in Paris (an dem Söderblom nicht selbst teilnehmen konnte) wurde beschlossen, eine größere Vorbereitungstagung vom 9.–12.8.1920 in Genf einzuberufen, die dann, mit 90 Delegierten aus 15 Ländern, zur konstituierenden Tagung von Life and Work wurde (s.o., 329f). Die personelle Besetzung war eindrucksvoll. So nahmen z.B. von schwedischer Seite Gustaf Aulén, Yngve Brilioth und Karl Fries teil, von amerikanischer Charles Macfarland und auch zwei führende Männer von Faith and Order, der Episcopalian (anglikanische) Bischof Brent und Robert Gardiner. Die Orthodoxen und der Vatikan waren nicht eingeladen worden, weshalb die anglikanische Kirche keine offizielle Delegation geschickt hatte. Dahinter stehen u.a. Aktivitäten Macfarlands, der energisch einer umfassenderen Repräsentation zu diesem Zeitpunkt widerriet und im Übrigen (gegen den Beschluss von Oud Wassenaar) an einer möglichst großen amerikanischen Delegation interessiert war.[685] Der Vatikan war auch von Söderblom im Memorandum wegen seines Alleinvertretungsanspruchs ausgeschlossen worden.[686] Doch hatte dieser sich um eine breitere und gleichmäßigere Vertretung der Kirchen bemüht und darüber hinaus auf eigene Faust den Metropoliten Germanos mit einer Gruppe hochrangiger Kirchenleute gebeten, einige Tage vor der Faith-and-Order-Konferenz zu kommen und die Life-and-Work-Tagung zu besuchen. Als sie erschienen, diskutierte man gerade die Zusammensetzung der geplanten großen Konferenz. Das von Germanos vorgetragene offene Bekenntnis zur Zusammenarbeit bewirkte, dass man nun wie selbstverständlich davon ausging, dass die Ostkirche beteiligt würde.[687] Recht kontrovers war dagegen die Frage der Einladung an Rom, für die Söderblom nunmehr eintrat – wohl nicht zuletzt, um so auch die

684 N. SÖDERBLOM, *Memorandum Presented to the International Committee of the World Alliance for Promoting International Friendship Through the Churches at The Hague, October 2nd, 1919*, Uppsala 1920. Vgl. B. SUNDKLER, a.a.O. (wie Anm. 2), 228–233.
685 Vgl. W. WEISSE, a.a.O. (wie Anm. 642), 142f; B. SUNDKLER, a.a.O. (wie Anm. 2), 240f.
686 Vgl. W. WEISSE, a.a.O., 52.
687 Vgl. W. WEISSE, a.a.O., 153.

zögernden Anglikaner zur Mitarbeit zu bewegen. Er setzte sich damit durch, wiewohl ihm klar war, dass er im Endeffekt allenfalls mit der inoffiziellen Teilnahme einiger Einzelpersonen rechnen konnte.[688] Mit dieser doppelten Ausweitung des Spektrums hatte Söderblom den Durchbruch zu einer wirklich ökumenischen Konferenz erreicht und war von jetzt an der unbestrittene Mittelpunkt der Bewegung. Doch nahmen die Debatten auf Grund von Auseinandersetzungen zwischen der französischen und der deutschen Delegation über die Frage der Kriegsschuld einen zum Teil recht stürmischen Verlauf.[689] Es war also immer noch keineswegs sicher, ob die Weltkonferenz, für die man als Termin 1922 oder 1923, als Ort zunächst Uppsala, sehr bald aber Stockholm ins Auge fasste, tatsächlich würde stattfinden können.

Dass das Datum der Genfer Tagung unmittelbar vor dem der ersten Sitzung von Faith and Order lag (auf die dann gleich noch eine Tagung der World Alliance folgte, wo Söderblom zu einem der Vizepräsidenten gewählt wurde), war natürlich kein Zufall, sondern durch die partielle Identität der Teilnehmer bestimmt, und verrät zudem wohl auch die Absicht, zwischen den getrennt arbeitenden Organisationen keine Konkurrenzsituation, sondern gute Beziehungen walten zu lassen. Das kam nicht zuletzt darin zum Ausdruck, dass Söderblom auch von Faith and Order zum Vizepräsidenten gewählt wurde. Es war aber von vornherein klar, dass Life and Work die nach 1918 unvermindert dringliche Aufgabe einer Versöhnung der Kirchen der verfeindeten Länder und die gewaltigen durch den Krieg entstandenen Probleme sozialer Not, die in der thematischen Planung nun ebenfalls einen breiten Raum einnahmen, so rasch wie möglich in Angriff zu nehmen habe, während die Arbeit von Faith and Order naturgemäß langfristig angelegt war. Dieser äußere Grund unterstützte die tiefere ekklesiologische Begründung Söderbloms, von der wir schon gesprochen haben, und wurde offenbar von allen Beteiligten akzeptiert.[690]

Söderblom flankierte seinen praktischen Einsatz für das Zustandekommen der großen Konferenz durch Veröffentlichungen über evangelische Katholizität, in denen er seine zugrunde liegende ekklesiologische Konzeption vorstellte, wie wir sie oben beschrieben haben (s. o., 315–319). In einem dieser Artikel forderte er bereits 1919 die Bildung eines ökumenischen Rates der Kirchen mit dem Erzbischof von Canterbury und dem Patriarchen von Konstantinopel als geborenen Mitgliedern und im Übrigen demokratisch gewählten Vertretern – eine Vorstellung, deren Realisierung

---

688 Vgl. B. SUNDKLER, a. a. O. (wie Anm. 2), 249–251.
689 Vgl. N. SÖDERBLOM, *Kristenhetens möte* ... (wie Anm. 67), 20; B. SUNDKLER, a. a. O., 241 f.
690 Vgl. N. SÖDERBLOM, *Kristenhetens möte* ..., 26–28.

noch fast 30 Jahre auf sich warten lassen sollte.[691] In den Stichworten für seine programmatische, auf Englisch gehaltene Rede auf der Genfer Konferenz ist dieser Punkt ebenso hervorgehoben wie die sachliche Zielrichtung: »Christian principles in the construction of Society, social, economical. *New Creed*«.[692]

Die folgenden Jahre dienten der weiteren Vorbereitung, die sich als äußerst schwierig erwies. Das lag vor allem daran, dass einerseits das Unrecht und die Grausamkeiten des Krieges wie die Verletzung der belgischen Neutralität und die Politik der verbrannten Erde durch die Deutschen in Nordfrankreich nicht vergessen waren und andererseits die Härte des Versailler Vertrages sowie die Besetzung des Ruhrgebiets durch die Franzosen das Elend der deutschen Bevölkerung noch einmal verschärft und zudem durch den Einsatz schwarzer Truppen aus den Kolonialgebieten rassistische Ressentiments geschürt hatten. Die Kirchen waren hüben wie drüben noch völlig unkritisch in der öffentlichen Meinung gefangen. Dass Söderblom das Unrecht auf beiden Seiten öffentlich und deutlich kritisiert hatte, machte seine Position nicht leichter.[693] Nur mit Mühe erreichte er, dass die Frage der Kriegsschuld aus dem Programm der Stockholmer Konferenz ausgeklammert wurde. Zu Recht ließ er die Gegenargumentation, man würde sich damit um die entscheidenden Fragen herumdrücken, nicht gelten, denn es war abzusehen, dass die Konferenz sonst mit einem Eklat enden würde. In Deutschland war immerhin zwischenzeitlich eine gewisse Aufweichung der Opposition gegen internationale kirchliche Zusammenarbeit dadurch eingetreten, dass eine Reihe von amerikanischen Besuchen des Landes seit 1920 zu einer Korrektur des Deutschlandbildes in den USA und zu verstärkter materieller Hilfe für die notleidende Bevölkerung geführt hatte. Vor allem aber wurde der vornehmlich an den amerika-

---

691 Diese Forderung findet sich in N. SÖDERBLOM, *Evangelisk katolicitet* (wie Anm. 622), 119–122. Dieser Artikel erschien in geraffter deutscher Übersetzung als: *Die Aufgabe der Kirche* (wie Anm. 622). In *The Church and International Goodwill*, in: The Contemporary Review 116/1919, 309–315 trägt er im Wesentlichen die gleichen Gedanken vor. Die Idee eines ökumenischen Kirchenrates hat Söderblom übrigens in genau dieser Form schon ein halbes Jahr zuvor geäußert, nämlich in einem Brief an J. Kolmodin vom 8.3.1919 (NS ekumen. saml., UUB).

692 Bleistiftnotizen, abgedruckt bei B. SUNDKLER, a.a.O. (wie Anm. 2), 244.

693 Vgl. seine Rede auf der allgemeinen Kirchenkonferenz in Stockholm am 4.3.1923, die in erweiterter Form als *Tidens tecken* (wie Anm. 521) gedruckt wurde, sowie seine Entgegnung auf die Kritik, die der Präsident der Fédération protestante de France, Édouard Gruner, daran geübt hatte, vom 4.4.1923, in: N. SÖDERBLOM, *Brev ...* (wie Anm. 1), Nr. 208. (Gruners Kritik: Nr. 207 vom 28.3.1923). STAFFAN RUNESTAM macht darauf aufmerksam, dass auch in Frankreich die Meinungen in dieser Sache nicht einheitlich waren; so hat sich etwa das französische Komitee der World Alliance viel versöhnlicher geäußert: *N. Söderblom, ekumeniken och Europa*, in: ders., Söderblomsstudier, Uppsala 2004 (119–143), 133–135.

nischen Präsidenten gerichtete klare öffentliche Protest der schwedischen Bischöfe vom 1.2.1923 gegen die Ruhrbesetzung außerordentlich positiv aufgenommen, von französischer Seite freilich als einseitige Parteinahme für Deutschland verstanden.[694] Trotzdem gärte es in der deutschen Kirche weiter. Ein Indiz dafür ist, dass der Kirchenausschuss die zu einer der Vorbereitungskonferenzen (Helsingborg 1922) bereits eingeladenen Delegierten Theodor Kaftan und Friedrich Siegmund-Schultze wieder auslud, weil sie der national gesonnenen Mehrheit nicht genehm waren.[695]

In England blieb Erzbischof Davidson weiterhin skeptisch. Doch vertiefte er die Beziehungen zu den Orthodoxen erheblich, so sehr, dass der Metropolit Germanos sich veranlasst sah, seinen Wohnsitz in London zu nehmen. Daneben führte der anglokatholische Flügel seiner Kirche seit 1921 geheime Gespräche im Hause des Erzbischofs Désiré Kardinal Mercier in Mechelen (Malines) über eine mögliche Annäherung an die römische Kirche. Diese waren allerdings chancenlos: Nach anfänglicher Duldung durch Benedikt XV. wandte sich der neue Papst Pius XI. (1922–1939) gegen derartige Pläne, so dass der Versuch schließlich 1926 ergebnislos zu Ende ging. Es erscheint mir daher zweifelhaft, dass die Rücksicht auf diese Gespräche für Davidson eine ausschlaggebende Rolle gespielt hat.[696] Jedenfalls wollte er es mit keiner Seite verderben und ließ sich schließlich 1924 von Söderblom dazu überreden, die Ehrenpräsidentschaft über die britische Delegation anzunehmen – aber ohne eine darüber hinausgehende Verpflichtung für ihn selbst.[697]

---

694 Vgl. N. SÖDERBLOM, *Brev* … (wie Anm. 1), Nr. 201 Beilage, die Stellungnahmen des preußischen Ministerpräsidenten OTTO BRAUN vom 17.2.1923 (Nr. 206) und des französischen Premierministers RAYMOND POINCARÉ vom 15.2.1923 (Nr. 204) sowie den im Ton konzilianteren, aber in der Sache ähnlich argumentierenden Brief von ÉDOUARD GRUNER, der in der vorigen Anm. bereits erwähnt wurde. Der Verdacht der Einseitigkeit beruhte darauf, dass die englische und deutsche Version der Protestnote den Vorwurf der Vergewaltigung deutscher Frauen durch schwarze Besatzungssoldaten aufgegriffen hatten, die französische dagegen weniger konkret war. Dass hinter dieser – alsbald korrigierten – Ungleichheit unbewusste Absicht gesteckt haben könnte, halte ich für reine Spekulation, gegen W. WEISSE, *Irenic Mediator for Unity – Partisan Advocate for Truth. N. Söderblom's Initiatives for Peace and Justice*, in: N. Söderblom as a European (wie Anm. 649, 15–42), 30 f.
695 Vgl. W. WEISSE, a.a.O. (wie Anm. 642), 199.
696 Gegen W. WEISSE, a.a.O., 175. Ebenso dürfte Söderblom bei seiner Verbindung zur Ostkirche als Gegenpol weniger speziell die Gespräche von Mechelen im Auge gehabt haben als vielmehr die Position der anglikanischen Kirche als ganzer; gegen B. SUNDKLER, *N. Söderblom, J. Kolmodin* … (wie Anm. 667), 67. – Zu Germanos vgl. WEISSE, a.a.O., 173, und zu Mechelen STEPHEN RUNCIMAN u.a., *Anglican Initiatives in Christian Unity*, London 1967, 73–107, bes. 91–94.
697 Vgl. W. WEISSE, a.a.O., 174.

4. Die Vorbereitungen für Stockholm bestanden unter anderem in einer Serie von Konferenzen, die bewusst in verschiedenen Ländern abgehalten wurden. Sie müssen hier nicht im Einzelnen referiert werden.[698] Nur die bereits erwähnte COPEC-Tagung der britischen Sektion von 1924 verdient noch einmal genannt zu werden, weil sie von allen Vorbereitungsveranstaltungen am meisten beigetragen hat; auch Söderblom selbst hat sie als besonders hilfreich empfunden.[699]

Von Bedeutung war aber eine Zusammenkunft, die nicht unmittelbar mit Life and Work zu tun hatte und nicht einmal interkonfessionell angelegt war, nämlich die auf amerikanische Initiative hin einberufene Gründungskonferenz des Lutherischen Weltkonvents, der Vorgänger-Organisation des Lutherischen Weltbundes, 1923 in Eisenach. Sie ist für uns nicht zuletzt deshalb interessant, weil es in ihrem Vorfeld strittig war, ob man Söderblom überhaupt dazu einladen sollte. Er war nämlich den deutschen Lutheranern nicht »lutherisch« genug. Sie vertraten mehrheitlich eine stark national gefärbte Theologie der Schöpfungsordnungen, nach welcher der Staat eine göttliche Schöpfung darstelle, die einer »Eigengesetzlichkeit« im Sinne einer eigenen Moralität unterliege.[700] Ludwig Ihmels, der Söderblom von seiner Leipziger Professorenzeit her gut kannte, gab den Ausschlag für die Aufforderung an ihn, in Eisenach zu sprechen. Man hätte ihn ja auch wirklich schlecht übergehen können. So wurden ihm die Eröffnungsrede und ein Hauptvortrag anvertraut. In der Rede räumte er durch ein glasklares Bekenntnis zur Rechtfertigung *sola fide* jenen Verdacht aus der Welt, unterstützte auch nachdrücklich die Intention der Versammlung, dem Luthertum in der Welt einen organisatorischen Rahmen zu geben, warnte aber zugleich vor der Gefahr des Aberglaubens an die eigene Institution: »... das Wort Gottes [ist] unsere einzige Stärke. ... Wir sollen selbst durch Gottes Gnade das Wort ... inkarnieren. Wir sollen ein Brief Christi an die Menschheit sein.« Der Vortrag behandelte dann das Thema *Die universale Bedeutung Martin Luthers.* Schon diese Überschrift richtet sich gegen die damals verbreitete Rede vom »deutschen Luther«: Luther gehört nicht einem Volk allein, sondern der ganzen Welt. Er wollte nicht der Begründer einer Konfessionskirche oder einer Nationalkirche sein, sondern seine Bedeutung liegt in der Grundlegung der spezifisch evangelischen Katholizität, d. h. in der Proklamation der christlichen Freiheit, die in dem unbedingten Sich-bestimmen-lassen durch Gott ihren Grund

---

698 Dies ist umso weniger notwendig, als ich hier auf W. WEISSES genau recherchierte und detailreiche Untersuchung verweisen kann, a.a.O. (wie Anm. 642), 183–220.

699 N. SÖDERBLOM, *Brev* ... Nr. 220: am 5.5.1924 an A. v. Harnack.

700 So z.B. REINHOLD SEEBERG, *System der Ethik,* ²1920, 123. 244 u.ö. Zur Vorgeschichte von Eisenach vgl. B. SUNDKLER, a.a.O. (wie Anm. 2), 294.

hat.[701] Die Vertretung dieses reformatorischen Kerngedankens samt seinen praktischen Konsequenzen ist der ökumenische Beitrag, den die Lutheraner zu leisten haben.

Söderblom ist sich durchaus darüber klar, damit eine gewisse Modernisierung Luthers zu vollziehen.[702] Aber so wichtig es sei, das heilige Erbe rein zu bewahren: »Es ist eine noch heiligere Pflicht, davon Gebrauch zu machen in unserem eigenen Leben und in dem der Christenheit und der Menschheit« (109). Söderblom spricht hier nicht als Historiker, sondern als Kirchenmann, dem es um Luthers Relevanz für die gegenwärtige kirchliche und gesellschaftliche Lage geht. In diesem Bewusstsein, im Sinne Luthers das jetzt Notwendige zu tun, fordert er mit seiner Deutung die konservativen deutschen Lutheraner heraus, deren eigenes nationales Verständnis natürlich eine nicht geringere Modernisierung darstellt.

5. Daneben bemühte sich Söderblom noch auf anderer Ebene um den Zusammenhalt der lutherischen Kirchen.[703] So hat er 1921 in Reval (Tallinn) einen Bischof und 1922 zwei in Riga (Karlis Irbe für die lettische Mehrheit und Peter Poelchau für die deutsche Minderheit) konsekriert, einen weiteren in der Tschechoslowakei 1928. Ob man diese Vorgänge als Söderbloms Beitrag zu Faith and Order bezeichnen soll, wie es Sundkler tut, erscheint mir freilich zweifelhaft. Mir scheint das eher – vor allem im Fall der baltischen Kirchen (die Ostsee als mare Lutheranum) – ganz schlicht ein Ausdruck der Verbundenheit mit diesen Kirchen zu sein. Jedenfalls wollte Söderblom mit diesen Aktionen nicht plötzlich doch die Unerlässlichkeit der apostolischen Sukzession dokumentieren. Das ergibt sich zweifelsfrei aus seiner Reaktion auf das Ansinnen Friedrich Heilers, der unter Berufung auf diese Bischofsweihen angefragt hatte, ob Söder-

701 Die Eröffnungsrede *Ein Brief Christi an die Menschheit* steht in der Unterhaltungsbeilage (!) der Deutschen Zeitung Nr. 383 vom 22.8.1923 (fehlt bei Ågren; m.W. nirgends wieder abgedruckt). Über das Thema des Hauptvortrages (der m.W. ungedruckt blieb) hat Söderblom mehrfach in verschiedener Form vorgetragen: 1921 in Worms (M. *Luthers universella betydelse*, in: Tal och skrifter 3, Stockholm 1933, 292–300), sowie 1923 auf seiner Amerikareise in Philadelphia (sehr knapp) und in Rock Island/IL, wo er im Wesentlichen die in Eisenach vorgetragenen Gedanken wiederholt haben dürfte. Diese Fassung steht in seinem Buch *Från Upsala till Rock Island* (wie Anm. 10), 96–110 (vgl. bes. 97. 104). Danach die nächste Seitenzahl.

702 Wie viel ihm dennoch an einem Rückhalt für seine ökumenischen Pläne bei Luther lag, zeigt eine andere Stelle. In dem Aufsatz *Christliche Lebens- und Arbeitsgemeinschaft* (Flugschriften d. Luther-Ges. 8), Wittenberg 1922, zieht er eine Linie von der geplanten Life-and-Work-Konferenz zu Luthers Forderung eines Konzils, das Maßnahmen zur Eindämmung der sittlichen Verwahrlosung beschließen solle (Vorrede zu den *Schmalkaldischen Artikeln*, BSLK 411–413).

703 Zu diesem und dem folgenden Abschnitt vgl. B. SUNDKLER, a.a.O. (wie Anm. 2), 273–291.

blom nicht einige Geistliche aus seinem, Heilers, Hochkirchlich-ökumenischen Bund, die Zweifel an der Gültigkeit ihrer Ordination hätten, »nachordinieren« könnte. Söderblom lehnte das ab und verwies Heiler an Bischof Poelchau in Riga – sicher nur eine ausweichende Auskunft, denn er fügt sogleich hinzu, der Erzbischof von Canterbury wäre für solch einen Akt auch nicht zu gewinnen.[704]

6. In mehreren Fällen hat Söderblom in Problemsituationen bei evangelischen Kirchen im Ausland interveniert. So berief er 1921 eine hochkarätig besetzte internationale Konferenz nach Uppsala ein, um einen Streit zu schlichten, der in der zu 80 % deutschsprachigen Augsburgischen Kirche Polens ausgebrochen war, weil der Generalsuperintendent Juliusz Bursche darauf hinwirkte, um der Evangelisation willen zur polnischen Sprache überzugehen. Erfolg war ihm nicht beschieden, was den ehrlichen Makler natürlich nicht diskreditierte. Ein anderes Beispiel ist der Versuch, die schwedischen Bischöfe für einen Protest gegen die Übergabe der evangelischen Jacobikirche in Riga durch die Regierung des gerade unabhängig gewordenen Landes an die katholische Minderheit zu aktivieren.[705] Da diese Maßnahme aber durch ein Konkordat gedeckt war, hatte sie ebenfalls keinen Erfolg.

Als letztes Beispiel mag das gegenüber der Wartburg gelegene Haus Hainstein erwähnt werden. Es war Anfang der zwanziger Jahre ein Hotel, im Besitz einer katholischen Familie, das die katholische Kirche für den Erwerb des Hauses zu interessieren versuchte. Anlässlich der Tagung des Lutherischen Weltkonvents nahm der Oberbürgermeister von Eisenach Kontakt zu einigen Delegierten auf und gewann sie für seine Idee, das Haus in den Besitz der evangelischen Kirche zu bringen, um daraus ein Studienhaus zu machen. Das Problem war der Preis von 100.000 $. Durch Söderbloms Vermittlung gelang es im Oktober 1924, mit Hilfe der schwedischen Kirche, der deutschen Landeskirchen und der Wartburgstiftung die Finanzierung zu sichern und so die unmittelbare Umgebung der Wartburg in evangelischer Hand zu halten, eine Maßnahme von nicht zu unterschätzender symbolischer Bedeutung. Das Haus wurde dann bis 1933 unter Leitung des Pastors Paul Le Seur für eine evangelische Jugendvolkshochschule nach schwedischem Vorbild genutzt.[706]

---

704 N. Söderblom, *Brev* ... (wie Anm. 1), Nr. 289 und 290 vom 4.1.1927 (Heiler) und 14.1.1927 (Söderblom). Söderblom zeigt sich deutlich irritiert durch den Begriff »hochkirchlich« in dem Namen jener Vereinigung.
705 Vgl. N. Söderblom, *Brev* ..., Nr. 212 vom 11.8.1923 an Gottfrid Billing.
706 Nach der Website hainstein.elkth-online.de (2002).

d Über Europa hinaus

1. Wir hatten oben (322 f) festgestellt, dass Söderbloms These, das Christentum solle zur Seele des Völkerbundes werden, eine gewisse Beschränkung auf einen spezifisch abendländischen Gesichtswinkel bedeutet, freilich zugleich betont, dass er dabei nicht eine christliche Kolonisierung der übrigen Welt, sondern eine freie, letztlich vom Prinzip christlicher Liebe geleitete Rechtsgemeinschaft im Sinn hatte. Diese Interpretation wird dadurch gestützt, dass er in seinen Ausführungen über die Mission stets jede Form von Kolonialismus abgelehnt und gefordert hat, die jungen Kirchen müssten so rasch wie möglich selbstständig werden und den christlichen Glauben mit ihrer eigenen Kultur vermitteln (s. o., 225. 302). Dass diese Forderung sich nicht auf eine nebelhafte ferne Zukunft bezog, zeigt exemplarisch sein Einsatz für die Einführung des Bischofsamtes in der lutherischen Missionskirche in Tranquebar (heute Tharangambadi) in Südindien.

Das Christentum war 1706 durch die beiden in königlich-dänischen Diensten stehenden, von August Hermann Francke beeinflussten deutschen Missionare Bartholomäus Ziegenbalg (1682–1719) und Heinrich Plütschau (1677–1752) in Tranquebar eingeführt worden.[707] Ab Mitte des 19. Jahrhunderts haben vor allem schwedische und deutsche Missionare dort gearbeitet. Die pietistische Prägung der neugegründeten Kirche blieb erhalten, doch drängte sich mehr und mehr die Notwendigkeit einer festeren institutionellen Struktur auf. So setzte sich schon der schwedische Missionar Carl Jacob Sandegren (1874–1968) für die Einführung des Bischofsamtes ein, freilich ohne Erfolg. Das Thema kam bei den lutherisch-anglikanischen Gesprächen im Lambeth Palace 1908 erneut auf die Tagesordnung. Jetzt stand das Problem der Anerkennung der nicht von Bischöfen vollzogenen Ordinationen in Indien im Hintergrund (s. o., 182 f). Die Engländer hatten vorgeschlagen, sie anglikanischen Bischöfen zu übertragen. Davor aber warnte der schwedische Verhandlungsführer Tottie: Die Lutheraner in Indien würden das als Bevormundung verstehen. Er mag dabei auch an die unerfreulichen Erfahrungen gedacht haben, welche die schwedisch-lutherische Augustana Synod mit den Episcopalians in den USA gemacht hatte (s. o., 183).

Als Folge des I. Weltkrieges waren nun die deutschen Missionare aus Indien ausgewiesen worden und die Verantwortung für das Gebiet um Tranquebar ganz auf die Schweden übergegangen. Im Oktober 1914, noch

---

707 Zum Folgenden vgl. B. SUNDKLER, a.a.O. (wie Anm. 2), 307–314; DAVID M. THOMPSON, Art. *Unionen, kirchliche*, IV,2, in: TRE 34 (367–331), 330; HUGALD GRAFE, Art. *Ziegenbalg, Bartholomäus*, in: TRE 36, 666–668.

vor seinem offiziellen Amtsantritt als Erzbischof, setzte Söderblom ein Komitee zur Klärung der immer noch schwelenden Bischofsfrage ein. Aus dessen Treffen ging der Entwurf der Ordnung einer unabhängigen lutherischen Kirche in Südindien hervor. Eine solche etablierte sich tatsächlich im Januar 1919, nicht ohne Zusammenhang mit Mahatma Gandhis im gleichen Jahr aufkeimender politischer Unabhängigkeitsbewegung. Doch das Modell der neuen Kirchenverfassung orientierte sich an den noch von der Leipziger Mission stammenden Vorgaben. Söderblom und sein Komitee drängten darum auf Korrektur im Sinne einer episkopal-synodalen Verfassung. Damit stießen sie auf den Widerstand nicht nur der Leipziger Mission (die aber noch gar nicht wieder in Indien arbeiten durfte), sondern auch der betroffenen indischen Kirche selbst, die ein klerikal-autoritäres Kirchenregiment befürchtete. Söderblom schickte daraufhin eine kleine Delegation nach Indien, die dort Überzeugungsarbeit leistete: Die Einführung des Bischofsamtes müsse keineswegs solche Folgen haben, und im Übrigen sei ein Bischof eben etwas anderes als ein Missionsinspektor. Das heißt: Das Amt soll die verfassungsmäßige Selbstständigkeit der Kirche garantieren. Es handelt sich also zwar um die Übertragung des schwedischen Modells auf die indische Situation, aber im Dienst gerade nicht einer europäischen Überformung, sondern der Emanzipation der einheimischen von der missionierenden Kirche. Zugleich sollte jene so ihre eigene Tradition gegenüber den Anglikanern bzw. der inzwischen aus diesen, den Presbyterianern und Kongregationalisten gebildeten Church of South India wahren können, ganz im Sinne des Konzepts der »evangelischen Katholizität«, das eine Einheit der Christen in Mannigfaltigkeit intendiert.[708] Im März 1921 hat die Kirche in Tranquebar tatsächlich die Einführung der von den Schweden gewünschten Verfassung beschlossen und den bis dahin als Kirchenpräsident fungierenden schwedischen Missionar Ernst Heuman (1858–1926) zum Bischof gemacht. Dessen übernächster Nachfolger wurde ein einheimischer Geistlicher, womit die Absicht der Verfassungsänderung erfüllt war.

2. Ein weiterer wichtiger Vorgang, der in der damaligen Zeit eine große Rolle gespielt und auch Söderblom beschäftigt hat, aber merkwürdigerweise bei den Biographen wenig Beachtung gefunden hat, ist der so genannte Sadhu-Streit. Es handelt sich dabei um den indischen christlichen Sadhu (= heiliger Mann; besitzloser Wanderprediger) Sundar Singh (1889–1929), der 1920 u.a. England und die USA und 1922 verschiedene europäische Länder bereist und dort evangelistische Vorträge gehalten hat,

708 Dieser Punkt wird bei SUNDKLER nicht klar, weil er (a.a.O., wie Anm. 2, 313) die Geschichte der lutherischen Kirche in Indien mit der Entstehung der Church of South India vermengt.

auf Einladung Söderbloms am 22.8. auch in Uppsalas Universitätsaula.[709] Das Auftreten dieses Charismatikers wurde höchst kontrovers kommentiert, vor allem seit der Indienmissionar Henry Hosten SJ in der Zeitschrift *The Catholic Herald of India* von 1923 bis 1925 eine polemische Artikelserie über ihn, besonders über die von ihm berichteten Wunder, veröffentlicht hatte. Im Jahr 1924 schrieb Friedrich Heiler, durch die Bitte Martin Rades um eine Rezension der Biographie von B.H. Streeter und A.J. Appasamy auf den Sadhu aufmerksam geworden, eine gründliche, aber nicht sonderlich kritische Darstellung von dessen Leben und Werk (offenbar noch ohne Kenntnis von Hostens Schriften). Diese hat dann den eigentlichen Streit ausgelöst, der allmählich eine Eigendynamik gewann und eine Flut von Literatur zeitigte.[710] Das war in der aufgewühlten Zeit nach dem I. Weltkrieg nicht weiter verwunderlich. Tiefe religiöse Sehnsüchte, Spannungen zwischen den christlichen Konfessionen, intellektuelle Indien-Begeisterung, abgrundtiefe Skepsis vor allem gegen die vom Sadhu selbst und von seinen Anhängern erzählten Wunderberichte, und andere Motive gingen da wild durcheinander.

Hier interessiert vor allem, wie Söderblom das Verhältnis von indischer und christlicher Religiosität bei Sundar Singh beurteilt hat. Dabei ist zu beachten, dass er sich bereits vor Ausbruch des Streits ausführlich zu Singh geäußert hat. Das geschah zuerst in einem Vortrag im Jahr 1921 auf Grund von Berichten über dessen Auftreten in England und der Biographie von Streeter und Appasamy, da Singh selbst bis dahin noch nichts veröffentlicht hatte. Nach dessen Besuch in Schweden hat Söderblom zwei seiner Schriften übersetzt und deren erster eine ausführliche Würdigung hinzugefügt.[711]

709 In der Presse wurde dieser Auftritt benutzt, um Söderblom wegen seiner angeblichen Vorliebe für Show-Effekte zu diffamieren, vgl. E.J. SHARPE, *Sundar Singh and His Critics. An Episode in the Meeting of East and West*, in: Religion 6/1976 (48–66), 57.
710 Vgl. BURNETT HILLMAN STREETER/AIJUDARAI JESUDASEN APPASAMY, *The Sadhu*, London 1921; FR. HEILER, *Sadhu Sundar Singh, ein Apostel des Ostens und Westens*, München 1924 (⁴1926). Für den Streit und auch als neueste gründliche Interpretation von Sundar Singhs eigenen Auffassungen vgl. MICHAEL BIEHL, *Der Fall Sadhu Sundar Singh. Theologie zwischen den Kulturen* (SIGC 66), Frankfurt u.a. 1990 (Diss. Kiel).
711 Der Vortrag bildet das 1. Kapitel des Büchleins *Tre livsformer. Mystik (Sundar Singh) – förtröstan – vetenskap*, Stockholm 1922 (vgl. hier bes. 16. 52). Im Jahr 1923 erschien N. SÖDERBLOM, *Sadhu Sundar Singhs budskap utgivet och belyst* (Stockholm 1923), das die Übersetzung von Sundar Singhs Schrift *At the Master's Feet* enthielt, und ein Jahr später die Übersetzung von *Reality and Religion* (Verklighet och religion. Betraktelser om Gud, människan och naturen, Stockholm 1924).

Sundar Singh wurde in dem kleinen Dorf Rampur im Punjab am 3.9.1899 als Sohn einer wohlhabenden Sikh-Familie geboren.[712] Er war in der Tradition seiner Familie religiös erzogen worden und hing der Bhakti-Frömmigkeit an, deren zentrale Aussage die göttliche Barmherzigkeit ist. Im Dezember 1904 erlebte er eine Christusvision, die seine Bekehrung zum christlichen Glauben und im folgenden Jahr seine Taufe zur Folge hatte. Daraufhin begann er ein Leben als christlicher Sadhu. Er war ein hochbegabter Autodidakt: Außer einer abgebrochenen Schulzeit an einer presbyterianischen Boarding School und einem nur acht Monate während Studium an der anglikanischen Divinity School in Lahore (1909) besaß er keinerlei formelle Ausbildung. Er hat sich auch nie einer Kirche angeschlossen. Seine Kenntnisse beruhten vornehmlich auf intensivem Studium der Bibel und auf der vergleichenden Lektüre der heiligen Schriften der indischen Religionen und des Islam. Er hat zunächst in Indien missioniert – die Berichte über einen Aufenthalt in Tibet sind ungeschichtlich[713] – und dann seine Reisen in die westliche Welt unternommen. Nach dem Ausbruch des Streits um seine Person hat er seine Schriften verfasst und Indien nicht mehr verlassen. Schließlich ist er 1929 auf einer Missionsreise verschollen.

Die Christusvision ist der Schlüssel zu seiner Verkündigung.[714] Diese ist ganz auf das persönliche Herzensverhältnis zum geschichtlichen Jesus abgestellt und bezieht sich literarisch fast ausschließlich auf die Evangelien. Sie werden schlicht wörtlich verstanden; die moderne Bibelkritik gilt ihm als Krankheitssymptom der materialistischen westlichen Kultur, der er das gesunde spirituelle Verständnis des Orients entgegensetzen will (148–153). Es gebe eben auch höhere Naturgesetze, weshalb es unsinnig sei, an den Wunderberichten Anstoß zu nehmen (74). Andererseits ist die Bibel für ihn nicht das inspirierte Lehrbuch, sondern lediglich das Tor zum geschichtlichen Jesus, der ja selbst nichts geschrieben hat (78).[715] Darüber hinaus ist sie für Sundar Singh nicht die einzige Offenbarungsquelle: Gott begegnet ebenso im »Buch der Natur« (21). Man hat das als Ausdruck eines hinduistischen Offenbarungsverständnisses ausgelegt, nach dem Gott sich überall kundtut. Das ist nicht ganz falsch (vgl. 95). Aber zum einen kennt

---

712 Zum Folgenden sei noch die neuere Biographie von A. J. Appasamy, *Sundar Singh*, London 1958 erwähnt, die freilich auf weite Strecken eher einen hagiographischen Eindruck macht.

713 Vgl. M. Biehl, a.a.O. (wie Anm. 710), 168.

714 Vgl. zum Folgenden die von Friso Melzer besorgte deutsche Übersetzung: Sadhu Sundar Singh, *Gesammelte Schriften*, Stuttgart ⁵1958. Danach die folgenden Seitenzahlen.

715 Gegen M. Biehl, der Singh einen »indischen Fundamentalisten« nennt, a.a.O. (wie Anm. 710), 242–246.

Sundar Singh eine Entwicklung in der Religionsgeschichte, deren höchste Stufe das Christentum ist (110–112). Christus ist eben nicht bloß ein Avatar, eine Erscheinungsweise Gottes unter vielen (obwohl dieser Begriff gelegentlich auftaucht, 143). Und zum anderen kann er sich für seine eigenen Gleichnisse, deren starke Bilder den besonderen Reiz seiner Verkündigung ausmachen, immerhin auf Jesu Vorliebe für Naturgleichnisse berufen.

Der irdische Jesus ist für Sundar Singh – im Sinne einer freilich wenig reflektierten Trinitätslehre (20) – Gott. Als Verkörperung von Gottes Liebe steht er im Zentrum der christlichen Frömmigkeit (19. 21). Er ist – im Gegensatz zu liberalen europäischen Positionen – nicht nur Lehrer, sondern durch seinen Opfertod am Kreuz vor allem der Erlöser der Menschen und steht deshalb auch im Zentrum der Verkündigung des Sadhu.[716] Ihm verdanken wir schlechthin alles; durch eigene Werke können wir nichts zu unserer Erlösung beitragen (32). Durch die Einwohnung des Gottessohnes – und/oder des Heiligen Geistes, hier schwanken die Aussagen – wird das von Gott geschaffene Sehnen des menschlichen Herzens nach innerem Frieden erfüllt (16–19. 40 f 72. 92). Das ist nicht pantheistisch gemeint, sondern als Erfahrung der Verleihung von Kraft zur Nachfolge Christi im Dienst für andere Menschen und auch im sich opfernden Leiden (45–49. 53–59. 87–89). Hier ist der Einfluss mittelalterlicher Schriften wie De imitatione Christi des Thomas a Kempis mit Händen zu greifen[717], ebenso aber auch der Bezug zur altkirchlichen Märtyrertheologie und nicht zuletzt zu den selbst erlittenen Verfolgungen (48).

Unter Sünde versteht Sundar Singh den Ungehorsam gegen Gott, vor allem aber eine Krankheit im Sinne einer privatio boni. Das medizinische Phänomen der Ansteckung bildet die Erklärung für die Erbsünde (24–27). Hier ist die Fortwirkung nichtchristlicher Traditionen am offensichtlichsten. Im Zustand der Sünde ist die Seele im Körper gefangen (23). Diese gnostische Vorstellung ist ganz im Sinne des indischen Karma-Begriffs zu verstehen. Denn Sundar Singh lehnt ausdrücklich die Lehre vom Zorn Gottes ab: Die Sünde straft sich kraft der Naturordnung selbst (27. 81). Auch der gelegentlich anzutreffende Gedanke, Gott werde der Seele im jenseitigen Leben noch eine Chance zur Wiedergutmachung ihrer Verfehlungen geben (96), gehört in diesen Traditionszusammenhang, auch wenn Sundar Singh ausdrücklich nicht die Lehre von der Seelen-

---

716 Gegen M. BIEHL, der diese Christozentrik bestreitet (a. a. O., wie Anm. 710, 195 f), freilich nur um sie an anderer Stelle dann doch einzuräumen (ebd., 225). Solches Schwanken, das man auch sonst bei ihm beobachten kann, dürfte daher rühren, dass dieser indische Autodidakt sich dem Systematisierungsstreben des deutschen akademischen Theologen nicht fügt, sondern vielfach innere Widersprüche unausgeglichen stehen lässt.

717 Darauf hat M. BIEHL aufmerksam gemacht, a. a. O., 155. 220.

wanderung vertritt, sondern vom Anbruch des Paradieses schon auf Erden sprechen kann (61).

Die Aneignung der Erlösung durch den Menschen geschieht insbesondere durch Meditation (von Melzer mit »Innerung« übersetzt), die auch ekstatische Momente einschließt, und durch das Gebet, das für Sundar Singh weithin mit der Meditation zusammenzufließen scheint. »Im Gebet atmen wir, sozusagen, den Heiligen Geist ein«, schreibt er (34), eine Vorstellung aus dem Yoga mit dem christlichen Gedanken der rettenden Allwirksamkeit Gottes verbindend.[718] Diese Gabe des Heiligen Geistes, insbesondere in der Wiedergeburt, ist für Sundar Singh das eigentliche Wunder, hinter dem die vielen angeblich selbst erlebten Wunder, auf die er in seinen Reden so großen Wert legt, zurücktreten (44). Es ist geradezu der Erfahrungsbeweis für die Wahrheit des christlichen Glaubens (144–148). Die Wiedergeburt verleiht dem Menschen auch die Freiheit, die Dinge der Welt angemessen zu gebrauchen (36–38.61.89 f) – eine Auffassung, die in ungelöster Spannung zu der sowohl an indischen Vorbildern als auch am franziskanischen Armutsideal orientierten Lebensweise des Sadhu selbst steht.

Die Stellungnahme Söderbloms zu Sundar Singh ist in mehrfacher Hinsicht interessant. Schon der Untertitel des Büchleins *Tre livsformer* von 1922, »Mystik, Gottvertrauen, Wissenschaft« (*Mystik, förtröstan, vetenskap*), erscheint auf den ersten Blick insofern merkwürdig, als Söderblom ja den Begriff der Persönlichkeitsmystik geradezu synonym mit Glauben verwendete und, offenbar in diesem Sinn, Sundar Singh eine »evangelische Mystik in einer indischen Seele« zuschreibt (Überschrift des ersten Vortrags). Das lässt nach dem Sinn der Dreizahl fragen. Einen ersten Hinweis gibt das Inhaltsverzeichnis. Das Buch ist eine Vortragssammlung. Ausgangspunkt für die Publikation dürfte der erste Beitrag sein, der sich mit Sundar Singhs Mystik beschäftigt. Er steht nicht nur an der Spitze und ist der mit Abstand längste, sondern der auf ihn folgende zweite Teil, der zwei Aufsätze über Luther enthält, zielt auf dessen Weg von mittelalterlicher Mystik zum genuin reformatorischen Glaubensverständnis, das mit dem schwedischen Wort *förtröstan* beschrieben wird. Es scheint sich also um eine implizite Korrektur an, oder jedenfalls Ergänzung zu, Sundar Singh zu handeln. Das gilt erst recht von der Lebensform Wissenschaft im dritten Teil, der Sundar Singh, wie wir gesehen haben, skeptisch gegenüberstand.

Wenn »*förtröstan*« von »Mystik« abgesetzt wird, so dürfte dabei an den Kontrast gedacht sein, der in dem Wort mitgesetzt ist: *Tröst*, Trost steckt darin; man kann an das alte deutsche Wort »sich getrösten« denken.

718 Vgl. M. BIEHL, a.a.O., 196.

Söderblom benutzt *förtröstan* auch sonst vorzugsweise für die spezifisch lutherische Frömmigkeit, zu der konstitutiv das tiefe Bewusstsein der Verderbtheit menschlicher Existenz und des Zornes Gottes gehört. Der Weg zu diesem Gottvertrauen führt immer wieder durch tiefe Anfechtung, wie sie exemplarisch in Luthers Kampf gegen den Teufel wahrzunehmen ist. Gegenüber Sundar Singh will Söderblom also eine Vertiefung der Frömmigkeit als des Sinnes für das Heilige geltend machen.

Was den dritten Teil angeht, so hat Söderblom immer schon gegenüber jeglicher Form von altgläubigem Obskurantismus den »Respekt vor der Wirklichkeit« als Grundhaltung jeder Wissenschaft angemahnt, die diesen Namen verdient. Dieser Respekt steht keineswegs im Gegensatz zum Glauben, sondern hat als Wahrhaftigkeit ethischen, ja im Grunde sogar religiösen Charakter, der sich nicht zuletzt auch in der Einsicht in die Grenzen alles Wissens äußert.[719] Im Übrigen habe die Wissenschaft nicht nur wie im Krieg Zerstörung erleichtert, sondern auch bessere Heilungsmöglichkeiten entwickelt und dürfe deshalb nicht einfach dämonisiert werden (102). Ebenso wenig könne sie auf bloße kalte Berechnung reduziert werden, denn sie sei in Wahrheit Kunst, nicht Handwerk (106).[720] Söderblom belegt das mit der Erfahrung des wissenschaftlichen Forschers, dass die strenge methodische Arbeit plötzlich umschlagen kann in die kreative Schau eines tieferen Zusammenhangs (s. o., 81.266), die sich aus den zuvor vollzogenen methodischen Schritten nicht ableiten lässt. Sie ist vielmehr ein weiteres Indiz für die Affinität echter Wissenschaft zur Religion (110–112. 120–123). Gegenüber Sundar Singh fordert er also mit diesem letzten Aufsatz eine Erweiterung des Verständnisses von Frömmigkeit ein, die zugleich einen stärkeren Ton auf die Weltgestaltung aus Glauben fallen lässt.

Man muss diese Akzente mithören, wenn man sich an die Lektüre der Stellungnahmen zu Sundar Singh begibt. Denn hier ist Söderblom mit ausdrücklicher Kritik sehr zurückhaltend. Das ist aber nicht mit der hagiographischen Tendenz so vieler Schriften über den Sadhu zu verwechseln, jegliche Kritik von vornherein abzublocken. Söderblom hat zwar in dem hernach beginnenden Streit um den Sadhu für diesen Partei ergriffen, sich aber nie von der Heftigkeit der Auseinandersetzungen anstecken lassen, sondern stets klaren Blick und Gelassenheit bewahrt. Seine Zurückhaltung dürfte nach allem, was wir über seine Position bereits wissen, durch zweierlei motiviert gewesen sein: Zum einen wollte er jeden Anschein einer Identifizierung des Christentums mit der abendländischen Kultur

---

719 N. Söderblom, *Tre livsformer*, a.a.O. (wie Anm. 711), 107: er enthält »en god portion andakt«. Vgl. auch ebd., 110. 116f 118–122. Danach die weiteren Seitenzahlen. Vgl. auch ders., *Om vetenskapen* (1926), in: Tal och skrifter 3, 211–215.
720 Dieser Gedanke findet sich schon bei Vitalis Norström, s. o., 38.

vermeiden, die zu der für die Missionspraxis so verhängnisvollen paternalistischen Bevormundung geführt hat. Und zum anderen wollte er Ernst machen mit dem Grundsatz, dass die geschichtliche Vielfalt der Äußerungen des Glaubens dessen Einheit nicht gefährdet – eine Auffassung, in der er sich im Übrigen mit dem Sadhu einig wusste (36 f).

Damit sind die Grundlinien einer sehr differenzierten Stellungnahme angegeben, die wir nun noch etwas genauer zu beschreiben haben. Söderblom geht in *Tre livsformer* davon aus, dass der Sadhu zugleich ein echter Hindu und ein echter Christ (13), aber kein Zwischending von beidem sei (14). Das ist plakativ formuliert und nicht ganz logisch. Gemeint ist, wie schon die bei weitem größte Ausführlichkeit des dritten Abschnitts des Aufsatzes zeigt, dass es dem Sadhu gelungen sei, den christlichen Glauben in eine vom Hinduismus bestimmte Kultur zu vermitteln. Gewiss ist sein Christentum indisch gefärbt (47. 50), aber doch nicht synkretistisch verfälscht. Söderblom belegt diese Sicht mit der Aufzählung einer langen Reihe von Aussagen (24–46), die den Sadhu in Übereinstimmung mit einer spezifisch evangelischen Gestalt des christlichen Glaubens zeigen. Kurz zusammengefasst: Es ist allein Gottes Vergebung, welche die Wiedergeburt des Menschen bewirkt – ein guter Baum bringt gute Früchte, nicht umgekehrt. Im Mittelpunkt der Frömmigkeit des Sadhu steht das Gebet, das er als Sich-Ausliefern an die Gegenwart Gottes bestimmt. Das ist Persönlichkeitsmystik, nicht Übungsmystik. Die Gegenwart Gottes konzentriert sich im Kreuz Jesu. Diese Christozentrik bestimmt auch die Askese des Sadhu: diese wird nicht um eines Verdienstes willen, sondern um des Dienstes am Nächsten willen praktiziert. Das unmittelbare Verhältnis des Frommen zu Gott ohne Dazwischentreten einer kirchlichen Autorität ist genuin evangelisch.

Sogar die schlichte Überzeugung von einem direkten Eingreifen Gottes in die menschliche Geschichte rechtfertigt Söderblom als biblisch (37), ohne damit sämtliche von Singh erzählten Wundergeschichten verteidigen zu wollen. Immerhin bescheinigt er ihm, nicht leichtgläubig, sondern ein wacher Beobachter zu sein. Diese nach Sundar Singhs Besuch in Schweden geschriebene Äußerung[721] nimmt vielleicht schon Bezug auf dessen Berichte über ihm widerfahrene Anfeindungen. Unabhängig davon wird man sie freilich als überzogen anzusehen haben. Doch nimmt sie zugleich die Begründung für Söderbloms Weigerung vorweg, sich auf die Debatten über diesen letztlich zweitrangigen Aspekt näher einzulassen, an dem sich die Kontrahenten des Sadhu-Streites regelrecht festgebissen hatten. Schließlich erinnert er noch daran, dass Sundar Singh eine ganze Reihe wichtiger hinduistischer Positionen ablehnt: die Seelenwanderung,

---

721 N. Söderblom, *Sadhu Sundar Singhs budskap* … (wie Anm. 711), 110.

das Kastenwesen, die methodisch herbeigeführte Askese und Ekstase, den Bilderdienst, den Pantheismus (40–45).

Das ist recht summarisch. In der Schrift von 1923, *Sadhu Sundar Singhs budskap*, wird das alles im Anschluss an die dort gebotene Übersetzung eines Singh-Textes etwas ausführlicher dargestellt, aber die Grundrichtung ist dieselbe. Die Absicht beider Schriften war eben in erster Linie, die Verkündigung dieses indischen Christen überhaupt erst einmal bekannt zu machen. Trotzdem äußert Söderblom nicht nur die oben angeführte indirekte Kritik, sondern auch eine Reihe von (wiewohl vorsichtig formulierten) ausdrücklich kritischen Anfragen. So weist er in *Tre livsformer* auf die besondere Lebenssituation des Sadhu hin, dass er keine persönliche Verantwortung für irgendjemanden wahrzunehmen hatte (46), was man als Hinweis auf das fehlende Interesse an aktiver Weltgestaltung verstehen muss, an dem Söderblom so viel gelegen war. (Konkret ist das wohl auf die sich damals gerade formierende Freiheitsbewegung Mahatma Gandhis zu beziehen.) Sodann macht Söderblom auf die einseitige Betonung des inneren Friedens bei Sundar Singh aufmerksam, die das zum Sündenbewusstsein gehörende Schuldgefühl völlig in den Hintergrund treten lasse: »Das ist eine reine und empfindsame Musik. Aber bestimmte tiefe Akkorde fehlen« (ebd.) – wie sie für Luther charakteristisch sind, könnte man hinzufügen. Eigentlich wäre das Verständnis der Sünde im Sinne einer *privatio boni* sogar als deutliche Spur einer »Unendlichkeitsmystik« zu identifizieren; aber so weit geht Söderblom nicht. Ein letzter Punkt: In der Schrift von 1923 bezeichnet er es als die spezifisch indische Versuchung des Sadhu, Christus zu einem bloßen göttlichen Avatar neben anderen zu machen (241–243). Aber in Wahrheit sei die dahinter stehende indische Weisheit – auch nach der Überzeugung des Sadhu selbst – lediglich »eines der vielen Alten Testamente«, welche auf das Evangelium hinführen (243). So enden denn beide Bücher mit dem Grundton, der sie von Anfang an durchzogen hatte: Endlich trete hier ein echt biblisches Christentum in indischem Gewand auf den Plan (51 f bzw. 284 f). Unverkennbar verbindet sich damit die Hoffnung auf einen Sieg des Christentums in der Religionswelt Asiens, auf eine Überschreitung des europäisch-amerikanischen Kulturkreises, die einst Troeltsch so skeptisch beurteilt hatte.[722] Dies dürfte der tiefste Grund für den Nachdruck sein, mit dem sich Söderblom trotz gewisser angedeuteter Bedenken für den Sadhu eingesetzt hat. Für ihn selbst jedenfalls hat diese intensive Begegnung mit einem asiatischen Christen fraglos noch einmal eine wichtige Erweiterung seines ökumenischen Horizonts bedeutet.

---

722 Vgl. Ernst Troeltsch, *Die Bedeutung der Geschichtlichkeit Jesu für den Glauben*, Tübingen 1911, 47–49.

Söderbloms Mitwirkung im eigentlichen Sadhu-Streit dagegen hielt sich in engen Grenzen und unterblieb in dessen späterem, unerfreulichem Stadium völlig. Er hat zwar – aus Solidarität mit seinem Freund Heiler und weil er von jesuitischer Seite als angeblich naiv und gutgläubig mit hineingezogen worden war – ein paar Zeitungsartikel gegen die jesuitische Polemik in dieser Angelegenheit geschrieben[723], sich aber nie zu einer Identifikation mit Heilers Position oder gar zu dessen leidenschaftlichem Ton hinreißen lassen. Auf Heilers Bitte hin veranlasste er eine Untersuchung der von Sundar Singh berichteten wunderhaften Vorgänge in Indien durch den dortigen schwedischen Missionar Herman Sandegren, aber erst auf nochmalige Anmahnung hin.[724] Ob eine solche Untersuchung jemals veröffentlicht worden ist, habe ich nicht ausfindig machen können; wenn ja, so hat sie offensichtlich zu einer Entschärfung des Konflikts nichts beigetragen.

Der Streit, der sich von 1924 bis 1930 hinzog, hat viele Gemüter erregt, wurde aber hauptsächlich zwischen Friedrich Heiler und dem Zürcher Pfarrer und Psychotherapeuten Oskar Pfister (1873–1956) geführt. Er muss hier nicht im Einzelnen referiert werden, zumal wir bereits eine detaillierte Darstellung besitzen.[725] Es genügt, Folgendes festzustellen. Heilers Schriften waren zwar von stupender Gelehrsamkeit, wurden aber zunehmend apologetisch. Dabei war seine Argumentation oft ausgesprochen schwach, weil er, wie er privat in einem Brief an Söderblom durchaus zugab, die Historizität der fraglichen Berichte »nur zum geringsten Teil« überprüfen konnte.[726] Pfister hat dann fachgerecht die Wundergeschichten als Legenden entlarvt und bei dem Sadhu eine neurotische Persönlichkeitsstörung diagnostiziert.[727] Daraufhin wurde Heiler in der Wunderfrage immer unkritischer – wohl auch deshalb, weil er sein eigenes Lebensproblem, den Gegensatz von Herzensfrömmigkeit und »Rationalismus«, in die Kontroverse hineintrug. (Mit der mangelnden Kirchlichkeit des Sadhu dagegen hat er sich nie aussöhnen können.) Die Polemik der Kontrahenten wurde allmählich – auf beiden Seiten – regelrecht ausfallend. Für Heiler war

---

723 Vgl. N. Söderblom, *Ett försvar för Sundar Singh av vår ärkebiskop. Systematisk jesuitisk förföljelse*, in: Svenska Dagbladet 2.11.1924; ders., *Striden om den kristne Sadhun*, in: Stockholms-Tidningen 29.4.1925. Beide Artikel fehlen bei Ågren, a.a.O. (wie Anm. 4). Der Angreifer war Heinrich Sierp SJ, *Sadhu Sundar Singh*, in: StZ 107/1924 (415–425), 415.

724 Briefe von Heiler an Söderblom vom 19.9. und 19.12.1924; N. Söderblom, *Brev* ... (wie Anm. 1), Nr. 225. 232; Antwort Söderbloms vom 23.12.1924 (Nr. 233).

725 Vgl. M. Biehl (wie Anm. 710), S. 49–86.

726 Brief Heilers in: N. Söderblom, *Brev* ... (wie Anm. 1), Nr. 225.

727 Vgl. Oskar Pfister, *Die Legende Sadhu Sundar Singh. Eine auf Enthüllungen protestantischer Augenzeugen in Indien gegründete religionspsychologische Untersuchung*, Leipzig/Bern 1926.

Sundar Singh absolut vertrauenswürdig und trotz aller durch seine religiöse und kulturelle Herkunft bedingten Unterschiede schlicht ein Erneuerer urchristlichen Geistes im Sinne der Traditionslinie von Augustin über Franz von Assisi bis zu Luther.[728] Für Pfister dagegen war der Sadhu jetzt bloß noch ein Scharlatan und Schwindler, und er scheute nicht davor zurück, Heiler lächerlich zu machen. Das mag genügen, um den Hintergrund zu skizzieren, vor dem Söderbloms Einlassungen zur Sache zu sehen sind. Er unterscheidet sich von den Protagonisten des Streites, die immer mehr auf die vordergründige Frage der historischen Zuverlässigkeit der Wunderberichte fixiert waren, vor allem dadurch, dass er sich in erster Linie mit dem religiösen Gehalt der Verkündigung des Sadhu befasst (was freilich Heiler in der Anfangsphase, in der er sich weitgehend an Söderblom anschloss, ebenfalls tat).

3. Zur Überschreitung des europäischen Horizonts gehört auch Söderbloms »zweite Entdeckung Amerikas«, wie Sven-Erik Brodd die große Reise von 1923 nennt.[729] Sie war schon lange geplant gewesen. Schon 1917 wurde Söderblom von mehreren Seiten zum Reformationsjubiläum eingeladen, dann 1919 vom Federal Council of Churches und 1921 unabängig voneinander von der Augustana Synod und von der Church Peace Union. Aber jedes Mal musste der Besuch aufgeschoben werden, teils wegen anderweitiger Verpflichtungen, teils wegen gesundheitlicher Probleme.[730] Schließlich fand sich Söderblom zu einem Aufenthalt von gut zwei Monaten (Ende September bis Anfang Dezember 1923) bereit, nachdem er zunächst eine so lange Abwesenheit von seinen Pflichten in Uppsala als problematisch bezeichnet hatte. Die Augustana Synod und die Church Peace Union übernahmen gemeinsam die Organisation der Reise und die Finanzierung.[731]

Was hat Söderblom am Ende bewogen, doch zuzusagen? Einmal war es sicher die Möglichkeit des persönlichen Kontaktes zur schwedisch-amerikanischen Kirche der Augustana Synod und ihren Gemeinden, sodann die Gelegenheit, für sein kirchliches Einheitswerk zu werben, und schließlich die Aussicht, an amerikanischen Universitäten über den Frieden und den

---

728 FR. HEILER, *Sadhu Sundar Singh, ein Apostel* ... (wie Anm. 710), 175–186.

729 SVEN-ERIK BRODD, *A Swedish Archbishop between American and German Lutheranism: American Influences on the Ecumenical Strategies of N. Söderblom*, in: Ph. J. Anderson et al., American Religious Influences in Sweden, in: Tro och tanke 1996:5, Uppsala 1996 (94–108), 95.

730 Vgl. N. SÖDERBLOM, *Brev*... (wie Anm. 1), Nr. 183 vom 16.11.1921 an Henry A. Atkinson, den Generalsekretär der Church Peace Union; Nr. 216 vom 27.9.1923 an Charles Macfarland; N. SÖDERBLOM, *Från Upsala till Rock Island* (wie Anm. 10), 8; B. SUNDKLER, a.a.O. (wie Anm. 2), 301 f.

731 B. SUNDKLER, a.a.O., 302.

Wiederaufbau Europas, aber auch über Luther, die Einheit der Kirche, religionsgeschichtliche Themen Vorlesungen halten zu können.

So stach er denn zusammen mit seiner Frau und dem damals 17-jährigen Sohn Jon Olof am 15.9.1923 in Göteborg in See.[732] Ihn erwarteten ein triumphaler Empfang und ein dichtgedrängtes Programm, das auch für jemanden, der nicht wie Söderblom mit einer durch einen Herzinfarkt (1922) geschwächten Gesundheit zu kämpfen hatte, außerordentlich anstrengend gewesen wäre. Er war eben schon ein berühmter Mann, was nicht zuletzt gegen Ende der Reise durch die Gelegenheit zu einer Rede vor Kongressabgeordneten und zu einem Empfang bei Präsident Coolidge und Außenminister Hoover zum Ausdruck kam.[733]

Von den eben genannten Interessen war das erste, die *Augustana Synod*, Söderblom besonders wichtig. Schon immer war ihm an einer engen Verbindung seiner eigenen Kirche zu ihrer amerikanischen »Tochter« gelegen. Das wollte er nun durch einen persönlichen Besuch bekräftigen. Konkret tat er das vor allem mit den vielen Predigten in verschiedenen Teilen des Landes.[734] Handfeste sachliche Gründe kommen hinzu. Einmal war damit zu rechnen, dass die schwedisch-amerikanischen Lutheraner über die gerade erst (1922) getroffene Vereinbarung zwischen der schwedischen und der anglikanischen Kirche über die Abendmahlsgemeinschaft (s. o., 189) nicht durchweg glücklich sein würden, denkt man an die Geschichte ihrer Beziehungen zu den Episcopalians zurück. Söderblom hat diesen Problemkomplex auf einem schwedischen Bankett in Chicago am 17.10. offen angesprochen.[735] Er wiederholte dabei nicht nur seine Auffassung, dass die Unterschiede zwischen Anglikanern und Lutheranern nicht kirchentrennend seien. Vielmehr legte er den Ton auf die Unterschiede zwischen den amerikanischen und europäischen Verhältnissen. In den USA leben Episcopalians und Lutheraner im gleichen Land zusammen, jene als eine kleinere, aber in sich geschlossene, ein wenig aristokratische Kirche, diese dagegen als viel größere Volkskirche, aber in verschiedene nationale Denominationen aufgespalten. Wichtiger noch als diese Differenz sei die Ver-

---

732 Vgl. ANNA SÖDERBLOM, *En Amerikabok*, Stockholm ²1925, 8. 11. Dieser wunderschöne Reisebericht lohnt auch heute noch die Lektüre. Man erlebt mit, wie die sozial engagierte Frau sich über die Dreiklassen-Einteilung der Kabinen des Schiffes erregt (»wir sind doch alle sauber!«), wie die Verblüffung eines afroamerikanischen Schlafwagenschaffners, als ihr Sohn ihm helfen will, ihr zum ersten Mal die Rassenfrage unmittelbar bewusst macht, wie sie maßlos erstaunt ist, als sie Studenten in der Mensa beim Abwaschen sieht (ebd., 16. 42–47. 170). Vgl. auch N. SÖDERBLOM, *Från Upsala* ... (wie Anm. 10), 7.

733 Vgl. A. SÖDERBLOM, a.a.O., 279.

734 Vgl. den Untertitel des Amerikabuches: *En predikofärd i Nya Världen* (Eine Predigtreise in der Neuen Welt).

735 N. SÖDERBLOM, *Från Upsala* ... (wie Anm. 10), 362–368.

antwortung für die Erhaltung des lutherischen Christentums mit seiner gegenüber der erasmischen Tendenz der Episcopalians weit größeren religiösen Tiefe. Unter diesem Vorzeichen kommt Söderblom auf die alte zwischen den beiden Kirchen schwelende Streitfrage zu sprechen: das Bischofsamt. Er tut das sehr behutsam und erteilt nicht etwa der Schwesterkirche vom hohen europäischen Thron herab einen Rat. Vielmehr betont er seine Auffassung, dass dieses Amt für eine Kirche zwar nicht wesentlich sei. Aber es könne die Funktion einer Flagge haben, also eines Symbols, um das sich die schwedischen Lutheraner (und man darf unterschwellig mithören: dereinst alle Lutheraner) scharen könnten.

Damit wollte Söderblom natürlich nicht allfällige konfessionalistische Neigungen seiner Adressaten unterstützen.[736] Vielmehr wünscht er sich ein starkes Selbstbewusstsein der Augustana Synod als eines ökumenischen Gesprächspartners, ganz im Sinne der »evangelischen Katholizität«, wie er sie in seinem Eisenacher Vortrag über die universelle Bedeutung Martin Luthers mit diesem in Verbindung gebracht hat. Diesen Vortrag hat er in Amerika mehrmals auf Schwedisch und auf Englisch vor schwedischen Lutheranern wiederholt.[737]

Auch die Sprachenfrage war für die Situation der Augustana Synod, die damals gerade begann, sich von der schwedischen »Mutter« auch in dieser Hinsicht zu emanzipieren, außerordentlich wichtig. Söderblom will sie darin unterstützen, indem er dazu auffordert, beide Sprachen zu pflegen. Wenn er dann der Zuversicht Ausdruck gibt, Schwedisch werde auch in Zukunft bei den Kirchenmitgliedern eine große Bedeutung als Bildungssprache behalten, so will er damit nicht seine Empfehlung halb wieder zurücknehmen. (Vielleicht hat er sogar geahnt, dass diese Hoffnung illusorisch war.) Vielmehr stellt er in anderem Zusammenhang den klaren Grundsatz auf: »Die erste Pflicht der Schweden in Amerika ist es, ohne Hintergedanken gute amerikanische Bürger zu sein.«[738]

Zweitens wollte Söderblom in Amerika für seine *ökumenischen Pläne* werben. Er war sich völlig darüber im Klaren, dass für deren Gelingen das Agieren der amerikanischen Delegation ein außerordentlich gewichtiger Faktor sein würde. So musste er zum einen versuchen, eventuell noch vorhandene Ressentiments gegenüber der deutschen Beteiligung auszuräumen und allem Streben nach einseitiger Einflussnahme nach Möglichkeit einen Riegel vorzuschieben (s. o., 342). Zum anderen hat er sicherlich vorausgesehen, dass die einflussreiche, auch unter Calvinisten anderer Länder

---

736 Solche Neigungen gab es durchaus, vgl. S.-E. Brodd, *A Swedish* ..., a. a. O. (wie Anm. 729), 101.

737 N. Söderblom, *Från Upsala* ... (wie Anm. 10), 96–110.

738 N. Söderblom, a. a. O., 328–332. Das Zitat 317.

Anklang findende These des amerikanischen Social Gospel, es gelte das Reich Gottes durch eine Christianisierung der Gesellschaft hier auf Erden zu errichten[739], auf einer Konferenz für Life and Work in Konflikt geraten werde mit den theologisch und politisch konservativen Auffassungen der deutschen Lutheraner, auch der Ostkirche, sowie vieler aus pietistischer Erweckung hervorgegangener Gemeinschaften. Hier wollte er durch seine Vorträge einerseits über Luther bzw. überhaupt über einschlägige theologische Themen, andererseits über die Aufgaben des europäischen Wiederaufbaus und der Sicherung des Friedens Verständnis schaffen für ein Luthertum, welches das Reich Gottes für ausschließlich Gottes Werk hält, aber gerade auf dieser Grundlage für gesellschaftliche Reformen offen ist. Diese Vorträge wurden vor den unterschiedlichsten Auditorien gehalten: vor Universitätspublikum, vor kirchlichen Kreisen auch anderer Denominationen, auf Massenversammlungen, vor Klubs, in einem Seemannsheim.[740] Dass Söderblom alle diese Einladungen angenommen hat (viele weitere musste er ablehnen), darf man nicht als Verzettelung missverstehen. Vielmehr musste er an einer möglichst breiten Basis für seine Ideen interessiert sein. Selbstverständlich gehört dazu auch die Teilnahme an den Jahrestagungen der amerikanischen Sektion von Life and Work und der World Alliance Mitte November in Philadelphia.

Der dritte Punkt betrifft die *wissenschaftlichen Vorlesungen* an Universitäten. Deren Liste, von der University of California in Berkeley über die Chicago University bis zu Harvard und Yale, Union Seminary und Columbia University in New York bis zu Johns Hopkins in Baltimore, liest sich, sieht man von einer Reihe weiterer, kleinerer Institutionen ab, als Querschnitt der besten amerikanischen Hochschulen. Öffentlichkeitswirksamkeit war damit garantiert. Die Palette der Themen reichte von der Theologie, insbesondere Luther, über die Ökumene bis zu politischen Fragen, aber auch zu religionsgeschichtlichen Phänomenen. Vieles davon hatte Söderblom bereits früher in Europa vorgetragen; anders wäre ihm die Ausfüllung des gewaltigen Reiseprogramms gar nicht möglich gewesen. Aber er konnte damit rechnen, dass das Meiste für seine Zuhörer neu sein würde.

Man würde dieser Amerikareise nicht gerecht, wollte man den *persönlichen Aspekt* ausklammern. Es liegt ja auf der Hand, dass die Erinnerung an Söderbloms ersten Besuch mehr als 30 Jahre zuvor ebenso eine

---

739 Vgl., als ein Beispiel unter vielen, das berühmte Buch von WALTER RAUSCHENBUSCH, *Christianizing the Social Order*, New York 1912, sowie die immer noch lesenswerte Monographie von CHARLES H. HOPKINS, *The Rise of the Social Gospel in American Protestantism*, New Haven 1940.
740 Vgl. die Liste der Veranstaltungen am Ende von N. SÖDERBLOM, *Från Upsala...* (wie Anm. 10), 380–387.

Rolle bei seiner Entscheidung für diese Reise gespielt hat wie familiäre Beziehungen. So haben die Söderbloms in San Francisco noch einen Bruder seiner Mutter, der einst nach Amerika ausgewandert war und dann am Bürgerkrieg teilgenommen hatte, als 87-Jährigen lebend angetroffen. In North Haven, CT konnten sie mit einem Sohn von James Reynolds, Söderbloms Gastgeber im Jahr 1890, sprechen.[741] Es gab noch mancherlei andere Anknüpfungspunkte. Trotzdem konnte der Kontrast zwischen beiden Amerika-Aufenthalten größer nicht sein. Die Freundlichkeit der Menschen und ihre überwältigende Gastfreundschaft waren dieselben geblieben. Aber die relativ enge religiöse Atmosphäre der Studentenkonferenz von damals und die große Weite der menschlichen Begegnungen jetzt, die bescheidene Rolle des unbekannten jungen Studenten von einst und der gefeierte große Gelehrte und Kirchenmann jetzt, dazwischen liegen Welten. Und doch ist Söderblom sich treu geblieben und nicht etwa in Star-Allüren verfallen. Das zeigt sehr schön die folgende kleine Episode. Auf einem hochfeinen Bankett im New Yorker Hotel Astoria gleich an einem der ersten Tage sang er im Verlauf seiner Rede, in Erinnerung an die Tage von North Haven, das Erweckungslied von Ira D. Sankey *The Ninety and Nine* – und gewann damit im Sturm alle Herzen.[742]

Insgesamt war diese Reise nicht nur ein großer persönlicher Erfolg für Söderblom, sondern sie hatte indirekt auch eine nicht zu unterschätzende Bedeutung für seine ökumenischen Bemühungen. Darüber hinaus hat sie dem Einfluss schwedischer Theologie in den USA den Boden bereitet und auch in Deutschland in den zwanziger und dreißiger Jahren (mit einer kurzen Nachwirkung in den fünfziger Jahren) schwedischen Theologen Gehör verschafft. Schweden konnte sich so eine Zeitlang als Brücke zwischen den Kontinenten etablieren.[743]

---

741 Vgl. Anna Söderblom, *En Amerikabok* (wie Anm. 732), 54. 274.
742 Vgl. A. Söderblom, a.a.O., 36f. Siehe auch oben, 75f.
743 Darauf macht auch S.-E. Brodd, *A Swedish* ..., a.a.O. (wie Anm. 729), 104f, aufmerksam. Söderblom hat sich auch später immer wieder bemüht, für ein besseres Verständnis Luthers in den angelsächsischen Ländern zu sorgen, so z.B. in den Donellan Lectures in Dublin 1926 (m.W. ungedruckt). Anna Söderblom hat die Texte zusammengestellt, in denen ihr Mann Verbindungslinien von seinem Kirchenverständnis zu Luther gezogen hat: *N. Söderbloms Auffassung Luthers im Blick auf den Universalismus der Kirche*, in: ZSTh 15/1938, 491–500.

e Die Konferenz für Praktisches Christentum in Stockholm[744]

Gut anderthalb Jahre blieben Söderblom nach der Rückkehr von Amerika noch für die Vorbereitung der Stockholmer Konferenz, deren Termin auf die Zeit vom 19.–30.8.1925 angesetzt war. Das bedeutete natürlich eine große Menge zusätzlicher Arbeit neben den normalen Verpflichtungen als Erzbischof, die für ihn immer Vorrang hatten. Geldgeber mussten (größtenteils von ihm selber) gefunden, Räumlichkeiten organisiert, Privatquartiere (zum Teil auf adligen Landsitzen) für über 600 Delegierte aus 39 Ländern besorgt werden. Der letzte Punkt war ihm besonders wichtig; er wollte für die Teilnehmer eine möglichst persönliche Atmosphäre und auch einen gewissen Einblick in die schwedische Kirche vermitteln. Die herzliche schwedische Gastfreundschaft und eine Vielzahl von freiwilligen Helfern haben ihn dabei tatkräftig unterstützt. Hinzu kamen festliche Empfänge des Königs, der Stadt Stockholm, der Universität, ausländischer Botschaften. So sorgte schon der glanzvolle äußere Rahmen bei den Teilnehmern für eine Hochstimmung, die mehr oder weniger die ganze Zeit hindurch angehalten zu haben scheint.

Bei alledem behielt Söderblom selbst alle Fäden in der Hand. Auch um viele Details hat er sich persönlich gekümmert, z.B. um die Zusammenstellung des eigens für die Konferenz gedachten mehrsprachigen Gesangbuchs *Communio in adorando et serviendo oecumenica* und um die übrige musikalische Ausgestaltung, für die er den bekannten Pianisten Georg Kempff engagierte. Besonderen Anklang fand der schwedische Abend, an dem Prinz Carl, der »Engel von Sibirien« Elsa Brändström, der Opernsänger und Schwager Söderbloms John Forsell sowie Selma Lagerlöf beteiligt waren. Die Letztere hielt eine Rede über das Thema Einigkeit, die an ihren Roman *Jerusalem* (1901/02) anknüpfte (S 579–588; D 542–548).

Die genaue Ausgestaltung des Programms übernahm der Internationale Ausschuss der Konferenz in der Zeit vom 10.–18. August. (Dessen Mitglieder hatten größtenteils bereits an der Tagung der World Alliance vom 6.–8.8. teilgenommen, vgl. D 55 Anm. 1). Er teilte sich in fünf Kom-

---

744 Zum Folgenden vgl. N. SÖDERBLOM, *Kristenhetens möte* ... (wie Anm. 67); sowie die beiden offiziellen Berichte: ADOLF DEISSMANN, *Die Stockholmer Weltkirchenkonferenz. Vorgeschichte, Dienst und Arbeit der Weltkonferenz für Praktisches Christentum*, Berlin 1926; GEORGE KENNEDY ALLEN BELL, *The Stockholm Conference 1925. The Official Report on the Universal Christian Conference on Life and Work held in Stockholm, 19–30 August, 1925*, London 1926. Für die Dokumentation werde ich mich an Deißmanns außerordentlich übersichtliches Buch (762 S.) halten. Söderbloms Werk (964 S.) ist jedoch für unsere Zwecke insofern aufschlussreicher, als er das Referat mit seiner Stellungnahme verbindet. Verweise auf die beiden Bände im Text mit »S« bzw. »D« und Seitenzahlen.

missionen, die auf der Konferenz ihre Ergebnisse zur Diskussion stellen
sollten: 1) Die Kirche und die wirtschaftlichen und industriellen Fragen,
2) Die Kirche und die sozialen und sittlichen Fragen, 3) Die Kirche und
die Beziehungen der Völker zueinander, 4) Die Kirche und die christliche Erziehung, 5) Die Methoden praktischer und organisatorischer Zusammenarbeit der Kirchengemeinschaften. Schon hier zeigte sich der sehr
unterschiedliche Stand der Vorbereitungen. Am besten waren die Engländer auf Grund ihrer COPEC-Konferenz im voraufgegangenen Jahr ge-
rüstet, auch die Amerikaner, andere dagegen nur sehr dürftig. Das schlug
sich natürlich in den Kommissionsberichten nieder; ein Berichterstatter
zeigt sich erstaunt, dass diese Gremien überhaupt etwas zustande gebracht
haben.[745]

Abgesehen von einigen wenigen Personen, welche die Konferenzleitung
direkt eingeladen hatte, waren alle Teilnehmer von ihren Kirchengemeinschaften delegiert. Bei der Festlegung von deren Kontingenten hatte man
unter Zuhilfenahme sorgfältiger mathematischer Berechnungen genau
darauf geachtet, dass die großen kirchlichen Korporationen nicht allzu
sehr dominierten. So waren auch kleinere Gemeinschaften wie Nestoria-
ner und Monophysiten, Thomaschristen, Armenier, Heilsarmee usw. vertreten. Auch innerhalb der einzelnen Kirchengemeinschaften sollten möglichst verschiedene Frömmigkeitstypen und Richtungen, Sprachen und
Kulturkreise repräsentiert sein (S 126. 143–145). Im Einzelnen waren die
Delegationen freilich doch auf unterschiedliche Weise zustande gekommen. Wo man wie in den USA wirklich auf vielfältige Repräsentanz geachtet hatte, waren sie natürlich uneinheitlich. In Deutschland hatte die
Kirchenbehörde für ein deutliches Übergewicht konservativer, wenn auch
nicht radikaler Vertreter gesorgt. Söderblom hat das in seinem Bericht
deutlich kritisiert (S 132). Das Auswahlprinzip wirkte sich vor allem auf
die Diskussion der internationalen Fragen aus. Das war gewiss auch beabsichtigt. Freilich sollte man sich dadurch nicht zu der Unterstellung von Intrigen gegen missliebige Theologen wie Adolf von Harnack verleiten lassen, wie es Friedrich Siegmund-Schultze getan hat: Sie ist zumindest in diesem Fall leicht zu widerlegen.[746]

---

745 Vgl. FRIEDRICH SIEGMUND-SCHULTZE, *Die Weltkirchenkonferenz in Stockholm.*
Gesamtbericht über die Allgemeine Konferenz der Kirche Christi für Praktisches
Christentum, Berlin 1925, 11–14.
746 Vgl. FR. SIEGMUND-SCHULTZE in: N. Söderblom, *Briefe und Botschaften* ... (wie
Anm. 521), 87: der Kirchenausschuss habe Harnacks »Entsendung ... vermie-
den«, woraufhin dieser aus angeblichen Gesundheitsrücksichten abgesagt habe.
Das ist Unsinn. Harnack war auf Söderbloms Veranlassung bereits mit dem allgemeinen Schreiben vom April 1924 persönlich eingeladen worden (Nachlass Harnack, Briefe, Staatsbibliothek Berlin, abgedruckt in: N. SÖDERBLOM, *Brev* ... [wie

Allgemein kann man sagen, dass die Versammlung zum weit überwiegenden Teil aus kirchlichen Amtsträgern und Theologieprofessoren bestand; Laien ebenso wie Frauen waren nur schwach vertreten. Doch ergab sich hinsichtlich der vertretenen Konfessionen und theologischen Richtungen ein außerordentlich vielfältiges Bild. Die Organisatoren sorgten dafür, dass sich diese Buntheit in den Kommissionen wiederholte, was natürlich nicht immer auf Begeisterung bei den so Eingeteilten stieß (S 100).

Abgelehnt hatte die Einladung, wie schon erwähnt, die römische Kirche, ebenso die Southern Baptists und die streng konservativ-lutherische Missouri Synod in den USA. Unter Protest war der finnische Erzbischof Gustaf Johansson ferngeblieben, weshalb die Delegation seines Landes ohne offizielle Ernennung teilnahm. Für russische Abgesandte gab die Regierung der Sowjetunion keine Ausreiseerlaubnis.

Ein großes praktisches Problem stellte die Tatsache dar, dass es keine einheitliche Konferenzsprache gab, sondern deren drei: Englisch, Deutsch und Französisch. In diese Sprachen mussten die wichtigsten Beiträge vorab übersetzt werden, damit sie allen Zuhörern vervielfältigt vorliegen konnten. Die Diskussionsbeiträge wurden von dem Schweizer Pfarrer Alphons Köchlin (später Präsident des Schweizerischen Kirchenbundes) mündlich in kurzer Zusammenfassung in die jeweils anderen Sprachen übersetzt. All das hinderte nicht, dass sich manche Teilnehmer während eines ihnen sprachlich nicht verständlichen Vortrages laut unterhielten oder auch einfach den Saal verließen, weil sie den Text ja ohnehin gedruckt bekommen würden (D 20; S 135. 707 f).[747] Nicht nur die Angelsachsen waren notorisch einsprachig. Auch der damals schon geäußerte Wunsch, Englisch als Einheitssprache einzuführen (S 657), war deshalb reine Zukunftsmusik, denn selbst das schlichte Ökumene-Englisch heutiger Konferenzen wäre damals vielen unzugänglich gewesen.

Am 19.8.1925 begann die Konferenz mit dem gemeinsamen Gottesdienst in der Storkyrkan (Großen Kirche). Es folgte die feierliche Eröffnung durch den schwedischen König. Er wurde von Söderblom als Vorsitzendem eingeführt. Außerdem sprachen der Patriarch von Alexandria, Photios, für die Ostkirche, Arthur J. Brown für die amerikanische Delegation, der

Anm. 1], Nr. 219). Es besteht also kein Anlass, an der Echtheit von Harnacks gesundheitlichen Problemen zu zweifeln. Siegmund-Schultze war später mit dem Kirchenausschuss wegen dessen Entsendungspolitik in Konflikt geraten und daraufhin offenbar bereit, ihm solche Intrigen zuzutrauen. In dem Aufsatz, der diesen Konflikt auslöste, hat er über Harnack noch ohne derlei Verdächtigungen berichtet: F. SIEGMUND-SCHULTZE, *Die Ökumenische Konferenz von Stockholm, vom 19.–29. August 1925. Eine kritische Würdigung ihrer Bedeutung*, in: Die Eiche 13/1925 (349–377), 370.
747 Vgl. W. WEISSE, a.a.O. (wie Anm. 642), 268.

Lordbischof von Winchester, Theodore Woods, für die Anglikaner und für den deutschen Evangelischen Kirchenausschuss dessen Präsident Hermann Kapler.

Hinsichtlich des Programms der Konferenz selbst legt Söderblom großen Wert darauf, dass die Gottesdienste (zu denen man auch die täglichen Andachten zählen muss) das Rückgrat der Konferenz bildeten (S 151 f). Das wird auch von anderen Teilnehmern bezeugt.[748] Dabei gab es für ihn zwei Höhepunkte. Der eine war die gemeinsame Abendmahlsfeier der Mehrzahl der Delegierten in der Engelbrektskirche am 23.8., an der Angehörige sehr vieler verschiedener Konfessionen teilnahmen: »eine entsetzliche Unordnung von kirchlichem Standpunkt aus. ... Aber ... ich denke, dass die Engel weniger betrübt waren als gewisse kirchliche Zeitungen« (S 190–198; Zitat 195). Denn hier ereignete sich Gemeinschaft im Glauben über Konfessionsgrenzen hinweg. Der andere Höhepunkt war die Verlesung des Nicaenischen Glaubensbekenntnisses in griechischer Sprache durch den Patriarchen von Alexandria beim Abschlussgottesdienst am 30.8. im Dom zu Uppsala. Denn damit war die Ostkirche mit ihrem primär am Gottesdienst und seiner Liturgie orientierten Verständnis christlichen Glaubens endgültig integriert – jedenfalls soweit es ihre internen Spannungen zuließen.[749] (Der Patriarch ist eine Woche später auf der Heimreise verstorben.)

Diese Betonung der christlichen Substanz, von Söderblom vielfach wiederholt, ist keineswegs nur der unsachlichen Kritik an der angeblichen Un-

---

748 Vgl. PAUL SANDEGREN, *Ekumeniska mötet i Stockholm*, Uppsala 1930, 50. 108.

749 K. BLÜCKERT behauptet a.a.O. (wie Anm. 362), 318, die Orthodoxen seien in Stockholm marginalisiert und herablassend behandelt worden. Wie kommt er dazu? Der Metropolit von Thyateira, Strenopoulos Germanos, war einer der Vizepräsidenten der Konferenz, wurde ins Fortsetzungskomitee gewählt und hat ein Einführungsreferat gehalten (D 808–612). Ebenfalls referiert haben die Professoren Stephan Zankoff (D 437–439) und Nikolaj Glubokowsky (D 626–637) sowie der Metropolit Stephan, beide Sofia (D 147–150). Die Ostkirche war also aktiv an der Konferenz beteiligt. Liest man dann noch Söderbloms Briefe an Germanos (N. SÖDERBLOM, *Brev* ... [wie Anm. 1], Nr. 273.302.314.325), die völlig »auf Augenhöhe« geschrieben sind, und die Beteuerung des Bischofs von Novi Sad, IRENAEUS, wie gut Söderblom die orthodoxe Kirche verstanden habe (»*En radioaktiv substans – självförtärande och outtömlig*«, in: Hågkomster ... 14 [wie Anm. 549], 452–457), so wird Blückerts Behauptung vollends unverständlich. Richtig ist, dass die Thematik der Konferenz ostkirchlicher Frömmigkeit eher fern lag und dass die Spannungen zwischen Konstantinopel und der von ihm getrennten bulgarischen Kirche sich nicht verbergen ließen; beides ist aber nicht der Konferenzleitung anzulasten. Vgl. dazu PAUL SANDEGREN, a.a.O., 181–194. Deren Einbeziehung der Orthodoxen muss man im Gegenteil mit F. SIEGMUND-SCHULTZE (*Die Ökumenische Konferenz* ... [wie Anm. 746], 358) als »kirchengeschichtliches Ereignis ersten Ranges« bezeichnen.

christlichkeit der Stockholmer Konferenz geschuldet, die – freilich keineswegs unisono – von katholischer Seite und von Männern wie Johansson geäußert worden war.[750] Sie lässt sich durchaus an dem Verlauf der Konferenz verifizieren. Dabei beschränken wir uns hier auf die beiden deutlich erkennbaren thematischen Schwerpunkte: das strittige Verständnis des Reiches Gottes und die heikle Frage des Verhältnisses der Nationen zueinander.[751]

Der Frage nach dem Sinn des Reiches Gottes – oder besser: der Gottesherrschaft – war keine Kommission zugeordnet worden. Sie zog sich durch die gesamten Verhandlungen hindurch und wurde gleich am ersten Tag unter der Überschrift des ersten Hauptgegenstandes *Die Verpflichtung der Kirche gegenüber Gottes Weltplan* höchst kontrovers diskutiert. Ausgangspunkte waren die Eröffnungspredigt des anglikanischen Bischofs Frank Theodore Woods und das am selben Tag gehaltene Referat des sächsischen Landesbischofs Ludwig Ihmels.

Als einer der Einladenden und als Prediger im Eröffnungsgottesdienst hatte Frank Theodore Woods (1874–1932) eine herausragende Stellung auf der Stockholmer Konferenz.[752] Er war ein glänzender Rhetor. Sein Text war der Bußruf Mt 4,17. Sinnesänderung bedeute, sich für den Fortschritt der Zivilisation zu entscheiden. »Wir glauben an diesen Aufstieg. Wir glauben an das göttliche Reich. Wir haben uns verschworen, dies Reich aufzurichten. Darum sind wir hier. Das ist der Sinn unserer Konferenz« (D 105). Gewiss, das solle ad maiorem Dei gloriam geschehen, und die Kraft des Himmels sei dazu notwendig (D 106. 110). Die Kirche habe im 19. Jahrhundert selbst dazu beigetragen, das Geistliche vom

---

750 Für die katholische Seite vgl. OR vom 15.9.1925 (Bd. 65): Christus sei auf der Konferenz nicht gegenwärtig gewesen; man könne sich ja nicht von Rom trennen, ohne sich zugleich von Christus zu trennen; auch PIERRE BATTIFOL, *L'évolution du mouvement pour l'union des églises*, in: Almanach catholique français pour 1927 (85–88), 86 f: Der modernistische Deutschenfreund Söderblom habe Harnacks *Wesen des Christentums* zum Neuen Testament des Kongresses erhoben, und das Resultat sei ein Christentum ohne Kirche und ohne Bibel. A. LOISY hatte Söderblom am 30.12.1926 brieflich auf den Artikel hingewiesen, »um Sie zu amüsieren« (N. SÖDERBLOM, *Brev* … [wie Anm. 1], Nr. 288). Für JOHANSSON vgl. seine Briefe vom 10.12.1924 und 19.10.1925, *Brev* …, Nr. 230. 262: in Stockholm habe ein gänzlich unchristlicher Rationalismus geherrscht.

751 SÖDERBLOM bezeichnet in *Kristenhetens möte* …, a.a.O. (wie Anm. 67), 232, die erste Frage als *das* Hauptproblem der Konferenz. Das ist unbestreitbar richtig. Doch ist mit ihm ein anderes, nachgeordnetes Problem verflochten, das in der unterschiedlichen politischen Entwicklung der westeuropäischen Staaten einerseits und Deutschlands andererseits gründet. Es konnte auf der Konferenz nicht eigens thematisiert werden, bildete aber einen latenten Störfaktor von nicht zu unterschätzender Bedeutung. S. dazu unten.

752 Die Predigt steht in deutscher Übersetzung D 105–110.

Materiellen zu trennen, und vergessen, dass nicht nur der Einzelne, sondern auch die Gesellschaft gerettet werden müsse. Sie habe die Herrschaft Christi über alle Lebensbereiche vergessen, und das habe letztlich zum Krieg geführt (D 106 f). Dafür müsse sie Buße tun. Aber jetzt sei deutlich die Wirkung der Gottesherrschaft zu spüren, in der Aufrichtung internationalen Rechts, im Völkerbund, in der Stärkung der Rechte der Frauen (D 108). Gewiss werde es immer wieder Krisen geben, aber Gott sei jetzt dabei, die Welt zu erlösen, nicht erst am Ende der Welt (D 109).

Gott ist demnach die Kraftquelle für menschliches Handeln und zugleich der Lenker des Weltlaufs. Er unterstützt den Menschen gewissermaßen von innen und von außen. Aber die Aufrichtung seines Reiches, die identisch ist mit der Errichtung der idealen Gesellschaft auf Erden, das ist die Aufgabe der Christen, speziell der Stockholmer Konferenz. Die ganze Predigt ist ein mitreißender ethischer Appell, die Utopie zu schaffen: »... in Christus können wir das Unmögliche tun« (D 110). Das ist reines Social Gospel, wie es zu jener Zeit vor allem in Amerika, aber auch in England vielfach vertreten wurde. Es geriet in den USA mit dem Bankenkrach von 1929 in die Krise, hat aber auch den II. Weltkrieg überlebt und wirkt, teils unter anderem Vorzeichen, in der Ökumene bis heute nach. Diese Zähigkeit dürfte sich aus den längerfristig darin wirksamen Faktoren erklären wie vor allem dem calvinistischen Weltgestaltungswillen, der mit der Überzeugung der Aufklärung, dass auch die Institutionen nicht sakrosankt, sondern veränderbar und veränderungsbedürftig sind, eine Verbindung eingegangen ist.

Den Kontrast zu diesem strahlenden Optimismus bildete das Referat von Ludwig Ihmels, früher Kollege Söderbloms in Leipzig, seit 1922 sächsischer Landesbischof.[753] Ihmels war Dogmatiker, nicht Ethiker. Für ihn als Vertreter der Erlanger lutherischen Theologie war das theologische Zentralproblem das Verhältnis von subjektiver Glaubenserfahrung und objektiver göttlicher Offenbarung. Das Reich Gottes gehört selbstverständlich auf die Seite der Offenbarung; es ist nichts anderes als die von Christus heraufgeführte Herrschaft Gottes, die sich in den Herzen der Menschen durch den Heiligen Geist durchsetzt, nicht eine ethische Aufgabe (D 133). Die Kirche soll das Reich Gottes lediglich bezeugen (S 135), was freilich die soziale Verpflichtung einschließt (S 245). Auf diese Weise tritt die Herrschaft Gottes durch die von ihr ergriffenen Menschen in Beziehung zur Welt der »Schöpfungsordnungen«. Diese Ordnungen wie Familie, Staat usw. bleiben als von Gott gesetzte das, was sie sind, und folgen der ihnen innewohnenden »Eigengesetzlichkeit«; die Herrschaft Gottes durchdringt und verändert wie ein Sauerteig nur das Leben der Gemein-

753 Das Referat von IHMELS steht D 132–137.

schaft *innerhalb* der Ordnungen (D 134. 136). Das Reich Gottes entwickelt sich aber nicht innerhalb der Welt und ist schon gar nicht mit einer ihrer Gestalten zu identifizieren, sondern wird in »einer abermaligen Neuschöpfung« am Ende der Zeit vollends offenbar (D 134).

Diese Theologie der Schöpfungsordnungen, historisch ein Produkt des lutherischen Konfessionalismus der Restaurationszeit nach der fehlgeschlagenen Revolution von 1848[754], hat sich durch den Kulturschock, den die Ablösung des autoritären Kaiserreichs durch die Weimarer Republik bedeutete, nicht beirren lassen. Auch hier waren längerfristig wirksame Faktoren im Spiel, so Luthers scharfe Polemik gegen jegliche Vermengung des Evangeliums mit einem politischen Programm, die trotz seines großen Verständnisses für berechtigte soziale Forderungen dem Luthertum für lange Zeit eine politisch konservative Grundhaltung eingeflößt hat.

Söderblom bezieht nun zu den beiden von Woods und Ihmels exemplarisch repräsentierten Frömmigkeitstypen differenziert Stellung. Er sieht sie als Pole ein und desselben Protestantismus an, nicht als Gegensätze, sondern eher als Varianten, die beide Richtiges enthalten und sich gegenseitig ergänzen müssen (S 246.252.298). Das hindert nicht, dass jede der beiden Positionen für sich genommen problematisch ist. Die angelsächsische Sicht, die Söderblom diplomatisch vor allem an in Stockholm nicht anwesenden, vornehmlich amerikanischen Autoren exemplifiziert, setzt das Reich Gottes mit bestimmten geschichtlichen Entwicklungen gleich und bringt die Religion damit um die für sie essentielle Dimension der Transzendenz (S 252. 262f). Aber einmal gilt das nicht von allen angelsächsischen Christen, und zum anderen ist der ernsthafte und energische Einsatz für eine bessere Welt einer bequemen konventionellen Kirchlichkeit immer noch vorzuziehen (S 263). Auf der anderen Seite steht das Luthertum. Söderblom macht keinen Hehl daraus, dass er sich dazuzählt, insofern es darum geht, das Reich Gottes als eschatologischen Einbruch der Transzendenz von jeder menschlichen Herrschaft grundsätzlich zu unterscheiden (S 257–259). Das fällt ihm umso leichter, als die extrem konservative Richtung, welche die Gesellschaft in ihrer Bosheit bis zum Jüngsten Gericht sich selbst überlassen wollte, dank der Absage von Männern wie Johansson[755] auf der Konferenz nicht vertreten war. Auch die junge Dialektische Theologie, die er wegen ihrer diastatischen

---

754 Vgl. dazu meinen Aufsatz *Schöpfungslehre und Ethik*, in: ZThK 91/1994, 157–188, bes. 162–173.
755 Vgl. seine Briefe an Söderblom, vom 24.11. und 10.12.1924, in: N. SÖDERBLOM, *Brev* ... (wie Anm. 1), Nr. 227. 230. Söderblom hatte nachdrücklich aber vergeblich versucht, ihn umzustimmen, vgl. seine Antworten vom 1. und 13.12.1924, ebd., Nr. 229. 231.

Sicht des Verhältnisses von Gott und Mensch auf dem Weg in den gleichen Quietismus sieht (S 260), war draußen geblieben. Aber auch Ihmels' mildere Form einer Theologie der Schöpfungsordnungen ist für Söderblom nicht akzeptabel. Die Ordnungen dieser Welt seien doch nicht mit der Schöpfungsabsicht Gottes zu identifizieren, sondern in ihrer Vorfindlichkeit eine Mischung aus schöpfungsmäßiger Bestimmung und Sünde (S 253). Ja, hier konvergiert die Theologie der Schöpfungsordnungen sogar mit der angelsächsischen Reich-Gottes-Theologie: Das eine Mal wird ein weltlicher Zustand, das andere Mal ein weltliches Ziel religiös überhöht (S 265).[756]

Bei vielen deutschen Beobachtern war nun die Befürchtung groß, dass die zahlenmäßig so starke angelsächsische Fraktion sich auf der Konferenz durchsetzen würde. So schrieb der frühere Generalsuperintendent für Schleswig-Holstein, Theodor Kaftan, der nicht teilnehmen konnte, einen besorgten Brief, der Söderblom gleich zu Beginn der Tagung erreichte. Er empfahl in Anlehnung an die Dogmatik seines Bruders Julius eine Synthese, in der dem »überweltlichen« Reich Gottes notwendig »das Reich des Sittlichen« korrespondiere.[757] Genau in diesem Sinn war die Konferenzleitung ohnehin bei der Anordnung der Vorträge verfahren.[758] Dem mitreißenden Aufruf des reformierten Kirchenmannes Monod, sich endgültig von dem Kriegsgott Baal abzuwenden und sich aktiv dem Ziel der Erlösung der Menschheit zu verschreiben, das durch Gottes Handeln in Christus angebrochen sei (D 120–132), folgte das oben skizzierte nüchterne und konsequent auf jeden politischen Bezug verzichtende Referat von Ihmels. Danach kamen die von einem schlichten Optimismus getragenen Bemerkungen des amerikanischen Presbyterianers Charles F. Wishart (D 137–142), und die Sitzung schloss mit dem Ihmels im wissenschaftlichen Niveau ebenbürtigen Vortrag des englischen Kongregationalisten Alfred Ernest Garvie (D 142–147), der eine Synthese zwischen »lutherischen« und »calvinistischen« Tendenzen versuchte: Durch Leben und Leiden Christi habe Gott den Menschen zu seinem freien Ebenbild und Mitarbeiter gemacht und zugleich den Anfang einer göttlichen Familie gesetzt, die nun verpflichtet sei, alle Lebensbereiche im Sinne dieser Stiftung neuen Lebens zu gestalten. Der Schweizer Theologe Wilhelm Hadorn schließlich knüpfte in seiner Einführungsrede (D 448–453) offensichtlich an eine

---

756 Söderblom zitiert hier zustimmend eine Äußerung von Friedrich Siegmund-Schultze.
757 Brief vom 18.8.1925, in: N. SÖDERBLOM, *Brev* ... (wie Anm. 1), Nr. 254. Th. Kaftan (1847–1932) war seit seiner Pensionierung 1922 als Pfarrer in Baden-Baden tätig. Vgl. JULIUS KAFTAN, *Dogmatik* (GThW V/1), 7./8. Aufl., Tübingen 1920, 149 f.
758 Das notiert zutreffend W. WEISSE, a. a. O. (wie Anm. 642), 363–369, bes. 368.

Zwei-Reiche-Lehre im Sinne Calvins und nicht an den späteren Calvinismus an und nahm damit ebenfalls eine Zwischenposition ein. Schon daran ist zu erkennen, dass die immer wieder benutzte Alternative von calvinistisch-angelsächsischem Aktivismus, der sich auf ein als innerweltliches Ziel verstandenes Reich Gottes beziehe, und einem lutherischen Quietismus, der das jenseitige Reich Gottes strikt von allen weltlichen Zielen unterscheide und sogar scheide, allenfalls gegenläufige Tendenzen, nicht aber die ganze Palette der tatsächlich vertretenen Auffassungen angemessen beschreibt.[759] Für Söderblom selbst kam noch die Erinnerung an seine Teilnahme am Evangelisch-sozialen Kongress in Erfurt 1896 hinzu. Ohnehin haben die skandinavischen Lutheraner – sieht man von Einzelnen wie Johansson ab – nichts von der in Deutschland verbreiteten konservativ-lutherischen Ordnungstheologie gehalten, wie an der Stockholmer Rede des Bischofs von Västerås Einar Billing (D 225–229, bes. 227)[760] und dem Diskussionsbeitrag des dänischen Bischofs Valdemar Ammundsen (D 619 f) klar zu erkennen ist, sondern aus dem Glauben an eine in die Geschichte hereingebrochene Herrschaft Gottes konkrete Konsequenzen für die Gestaltung der Welt gezogen.

Söderblom konnte also auf eine solide Gruppe von Bundesgenossen rechnen, wenngleich diese im Einzelnen untereinander recht verschieden waren. Vor diesem Hintergrund skizziert er nun seine eigene Konzeption. Auszugehen ist von der eschatologischen Deutung des Reiches Gottes, wie sie das Luthertum vertritt. Sie ist als Bollwerk gegen jede Art von Kulturprotestantismus zu verstehen (S 259 f) – auch gegen diejenige, die tendenziell in der Ordnungstheologie steckt. Deshalb lehnt Söderblom den Ordnungsbegriff in diesem Zusammenhang entschieden ab. Stattdessen verweist er auf seine Entdeckung des Heiligen als religiösen Grundbegriffs. Sie sei nicht bloß als Gewinn für die wissenschaftliche Forschung anzusehen, sondern ganz praktisch auch als Korrektur einer Frömmigkeit, die Gottes Majestät und den Ernst seines Gerichts gegen eine harmlose göttliche Freundlichkeit eingetauscht habe. Das Heilige ist weder ein Ziel menschlichen Handelns noch eine gesellschaftliche »Ordnung«, sondern göttliches Handeln, das dem ihm entgegengesetzten sündigen Handeln des

---

759 So auch SÖDERBLOMS ausführlicher Brief an É. Gounelle vom 24.10.1926: *Brev ...* (wie Anm. 1), Nr. 263.
760 In dieser Rede ist das freilich nur eben angedeutet. Aufschlussreicher ist der Hirtenbrief von 1920: Die Kirche habe auf der Grundlage des in Christus gekommenen und geschichtlich wirksamen Reiches Gottes zwar kein politisches Programm, aber sehr wohl Gesichtspunkte für die Gestaltung der weltlichen Verhältnisse zu entwickeln: E. BILLING, *Herdabref till prästerskapet i Västerås stift*, Stockholm 1920, 37–41. 85–88.

Menschen unerbittlich fordernd gegenübertritt und seinen Weltplan allem Widerstand zum Trotz zu seinem Ende führt (S 252.257.261).

Gottes Weltplan kommt zu seinem Ziel in Christus. Söderblom bezieht sich dafür auf die christologischen Aussagen von Nicaea und Chalcedon. Die göttliche und die menschliche Seite (*sidorna*) in Christus – Söderblom sagt bewusst nicht »Naturen«! – sind nicht eine Mischung oder auch eine Kooperation auf gleicher Ebene eingegangen, sondern in einer personalen Gemeinschaft je ganz präsent (S 247 f). Um diesen Christus habe sich die Stockholmer Konferenz gesammelt, und in der so verstandenen gemeinsamen Orientierung bestehe ihre Einigkeit über alle Differenzen hinweg (S 249).

Von diesem Bezug her ist im Rückschluss zumindest ansatzweise die Gestalt der Christologie zu ermitteln, welche diesen kurzen Andeutungen zugrunde liegt (für eine breite Entfaltung wäre dieser Konferenzbericht nicht der geeignete Ort gewesen). Söderblom sieht nämlich eine Analogie zwischen der Christologie und dem Reich Gottes. Wie in der Person Christi, so sind auch in der Herrschaft Gottes, die durch ihn in die Welt gekommen ist, Göttliches und Menschliches je ganz präsent und miteinander vereint (S 248). Auch deshalb ist es unangemessen, Schöpfungsordnung und Heilsordnung gegeneinander abzugrenzen, denn die Erlösung durch Christus, das Kommen des Reiches Gottes, ist doch im Grunde eine (durch die Sünde notwendig gewordene) Fortsetzung der Schöpfung, wie Söderblom in Anlehnung an Schleiermacher sagt (S 252).[761] Göttliches und Menschliches sind im Reich Gottes nicht additiv miteinander verbunden, sondern organisch, d.h. so, dass Gott die Neuschöpfung des menschlichen Herzens bewirkt und damit den Menschen zu einem »guten Baum« (Mt 7,17) macht, der dann aus der in ihm wirksamen Liebe Gottes heraus gute Früchte bringt (S 283 f). So wird man sich auch das Verhältnis der beiden »Seiten« in Christus vorzustellen haben; im Hintergrund steht also eine Schleiermacher verpflichtete Form von Urbildchristologie.[762] Das eigentlich Entscheidende an Söderbloms Christologie ist damit freilich noch nicht gesagt. Seine Theologie war seit der Christusbegegnung, welche die Lösung seiner religiösen Krise brachte, auf den Gekreuzigten ausgerichtet und ist im Lauf der Jahre zu einer immer ausgeprägteren Theologie des Kreuzes geworden. Sofern die Analogie zwischen Urbild und Abbild gerade auch im Leiden zum Ausdruck kommt, steckt darin eine Differenz zu Schleiermacher, der ein wirkliches Leiden Jesu um dessen ungebrochenen Gottesbewusstseins willen im Grunde nicht zugeben kann. Söderblom dagegen weiß um die Angefochtenheit Jesu und seine Qualen am Kreuz.

---

761 Vgl. F.D. Schleiermacher, *Der christliche Glaube* (wie Anm. 28), § 89.
762 Vgl. F.D. Schleiermacher, a.a.O., § 93.

Dieses wirkliche Leiden war als stellvertretendes der Ausdruck der freien Gnade Gottes, welche die Anfechtung des Menschen überwindet und so zum Grund der Glaubensgewissheit wird. Das ist eine Einsicht, die er Luther verdankt, nicht Schleiermacher. In diesem Sinn wollte er lutherisches Christentum auf der Stockholmer Konferenz den davon unberührten Anglikanern und anderen Angelsachsen nahe bringen.[763]

Auf diese Weise sind das Handeln Gottes und das Handeln des Menschen scharf voneinander unterschieden und doch so eng miteinander verbunden, dass man sich an Luthers Bild von dem Menschen als Rohr erinnert fühlt, durch das die Liebe Gottes hindurchgeht und auf die Mitmenschen sich auswirkt.[764] Freilich müssen dabei – ebenso wie bei Luther – alle Assoziationen an einen mechanischen Vorgang ferngehalten werden. Gemeint ist, gemäß der Persönlichkeits- bzw. Gewissensmystik, eine Willenseinheit mit Gott (was dann doch wieder zu Schleiermacher hinführt). In diesem Sinn ist Söderbloms Bezeichnung des Menschen als Mitarbeiter Gottes zu verstehen (S 248). Jegliche Form von »Eigengesetzlichkeit« ist damit ausgeschlossen (S 252 f), jedenfalls sofern man das Wort nicht im Sinne Max Webers als je besondere Sachgesetzlichkeit und somit frei von theologischen Konnotationen versteht.[765] Vielmehr soll das Handeln des Menschen in der Gesellschaft diese wie ein Sauerteig mit der Liebe Gottes durchdringen (S 248. 297 f). Unter diesen Voraussetzungen hat für Söderblom das seinem eigenen Naturell sehr entgegenkommende angelsächsische – oder allgemeiner: calvinistische – Streben nach Weltgestaltung sein Recht. Zugleich bleibt solche Arbeit im Dienst des Heiligen ein Kampf gegen die Macht des Bösen, über die der endgültige Sieg Gottes bis ans Ende der Zeit aussteht (S 256 f). Deswegen ist an die Realisierung einer gesellschaftlichen Utopie nicht zu denken; jede Verbesserung weltlicher Zustände bleibt relativ und gefährdet. Dennoch überwiegt die Zuversicht. Denn das grundlegende Verhältnis des einzelnen Christen zu Gott ist am Modell der »Bekehrung« (*omvändelse*) orientiert (S 257. 316), das lutherische *simul iustus et peccator* schwingt zwar mit, tritt aber hinter dem auf Erneuerung gerichteten Interesse des Berichterstatters zurück.

Die Kontroverse über das Verständnis des Reiches Gottes ist auf der Konferenz unaufgelöst geblieben; keine der beiden gegensätzlichen Posi-

---

763 Vgl. N. SÖDERBLOM, *Warum ich Lutheraner bin*, in: CuW 1/1925 (193–203), 197. 202. Der Aufsatz erschien vor der Konferenz. Vgl. auch ders., *Kristi pinas historia. En passionsbok* (1928), Stockholm ⁴1928, Neudruck 1965, 172. 312.
764 Vgl. MARTIN LUTHER, *Kirchenpostille* von 1522, WA 10 I/1, 100,10–13.
765 Vgl. MAX WEBER, *Wirtschaft und Gesellschaft. Grundriß der verstehenden Soziologie*, hg. v. J. Winckelmann, Tübingen ⁵1976, 382–385 u.ö.

tionen hat sich durchsetzen können.[766] Das ist bis heute ein zentrales Problem ökumenischer Arbeit, das durch die in den letzten Jahrzehnten erfolgte allmähliche Verschiebung der Gewichte zugunsten der calvinistisch-angelsächsischen Sichtweise keineswegs erledigt ist. Aber das überschreitet den Rahmen dieses Kapitels.

Was nun die Debatte in Stockholm so kompliziert machte, ist die Tatsache, dass sich in die theologische Fragestellung nach dem Reich Gottes unterschwellig ein mit ihr nicht unmittelbar zusammenhängender politischer Sachverhalt hineingeschoben hat. Das ist der unterschiedliche geistige Hintergrund der Entwicklung der europäischen Staaten. Während die westeuropäischen Länder unter dem liberalen, aufklärerischen Vorzeichen der Idee des Gesellschaftsvertrages, wie sie Locke, Hume und Rousseau entwickelt hatten, zu Nationalstaaten geworden waren, hielt in Deutschland die territoriale Zersplitterung an und wurde erst durch die Reichsgründung nach dem deutsch-französischen Krieg 1871 behoben, dann aber in einem ausgesprochen antiliberalen, autoritären Staatswesen.[767] Dieser Gegensatz radikalisierte sich dann noch auf beiden Seiten. In den USA kam es durch den Pioniergeist und die Trennung vom englischen Mutterland 1776 im Gefolge der (teils puritanisch-calvinistisch, teils linksreformatorisch verstandenen) Aufklärung zu einer konsequent naturrechtlich-egalitären Begründung des Staatswesens. Daran schloss sich sogleich ein missionarischer Anspruch an, die ganze Welt in diesem Sinn umzugestalten, so dass später Präsident Wilson den Eintritt Amerikas in den I. Weltkrieg damit begründen konnte, es gehe darum, »to make the world safe for democracy«. Frankreich hatte in seiner Revolution amerikanische Grundgedanken aufgegriffen, freilich unter gänzlich anderen Bedingungen umgesetzt und sie obendrein über Jahre hinweg durch eine Schreckensherrschaft um ihre befreiende Wirkung gebracht. Deutschland bildete zu all dem mit dem Rückfall in vormoderne autoritäre Verhältnisse bis 1945 (die Weimarer Republik hatte die Demokratie nie wirklich im Volk verwurzeln können) den ideologischen Gegenpol. Dafür steht das Schlagwort vom deutschen Sonderweg, der durch die Ausbildung einer organischen Volksgemeinschaft unter einem souverän das Recht verkörpernden monarchischen Willen den rational-berechnenden westeuropäischen Gesellschaften prinzipiell überlegen sei. Dahinter standen Gedanken aus

---

766 Gegen Fr. Heiler, welcher der Meinung ist, der calvinistische Reich-Gottes-Gedanke habe die Konferenz beherrscht: ders., *Die Weltkonferenz für praktisches Christentum in Stockholm*, in: Evangelische Katholizität (wie Anm. 621, 56–150), 60.

767 Ich folge hier der Grundthese des bemerkenswerten Buches von Helmuth Plessner, *Die verspätete Nation*, das 1935 im holländischen Exil geschrieben und in seinen GS 6, Frankfurt 1982, 7–223 abgedruckt wurde.

der Zeit der Freiheitskriege wie Johann Gottlieb Fichtes These in der siebten und vierzehnten seiner Reden an die deutsche Nation, das deutsche »Urvolk« sei dazu berufen, die Welt vor allgemeinem geistigem und politischem Verfall zu retten, sowie Hegels Staatslehre. Hinzu kamen später Thesen wie die des Soziologen Ferdinand Tönnies, das »organische« Leben der »Gemeinschaft« sei durch das »mechanische Aggregat und Artefact« Gesellschaft bedroht.[768] Kultur versus Zivilisation, lautete die Devise. In diesen allgemeinen Zusammenhang gehört auch die Lehre von den Schöpfungsordnungen, deren Urheber Theodor Kliefoth damit der in Westeuropa herrschenden Theorie Rousseaus vom *contrat social* eine organologische Auffassung entgegensetzte.[769]

Dieser politisch-ideologische Gegensatz, der hier idealtypisch an den USA und Deutschland dagestellt wurde und der mit den theologiegeschichtlichen Differenzen eng verflochten, aber nicht mit ihnen identisch ist, bildet den Hintergrund für das Konferenzthema »Die Kirche und die Beziehungen der Völker zueinander«, dessen Debatten sich insbesondere um die Rolle des Völkerbunds kristallisierten. Er galt den einen als Garant anhaltenden Friedens, den anderen als Gefährdung der Selbstbestimmung des deutschen Volkes. Zwei Tage lang (25. und 26. August) hat diese Thematik die Versammlung intensiv beschäftigt und damit faktisch ebenso großes Gewicht bekommen wie die Diskussion über das Reich Gottes. Das hat auch Söderblom so gesehen (S 521 f). Nach seinem Urteil bestand die Bedeutung dieser Debatte vor allem darin, dass sie die Deutschen in Gestalt ihrer Stockholmer Delegation aus ihrer Isolation herausgeholt und in eine gleichberechtigte Mitarbeit hineingeführt habe. Er selbst stand in diesem Punkt offenkundig den Angelsachsen näher.

Freilich war er sich darüber im Klaren, dass man auf diesem Weg allenfalls einen ersten Schritt gemacht hatte und dass es unter der Oberfläche gefährlich brodelte, denn er lobt ausdrücklich die Selbstdisziplin der Teilnehmer, die einen Eklat verhindert habe (S 445). Die Gefahr bestand durchaus, denn die Auseinandersetzungen über dieses Thema waren die heftigsten der ganzen Konferenz, obwohl der Ton niemals ausfällig wurde, sondern stets verbindlich blieb. Die Intensität der Spannungen offenbarte

---

768 Vgl. J. G. FICHTE, *Reden an die deutsche Nation*, in: GA I 10, 183–197. 285–298; GEORG WILHELM FRIEDRICH HEGEL, *Grundlinien der Philosophie des Rechts* §§ 316–320, Jub.-Ausg. 7, 424–432, wo die fürstliche Gewalt gegen das bloße »Meinen und Raisonniren« der öffentlichen Meinung abgehoben wird; FERDINAND TÖNNIES, *Gemeinschaft und Gesellschaft* (1887), 3. Neudr. d. 8. Aufl., Darmstadt 1972, 1–6. 87 f (Zitat: 4). Die Gemeinschaft wachse »aus dem Wesenwillen« ihrer Teilhaber hervor.

769 Vgl. THEODOR FRIEDRICH DETHLOF KLIEFOTH, *Acht Bücher von der Kirche*, Bd. 1 (mehr nicht ersch.), Schwerin/Rostock 1854, 372–378.

besonders der Vormittag des 25. August. Zunächst waren drei Vorträge gehalten worden. Der schweizerische Professor Wilhelm Hadorn hatte die Kirche zur Buße aufgerufen, auch vor einer Konferenzeuphorie und einem naiven Optimismus der Völkerverbrüderung gewarnt (D 448–453). Der anglikanische Bischof Charles H. Brent setzte den Kontrapunkt: die Kirche könne binnen einer Generation den Krieg ein für allemal ausschalten, »wenn sie wirklich die rechte Gesinnung hat« (D 455). Der schwedische Missionsdirektor J. Nyrén griff bereits auf das Rassenproblem vor, in dem er im Vergleich zu den aktuell diskutierten politischen Fragen prophetisch die weitaus größere Bedrohung des inneren und äußeren Friedens erkannte (D 456), ohne sich damit durchsetzen zu können: Diese Frage kam zwar im Verlauf der Verhandlungen zur Sprache (D 464–471), war aber von den internationalen Fragen der Nachkriegspolitik völlig überlagert.[770]

Die anschließende Aussprache ließ dann den Gegensatz zwischen den deutschen Delegierten und denen aus den Siegerländern offen zutage treten (D 458–461). Zunächst teilte Hermann Kapler im Auftrag der deutschen Delegation sachlich mit, dass diese mit den zu Beginn der Sitzung verlesenen Resolutionen der Kommission für die internationalen Beziehungen (D 77f) nicht einverstanden sei; man möge daher über sie auch nicht abstimmen (D 458). Dabei hatte man sicher vor allem an die 5. Resolution gedacht, die den Völkerbund zum derzeit einzigen Mittel der Völkerverständigung erklärte. (Die übrigen Fragen wie Verurteilung des Krieges bei Zulassung eines Verteidigungskrieges und der Aufruf zum Schutz religiöser und ethnischer Minderheiten waren für diese Gruppe offenbar akzeptabel.) Das musste wie eine kalte Dusche wirken. Dann trat der umtriebige rheinische Generalsuperintendent Karl Klingemann (1859–1946) auf.[771] Er stand, wie sicher auch vielen Delegierten anderer Länder bekannt war, politisch ganz rechts. Von 1908–1913 stellvertretender Vorsitzender des Alldeutschen Verbandes, hatte er den Ausbruch des Krieges als Ermöglichung deutscher Annexionsziele begrüßt. Die Weimarer Republik lehnte er ab und wurde später Nationalsozialist. Er ergriff das Wort, um die deutschen Interessen zur Sprache zu bringen, wie er sie verstand. Seine Rede war nicht polemisch, aber hart in der Sache. Er bejahe durchaus das Ziel des Friedens zwischen den Völkern. Aber mit dem Reich Gottes habe das nichts zu tun. Im Übrigen könne Deutschland an einen Frieden nicht glauben, solange ihm dessen Segnungen vorenthalten blieben. Das deutsche Volk lebe unter unerträglichem Druck, seine Wirtschaft liege völlig darnieder [1925!]. Die »Strafe« von Versailles sei ungerecht, weil »unser

---

770 Kritisch dazu P. SANDEGREN, a.a.O. (wie Anm. 748), 140–143.
771 Seine Rede steht D 459f. Über ihn vgl. den Artikel von ROGER BAECKER in BBKL 4, 61–64.

Volk den gleichen Anspruch hat wie die anderen beteiligten Völker, für heiliges Recht in schwerem Kampf unsagbar schwere Opfer gebracht zu haben.« Die Christen, die in der Welt eine Minderheit bildeten, könnten da ohnehin nicht mehr sein als nur ein wenig Sauerteig. Mehr noch: »die großen Fragen von Krieg und Frieden [gestalten] sich schließlich nach eigenen irdischen Gesetzen ..., die wir nicht ändern können.« Manche »Verwicklungen« könne tatsächlich nur ein Krieg lösen. Vom Völkerbund hielt er nichts; er sei eher »eine Gefahr für die wahre Freiheit und das Selbstbestimmungsrecht der Völker«.

Klingemann wurde mehrfach von lebhaftem deutschem Beifall unterbrochen. Seine Redezeit wurde stillschweigend verlängert, und er durfte sogar seinen Beitrag auf Englisch wiederholen. Geschickte Verhandlungsführung vermochte die sich ausbreitende Unruhe zu dämpfen (S 483). Nach der willkommenen Unterbrechung durch die Mittagspause wandte der französische methodistische Pfarrer Élie Gounelle sich in einem leidenschaftlichen spontanen Beitrag an die Deutschen und speziell an Klingemann (D 462–464). Auch die Franzosen seien mit dem politischen Zustand nicht zufrieden, er sei natürlich vom Reich Gottes weit entfernt, und der Völkerbund in seinem gegenwärtigen Zustand lasse viel zu wünschen übrig, sei aber doch immerhin ein Anfang. Nicht nur die Deutschen litten unter den Folgen des Krieges – abgesehen davon, dass Klingemann wohl doch zu schwarz gemalt habe – sondern auch die Franzosen. Aber: »Wir lehnen uns ... auf gegen jene entmutigende Lehre und jene pessimistische Auffassung« des Herrn Klingemann, sowohl religiös im Blick auf das Reich Gottes, als auch politisch im Blick auf den Völkerbund. Man möge doch bitte nicht im Schmollwinkel sitzen, sondern aktiv an der Verbesserung der Verhältnisse mitwirken. Dazu gehöre, den Völkerbund weiterzuentwickeln, und die Deutschen möchten sich doch unbedingt um Aufnahme bemühen und sich an seiner Arbeit beteiligen. Er schloss auf Deutsch mit den Worten aus Sophokles' Antigone: »Nicht mitzuhassen, mitzulieben bin ich da!«

Damit hatte er klar Position bezogen, aber auch Verständnis für die ja in der Tat großen Probleme gezeigt, die der Versailler Vertrag geschaffen hatte, und zugleich um Annäherung zwischen Deutschen und Franzosen geworben. Damit stand er, wie jedermann wusste, im Gegensatz zu einer breiten Mehrheit seines eigenen Volkes. Das machte großen Eindruck auf die Versammlung, und Söderblom hinderte unter starkem Beifall den amerikanischen Moderator daran, die Einhaltung der Redezeit zu erzwingen (S 488 f). Die deutsche Delegation jedoch hüllte sich in »eisiges Schweigen«.[772] Auf welcher Seite Söderblom selbst stand, leidet keinen

772 Vgl. Fr. Heiler, *Die Weltkonferenz ...* (wie Anm. 766), 97.

Zweifel. Den Versailler Vertrag hatte er selbst schon früh und wiederholt kritisiert (s. o., 273). Wenn nun aber Deutsche, so schreibt er in seinem Bericht, den 25. August mit seiner Debatte über das Verhältnis der Völker zueinander »unseren großen Tag« genannt hätten, weil sie da so viel Verständnis gefunden hätten, »so liegt darin bei bestimmten Teilen (der Delegation) eine nationalistische Ausnutzung von etwas, das ein Akt der Aufrichtigkeit und Versöhnung war« (S 522). Genau dies kommt in Äußerungen wie derjenigen Klingemanns nach der Konferenz zum Ausdruck, die Deutschen hätte an jenem Tag »erhobenen Hauptes« den Saal verlassen.[773] Das ist genau jener arrogante Chauvinismus, der Söderblom schon in Leipzig so abgestoßen hatte.

Die Linie Gounelles fand am nächsten Tag Unterstützung durch den sehr differenzierten Vortrag des reformierten französischen Pfarrers Jules Jézéquel (D 475–480). Er forderte von den Kirchen Buße für die Glorifizierung und Segnung des Krieges, setzte sich aber nicht pauschal für einen Frieden um jeden Preis ein, sondern für einen Frieden in Gerechtigkeit. Dafür sei der – gewiss noch unvollkommene – Völkerbund das geeignete Instrument, das die Unterstützung der Kirche verdiene. Söderblom schreibt, dies sei das Beste, das er bisher zu diesem Thema gehört habe (S 466). Anschließend plädierte Adolf Deißmann für eine vermittelnde Position, indem er Sympathie für den Völkerbund zeigte, zugleich aber davor warnte, von Seiten der Kirche die Verantwortung für die Versöhnung der Völker auf ihn abzuwälzen (D 482). Das war freilich für die deutsche Delegation schon die Grenze des Erträglichen. Als am folgenden Tag der Missionswissenschaftler Julius Richter sich – ohnehin nur verklausuliert – für einen deutschen Eintritt in den Völkerbund einsetzte, traf ihn nachher in einer internen Sitzung derart harsche Kritik, dass er unverzüglich abreiste.[774] Andererseits äußerte Bischof Woods« noch einmal ausdrücklich Verständnis für die von Klingemann erhobenen Bedenken: Er habe damit die Teilnehmer vor zu naivem Optimismus bewahrt (D 521). So hat die ganze Auseinandersetzung insgesamt eine befreiende Wirkung gehabt. Man konnte ja auch nicht gut bestreiten, dass insbesondere die französische Politik gegenüber Deutschland in klarem Widerspruch zu den idealistischen Vorstellungen vieler westeuropäischer und amerikanischer Delegierter stand.

Söderblom selbst nimmt die Mittelposition ein: grundsätzliche Verurteilung des Krieges mit der Ausnahme eines gut begründeten Verteidigungskrieges. Sie hat aber bei ihm nicht den Charakter eines »goldenen

---

773 So in seinem Artikel *Noch einmal Stockholm*, in: Eiserne Blätter 7/1925, 407; zit. bei W. WEISSE, a. a. O. (wie Anm. 642), 384.
774 Vgl. F. SIEGMUND-SCHULTZE, in: *N. Söderblom, Briefe und Botschaften ...* (wie Anm. 521), 8; W. WEISSE, a. a. O., 314 f.

Mittelweges«. Wenn auch er betont, der Frieden beginne im Herzen des Einzelnen, so hat das nicht wie bei dem damaligen Durchschnittslutheraner die Bedeutung eines Rückzugs vor der Aufgabe einer strukturellen Neugestaltung der politischen Szene in die »Innerlichkeit«. Denn wenn die Innerlichkeit dem Wirken des Heiligen ausgesetzt ist, so folgt daraus, dass es den so getroffenen Menschen zur Verwirklichung der Liebe drängt, und zwar auch auf dem Feld der politischen Entscheidungen. Das wird an zwei Punkten deutlich. Zum einen hält er den radikalen Pazifismus, obwohl er ihn selbst nicht vertritt, im Diskurs über diese Sache für unverzichtbar, weil er die Funktion des Salzes der Erde habe. Zum anderen verbindet er mit der Hoffnung auf einen doch noch eintretenden Erfolg der von Washington angestoßenen Abrüstungsbemühungen die Zielvorstellung der Vereinigten Staaten von Europa, die ihm schon 1916 einmal in den Sinn gekommen war (s.o., Anm. 511), also das Leitbild einer friedlichen Zusammenarbeit der einstweilen noch zutiefst verfeindeten Völker des Kontinents (S 537f 540f). Das ist nicht die ideale Gesellschaft, die das Social Gospel erträumte, auch nicht die klassenlose Gesellschaft des Marxismus, die dann den neuen Menschen hervorbringen würde. Vielmehr wird politisches Handeln lutherisch als vermittelt durch die Verantwortungsbereitschaft des Menschen, insbesondere des religiösen Menschen gedacht, aber nicht wie im damaligen Luthertum beschränkt auf die negative Funktion der Abwehr des Bösen, sondern konstruktiv in Richtung auf Veränderung der im Verlauf der Geschichte verhärteten Strukturen. Dass dabei der Erfolg keineswegs garantiert ist, versteht sich für Söderblom von selbst.

Dieser Abriss mag genügen, um das Frontensystem der Konferenz und Söderbloms eigene Stellung darin nachzuzeichnen. Es ist in diesem Zusammenhang weder möglich noch nötig, einen Eindruck von der ungeheuren Fülle des Programms zu vermitteln, die übrigens von Söderblom selbst recht kritisch beurteilt wird: Er gesteht de facto ein, es sei ihm nicht gelungen, sich im Vorfeld den vielen Wünschen nach immer neuen Programmpunkten genügend entgegenzustemmen, die vor allem von angelsächsischer Seite vorgetragen wurden, aber auch aus »dem deutschen Sinn für Systematik und Vollständigkeit« hervorgingen, wie er nicht ohne eine gewisse Ironie vermerkt (S 694). Jedenfalls war eine vollständige Verarbeitung dieser Überfülle praktisch für kaum jemanden möglich, und faktisch haben denn auch wohl nur wenige Teilnehmer alle 134 Vorträge gehört.[775]

Das Treffen endete am Nachmittag des 29.8. mit einer feierlichen Abschiedsveranstaltung, auf welcher der Kronprinz sprach, und mit einem

---

775 Vgl. die Kritik von P. SANDEGREN, a.a.O. (wie Anm. 748), 79.

Galadiner am Abend. Am Morgen des 30.8. fuhr ein Sonderzug nach Uppsala, wo ein Festgottesdienst im Dom den Schlussakt bildete. Die Predigt hielt der Erzbischof über Mk 7,31–37. Sie ist unter dem Stichwort Hephata-Predigt berühmt geworden.[776] Diese Predigt war kein Abschluss; sie war ganz auf Zukunft gestimmt. Es komme darauf an, die Ohren zu öffnen – nicht für »kirchliche Kreise« mit ihren Sonderinteressen, sondern für Jesus, der das Wort Gottes in Person ist, und es komme darauf an, den Mund zu öffnen, wo es nottut. Jesu Reden und Leben sei Dienst und Hingabe, und er wolle in und durch uns handeln. Der Geist Gottes sei eben nicht nur Richter und Heiler, sondern auch Führer für das praktische Leben. So kam hier noch einmal die religiöse Aufbruchstimmung zum Ausdruck, welche die Konferenz von Anfang an geprägt hatte. Nach dem Gottesdienst ging der Zug nach Stockholm zurück, von wo aus die Delegierten wieder in ihre Heimatländer fuhren.

Was ist nun bei diesem so groß angelegten Unternehmen herausgekommen? Ein Ausschuss der Konferenz hat eine Zusammenfassung erarbeitet, die unter dem Titel Message (Botschaft) veröffentlicht wurde (D 695–698; S 675–678). Sie beginnt mit dem Bekenntnis, die Kirche habe es in und nach dem Krieg an »Liebe und mitfühlendem Verständnis« fehlen lassen (Nr. 3). In Stockholm habe man wie nie zuvor die wahre Einheit der Kirche erfahren (Nr. 4), und daraus ergebe sich die Aufgabe, die Macht des Evangeliums in allen Lebensbereichen umzusetzen (Nr. 5). Freilich habe man keine konkreten Lösungen für die drängenden Probleme anzubieten, auch nicht über irgendwelche Schlussresolutionen abgestimmt. Die Anwendung der christlichen Grundsätze müsse man dem Gewissen des Einzelnen überlassen (Nr. 9). An dieses appelliere man in erster Linie bei den Christen (Nr. 11), aber man denke auch an die Verbündeten außerhalb der Kirche, junge Menschen, Wissenschaftler, Arbeiter (Nr. 12). Stockholm sei nur ein Anfang. Dafür verwies man auf den Fortsetzungsausschuss, dessen Bildung einstimmig beschlossen worden war und der am Ende der Konferenz bereits mit der weiteren Planung begonnen hatte (Nr. 13). Dieser Ausschuss sollte später zur Keimzelle des von Söderblom früh avisierten Weltkirchenrates werden. Noch nicht enthalten ist dagegen in diesem Text das von Einar Billing und Élie Gounelle in Stockholm nach-

---

776 Es ist charakteristisch für Söderbloms Bescheidenheit, dass er diese Predigt in seinem Bericht nicht abgedruckt hat. Man findet den Text in deutscher Übersetzung bei DEISSMANN, a. a. O. (wie Anm. 744), 728–733. Die ursprüngliche schwedische Fassung (im mündlichen Vortrag hatte Söderblom zwischen Schwedisch und den drei Konferenzsprachen abgewechselt, um noch einmal die Teilnehmer auch persönlich zu erreichen, vgl. D 716) findet sich unter dem Titel *Upplåt Dig* bei N. SÖDERBLOM, Tal och skrifter 2, Stockholm 1933, 106–114.

drücklich geforderte International Institute of Social Science, das der sachkundigen Fundierung der Weiterarbeit dienen sollte. Davon wird noch zu sprechen sein.[777]

In der Tat war man sich nur über sehr allgemeine Grundsätze einig: dass der Glaube sich an Jesus Christus zu orientieren habe, dass man sich in der Praxis um gesellschaftliche Verwirklichung der Liebe (z. B. in der Linderung der Not und der Haltlosigkeit, die der Krieg verursacht hatte) und um Gerechtigkeit und Frieden bemühen müsse. Aber schon das Verständnis des Reiches Gottes blieb bis ans Ende strittig, wie wir gesehen haben. Das Gleiche gilt für das Thema Krieg und Frieden. Hier freilich verliefen die Trennungslinien zwischen radikalem Pazifismus, Verurteilung des Krieges mit Ausnahme des Verteidigungsfalles und der Meinung, Kriege seien letztlich unvermeidlich, nicht einfach entlang der nationalen Grenzen. So konnte etwa der amerikanische Pfarrer Samuel H. Chester in einem Diskussionsbeitrag darauf verweisen, Gott habe oft Kriege als Mittel seiner Offenbarung benutzt (D 510), und Sir Willoughby Dickinson, Sekretär der World Alliance, erklärte die damalige internationale Lage rundheraus als reif für den Krieg (D 501).[778] Trotzdem spiegelten sich die Differenzen in diesem Punkt letzten Endes überwiegend im Nationalen. Ein Indiz dafür sind die erheblichen Differenzen zwischen den verschiedenen sprachlichen Fassungen des 8. Punktes der »Botschaft«[779]:

Englisch »entschieden«: We summon the churches to share with us the sense of the horror of war, and of its futility as a means of settling international disputes;

Französisch »kraftvoll«: Nous faisons un devoir aux Églises d'exprimer avec nous l'horreur de la guerre et d'affirmer qu'elle est radicalement incapable de régler les différends internationaux;

Deutsch »blass und matt«: Wir bitten die Kirchen, ein Gefühl zu haben für die Schrecken des Krieges, wie auch für seine Unzulänglichkeit für die wirkliche Lösung internationaler Steitfragen.

Man mag dieses Ergebnis als reichlich mager bezeichnen, und so ist es denn auch immer wieder angesehen worden. Doch ist das gerecht? Gewiss, man ist nicht zur Formulierung eines »neuen Glaubensbekenntnisses« ge-

---

777 Vgl. BILLINGS Rede: D 225–229; GOUNELLES Vortrag über *Der Mensch und sein Eigentum* D 200–210, darin der Bezug auf das Institut im Anschluss an Billing 208.

778 Vgl. W. WEISSE, a. a. O. (wie Anm. 642), 315 f.

779 Darauf hat FR. HEILER aufmerksam gemacht: *Die Weltkonferenz ...* (wie Anm. 766), 126. Ihm folge ich auch mit den oben benutzten Prädikaten. Auf die Hintergründe dieser Differenzen und schon gar auf die notwendig unsicher bleibenden Überlegungen über eventuell dahinter stehende Absichten können wir hier nicht eingehen. Vgl. dazu W. WEISSE, a. a. O. (wie Anm. 642), 349–354.

kommen, wie es im Vorfeld auch von Söderblom selbst gefordert wurde (s.o., 321). Doch wird er ein solches auch kaum als Ergebnis dieser Konferenz erwartet haben, waren ihm doch die einer solchen Verlautbarung im Wege stehenden Schwierigkeiten nur allzu bewusst, von der sachlichen Problematik einer Dogmatisierung der Ethik einmal ganz abgesehen. Er hat diese allzu plakative Losung denn auch selbst stillschweigend relativiert. Im Grunde war ihm ja immer schon klar, dass die Parole »Einheit in Mannigfaltigkeit«, die er für den Bereich der Lehre und der Kirchenverfassung konsequent vertreten hat, sich auch auf die Ethik erstrecken müsse. Das geforderte gemeinsame Bekenntnis konnte sich also von vornherein eigentlich nur auf das allgemeine Ziel eines Friedens in Gerechtigkeit beziehen. Dass die dorthin führenden Strategien strittig bleiben würden, lag ja am Tage.

In diese Richtung weist einerseits die Tatsache, dass Söderblom jene Losung nach der Konferenz nicht mehr wiederholt hat[780], andererseits sein Resumee, der bedeutende Fortschritt, den die Konferenz erzielt habe, liege darin, dass man sich überhaupt getroffen und miteinander geredet habe, und das von Anfang bis Ende in gegenseitigem Respekt (S 84 f 845). Das ist keineswegs als Ausdruck von Resignation oder gar von Schönfärberei zu verstehen. Denn einmal leuchtet es auf der pragmatischen Ebene angesichts der geschichtlichen Lage sofort ein, dass dies trotz aller Mängel im Einzelnen ein wirklicher Durchbruch war. Zum anderen musste man die »Botschaft« so formulieren, dass sich zumindest die große Mehrheit der Teilnehmer darin wiederfinden konnte, wollte man diesen Durchbruch nicht am Ende wieder aufs Spiel setzen.

Wie zu erwarten, fand die Konferenz, der weltweit große Aufmerksamkeit zuteil geworden war, ein außerordentlich vielfältiges öffentliches Echo. Die weitaus meisten Urteile waren positiv, nicht wenige sogar begeistert. Natürlich wurde auch Kritik geäußert, z.B. in ironischen bis ausgesprochen bissigen Zeitungskarikaturen.[781] Manche Stellungnahmen waren ausgesprochen unqualifiziert. Die Beiträge des finnischen Erzbischofs und des Osservatore Romano, die m.E. in diese Kategorie gehören, wurden bereits erwähnt. Geradezu gehässig war der Kommentar des Schriftleiters der konservativen Allgemeinen Evangelisch-Lutherischen Kirchenzeitung, Pfr. Wilhelm Laible, der wegen seiner damaligen Publizität jedenfalls erwähnt werden soll. Laible war ein fanatischer Nationalist, der

---

780 Der Ausdruck *mötets kristna bekännelse* (das christliche Bekenntnis der Konferenz), den er im Rückblick (S 871) benutzt, meint nicht ein formuliertes Glaubensbekenntnis, sondern allgemein das Bekenntnis zum christlichen Glauben.
781 Einige schöne Beispiele hat W. WEISSE, a.a.O. (wie Anm. 642), 270–274, reproduziert.

deutsche Redner wie Brunstäd[782] und Klingemann in extenso zitierte und in den höchsten Tönen lobte, an den Vorträgen der Engländer, Amerikaner und Franzosen dagegen kein gutes Haar ließ. Es lohnt sich nicht, all die böswilligen Entstellungen der verdienten Vergessenheit zu entreißen; Friedrich Heiler hat das Elaborat mit der gebührenden Deutlichkeit abgefertigt.[783]

Was bleibt von der Stockholmer Konferenz? Sie war mit einer Repräsentanz von deutlich über der Hälfte der Weltchristenheit die erste umfassende Kirchenkonferenz, die sich den gesellschaftlichen Problemen ihrer Zeit gestellt hat. Dass dies in der immer noch ideologisch vergifteten Atmosphäre der Nachkriegszeit überhaupt möglich war, grenzt, wie man oft gesagt hat, an ein Wunder. Schon dass hier Teilnehmer aus verfeindeten Nationen, in denen man bis dahin meist nur gehässig *über*einander geredet hatte, überhaupt *mit*einander redeten und dabei überrascht feststellten, dass sie mit durchaus umgänglichen Menschen sprachen, war ein erstaunlicher Vorgang. Vor allem aber geschah dies auf der gemeinsamen Grundlage des christlichen Glaubens, nicht auf der Basis politischer Opportunität. Das zeigen die überlieferten Berichte der Teilnehmer in ihrer erdrückenden Mehrheit im Unterschied zu den polemischen Kritikern, die ihre Informationen großenteils aus zweiter Hand bezogen. Man muss in der Tat, wie Söderblom immer betont hat, das Wesen dieser Konferenz von der Erfahrung christlicher Gemeinschaft in den Gottesdiensten und Andachten her verstehen. Von hier aus erschließt sich der Einsatz mit einem Sündenbekenntnis – ebenfalls ein Novum in der Geschichte großer Kirchenversammlungen. Nur so wird auch verständlich, dass die Debatte über das Verständnis des Reiches Gottes sich als roter Faden durch die ganze Konferenz hindurchzog – auch wenn man darin zu keiner Einigung gekommen ist. Paul Sandegren schreibt zu Recht, man habe zwar auf

---

782 FRIEDRICH BRUNSTÄD, Erlanger bzw. wenig später Rostocker Systematiker, hatte am 20.8. einen Vortrag über *Das Evangelium und das öffentliche Leben* gehalten (D 217–223), in dem er ganz allgemein der »zersetzenden« und »seelenlosen« Aufklärungskultur die (positiv bewerteten) »starren Bindungen« an die Schöpfungsordnungen entgegensetzte und die als Gerechtigkeit ausgegebene internationale »Herrschaft der Selbstsucht« brandmarkte, ohne die Stichwörter »westlich« und »deutsch« bzw. »Völkerbund« zu nennen. Als er dann den Krieg als in der sündigen Welt immer gegebene Möglichkeit ansprach und dazu das entwaffnete Deutschland in einer aufgerüsteten Umgebung anführte, wurde er verstanden und bekam Beifall von deutscher Seite. Vgl. F. SIEGMUND-SCHULTZE, *Die Weltkirchenkonferenz* ..., a.a.O. (wie Anm. 745), 35.

783 Vgl. WILHELM LAIBLE, *Der Weltkongreß für praktisches Christentum in Stockholm vom 19. bis 30. August 1925*, in: AELKZ 58/1925, 663–666. 685–689. 707–714. 724–727; dazu FR. HEILER, *Ein Zerrbild von Stockholm*, in: ChW 39/1925, 991–997.

dieser Life-and-Work-Konferenz programmatisch die Glaubensfragen als in die Zuständigkeit von Faith and Order gehörig ausgeschlossen, »aber man fand vielleicht zu seinem Erstaunen, dass das Einigende just der ›faith‹ war, über den man nicht sprach«.[784] Insofern war diese Konferenz tatsächlich ein großes Ereignis, dem richtungweisende Funktion für andere Gruppen der Gesellschaft zukam.

Gewiss hatte man diesen Erfolg mit der Ausklammerung der Kriegsschuldfrage erkauft, wiewohl sie natürlich ständig im Hintergrund der Verhandlungen lauerte. Das ist jedoch nicht zu kritisieren. Hätte sie öffentlich zur Debatte gestanden, wäre die Konferenz mit Sicherheit in einem frühen Stadium geplatzt. Deshalb muss man im Nachhinein froh sein, dass sich die Teilnehmer insgesamt an diese weise Entscheidung gehalten haben. Dass man zu keiner einheitlichen Interpretation des Reiches Gottes gefunden hat, sollte ebenfalls nicht als Defizit verbucht werden. Die Differenz in dieser Frage hat Wurzeln, die sich bis in die Reformationszeit zurückverfolgen lassen, und ist zudem so eng mit unterschiedlichen kulturellen Milieus verflochten, dass sie auch längerfristig kaum wird aufgelöst werden können. Die tiefen Gegensätze auf der politischen Bühne zu überwinden, war eine kirchliche Veranstaltung vollends außerstande. Es ist die Tragik der Konferenz von Stockholm, dass die wachsende politische und ideologische Polarisierung durch das Aufkommen des Faschismus und des Nationalsozialismus sie tief in den Schatten des allgemeinen Bewusstseins hat treten lassen. Dass und wie die Erinnerung an ihre Leistung überwintert hat und dann in einer durch die Dialektische Theologie veränderten Form auf der Weltkirchenkonferenz von Amsterdam 1948 wieder ans Tageslicht getreten ist, kann an dieser Stelle nicht weiter verfolgt werden.

Zwei Punkte sind dennoch kritisch zu erörtern, ein formaler und ein materialer. Der formale Punkt betrifft die Überfülle des Programms. Darüber sind sich alle Beurteiler einschließlich Söderbloms selbst völlig einig. Diese Überlast verhinderte nicht nur, dass alle Teilnehmer auf der Konferenz wirklich alle Beiträge zur Kenntnis nehmen konnten. Sie schränkte vor allem die Möglichkeit zu persönlichem Austausch zwischen Delegierten verschiedener Länder – soweit die jeweiligen Sprachkenntnisse dies überhaupt erlaubten – stark ein. Söderblom wehrt diesen Einwand mit dem Argument ab, die Delegierten hätten die weite Reise doch nicht um eines »mehr oder weniger zufälligen Meinungsaustausches« willen unternommen, sondern um »führende Persönlichkeiten« zu den anstehenden Sachproblemen zu hören (S 705). Hier wäre zu fragen, ob er nicht zu sehr

784 P. SANDEGREN, a.a.O. (wie Anm. 748), 231: »... man fann kanske till sin förvåning, att det som enade just var den ›faith‹, som man icke talade om.«

dem Erbe der Persönlichkeitsphilosophie verhaftet geblieben ist und darüber die Chancen unterschätzt hat, die in den persönlichen Begegnungen gerade in der damaligen Situation lagen. Dabei hat er selbst die Überraschung registriert, die etwa deutsche und französische Delegierte zum Ausdruck brachten, als sie miteinander ins Gespräch kamen (S 101). Immerhin wird man einschränkend sagen müssen, dass die Gelegenheiten zu persönlichem Austausch, die es trotz allem in den Pausen und bei den Mahlzeiten gab, offenbar effizient genutzt worden sind, denn sonst wäre wahrscheinlich so mancher Konflikt doch eskaliert.[785]

Die materiale Kritik bezieht sich auf die Diskussion über das Rassenproblem. Die Planer der Konferenz haben einerseits das Schwergewicht der Themenstellung im Verlauf der Vorbereitungszeit von den unmittelbar auf den Krieg bezogenen Fragen auf die drängenden Alltagsprobleme der Nachkriegszeit verschoben, andererseits aber genau damit den tiefen Einbruch im Auge behalten, den der Krieg bedeutete. Damit blieb dieser als die alles entscheidende Zäsur – zusammen mit dem Reich-Gottes-Begriff – faktisch das beherrschende Thema. Dagegen kann niemand ernsthaft etwas einwenden. Doch trat dahinter die schon lange zuvor brennende Rassenfrage in den Hintergrund. Die ihr im Programm gewidmete Zeit war denkbar knapp (ca. eine Stunde), und es waren auch nur sehr wenige nichtweiße Delegierte eingeladen worden. Von den weißen Teilnehmern haben nur zwei auf die Brisanz dieses Themas hingewiesen, Julius Richter und Paul Sandegren.[786] Die lange Einleitungsrede des britischen Bischofs von Bombay, Edwin James Palmer, zu diesem Programmpunkt reproduzierte bloß das Vorurteil der Kolonialmacht, die Menschen nichtweißer Rassen seien zwar vor Gott gleich, aber ungleich begabt und deshalb in der Welt nicht gleichberechtigt (D 461–469), während Richter immerhin die »Erziehung« der Menschen in den Kolonien zur Selbstregierung forderte. Die Einrede des schwarzen amerikanischen Methodistenbischofs William Y. Bell gegen die Vorstellung von höheren und niederen Rassen (470) scheint kaum beachtet worden zu sein. Insgesamt war das kein Ruhmesblatt. Freilich muss man mit dem Urteil vorsichtig sein. Einmal ist es bezeichnend, dass Richter und Sandegren in der Äußeren Mission tätig waren. Das Thema Mission war aber auf der Konferenz ausgeklammert worden, weil daran der von der Edinburgher Konferenz 1910 eingesetzte Missionsrat arbeitete. Zum anderen ist daran zu erinnern, dass selbst die Vertreter des Social Gospel in den Vereinigten Staaten, die so nachdrücklich für die Verbesserung der industriellen Arbeits-

785 So mit Recht W. WEISSE, a.a.O. (wie Anm. 642), 361.
786 J. RICHTER in einem Redebeitrag D 469f; zu SANDEGREN vgl. Anm. 770.

bedingungen eintraten, sich erstaunlich wenig mit dem Rassenproblem beschäftigt haben, obwohl man denken sollte, es müsste ihnen geradezu in die Augen gesprungen sein. Man wird also um der historischen Gerechtigkeit willen festzustellen haben, dass es im öffentlichen Bewusstsein des Abendlandes noch nicht genügend präsent war. Umso bedauerlicher ist es, dass die Organisatoren über diesen Stand der Dinge nicht hinausgelangt sind.

Solche Einwände vermögen aber die überragende Leistung der Organisatoren und insbesondere Söderbloms nicht zu schmälern. Die Konferenz konnte unter den obwaltenden Umständen nicht mehr als ein Anfang sein. So schreibt Söderblom: »Das Meiste ist noch übrig« (S 884). Das war auch nicht nur quantitativ gemeint. In seiner Rede auf der Abschiedsveranstaltung reagierte er auf das überschwängliche Lob von Bischof Woods (D 701 f) recht nüchtern, indem er neben dem Ausdruck von Freude und Erleichterung auch offen aussprach, die in dem ganzen Unternehmen wirksamen edlen Motive seien gemischt gewesen mit »Unzulänglichkeit und Kleinlichkeit«, sogar »hässlichem Ehrgeiz, ... Zwist und menschlicher, oft allzumenschlicher Schwachheit und Selbstsucht« (D 702).

Trotzdem waren der die Veranstaltung beherrschende christlich-religiöse Geist und die menschliche Atmosphäre mehr, als man damals hätte erhoffen können. Diese Versammlung eines so großen Teils der Christenheit bedeutete unter den damaligen Voraussetzungen einen wirklichen Neubeginn im Verhältnis der Kirche zur Gesellschaft[787], so sehr natürlich eine Vielzahl von einzelnen Vorstößen in den voraufgegangenen Jahrzehnten den Boden dafür bereitet hatte. Nicht zuletzt hat die Konferenz die schwedische Kirche noch viel mehr als die Vereinbarungen mit den Anglikanern aus ihrer Isolierung herausgeholt und auch das Verhältnis der Staatskirche zu den Freikirchen entscheidend verbessert.[788] Das Verdienst für das alles gebührt in allererster Linie Söderblom. Er hat nicht nur in der Vorbereitungsphase manche Konflikte entschärft und mehr als einmal das schon festgefahrene Schiff wieder flott gemacht, sondern auch durch seine Art der Leitung der Konferenz zum Erfolg verholfen. Das geschah gar nicht einmal in erster Linie durch seine Reden, die – mit Ausnahme der Schlusspredigt – eher einen formellen Charakter hatten, als vielmehr durch kluge Vermittlung in kritischen Momenten und durch die Vielzahl persönlicher Kontakte im Hintergrund, die in den offiziellen Berichten überhaupt nicht dokumentiert sind. Er war die Seele dieser Konferenz, deren Gelingen ohne ihn höchst fraglich gewesen wäre. Ein schönes indirektes Zeugnis für diesen Sachverhalt sind seine knappen Porträts einer gan-

787 So auch P. SANDEGREN, a.a.O. (wie Anm. 748), 227.
788 So mit Recht ANDRAE, a.a.O. (wie Anm. 2), 208.

zen Anzahl wichtiger Teilnehmer, ein Beitrag, für den er noch ganz kurz vor seinem Tod die Korrekturen gelesen hat. Sie lassen erahnen, wie sehr die ihm eigene Fähigkeit zur Empathie den Verlauf der Verhandlungen beeinflusst haben muss.[789]

f Die schwierige Fortsetzung

Söderblom hatte sich für die Stockholmer Konferenz völlig verausgabt, zumal er ja zugleich seine Amtsgeschäfte als Erzbischof fortführen musste. Die psychologische Regel, dass auf einen solchen Höhepunkt meistens ein tiefes Tal folgt, griff auch dieses Mal, insofern sich seine schon lange bestehende gesundheitliche Beeinträchtigung jetzt verstärkt bemerkbar machte. In den folgenden Jahren musste er von den ökumenischen Aktivitäten, die sich als Folge der Konferenz ergaben, immer mehr an andere delegieren. Zwar war er nicht nur in der Ökumene, sondern auch in der schwedischen Kirche die unbestrittene Führungsgestalt, nachdem der alte Lundenser Bischof Gottfrid Billing am 14. Januar 1925 verstorben war. Hinzu kam, dass mancher erbitterte Gegner aus früherer Zeit wie der Sozialdemokrat Arthur Engberg (s. o., 304 f 308) nunmehr zu seinen Bewunderern zählte.[790] Das heißt aber nicht, dass seine Autorität in der Ökumene von nun an unangefochten gewesen wäre. Vielmehr machten die unterschiedlichen Strömungen, die in Stockholm durch die geistliche und menschliche Gemeinsamkeit und durch das straffe Programm zusammengehalten worden waren, wieder ihre Eigendynamik geltend. Dadurch erwies sich die ökumenische Weiterarbeit als ausgesprochen schwierig. (Auch daheim hatte er neue scharfe Angriffe auszuhalten, so von seinem früheren Schüler Torgny Segerstedt, der ihm vorwarf, das Wesentliche des Christentums für den Glanz einer Weltkonferenz verraten zu haben.[791])

1. Zunächst ist allerdings noch ein *doppelter Erfolg* zu verbuchen, ohne den das in Stockholm begonnene Projekt durchaus hätte gänzlich schei-

---

789 Vgl. N. SÖDERBLOM, *Ekumener*, in: Hågkomster ..., Bd. 12 (wie Anm. 97), 143–161.
790 Vgl. B. SUNDKLER, a. a. O. (wie Anm. 2), 419.
791 Vgl. TORGNY SEGERSTEDT, *Händelser och människor*, Stockholm 1926, 112; vgl. auch B. SUNDKLER, a. a. O., 419. Segerstedt war inzwischen Chefredakteur der Göteborgs Handels- och Sjöfarts-Tidning und einer der bedeutendsten schwedischen Journalisten seiner Zeit geworden. Ähnlich giftig kritisierte Segerstedt in seiner Zeitung die Genfer Predigt Söderbloms 1926 vor Vertretern des Völkerbunds. Söderblom schrieb ihm einen sachlichen Brief, der mit der noblen Versicherung fortdauernder Freundschaft endete (9.9.1926, NS ES, UUB); vgl. STAFFAN RUNESTAM, *N. Söderblom. Perspektiv på krig och fred* (wie Anm. 519), 195.

tern können. Am letzten Tag der Konferenz überreichte Hermann Kapler im Auftrag der deutschen Delegation einen Brief, in dem das Fortsetzungskomitee aufgefordert wurde, sich verbindlich zur Frage der Kriegsschuld zu äußern.[792] Damit hatte man sein Gewissen erleichtert, aber auch dem Komitee eine Aufgabe gestellt, der es nicht aus dem Weg gehen konnte. So nahm es sich ihrer denn auf seiner Tagung in Bern im folgenden Jahr unter maßgeblicher Beteiligung Söderbloms gründlich an. Ein Fünfer-Ausschuss, bestehend aus Deißmann, Garvie, Jézéquel, Kapler und Monod, legte den Entwurf einer Resolution vor, deren endgültige Fassung dann einstimmig verabschiedet wurde.[793] Darin heißt es, man wolle sich nicht auf eine politische Debatte einlassen. Doch implizierten die Stockholmer Verhandlungen bestimmte sittliche Prinzipien. Dazu gehöre, dass eingegangene Verpflichtungen auch von Regierungen einzuhalten seien, dass das Recht nicht durch Krieg festzusetzen sei, dass kein politisches Dokument befugt sei, ein endgültiges moralisches Urteil zu fällen, und dass ein erzwungenes Eingeständnis einer Schuld wertlos sei. Im Übrigen verwies man auf die Aufgabe der Forschung, in sorgfältiger Analyse die Wahrheit herauszufinden. Die Pflicht der Kirche dagegen sei es, die Vergebung der Sünden zu predigen. Im Klartext: die zwangsweise Zuweisung der alleinigen Kriegsschuld an Deutschland durch den Versailler Vertrag wird zurückgewiesen, Deutsche und Franzosen werden gleichermaßen zur Vergebung aufgefordert. Ganz bewusst geht das Dokoment auf keinerlei konkrete Kriegshandlungen der einen oder anderen Seite ein. Der Text verlangte allen Beteiligten, besonders aber den Franzosen, viel ab. Aber wie sich zeigen sollte, hatte man erreicht, dass dieses Thema fortan auf ökumenischen Zusammenkünften nicht mehr auf die Tagesordnung kam.

Im Verlauf seiner Arbeit hatte sich das zunächst so informelle Fortsetzungskomitee ganz von selbst zu einer auf Dauer gestellten Institution weiterentwickelt. Das ist der zweite große Erfolg der Berner Tagung. Man kann gut verstehen, dass Söderblom seinen Bericht über sie mit den Worten überschreibt: »Die Leiche über Bord«. Das sollte sich freilich auf die Dauer dann doch als zu euphorisch erweisen.

2. Die *nationalistischen Ressentiments* waren keineswegs verschwunden. Stockholm hatte zwar ein unübersehbares Zeichen gesetzt und im Denken vieler Menschen Veränderungen bewirkt, nicht aber in den politischen Verhältnissen. Hier hatten die Neuregelung der Reparationen

792 Vgl. zum Folgenden N. SÖDERBLOM, *Kristenhetens möte …*, 914–922, sowie W. WEISSE, a. a. O. (wie Anm. 642), 397–405.
793 Text auf Schwedisch bei SÖDERBLOM, a. a. O., 916 f, bei WEISSE auf Deutsch a. a. O., 536 f.

durch den Dawes-Plan von 1924 und die beschlossene Sicherung der deutschen Westgrenzen, die Währungsreform in Deutschland, welche die Inflation beendete, sowie die Vorbereitung der Aufnahme Deutschlands in den Völkerbund durch den Vertrag von Locarno 1925 einerseits vorübergehend für eine gewisse Entspannung gesorgt, aber andererseits ist über diesen Vertrag die deutsche Regierung Luther/Stresemann durch den Austritt der deutschnationalen Minister aus dem Kabinett gestürzt. Ohnehin war ein großer Teil der Bevölkerung mit der »Erfüllungspolitik« der bisherigen Regierungen gegenüber dem Versailler Vertrag keineswegs einverstanden.

Auch in den Kirchen war der Nationalismus nach wie vor eine starke Kraft, ganz besonders in Deutschland. Das zeigen die hier nach der Konferenz veröffentlichten Kritiken. Die meisten kamen von Rechts; der oben erwähnte Wilhelm Laible war nur ein Beispiel. Auf der anderen Seite gab es aber auch heftige Kritik an der mehrheitlich nationalistischen Haltung der Deutschen in Stockholm. Die Pole lagen also ganz weit auseinander. So hatte Heiler moniert, die deutsche Delegation sei »der eigentliche Hemmschuh des ganzen Stockholmer Einigungswerkes« gewesen, was durchaus zutreffend sein dürfte.[794] Weit schärfer äußerte sich Friedrich Siegmund-Schultze im Dezember 1925 in seiner Zeitschrift *Die Eiche*.[795] Am Anfang seines Artikels steht die positive Würdigung der bloßen Tatsache, dass diese Konferenz sich gründlich den sozialethischen Fragen zugewandt hat, und die Anerkennung für die Leistung der Tagungsleitung, die Konferenz trotz der Überfülle des Programms und trotz der mancherlei Spannungen zwischen verschiedenen Nationalitäten zu einem glücklichen Ende gebracht zu haben, sowie die Hoffnung, dass trotz des begreiflicherweise mageren sachlichen Ergebnisses doch die vielfältigen Anstöße weiterwirken möchten (349–359). Es folgen zwei kritische Abschnitte, von denen uns hier der zweite interessiert, welcher der deutschen Delegation gilt (367–377). Sie sei im Unterschied zu der nicht geringen Zahl jüngerer sachverständiger Abgesandter in den Abordnungen anderer Länder eine »Galerie von Patriarchen« gewesen (370), heißt es da, zusammengestellt nach Gesichtspunkten nicht der ökumenischen Kompetenz, sondern der hierarchischen Stellung. Kaum einer von ihnen verfügte über Sprachkenntnisse oder irgendwelche Auslandserfahrung, was viele der sicher oft unbeabsichtigten Taktlosigkeiten erklärt. Die deutschen Teilnehmer betei-

---

794 Fr. Heiler, *Die religiöse Einheit der Stockholmer Konferenz* (urspr. erschienen in ChW 39/1925, 865–875), abgedruckt in ders., Evangelische Katholizität (wie Anm. 621, 37–56), 52.

795 Friedrich Siegmund-Schultze, *Die Ökumenische Konferenz ...* (wie Anm. 746). Danach die folgenden Seitenzahlen.

ligten sich kaum an dem freien Austausch, sondern blieben unter sich und klebten an ihren Stammplätzen. Sie waren es vor allem, die sich während der in anderen Sprachen gehaltenen Vorträge ungeniert laut unterhielten und sich davon auch nicht abbringen ließen. Zudem sei die Delegation, so Siegmund-Schultze, intern dem Terror der starken nationalistischen Fraktion unterworfen gewesen (373–375). Diese habe eine Atmosphäre des Misstrauens und des Pharisäismus erzeugt. Ganz allgemein aber sei es den deutschen Beiträgen vorrangig um Politik (und um Belehrung über angebliche deutsche Verdienste) gegangen. Damit sei man mehrheitlich, trotz alles Verständnisses dafür, dass sich politische Gesichtspunkte auf deutscher Seite bei der Thematik der Konferenz nur schwer ausklammern ließen, an deren eigentlichem Anliegen verständnislos vorbeigegangen (375 f). »Wir Deutschen« seien bei all unserer Gründlichkeit offenbar der Meinung, dass »für die internationale Arbeit der Kirchen wie für die Auslandspolitik keine Sachverständigen nötig seien, sondern ein gewisses Quantum teutscher Schreihalserei eine ›nationale Politik‹ garantiere« (372). Auf diese Weise habe man »das Christentum auf Kosten [gemeint ist wohl: zugunsten] des vermeintlichen nationalen Vorteils beschnitten« (376).

Sieht man einmal davon ab, dass diese Kritik nicht alle Delegierten und auch die von ihr Gemeinten nicht alle in gleicher Weise traf, so wird man ihr das sachliche Recht nicht absprechen können, zumal angesichts der Konferenzberichte von deutschnationaler Seite. Sie überspitzt lediglich das Urteil, das auch Söderblom gefällt hatte (das jedoch aus sprachlichen Gründen in Deutschland so gut wie unbekannt geblieben ist). Aber durch die Schärfe des Tons reizte sie selbst Leute wie Deißmann, die in der Sache eher auf seiner Seite standen, zum Widerspruch, ganz zu schweigen von den Konservativen. Es entwickelte sich ein handfester Krach, der weite Kreise zog und dazu führte, dass Siegmund-Schultze für die Kirchenbehörde fortan persona non grata war. Eine Diskussion in der Sache hat sie mit ihm nicht geführt, ihn freilich auch nicht aus dem Fortsetzungskomitee abgezogen, weil ein so spektakulärer Akt die ökumenischen Beziehungen insgesamt aufs Spiel gesetzt hätte.

Aus dem zeitlichen Abstand muss man wohl zu dem Urteil kommen, dass Siegmund-Schultze der Ökumene – wenngleich in bester Absicht – durch die teilweise recht rüde Art seiner Kritik einen Bärendienst erwiesen hat, indem er die ohnehin schon eingetretene Polarisierung noch verstärkte (anders als Heiler, der bei faktisch gleicher Ansicht einen sachlichen Ton beibehielt). Daran konnte auch die spätere Rücknahme der Schärfe nichts mehr ändern. Verständlich wird diese nicht zuletzt dadurch, dass er in Stockholm unter dem Druck der Mehrheit der deutschen Delegation darauf verzichtet hatte, sein Referat zu halten. Man kann deshalb nicht ausschließen, dass auch verletzte Eitelkeit eine Rolle gespielt hat.[796]

Aber Siegmund-Schultze war jedenfalls ein Mann, der mit offenen Karten spielte. So hat er auch Söderblom von der Angelegenheit Kenntnis gegeben. Dieser wollte sich allerdings begreiflicherweise nicht in die Sache hineinziehen lassen. So sehr er mit der generellen Stoßrichtung der Kritik übereinstimmte, so wenig gilt das für ihren Ton, und zwar nicht nur deshalb, weil er auf die weitere ökumenische Mitarbeit der Deutschen angewiesen war. Andererseits konnte er seinen Mitstreiter menschlich verstehen und wollte ihn darum nicht einfach abweisen. So wird man das kurze Antwortschreiben zu verstehen haben:

»Hochverehrter Freund! Herzlichen Dank! Bitte vor allen Dingen, Sie müssen es nicht als Pflicht betrachten, mir über diese Sachen zu erzählen. ... Was unsere gemeinsame Bestrebung und [= um?] wahrhaftige Einheit betrifft, hoffe ich, daß am Ende sich auch hier Phil. 1,18, bewähren wird. In herzlicher Freundschaft, Ihr Nathan Söderblom«[797]

Ich habe diesen Konflikt so ausführlich geschildert, weil er ein anschauliches Beispiel dafür ist, wie verhärtet die Fronten in Deutschland immer noch waren. Die Weltwirtschaftskrise und die mit ihr einhergehende politische Polarisierung taten das Ihre dazu, um schließlich einer ausgesprochen ökumene-feindlichen Haltung Oberwasser zu verschaffen. Das betrifft auch Paul Althaus, der in Stockholm noch eine von Söderblom sehr gelobte Predigt gehalten hatte. Er verfasste am 2.6.1931 zusammen mit Emanuel Hirsch eine vielbeachtete Erklärung über *Evangelische Kirche und Völkerverständigung*, die jeden Versuch einer gegenseitigen Annäherung der Völker kategorisch ablehnte, »solange die andern eine für unser Volk mörderische Politik gegen uns treiben«.[798] Ob Söderblom das Pamphlet noch gelesen hat, ist mir nicht bekannt.

---

796 Ich komme damit zu anderen Schlussfolgerungen als W. Weisse, der sich in seinem ausführlichen Referat der Angelegenheit ganz auf die Seite Siegmund-Schultzes stellt, a.a.O. (wie Anm. 642), 384–393.

797 Brief vom 8.8.1926, in: N. Söderblom, *Briefe und Botschaften ...* (wie Anm. 521), 108.

798 Zu Althaus' Predigt vgl. N. Söderblom, *Kristenhetens möte ...* (wie Anm. 67), 199. 550. Die Erklärung steht AELKZ 64/1931 (vom 5.6.1931), 543 f (Zitat 544). Ebenfalls veröffentlicht in ChW 45/1931 (4.7.), 605 f und ThBl 10/1931 (Juni), 177 f, wo der Herausgeber Karl Ludwig Schmidt knapp und klar hinzugefügt hat, er halte diese Erklärung »theologisch, kirchlich, politisch und menschlich für *unmöglich*« (Hervorh. im Original), weil sie ein politisches Problem zum Maßstab für eine theologische Frage und für menschliche Verständigung mache und weil sie politisch nicht weiterhelfe (ebd., 178 f). Das erforderte damals Mut. Hirsch hat wenig später in noch schärferer Form nachgelegt (AELKZ 64/1931,

3. Aber damit haben wir weit vorgegriffen. Der nächste Schritt nach der Berner Tagung von 1926 war die Gründung des in Stockholm geforderten *sozialwissenschaftlichen Instituts* (s. o., 381 f).[799] Es kam 1928 tatsächlich zustande und wurde nach einer provisorischen Anfangsphase in Zürich unter Adolf Kellers Leitung nach Genf verlegt. Außerdem wurde auf Vorschlag des Berliner Systematikers Arthur Titius als Organ des Instituts eine Zeitschrift mit dem Namen *Stockholm* ins Leben gerufen, die in drei Sprachen erschien.[800] Aber was zuerst wie ein großer Erfolg erschien, sollte schon bald in erhebliche Schwierigkeiten führen. Zum einen war der Mitarbeiterstab des neuen Instituts winzig klein. Zum anderen wurde schon bald das Geld knapp, denn die Amerikaner und Engländer waren nicht bereit, sich an der Finanzierung zu beteiligen, weil sie bereits eigene Institute besaßen. Die Zeitschrift war sehr teuer, ohne ihre Aufwändigkeit durch entsprechende Qualität zu rechtfertigen, und musste deshalb bereits Ende 1931 wieder eingestellt werden. Das Institut selbst konnte zwar durch Zusammenziehen mit anderen internationalen Instituten in ein gemeinsames Gebäude und durch Kooperation relativ sparsam wirtschaften, hat aber unter der Unklarheit des Auftrags (im Anschluss an Billing: strenge Forschung und zugleich praktische Beratung der Kirchen) gelitten und bis 1930, als ihm eine neue Forschungsabteilung mit dem deutschen Volkswirt Hans Schönfeld angegliedert wurde, zumindest auf dem ersten Gebiet nicht viel geleistet.

Die institutionelle Fortsetzungsarbeit war also in den ersten Jahren eher enttäuschend. Auch die Koordination mit den Mitgliedskirchen funktionierte nur schlecht.[801] Hinzu kam, dass die Amerikaner und Briten das Interesse an Life and Work überhaupt zu verlieren drohten. So sah man sich auf den Tagungen in Eisenach 1929 und Chexbres 1930 mit Hilfe einer

707–717, unter dem gleichen Titel). Seine Versicherung, er wolle dabei eine Verständigung mit einzelnen Menschen aus den Feindvölkern nicht ausschließen, lässt an die Auseinandersetzung mit Eduard Geismar denken, die von der Erklärung ausgelöst und nach einigen Jahren mit dem Ergebnis gegenseitiger Entfremdung abgebrochen wurde. Vgl. dazu MATTHIAS WILKE, *Die Kierkegaard-Rezeption Emanuel Hirschs. Eine Studie über die Voraussetzungen der Kommunikation christlicher Wahrheit* (HUTh 49), Tübingen 2005, 518–527.

799 Vgl. zum Folgenden N. SÖDERBLOM, *Farnham Castle och Winchester* (1927), in: Sommarminnen (wie Anm. 135), 259–268; W. WEISSE, a. a. O. (wie Anm. 642), 408–420.

800 *Stockholm. International Review for the Social Activities of the Churches*, 1928–1931. A. Keller (1872–1963) war bereits Leiter des 1922 gegründeten European Central Office for Inter-Church Aid in Zürich und ein wichtiger Mitarbeiter der ökumenischen Bewegung. Er lehrte ökumenische Theologie in Zürich (ab 1926) und seit 1929 in Genf, wo Karl Barth, Emil Brunner und Paul Tillich an seinen Seminaren teilnahmen.

801 Vgl. zum Folgenden W. WEISSE, a. a. O. (wie Anm. 642), 427–436.

eigens gebildeten Kommission für Zusammenarbeit (der auch Söderblom angehörte) zu einer strafferen Neuorganisation genötigt. Söderblom hatte schon auf der Jahrestagung in Prag 1928 die Leitung der europäischen Sektion von Life and Work an Hermann Kapler abtreten müssen und konnte auch erst in Chexbres wieder teilnehmen, weil er der Arbeitslast gesundheitlich nicht mehr gewachsen war. Überhaupt machte es sich an allen Ecken und Enden bemerkbar, dass er nicht mehr im gleichen Maß wie bisher als treibende Kraft zur Verfügung stand. Dann traten auch noch Atkinson als Generalsekretär, der mit Ämtern überbürdet war, und Keller als Institutsdirektor von ihren Leitungsfunktionen zurück. Dafür nahmen nun Jüngere wie Willem Visser't Hooft und Joseph Houldsworth Oldham den Platz der sich allmählich zurückziehenden älteren Generation ein. Die äußere Konsolidierung fand darin ihren Ausdruck, dass Life and Work in Chexbres in Ecumenical Council for Life and Work umbenannt wurde. 1938, nach der Konferenz von Faith and Order 1937 in Edinburgh, wurde Life and Work mit dieser Organisation zum Weltkirchenrat fusioniert. Damit war jedenfalls formell ein langgehegter Wunsch Söderbloms postum in Erfüllung gegangen, für den er bereits 1928 in einem Brief an Germanos einen detaillierten Plan entworfen hatte.[802] (Tatsächlich konstituiert hat sich der der Weltkirchenrat freilich erst 1948 in Amsterdam.) So hat die Organisation die ernste Krise überlebt, die durch die erneute Verschärfung der nationalen Gegensätze im Anschluss an die Weltwirtschaftskrise und erst recht durch die Machtergreifung der Nationalsozialisten über die Ökumene hereinbrach.

4. So viel in Andeutungen zu den organisatorischen Veränderungen von Life and Work, die zum Teil schon über den uns in erster Linie interessierenden Zeitraum hinausliegen. Söderblom hat nun auch noch an der Konferenz von Faith and Order in *Lausanne* vom 3.–21. August 1927 teilgenommen, wo er als einer der vier Vizepräsidenten zwar nicht die entscheidende, aber doch eine wichtige Rolle wahrnahm. Es war wiederum eine große Konferenz mit 439 Delegierten aus 127 Kirchen[803], deren Spektrum von mainstream churches wie Orthodoxen, Anglikanern, Lutheranern, Presbyterianern usw. bis zu Quäkern und Disciples of Christ reichte. Doch war hier die Atmosphäre von derjenigen in Stockholm völlig verschieden, und das nicht nur wegen der brütenden Hitze, die in der Stadt herrschte. Auch der äußere Rahmen war anders: Es fehlten die Pracht und der Glanz, auf deren Entfaltung sich die Schweden so gut verstanden hatten. Die Gestaltung in Lausanne war durchaus würdig und die Gastlich-

---

802 Brief vom 14.5.1928 (also noch vor der Prager Jahrestagung von Life and Work, die im September stattfand), N. SÖDERBLOM, *Brev* ... (wie Anm. 1), Nr. 302.
803 Vgl. REINHARD FRIELING, Art. *Ökumene*, in: TRE 25 (46–77), 56.

keit überaus freundlich, aber alles eine Spur nüchterner, bürgerlicher, eben republikanisch-schweizerisch.

In der Sache war es in Stockholm vorrangig um praktische Probleme gegangen, die dringend einer Lösung bedurften. In Lausanne konnte man in größerer Ruhe agieren, denn die Fragen von Glaube und Kirchenverfassung waren naturgemäß langfristig angelegt. Das sah Söderblom zwar genauso, aber obwohl er intensiv an theologischen Fragen interessiert war und auch die Probleme institutioneller Gestaltung keineswegs unterschätzte, hielt er eine Einigung in diesen Fragen darüber hinaus auch für weniger dringlich. Das war den Teilnehmern bekannt, denn sie waren großenteils dieselben wie bei Life and Work. In den Augen vor allem des anglokatholischen Flügels der Anglikaner bzw. Episcopalians war das jedoch eine ungünstige Voraussetzung. Für diese Leute war Söderbloms Idee der evangelischen Katholizität und die damit verbundene Relativierung der successio apostolica gänzlich inakzeptabel. Schon deswegen war auch hier für Spannungen gesorgt.

Die Konferenz behandelte sieben Hauptthemen[804]: 1. Der Ruf zur Einheit; 2. Die Botschaft der Kirche an die Welt: Das Evangelium; 3. Das Wesen der Kirche; 4. Das gemeinsame Glaubensbekenntnis der Kirche; 5. Das geistliche Amt der Kirche; 6. Die Sakramente; 7. Die Einheit der Christenheit und das Verhältnis der bestehenden Kirchen zu ihr. Der erste Punkt war unproblematisch. Doch beim zweiten Thema begannen bereits die Differenzen: Das Referat von Deißmann (S 128–136) setzte wie selbstverständlich die historisch-kritische Interpretation der Bibel voraus, gegen die sich der orthodoxe Professor Nikolaj Glubokowskij nachdrücklich verwahrte (S 148–157). Auch bei den folgenden Themen traten tiefgreifende Meinungsverschiedenheiten zutage, z.B. darüber, ob die kirchliche Tradition eine tragende Rolle für die Konstitution der Kirche spielt, ob die successio apostolica der Bischöfe oder auch nur das Bischofsamt unentbehrlich ist, worin die Bedeutung der Sakramente besteht (die Quäker z.B.

---

804 Vgl. zum Folgenden N. SÖDERBLOM, *The Unity of Christendom and the Relation thereto of Existing Churches*, in: Faith and Order. Proceedings of the World Conference. Lausanne, Aug. 3–21, 1927, ed. H.N. Bate, London ²1928, 321–331 (im Folgenden B mit Seitenzahl). Der Text ist das vom Autor korrigierte Stenogramm, vgl. *Die Weltkonferenz für Glauben und Kirchenverfassung. Deutscher amtlicher Bericht über die Weltkirchenkonferenz zu Lausanne 3.–21.August 1927*, hg. v. H. Sasse, Berlin 1928, 381, Anm. 1 (im Folgenden S mit Seitenzahl). Vgl. außerdem NSSC 15/8/27 (UUB). Dieses Dokument enthält zwei unterschiedliche Entwürfe. Der eine ist als der tatsächlich gehaltene Vortrag gekennzeichnet. Doch faktisch unterscheidet er sich beträchtlich von der eben genannten Druckfassung; er muss also noch einmal überarbeitet worden sein. Vgl. ferner N. SÖDERBLOM, *Randanmärkningar till Lausanne* (wie Anm. 380; im Folgenden R mit Seitenzahl), und B. SUNDKLER, a.a.O. (wie Anm. 2), 404–413.

haben überhaupt keine). Dies alles kann hier nicht im Einzelnen entfaltet werden. Jedenfalls kennzeichnete die Unüberbrückbarkeit der hier aufgebrochenen Gegensätze die Verhandlungen über die Einheit der Kirche, die den Gegenstand der 7. Sektion bildete und das eigentliche Schlüsselthema der Konferenz war.

Diese Sektion wurde von Söderblom geleitet, der darum auch am Montag, dem 15. August das einleitende Referat zu halten hatte. Da er es für angebracht hielt, auf die bis dahin entstandene Diskussionslage einzugehen, verließ er sein schon ausgeteiltes Manuskript und hielt eine kurzfristig neu entworfene Rede. Dabei erschien es ihm wichtig, im Sinne seiner Konzeption der evangelischen Katholizität insbesondere seine eigene konfessionelle Position vorzustellen, weil ihm noch einmal klar geworden war, wie wenig den meisten Teilnehmern das Luthertum bekannt war (R 344. 346).

So begann er seinen Vortrag mit einer Aufnahme der Stockholmer Thematik. Damit wollte er den inneren Zusammenhang der beiden ökumenischen Bewegungen demonstrieren. Denn die christliche Einheit im Glauben »expresses itself in love, in faith and in the organisation of the Church« (B 321). Für die letzten beiden Begriffe kann man auch Faith and Order einsetzen: formuliertes Bekenntnis und Kirchenordnung. Das heißt: »Faith and Order« stehen zum Glauben als existenziellem Gottesverhältnis in genau dem gleichen Verhältnis wie »Life and Work«. Die Einheit im Glauben ist als geistige unsichtbar und wird nicht in äußerlich identifizierbaren Manifestationen, sondern in der Anbetung erfahren, muss aber dann in Bekenntnisformulierungen, Lehren, Riten, Organisationsstrukturen als Instrumenten ihrer Vermittlung äußere Gestalt annehmen, so wie die Seele ihren äußeren Ausdruck im Leib findet (B 321 f). Etwas unvermittelt folgt dann der Satz: »There is little use to speculate about the forms of a United Church before we have attained the conditio sine qua non for such unity, I mean fellowship at the Lord's table« (B 322). Also zuerst der lebendige Vollzug der Frömmigkeit, dann die theoretische Ausformulierung. Damit nimmt er das Ergebnis des Hauptteils seines Vortrags vorweg.

Hier geht es um das zentrale Thema der Konferenz, das angemessene Verhältnis von Seele und Leib, Glaubensleben und institutioneller Vermittlung. Söderblom stellt idealtypisch drei Lösungsmöglichkeiten vor, die von den verschiedenen Glaubensgemeinschaften praktiziert werden: den Institutionalismus, den Spiritualismus und den Inkarnationalismus. Die institutionalistische Lösung setzt auf der Ebene des »Leibes« ein, wie es außerhalb Roms im konfessionalistischen Luthertum und im anglokatholischen Flügel des Anglikanismus der Fall sei. (»Bestimmte evangelische Sekten« und die griechische Orthodoxie, die einer der Entwürfe als weitere Beispiele genannt hatte, werden in der Endfassung nicht erwähnt.) Glücklicherweise habe man diesen Weg mit der Vereinbarung über die Abendmahlsgemeinschaft zwischen der Kirche Schwedens und der Church of England hinter sich gelassen. Denn er sei wahrer Einheit faktisch hinderlich. So habe sich ja auch Jesus nicht zur Gründung einer neuen Institution bereitgefunden, um etwa auf diesem Weg die beabsichtigte religiöse Erneuerung herbeizuführen (B 322–324).

Vor die Wahl gestellt, so fährt Söderblom fort, würde er das entgegengesetzte Extrem, den Spiritualismus vorziehen, weil man sich hier immerhin auf das eigentlich Wesentliche konzentriere. Doch biete auch er keine Lösung des Problems. Denn die Vernachlässigung des Institutionellen mache die Kirche von der Willkür einzelner Personen abhängig und beraube sie der »coherence and duration« (B 324).

Den genuin lutherischen Weg, den er selbst empfiehlt, bezeichnet er als Inkarnationalismus. Er bestimme Religion primär als »Seele«, als Geist, d. h. er gehe aus von der Konstitution der Kirche durch den Glauben auf Grund von Wort und Sakrament gemäß CA VII. Die altkirchlichen Bekenntnisse werden übernommen, aber gemäß der FC der Auslegungsautorität der Schrift untergeordnet, und diese wiederum wird im Sinne Luthers auf Christus hin interpretiert. Das – einzige, dafür aber unbedingt verbindliche – Kriterium für die Tauglichkeit des »Leibes« der Kirche besteht in »its ability to bring the supernatural divine content to man, society and mankind«, wie es einer der Entwürfe formuliert (vgl. B 324–328; R 347). Mehr sei nach lutherischem Verständnis für die Bestimmung kirchlicher Einheit nicht nötig. Dieses Verständnis erlaube durchaus eine Hochschätzung bestimmter Formen des kirchlichen Amtes, z. B. des historischen Episkopats in Schweden, nicht aber die Behauptung ihrer Heilsnotwendigkeit. Denn kirchliche Organisationsformen seien nicht de iure divino (B 328–330), sondern Menschenwerk.

Der Vortrag schließt mit einer Doppelbestimmung kirchlicher Einheit. Die innere Einheit sei in dem gemeinsamen Glauben an Christus bereits gegeben, und sie sei auch auf dieser Konferenz erfahrbar. Äußerlich dagegen sei die Gemeinschaft christlicher Kirchen zwar »not as yet organically united, but on the way to such a unity in multiplicity« (B 331). Man beachte: Die organische Einheit, die hier als Endziel verstanden wird, ist als Einheit in Mannigfaltigkeit und nicht als etwas über sie Hinausgehendes aufgefasst. Damit scheint mir endgültig klar zu sein, dass die früher von uns notierte Hoffnung auf ein verbindliches »ethisches Glaubensbekenntnis« (s. o., 321) tatsächlich nichts anderes war als eine einzelne Inkonsequenz und nicht Söderbloms Grundanschauung wiedergibt.

Das bestätigen die ökumenischen Schriften, die Söderblom in den folgenden Jahren verfasst hat. Zwar teilt er jetzt im Gedanken an Lausanne den Weg zur Einheit deutlicher als bisher in zwei Phasen ein, deren erste sich auf die Zusammenarbeit in praktischen Fragen bezieht, während es bei der zweiten um Lehre und Kirchenordnung gehen soll. Aber auch dieser zweite Schritt soll keineswegs eine Uniformität zum Ziel haben, die sich ja ohne autoritäre Machtworte oder faule Kompromisse gar nicht verwirklichen ließe. So betont er in der Replik auf die päpstliche Enzyklika *Mortalium animos* vom 6.1.1928 (wozu gleich mehr), auch die jetzt als Fernziel angestrebte, über einen Kirchenbund hinausgehende Einheit in Sachen der Lehre und Kirchenverfassung könne nur eine Einheit in der »Mannigfaltigkeit der Freiheit« sein.[805] In diesem Sinn wird man auch den Brief vom 14.5.1928 an den orthodoxen Metropoliten von Thyateira, Strenopoulos Germanos zu interpretieren haben. Indem er sich auf dessen Referat in Lausanne bezieht, spricht Söderblom von dem angestrebten ökumenischen Rat als notwendigem ersten Schritt auf dem Weg zu »a real Church Unity, a reunited Church, an organic Unity«.[806] Der für sich genommen vieldeutige Ausdruck »organic unity« kann auch hier nur »unity in multiplicity« bedeuten. Söderblom kann dieses Verständnis bei seinem Briefpartner voraussetzen, da dieser ja sein Referat in Lausanne gehört hatte.

Der Lausanner Vortrag ist recht ungleichmäßig gearbeitet. Söderblom war auf dieser Konferenz offenbar in keiner guten Verfassung. So beschreibt ein Konferenzteilnehmer seinen persönlichen Eindruck, es sei an ihm zu sehen gewesen, »wie rasch die ökumenische Arbeit ihre Führer verbraucht. ... Viele waren mit seiner [Söderbloms] in die Breite gehenden Beredsamkeit und speziell mit seiner Leitung der 7. Sektion ... nicht einverstanden.«[807] Dieser Eindruck bezieht sich auf Abschweifungen wie die ausufernden Passagen über die besondere Situation der schwedischen Kirche gegen Ende des Vortrages. In dem vorausgehenden letzten Entwurf

---

805 N. SÖDERBLOM, *Christliche Einheit!*, Berlin 1928, 25. 69–74; Zitat 71. Ebenso aus demselben Jahr: ders., *Konstans – Stockholm – Lausanne*, in: Tal och skrifter 5, Stockholm 1933 (63–72), 67. Von hier aus rücken auch die gelegentlichen Bemerkungen ins rechte Licht, die konfessionelle Zersplitterung sei ein Skandal, geradezu ein Verbrechen, insbesondere im Blick auf die Mission: ders., *Randanmärkningar ...* (wie Anm. 380), 380; *Einheit!* 79; *Guds Ja* (1921), in: När stunderna växla och skrida 2, Stockholm ³1935 (301–309), 306. Sie können angesichts der breit dokumentierten Hauptlinie von Söderbloms ökumenischer Anschauung ebenfalls nicht als Plädoyer für eine uniforme Einheitskirche verstanden werden. Zudem kommen sie weit überwiegend ab 1928 vor und könnten insoweit auch Ausdruck des Unmuts über die Lausanner Konferenz 1927 und die päpstliche Enzyklika von 1928 sein.
806 N. SÖDERBLOM, *Brev ...* (wie Anm. 1), Nr. 302.
807 HEINRICH HERMELINK, *Lausanne*, in: ChW 41/1927 (835–839), 837. ALFRED E. GARVIE hatte außerdem den Eindruck, Söderblom sei mit seinen Vorschlägen zu voreilig und impulsiv gewesen, was er darauf zurückführt, dass Söderblom nicht genügend in die Vorbereitungen eingebunden war: *Stockholm och Lausanne*, in: Hågkomster ... 14 (wie Anm. 549, 439–442), 440f. Etwas deutlicher formuliert: Er hatte sich nicht besonders gut vorbereiten können.

stand am Anfang ein ähnlich überlanges Stück über Stockholm, das dann stark zusammengestrichen wurde. Dass Söderblom auch diese Fassung noch einmal überarbeiten musste (s. o., Anm. 804), wird man auf die gleiche Rechnung setzen können. Doch an der oben zitierten Stelle, die den entscheidenden Streitpunkt der ganzen Konferenz betrifft, ist jedes einzelne Wort sorgfältig abgewogen.

Söderblom muss geahnt haben, dass er mit seinem Vortrag auf massiven Widerstand stoßen würde. Sein konkreter Vorschlag, vor einer möglichen Einigung in Lehrfragen gemeinsam das Abendmahl zu feiern, um der Einheit im Glauben bei aller Mannigfaltigkeit eine sichtbare Gestalt zu geben, ist von seinem theologischen Ansatz aus durchaus konsequent. Doch war ihm an dem Montag, an dem er den Vortrag hielt, die ihn enttäuschende Erfahrung des unmittelbar vorangegangenen Sonntags frisch im Gedächtnis. Da waren zu dem reformierten Abendmahlsgottesdienst in der Kathedrale nur einige Lutheraner, nicht aber die Anglikaner und die Orthodoxen gekommen (R 369. 373 f). Vielmehr wurde parallel in einer anderen Kirche eine Messe gefeiert mit Germanos als Prediger. Was in Stockholm (wenn auch nur begrenzt) möglich gewesen war, konnte sich unter den veränderten Voraussetzungen in Lausanne nicht wiederholen. Für die Vertreter jener alten Bischofskirchen war Söderbloms Vorschlag von vornherein indiskutabel.

Schlimmer noch: Am 18.8. kam es im Anschluss an die Verlesung des Berichts der 7. Sektion, der in starkem Maße Söderbloms Handschrift trug, zu einem regelrechten Eklat. Der entscheidende zweite Abschnitt des Berichts nannte als Charakteristika einer zukünftigen vereinigten Kirche nach dem gemeinsamen Glauben, der Taufe, dem Abendmahl und einem von allen Gemeinschaften anerkannten Amt zwei weitere Punkte: »5. For all the uniting Communions, liberty in regard to interpretations about sacramental grace and ministerial order and authority. 6. Due provisions for the exercise of the prophetic gift« (B 398). Es war vor allem der fünfte Punkt, der sofort die Ablehnung des ganzen Berichts durch den anglokatholischen Londoner Bischof Charles Gore provozierte (B 402).[808] Damit war die erforderliche einstimmige Annahme verhindert. Nach längerer Diskussion einer ganzen Reihe von Veränderungsvorschlägen wurde der Bericht schließlich an das mit seiner Abfassung betraute Komitee zurückverwiesen (B 403). Als zwei Tage später eine neue Version vorgelegt wurde, war Söderblom bereits abgereist – offiziell deshalb, weil er andere Verpflichtungen hatte, wie er bereits im Mai der Konferenzleitung mitgeteilt

808 Schon in der vorbereitenden Sitzung des Komitees hatte der Athener Professor Demetrios Balanos hierzu ein Sondervotum abgegeben, B 402.

hatte.[809] Die zweite Fassung wurde am Ende ebenfalls nicht verabschiedet, sondern an das Fortsetzungskomitee weitergeleitet (B 403).

Söderblom meinte hernach, die Zerstörung von Illusionen sei heilsam gewesen; im Übrigen sei das Entscheidende ebenso wie zuvor in Stockholm, dass das Treffen überhaupt stattgefunden habe (R 379. 381). Mir scheint allerdings, dass der zweite Teil dieses Kommentars, anders als im Fall von Stockholm, doch Züge von Resignation, vielleicht sogar von Verärgerung trägt. Auch die vorzeitige Abreise wird man trotz ihrer Begründung mit Terminproblemen so verstehen dürfen. Denn wären die Erfolgsaussichten in Lausanne besser gewesen, hätte er doch vermutlich jene anderen Termine abgesagt. So wird ihm denn im Grunde klar gewesen sein, auch wenn er das nach außen hin bestritten hat, dass die Konferenz gescheitert war.

5. Als letzter Punkt der ökumenisch-kirchlichen Aktivitäten muss noch Söderbloms Auseinandersetzung mit der *Enzyklika Mortalium animos* und mit der Abhandlung des Jesuitenpaters Max Pribilla über die beiden ökumenischen Konferenzen besprochen werden. Auf beides hat Söderblom mit Schriften von je ca. 100 Seiten reagiert. Schon dieser Umfang zeigt, wie wichtig es ihm war, sich zu der Zurückweisung durch den Vatikan zu äußern. Wir geben im Folgenden zuerst die wesentlichen Gedanken der Enzyklika und danach Pribillas Beitrag wieder, soweit er darüber hinausgeht, bevor wir auf Söderbloms Sicht eingehen, denn Pribilla hat Söderbloms Schrift über die Enzyklika erst nach Abschluss seines Manuskripts kennen gelernt und lediglich in einem Zusatz berücksichtigen können.[810]

Der Papst stellte, zunächst durchaus mit Recht, die ökumenischen Bestrebungen seiner Zeit in Zusammenhang mit der immer noch unerfüllten Friedenssehnsucht der Menschen nach dem großen Krieg. Danach nennt er als eine Analogie dazu »quidam«, gewisse Leute, die allgemeine Religionskongresse in der Meinung veranstaltet hätten, alle Menschen hätten einen religiösen Sinn, und auf dieser Grundlage sei es möglich, zu einer Einigung zu gelangen. Diese Konferenzen fänden viel Zulauf von Heiden (ethnici),

809 Vgl. B. SUNDKLER, a.a.O. (wie Anm. 2), 412.

810 PIUS XI., Enzyklika *Mortalium animos*, in: AAS 20/1928, 5–16 (zit. im Text als »Enz.« mit Seitenzahlen); N. Söderblom, Christliche Einheit!, Berlin 1928 (zit. im Text als »Einheit« mit Seitenzahlen); MAX PRIBILLA, *Um kirchliche Einheit. Stockholm – Lausanne – Rom*, Freiburg i. B. 1929 (zit. als »Pribilla« mit Seitenzahlen); N. SÖDERBLOM, *Pater Max Pribilla und die ökumenische Erweckung. Einige Randbemerkungen*, in: KHÅ 31/1931, 1–99 (zit. im Text als »Randbem.« mit Seitenzahlen). Pribilla hat darauf noch einmal reagiert: *Drei Grundfragen der ökumenischen Bewegung*, in: KHÅ 31/1931, 113–137. Dieser Aufsatz erschien erst nach Söderbloms Tod und brachte nichts Neues.

Christen und auch solchen Menschen, die sich bewusst vom Christentum abgewandt hätten. Damit würden sie die allein wahre Religion zurückweisen und sogar in Naturalismus und Atheismus verkehren (Enz. 6). Hier hat die Enzyklika offenbar das World's Parliament of Religions in Chicago 1893 im Blick, sowie den vergleichbaren International Council of Unitarianism, der sich auch besonders um den Weltfrieden bemüht hat (1. Kongress in London 1901), die Universal Religious Alliance (gegründet 1912 in Havanna) und schließlich Rudolf Ottos Religiösen Menschheitsbund (gegründet 1921).[811] Das Anliegen all dieser Organisationen war ein versöhnlicher interreligiöser Dialog unter Beibehaltung der jeweiligen Bindung an die eigene Tradition. Die Diskreditierung dieser Bemühungen als Religionsfeindschaft ist einigermaßen grotesk. Sie erklärt sich aber aus dem Zweck dieser Analogie, nämlich die ökumenische Bewegung in gleicher Weise anzuschwärzen. Darüber hinaus sollte vermutlich eine Verbindungslinie zu Söderbloms religionswissenschaftlicher Arbeit gezogen werden (von welcher der Papst allerdings offensichtlich keine genaue Kenntnis hatte). Dass Söderblom, wie oben (Anm. 639) kurz erwähnt, das Bestreben jener Vereinigungen für wenig aussichtsreich hielt und sich deshalb auch nicht an ihnen beteiligt hatte, war in Rom sicher nicht bekannt.

Nun folgt das Thema, um das es der Enzyklika eigentlich geht, die ökumenische Bewegung. Ihre Führer bezeichnet sie als »panchristiani«. Diese wollten die Menschen in christlicher Liebe einigen, vergäßen aber dabei, dass die Liebe auf der Einheit des Glaubens (im Sinn der Anerkennung der wahren Lehre) aufruhen müsse (Enz. 12). Stattdessen wollten sie die unterschiedlichsten Überzeugungen von der christlichen Lehre nebeneinander dulden (alii alia imbuti de rebus fidei doctrina, Enz. 7), ganz ähnlich wie auf jenen Religionskongressen die verschiedensten religiösen Sichtweisen vertreten wurden (alii aliud tenent, Enz. 6). Die wörtlichen Anklänge beweisen, dass die Parallele beabsichtigt ist. Gemeint ist: Hier wie dort herrsche das gleiche Chaos des Unglaubens, dort die Abkehr von der christlichen, hier die Abkehr von der katholischen Wahrheit, und beides fällt letzten Endes zusammen. So ist es zumindest begreiflich, wenn Söderblom den Abschnitt über die Religionskongresse irrtümlich auch auf seine Stockholmer Konferenz bezogen hat (Einheit 14 f), was ihm Pribilla zu Recht angekreidet hat (Pribilla 220 f 238). Doch die Tendenz der päpstlichen Argumentation hat Söderblom völlig richtig verstanden.

---

811 Vgl. FRIEDRICH WILHELM GRAF, Art. *Religionskongresse*, in: RGG⁴ Bd. 7, 333 f. PRIBILLA, a.a.O., 220, dagegen denkt neben dem World's Parliament an die religionswissenschaftlichen Kongresse in Stockholm 1897, Oxford 1908 usw. und unterstellt damit ungewollt dem Papst eine Vermengung ganz unterschiedlicher Veranstaltungen.

Der Papst sieht den Kardinalfehler der »panchristiani« darin, dass sie entweder eine sichtbare Einheit gar nicht für nötig hielten oder sie als bloßen Bund (foedus) verschiedener christlicher Gemeinschaften konzipierten. Gott aber habe die Kirche als societas perfecta eingesetzt, die (im Gegensatz zu der häretischen Meinung der Protestanten) von Anfang an nur eine gewesen sei (Enz. 8). Die Einheit sei also nicht erst mühsam zu erringen, gar noch, wie die Ökumeniker meinten, mit einem Provisorium (commenticium) sowie mit »irgendeinem Glaubensgesetz« (aliquam legem) für das Wenige, worin sie sich einig sind, als Zwischenstufe versehen (Enz. 9 f), sondern sie sei im unfehlbaren Lehramt der römischen Kirche längst gegeben (Enz. 11 f 15). Wer sich nicht entschließen könne, diesem einen einzigen Glaubensgesetz (una lex credendi) zu gehorchen, lande unweigerlich bei Indifferentismus und Modernismus (Enz. 13), die man dem Duktus des Lehrschreibens entsprechend als Analogien zu dem Naturalismus und Atheismus verstehen muss, der angeblich das Resultat der Religionskongresse sei. Deshalb komme für die römische Kirche eine Beteiligung an ökumenischen Konferenzen, welche die unglaubliche Zumutung enthalte, sich mit all den so genannten Kirchen auf die gleiche Ebene zu begeben, niemals (numquam) in Frage (Enz. 14), und die Unterstützung (suffragari) solcher Bestrebungen sei den Katholiken verboten (Enz. 10 f). Einheit könne nur so realisiert werden, dass die verlorenen Söhne in den Schoß der alleinseligmachenden Kirche zurückkehrten. Der Vater (also Gott) werde sie dann in grenzenloser Liebe aufnehmen und ihnen das Unrecht, das sie dem apostolischen Stuhl zugefügt hätten, gnädig vergeben. Doch fast hat man den Eindruck, der Papst würde diese Großzügigkeit gleich wieder bereuen, denn er sieht sich genötigt, noch die Warnung nachzuschieben: Die Rückkehrer dürften nur ja nicht wähnen, die Kirche würde dann ihre Irrtümer tolerieren (Enz. 15)! Er beschließt sein Sendschreiben mit der Hoffnung, dass ihm die seinen Vorgängern versagt gebliebene Wiedervereinigung gelingen möge (Enz. 16).

Rom sieht sich also, zwanzig Jahre nach dem Modernismusstreit, immer noch in der gleichen Bedrohung wie damals. Ja, der Papst hält die verführerischen Schalmeientöne der »panchristiani«, die auch manche Katholiken anlocken, für so gefährlich, dass er sich dazu hinreißen lässt, sie als »acatholici homines« (Enz. 7) zu den Heiden und Feinden des Christentums, die angeblich auf den Religionskongressen ihr Unwesen getrieben hätten, in Analogie zu setzen. Diese Entgleisung ist kaum ein Zeichen der Stärke.

Pribillas Buch kann man als Kommentar zu der Enzyklika lesen, wie Söderblom mit Recht bemerkt (Randbem. 4). Zwar vermeidet er die Schärfe ihres Tons, indem er lediglich an der Oberfläche auf das genannte Missverständnis Söderbloms hinweist, die Tendenz der die päpstliche Argumentation tragenden Analogiebildungen jedoch herunterspielt. Im Übrigen aber verfolgt er dieselbe Linie wie der Papst. So sieht er ganz in dessen Sinn in der Zersplitterung, der dogmatischen Verflachung und dem antirömischen Affekt bei den Protestanten, d. h. im Versagen des Protestantismus, die zwangsläufige Folge des Abfalls von Rom (Pribilla 1. 29 f). Insbesondere bei Söderblom selbst macht er als eigentlich treibende Kraft den Antikatholizismus aus. Seine Theologie sei so sehr von Modernismen wie Evolutionismus, Relativismus und Individualismus zersetzt, dass er sich als Einiger der Kirchen gar nicht eigne. Ausgerechnet vor diesem Hintergrund habe er, der so vehement gegen die Tiara zu Felde ziehe, eine so merkwürdige Vorliebe für die Mitra, dass man sich frage, ob er nicht das Oberhaupt des Weltprotestantismus sein möchte (ebd. 116. 122 f).

Pribilla erschöpft sich freilich, im Unterschied zu dem päpstlichen Lehrschreiben, nicht in der negativen Kritik. Er ist durchaus bereit, etliche der in Stockholm gestellten praktischen Forderungen zu unterschreiben. Vieles davon sei ja ohnehin altes katholisches Gedankengut. Ja, das Faktum dieser Konferenz sei in der Tat ein bedeutendes Ereignis, und die Katholiken würden neidlos zugeben, dass sie so etwas auch gern zustande gebracht hätten (Pribilla 69–72.104.109). Doch die Kehrseite sei, dass das Christusbekenntnis gefehlt habe, weil ja viele Teilnehmer nicht an das Dogma glaubten (ebd. 114). Mit diesem massiven Vorwurf macht der Autor seine Zugeständnisse faktisch wieder zunichte.

Für die Lausanner Konferenz sieht Pribilla zunächst einen ganz anderen Ausgangspunkt, schon weil die Seele von Faith and Order nicht Söderblom, sondern der anglikanische Bischof Brent sei (Pribilla 137), vor allem aber weil hier das eigentliche Problem der Einheit nicht wie bei Life and Work an den Rand geschoben, sondern beherzt angegangen werde. So habe sich der wackere anglokatholische Bischof Gore vehement für die fundamentale Bedeutung von formuliertem Bekenntnis, Sakramenten und apostolischem Amt eingesetzt (ebd. 146). Freilich habe er nicht verhindern können, dass die meisten Teilnehmer sich für eine freie Auslegung der Schrift und eine nur nachrangige Bedeutung der kirchlichen Tradition ausgesprochen hätten (ebd. 147), so dass am Ende dann doch eine allgemeine Uneinigkeit darüber gestanden habe, was denn eigentlich die Kirche konstituiere (ebd. 173–176). Die Schlussfolgerung, die der Verfasser daraus zieht, geht dahin, dass eine Einigung der kirchlichen Gemeinschaften in der Tat nicht über die einzelnen Kirchen, sondern nur über die einzelnen Gewissen verlaufen kann – die Gewissen nämlich, die sich für Rom entscheiden (ebd. 200 f).

Die katholische Seite habe, so heißt es dann im Schlussteil des Buches, gar nichts gegen eine praktische Zusammenarbeit mit Christen anderer Konfessionen (Pribilla 241). Man müsse den Kreis in der säkular gewordenen Welt sogar noch ausweiten auf eine Zusammenarbeit auch mit Heiden, etwa im Völkerbund (ebd. 247 f). Nur sei es völlig zwecklos, dafür eine christliche Basis zu suchen. Da müsse man vielmehr auf das Naturrecht zurückgreifen (ebd. 251). Ist somit eine »Einheit im »Wirken« durchaus denkbar, so gehört zur Einheit im Glauben zwar selbstverständlich Liebe und Gerechtigkeit (ebd. 267–271), aber der Primat komme der Wahrheit zu, und zwar der durch das römische Lehramt präzise formulierten dogmatischen Wahrheit (ebd. 271–282). Wenn daher das Lehramt die Rückkehr nach Rom verlangen müsse, so dürfe man das nicht wie Söderblom als Methode der Aufsaugung diffamieren (ebd. 286). Vielmehr – und damit verlässt der Autor den Weg der Argumentation und gerät ins Schwärmen – führe dieser Weg zu einer unendlichen Bereicherung und Befreiung in Christus, denn in Rom finde man »die Synthese alles Wahren und Guten« (ebd. 287). Dazu gehöre natürlich das Papstamt, aber diesem Moment der Beharrung stehe in der katholischen Kirche »ein flutendes, bewegtes Leben« gegenüber, »das wie überall im wesentlichen von unten kommt« (ebd. 292. 295).

In seinen Antworten auf die Kritik bestreitet Söderblom zunächst mit Nachdruck jeden antikatholischen Affekt. Dagegen sprächen sowohl seine Anerkennung der reichen lebendigen Frömmigkeit in der katholischen Kirche als auch die Tatsache, dass er doch den Vatikan nach Stockholm eingeladen habe; die Alternative Rom oder Stockholm sei von Rom aufgemacht worden (Einheit 52.57.63). Aber Rom sei nun einmal tatsächlich nur ein Teil der Kirche, ja wegen seines Alleinvertetungsanspruches in der Tat eine »Sekte« – natürlich nicht in einem quantitativen Sinn, wie Pribilla in einer hämischen Bemerkung (Pribilla 203 Anm. 1) annimmt (Randbem. 83). Dass der römische Katholizismus die Einheit der Kirche als ganze repräsentiere, kann nur glauben, wer sowohl die in ihm ebenso wie im Protestantismus vorhandenen inneren Spaltungen (die dort lediglich verdeckt sind) übersieht als auch das Dogma ihrer Unfehlbarkeit unbesehen anerkennt (Randbem. 55). Hier liegt für Söderblom – wie für Luther oder auch Schleiermacher – der entscheidende Differenzpunkt zwischen den Konfessionen: Der Papst erlässt Glaubensgesetze, während der Glaube in Wahrheit das Werk Gottes ist (Einheit 21–23). Die römische Kirche verstehe den Glauben als Anerkennung von Lehrsätzen und insofern als etwas Quantifizierbares (Einheit 15.19.50). Auf diese Weise mache sich der Papst trotz aller Beteuerungen, nur servus servorum Dei zu sein, faktisch zum Herrn des Glaubens der Gemeinde statt zu ihrem Helfer, wie Söderblom pointiert mit Bezug auf sein Lebensmotto 2Kor 1,24 sagt (Einheit 37). Das Gegenbild einer so verstandenen kirchlichen Einheit sei, wie er bereits in Lausanne betont hatte, zwar nicht der als erster Schritt angestrebte Kirchenbund, sondern durchaus eine engere Verbindung, die aber Freiheit und

Mannigfaltigkeit bewahren müsse. Die Grundlage dafür sei die – nicht in der kirchlichen Institution, sondern – im Geist bereits gegebene Einheit (Einheit 25.73.76.98). Unter dieser Voraussetzung kann er dann problemlos zugestehen, dass der Eifer für kirchliche Einheit in katholischer Frömmigkeit einer Selbstgenügsamkeit auf protestantischer Seite vorzuziehen sei (Randbem. 8).

An dem Buch Pribillas lobt Söderblom den – trotz mancher polemischer Spitzen – im Vergleich zu der Enzyklika viel versöhnlicheren Geist (Randbem. 99). Seine Entgegnung besteht zu großen Teilen in einer Korrektur vieler Irrtümer im Einzelnen, die hier nicht ausführlich reproduziert werden muss. Wir greifen nur die Punkte heraus, an denen Söderblom besonders gelegen war.

Von zentraler Bedeutung war für ihn, dass es in Stockholm durchaus zum Bekenntnis zu Christus gekommen ist (Randbem. 41), wenn auch natürlich nicht im Sinne einer autoritativ verabschiedeten Formel, wie es Pribilla für angemessen gehalten hätte. Er habe auch niemals den Wert des Dogmas in Frage gestellt (ebd. 48. 88); hinzuzufügen wäre: Dieser Wert besteht nur eben nicht darin, dass es das Denken des Glaubens a priori gesetzlich reguliert, sondern umgekehrt darin, dass es sekundär den Glauben auf einen klaren begrifflichen Ausdruck bringt, der überdies auch stets der kritischen Überprüfung bedarf. In diesem Zusammenhang legt Söderblom Wert auf die Feststellung, dass er selbst den Patriarchen Photios gebeten habe, das nicaenische Bekenntnis im Gottesdienst zu sprechen (ebd. 33); Pribilla hatte (ohne den Anflug eines Beweises) behauptet, der Patriarch habe erst mit seiner Abreise drohen müssen, bevor ihm dies gewährt wurde (Pribilla 115).

Ferner: Mit seiner Forderung einer Ausweitung des Gesichtskreises für die praktische Zusammenarbeit über die christlichen Kirchen hinaus findet Pribilla keinen Widerspruch. Den Rekurs auf das Naturrecht hält Söderblom allerdings nicht für einen gangbaren Weg. Ohne an dieser Stelle in eine ausführliche Diskussion über die Problematik dieses Begriffs eintreten zu können, welche ja die katholische Kirche selbst genötigt hat, das Deutungsmonopol für ihn in Anspruch zu nehmen, stellt er lediglich die Gegenfrage, ob denn die Christen an dieser Stelle recht daran täten, ihre Glaubensgrundlage zu suspendieren (Randbem. 90). Mit anderen Worten: Wie vieles auch den Menschen auf Grund ihres Geschaffenseins allgemein einsehbar sein mag, die durch die Radikalität und Unbedingtheit der Forderung der Feindesliebe bestimmte Grundrichtung des Handelns, also der nach christlicher Grundüberzeugung letzte Maßstab alles ethischen Handelns, entzieht sich jener allgemeinen Einsicht.

Was die Vorwürfe gegen seine eigene Person betrifft, so bemerkt Söderblom, die ihm angelasteten Ismen (Evolutionismus, Relativismus) habe er immer bekämpft. Ohne seine liberalen Lehrer zu verleugnen, wehrt er sich doch mit Nachdruck dagegen, so umstandslos in die Schublade einer bestimmten theologischen Richtung einsortiert zu werden, wie es auf römischer Seite üblich geworden war. Darum verweist er auf Luther, den Pribilla in der Reihe seiner Ahnen völlig unterschlagen habe (Randbem. 45). Den zweiten Vorwurf, seine angebliche Vorliebe für die Mitra samt den daran geknüpften Vermutungen, weist er mit einer angesichts der Häme seines Gegners bewundernswerten Ruhe zurück: Die liturgische Kleidung gehöre für ihn zu den Adiaphora; er trage sie nur, wo sie vorgeschrieben sei – und er impliziert dabei: sein Gegner möge sich doch erst einmal über den jahrhundertealten Ritus der schwedischen Kirche kundig machen (Randbem. 65–67).

Zusammenfassend kann man sagen: Söderblom will nicht von sich aus die Tür zur römischen Kirche zuschlagen – im Gegenteil, er zeigt sich zuversichtlich, dass das Verhältnis zu ihr auch wieder besser werde (Randbem. 45). Aber er ist nach wie vor nicht bereit, sich die Bedingungen für eine solche Veränderung vom Vatikan diktieren zu lassen. Es würde schon viel ausmachen, so darf man das wohl interpretieren, wenn der polemische Ton und die Verdächtigungen unterblieben. Dass der Vatikan darauf verzichten werde, allein in Rom die wahre Kirche »subsistieren« zu sehen, wie man heute sagt, womit der Weg zu einer gleichberechtigten Koexistenz aller christlichen Kirchen eröffnet würde, damit hat Söderblom in absehbarer Zeit sicher nicht gerechnet. Dafür war er bei allem Optimismus zu sehr Realist.

g Weltkirche und Weltfrieden

1. Söderbloms ökumenische Arbeit war von Anfang an untrennbar verbunden mit den Bemühungen um den Weltfrieden, die er im Verein mit anderen Kirchenführern und pazifistischen Organisationen unternommen hatte. Diese Verbindung hatte nach dem Krieg in dem unermüdlich wiederholten Gedanken Gestalt gewonnen, dass der in der Liebe tätige christliche Glaube die Seele des Völkerbundes sein müsse. So muss es für ihn eine besondere Freude gewesen sein, dass er gebeten wurde, anlässlich der Eröffnung der 7. Vollversammlung des Völkerbundes am 5. September 1926 in der Genfer Kirche St. Pierre die Predigt zu halten. Dies umso mehr, als auf dieser Versammlung Deutschland in die Organisation aufgenommen werden sollte; es war ja ein ganz wesentlicher Erfolg der Stockholmer Konferenz gewesen, Kirchenvertreter der am Krieg beteiligten Länder an einen Tisch zu bringen. Dass es die Stadt Calvins war, in der er predigen sollte, setzte für Söderblom persönlich im Blick auf die theo-

logischen Auseinandersetzungen in Stockholm einen zusätzlichen ökumenischen Akzent.

Die auf Französisch gehaltene Predigt stand unter dem Thema *Salz und Frieden*.[812] Mit diesen Stichworten, die dem Predigttext Mk 9, 49 f entnommen sind, kündigt Söderblom bereits seine spezifisch christliche Begründung der Friedensforderung an und verklammert sie so von vornherein mit seiner ökumenischen Arbeit. Natürlich wollte er damit nicht etwa sagen, dass die Notwendigkeit des Friedens nach den traumatischen Erfahrungen des großen Krieges nicht auch für jeden vernünftigen Menschen einsichtig sein müsste. Aber gerade diese Erfahrungen sowie die weiterhin teils unter der Oberfläche, teils auch ganz offen brodelnde Unversöhnlichkeit breiter nationalistischer Kreise auf beiden Seiten waren für ihn Beweis genug, dass man sich in dieser Sache auf vernünftige Einsicht allein nicht verlassen könne. Auch die Verwicklung der Kirchen in die Kriegspropaganda oder in die Überheblichkeit der Neutralen hatte er nicht vergessen. Deshalb darf die These, der christliche Glaube müsse die Seele des Völkerbunds werden, keinesfalls als schlichte Affirmation von dessen politischem Kurs verstanden werden. In Söderbloms bildhafter Sprache: Die Friedensbotschaft des christlichen Glaubens ist eben nicht der Zucker, sondern das Salz der Erde.

Die Schärfe des Salzes steht zunächst einmal für das »Feuer« des göttlichen Gerichts. Dieses Gericht kann eine vernichtende oder aber eine reinigende Macht haben. In jedem Fall ist es die Furcht erregende Macht des Heiligen, der man sich nicht ungestraft entzieht. Das macht den Ernst der Friedensforderung aus, der man nicht gerecht werden kann, ohne dass man sich dem schmerzhaften Prozess der Umkehr von dem individuellen oder kollektiven Egoismus mit seinen verheerenden Folgen zu einer solidarischen Zusammenarbeit unterzieht.

Das setzt voraus, dass jeder Einzelne mit solcher Selbsterkenntnis beginnt, statt – wie es die Kriegsschuld-Debatte auf beiden Seiten ständig ad oculos demonstrierte – bloß auf den jeweils anderen zu zeigen. Söderblom gliedert deshalb seinen Gedankengang so, dass er mit der Buße des Einzelnen und (wie in Stockholm) mit dem Schuldbekenntnis der Kirche vor Gott beginnt und erst danach auf die Notwendigkeit der Umkehr für die Gesellschaft (Société) ebenso wie für den Völkerbund (Société des Nations) zu sprechen kommt.

812 Sie erschien am folgenden Samstag, dem 11.9.1926, unter dem Titel *Sermon pour l'ouverture de la VIIe Assemblée de la Société des Nations* in der Genfer Zeitschrift La semaine littéraire 34/1926, 433–435 (außerdem als Separatdruck in Uppsala 1926). Die Themaformulierung stammt aus der ersten Fassung dieser Predigt, die Söderblom am 14.3.1926 in Uppsala gehalten und dann für Genf aktualisiert hatte: ders., Tal och skrifter 2, Stockholm 1933, 213–227.

Die Grundlage für einen dauerhaften irdischen Frieden kann allemal nur der Friede der einzelnen Menschen mit Gott sein. Ohne das »Salz der Wahrheit« über das eigene Selbst, ohne den Schmerz der Selbstüberwindung ist er nicht zu haben. Für die Kirche bedeutet dies, dass sie sich mit dem Faktum der Kirchentrennungen auseinandersetzen muss. Zwar kann das »Salz« auch einmal eine Trennung unvermeidbar machen wie in der Reformation. Einigung kann auch für die Kirche nicht immer und unter allen Umständen das Ziel sein, etwa um den Preis der Wahrheit und der Freiheit des Glaubens. Doch meistens stehe hinter Kirchentrennungen der Geltungsdrang des »alten Menschen«. Vor dem Genfer Auditorium dürfte Söderblom dabei nicht nur an die konfessionellen Spaltungen, sondern vielleicht noch mehr an die einander ins Wort fallenden nationalistischen Kriegspredigten auf beiden Seiten gedacht haben, die vielen Hörern noch im Gedächtnis gewesen sein werden. Deshalb konnte er sich eine konkrete Ausmalung an dieser Stelle ersparen und sich auf die Erwähnung des kirchlichen Sündenbekenntnisses auf der Stockholmer Konferenz beschränken.[813]

Hauptthema des Tages ist nun aber nicht die Wirkung des Evangeliums auf die Kirche, sondern dessen gesellschaftliche Relevanz. Der Prediger leitet dieses Thema mit wenigen, aber prägnanten Worten über die Rivalität der Klassen und Parteien ein. Offensichtlich könne man sich da nicht einfach auf einen natürlichen Interessenausgleich verlassen. Vielmehr führe das Spiel der unkontrollierten egoistischen Kräfte unweigerlich zu dem von Hobbes als Urzustand der Menschheit diagnostizierten Krieg aller gegen alle. Vermutlich hat Söderblom hier insbesondere an die Wirtschaft gedacht. Das verleiht diesem Abschnitt – drei Jahre *vor* dem großen Börsenkrach an der Wall Street! – seine besondere Aktualität. Auch in der Gesellschaft im Allgemeinen sei eine Umkehr notwendig vom kollektiven Egoismus zum gegenseitigen Dienst aller für alle. (Der Anklang an die eben erwähnte Formulierung »Krieg aller gegen alle« des Thomas Hobbes dürfte beabsichtigt sein.)

Im letzten und entscheidenden Teil seiner Predigt zieht Söderblom noch einmal ausdrücklich die Verbindungslinie vom Tagungsort des Völkerbundes zu Calvin, der Genf und darüber hinaus einen großen Teil der Christenheit so sehr geprägt hat. Damit will er sagen: So wie damals Calvin bei klarer Unterscheidung des Gottesverhältnisses des Menschen von seinem Verhältnis zur Welt doch zugleich die Relevanz des Wortes Jesu für den politischen Bereich herausgearbeitet habe, so müsse man das auch in der veränderten Situation der Gegenwart tun. Das geschieht nach Auffassung

---

813 Konfessionelle Spaltungen und kirchliche Nationalismen hat SÖDERBLOM ausdrücklich zusammengestellt in dem dänisch geschriebenen Artikel *De nordiske folkekirkers plads ...* (wie Anm. 670), 18 f.

des Predigers in der unbedingten Achtung für die Majestät des Rechts, d.h. für die durch den Haager Gerichtshof repräsentierte internationale Rechtsordnung bzw. für die Menschenrechte als eine Schöpfung Gottes. Das setzt aber voraus, dass auch die Delegierten des Völkerbunds auf einen neuen Weg umkehren. Söderblom nimmt an dieser Stelle kein Blatt vor den Mund, sondern zitiert einen kritischen Artikel der Londoner Times, wonach diese Organisation bereits zum Schauplatz von Intrigen und nationalen Rivalitäten geworden ist. Das aber, so warnt der Prediger, könne nur zu einem neuen Krieg führen.

Angesichts dieser Realität könnte man meinen, man müsse sich an der traditionellen politischen Weisheit einer – immer wieder neu zu justierenden – *balance of power* genügen lassen. Doch Söderblom bestreitet das vehement. Ein solcher Zustand sei nichts weiter als ein Gleichgewicht der Egoismen und würde sich nur allzu leicht in ein Ungleichgewicht verwandeln, wie die Erfahrung zeige. Demgegenüber plädiert er nachdrücklich, mit seinen sozialen Grundbegriffen ausgedrückt, für einen Umschlag des Wettstreits (tävlan) in eine entschieden friedliche Zusammenarbeit, auf der Basis eines durch Buße erlangten Friedens mit Gott. So steht denn am Ende der Predigt, mit Bedacht in der alten völkerverbindenden Sprache der Kirche, dem Lateinischen formuliert: »Domine da pacem temporis, pacem pectoris, pacem aeternitatis.«

Man wird annehmen dürfen, dass diese Predigt durch ihre Offenheit und Ehrlichkeit ebenso wie durch ihren religiösen Ernst auch viele nicht sonderlich kirchlich eingestellte Hörer nachdenklich gemacht hat. Trotzdem scheint mir, dass nicht nur aus dem zeitlichen Abstand, sondern auch schon im Blick auf die damalige Weltlage zwei Fragen an sie zu stellen sind. Zum einen ist hier an die Probleme zu erinnern, welche die Zusammensetzung des Völkerbunds der Vorstellung einer christlichen Seele dieser Organisation bereitet, selbst wenn man sie wie Söderblom nicht im Sinne eines christlichen Herrschaftsanspruchs versteht (s.o., 323). Zweitens ist die Frage, ob politisches Handeln angesichts der Realität der Sünde, von der Söderblom in so deutlichen Worten sprechen kann, sich nicht doch mit einer balance of power, die freilich immer wieder neu auszutarieren ist, zufrieden geben muss – ja, ob die hier beschworene Gerechtigkeit selbst denn überhaupt etwas anderes sein kann als ein solches Gleichgewicht, ein kontrollierter Ausgleich der Interessen.[814] Allerdings darf man zweierlei nicht

---

814 So hat es REINHOLD NIEBUHR gesehen und mit Hilfe dieser Begriffsbestimmung das für seine Sozialethik charakteristische dialektische Verhältnis von Liebe und Gerechtigkeit (Gegensätzlichkeit und Zusammengehörigkeit) ausgearbeitet. Vgl. etwa seinen Aufsatzband *Love and Justice*, hg. v. D.B. Robertson, Philadelphia 1957.

außer Acht lassen. Das eine ist das Genus dieser Rede. Es handelt sich ja um eine Predigt. Wir erinnern uns, dass Söderblom in seinem Bericht über die Stockholmer Konferenz, also über eine kirchliche Zusammenkunft, dem radikalen Pazifismus die *religiös* unentbehrliche Funktion des Salzes der Erde zugesprochen hatte (s. o., 380), obwohl er selbst ihn *politisch* nicht für eine angemessene Lösung hielt. Es ist ja genau die Funktion des »Salzes«, die der Prediger ausdrücklich in Anspruch nimmt. Dass er damit riskiert, für naiv gehalten zu werden, sagt er in der Predigt selbst, aber er ist der Meinung, dass letztlich nur eine solche Naivität, die an die Möglichkeit eines wirklichen Friedens glaubt, die moralische Autorität besitzen kann, die für eine substanzielle Veränderung vonnöten ist. Der andere Faktor ist die neue politische Situation, die damals von vielen noch nicht verstanden wurde. International verbindliche Regelungen können sich nicht auf das Machtmonopol eines Staates stützen, sondern nur durch freiwillige Zusammenarbeit zustande kommen. Hier zeigt sich wohl am deutlichsten, wie weit Söderbloms Perspektive über die Grenzen des Nationalen hinausreichte. Im Übrigen läuft seine Stellungnahme, bei Lichte besehen, auch gar nicht auf eine Alternative von Gleichgewicht der Macht (*tävlan*) und Kooperation hinaus, sondern auf die auch sonst von ihm vertretene dialektische Synthese.

2. Die Aufnahme Deutschlands in den Völkerbund gehört in den größeren Zusammenhang einer auf internationale Verständigung gerichteten Politik, an welcher der deutsche Außenminister (1923–1929) Gustav Stresemann (1878–1929) maßgeblichen Anteil hatte. Dazu gehören der Dawes-Plan 1924 und der Young-Plan 1929 zur Regelung der Reparationsfrage, die Übereinkunft zur Räumung des Ruhrgebiets durch die Franzosen 1925 und das Abkommen über ihren vorzeitigen Abzug aus dem übrigen Rheinland 1929. Ein herausragendes Ereignis ist in diesem Zusammenhang der Abschluss des Briand-Kellogg-Paktes am 27.8.1928.[815] Auf Grund einer Anregung des französischen Außenministers Aristide Briand (1862–1932) gegenüber seinem amerikanischen Kollegen Frank Billings Kellogg (1856–1937) und unter Beteiligung einer ganzen Anzahl von Staaten wurde beschlossen, den Krieg als Mittel der Politik ein für allemal zu ächten. (Im Vorfeld war man auf die Intervention Stresemanns hin übereingekommen, einen Verteidigungskrieg nicht unter dieses Verdikt fallen zu lassen.) Am gleichen Tag traf sich die World Alliance in Prag zu ihrer Jahrestagung, die – unter Mitwirkung Söderbloms – ähnlich votierte.[816]

Ein Jahr später auf der Tagung von Life and Work im September 1929 in Eisenach nahm der damals gerade neu ernannte Bischof von Chichester,

---

815 Deutscher Text: RGBl (Reichsgesetzblatt) 1929 II, 97.
816 Vgl. B. SUNDKLER, a. a. O. (wie Anm. 2), 390.

George K. A. Bell, den Grundgedanken jenes Paktes auf und zog in einem entsprechenden Resolutionsentwurf die Konsequenzen für die Kirchen.[817] Dessen sachlicher Kern war sein 4. Paragraph: Die Kirchen sollten einen Krieg nicht unterstützen, etwa durch Ermutigung ihrer Landsleute zum Wehrdienst, wenn die jeweilige Regierung zuvor die Schlichtung der anstehenden Streitfragen durch ein Schiedsgericht abgelehnt hätte. Nun hatten aber die Deutschen, seit Kapler im Jahr zuvor die Nachfolge Söderbloms als Leiter der europäischen Sektion von Life and Work angetreten hatte, in dieser eine sehr starke Stellung. So konnten sie die Annahme der Resolution verhindern. Dass Söderblom, der wegen seiner angeschlagenen Gesundheit auf der Tagung nicht zugegen sein konnte, dies sehr bedauert hat, kann man sich denken. Eine Möglichkeit, auf internationalem Parkett Stellung zu nehmen, hatte er nicht, doch hat er die Eisenacher Resolution in einem Vortrag am 11.11.1930 insofern noch verschärft, als er von den Kirchen verlangt, in dem eben genannten Fall einen Krieg offen zu verurteilen. Auf der schwedischen Generalsynode am 14.4.1931 drückte er eine Resolution in diesem Sinne durch – ein Sieg, der ihn freilich in der schwedischen Kirche isolierte.[818]

3. Immerhin hatte Söderblom vier Monate vor der Eisenacher Konferenz, am 21. Mai 1929, im King's College in London die Burge Memorial Lecture über *The Church and Peace* gehalten, wo er seine Auffassung noch einmal ausführlich darlegen konnte.[819] Die Rede enthält im Wesentlichen Gedanken, die uns schon bekannt sind, wenn auch natürlich in neuer Anordnung und neuem Gewand: der Ursprung des Weltfriedens im Frieden des Einzelnen mit Gott (5), die Notwendigkeit einer Einigung der Kirche für ihre Friedenspredigt (37–56), die Achtung für die Majestät des Rechts als göttliche Schöpfung, die schon von den Propheten des Alten Testaments gefordert worden sei (7. 12 f). Überraschend mag freilich auf den ersten Blick erscheinen, dass der Redner trotz der politischen Entspannungssignale, von denen eben die Rede war, auch jetzt noch vor unrealistischen Friedensträumen und vor einem möglicherweise drohenden

---

817 Vgl. dazu W. WEISSE, a.a.O. (wie Anm. 642), 426–428.
818 Vgl. N. SÖDERBLOM, *Är fredstanken en illusion?* (Skrifter utg. av informationsbyrån för fredsfrågor och mellanfolkligt samarbete 5), Stockholm 1930, 9; ders., *Eisenachresolutionen*, in: Kristus i folkens samliv. Trenne föreläsningar av N. Söderblom, N. Beskow, J. Cullberg, Stockholm 1931, 3–13; vgl. dazu B. SUNDKLER, a.a.O. (wie Anm. 2), 391; ausführlich und anschaulich STAFFAN RUNESTAM, *N. Söderblom: Perspektiv på krig och fred* (wie Anm. 519), 199–219.
819 N. SÖDERBLOM, *The Church and Peace, being the Burge Lecture for the Year 1929*, Oxford 1929. Ich benutze hier die erweiterte schwedische Fassung *Kyrkan och freden* (in der Reihe Para pacem), Stockholm 1930. Danach die folgenden Seitenzahlen. B. SUNDKLER hat die Vorlesung fälschlich auf 1928 datiert (a.a.O., 391).

neuen Krieg warnt (25. 35). Hier muss man sehen, dass sich gegen die Bemühungen einer internationalen Versöhnungspolitik auch eine starke gegenläufige Tendenz richtete: In Deutschland fand ab Herbst 1928 innenpolitisch ein Rechtsruck statt, der sich in der Wahl Alfred Hugenbergs zum Vorsitzenden der DNVP und Adam Stegerwalds zum Vorsitzenden des Zentrums niederschlug und Stresemann zu der Diagnose einer Krise des Parlamentarismus veranlasste. Hinzu kam die Irritation, die der deutsch-sowjetische Freundschaftsvertrag von 1926 auf die Westmächte ausübte.[820] Vor diesem Hintergrund bekommt der Hinweis des Redners auf Briands Idee eines internationalen Schiedsgerichts und damit auf den Briand-Kellogg-Pakt (17) eine besondere Dringlichkeit, die ihren theologischen Ausdruck in der Betonung der Notwendigkeit einer »Bekehrung« (omvändelse) findet (34). Söderblom unterstreicht dies noch einmal dadurch, dass er der schwedischen Druckfassung der Vorlesung den Text der Eisenacher Resolution anfügt (58).

In einem anderen Vortrag nur gut zwei Wochen später spitzt Söderblom seine Position im Gegenzug zu all den damals kursierenden Schreibtischtheorien über den angeblich erzieherischen Wert des Krieges noch weiter zu: Krieg ist inhuman und unchristlich, ja schlicht die Hölle. Da dürften die Erzählungen seines Sohnes im Hintergrund stehen, sowie der Eindruck des damals gerade erschienenen Romans von Erich Maria Remarque *Im Westen nichts Neues*, den er als Zeugen aufruft.[821]

4. Nur zur Vervollständigung des Bildes von dem politischen und geistigen Klima, mit dem Söderblom sich damals auseinandersetzen musste, sei noch die recht unerfreuliche Kontroverse mit einem antisemitischen Pamphlet des deutschen Grafen Ernst zu Reventlow (1869–1943) erwähnt.[822] Dieser war seit 1924 Reichstagsabgeordneter der rechtsradikalen deutschvölkischen Freiheitspartei, die später in der NSDAP aufging. In seinem Buch schwadroniert er von imperialistischen Gelüsten des Judentums,

---

820 Vgl. HEINRICH AUGUST WINKLER, *Weimar 1918–1933. Die Geschichte der ersten deutschen Demokratie*, München 1994, 343–345; GORDON A. CRAIG, *Geschichte Europas 1815–1918. Vom Wiener Kongreß bis zur Gegenwart* (dt. v. M. Hopmann), München 36.–41.Tsd. 1995, 399–402.

821 *Kärleken*, in: Tal och skrifter 2, Stockholm 1933 (73–84), 76–78; ERICH MARIA REMARQUE, *Im Westen nichts Neues*, Berlin 1929; als Gegenbild dürfte Söderblom u. a. KARL HOLLS Aufsatz im Sinn gehabt haben: *Die Bedeutung der großen Kriege für das religiöse und kirchliche Leben innerhalb des deutschen Protestantismus* (1917), in: ders., GAufs zur KG, Bd. 3, Tübingen 1928, 302–384.

822 Vgl. GRAF ERNST ZU REVENTLOW *Für Christen, Nichtchristen, Antichristen. Die Gottfrage der Deutschen* (Berlin 1928), sowie ders., *Erzbischof Soederblom und die Gottfrage der Deutschen*, in: Reichswart 10. Jahr, Nr. 38 vom »20. Scheiding [= September] 1929«. Den oben erwähnten Brief Söderbloms hat der Vf. in seinem Artikel – vermutlich korrekt – zitiert.

welche die Kirche kopiert und sich damit gegen den arischen Jesus gestellt habe, und von der rassischen Grundlage jeder Kultur. Was ihn dazu trieb, sein Machwerk an Söderblom zu schicken, bleibt schleierhaft. Dieser ließ jedenfalls einige Zeit verstreichen und reagierte dann mit einem kurzen, im Ton korrekten, aber in der Sache deutlichen Schreiben, das dem – damals auch in Schweden zu hörenden – rassistischen Gerede von Blut und Abstammung eine klare Absage erteilt und diese mit dem schönen Tegnér-Zitat garniert: »blott barbariet var en gång fosterländskt«, bloß die Barbarei war einmal vaterländisch (s. o., 179). Dadurch fühlte sich der Graf zu einem langen Artikel im »Reichswart« provoziert, in dem er Söderblom vom hohen Ross des Besserwissenden vorwarf, sich nicht von theologischen Vorurteilen gelöst zu haben. Söderblom reagierte mit Schweigen.

5. Trotz mancher Invektiven aus dem rechten politischen Lager stand jedoch die Anerkennung der Leistung Söderbloms international deutlich im Vordergrund. Sie fand ihre Krönung am 10.12.1930 durch die Verleihung des Friedens-Nobelpreises in Oslo. Sie galt der ökumenischen Arbeit, weshalb Söderblom seine kurze Dankesrede auch mit dem Satz begann, diese Ehre gebühre eigentlich der ganzen ökumenischen Bewegung.[823] Er konnte daran erinnern, dass er Nobel selbst in Paris kennen gelernt und ihn auch 1896 in San Remo beerdigt hatte. Wichtiger aber war ihm bei dieser Gelegenheit die Erinnerung daran, dass schon Nobel an ein internationales Schiedsgericht und an Sanktionen gegen den Krieg gedacht hatte (3 f). Die kurze Ansprache endet mit einer Huldigung an Norwegen, die natürlich, weil sie von einem Schweden nur ein Vierteljahrhundert nach der Trennung der beiden Länder kam, auf ein äußerst positives Echo rechnen konnte.

Ausführlicher ist der große Nobel-Vortrag am folgenden Tag über die Friedenspflicht der Kirche. Er besteht zum größten Teil, wie es dem Anlass angemessen war, in einer Rechenschaft über die Entwicklung der Ökumene vom Weltkrieg als Auslöser bis zur Stockholmer Konferenz und der Gründung des sozialethischen Instituts (*Kyrkans ...*, 1–18). Der Leitgedanke ist auch hier ein doppelter: die im christlichen Glauben gegründete Liebe, die über die individuellen Beziehungen und auch über die Volksgrenzen hinaus reichen müsse, als treibende Kraft, und die internationale Rechtsordnung als Fortsetzung göttlicher Offenbarung, die das organi-

---

823 *Kyrkans fredsplikt, dess vägar och mål.* Nobel-föredrag (11 dec. 1930) samt *Tal vid Nobelprisets utdelning i Oslo den 10 dec. 1930*, Stockholm 1931. Die beiden Reden sind getrennt paginiert. Die o. a. Bemerkung steht *Tal ...*, 1. Danach auch die nächste Seitenzahl; die weiteren Stellenangaben nach dem Vortrag *Kyrkans ...*

satorische Gerüst bieten müsse (ebd., 1). Die Kirche dürfe sich hier nicht heraushalten, sondern müsse sich mit Nachdruck für beides einsetzen. Deshalb sei es zu begrüßen, dass die ökumenische Bewegung auch das Interesse von Staatsmännern gefunden habe (ebd., 18). In der Friedensfrage müsse sie energisch für die Reduktion der Waffenarsenale auf Verteidigungsniveau eintreten (ebd., 20).[824] Der Redner schließt mit einem Aufruf für den Frieden, gegen Raffgier im Wirtschaftsleben, gegen Hass und Ungerechtigkeit und einer Mahnung zur Buße, die er auch auf sich selbst bezieht (ebd., 22).

824 Dies ist die Position, die Söderblom schon seit langem eingenommen hatte. Ich kann deshalb nicht erkennen, dass er seine Stellung zur Friedensfrage in seinen letzten Jahren in Richtung auf einen radikaleren Pazifismus verändert hätte, wie B. SUNDKLER behauptet, a. a. O. (wie Anm. 2), 413. Richtig ist, dass sein Ton sich verschärft hat, wie seine oben angeführte Aktion auf der Synode von 1931 zeigt. Auf diese hat mich S. RUNESTAM brieflich aufmerksam gemacht.

7.

Der Erzbischof als Gelehrter

Söderblom ist auch in den Jahren seiner bischöflichen und ökumenischen Tätigkeit literarisch unglaublich produktiv gewesen; man hat gesagt, er habe auch in dieser Zeit pro Jahr mehr an Gedrucktem produziert als jeder der damaligen Professoren an der Universität in Uppsala. Kritiker weisen freilich darauf hin, dass sehr vieles davon aus Versatzstücken früher erschienener Schriften bestehe. Das ist ohne Frage richtig und konnte angesichts der enormen zeitlichen Beanspruchung Söderbloms auch kaum anders sein. Es kommt hinzu, dass die enorme finanzielle Belastung durch seine große Familie, die Repräsentationsaufgaben und die vielen Auslandsreisen in einer Zeit, in der es kein Kindergeld und keine behördlichen Beihilfen gab, ihn ganz einfach dazu zwang, so viel wie irgend möglich zu publizieren, um seine Kasse aufzubessern.[825] Deshalb ist jene Kritik auch nicht sehr fair. Vor allem darf man sich nicht den Blick dafür verstellen lassen, wie viel an neuen, ausgesprochen originellen Ideen auch die späten Schriften enthalten. Es wäre völlig verfehlt, sie als quantité négligeable zu behandeln.

Vier Themenkomplexe sind es, die schon während Söderbloms akademischer Tätigkeit eine zentrale Rolle gespielt haben und denen er sich jetzt erneut zugewandt hat: einmal die Lutherforschung, repräsentiert vornehmlich durch die beiden Bücher *Humor och melankoli* von 1919 und den Kommentar zum Kleinen Katechismus von 1929, sodann die Christologie, die in einigen wichtigen Aufsätzen und vor allem in dem Passionsbuch *Kristi pinas historia* von 1928 entfaltet wird, und schließlich die Religionsgeschichte, für die er noch in seinem Todesjahr versucht hat, in den Gifford Lectures *The Living God* die Ergebnisse seiner Lebensarbeit zusammenzufassen – ein umfangreiches und imponierendes Fragment, dessen Vollendung der Tod verhindert hat. Hinzu kommt als vierter Themenkreis die Mission, über die Söderblom noch eine Reihe von Beiträgen verfasst hat, darunter ein sehr dichter Aufsatz, den er 1928 auf der Jerusalemer Missionskonferenz vorgetragen hätte, wenn er nicht im letzten Moment hätte absagen müssen. Dieser Text zieht noch einmal die

---

825 Darauf weist EIVIND BERGGRAV in seinem schönen Nekrolog hin: *Nathan Söderblom. Geni och karakter*, Oslo 1931, 26 f.

wichtigsten Fäden der lebenslangen Denkarbeit zusammen und wirkt deshalb wie ein theologisches Testament, auch wenn er nicht in dieser Absicht geschrieben ist.

a Luther – Humor und Melancholie

1. Es kann an dieser Stelle nicht darum gehen, die ganze Vielfalt der damaligen – sowohl evangelischen als auch katholischen – Lutherforschung auszubreiten und dann Söderblom den ihm gebührenden Platz darin anzuweisen. Doch anhand einiger exemplarischer Vergleiche soll zumindest umrisshaft das Besondere seines Interpretationsansatzes herausgearbeitet werden. Dabei wird zugleich Söderbloms Verhältnis zu Luther, das lebenslang einer der bestimmenden Faktoren für seine eigene theologische Sicht gewesen ist, in seiner inneren Differenzierung erkennbar. Der Zugang dazu ist am ehesten durch das erste der beiden Bücher zu gewinnen, das dank seiner Originalität auch für sich genommen das interessantere ist. Das zweite lässt sich dann relativ kurz behandeln.

Das Werk trägt den Titel *Humor och melankoli och andra Lutherstudier* (Humor und Melancholie und andere Lutherstudien). Es enthält zwölf Beiträge, die zum größten Teil als Vorlesungen im Jubiläumsjahr der Reformation 1917 in der Engelbrektskirche in Stockholm gehalten wurden, die zehnte am 31. Oktober im Dom von Uppsala.[826] Es handelt sich um wissenschaftlich fundierte und zugleich allgemeinverständliche Vorträge. Der erste Teil des Buches (I–VI) ist dem Thema gewidmet, das dem Ganzen den Titel gegeben hat. Humor und Melancholie als menschliche Lebenseinstellungen bilden gewissermaßen die Außenseite des in sich gespannten evangelisch-christlichen Gottesverhältnisses, wie Luther es gelebt hat. Dieses selbst wird in den folgenden Kapiteln (VII–X) entfaltet. Hier steht zuerst ein Vortrag über Luthers Auftreten auf dem Grund der neuen Glaubensgewissheit in Worms (VII), der am Ende von VI rhetorisch angekündigt wird und demnach noch zu der Reihe vom Oktober 1917 gehört. Die Abgrenzung von Luthers Glaubensgewissheit gegen den Skeptizismus des Erasmus (Kap. VIII), die gegenüber Kap. VII neu einsetzt, aber ein inhaltliches Gegenstück zu der Schilderung von Worms darstellt, steht vielleicht ebenfalls noch an ihrem ursprünglichen Platz. Die Stockholmer Reihe schließt mit der zehnten Vorlesung, die der Gewissheit (*visshet*) bzw. dem unbedingten und ausschließlichen Vertrauen zu Gott

---

826 N. Söderblom, *Humor och melankoli och andra Lutherstudier*, Stockholm
  1919. Einige der näheren Angaben zur Datierung verdanke ich S. Runestam. Die
  folgenden Seitenzahlen im Text nach diesem Werk.

(*förtröstan*) zwei andere »Religionstypen« konfrontiert: Gesetzesreligion und Mystik.

Eingeschoben ist ein Vortrag, der die reformatorische Glaubensgewissheit der religionsgeschichtlich verbreiteten Vorstellung vom Neid der Götter gegenüberstellt (Kap. IX), im Vorwort auf März 1918 datiert. Er hängt sachlich eng mit dem Vortrag vom Reformationsfest des Vorjahres zusammen. Das kurze letzte Kapitel »Der Abend vor Allerheiligen« ist die erweiterte Fassung eines noch kürzeren Artikels vom Oktober 1917 in *Kristendomen och vår tid*. Es enthält gegenüber dem eigentlichen Corpus des Buches nicht viel Neues. Von Interesse ist aber noch das Kapitel über den Bauernkrieg (XI), ursprünglich ein Gemeindevortrag in Gävle am 10.11.1917, weil Söderbloms eigenständige Linie in der Interpretation der Zwei-Reiche-Lehre gegenüber der zeitgenössischen deutschen Forschung darin besonders prägnant zum Ausdruck kommt.

Dass Luther viel Humor besessen hat und dass er andererseits von vielfältigen Anfechtungen geplagt wurde, hat Söderblom natürlich nicht als erster entdeckt. Sogar die Begriffe Humor und Melancholie kommen beispielsweise schon in der Biographie von Hausrath vor, die Söderblom natürlich auch herangezogen hat.[827] Neu und originell ist aber zweierlei: einmal die Zusammenstellung von beidem, vor allem aber zweitens die fundamentale Bedeutung, die diesen beiden Lebenseinstellungen zugeschrieben wird als lebendiger Spiegel von Gottes Gericht und Gnade. Dabei ist der Ausdruck Spiegel freilich noch zu einfach; in Wahrheit ist das Verhältnis, wie es Söderblom beschreibt, komplexer.

Luthers Humor, für den viele instruktive Beispiele angeführt werden, dient nach Söderblom zum einen als Sicherheitsventil gegen den hohen Druck, unter dem er arbeiten musste, zum anderen als Schutz gegen die Qual seiner Anfechtungen, und ermöglicht ihm so eine kühne Selbstsicherheit (45–47.52.66). Dabei kann er gelegentlich umschlagen in Hohn oder auch in heftige Polemik, deren Härte der eher irenisch gelagerte Söderblom auch nach Abzug des im 16. Jahrhundert üblichen Grobianismus recht kritisch sieht. Doch sei solche Grobheit niemals zynisch oder gehässig, sondern der immer wieder durchschlagende Humor erweise sich letztlich als von Liebe getragen (5.15.17 f 22. 25 f). Vor allem aber sei er ein Ausdruck von Luthers rückhaltloser Ehrlichkeit auch gegen sich selbst. In gewisser Weise findet Söderblom hier das Wahrhaftigkeitsideal seiner eigenen Zeit wieder, das sich ja keineswegs in intellektueller Redlichkeit erschöpfte.[828]

---

827 ADOLF HAUSRATH, *Luthers Leben*, Berlin ³1914, Bd. I 31–37; Bd. II 158–166.
828 Vgl. dazu meinen Aufsatz *Das Prinzip der Wahrhaftigkeit in der Theologie der Jahrhundertwende*, in: Zeugnis und Dienst, FS Günter Besch, Bremen 1974, 63–85.

Doch wende sich Luthers Ehrlichkeit in erster Linie gegen die Künstlichkeit zurechtgemachter Religion (»Übungsreligion«), die das Heilige zur reinen Äußerlichkeit besonderer Riten, Institutionen und Ämter oder auch wie manche Pietisten zur Befolgung äußerer Verhaltensregeln entstelle. Christliches Leben müsse mit »innewohnender organischer Notwendigkeit« aus dem Glauben entstehen[829], wenngleich gegen Luther geltend gemacht wird, dass ein gewisses Maß an Frömmigkeitsübung für die meisten Menschen unerlässlich sei (49–54). Humor ist Ausdruck innerer Freiheit des Menschen gegenüber der Gesetzlichkeit äußerer Formen und gegenüber sich selbst. Zusammen mit anderen über die eigenen Schwächen lachen kann nur, wer sich selbst nicht »allzu feierlich« (alltför högtidligt) nimmt (37. 47 f).

Solche innere Freiheit ist für den religiösen Menschen eine Gabe Gottes, wie die Religion selbst (56). Sie hängt aufs Engste mit dem neuen Lebensideal des bedingungslosen Gottvertrauens zusammen, das für Luther noch wichtiger war als das neue religiöse Prinzip, das er aufgerichtet hat (58). Die innere Unabhängigkeit des Humors speist sich aus der völligen Selbstauslieferung an das barmherzige Handeln Gottes. Deshalb kann Söderblom sagen: »Der Humor ist ein gebrochener Strahl des Sonnenscheins, der von Luthers väterlichem Gott her leuchtet« (49). Freilich nur ein gebrochener Strahl, denn am Heiligen selbst findet aller Humor seine unerbittliche Grenze. Die unheimliche Seite des Heiligen und das Leiden an ihr verbietet eine humoristische Behandlung, die ja immer eine Zuschauerposition voraussetzt. Dafür ist in dem Kampf um die Seele des Menschen, den Gott und Teufel führen, kein Platz (63–67). Deshalb verurteilt Luther scharf die damals in katholischen Kreisen üblichen, teils recht zynischen Scherze über das Heilige selbst (28). Sehr wohl aber enthalte Luthers neuartige Lehre vom Beruf ein Element des Humors, insofern sie einerseits die besondere Heiligkeit des Mönchsstandes demontiere, andererseits aber nicht in die neuzeitliche Glorifizierung der Arbeit ausarte (60–63).

Insgesamt spiegelt also Luthers Humor nach Söderblom das dialektische Verhältnis von Gesetz und Evangelium. Er entzündet sich an dem Widerstreit des heiligen Gottes und des Bösen, ohne doch in diesem Kampf selbst seinen Ort zu haben. Luther hat so die von Paulus formulierte und von Augustin weitergeführte Gnadenlehre vollendet; indem er ihr eine elementare menschliche Lebenseinstellung zugeordnet hat. Jene Vorgänger hatten bei all ihrer überragenden Bedeutung ebenso wenig Humor wie her-

---

829 Dieser Gedanke klingt unverkennbar an Bergsons Lebensphilosophie an. Man muss jedoch beachten, dass Söderblom dessen Gedanken nur in begrenztem Umfang rezipieren konnte (s. o., 151 f).

nach Calvin und Pascal und viele andere große Gestalten dieser Tradition. Luther ist somit in die Religionsgeschichte als der Mann des Humors eingegangen (58–60).

Die unausbleibliche Kehrseite von Luthers Humor, ohne die er nicht verstanden werden kann, ist die Melancholie. Söderblom benutzt damit den zu seiner Zeit medizinisch korrekten Terminus für Depression. Er besaß zwar keine medizinische Ausbildung, war aber durch seine einjährige Tätigkeit als Krankenhauspfarrer an der psychiatrischen Klinik in Ulleråker (s. o., 95) mit den entsprechenden Krankheitsbildern vertraut. Er hat den Ausdruck bewusst aufgegriffen – nicht zuletzt, um sich mit den rein psychopathologischen »Erklärungen« von Luthers Anfechtungen auseinanderzusetzen. Nachdem er zunächst einige Mühe darauf verwendet hatte, andere damals gängige Erklärungsversuche abzuweisen (die angeblich exzessive Strenge der väterlichen Erziehung, gegen die Luthers eigenes Zeugnis spricht, der Aberglaube, den Luther mit vielen gebildeten Zeitgenossen teilte, die Klostererfahrungen, die Luther selbst nicht zu den schlimmsten Anfechtungen gerechnet hat, 73–84), wendet er sich dieser Frage zu. Er benutzt zwar mehrfach Ausdrücke wie »krank«, »angeboren« u. ä., will aber die letzte Entscheidung ausdrücklich professionellen Medizinern überlassen. Doch mahnt er zur Vorsicht, auch mit m. E. einleuchtenden medizinischen Argumenten: Zwar sei das Lebensalter, in dem sich Luther zur Zeit seiner schlimmsten Anfechtungen befand (1527), ungefähr das nach derzeitigem Erkenntnisstand für das Auftreten solcher Erkrankungen bei Männern typische, doch von einem typischen Verlauf depressiver Phasen könne keine Rede sein (123 f). Vor allem aber: selbst wenn es sich um eine psychische Erkrankung handeln sollte, so wäre damit eine religiöse Interpretation keineswegs ausgeschlossen (211). Viel wichtiger als solche diagnostischen Fragen sei es ohnehin, sich Luthers mit durchschnittlichen Maßstäben gar nicht zu fassende Persönlichkeit vor Augen zu führen: »Die Innerlichkeit war bei ihm weit empfänglicher als bei anderen für die Regungen der Seele und für Gottes Heiligkeit« (205).

In der Sache geht es bei Luthers Anfechtungen und ihrer Heilung natürlich vor allem um die Unterscheidung von Gesetz und Evangelium – aber im Sinne nicht einer theologischen Meisterprüfung, sondern der Rettung aus der Verzweiflung über persönliche Schuld durch Glaubensgewissheit, die nur von Gott selbst kommen kann (132.135.175.207). Denn Sünde ist nichts anderes als Mangel an Glauben, an Gottvertrauen (213). Dabei fallen das Leiden am Bösen, an der eigenen Schuld, und das Leiden am natürlichen Übel für Luther zusammen (203. 210). Damit will Söderblom einmal dem Missverständnis wehren, Luther sei ein »heldischer« Übermensch gewesen, und zugleich dem modernen Einwand begegnen (lange bevor dieser von Paul Tillich ausdrücklich zum Gegenstand einer Zeitana-

lyse gemacht wurde[830]), dass der heutige Mensch nicht so sehr an Schuld-
gefühlen als am »Schmerz des Daseins« leide: Das möge an einer Schwäche des modernen Menschen liegen, mit der man allerdings rechnen müsse
(210 f). Doch hält er mit Luther dafür, dass Schuldbewusstsein zur Anfechtung dazugehöre, auch wenn die Erfahrung des Zornes Gottes darüber hi-
nausgehe (173 f). Im Hintergrund steht dabei natürlich seine eigene religiöse Erfahrung, dass Gott in seiner Heiligkeit weit strenger ist, als wir es
uns vorstellen (209; s. auch oben, 98–100). Mit Luther ist er darüber
hinaus der Meinung, dass Anfechtung geradezu ein Zeichen religiöser
Reife sei, weil sie jede Neigung zur Überheblichkeit im Keim erstickt
(126. 186) – für Luther selbst war sie geradezu ein Zeichen göttlicher Erwählung (178 f) – so sehr ihm auch die Gefahr bewusst ist, dass aus einer
solchen Auffassung eine neue, perverse Verdienstlehre abgeleitet werden
könnte (182–184). Söderblom will nun nicht die Intensität von Luthers Anfechtungen zur Norm erheben (187 f). Auch bei ihm selbst scheint sie nicht
die Radikalität erreicht zu haben, die sich bei Luther findet, dem sich sogar
die Frage aufdrängte, ob Gott nicht in Wahrheit der Teufel sei (136). In jedem Fall aber würde er Luthers These zustimmen, dass keine Anfechtung
zu haben die schlimmste Anfechtung sei[831]: bei Luther ist das bekanntlich ein Kennzeichen der Schwärmer (135). Ohne »Furcht und Zittern« hat
man vom Heiligen nichts verstanden.

Was hilft nun gegen die Anfechtung? In Söderbloms ausführlicher Wiedergabe der vielfältigen Heilmittel, die Luther genannt hat (auch der Humor und die Musik gehören dazu, ebenso die Arbeit und nicht zuletzt das
Trösten anderer), ragen das Gebet, das vom Zwang freie Beichtgespräch
und vor allem Gottes Wort, d. h. das Evangelium, hervor (149–157). Dessen Kern ist die Rede vom stellvertretenden Leiden Christi. Zu seinem Leiden gehört auch die Anfechtung, die sich der Christ zum Trost vorhalten
soll (128.174.177). In der Gemeinschaft mit dem angefochtenen, leidenden
und auferstandenen Christus steckt bereits der Keim der Überwindung des
eigenen Leidens durch die Gewissheit der darin wirksamen Liebe Gottes.
In diesem innersten Punkt liegt die eigentliche Begründung für Söderbloms Selbstverständnis als Lutheraner.

Um diesen ersten, entscheidenden Teil des Lutherbuches zusammenzufassen: Während der Humor bei Luther jegliche Künstlichkeit und Un-
wahrhaftigkeit des Religiösen destruiert, wehrt die Melancholie jeglicher
Überheblichkeit und Werkgerechtigkeit (221). Söderblom will damit nicht

---

830 Vgl. PAUL TILLICH, *The Courage to Be*, New Haven 1952, bes. 57–63; dt. Der
   Mut zum Sein, in: GW XI, 50–54.
831 Vgl. M. LUTHER, *Dictata super Psalterium* (1513–1516), WA 3, 424,11: »Nulla
   tentatio omnis tentatio.«

etwa Luthers reformatorische Grundlehre religionspsychologisch erklären, sondern diejenige elementare menschliche Grundeinstellung zum Leben aufsuchen, die den Spiegel des zwiegesichtigen Handelns Gottes an der menschlichen Seele abgeben kann und als solcher jeder theologischen Lehrbildung darüber vorausliegt. Er findet also seine einst aus der liberalen Theologie gewonnene Einsicht, dass die theologische Lehre gegenüber dem persönlichen Glauben immer erst sekundär ist, bei Luther wieder und vertieft sie zugleich durch dessen Dialektik von Zorn und Gnade Gottes. Damit ist ein Niveau der Luther-Interpretation erreicht, das den frühen Versuch von 1893 weit hinter sich lässt und das trotz der unverkennbaren Unterschiede im Temperament und Naturell geradezu als kongenial bezeichnet werden kann.[832]

In den folgenden drei Vorträgen beschreibt Söderblom die konkrete Gestalt von Luthers Glaubensgewissheit. Zunächst veranschaulicht er sie mit Hilfe von Luthers Verhalten auf dem Wormser Reichstag (VII). Dafür verwendet er nun doch den Begriff des »Glaubenshelden«, will aber wohl durch das Compositum die damals gängige naive Heroisierung vermeiden. Dieses Kapitel enthält gegenüber dem Forschungsstand der Zeit nichts Neues, zeigt aber Söderbloms große erzählerische Begabung und stellt ein organisches Bindeglied zu der genaueren theologischen Bestimmung der Gewissheit dar. Sie wird an seinem Ende vorläufig bestimmt als Verbindung von Demut und Mut, Freiheit und Gehorsam gegen Gott (249).

Schärferes Profil bekommt diese Bestimmung in der Konfrontation mit Erasmus (VIII). Söderblom verschweigt nicht, was Luther Erasmus verdankt, auch nicht seine Ungerechtigkeiten gegen ihn, arbeitet dann aber vor allem die sachlichen Differenzen klar heraus. Da steht der vornehme, hochgebildete Privatier Erasmus, der sich nie wirklich binden wollte, dem stets in unvermeidlichen Konflikten involvierten, ihm intellektuell durchaus gewachsenen, aber erdverbundenen Luther völlig fremd gegenüber. Dies beruht zutiefst auf der religiösen Differenz zwischen beiden. Während die Kritik des Erasmus an den äußeren Missständen der Kirche etwas Ästhetisch-Distanziertes hat und die hergebrachte Frömmigkeit unberührt lässt, geht es Luther um ein anderes Verständnis des Glaubens selbst (276). Söderblom greift hier auf William James' Unterscheidung zwischen einmal Geborenen und zweimal Geborenen zurück, die er früher recht kritisch beurteilt hatte (277; s. auch oben, 169). An dieser Stelle will er damit die Differenz in Bezug auf den religiösen Ernst markieren: Dem Sarkasmus und dem Harmoniebedürfnis des Erasmus, die ihn im alten Gleis verharren lassen, steht bei Luther die Distanz zu sich selbst im Humor und die

832 So auch GUSTAF AULÉN, der dem Buch eine Sonderstellung in der Luther-Literatur zuerkennt: N. Söderblom såsom teolog, in: SvTK 7/1931 (211–235), 227.

unausweichliche Melancholie der Anfechtung gegenüber, die ihn auf einen neuen Weg zwingen. Man kann auch sagen: religiöse Oberflächlichkeit begegnet religiöser Tiefe. Söderblom meint zwar, in der Kirche sei für beide Arten von Frömmigkeit Platz, relativiert aber diese irenische Bemerkung gleich wieder, indem er betont, der große schöpferische Geist, der einen wirklich neuen Weg aus der vielfältigen Verderbnis christlicher Frömmigkeit aufgewiesen habe, sei eben allein Luther gewesen (297).

Diese Leistung Luthers verdeutlicht Söderblom sodann an Luthers Schrift *De servo arbitrio*. Hier notiert er zwar kritisch, mit der Verlegung des Verhältnisses von Freiheit und Notwendigkeit in den Gottesbegriff (WA 18, 709,10–35) sei dieses Kardinalproblem lediglich verlagert, nicht gelöst worden (283. 288–290). Man kann jedoch davon ausgehen, dass er jenes Problem mit Kant für eine der Grundaporien der theoretischen Vernunft hält. Der Sinn der fundamentalen Unterscheidung zwischen Deus revelatus und Deus absconditus, der dieser Lutherschrift ihre hohe Bedeutung gibt, liegt ohnehin nicht auf erkenntnistheoretischem oder spekulativem, sondern auf religiösem Gebiet, nämlich in der Verborgenheit der offenbarten Liebe Gottes unter dem »fremden Werk« seines Zorns. Das ist Söderblom seit seinem frühen Lutherbuch von 1893 durch die religiöse Erfahrung des folgenden Jahres und durch seine religionsgeschichtlichen Studien über das Heilige aufgegangen. Diese religiöse Bedeutung findet er in der zentralen Einsicht Luthers klar ausgedrückt: »Ich selbst wurde mehr als einmal bis in die abgründigste Tiefe der Verzweiflung angefochten, so dass ich wünschte, niemals als Mensch geschaffen worden zu sein, bis ich erkannte, wie heilsam und wie nahe der Gnade jene Verzweiflung ist«.[833] Mit anderen Worten: Es ist die Funktion der Anfechtung (der Melancholie), die Erfahrung der Vergebung der Sünde in der Tiefe des Heiligen selbst zu verankern. So wird die Ergebung des geknechteten Willens in den Willen Gottes (bis hin zu dessen doppelter Prädestination) zur Quelle der Freiheit des Glaubens (290f). Damit schlägt Söderblom den Bogen zurück zur Freiheitsschrift von 1520, die seit je zu den Schlüsseltexten seines Luther-Verständnisses gehört hatte.

Dieser Gewinn der Glaubensgewissheit ist nach Söderblom die Pointe der Theologie Luthers – und auch seiner eigenen. Erst von hier aus wird verständlich, was sola fide eigentlich bedeutet (207. 308). Glaubensgewissheit ist darum auch, wie die neunte Vorlesung hervorhebt, das eigentlich Neue in Luthers Denken sowohl gegenüber der römischen Kirche,

833 »Ego ipse non semel offensus sum usque ad profundum et abyssum desperationis, ut optarem nunquam esse me creatum hominem, antequam scirem, quam salutaris illa esset desperatio et quam gratiae propinqua.« WA 18, 719,9–12; bei Söderblom 289.

deren Autoritätsanspruch geradezu von der Ungewissheit des einzelnen Gläubigen lebt, als auch gegenüber der Mystik (305 f 308). So trägt die persönliche Religion als mündig gewordene den Sieg über den religiösen Institutionalismus davon (317–319). Damit ist nicht nur innerhalb des Christentums Neues angebrochen, sondern: »Auf diese Weise haben wir es hier mit einem entscheidenden religionsgeschichtlichen Datum zu tun«, insofern mit ihm auch die in der Welt der Religionen höchst verbreitete und jegliche Lebensfreude trübende Angst vor einer Hybris, die den Neid der Gottheit heraufbeschwören könnte, ebenso wie das Schuldbewusstsein angesichts der Sünde überwunden ist (309 f, Zitat 310). So wenig also die Gewissheit des Glaubens ohne Anfechtung zu haben ist, so sehr hat doch sie und nicht die »Melancholie« das letzte Wort.

Der zehnten Vorlesung, die an anderem Ort (im Dom zu Uppsala) und an dem herausgehobenen Datum des 31. Oktober gehalten wurde, kommt eine besondere Bedeutung zu; sie sollte freilich vor dem Hintergrund der ganzen Reihe gelesen werden. Indem Söderblom Luthers Glaubenszuversicht (förtröstan) gegen die Gesetzesreligion und die Mystik abhebt, stellt er sie in ihren frömmigkeitsgeschichtlichen Zusammenhang hinein und benennt damit zugleich die prinzipiell möglichen Alternativen. Die Gesetzesreligion will das Gottesverhältnis ganz oder teilweise auf eigene Leistung gründen, ob diese nun in sittlichem Handeln, in der Befolgung von Riten oder in intellektuellem Autoritätsgehorsam besteht. Die Mystik dagegen sucht abseits der Verstrickung in die Weltverhältnisse durch Versenkung in die Innerlichkeit unmittelbaren Gottesgenuss zu erlangen. Beide Gestalten der Frömmigkeit setzen auf einen vom Menschen zu gehenden Weg zu Gott und werden damit der Majestät des Heiligen nicht gerecht. Das tut nur die Glaubensgewissheit, die sich allein der allwirksamen Macht des den Menschen suchenden heiligen Gottes verdankt (323–328).

Der Glaubensgewissheit wird die sie begründende geschichtliche Tat Gottes in Tod und Auferstehung Jesu Christi zuteil, und damit auch Wirkmacht in die Zukunft hinein durch die Früchte des Glaubens in einer christlichen Lebensführung; beides zusammen wird in der Gegenwart als Gottes Wohlgefallen erfahrbar (329 f). Söderblom betont in diesem Zusammenhang noch einmal, dass die neugewonnene Gewissheit sowohl von der Gewissensnot als auch von der Angst vor den Mächten des Schicksals befreit (330).

Diese doppelte Befreiung ist die Grunderfahrung des Glaubens, die von dem neuzeitlichen Wandel des Weltbildes und seiner Folgen für das Lebensgefühl der Menschen nicht berührt wird. Wie dünn der »Lack« solcher kulturellen Färbung tatsächlich ist, findet Söderblom in der umwälzenden Erfahrung des Weltkriegs bestätigt, welche den fundamentalen Charakter des Gegensatzes von Gut und Böse gegenüber allen Relativierungsversuchen der vorangegangenen Epoche wieder ans Licht gebracht und damit nicht zuletzt auch ein besseres Verständnis Luthers ermöglicht habe (332–334). Dazu gehört auch die Absage an jede Form der Vorstellung, die göttliche Gnade gehe in den unverlierbaren Besitz des Christen über. Vielmehr gelte die Forderung der 1. von Luthers 95 Thesen, das ganze Leben müsse eine einzige Buße sein, unvermindert weiter, freilich in dem Sinn, dass diese eine ständige Aktivität des göttlichen Geistes sei. Die innere Befreiung durch die Glaubensgewissheit sei schlechthin unentbehrlich, besonders in der harten Zeit des Krieges. Darum schließt der Redner mit der Mahnung an die schwedische Kirche und darüber hinaus an die ganze Kirche, sich ihrer Verantwortung für die Ausbreitung des Evangeliums bewusst zu sein (335–337).

An dieser Stelle mag ein Vergleich mit der Universitätsrede, die Karl Holl am gleichen Tag in Berlin gehalten hat, dazu helfen, das Profil von Söderbloms Ausführungen zu schärfen.[834] Das ist deswegen doppelt reizvoll, weil man davon ausgehen kann, dass beiden die Luther-Auffassung des jeweils anderen zu diesem Zeitpunkt unbekannt war.[835] Bei einem solchen Vergleich muss man sich natürlich zuerst die Verschiedenheit der Situation in einem kriegführenden und einem neutralen Land klar machen. Es wird den heutigen Leser verblüffen, dass es Söderblom und nicht Holl ist, der die Rede von Anfechtung und Gewissensbefreiung auch auf die Not und das Elend des Krieges bezieht. Holl tut das nämlich nur im Vorbeigehen gegen Ende seiner Rede, wo er von der selbstverständlichen Pflicht des Christen spricht, dem Staat auch im Krieg loyal zu dienen, nämlich als einer göttlichen Ordnung. Diese sei ja nach Luthers Lehre dazu geschaffen, die Mehrheit der Menschen, die keinen Sinn für die Lehre von der freien Gnade und den aus ihr fließenden guten Werken haben, durch »Zwangsgewalt« in Schach zu halten und so dann indirekt der Predigt des Evangeliums zu dienen (34 f). Dass dies nicht nur Luther-Interpretation, sondern auch Holls eigene Überzeugung ist, zeigt sein berühmter Aufsatz über die Bedeutung

---

834 KARL HOLL, *Was verstand Luther unter Religion?* Tübingen 1917 (später erheblich ausgeweitet, vor allem durch Einbettung in die Theologiegeschichte, aber ohne wesentliche inhaltliche Veränderung, in: ders., GAufs zur KG, Bd. 1 Luther [1921], Tübingen ⁶1932, 1–110). Seitenzahlen im Text nach der Erstfassung.

835 Söderbloms schwedisch geschriebenes Lutherbuch von 1893 hat Holl mit Sicherheit nicht gelesen. HOLL hatte seinerseits schon vor 1917 zwei einschlägige Beiträge veröffentlicht: *Die Rechtfertigungslehre im Licht der Geschichte des Protestantismus* (SgV 45), Tübingen 1906, ²1922 (= GAufs zur KG 3, Tübingen 1928, 525–557), sowie *Die Rechtfertigungslehre in Luthers Vorlesung über den Römerbrief mit besonderer Rücksicht auf die Frage der Heilsgewißheit*, in: ZThK 20/1910, 245–291 (= GAufs zur KG Bd. 1, Tübingen ⁶1932, 111–154). Ich habe aber bei Söderblom nichts gefunden, was auf eine Kenntnis dieser Texte schließen ließe.

der großen Kriege.[836] Eine zweite Differenz zu Söderblom besteht darin, dass Holl der Meinung ist, Luther sei »verhältnismäßig leicht und restlos ... mit der Frage des Übels fertig geworden«.[837]

Damit nähern wir uns dem entscheidenden Unterschied zwischen beiden Denkern. Für Holl ist Luthers Religion nichts anderes als Gewissensreligion, also ausschließlich auf die Befreiung von der Sünde und nicht auf die von der Angst vor den Schicksalsmächten bezogen.[838] Das wiederum hängt zusammen mit dem leitenden Gesichtspunkt, der Holls ganze Luther-Interpretation bestimmt, dem Gottesbegriff. Er ist der Angelpunkt, von dem aus die gesamte Theologie Luthers entfaltet wird. Gott ist für Luther, so Holl, wesenhaft Willensmacht, als sittliche Forderung im Herzen des Menschen und als Erbarmer (18 f).

Von hier aus kommt er in vielen Punkten durchaus zu ganz ähnlichen Akzentsetzungen wie Söderblom. Auch für ihn ist Luthers Gott die sich durchsetzende Wirklichkeit des Heiligen, dessen Zorn als »fremdes Werk« die notwendige Kehrseite der schöpferischen Liebe darstellt (19 f). Deshalb ist Furcht der unausweichliche erste Schritt zur Religion, und der Eintritt in deren Bereich kann nur über einen Bruch, die Buße, verlaufen (22 f). Diese wird allein durch die Vergebung der Sünde möglich (24), durch die dem Menschen die Gewissheit des Glaubens – in Holls Formulierung: »ein sieghaftes Kraft- und Sicherheitsbewußtsein« – zuteil wird (27). Diese ist freilich im Werden begriffen und vor neuer Selbstanklage nicht gefeit (29). Dennoch ist der Mensch schon innerlich frei von sich selbst; er hat »ein selbstloses Selbstgefühl«, das ihm sogar die resignatio ad infernum ermöglicht, d. h. die Bereitschaft, sich selbst dann in den Willen Gottes zu fügen, wenn er nicht zu den Erwählten gehören sollte (21. 27). Diese Freiheit öffnet die Seele für die Freude am Leben und an der Schönheit der Natur – hier kann Holl sich auch einmal ganz poetisch ausdrücken (28). Doch bleibt die Bestimmung der Gottesbeziehung als Willens- und Gewissensverhältnis das beherrschende Moment (29).

Es ist offenkundig, dass Söderblom eine viel größere Spannweite der Lebensäußerungen bei Luther und damit auch einen umfassenderen Bereich seiner theologischen Sicht im Blick hat. Nach ihm kommt das natürliche Leben des Menschen bei Luther nicht nur in ästhetischem Sinn in Betracht, es hat auch nicht nur den Charakter des sittlich Erlaubten, sondern besitzt seinen eigenen Ernst und bedarf in seiner Bedrohtheit ganz ebenso wie das Schuldgefühl des Trostes des Glaubens. Die Musik, die bei Luther eine große Rolle als Hilfe in der Anfechtung spielt, hat in der ausschließlichen

---

836 Vgl. K. HOLLS Anm. 821 zit. Aufsatz.
837 K. HOLL, *Was verstand Luther ...* (wie Anm. 834), 47.
838 A. a. O., 20.35.58.

Orientierung Holls am Gewissen überhaupt keinen Platz, ebenso wenig wie die besondere Qualität, die der Humor der inneren Distanz des Menschen zu sich selbst verleiht. Hier zeigt sich ein erster, ganz elementarer Unterschied zwischen den beiden bedeutenden Luther-Interpreten. Beide sind zutiefst vom Ernst des Heiligen ergriffen, der bei beiden ganz wesentlich auch sittlichen Charakter hat. Aber Söderblom hat darüber hinaus einen Blick für die musische und humorvolle Seite, ebenso auch für die problematischen Aspekte von Luthers Temperament.

Indem Söderblom die Bedeutung der natürlichen Leiden Luthers stärker herausarbeitet, bringt er an dieser Stelle mehr Empathie ins Spiel. Diese Tatsache dürfte auch in die zentrale theologische Differenz zu Holl mit hineinspielen: die Rolle der Christologie bei Luther. Dass sie bei Holl unterbestimmt ist, hat die Forschung schon lange erkannt. Während in Holls Lutherdeutung der Zorn und die Barmherzigkeit Gottes allein im Gewissensernst miteinander vermittelt sind, geschieht dies bei Söderblom durch die Teilhabe am Leiden Christi in der eigenen Anfechtung und an seinem Sieg in der Glaubensgewissheit. Damit hat er einen entscheidenden Punkt bei Luther besser erfasst. Bei ihm selber findet sich allerdings, soweit ich sehe, eine resignatio ad infernum nicht. Anscheinend hat ihm für diese radikale Aussage auch auf der inzwischen erreichten Höhe seines Luther-Verständnisses der Sinn gefehlt. Das dürfte noch auf seine Prägung durch die Erweckungsfrömmigkeit zurückzuführen sein.

Es bleibt noch übrig, die Vorlesung über den Bauernkrieg zu besprechen. Nachdem Söderblom in differenzierter Weise die historischen Vorgänge geschildert und insbesondere die Bejahung der wichtigsten sozialen Forderungen der Bauern durch Luther hervorgehoben hat, kommt er zu dem Ergebnis, dass Luther sich sowohl mit den Fürsten als auch – nach Beginn des gewaltsamen Aufstandes – mit den Bauern habe anlegen wollen, beide Male im Namen der Heiligkeit der Rechtsordnung (349–352). Die damalige deutsche Forschung hatte durchaus auch beide Seiten im Blick, verfolgte jedoch überwiegend die Tendenz, vor allem Luthers Eintreten für das Recht der Obrigkeit auf Wiederherstellung der äußeren Ordnung zu unterstützen. Dagegen hatte Söderbloms Freund und einstiger Professorenkollege Einar Billing in seinem die schwedische Luther-Renaissance heraufführenden Buch unter Berufung besonders auf Luthers Obrigkeitsschrift von 1523 vielmehr den inneren Zusammenhang zwischen den beiden »Regierweisen« Gottes, zwischen Liebe und sozialer Gerechtigkeit, als das Entscheidende angesehen.[839] Söderblom steht grundsätzlich auf

---

839 Vgl. EINAR BILLING, *Luthers lära om staten*, Stockholm 1900, 115–144 (nach der 2. erw. Aufl. 1971). Zur Geschichte dieser Luther-Renaissance vgl. E. THESTRUP PEDERSEN, *Die skandinavische Lutherforschung*, in: ThLZ 82/1957, 1–8; CARL

Seiten Billings, hebt auch (ebenso wie die gesamte Forschung, einschließlich Billings) die Reinhaltung des Evangeliums von aller Vermischung mit politischen Zielsetzungen als Luthers leitendes Interesse in diesem Konflikt hervor (356 f), wendet sich aber dann ausgesprochen kritisch gegen Luthers Schrift *Wider die räuberischen und mörderischen Rotten der Bauern* (353–357). Hier bleibe Luther im mittelalterlichen Dualismus von Geistlich und Weltlich befangen, welcher jegliche Selbsthilfe einer unterdrückten Gesellschaftsschicht ausschließe. Doch in Wahrheit habe das Evangelium, so wenig es eine Verheißung politischer Art enthalte, unausweichliche soziale Konsequenzen. Insbesondere schließe es die Verdinglichung der Arbeitskraft im Interesse des Kapitals aus, wie Söderblom in vollem Bewusstsein der damit angedeuteten Differenz der Zeitalter sagt, und grenzt sich damit zugleich, wie die Anspielung auf Formulierungen von Karl Marx zeigt, implizit gegen die politisch konservativen Verteidiger Luthers unter den zeitgenössischen deutschen Interpreten ab (355).[840] Andererseits erkennt er jedoch in Luthers Verhalten trotz der »unentschuldbaren« (*oursäktlig*) Härte der zweiten Bauernkriegsschrift das dahinter stehende seelsorgerliche Interesse an. Vor allem für sein konsequentes Festhalten an der Reinheit des Evangeliums müsse man ihm dankbar sein, wenn man ihn auch nicht (wie überwiegend die deutsche Forschung) als Held der Nation stilisieren dürfe (357).

Dieser Vortrag zeichnet sich gegenüber vielen deutschen Beiträgen der Zeit durch seine Klarheit aus. Als Gegenbeispiel sei die bekannte Schrift *Luthers Haltung im Bauernkrieg* von einem anderen bedeutenden Lutherforscher, Paul Althaus, angeführt.[841] Er geht von Luthers Grundsatz aus, »dass es wohl christliche Bruderpflichten, aber keine christlich für sich selbst zu behauptenden Menschenrechte gibt« (23). Hier ist jedes Wort genau überlegt; Althaus will nicht etwa die Formulierung von allgemein gültigen Menschenrechten als solche abweisen. Mehr noch: Er gesteht durchaus zu, dass die Geschichte über den wirtschaftlichen und sozialen Patriarchalismus hinausgegangen sei. Schon Luther habe sehr wohl einen Sinn für »die Bedeutung eines Ausgleichs ringender Mächte« gehabt (25 f). Allerdings fährt er dann fort, ein Vertrag zwischen den streitenden Parteien (den er zunächst selbst empfohlen hatte, 18) sei für Luther im Grunde doch

Axel Aurelius, *Luther i Sverige*, Skellefteå 1994, 1–8; Kjell Ove Nilsson, *Den svenska lutherrenässansen*, in: SvTK 78/2002, 50–63; Dietz Lange, *Eine andere Luther-Renaissance*, in: Luthers Erben. FS J. Baur, Tübingen 2005, 245–274.
840 »Dualistische« Elemente in diesem Sinn hat auch Billing bei Luther wahrgenommen, vgl. a.a.O., 115.
841 Paul Althaus, *Luthers Haltung im Bauernkrieg*, LuJ 7/1925, 1–39, die folgenden Seitenzahlen nach dem Neudruck in der Reihe Libelli II, Darmstadt ⁴1971.

»eine Verletzung der christlichen Norm« (26) gewesen. Das ist für Althaus nicht bloß eine historische Bemerkung. Denn Luthers Staatsgedanke habe zwar »Schranken«, weil er keinen »Sinn für die lebendige Bewegung in der Geschichte« besessen habe (27), aber es »bleibt uns doch im Patriarchalismus eine Wahrheit … [:] Der Staat muß als eigener starker Wille zur Gerechtigkeit und Gesundheit sich über den Mächten geltend machen.« (28). Ihr Recht mit Gewalt erstreiten darf eine gesellschaftliche Gruppe danach unter keinen Umständen. So kann Althaus Luthers Einschreiten gegen diejenigen Fürsten, die unter dem Druck der Bauern zu Verhandlungen bereit waren, ohne Einschränkung loben und deren dann folgendes hartes Vorgehen gegen die Bauern mit Luther zwar kritisieren, aber letztlich als Werk der Barmherzigkeit preisen (37 f 41. 49–54. 62 f), um am Ende gar mit Theodor Brieger die Summe zu ziehen, Luther erreiche in dieser Auseinandersetzung »den Gipfelpunkt seiner Größe« (64).[842]

Die kleine Schrift (die übrigens im gleichen Jahr geschrieben ist wie Althaus' Teilnahme an der Stockholmer Konferenz!) zeigt exemplarisch, welche Schwierigkeiten die deutschen Lutheraner damit hatten, die gewandelten politischen Verhältnisse der Weimarer Republik mit der eigenen unbedingten Obrigkeitstreue in Einklang zu bringen. Sie sahen dazu offenbar keinen anderen Weg, als Luthers mittelalterlichen Patriarchalismus als wesenhaft christlich zu deklarieren. Damit wurde die Problematik fortgeschrieben, die zwar nicht der Zwei-Reiche-Lehre als solcher, wohl aber derjenigen Form anhaftete, die ihr die zweite Bauernkriegsschrift gegeben hatte.

2. In Bezug auf das zwölf Jahre später geschriebene letzte Lutherbuch, den Kommentar zum Kleinen Katechismus, können wir uns kurz fassen.[843] Söderblom erhebt hier nicht den Anspruch, neue Forschungsergebnisse oder eine orginelle Konzeption vorzulegen. Vielmehr handelt es sich – im besten Sinne des Wortes – um Gebrauchsliteratur für Studenten, Pfarrer und Lehrer, ganz ähnlich den Lehrbüchern zur Religionsgeschichte aus früheren Jahren (s. o., 209–212). Das Buch wiederholt vielfach Gedanken, die sein Verfasser bereits anderwärts geäußert hatte – angesichts chronischer Arbeitsüberlastung und obendrein eines inzwischen sehr schlechten Gesundheitszustandes vollkommen verständlich. Nichtsdestoweniger ist es eine solide Arbeit, die alles für ihren Zweck Erforderliche in ansprechender, klarer und übersichtlicher Form bietet. Der Glanz von *Humor och melankoli* geht ihm allerdings ab.

---

842 Vgl. THEODOR BRIEGER, *Die Reformation*, Berlin 1914, 210.
843 N. SÖDERBLOM, *Martin Luthers lilla katekes belyst*, Stockholm 1929. Danach die folgenden Seitenzahlen (gelegentlich mit vorangestellten römischen Zahlen für die Kapitel).

Söderblom weist zunächst dem Katechismus seinen Ort in der Tradition und im Verhältnis zu entsprechenden Dokumenten anderer Konfessionen an (II, 13–30), worauf ein kurzer Abschnitt über die Offenbarung in der Geschichte im Vergleich zu anderen Religionen folgt (III, 31–34).

Im Hauptteil versucht Söderblom dann, die sachliche Einheit des Katechismus herauszuarbeiten, wobei er insbesondere die zentrale Stellung des ersten Gebots und seine Beziehung zum Credo hervorhebt (35–40). Den spezifisch evangelischen Charakter der Schrift (V, 41–92) demonstriert er beispielsweise am doppelten Liebesgebot (49 f), an der Konzentration der Auslegung des zweiten Artikels auf die Glaubensbeziehung zu Christus (37 f 54 f) und am Begriff des Glaubens als Vertrauen (75–78). In den folgenden Stücken betont er den Wirklichkeitsbezug des Katechismus und seine Bedeutung für die Seelsorge (VI, 93–102), die ökumenische Einstellung Luthers, auf die er sich auch für seine eigene Arbeit gern berufen hat (Luther spreche von der inneren Glaubenseinheit der ganzen Christenheit statt von der Kirche, VII, 103–110)[844], sowie seine Volkstümlichkeit (VIII, 111–117). Sodann geht er am Leitfaden des Begriffs des Mysteriums der Religion, d.h. des Heiligen, im Einzelnen auf den Inhalt des Katechismus ein (IX, 118–156). Dabei hebt er besonders hervor: das Abendmahl, das er als eine Symbolhandlung interpretiert, in der die Gegenwart Gottes sich ereignet (118–125), sodann die Heilsordnung von Berufung, Erleuchtung, Heilung und Bewahrung durch den Heiligen Geist, die bei Luther aber nicht in Form von aufeinander folgenden Stadien gefasst werde (126–136), und schließlich, am ausführlichsten von allen, das Gebet (137–156). Die Pointe des ganzen Abschnitts liegt (eine Erinnerung an seinen alten Lehrer Auguste Sabatier) in der Erhörung des Gebets. Sie besteht darin, dass der Beter die Gegenwart Gottes als ihm zuteil werdend vernimmt.

Es folgen einige Seiten (X, 157–167) über die Mängel des Katechismus (Auslassung des Bilderverbots; Kürzung des 3. Gebots um das Arbeitsgebot; die Auslegung der 5. Bitte des Vaterunsers mache nicht deutlich genug, dass unsere Vergebung nicht die Bedingung für die göttliche Vergebung sein könne; bezüglich der 7. Bitte sei die Aussage, dass Verzweiflung Sünde sei, für die meisten Menschen nicht verständlich). Die letzten beiden Abschnitte schließlich gelten der praktischen Verwendung des Katechismus. Da geht Söderblom zunächst sehr ausführlich auf dessen Gebrauch in Schweden ein (XI, 168–203). Am Schluss steht das zusammenfassende Urteil, es handle sich nicht eigentlich um ein Lehrbuch, sondern eher um ein Gebetbuch (XII, 204–215). Damit wird ein zweites Mal die zentrale Bedeutung des Gebets für die christliche Frömmigkeit heraus-

---

844 Vgl. z.B.N. Söderblom, *Luther im Lichte der Ökumenizität*, in: Luther in ökumenischer Sicht, hg. v. A. v. Martin, Stuttgart 1929 (64–68), 65 f.

gestellt, das für Söderblom (in dem eben genannten Sinn) geradezu deren Wesen ausmacht (134). Dies darf somit als die wichtigste Aussage des ganzen Buches angesehen werden.

Söderbloms Luther-Interpretation lässt – in der Zustimmung wie in der Kritik – noch einmal entscheidende Momente seines eigenen Denkens aufscheinen, wie insbesondere die Ausführungen über Humor und Melancholie bei Luther zeigen. Das macht sie zu einem so wichtigen Teil seiner Arbeit. Wir sehen daran, in wie hohem Maß er ein lutherischer Theologe gewesen ist. Freilich heißt das nicht, dass er im Lauf der Jahre so viel konservativer geworden wäre, wie manche seiner Interpreten behaupten. Vielmehr zeigt seine teilweise modernisierende Auslegung Luthers ebenso wie die Kritik an ihm, dass er zugleich wichtigen Einsichten, die er der liberalen Theologie verdankte, treu geblieben ist.

b Jesus Christus – Leiden und Leben

Die Interpreten Söderbloms sind sich weitgehend einig darin, dass das stellvertretende Leiden Jesu Christi den Kern von Söderbloms Theologie bildet. Das ist ja auch durch die Selbstzeugnisse über die Lösung seiner religiösen Krise als Student sowie über seine Position als theologischer Denker ausgiebig belegt (s. o., 74.299.373). Trotzdem hat m. W. niemand bisher versucht, Söderbloms Christologie im Zusammenhang darzustellen. Der Grund dafür dürfte – trotz jener Selbstzeugnisse – in der Quellenlage zu suchen sein. Wir haben einmal das Buch über die Bergpredigt von 1898 sowie eine ganze Anzahl von Predigten und von Aufsätzen zu Einzelfragen aus dem ersten Jahrzehnt des vorigen Jahrhunderts. Damit haben wir uns oben bereits beschäftigt (s. o., 111–115.159–161). Man wird aber sagen müssen, dass aus diesem Material zwar wichtige Elemente wie die Dialektik von Gottesfurcht und Gottvertrauen und diejenige von Naherwartung und positiver Wertung weltlichen Lebens in Jesu Botschaft zu entnehmen sind, aber kein in sich geschlossenes Konzept. Das ändert sich in späterer Zeit – neben einigen Aufsätzen – vor allem durch das Passionsbuch *Kristi pinas historia* (Geschichte des Leidens Christi).[845] Eine wissenschaftliche Christologie im herkömmlichen Sinn des Wortes bietet es allerdings ebenfalls nicht. Vielmehr ist es ein klar als solches gekennzeichnetes Erbauungsbuch über die Passion Jesu.

---

845 N. SÖDERBLOM, *Kristi pinas historia. Vår Herres Jesu Kristi lidande. En passionsbok för stilla veckan och andra veckor*, Stockholm 1928. Seitenzahlen im Text nach der ⁴1965. Diese Auflage ist mit der ersten textidentisch, hat aber leider eine abweichende Paginierung.

Das könnte wieder einmal zu dem gängigen Urteil verleiten, Söderblom sei eben kein systematischer Denker gewesen. Doch hatten wir bereits mehrfach Gelegenheit zu zeigen, dass dieses verbreitete Urteil kurzschlüssig ist. Söderblom hat offensichtlich das von ihm selbst in seinem Buch über die Bergpredigt ausgegebene Motto »Vorwärts über Luther hinaus zurück zu Jesus«[846] in seinen späten Jahren auch als Aufforderung an sich selbst begriffen, sich noch einmal ausführlich und zusammenhängend der Christologie als dem Zentrum seiner Theologie zuzuwenden. Dies umso mehr, als das Scheitern der Lausanner Konferenz 1927 und die päpstliche Enzyklika *Mortalium animos* im folgenden Jahr ihn in der Meinung bestärkt haben dürften, dass in der Ökumene in naher Zukunft kein weiterer großer Fortschritt zu erreichen sei und dass man sich deshalb umso mehr um die theologischen Grundlagen bemühen müsse.

Wie dem auch sei, was Söderblom dann veröffentlicht hat, scheinen auf den ersten Blick doch nur Ergänzungen zu bisher vorgelegten Bruchstücken zu sein. Der Aufbau von *Kristi pinas historia* folgt schlicht dem Ablauf der biblischen Passionsgeschichte. Das geschieht zudem in der exegetisch problematischen Weise einer Evangelienharmonie: Synoptische und johanneische Texte werden ohne besondere Kennzeichnung miteinander verknüpft. In diesem Punkt hat sich offensichtlich seit der frühen Debatte, die Söderblom mit Loisy geführt hatte (s. o., 195), nichts geändert. Johannes ist ihm nach wie vor der Lieblingsjünger und Augenzeuge, in dem er freilich nicht den galiläischen Fischer, sondern einen jungen Jerusalemer Priester sehen will, der wiederum mit dem »Presbyter« identisch sein soll, der den 3Joh verfasst hat. Damit wäre sowohl das geistige Niveau seines Evangeliums als auch seine Vertrautheit mit den Hohenpriestern erklärt. Beim letzten Mahl Jesu seien dann wohl beide Johannes zugegen gewesen. Söderblom ist sich freilich im Klaren darüber, dass es für diese kühne Hypothese keine alten Quellen gibt (187–192). Sie trägt ohnehin ganz eindeutig apologetische Züge. Die starken Argumente gegen die Augenzeugenschaft des Autors (späte Entstehungszeit, völlig abweichender Charakter der johanneischen Jesusreden von denen der Synoptiker usw.) kann sie nicht entkräften.[847] Immerhin will Söderblom damit nicht etwa einen sachlichen Primat des 4. Evangeliums vor den Synoptikern behaupten. Vielmehr lässt er den bei Johannes fehlenden synoptischen Zeugnissen über Anfechtung und Verzweiflung Jesu ihr volles Recht zuteil werden. Doch sucht er den Ausgleich in dem alten, fragwürdigen Argument,

846 So der Sache nach in *Jesu bergspredikan* ... (wie Anm. 228), 123; s. auch oben, 112.
847 Die beste mir bekannte Erörterung der Verfasserfrage bietet JÜRGEN BECKER, *Johanneisches Christentum*, Tübingen 2004, 46–67.

Johannes habe sie bloß deshalb übergangen, weil er sie als hinreichend bekannt vorausgesetzt habe (164 zu Gethsemane, u.ö.). Man kann dazu nur feststellen, dass das Buch in exegetischer Hinsicht schon damals nicht mehr dem Stand der Forschung entsprach.

Dennoch macht man es sich zu leicht, wenn man es dabei bewenden lässt, gar noch mit der faulen Entschuldigung, das Werk sei eben »nur ein Erbauungsbuch«, in dem man sich vieles leisten könne, was sonst nicht zulässig sei. Einmal ist Söderbloms Auffassung vom 4. Evangelium kein opportunistisches Zugeständnis an eine fromme Leserschaft, sondern seine ehrliche wissenschaftliche Überzeugung, die er mit seinem sonst außerordentlich kritischen Freund Samuel Fries teilte (s.o., 195).[848] Zudem werden wir noch sehen, dass er sich überhaupt nicht gescheut hat, zur Auferstehung Jesu eine für konservative Leser durchaus anstößige exegetische Sicht zu vertreten.

Vor allem aber darf man nicht übersehen, dass das Buch trotz seiner exegetischen Mängel und trotz der allgemeinverständlichen Darstellungsweise anhand der Leidensgeschichte Jesu nun in der Tat eine sehr bedenkenswerte, in sich geschlossene Christologie entwickelt. Man darf sich durch die narrative Form nicht täuschen lassen. Sie entspricht vielmehr Söderbloms Grundüberzeugung, dass sich im Leben und Leiden Jesu – und im Glauben an seine Auferstehung – ein Handeln Gottes vollzieht, das die klassische Christologie auf Grund der primären Orientierung an dem Lehrstück von Christus als zweiter Person der Trinität nicht adäquat erfassen könne. Ebenso wenig stellt die Fokussierung auf das Leiden Jesu eine thematische Einschränkung dar. Sie ist für Söderblom die sachlich gebotene Konzentration auf den entscheidenden Punkt, um den herum sich alle anderen wesentlichen Aussagen wie von selber gruppieren.

Das bisher über die Darstellungsweise Gesagte muss noch präzisiert werden. Es handelt sich um eine künstlerische Gestaltung im prägnanten Sinn des Wortes. Söderblom teilt den Stoff im Anschluss an das wallinsche Gesangbuch in fünf Akte ein mit einer Peripetie im dritten Akt (Verhör Jesu vor dem Hohen Rat), jeweils gegliedert in mehrere Stücke und diese wiederum in Szenen, ganz wie ein klassisches Drama bzw. eine Tragödie.[849] (Es folgt zwar noch ein sechster Akt, der jedoch das Begräbnis Jesu

---

848 Vgl. dazu den nur wenige Jahre zuvor geschriebenen Aufsatz N. SÖDERBLOM, S.A. Fries och fjärde evangeliet, in: Kristendomen och vår tid 20/1925, 75–93.

849 In der zusammenfassenden Auslegung des Kreuzesleidens setzt er das »unergründliche Drama des Christentums« jedem »alten oder neuen Intellektualismus« entgegen, 337f. Der Ausdruck »Szene« stammt von Söderblom selbst. Er kommt zwar nur im 4. Akt vor; sonst steht wie bei Wallin »Teil« (del). Faktisch handelt es sich aber durchweg um »Szenen«. Vgl. Den svenska psalmboken, Stockholm 1819, Aufl. von 1922, 2. Teil: Den svenska evangelieboken, 329–350.

zum Gegenstand hat und deshalb eher eine Art Abgesang ist.) Söderblom selbst fügt noch einen »Zusatz« (tillägg) über die Auferstehung an. Diese Bezeichnung ist darin begründet, dass es sich nach seiner Überzeugung dabei nicht mehr um ein Stück verifizierbarer Historie, sondern um eine Glaubensaussage handelt. Das bringt er in der Überschrift »Der Glaube an Christi Auferstehung« zum Ausdruck. Der Aufbau des Buches zeigt, dass wir uns mit den eingangs geäußerten exegetischen Bedenken noch sozusagen im Foyer befunden haben.

Wo könnten außer in der Frömmigkeitspraxis seiner Kirche die Vorbilder für Söderbloms dramatische Gestaltung zu suchen sein? Als Erstes kommen einem natürlich die mittelalterlichen Passionsspiele in den Sinn. An sie wird er gewiss auch gedacht haben. Doch wollen die vielfältigen religionsgeschichtlichen Vergleiche, die das Buch enthält, schlecht dazu passen. Aus welchem Grund hat er sie eingefügt? Diese Frage führt uns zurück zu Söderbloms Besuch in Athen auf seiner Reise zu Ostern 1911. An die szenische Darstellung der Passion Jesu, der er dort beigewohnt hatte, muss er sich bei seinem neuen Vorhaben erinnert gefühlt haben. Dieses Passionsspiel hatte ihm damals durch seine schlichte, unmittelbare Vergegenwärtigung des Geschehens großen Eindruck gemacht (s. o., 203), der ihm nachweislich bis an sein Lebensende präsent geblieben ist. Seine Assoziationen dazu sind in einem religionsphänomenologisch vergleichenden Aufsatz über Erlösergestalten in der Religionsgeschichte dokumentiert, den er bald nach jener Reise geschrieben hat.[850] Er leitet ihn mit der Beobachtung ein, dass die Athener Zeitungen in der Karwoche voll waren von Artikeln über »das göttliche Drama«. Einer davon begann am Karfreitag mit dem Satz: »Mit dem mystischen Mahl gestern Abend fängt die göttliche Tragödie an, welche die Reinigung von den Sünden gewährt« (57). Söderblom analysiert zunächst die religionsgeschichtlichen Bezüge: die Mysterienriten der klassischen Antike, die auch auf die christliche Eucharistie eingewirkt haben, die aus dem Dionysoskult hervorgegangene Tragödie, und die beiden zugeschriebene Reinigungsfunktion.[851] Sodann erweitert er den Horizont, indem er Götter und Heroen, vergöttlichte Herrschergestalten, inkarnierte Offenbarer (Ägypten) und die von ihnen allen unterschiedene geschichtliche Person Jesu Christi nebeneinander stellt, um mit dem Satz

850 N. Söderblom, *Frälsaretypen i religionshistorien* (1911), in: ders., Ur religionens historia (wie Anm. 266), 57–64. Wie wichtig ihm jene Erinnerung gewesen ist, zeigt die Tatsache, dass er in seinem letzten Werk Den levande Guden (Der lebendige Gott), Stockholm 1932, 412 f, noch einmal ausführlich auf sie zurückkommt.

851 Für die Tragödie vgl. noch Aristoteles, *Poetik* 6 (1449b27 f). Dort allerdings ist eine Reinigung von den Affekten durch die Erregung von Mitleid und Furcht gemeint.

zu schließen, hier treffe der lebendige Gott der prophetischen Tradition auf die ihren Heros suchende Menschheit, und zwar so, dass Christus als Gottes Abbild die endgültige, alle anderen Erlösergestalten überbietende Erfüllung bringe (64).

In einem weiteren, ähnlich gelagerten Aufsatz wenige Jahre später vergleicht Söderblom die Kultlegenden der Mysterienreligionen mit der Passionsgeschichte.[852] Nach einer umfangreichen tour d'horizon kommt er auch hier wieder auf die Besonderheit Jesu zu sprechen. Nicht nur von den Mysterienreligionen, sondern auch von seiner eigenen jüdisch-prophetischen Tradition unterscheide sich Jesus, und zwar in dreierlei Hinsicht: durch die Wandlung der Messiasidee, die in seiner Person gegebene geschichtliche Wirklichkeit der von ihm verkündeten Erlösung und die auf Grund seines Gottesverhältnisses von ihm ausgehende religiöse Kraft (248–252). Für unsere Erörterung ist vor allem der mittlere Punkt von Interesse. Söderblom lenkt auch hier sehr bald die Aufmerksamkeit auf das letzte Mahl Jesu. Dort heißt es, das aus dem Passa hervorgegangene Osterfest beruhe darauf, dass »die israelitisch-jüdische Tradition auf die Mysterienlegende vom sterbenden und wieder auferstandenen Erlöser aufgepfropft worden sei (inympades)« (250). Das Bild besagt zweierlei. Einmal ist es nicht der Baum, sondern das aufgepfropfte Reis, das die Veredelung bewirkt. Zweitens ist das Kreuz Jesu damit als Verwandlung und Vollendung nicht nur der jüdischen Heilsgeschichte mit ihrem Passaopfer, sondern auch der Kultlegenden der Mysterienreligionen und ihrer Rituale verstanden (251). Eben dies sagt nach Söderblom die Geschichte von Jesu Passion als einem Handeln Gottes mit den Menschen aus.

Betrachtet man vor diesem Hintergrund die in dem Passionsbuch jeder Szene des Dramas vorangestellten Textkollagen, so zeigt sich, dass auch der Verzicht darauf, in ihnen den Anteil jedes einzelnen Evangelisten anzugeben, auf künstlerischer Absicht beruht und nicht etwa auf Nachlässigkeit. Diese Texte haben nämlich eine Funktion, die der des Chors der griechischen Tragödie (besonders bei Euripides) vergleichbar ist, nämlich die Handlung von einem externen Standpunkt aus zu begleiten. Freilich sind sie anders als in der Tragödie nicht zugleich in den Dialog integriert, sondern sie sollen den Zuschauern ansagen, was in der folgenden Szene gespielt wird. Ein solcher »Chor« ist notwendigerweise ein nicht in einzelne Rollen aufzuteilendes Ganzes.

Damit dürfte nun deutlich sein, weshalb Söderblom seinem Passionsbuch Züge einer antiken Tragödie verliehen hat. Man kann gegen diese

---

852 N. SÖDERBLOM, *Antikens frälsaregestalter och frälsaren i evangeliet* (1914), in: ders., Ur religionens historia (wie Anm. 266), 217–252.

Interpretation zweierlei einwenden. Zum einen war die Zahl von fünf (oder sechs) Akten der Antike noch unbekannt und geht auf die Dramentheorie der frühen Neuzeit zurück. Das ist richtig, doch das Prinzip der Aufteilung sowie eine Peripetie finden sich bereits in der alten Zeit.[853] Zum anderen lässt Söderblom die einzelnen Personen der Passionsgeschichte nicht wie in einem normalen Theaterstück unmittelbar auftreten, sondern nimmt innerhalb der einzelnen Szenen selbst die Rolle des Erzählers ein. Doch gibt es dafür eine einfache Erklärung. Söderblom greift hier, wiederum aus zwei Gründen, auf die exegetische Einsicht zurück, dass wir in den Evangelien nicht eine gewissermaßen photographische Wiedergabe der historischen Vorgänge vor uns haben, sondern Verkündigung in biographischer Form. Einmal kann er sich so den Raum verschaffen, um gewissermaßen als Regisseur auch selbst die Bühne zu betreten und die Brücke von den alten Berichten in die Gegenwart zu schlagen, was er offenbar in der Buchform im Unterschied zu einer realen Aufführung etwa in einer Kirche für notwendig hielt. Noch wichtiger aber war ihm zweitens, nicht nur die Gestalten der biblischen Geschichte auf der Bühne auftreten zu lassen, sondern daneben auch andere Religionsstifter, große Gestalten aus der Geschichte des Abendlandes, und vor allem die Zuschauer selbst, die unversehens als Abendmahlsgäste am Geschehen beteiligt werden. Sie sind es vermutlich auch, denen die am Ende der Szenen (manchmal auch mitten darin, z.B. 92 f) eingefügten Gesangbuchverse zuzuordnen sind. Dies alles geschieht zwar mit einer gewissen Zurückhaltung, um nicht die einmalige Bedeutung des Geschehens »dort und damals« zu verdunkeln, aber in dem klar erkennbaren Interesse, das *tua res agitur* ins Spiel zu bringen und dabei zugleich dessen universale Dimension deutlich zu machen. Indem Söderblom auf diese Weise die zentralen christologischen Aussagen in die Form einer dramatischen Erzählung über das Handeln Gottes an und durch Jesus für den heute lebenden Menschen überführt, entgeht er auch der Falle einer historistischen oder ästhetisierenden Objektivierung des Stoffes. Es handelt sich vielmehr um den Versuch, mittels einer durch den Glauben geschärften künstlerischen Intuition, vergleichbar der früher im Anschluss an Pfleiderer so genannten »Spekulation« (s.o., 87 f), zum Kern der Christologie vorzustoßen.

Die Wahl des Themas für dieses Unternehmen ist keineswegs zufällig. Sie zeigt an, dass sich die Akzentsetzung in Söderbloms Christologie seit seinen Anfangsjahren von der Ansage des nahenden Reiches Gottes durch den prophetischen Prediger Jesus zu seinem Versöhnungswerk verschoben

---

853 Vgl. ARISTOTELES, *Poetik* (wie Anm. 851), 1450a34. Vgl. auch ebd., 1450b26–31, wo er das Verhältnis von Anfang, Mitte und Ende einer Tragödie genauer beschreibt.

hat (s. auch oben, 294).[854] Der Schlüssel zum Verständnis auch des Lebenswerkes Jesu liegt jetzt bei seiner Passion, wenngleich daneben das frühere thematische Interesse durchaus lebendig bleibt.[855]

Das Buch baut also auf gründliche theologische Reflexion. Zugleich reiht es sich als Kunstwerk in die ehrwürdige Tradition der schwedischen schönen Literatur ein, sich mit biblischen und christlichen Themen auseinanderzusetzen. Man kann sich nur wundern, dass es lediglich ins Niederländische und Finnische, aber in keine der großen Weltsprachen übersetzt worden ist, obwohl ihm in der Literatur viel Lob widerfuhr.[856] In Schweden ist es noch 1989 wieder neu aufgelegt worden, über 60 Jahre nach der Erstausgabe.

Wir wenden uns nun der inhaltlichen Analyse zu. Die fünf Akte des Dramas werden (formal nach Wallin) wie folgt inhaltlich bestimmt:

I   Jesu Handeln und Leiden bei seinen Jüngern in Jerusalem während der Intrigen gegen sein Leben (Abendmahl und Fußwaschung)
II Jesu Handeln und Leiden vor seinem himmlischen Vater in Gethsemane
III Jesu Handeln und Leiden vor den Hohepriestern und dem Hohen Rat (Gefangennahme, Petri Verleugnung, Verhör, Selbstmord des Judas)
IV Jesu Handeln und Leiden vor Pilatus und Herodes
V   Jesu Handeln und Leiden vor dem Volk und die Todesstunde.

---

854 Vgl. ANTON FRIDRICHSEN, *Söderbloms Jesustolkning. En forskningsuppgift*, in: RoB 1/1942 (58–63), 63, und GÖSTA LINDESKOG, *N. Söderbloms bibeltolkning*, in: RoB 4/1945 (41–60), 47; vgl. auch N. SÖDERBLOMS Skizze *The Inner Guest and Other Stories on the Soul and God*, NSS C MS: Planerade verk (UUB), 14, wo der relative Vorrang des Neuen vor dem Alten Testament damit begründet wird, dass hier das Evangelium zu finden sei, das Jesus verkündete und das ihn zum Mittelpunkt hat. Dabei ist bezeichnend, dass den Evangelien und der Apostelgeschichte nur wenige Zeilen, Paulus dagegen sechs Seiten gewidmet sind. (Titel und Inhaltsverzeichnis wurden 1923 auf der Amerikareise geschrieben.)

855 Dafür spricht ganz allgemein ein später Zusatz in dem Buch über die Bergpredigt, in dem sich Söderblom gegen die Tendenz der Dialektischen Theologie, insbesondere Rudolf Bultmanns wendet, dem historischen Jesus jede Bedeutung für den Glauben abzusprechen: N. SÖDERBLOM, *Jesu bergspredikan och vår tid*, Stockholm ²1930, 14. Des Weiteren ist der Aufsatz *Fadren i det fördolda*, SvTK 1/1925, 8–19. 117–134, zu nennen, der Jesu Bild des strengen, fordernden und zugleich liebevoll sich zuwendenden Gottes und in diesem Zusammenhang auch die ethische Problematik behandelt (ebd., 120). Vgl. auch G. LINDESKOG, a.a.O. (wie vorige Anm.), 48.

856 GUSTAF AULÉN, *N. Söderblom såsom teolog*, in: SvTK 7/1931 (211–235), 231, nennt es ein einzigartiges Passionsbuch; für GÖSTA LINDESKOG gehört es zum Inspirierendsten, was Söderblom geschrieben hat; es sei geradezu sein theologisches Testament, a.a.O. (wie Anm. 854), 47. 49.

Der dritte Akt enthält, wie bereits erwähnt, die Peripetie, denn mit der Gefangennahme Jesu und seinem Verhör durch die jüdischen Religionsoberen nimmt das Geschehen seinen Lauf, das im Kreuzestod endet. Doch Söderblom wendet sich ausdrücklich gegen die traditionelle Interpretation, die »den Juden« die Schuld am Tode Jesu zuweist. Zum einen ist ihm natürlich klar, dass die Kreuzigung eine römische Strafe ist, und zum anderen sind es lediglich die religiösen Führer, die für die Überstellung Jesu an die römische Behörde sorgen, nicht das ganze Volk (207f). Zwar kann Söderblom zu dem Ruf der Volksmenge vor Pilatus »Sein Blut komme über uns und unsere Kinder« (Mt 27,25) bemerken, dies sei auch tatsächlich eingetreten, aber das dürfte sich allein auf die Zerstörung Jerusalems im Jahre 70 beziehen. Vor allem aber impliziert die zentrale christliche Lehre vom stellvertretenden Leiden Christi, dass an seinem Tod alle Menschen Schuld tragen (208. 323–348).

Von diesem Thema handelt sogleich der erste Akt, dessen wichtigster Gegenstand das letzte Mahl Jesu mit seinen Jüngern ist. Mit knapp 100 Seiten (37–135) ist er bei weitem der längste des ganzen Buches. Schon das weist auf sein sachliches Gewicht hin. Söderblom hatte immer wieder betont, dass der Zugang zu Gottes Versöhnungswerk nicht primär durch den Intellekt, sondern durch den Glauben gewonnen wird. Glaube aber nimmt, so sehr er seinen Sitz im Innersten, im Herzen hat, den ganzen Menschen in Anspruch. Er muss also »Fleisch« werden. Eben dies geschieht exemplarisch im Abendmahl, das in seiner konkreten Materialität nicht nur das Leiden Jesu, sondern eben auch seine Inkarnation symbolisiert und andererseits im Essen und Trinken den empfangenden Glauben verkörpert (122. 126). Hier begegnet dem Gläubigen wahrhaftig Jesus Christus – freilich im Gegensatz zur römisch-katholischen Transsubstantiationslehre ebenso wie zu Luthers Konsubstantiationslehre »im Geist«. Darin berührt Söderblom sich mit Calvin. Doch hat er gesehen, dass dessen Meinung, der Leib Christi weile seit der Himmelfahrt im Himmel, weshalb wir es im Abendmahl »nur« mit seinem Geist zu tun hätten, auf den gleichen problematischen Denkvoraussetzungen beruht wie die soeben genannten Lehren. Alle diese substanzontologischen Interpretationen rückt Söderblom in die Nähe der antiken Mysterienreligionen. Der Grundgedanke Luthers jedoch, dass der Gläubige im Abendmahl die Vergebung der Sünde empfange, sei dadurch nicht berührt (112–118). Ganz auf der Linie Luthers schiebt er sodann dem römischen Sakramentalismus einen Riegel vor und bemerkt, der Glaubende könne grundsätzlich auch ohne eine solche äußere Handlung Christus begegnen. Das Abendmahl sei nichts anderes als eine – faktisch freilich unentbehrliche – Hilfe für den schwachen Glauben (122).

Sehen wir nun etwas genauer zu. Söderblom setzt exegetisch mit der Frage ein, ob das letzte Mahl Jesu ein Passamahl gewesen sei. Er neigt trotz der von ihm notierten historischen Unsicherheit in diesem Punkt zu einer positiven Antwort, erkennt aber der Frage nur untergeordneten Rang zu (40. 55–58). Entscheidend sei der neue Sinn, den Jesus dem Mahl gab (und das würde auch im Verhältnis zu früheren Mahlzeiten gelten, die er mit seinen Jüngern gehalten hat): Er verschiebt gegenüber dem Passa den Sinn des Mahls von dem Bezug auf das irdische Leben zur Gabe des ewigen Lebens, indem er durch sein Wort die Austeilung von Brot und Wein zum Gleichnis, zur symbolischen Handlung macht, die sich auf sein stellvertretendes Sterben »für euch« bezieht (40.59.70 f). Jesu Selbsthingabe, sein Opfer, tritt damit an die Stelle des Passa-Opfers – und aller Opferreligion überhaupt. Menschliche Sühneleistungen werden überflüssig durch die Vergebung der Sünden allein aus Gnade (39.63.85.90). Das ist der neue Bund, den Gott nicht mehr mit einem auserwählten Volk oder einer begrenzten Kultgemeinschaft schließt, sondern mit der ganzen Menschheit (70–73). Söderblom bringt diese Ausweitung der Perspektive, die sich der Auferstehung Jesu verdankt, so zum Ausdruck, dass er im Rahmen seiner Schilderung des letzten Mahls Jesu als Repräsentanten der Menschheit die heutigen Teilnehmerinnen und Teilnehmer am Abendmahl auftreten lässt (121–132). Vorbereitet hat er diesen Schritt durch die Vermutung, der Saal, in dem Jesu Mahl mit den Jüngern stattfand, sei von der Urgemeinde als Versammlungsraum genutzt worden (62) – ohne dass er damit von der Überzeugung abgerückt wäre, Jesus habe keine Kirche gegründet.

Die Ersetzung ritueller Opfer durch das Selbstopfer Jesu setzt voraus, dass der eigentlich Handelnde hier, wie schon von Anfang an in Jesu Wirken, Gott ist. Er ist es, der die Richtung religiösen Handelns von dem menschlichen Versuch, auf ihn einzuwirken, zu seiner alleinigen Wirksamkeit auf den Menschen hin umkehrt. Damit steht der Mensch in der Mahlgemeinschaft als rein Empfangender Gott gegenüber. Die menschliche Gemeinschaft mit Jesus im letzten Mahl wird so zum Symbol für die Gemeinschaft Gottes mit den Menschen (70 f 100). Symbol ist dabei wie stets bei Söderblom nicht als bloßer Hinweis, sondern als wirksames Zeichen gemeint: Die symbolische Handlung gibt durch ihren Vollzug Teil an dem, worauf sie verweist. Deshalb bewirkt die Gemeinschaft mit Jesus, der sein Leben für uns hingibt, den Tod des »alten Menschen« der Sünde in der Buße und die Geburt des neuen Menschen im Glauben (79 f). In der Feier des Abendmahls wird demnach weder wie nach der (damaligen) katholischen Lehre durch den rituellen Vollzug des Priesters eine »unblutige Wiederholung« des Opfers Christi vollzogen (88) noch, wie Zwingli wollte, eine bloße Erinnerung geweckt, sondern die Vergebung der Sünden durch Gott zugesprochen (63). Zwar spielt der Begriff des Gedächtnisses, den Einsetzungsworten entsprechend, bei Söderblom eine relativ große Rolle (64. 98–100 u.ö.). Aber wie der Zusammenhang zeigt, ist das eine

»Erinnerung« im qualifizierten Sinn, ein Innewerden der Gemeinschaft mit Jesus und mit Gott im Empfang der Sündenvergebung.

Die Umkehrung der Handlungsrichtung vom gemeinsamen Opfer der Kultgemeinde zum Selbstopfer Jesu für die Menschen hat die primäre Hinwendung Gottes zum Einzelnen – jedem Einzelnen – zur Folge, der an Brot und Wein teilhat (73). Zugleich mit der unio mystica mit Jesus und mit Gott aber entsteht durch die Austeilung eine neue Gemeinschaft der Teilnehmer untereinander (*communio*) als das schlechthin entscheidende Kennzeichen des Abendmahls (59. 89–97). In ihr setzt sich die Hingabe Jesu fort – nicht in dem Sinn, dass Jesu stellvertretendes Leiden für die Sünder damit in die Vergangenheit abgeschoben und letztlich überflüssig gemacht würde, sondern so, dass die Glieder der Gemeinde sich füreinander aufopfern (Röm 12,1) und einander die Schuld vergeben (80f 88). Zugleich erweist sich die Mahnung »Einer trage des anderen Last« (Gal 6,2) als Ausdruck eines allgemeinen Lebensgesetzes (75–77). Dieser in der Schöpfung angelegte Sinn des menschlichen Lebens, sein »Mysterium«, ist nichts anderes als solche gegenseitige Hingabe. Sie ist dazu bestimmt, die Gemeinschaft mit Gott zu vermitteln. Auf diese Weise wird die christliche Ethik so eng wie irgend möglich mit der Glaubenslehre verknüpft.

Die Glaubensgemeinschaft in Christus ist somit die Vollendung der Schöpfung des Menschen und das ewige Leben bei aller qualitativen Unterschiedenheit die Vollendung des irdischen Lebens. Diese sachliche Kontinuität hat ihren Grund in der Treue Gottes (77). Sie ist allen Menschen zugesprochen. Die zwingende kirchliche Konsequenz ist die Offenheit der Abendmahlsgemeinschaft für alle Christen. Deren Verweigerung ist nichts anderes als eine erneute Kreuzigung Christi (97). Ökumenische Gemeinschaft ist also für Söderblom nicht ein Postulat dogmatischer Ekklesiologie, das dann sekundär unter anderem auf das Abendmahl anzuwenden wäre, sondern in dessen Wesen selbst begründet.

Die so beschriebene Gabe des Abendmahls ist vornehmlich Anlass zum Dank (ευχαριστια). Der Dank bezieht sich in erster Linie, aber nicht allein, auf die Gabe des ewigen Lebens. Wie das Dankgebet beim letzten Mahl Jesu historischen Anhalt an der Danksagung bei seinen gemeinsamen Mahlzeiten mit den Jüngern, insbesondere aber mit den Sündern und Zöllnern hatte (58), so bezog es sich auch jetzt auf ein schlichtes, natürliches Mahl. So gewiss jene früheren Mahlzeiten schon den Bezug auf die Sündenvergebung implizierten, wurde sie doch auf die Weise des natürlichen gemeinsamen Essens und Trinkens vermittelt. Obgleich die Urgemeinde ihre Agapen, die Liebes- und Sättigungsmahle, vom Sakrament getrennt hat, besteht doch der sachliche Bezug fort. Söderblom zieht deshalb die Linie vom Abendmahl zu den täglichen Mahlzeiten von heute aus und begründet so die Fortführung der von Jesus praktizierten jüdischen

Sitte des Tischgebets im Christentum (64–70. 89). Damit wird noch einmal einer sakralen Isolierung des Abendmahls widersprochen.

Die Zusammenschau von christlichem Gottesverhältnis und natürlichem Leben hat ihren Grund in der charakteristischen Gestalt von Söderbloms Christologie. Wenn der Glaube im Essen und Trinken beim Abendmahl und daraufhin im täglichen Lebensvollzug gewissermaßen »Fleisch« wird, so beruht das auf der Fleischwerdung des Wortes in Jesus Christus (135). Zwar unterscheidet Söderblom seine eigene, lutherische Auffassung dadurch von der anglikanischen, dass er die Inkarnation Jesu nicht als den eigentlich zentralen Inhalt des christlichen Glaubens gelten lässt, sondern lediglich als Voraussetzung für die Erlösung. Nachdem er so Raum geschaffen hat für das stellvertretende Leiden und Sterben Jesu, heißt es dann aber doch von der Inkarnation, der Verwirklichung der Ebenbildlichkeit des Menschen in Jesus, dass sie sich kraft der Gemeinschaft mit ihm im Leben der an ihn Glaubenden fortsetze – freilich, und das ist entscheidend, immer nur durch Jesu Kreuzigung vermittelt, die sich in der lebenslangen Buße des Menschen abbildet. »Gottes ewiger Wille, inkarniert in Christus Jesus, soll geboren werden und eingehen in unsere Herzen, unser Leben durchdringen und in uns und alle menschlichen Verhältnisse eingehen.«[857]

Der engen Verklammerung von Inkarnation und Passion, von Schöpfung und Erlösung entspricht es, wenn in *Kristi pinas historia* gesagt wird, dass wir Christus in allem finden, was nicht Sünde ist. Gottes Liebe, die sich in Jesus inkarniert hat, ist nach dessen Reden in Sonne und Regen, in der Saat auf dem Feld und anderen natürlichen und menschlichen Gegebenheiten zu entdecken, und so und nicht prinzipiell anders auch in Brot und Wein (119–121). Man könnte dabei an die Idee der Schöpfungsmittlerschaft Jesu in einigen späten neutestamentlichen Schriften denken (Joh 1,10; Kol 1,16). Aber die Fragestellung ist eine andere: »Das ganze Dasein (*tillvaron*) ist von Gott dazu ausersehen, ein Sakrament zu werden, das seine Liebe inkarniert. Das Unterpfand dafür ist das Brot und der Wein im Mahl« (121). Söderblom hat also keine Spekulation über den präexistenten Christus im Sinn, sondern will zeigen, wie dem Glauben anhand des Wirkens Jesu das Geheimnis des universalen göttlichen Liebeswillens aufgeht.

Diese Verbindung wäre allerdings völlig missverstanden, wollte man die äußerste Spannung auch nur im Mindesten einebnen, in der sich der leidende Jesus zu dem göttlichen Liebeswillen befand. Die abgrundtiefe Anfechtung, die Söderblom bei Luther beschrieben hatte, findet er in extremer Form in der Passion Jesu. So schildert er in dem kurzen, aber

---

857 N. Söderblom, *Mandomsanammelsen*, in: Vår lösen 20/1929, 75–78; Zitat 78.

höchst eindrucksvollen zweiten Akt, gegen die Grundtendenz des Johannesevangeliums, sehr realistisch die Angst Jesu in Gethsemane (165–175, bes. 170). Es war ja nicht allein die Todesangst, die ihn umtrieb, sondern mehr noch das Gefühl, sein Werk sei vergebens gewesen und werde untergehen (169). Sein Gebet, Gott möge diesen Kelch von ihm nehmen, ist ein einsamer Kampf mit Gott – ohne die Unterstützung durch eine Gebetsgemeinschaft mit den Jüngern, wie Söderblom mit leiser Kritik an den Gepflogenheiten des Erweckungschristentums seiner eigenen Zeit bemerkt (167). Es ist ein Kampf, der mit äußerster Härte am Rande der Verzweiflung geführt werden musste.

Trotzdem spricht Söderblom dann von der Erhörung des Gebets Jesu durch Gott (171 f). Damit kann freilich gerade nicht gemeint sein, dass die Bitte Jesu gewährt worden sei. Gebetserhörung – und damit Religion überhaupt, wie Söderblom mit seinem Lehrer Sabatier überzeugt ist – besteht einzig im Gewahren der Gegenwart Gottes, auch dann, wenn dieser das ausdrücklich Erbetene verweigert. Söderblom erkennt dies darin, dass Jesus sich trotz allem in den Willen Gottes fügt. Solche Fügung ist alles andere als schwächliches Nachgeben: »… dass er sich an Gottes Willen ausliefert und in solcher Not siegt, das beweist die göttliche Kraft.« Genau an diesem Punkt erweise sich, dass Christus »wahrer Mensch und wahrer Gott« sei. Das zu erkennen, dazu bedarf es also weder des Bezuges auf die Auferstehung, die ja nicht als Rückgängigmachung des Kreuzestodes interpretiert werden darf, noch des Rekurses auf die Zweinaturenlehre der traditionellen Dogmatik, der Söderblom nur insofern Recht gibt, als sie versucht, das Handeln Gottes an und durch Jesus auf einen ihrer Zeit gemäßen begrifflichen Ausdruck zu bringen.

Das Thema von Gethsemane begegnet noch einmal in gesteigerter Form in den Kreuzesworten der gewichtigen dritten Szene des fünften Aktes (301–318). Auf den ersten Blick befremdet allerdings, dass Söderblom im Zuge seines Bestrebens nach einem möglichst weitgehenden Ausgleich der verschiedenen Evangelienberichte sämtliche Kreuzesworte als authentisch behandelt. Dabei darf man ihm jedoch keine apologetischen Motive unterstellen. Das lässt sich an zwei Punkten zeigen. Zum einen hebt sich der Ruf »Mein Gott, mein Gott, warum hast du mich verlassen?« deutlich aus den übrigen Kreuzesworten heraus. Er ist der einzige, dessen Authentizität Söderblom ausdrücklich hervorhebt (312). Mit ungewöhnlich scharfen Worten wendet er sich gegen die bis heute nicht abgerissenen Versuche, Jesus von der ihm angeblich nicht geziemenden Verzweiflung reinzuwaschen, etwa indem man unterstellt, er habe bei diesem Schrei insgeheim die versöhnlichere Fortsetzung des 22. Psalms im Kopf gehabt: »Soll man weinen oder lächeln angesichts eines so freundlichen (*snällt*) Versuchs, die Ehre des Gekreuzigten zu retten?« (314). Nein, die Verzweiflung Jesu angesichts der Tatsache, dass man ihm diese grausame Strafe aus den besten Motiven aufgebürdet hat und dass er unter der Sünde des ganzen Menschengeschlechts leiden muss, ist echt. Zugleich sei dieses Leiden die letzte Vollendung göttlicher Liebe und menschlicher Treue, nur eben nicht in dem Sinn, dass dadurch die Härte der Anfechtung wieder in seliger Harmonie aufgelöst wäre (313 f).

Der zweite Punkt, der gegen eine apologetische Tendenz spricht, ist die Auslegung des Rufs »Τετέλεσται«, mit dem Jesus nach dem Johannesevangelium sein Leben beschließt (Joh 19,30). Söderblom versteht das Wort nämlich als Ausdruck nicht des Triumphs, sondern erschöpfter Erleichterung: »Es ist zu Ende. Es ist überstanden. Das Werk ist getan. Endlich habe ich Ruhe.«[858] Man mag das für exegetisch fragwürdig halten; es zeigt aber, wie wenig der Autor bereit ist, in entscheidenden Fragen einem kirchlichen Harmoniebedürfnis nachzugeben.

Söderblom fasst seine Deutung des stellvertretenden Leidens Christi in dem entscheidenden dritten Teil dieser Szene unter dem Thema *Das Geheimnis des Kreuzes* (Korsets hemlighet) zusammen (323–348). Die Beobachtung, dass es allzu oft nicht der Urheber menschlicher Bosheit ist, der unter ihren Folgen zu leiden hat, sondern sein unschuldiges Opfer, führt Söderblom zu der Frage nach dem Leiden des Gerechten. Drei persönliche Antworten alttestamentlicher Frömmigkeit stellt er exemplarisch dazu vor (Ps 39, Hi, Ps 73), die sich aber nicht verallgemeinern lassen. Das Angebot einer allgemeingültigen Lösung erkennt er in den vielfältigen Versuchen der Religionsgeschichte, das Problem in den Kult hinein zu verlagern, wie es in der Feier des Sterbens und Auferstehens einer Gottheit in Fruchtbarkeitskulten oder in Menschenopfern geschieht. Der Kultteilnehmer identifizierte sich mit diesen Gottheiten bzw. diesen Geopferten. Doch handle es sich dabei um bloße Projektionen (116 f). Ihnen stellt Söderblom den leidenden Gottesknecht bei Deuterojesaja gegenüber, in dem er mit vielen anderen Exegeten das Volk Israel und zugleich eine Vorabbildung Christi sieht. Christus sei die Erfüllung dieser Schau stellvertretenden Leidens, zugleich aber auch der heidnischen Kultvorstellungen, worauf nach seiner Meinung der Purpurmantel und die Dornenkrone Mk 15,17 par. hinweisen, die eine Anspielung auf einen orientalischen »Frühlingskönig« (331) enthalten sollen. Dass sich die Erfüllung beide Male von ihrem Vorbild unterscheidet, ist natürlich evident.

Damit ist das Problem in die Geschichte zurück verlegt, wo niemand ihm durch kultische Ausweichmanöver entrinnen kann, zugleich aber seine universale Reichweite festgestellt. Das Letztere unterstreicht Söderblom, indem er noch einmal daran erinnert, dass eine genaue Entsprechung zwi-

---

858 »Det är slut. Det är överståndet. Verket är utfört. Äntligen får jag ro« (311).

schen dem Fehlverhalten und Leiden nicht aufzuweisen ist. Vielmehr müsse man von dem unentrinnbaren Gesamtzusammenhang menschlichen Tuns und Leidens ausgehen: Es gibt ein »Reich der Sünde«.[859] Diese soziale Neuinterpretation der traditionellen Erbsündenlehre schaltet zugleich die Theodizeefrage aus; die Versuche zu deren Lösung hatte Söderblom wiederholt sämtlich für unzureichend erklärt (s. o., 154 f. 245).

Dem Reich der Sünde tritt mit dem stellvertretenden Leiden Christi der »Zusammenhang des Segens« (välsignelsens sammanhang) – anders ausgedrückt: das Reich der Gnade oder auch das Reich Gottes – entgegen. Mit diesem nicht zufällig an den altpersischen Dualismus erinnernden Satz wendet sich Söderblom gegen den so lange in der religionsgeschichtlichen Forschung herrschenden Evolutionismus. Weder die Religionsgeschichte noch die Geschichte im Allgemeinen stellt sich als allmählich und harmonisch zu immer höherer Vollkommenheit fortschreitende Entwicklung dar, sondern als »Drama« mit scharfen Einschnitten – am schärfsten von allen im Kreuz Jesu. Denn da zerbricht Gottes Handeln selbst die Kontinuität des geschichtlichen Prozesses (338). Mit diesem weitreichenden Gedanken rechtfertigt Söderblom nachträglich auch die für sein Passionsbuch gewählte äußere Form.

Die Überwindung des Reiches der Sünde durch das Reich der Gnade bedeutet Kampf und Leiden. Da sie auf dem Eingreifen Gottes beruht, bringt sie die radikale Umwertung gängiger Geschichtsbetrachtung – insbesondere des Fortschrittsglaubens der voraufgegangenen beiden Jahrhunderte – mit sich. Es ist nicht mehr der Mensch, der nach Gott fragt (und ihn womöglich durch eine Theodizee zu rechtfertigen sucht), sondern Gott, der nach dem Menschen fragt. Diese Umkehrung, die das Leiden nicht mehr als mühsam zu erklärende Störung des »normalen« Verlaufs zu sehen erlaubt, sondern ihm einen Ort im Heilsplan Gottes selbst zuweist, stellt unzweifelhaft ein »Ärgernis« dar. Das gilt sogar für den christlichen Glauben und damit auch für die Theologie. Denn der Heilsplan des barmherzigen Gottes kann nicht darin bestehen, dass er aus olympischer Unbeteiligtheit heraus Jesus aufopfert. Ebenso unbefriedigend ist der alte Gedanke eines dem Teufel gezahlten Lösegeldes. Dann aber ist es unausweichlich Gott selbst, der in der Passion Jesu das Leiden auf sich nimmt. Wird damit aber nicht entweder Gott der Macht des Bösen unterworfen oder die Verzweiflung Jesu zum bloßen Schein gemacht? Söderblom ist sich der gedanklichen Schwierigkeiten bewusst, die sich hier auftun. So will er denn der altkirch-

---

859 FR. SCHLEIERMACHER hatte in diesem Sinn von einer »Gesamttat« und einer »Gesamtschuld« der Menschheit gesprochen: *Der christliche Glaube* (wie Anm. 28), §71. Diese Begriffe meidet Söderblom jedoch, um nicht die Verantwortung des einzelnen Menschen in Frage zu stellen.

lichen Verwerfung des Patripassianismus (der Lehre, dass Gottvater selbst gelitten habe) auch nicht auf »dogmatische« Weise widersprechen. Dennoch sei die christliche Frömmigkeit genötigt, mit Pascal und anderen großen Denkern von Gottes leidender Liebe am Kreuz zu reden (336). Nur so lasse sich der fundamentale Fehler der juristischen Betrachtungsweise Anselms von Canterbury wirklich überwinden, der Jesus die stellvertretende Genugtuung gegenüber dem Willen Gottes zugeschrieben und damit letztlich nicht die grundlose Gnade Gottes, sondern das Verdienst des Menschen Jesus zur Grundlage seiner Versöhnungslehre gemacht hatte (338). Die Rede vom Leiden Gottes am Kreuz lässt überdies die bereits erwähnte These plausibel erscheinen, dass hier nicht nur die alttestamentliche Weissagung vom Gottesknecht, sondern auch die mythische Vorstellung vieler Religionen von sterbenden und auferstehenden Göttern verwandelt und vollendet worden sei.

Das stellvertretende Leiden, das Gott am Kreuz Jesu auf sich nimmt, entlarvt einerseits die menschliche Sünde in ihren vielfältigen Gestalten, die Söderblom an den damaligen Akteuren noch einmal exemplifiziert (339–342), und offenbart andererseits die Barmherzigkeit Gottes, mit der dieser die Menschen trotz allem in seine Liebe einschließt. Nur dann kann die Liebe Gottes wirklich das Subjekt des Heilshandelns sein, wenn sie nicht gewissermaßen von außen Jesus das Opfer seines Lebens abverlangt, sondern selbst sich dem Leiden ausliefert. Söderblom benutzt dafür – ähnlich wie Luther – starke Worte: »Gottes Herz ist wirklich am Kreuz gebrochen« (346). Das läuft im Effekt auf dasselbe hinaus wie der berühmte deutsche Gesangbuchvers »O große Not, Gott selbst ist tot. Am Kreuz ist er gestorben, hat dadurch das Himmelreich uns aus Lieb erworben«.[860] Allerdings erwächst ihm daraus ebenso wenig wie dem Dichter eine tiefe Verzweiflung. Doch stellt er den Anstoß fest, den dieser Gedanke der Vernunft bereitet (344. 346f) – auch der theologischen Reflexion, wie nicht nur der Kampf gegen den Patripassianismus, sondern ganz allgemein die monophysitische Tendenz der klassischen Christologie zeigt, die das Lei-

---

860 Vers 2 der ursprünglichen Fassung des Kirchenliedes O Traurigkeit, o Herzeleid von JOHANN RIST, 1641, Ev. Gesangbuch, Hannover 1994, Nr. 80 – der Anfang ist heute abgeschwächt zu »O große Not, Gotts Sohn liegt tot«. Der erste Teil des Verses hat Hegel zu dem Satz inspiriert: »Gott ist gestorben, Gott ist tot – dieses ist der fürchterlichste Gedanke, daß alles Ewige, alles Wahre nicht ist, die Negation selbst in Gott ist; der höchste Schmerz, das Gefühl der vollkommenen Rettungslosigkeit, das Aufheben alles Höheren ist damit verbunden.« (G. W. F. HEGEL, Vorlesungen über die Philosophie der Religion Teil 3 Die vollendete Religion, hg. v. W. Jaeschke, PhB 461, Hamburg 1995, 247). Diese Tiefe schreitet Söderblom nicht völlig aus. Man kann aber fragen, ob nicht Hegel selbst durch sein vorgängiges Wissen um die folgende Versöhnung auf seine Weise ebenfalls davor Halt gemacht hat.

den durch einen dogmatischen Triumphalismus kompensiert. Söderblom will mit dem Paradox des Leidens Gottes nicht einem denkfaulen oder frömmelnden Irrationalismus das Wort reden, wie manche modernen Kritiker vom Schlage eines Ingemar Hedenius ihm unterstellen (s.o., 153). Vielmehr kommt er an dieser Stelle auf die große Passionsmusik insbesondere Johann Sebastian Bachs zu sprechen, die er wohl darum als das »fünfte Evangelium« bezeichnet (347), weil sie auf der Ebene der künstlerischen Intuition einen tieferen Einblick in das »Mysterium der Versöhnung« gewährt als die distanziert analysierende Vernunft. Eben dies war ja auch der Grund für die narrativ-meditative Gestalt, die er dem ganzen Buch gegeben hat. Auf diese Weise kann man sich das geduldige Ertragen des Leidens aus Liebe als »tiefstes Geheimnis des Lebens« (333) im Herzen als Richtschnur für die eigene Nachfolge Christi aneignen, ohne dabei der Sentimentalität mancher Entstellungen christlicher Frömmigkeit anheim zu fallen.

Der Schluss des Buches handelt in einem »Zusatz« von der Auferstehung Jesu. Sie soll damit nicht als bloßes Anhängsel abgewertet, sondern als Konsequenz des Kreuzestodes Jesu gekennzeichnet werden. Im Übrigen haben wir es hier im Unterschied zur Kreuzigung mit einem Geschehen besonderer Art zu tun, das sich dem Zugriff historischer Wissenschaft verschließt. Beidem scheint freilich sogleich die Überschrift zu widersprechen: *Das welthistorische Faktum der Auferstehung* (359). Was ist dazu zu sagen?

Wir wenden uns zunächst der Frage zu, was mit einem welthistorischen Faktum gemeint ist. Söderblom antwortet: Es ist eine Größe, die spürbar auf den ganzen weiteren Gang der Geschichte eingewirkt hat. Das bedeutet negativ: Man bekommt es nicht zu fassen, wenn man es isoliert von seiner Wirkung betrachten will. Dieser Ausschluss scheint sich zunächst nur auf die nähere Bestimmung »welthistorisch« zu beziehen; die Verifikation des bloßen Faktums, abgesehen von seiner Bedeutung, könnte theoretisch immer noch möglich sein. Söderblom schließt jedoch auch dies unzweideutig aus. Während sich die Kreuzigung »auf dem offenen Markt der Welt« (på världens öppna torg) ereignete, hat die Auferstehung nur eine geringe Zahl auserwählter Zeugen (361 f). Darüber hinaus ist das, was diese bezeugen, kein materielles, äußeres Ereignis, etwa das leibliche Hervorgehen einer wiederbelebten Leiche oder auch eines lediglich Scheintoten aus dem Grab, sondern nach der ältesten neutestamentlichen Überlieferung (1 Kor 15,3–8) eine Christuserscheinung ähnlich der, die später Paulus hatte (364–367). Man muss deshalb Paulus auch darin folgen, dass der Auferstehungsleib kein fleischlicher, sondern ein »geistlicher« (πνευματικον) ist: »Fleisch und Blut werden das Reich Gottes nicht ererben« (1 Kor 15,35–50). Christus ist uns also im Geist gegenwärtig, vermittelt durch Wort und Sakrament; der

Geist wirkt weder eine sichtbare, körperliche Gegenwart noch eine bloß mentale Erinnerung, sondern den Glauben. Solche Gleichzeitigkeit mit Jesus im Geist Gottes (Kierkegaard) haben die heutigen Gläubigen mit den ersten Jüngern gemeinsam (371).

Das in diesem Zusammenhang immer wieder kontrovers diskutierte leere Grab spielt deshalb für Söderblom überhaupt keine Rolle. Es ist ohnehin mehrdeutig, auch wenn die alte Polemik, die Jünger hätten den Leichnam entwendet, sich kaum mit deren später bewiesenem Mut zur Verkündigung vereinigen lässt (362 f 369). Aus dem bisher Ausgeführten scheint sich eindeutig zu ergeben, dass die Grabestradition innerhalb des Neuen Testaments gegenüber der Erscheinungstradition sekundär ist; denn sie passt nicht zu einer rein geistlichen Gegenwart Christi. Es scheint zunächst so, als ob Söderblom diese heute von der historischen Kritik weitgehend anerkannte Folgerung noch nicht gezogen hätte, sondern sich in dieser Frage lediglich auf ein undurchdringliches Dunkel zurückzöge (367). Denn obwohl ein leeres Grab für die Gegenwart des Auferstandenen nicht erforderlich ist, kann er sagen: »Die Welt sah das leere Grab, aber nicht den lebenden Erlöser« (370). Wahrscheinlich ist das jedoch eher so gemeint: Die Welt hatte nur die äußerliche Frage im Blick, ob das Grab leer war, nicht aber das Entscheidende, die Glauben schaffende Gleichzeitigkeit Christi mit uns.[861] So hatte er ja bereits 1898 argumentiert. (s. o., 114 mit Anm. 232)

Zum Abschluss müssen wir das Verhältnis noch etwas näher bestimmen, in dem bei Söderblom das Zeugnis von der Auferstehung Jesu zu seiner Kreuzigung steht. Er sieht die Bedeutung der Auferstehung in einem Doppelten: Sie bestätigt den Sieg Christi, und sie stärkt bei dem Einzelnen den Glauben daran (369 f). Das sind zwei Seiten derselben Medaille. Die beiden Verben (*bekräftar*, *styrker*) beziehen die Auferstehung Jesu noch plausibler auf das Kreuz zurück, als es der Hinweis auf die Nägelmale (369) tun kann, welche die Jünger an dem Auferstandenen wahrgenommen haben sollen. Auferstehung bedeutet: »Das Kreuz wurde nicht zu einem Ende, sondern zu einem Anfang« (ebd.). Was hier beginnt, ist das uns durch Christi Eingehen zu Gott verbürgte ewige Leben, das dem Glaubenden schon mitten im irdischen Leben zugeeignet wird, wiewohl es sich noch ständig des Todes zu erwehren und gegen die Sünde zu kämpfen hat (371 f). Das eigentliche Heilsereignis ist das Kreuz als Erweis der sich hin-

---

861 Dafür spricht eine Notiz vom 10.5.1929. Hier stellt Söderblom gegen Gustaf Johanssons Kritik fest, dass eine Auferstehung Jesu in materieller Leiblichkeit nur unter der Voraussetzung eines leeren Grabes anzunehmen sei, dass jedoch eine 40-tägige Rückkehr ins irdische Leben zu I Kor 15 nicht passe: N. SÖDERBLOM, *Om Kristi lekamliga uppståndelse*, in: NSS C MS 1/3/1929 Tron på Kristi uppståndelse. Svar på Åbo underrättelser (UUB).

gebenden Liebe Gottes zu den Menschen. Die Auferstehung ist aber insofern ein welthistorisches Ereignis, als sie die geistige Gegenwart Christi eröffnet, die als solche die engen Grenzen der persönlichen Bekanntschaft mit dem geschichtlichen Jesus sprengt (2Kor 5,16) und rasch über die wenigen ersten Zeugen hinausdrängt, um ein neues Zeitalter, ja geradezu die Wende der Weltgeschichte einzuleiten (371). Damit entspricht sie dem anfangs aufgestellten Kriterium.

c Der lebendige Gott

Söderblom hat trotz des Übermaßes an Arbeit, das er als Erzbischof und als ökumenischer Kirchenführer zu bewältigen hatte, noch das Amt als Vizekanzler der Universität Uppsala versehen, das dem Erzbischof damals ex officio zufiel.[862] Auch seinem alten Interesse an schwedischer Kirchengeschichte ist er hin und wieder nachgegangen, wie z.B. eine Buchveröffentlichung über Ansgar zeigt, mit der er noch einmal bei seiner allerersten Publikation angeknüpft hat.[863] In seinem eigentlichen Fach, der allgemeinen Religionsgeschichte, hat er jedoch außer der Erfüllung einiger Aufträge, die er vor seiner Ernennung zu seinem geistlichen Amt angenommen hatte, lediglich ein paar Miszellen und kurze Lexikonartikel (z.B. »Macht« und »Mana« in der 2. Aufl. der RGG) publiziert. Dazu kommt noch eine kurze Einführung in die Religionsgeschichte für den Schulgebrauch, für die er aber auf Früheres zurückgreifen konnte (s.o., Anm. 598). Zu mehr fehlte ganz einfach die Zeit. Im Jahr 1929, in dem es ihm gesundheitlich sehr schlecht ging, hat er sich an der Organisation eines großen religionsgeschichtlichen Kongresses in Lund beteiligt, an dem er dann freilich nicht selbst teilnehmen konnte. Dennoch hat er, so gut es eben ging, in all den Jahren die neu erscheinende Literatur im Fach verfolgt, wie die vielfältigen Bezüge in seinen theologischen Schriften zeigen. Da war die ehrenvolle Einladung, in Edinburgh die Gifford Lectures zu halten, die er 1928 erhielt (als erst der zweite Nicht-Angelsachse nach C.P. Tiele 1896 und 1898!), ein willkommener Anlass, sich noch einmal über einen längeren Zeitraum hinweg in die Materie vertiefen zu können und vor allem seine religionsgeschichtliche Lebensarbeit zusammenfassend zu bündeln. Er hat diese Vorlesungen, für die er am Tag vor seiner letzten Krankheit den Titel *The Living God* fand, vom 19.5.–18.6.1931 gehalten.[864] Eigentlich hätte noch

---

862 Vgl. B. SUNDKLER, a.a.O. (wie Anm. 2), 421.
863 N. SÖDERBLOM, *I Ansgars spår. Pilgrimsfärder*, Stockholm 1930.
864 N. SÖDERBLOM, *The Living God. Basal Forms of Personal Religion*, London 1933; das schwedische Original *Den levande Guden. Grundformer av personlig*

eine zweite Serie von Vorlesungen folgen sollen, die für 1932 vorgesehen war. Doch weniger als drei Wochen nach seinem Abschied in Edinburgh, am 8.7.1931, brach die Krankheit aus, die er dann nicht überleben sollte. Die äußeren Umstände sind für das Verständnis des Textes wichtig. Sie erklären nicht nur, warum für den geplanten zweiten Teil lediglich die Gliederung, eine Materialsammlung und handschriftliche Notizen vorliegen, aus denen sich aber kein publizierbarer Text rekonstruieren lässt. Sie sind auch der Grund dafür, dass Söderblom die Drucklegung nicht mehr selbst vorbereiten konnte. Er hätte sonst sicher noch manche Verbesserungen vorgenommen.

Noch etwas kommt hinzu. So sorgfältig Söderblom sich auf diese Vorlesungen vorbereitet hat, so wenig konnte er doch angesichts seiner vielfältigen Belastungen einen gänzlich neuen Text bieten. Nicht nur musste er sich auf diejenigen Religionen beschränken, in denen er sich auf Grund früherer Arbeiten besonders gut auskannte. Er war auch darauf angewiesen, in erheblichem Maß auf bereits anderwärts von ihm veröffentlichte Arbeiten zurückzugreifen. Das betrifft insbesondere Teile der Kapitel über Buddhismus und das letzte Kapitel über die Fortsetzung der Offenbarung. In dem Abschnitt über die Offenbarung in Christus erkennt man Gedanken aus dem Passionsbuch wieder. Doch dem großen Erfolg der Vorlesungen tat das keinen Abbruch. Das Allermeiste war ohnehin bis dahin nur auf Schwedisch zugänglich. Darüber hinaus hat Söderblom die Vorlagen nicht einfach abgeschrieben, sondern neu gestaltet und nicht selten auch neue Akzente gesetzt. Diese sollen im Folgenden besonders zur Geltung gebracht werden. Dagegen brauchen wir Sachverhalte, die wir oben bereits ausführlich besprochen haben, jetzt nur zu streifen.

Der Gliederung liegt Söderbloms alte Lehre von den beiden Grundtypen der Religion, der Übungs- oder Unendlichkeitsmystik und der Persönlichkeitsmystik (s. o., 145–148), zugrunde, auch wenn diese Begriffe jetzt eher im Hintergrund stehen. Er hatte an dieses Konzept gerade im Jahr zuvor durch die Neuauflage von *Uppenbarelsereligion* noch einmal erinnert. Jetzt exemplifiziert er diese Zweiteilung insbesondere an indischer Religiosität (Kap. II–V) und an der jüdisch-christlichen Tradition (Kap. VIII–X); der Letzteren schickt er je ein Kapitel über Zarathustra und Sokrates als ebenfalls an dem ethischen Gegensatz von Gut und Böse orientierte religi-

religion erschien ebenfalls postum: Stockholm 1932; die deutsche Übersetzung *Der lebendige Gott im Zeugnis der Religionsgeschichte*, die auf dem schwedischen Text fußt, aber Änderungen berücksichtigt, die Söderblom in der englischen Fassung angebracht hat, wurde von Fr. Heiler 1942 in München herausgegeben. Ich benutze die schwedische und die deutsche Ausgabe. Die folgenden Seitenzahlen in dieser Reihenfolge. Zur Wahl des Titels s. o., 99 f mit Anm. 201. Vgl. auch B. SUNDKLER, a.a.O., 424–426.

öse Denker voraus (VI und VII). Diesem ganzen Komplex stellt er ein Kapitel voran, das in geraffter Form die Religionen der schriftlosen Völker behandelt (I).

Bereits im ersten Kapitel fällt eine Tendenz auf, die sich durch das ganze Buch hindurchziehen wird. Die scharfen Gegensätze, die früher die Ausbildung der Theorie der Religion gekennzeichnet hatten, werden weicher gezeichnet, ohne freilich aufgegeben zu werden. Das bezieht sich hier zunächst auf die Antithese von institutioneller und persönlicher Religion, die ebenfalls für Söderblom charakteristisch ist. Gleich zu Beginn heißt es da, auch bei den »primitiven« Völkern müsse man von persönlicher und nicht bloß von institutioneller Religion sprechen. Hier schwingt noch einmal die frühe Auseinandersetzung mit Durkheims rein soziologischer Interpretation der Religion nach. So gewichtig die Rolle des Stammes bei den Naturvölkern und so unentbehrlich auch in allen anderen Formen von Religion die Ausbildung institutioneller Strukturen sei, so wenig lasse sich doch das spezifisch Religiöse an seinen äußeren Gestaltungen ablesen. Vielmehr sei in allen Religionen der Sitz der Beziehung zur Transzendenz zuerst die Seele des einzelnen Menschen (11–13/1 f), die sich im religiösen Ernst einen wahrnehmbaren Ausdruck verschaffe (33/18) – ganz unabhängig davon, wie kollektivistisch im Übrigen sein Verhältnis zur sozialen Gruppe aufgefasst werde. Dies ist die Voraussetzung, unter der in diesem Kapitel die religiösen Phänomene, die uns vor allem aus dem großen Werk über das Werden des Gottesglaubens geläufig sind, diskutiert werden, wie religiös motivierter Rausch und Askese, Übung als Verdienst oder Opfer, Tabu, Mana, das Heilige, die Urhebergestalten. Der Gedanke lässt sich dahingehend verallgemeinern, dass sich zwar durchaus stärker an der einzelnen Person und stärker an der institutionellen Gestalt interessierte Religionen (oder auch Konfessionen) unterscheiden lassen, dass aber trotzdem der religiöse Ernst des Einzelnen das Charakteristikum alles Religiösen ist.

Der zweite Punkt, an dem eine weitere Differenzierung früher entwickelter begrifflicher Gegensätze erfolgt, ist die dem Ganzen zugrunde liegende Unterscheidung von Übungs- und Persönlichkeitsmystik, Unendlichkeitssehnsucht und Offenbarungsreligion. Wir hatten oben gesehen, wie Söderblom schon in *Uppenbarelsereligion* den »Artunterschied« zwischen beiden Gestalten der Religion dadurch ein wenig entschärft hatte, dass er mannigfaltige Mischformen konstatiert und darüber hinaus auch prinzipiell ihre gegenseitige Ergänzungsbedürftigkeit postuliert hatte. Jetzt führt er näher aus, auf welche Weise »die Aktivität Gottes und die Aktivität des Menschen ineinander spielen« (39/23). Er sieht in der schöpferischen Kraft des Genies, des Künstlers, auch in der »spekulativen«, intuitiven Wesensschau des Denkers eine Analogie zur Übungsmystik (85. 91/65. 70). Zugleich manifestiere sich in diesen Phänomenen die fortgesetzte Schöpfung Gottes, der gegenüber sich jeder Mensch rein empfangend verhält (435 f/343 f). Die fortgesetzte Schöpfung Gottes ist seine allgemeine Offenbarung, die allen Religionen zugrunde liegt. Als Verweis auf Transzendenz ist sie von der speziellen christlichen Offenbarung zwar hinsichtlich der Klarheit und Konsequenz, aber nicht absolut unterschieden (468 f/372 f). Deshalb kann Söderblom die künstlerische oder denkerische Schöpfungskraft des Menschen schließlich auch der aus dem christlichen Glauben erwachsenden »sittlichen Selbstständigkeit« (Wilhelm Herrmann) analog setzen, insofern hier wie dort ein inneres Muss, ein »unwillkürlicher Zwang« herrscht, der sich der menschlichen Tendenz zur Weltbeherrschung entzieht (464–467/368–372).

Mehr als ein auf die Offenbarung in Christus hinweisendes Signal ist die allgemeine Offenbarung allerdings nicht. Es bleibt vielmehr bei der Notwendigkeit einer besonderen Offenbarung als Einbruch in die Geschichte und der ihr entsprechenden Wiedergeburt des einzelnen Menschen, die auf der subjektiven Seite ebenfalls einen Bruch bezeichnet (428 f 463–467/338 f 368–372). So wenig die Übungsmystik oder auch die ihr analoge intuitive Wesensschau dem einzelnen Menschen den durch die Erfahrung der schrecklichen Seite des Heiligen bewirkten Umbruch der Existenz in der Wiedergeburt ersparen kann (101/78), so sehr wird die Tiefendimension der geschichtlichen Wirklichkeit durch den Glauben an eine stetige Höherentwicklung verfehlt, von dem sich auch die religionsgeschichtliche Forschung lange hatte leiten lassen. Dagegen steht die Erfahrung des kulturellen und weltanschaulichen Bruchs durch den Weltkrieg, die den religiösen Denker ihrerseits auf die Einsicht in den eschatologischen Charakter der Botschaft Jesu zurückverweist (451–453/357 f). Nur durch diesen Bruch hindurch bewirkt Gott die Gemeinschaft mit sich, die in eine unio mystica, einen »Vorgeschmack des ewigen Friedens« münden kann (87–90/66–69). Davon bleibt auch die künstlerische Schau durch einen Graben getrennt.

Damit ist der Rahmen abgesteckt, innerhalb dessen sich die Ausführungen dieser Vorlesungen bewegen. Wir wenden uns nun dem zentralen Komplex im Hauptteil des Textes, der Darstellung des Verhältnisses von indischer und christlicher Religiosität zu. Auch hier begegnen neben vielem uns bereits Vertrautem einige aufschlussreiche neue Nuancen. Zunächst wird die indische Religiosität als die klassische Form der Übungsreligion hingestellt (39/23). Das wird z. B. an dem Gegensatz von absichtlich herbeigeführter Ekstase und Versenkung einerseits, Gebet andererseits verdeutlicht: der Beter stellt nicht die Gottesgemeinschaft her, sondern empfängt sie (71–86/53–65). Doch ohne Einschränkung kann die Klassifizierung als Übungsmystik eigentlich nur vom Yoga und vom ursprünglichen Buddhismus gelten.

Es fällt auf, dass Söderblom von den vier Kapiteln, die er der indischen Religionsfamilie gewidmet hat, zwei für die Bhakti-Frömmigkeit verwendet. Diese wird zuerst als eine Gestalt des Hinduismus behandelt (135–179/102–136). Hier stellt sie sich als völliges Vertrauen zu der sich dem Frommen gnädig erschließenden, personalen Gottheit dar und steht deshalb im Gegensatz zu Askese und Übungsfrömmigkeit. Insofern kann Söderblom eine große Nähe zum lebendigen Gott des Christentums konstatieren (172/129). Freilich berührt die Grundstimmung des Gleichmuts, der inneren Unberührtheit von der Welt und ihrem Zustand, die daraus resultiert und in der dann die dem Menschen aufgetragenen Pflichten einzig und allein aus Hingabe an die Gottheit getan werden, den Christen wiederum fremd (163–167/124–126). Die größte Schwäche dieser Bhakti-Frömmigkeit sieht Söderblom in der Grenzenlosigkeit ihrer Toleranz, der Unfähigkeit zur Abgrenzung: Die Götter und Erlösergestalten aller Religionen, auch »rohe, tiefstehende, sinnliche und grausame Gestalten und Riten«, können als Avataras des Brahman unter dem großen Dach dieser Frömmigkeit Platz finden (174/131), so dass deren Profil ständig in Gefahr ist zu zerfließen.

Im Mahayana-Buddhismus gründet Bhakti-Frömmigkeit in dem Sieg Buddhas über seine Versuchung, nach seiner Erleuchtung sogleich ins Nirwana eingehen zu wollen: Er entschloss sich zu der großen Inkonsequenz gegenüber seiner Grundanschauung, aus Barmherzigkeit mit den Menschen zuerst seine Lehre zu verbreiten.[865] Dieser Sieg des Mitleids wird zum Erlösungsfaktum. Das führt zu Buddhas Vergöttlichung, so dass Söderblom hier von einem Sieg Gottes über den Menschen reden kann. Zugleich sei damit das Ende der Selbsterlösung angezeigt, die den ursprünglichen Buddhismus gekennzeichnet hatte (193–198/144–148). Mit besonderem Nachdruck widmet sich Söderblom der stärksten Ausprägung der buddhistischen Gnadenreligion im Amida-Buddhismus Japans, wo jesuitische Missionare im 16. Jahrhundert die »lutherische Ketzerei« gefunden zu haben meinten (199–204/149–153). Dennoch bleibt die fundamentale Differenz zwischen Buddhismus und Christentum, zwischen der göttlichen Heils*lehre* des Buddha und der ein für allemal geschehenen Heils*tat* des Leidens Christi bestehen (184.210.398.401/137.158.313.315).

Insgesamt kann man feststellen, dass es Söderblom in seiner Darstellung der indischen Religionen darum zu tun war, vor allem die sachlichen Berührungspunkte zwischen den Religionen herauszuarbeiten. Dabei dürfte die Absicht gewesen sein, insbesondere die Stärken der fremden Tradition hervorzuheben. Zwar werden daneben durchaus auch die elementaren Ge-

---

865 SÖDERBLOM hatte die Versuchung des Buddha schon früher zweimal behandelt, s. o., Anm. 266 und S. 130 f.

gensätze benannt. Doch bleibt das an dieser Stelle eigentümlich blass. Dieser Eindruck wird später dadurch verstärkt, dass er das Christentum unter der Überschrift *Die Religion der Inkarnation* einführt (389/306), obwohl er doch nach wie vor der Ansicht ist, dass es das Leiden am Kreuz ist, dem die zentrale Bedeutung zukommt (417–426/329–337). Der letzte Gedanke, aus *Kristi pinas historia* übernommen, wird dem Verständnis des Leidens in der indischen Religiosität also nicht mit der gleichen Klarheit gegenübergestellt, wie das in der frühen Schrift *Uppenbarelsereligion* der Fall war (s. o., 146). Das ist umso bedauerlicher, wenn man bedenkt, dass Söderblom das Buch Rudolf Ottos *Die Gnadenreligionen Indiens und das Christentum* gekannt haben muss, das ihn möglicherweise sogar zu seiner ausführlichen Besprechung der Bhakti-Frömmigkeit in Edinburgh inspiriert hat.[866] Otto hebt hier genau die Punkte hervor, die auch Söderblom früher geltend gemacht hatte: die zentrale Differenz christlichen und indischen Erlösungsverständnisses sei der Gegensatz von Vergebung der Schuld und Befreiung von der Bindung an die Welt (64–79), der wiederum mit dem unterschiedlichen Verhältnis zur Welt zusammenhängt (52–61).

Aus den übrigen Kapiteln des Buches greifen wir jetzt nur noch den Abschnitt über Sokrates (293–325/225–254) heraus, da die Passagen über Zarathustra und über das Alte Testament bereits Bekanntes nicht überschreiten. Sokrates hat Söderblom immer schon fasziniert. Über die Jahre hinweg hat er sich immer wieder mit ihm beschäftigt, wie die vielfältigen Referenzen in seinen Büchern belegen. Zwar ist die geplante eigene Monographie über den großen Denker nie zustande gekommen. Doch aus den vorhandenen Vorarbeiten hat er jetzt einen Text komponiert, der zu den besten des ganzen Buches gerechnet werden kann. Er war zwar kein Spezialist für die klassische Antike, aber seine methodische Schulung und sein Einfühlungsvermögen »bewirkten, dass er intuitiv vieles sah und beurteilen konnte, woran die Fachleute der verschiedenen Spezialgebiete meistens vorübergehen.«[867]

Scharfsinnig rekonstruiert Söderblom aus Platons Apologie und Xenophons Memorabilien, mit klarem Blick für die Mängel beider Darstellun-

---

866 RUDOLF OTTO, *Die Gnadenreligion Indiens und das Christentum*, München 1930. Söderblom nennt das Buch im Literaturverzeichnis. Es beruht auf einem Vortrag, den Otto 1926 in Uppsala und Oslo gehalten hat. Man kann eine ganze Reihe inhaltlicher Berührungen zwischen beiden Autoren ausmachen, die aber wohl nicht auf Abhängigkeit in der einen oder anderen Richtung schließen lassen. SÖDERBLOM hatte die Bhakti-Frömmigkeit bereits 1912 in seinem kurzgefassten Lehrbuch *Översikt ...* (wie Anm. 405), 112–116. 122–125, behandelt.

867 Vgl. GUNNAR RUDBERG, *N. Söderbloms Sokratesbild*, in: RoB 1/1942 (49–57), 49. 57 (hier das Zitat).

gen und in Abgrenzung gegen die Deutungen des Aristoteles und Kierkegaards, ein Bild von Sokrates, in dem anders als üblich die »mystische Erfahrung« (295/227) des daimonion, wörtlich: »das Göttliche«, im Mittelpunkt steht. Das daimonion ist keine neue Gottheit, sondern bezeichnet die warnende innere Stimme des Göttlichen.[868] Deshalb stellt es keinen Widerspruch dar, wenn Sokrates weiterhin die rituellen Pflichten gegenüber den Göttern der Stadt erfüllt hat (304–307/236–238). Dennoch weist Söderblom ihm einen besonderen Platz in der Religionsgeschichte an, nämlich als Empfänger persönlicher Religion, ja als Offenbarer (296. 323/228.253). Dabei betont er, das daimonion dürfe nicht einfach mit dem Gewissen gleichgesetzt werden, wie es allen Menschen zugeschrieben werden kann. Es vermittle Sokrates vielmehr auf spezifisch religiöse und zugleich unverwechselbar individuelle Weise Gewissheit sowohl der sittlichen Weltordnung als auch seiner besonderen Berufung innerhalb derselben (298.304.312/230.235.243). Diese besteht darin, die Menschen auf ihre je besondere Selbsterkenntnis anzusprechen (312/242).

Söderblom unterscheidet die Gewissheit des Sokrates als Gottvertrauen scharf von der mystischen Schau Platons (317–323/247–252). Sein Gehorsam gegenüber seiner Berufung ist etwas gänzlich anderes als Platons Streben zur Vereinigung mit dem Göttlichen; er ist auf die Gegenwart und die in ihr lebenden Menschen bezogen und hat keinerlei Bezug zu einer Unsterblichkeit der Seele. In Söderbloms alter Terminologie: Sokrates vertritt eine Persönlichkeitsmystik, Platon eine Unendlichkeitsmystik, also einen anderen Religionstypus. Damit hängt zusammen, dass die Lehre des Sokrates jedem Menschen zugänglich ist, die des Platon dagegen nur einer intellektuellen Elite.

Die Gottesgewissheit hat Sokrates mit Jesus gemeinsam (324/254). Sie war ebenso felsenfest und hatte ebenso wie bei Jesus die Kraft zur Überwindung des Todes. Kierkegaard hatte darin die unendliche Freiheit der Ironie gesehen. Söderblom kann ihm das konzedieren, aber er wirft ihm vor, nicht verstanden zu haben, dass sie von der inneren Sicherheit (trygghet) des sittlichen Gottesglaubens getragen war (311/242).[869] Diese unterscheidet sich freilich von Jesu Willenseinheit mit Gott dadurch, dass

868 So auch RUDBERG, a.a.O., 55.
869 SØREN KIERKEGAARD, Om Begrebet Ironi, in: Samlede Værker 1, København ³(1962) 1982, 224f; dt. Übers. v. E. Hirsch, Über den Begriff der Ironie, in: GW 31. Abt., Düsseldorf/Köln 1961, 203. Die Kritik dürfte freilich nicht ganz gerechtfertigt sein, da Kierkegaard selbst Hegel vorwirft, die Bedeutung von Sokrates' Berufung als Sendbote Gottes verkannt zu haben, a.a.O. 256/242. Etliche Anklänge im Einzelnen lassen vermuten, dass es Kierkegaard gewesen sein könnte, der Söderblom zu seiner intensiven Beschäftigung mit Sokrates inspiriert hat.

sie von der Anfechtung der Gottverlassenheit nichts weiß. Selbst das Sterben ist für Sokrates noch ein Teil seiner Pflicht. Diese Unerschütterlichkeit meint Söderblom, wenn er die Gewissheit des Sokrates als »Religion des guten Gewissens« bezeichnet (291/225). Als solche kann sie in sich selbst ruhen, weil sie eben nicht durch einen sich in der Geschichte offenbarenden persönlichen Gott begründet ist wie im Judentum und Christentum, sondern durch den Glauben an eine anonyme Weltordnung (309. 311/239 f 242). Deshalb erkennt Söderblom dem Sokrates auch nicht den Rang eines Religionsstifters zu. Doch sei er ein Zeuge des lebendigen Gottes, der – auf seine eigene rationale Weise – ebenso wie Konfuzius auf Jesus vorausweist (325/254).

Trotz gewisser Schwächen, die das Buch im Vergleich zu früheren Werken Söderbloms zweifellos hat, stellt es eine imponierende Leistung dar. Als Zusammenfassung seiner Lebensarbeit bietet es immer noch die beste Orientierung für alle, die sich mit den Gedankan des großen Religionshistorikers bekannt machen wollen, zumal ihm die Fähigkeit zu lebendiger Darstellungsweise nicht abhanden gekommen ist. Die ursprüngliche Frische der Entdeckerfreude freilich findet man eher in dem anderen großen Werk *Das Werden des Gottesglaubens*. Dieses bleibt insbesondere für das Verständnis des Begriffs des Heiligen unentbehrlich. Auf ihn kommt Söderblom in *Der lebendige Gott* zwar auch zu sprechen, aber nur sehr summarisch (35/19 f). Er war sich dieses Mangels selbst bewusst und kündigte deshalb am Ende an, über den Begriff eines Heiligen (Maskulinum und Femininum) im zweiten Teil der Vorlesungsreihe ausführlicher zu sprechen, und schließt mit seiner uns schon bekannten (s. o., 249) Definition: »Heilige sind die, welche mit ihrem Wesen und ihrem Leben predigen, dass Gott lebt« (470/374).

In der für den zweiten Teil vorgesehenen Gliederung taucht der Begriff eines Heiligen denn auch in Kap. 14 auf, und zwar im Untertitel einer Beschreibung dreier großer Repräsentanten christlicher Frömmigkeit: Erasmus, Luther und Ignatius von Loyola. Das Stück gehört in den größeren Rahmen einer umfassenden Darstellung der Mystik im christlichen Kontext, mit besonderem Nachdruck auf dem Verhältnis von Mittelalter und Reformation (Kap. 15–17). Die Reihe sollte am Ende ausmünden in die Bestimmung der beiden »Haupttypen persönlicher Religion«, Übungsmystik und Offenbarungsmystik, primär menschlicher und primär göttlicher Aktivität, die er bereits dem ersten Teil zugrunde gelegt hatte. Die spezifisch christliche Sicht sollte in einer Beschreibung des Wesens des Gebets zur Sprache kommen, und den ganzen bis dahin zurückgelegten Weg wollte er in einem Abschnitt »Der lebendige Gott« zusammenfassen (Kap. 20). Auch hier kehrt natürlich vieles Vertraute wieder. Um aber sagen zu können, welche möglicherweise neuen Aspekte oder Akzente Söderblom dabei noch im Sinn hatte, dazu reicht das im Nachlass vorhandene Material nicht aus. Der Versuchung, über Eventualitäten zu spekulieren, müssen wir widerstehen und uns mit dem begnügen, was in dem überlieferten Fragment tatsächlich ausgeführt worden ist.

d Mission in der modernen Welt

Wir hatten oben (s. o., 301) behauptet, eine der entscheidenden Triebkräfte der Lebensarbeit Söderbloms sei das missionarische Interesse gewesen, und das mit seiner Tätigkeit in der Studentenmissionsvereinigung (s. o., 65 f 80 Anm. 150) und seiner energischen Förderung des schwedischen Missionswerkes als dessen Vorstand im Amt des Erzbischofs belegt. Auch seine Unterstützung – wenn auch nicht ohne gewisse Vorbehalte – der volksmissionarisch ausgerichteten Jungkirchenbewegung (s. o., 179–181) gehört hierher. Nun könnte man gegen Ende dieser Abhandlung den Eindruck haben, als sei jenes Interesse zunächst hinter der Fülle der religionsgeschichtlichen Themen und später hinter den Bemühungen um ökumenische Annäherung der Kirchen und um Versöhnung der Völker in den Hintergrund getreten. Da ist es gut, dass Söderblom in den letzten Jahren seines Lebens durch einige wenige, aber aussagekräftige Veröffentlichungen auf jenes Thema zurückgekommen ist. Er thematisiert darin ausdrücklich dessen Zuordnung zu den übrigen Feldern seiner Lebensarbeit.

Es handelt sich insbesondere um einen Vortrag, den er auf der Konferenz des internationalen Missionsrates in Jerusalem im Frühjahr 1928 gehalten hätte, wenn er dort nicht in letzter Minute hätte absagen müssen.[870] Dessen schwedischer Titel *Kristendom och mission* (Christentum und Mission) verrät sogleich den grundsätzlichen Charakter der Überlegungen.[871] Sie beginnen mit der Feststellung, dass die Gemeinschaft der Gläubigen als solche, d. h. hinsichtlich ihrer Gottesbeziehung, eine übernatürliche Größe ist. Sie ist jedoch nicht einfach unsichtbar, sondern tritt auch sichtbar in Erscheinung in Wort, Sakrament, Gebet, und vor allem in der Liebe (134/10 f). Das wird besonders in der Mission sinnenfäl-

---

870 Vgl. B. Sundkler, a. a. O. (wie Anm. 2), 424.
871 N. Söderblom, *The Historic Christian Fellowship*, in: Report of the Jerusalem Meeting of the International Missionary Council, March 24th-April 8th 1928, vol. 3: The Relations Between the Younger and Older Churches, London u. a. 1928, 133–154. Danach die folgenden Seitenzahlen, dazu an zweiter Stelle die Seitenzahlen der schwedischen Fassung, die drei Jahre später unter dem Titel erschien: *Kristendom och mission. Ett ord om kristendomens egenart och kristen gemenskap*, in: Tillkomme Ditt Rike 26/1931, 9–33.

lig, die zu allen Zeiten eine unverzichtbare Lebensäußerung der Kirche gewesen ist, ja, in ihr kommt geradezu das Wesen der Kirche zum Ausdruck (135/12). Doch wird sie ihrer Aufgabe nur gerecht, wenn sie sich nicht in einem europäisch-amerikanischen Monopol organisiert und womöglich noch anderen Völkern westliche Kultur aufnötigen will. Ein derartiger kirchlicher Imperialismus widerspricht dem universalen Charakter der Kirche (135 f/10–12). Vielmehr gehört es zum spezifischen Auftrag der christlichen Mission, Imperialismus und Rassismus in allen ihren Formen zu bekämpfen, sich also nicht nur für den inneren Frieden der Seele, sondern auch für den Frieden zwischen den Völkern einzusetzen.[872] Dabei müssen die »jungen« und die alten Kirchen sich gegenseitig unterstützen. Hier wird der Autor auch an den Säkularisierungsprozess in Europa gedacht haben, der es zum Missionsgebiet macht (153 f/32). Dass aber eine solche auf die ganze Menschheit zielende Ausbreitung des Christentums, allen sie verfälschenden kolonialistischen, nationalistischen und rassistischen Tendenzen zum Trotz, tatsächlich stattfindet, ist letztlich Gottes Werk, ein Wunder Gottes (133/9 f).[873]

Nach dieser Einleitung wendet sich Söderblom der Begründung des Missionsauftrages zu. Dabei geht er folgendermaßen vor. Nachdem er unter II die faktische kirchliche Basis in ihrer Einheit und Differenziertheit als Voraussetzung skizziert hat (136–140/12–16), entwickelt er im Hauptteil (III, 140–154/16–33) zunächst die theologische Grundlegung, indem er den Glaubenssatz der Einzigartigkeit und Übernatürlichkeit der christlichen Offenbarung expliziert. Sie hat ihren Grund in der Einzigartigkeit (*uniqueness / enastående*) Christi (140–144/17–20). Diesen grundsätzlichen Erörterungen stellt er sodann in einem religionsgeschichtlichen Vergleich Belege gegenüber, die für diese Sicht sprechen (144–151/21–29). Damit ist zugleich der Bezug zu den Adressaten der Mission hergestellt. Am Schluss (151–154/29–33) kommt er noch einmal auf das Thema der Einheit der Kirche zurück, um genauer zu klären, in welchem Sinn sie für die Mission notwendig ist.

Die Skizze der empirischen Gegebenheiten greift auf das uns bereits bekannte Schema der Einheit in Mannigfaltigkeit zurück. Dabei ist bemerkenswert, dass die Mannigfaltigkeit gerade auch im Zusammenhang der Mission verteidigt wird. Sie wird hier damit begründet, dass Jesus keine neue Institution habe gründen wollen, sondern die Menschen als Einzelne

---

872 Der Bezug zur Friedensarbeit ist in diesem Aufsatz nur angedeutet. Er kommt umso deutlicher in einem anderen Artikel zum Ausdruck, auf den wir oben (s. o., 303) schon einmal Bezug genommen haben: N. SÖDERBLOM, *Missionen såsom fridens budbärarinna*, in: Gemensam gärning. Fördedrag vid nordiska missionskonferensen i Stockholm 1925, Stockholm 1925, 58–66, bes. 59–62.

873 Vgl. N. SÖDERBLOM, *Missionen* ... (wie vorige Anm.), 55–62.

angesprochen habe. Darum könne die Einheit der später unumgänglich gewordenen kirchlichen Institution allein in dem Bezug des Glaubens auf Jesus Christus bestehen. In allen anderen Hinsichten ist die schon in der ältesten Kirche beginnende Ausdifferenzierung dieser Institution ein natürlicher geschichtlicher Vorgang. Von diesem Grundsatz aus sind zwei Irrwege ausgeschlossen. Das sind einmal – synchron – faule Kompromisse zwischen verschiedenen Konfessionen oder Richtungen hinsichtlich der Grundüberzeugung, wie der christliche Glaube auszulegen sei. Söderblom zitiert das Ansinnen an Paulus, den Titus beschneiden zu lassen, und unterstützt nachdrücklich seine Weigerung, dem zu willfahren – gegen die vermutete Neigung vieler Kirchenleute seiner eigenen Gegenwart (schon damals!), in analogen Fällen um des lieben Friedens willen nachzugeben. Das wäre unwahrhaftig. Ebenfalls ausgeschlossen ist zum anderen – diachron – der Versuch, die Meinungen und Zustände des Urchristentums für schlechthin normativ zu erklären. Das hieße, die Kirche zu einem Museum zu machen. Das eine würde die Mission um ihre Glaubwürdigkeit, das andere um ihre Relevanz bringen.

Der erste – theologische – Argumentationsschritt entfaltet sodann in äußerster Knappheit die Glaubensgrundlage der Mission. Der Absolutheitsanspruch des christlichen Glaubens schließt eine allgemeine Offenbarung vor und neben Christus nicht aus, wohl aber (nach Apg 17) unklare Gottesbilder, die zu Abgötterei und Unmoral führen. Dieses Argument dürfte sich sowohl nach innen an die eigene Kirche als auch nach außen an die Missionskirchen richten. Inhaltlich besteht die Einzigartigkeit des Christentums in der Nachfolge des gekreuzigten Gottessohns und damit in einer Erlösung, die den Menschen durch Leiden und Tod zum ewigen Leben führt. Dieser Leidensweg hat somit für den Glaubenden eine positive Funktion bekommen, unbeschadet der sittlichen Pflicht, fremdes Leiden nach Möglichkeit zu lindern oder zu beseitigen.

Der christliche Glaube hat als Werk Gottes am Menschen seine besondere Eigenart in einem Doppelten: in seiner unvertretbaren Individualität und in seiner grenzenlosen Universalität. Er ist darum zum einen keine äußerliche Leistung wie das Fürwahrhalten bestimmter Tatsachenbehauptungen oder einer Lehre (oder auch das gehorsame Befolgen ritueller Vorschriften, könnte man ergänzen), sondern das bedingungslose innerliche Vertrauen auf die Gegenwart Gottes in der Person Jesu Christi. Zum anderen hat er, bezogen auf die ganze Menschheitsgeschichte, eschatologischen Charakter, insofern er in jener Gegenwart Gottes den Anbruch des neuen Äons sieht. Dieser umfassenden Zusage entspricht der prinzipiell unbegrenzte Adressatenkreis der Mission. Dennoch soll diese, dem Vorbild Jesu folgend, in ihrer Praxis primär den einzelnen Menschen und nicht die Institution im Blick haben.

Der zweite Gedankengang, der durch religionsgeschichtlichen Vergleich die Einzigartigkeit des Christentums bestätigen soll, ist Söderblom besonders wichtig, muss aber hier nicht im Einzelnen referiert werden, weil er auf lauter schon bekannte Argumente wie die Antithese zum Buddhismus und die Unterscheidung vom Judentum zurückgreift. Der Verweis auf das Kreuz Jesu als Offenbarung der Liebe Gottes, der den Menschen sucht und damit die Grundrichtung der menschlichen Gottsuche umkehrt, fasst das Stück zusammen. Christliche Mission sei deshalb weder ein Konkurrenzkampf (*competition* / *tävlan*) mit fremden Religionen noch eine Art von Propaganda, sondern lediglich eine »Nachrichtenagentur« zur Verkündigung des Evangeliums.[874] Der letzte Schritt schließt den Kreis, indem er noch einmal das Problem der Einheit der Kirche auf die Mission bezieht. Mission gründet sich wie jede andere kirchliche Arbeit auf die Gemeinsamkeit des Glaubens an die göttliche Offenbarung in Christus. Kirchliche Organisationen, die diese *innere* Einheit nicht anerkennen, indem sie in Wort oder Tat einander die volle Zugehörigkeit zur Gemeinschaft der Gläubigen bestreiten, leugnen eben dadurch die Einzigartigkeit jener Offenbarung und konterkarieren damit jegliche missionarische Arbeit, z. B. durch Proselytenmacherei. Ist aber die Einheit in diesem Sinn anerkannt, dann dürfte die *äußere* Unterschiedlichkeit der theologischen Interpretationen, der Riten und Gebräuche, der kirchlichen Verfassungsformen auch auf den Missionsfeldern kein unüberwindliches Hindernis darstellen, denn all dies ist gegenüber der Einheit im Glauben sekundär. Söderblom verweist dafür auf die Weltmissionskonferenz in Edinburgh 1910, die zum Leitmotiv nicht die Einheit als Selbstzweck gehabt habe, sondern »Dein Reich komme«, und die eben damit zum Vorbild auch für Stockholm 1925 und Lausanne 1927 geworden sei. Daneben mag er auch die Tatsache im Sinn gehabt haben, dass alle großen Weltreligionen in sich differenziert sind.

Man sieht: Der Aufsatz versammelt noch einmal alle wesentlichen Elemente von Söderbloms Lebenswerk. Dass er dies aus dem Gesichtswinkel der Mission tut, ist kein Zufall. Gewiss muss man sich hüten, seine vielfältige und weitverzweigte Lebensleistung monokausal auf einen einzigen Nenner zu bringen. Aber vielleicht darf man, in Anlehnung an die Formel seiner Kirchentheorie »Einheit in Mannigfaltigkeit« von dem einen Grundmotiv sprechen, das zwar die verschiedenen Stränge seiner Lebensarbeit in ihrer Eigenständigkeit bestehen lässt, ihnen aber eine gemeinsame Ausrichtung verleiht.

---

874 Der letzte Gedanke scheint im Widerspruch zu stehen zu der sonst meist positiven Bewertung von *tävlan*. Hier ist der Begriff im Sinne eines feindseligen Antagonismus gebraucht.

Eine gewisse Bestätigung für diese Sicht bietet der am 6. Juli 1931 geschriebene letzte Rundbrief an die Pfarrer der Diözese Uppsala.[875] Ob Söderblom an diesem Tag bereits geahnt hat, dass er nur noch wenige Tage zu leben haben würde (er starb am 12.7.), ist mir nicht bekannt; die akute Krankheit, die zum Tode führen sollte, brach zwei Tage später aus. Aber zumindest im Nachhinein bekommt das Dokument den Charakter eines Vermächtnisses. Es umfasst nur drei Seiten. Sein Gegenstand ist die Evangelisation, also gewissermaßen die »innere« Mission. Zunächst heißt es da, dass die zentrale Aufgabe des Pfarramts die Verkündigung des Evangeliums ist, die alle Arbeitskraft und alle Liebe zu den Menschen erfordert, deren der Pfarrer fähig ist, und nicht zuletzt sein Gebet. Vor diesem Hintergrund entfaltet Söderblom das konkrete Anliegen seines Briefes, nämlich die Anfrage, wer von den Pfarrern bereit sei, im November oder im März des folgenden Jahres an bestimmten Orten der Diözese eine Woche lang täglich das Wort Gottes zu verkündigen. Sie sollten immer zu zweit ausziehen, so wie einst die ersten Jünger. Damit erinnert er nicht nur an das Urchristentum, sondern auch an die »Kreuzzüge« der Jungkirchenbewegung 1910 und 1911 (s.o., 178 f). Das impliziert, ohne dass er es ausdrücklich angesprochen hat, seine Sorge angesichts der damals auch schon in Schweden zunehmenden Entkirchlichung und Pluralisierung der Gesellschaft, zugleich aber seine ungebrochene Zuversicht, dass sich das Blatt durch eine nach vorn gerichtete kirchliche Aktivität noch wenden lasse.[876]

875 Der Rundbrief wurde postum veröffentlicht in: Uppsala domkapitlets circulär 1931:9. Eine Kopie davon befindet sich im Nachlass (UUB) unter der Bezeichnung: NSS C 6/7/1931, N. SÖDERBLOM, *Ärkebiskopens sista brev till ämbetsbröderna i stiftet.*
876 Ähnlich auch M. NEIIENDAM, *N. Söderblom* (wie Anm. 96), 50 f.

8.

Das Ende und das Erbe

a Die letzten Stunden – eine Abschiedspredigt

Am 5.7.1931 hielt Söderblom in Hanebo/Hälsingland seine letzte Predigt. Ein Zuhörer meinte sich später zu erinnern, dass die Stimme des Predigers auffallend schwach war, in deutlichem Kontrast zu dem, was man von ihm gewohnt war.[877] Wenn dies zutrifft, dann könnte das auch ein Licht auf den am nächsten Tag geschriebenen Rundbrief werfen. Am 7.7. – nur an diesem einen Tag – nahm Söderblom an einer der seit der Stockholmer Konferenz regelmäßig stattfindenden Konsultationen mit den Anglikanern auf Schloss Sparreholm in Södermanland teil, wo er einen Vortrag hielt, der sich mit der anglikanischen Tendenz zu einer Synthese zwischen Christentum und Platons Philosophie kritisch auseinandersetzte – wie es scheint, im Vollbesitz seiner Kräfte.[878] Am 8.7. aber, während seiner Sprechstunde, überfielen ihn urplötzlich extrem heftige Schmerzen im Bauchraum. Er musste die Audienz unterbrechen, um den Arzt zu rufen und sich ins Bett zu begeben. Dort empfing er unter Qualen, aber mit eiserner Selbstbeherrschung, die letzten Besucher. Es gibt darüber den eindrucksvollen Bericht des Seemannspfarrers in Gdynia, mit dem Söderblom über dessen Gemeinde sprechen wollte. Er war der letzte Besucher. Söderblom hörte ihn aufmerksam und mit lebhaftem Interesse an; der Bericht hat ihn sicherlich an seine eigene Zeit in Calais erinnert. Er versah den Besucher noch mit dem Auftrag, doch bald einmal nach Warschau zu fahren und für die dort ansässigen Schweden einen Gottesdienst zu halten, und trug ihm Grüße auf, bevor er ihn entließ.[879]

Die heftigen Schmerzen wurden als Ileus (Darmverschluss) diagnostiziert. Da blieb den Ärzten wegen der unmittelbaren Lebensgefahr keine andere Wahl als eine sofortige Operation, obwohl ihnen das Risiko wegen

---

877 Vgl. ERNST PONTÉN, *Ärkebiskopens sista besök i stiftet*, in: Hågkomster ... Bd. 12 (wie Anm. 97, 387–396), 393.

878 Vgl. GUSTAF AULÉN, *Söderblom på Sparreholm – hälsans sista dag*, in: Hågkomster ... Bd. 12 (wie vorige Anm.), 397–403. Es war bei dieser Gelegenheit, dass Söderblom Aulén die Titelformulierung für seine Gifford-Vorlesungen anvertraute, s.o., Anm. 201.

879 SVEN HELLQUIST, *Sista ärendet på sista mottagningsdagen*, in: Hågkomster ... Bd. 12, 404–410.

des stark angegriffenen Herzens des Patienten natürlich bewusst war. Söderblom muss geahnt haben, dass er das nicht überstehen würde. Die Operation verlief zwar komplikationslos, und der Patient stellte sich noch einmal energisch auf eine Rekonvaleszenz ein. Am Sonntag, dem 12., an dem er eigentlich im Dom hätte predigen sollen, schien er sich sogar etwas zu erholen. Doch dann trafen ihn am Nachmittag im Abstand von zwei Stunden zwei schwere Herzinfarkte, die das Ende herbeiführten.[880]

Die letzten Stunden waren geprägt von den starken Schmerzen, und zugleich von fester Zuversicht des Glaubens.[881] Söderblom gab seinen anwesenden Familienangehörigen sein Lebensmotto mit auf den Weg, das er selbst von seinem Vater übernommen hatte: »Nicht dass wir Herren wären über euren Glauben, sondern wir sind Gehilfen eurer Freude« (2Kor 1,24). Dann betete er laut mit Worten aus dem Gesangbuch: »Lehr mich, mein Leben enden, Dein'm Namen, Gott, zum Preis, wie's immer auch sich wende, Du bist doch gut und weis'«[882], sowie die Sätze aus Paul Gerhardts »O Haupt voll Blut und Wunden«: »Ich danke dir von Herzen, o Jesu, liebster Freund, für deines Todes Schmerzen«[883], und er dankte Gott, »dass ich Unwürdiger Pfarrer der schwedischen Kirche sein durfte«. Von jedem seiner Angehörigen verabschiedete er sich mit einem aufmunternden Wort und bedankte sich bei ihnen allen, besonders auch bei den Ärzten und Schwestern. Er bat die Versammelten um Vergebung für alles, was er ihnen schuldig geblieben sei, betete mit ihnen gemeinsam das Vaterunser und segnete sie. Danach traf er einige Bestimmungen über seine Bücher, nannte den Titel für die Gifford-Vorlesungen und sprach dazu die später berühmt gewordenen Worte: »Dort habe ich durch die Religionsgeschichte bewiesen, dass Gott lebt«. Mit nachlassender Kraft sprach er schließlich über das ewige Leben. Seine letzten Worte zu seiner Frau waren, kaum noch hörbar: »Die Ewigkeit, Anna, die Ewigkeit!« Damit verstummte er. Bis zu allerletzt war er bei vollem Bewusstsein gewesen. Die Familie hat

880 Vgl. S. (= STAFFAN SÖDERBLOM, Sohn des Erzbischofs und Botschafter), N. Söderblom 1866–1931, in: N. Söderblom in memoriam (wie Anm. 4, 7–24), 21 f.

881 Für das Folgende stütze ich mich auf die Gedenkrede von ALGOT ANDERBERG, De sista orden, in: Hågkomster … Bd. 12 (wie Anm. 97), 411–414, und vor allem auf die Aufzeichnungen eines anderen Schwiegersohnes, ARVID RUNESTAM, Ärkebiskop Söderbloms sista stunder (NSS, Manuskript 1931, UUB), die mir dessen Sohn Staffan Runestam freundlicherweise in Kopie zur Verfügung gestellt hat. Von dieser zweiten Quelle mache ich allerdings wegen deren privaten Charakters zurückhaltenden Gebrauch.

882 »Lär mig min dag fullända, Ditt namn, O Gud till pris, och tro, vadhelst må hända, att Du är god och vis«, V. 6 des Chorals »Min Gud och Fader käre, nu vill jag tacka Dig«, Den svenska psalmboken 1986, Nr. 491.

883 Ev. Gesangbuch (wie Anm. 860), Nr. 85,8; Den svenska psalmboken Nr. 144,6, gegenüber der damaligen Fassung (Nr. 76,8) leicht verändert.

dieses trotz aller Qualen klaglose und zuversichtliche Sterben ihres ihr bis zuletzt zugewandten Oberhauptes als eine einzige Abschiedspredigt verstanden. Algot Anderberg, einer von Söderbloms Schwiegersöhnen, schloss seine Gedenkrede in dem Trauergottesdienst am 15. Juli mit den Worten: »Wir haben Gott offenbart gesehen.«

Die Beisetzung im Dom fand am Samstag, dem 18. Juli statt.[884] Der König hatte angeordnet, dass Söderblom hier, links vor dem Altar, seine letzte Ruhestätte finden sollte.[885] Die ganze Stadt war in Trauer. Viele Menschen standen schon frühmorgens vor dem Dom. Tausende waren von auswärts angereist, auch aus dem Ausland. Ein großes Polizeiaufgebot sorgte für Ordnung. Überall hingen Fahnen auf Halbmast, nicht nur in Uppsala, sondern auch in Stockholm und anderen Städten. Die Geschäfte schlossen, der Verkehr kam zum Stillstand.

Nach einem anderthalbstündigen Defilee im Bischofspalais erschienen die königliche Familie und das Kronprinzenpaar Norwegens und Prinzessin Margaretha von Dänemark, um der Familie ihr Beileid zu bekunden und Kränze niederzulegen. Dann begaben sie sich auf ihre reservierten Plätze in der Kirche. Eine große Anzahl weiterer Trauergäste war gekommen: Vertreter aus der Ökumene, Geistliche aus dem ganzen Land und aus anderen skandinavischen Ländern, Abgesandte in- und ausländischer Universitäten sowie der Schwedischen Akademie, Notabeln des öffentlichen Lebens. Kein Platz in dem riesigen Dom blieb frei. Als um 12 Uhr die große Glocke läutete, wurde der Sarg von acht Studenten hineingetragen. Dazu sang der berühmte Chor Orphei Drängar, dem Söderblom einst selbst angehört hatte. Eine dichtgedrängte Menschenmenge, die den 100 m langen Weg bis zum Portal säumte, zog schweigend ihre Hüte. In der Kirche war der Altarraum mit einer Fülle von Blumen geschmückt; besonders beziehungsreich waren die Fuchsien, Söderbloms Lieblingsblumen, vom Volksmund auch *Kristi blodsdroppar* (Christi Blutstropfen) genannt.

Nach gedämpftem Orgelvorspiel begann der Gottesdienst mit dem von der Gemeinde gesungenen Choral »I denna ljuva sommartid«, der schwedischen Version von Paul Gerhardts »Geh aus mein Herz und suche Freud«, für die Söderblom eine strahlende neue Melodie komponiert hatte (bis heute eines der beliebtesten Kirchenlieder in Schweden[886]).

---

884 Für das Folgende vgl. den ausführlichen Bericht in *Svenska Dagbladet* vom Sonntag, dem 19.7.1931.

885 Gegenüber auf der rechten Seite liegt der erste lutherische Erzbischof Schwedens, Laurentius Petri, † 1573, begraben, ganz hinten in der Kirche der bis dahin Letzte, der große Botaniker Carl von Linné, † 1778.

886 *Den svenska psalmboken*, Stockholm 1986, Nr. 200. Dort steht das Datum 1916. S. Runestam teilt mir mit, dass dies nur die Aufnahme ins Gesangbuch meinen

Dann übernahm der Lundenser Dompropst Yngve Brilioth, ein Schwiegersohn Söderbloms, die Leitung der Trauerfeier. An der Orgel saß Wilhelm Kempff. Söderbloms Wunsch entsprechend wurde keine Traueransprache gehalten, sondern nur die traditionelle Liturgie gesungen und eine Auswahl von Bibelstellen verlesen, die ihm in seinem Leben wichtig geworden waren: das »Dennoch bleibe ich stets an Dir« von Ps 73, auf das er immer wieder zurückgekommen war; die Verse Joh 11,25 f, die er auf seinem Sterbebett gesprochen hatte: »Jesus sprach: Ich bin die Auferstehung und das Leben …«, und weitere Worte aus diesem seinem Lieblingsevangelium, darunter natürlich Jesu Bitte um die Einheit der Gemeinschaft seiner Jünger Joh 17,21, auf die er sich so oft für seine ökumenischen Bemühungen berufen hatte, und schließlich auf die ausdrückliche Bitte des Verstorbenen Lk 17,10: »Wenn ihr alles getan habt, was euch befohlen ist, so sprecht: Wir sind unnütze Knechte, wir haben lediglich getan, was wir zu tun schuldig waren.«[887] Dieser Vers ist auch auf seiner Grabplatte eingraviert. Danach verlas Brilioth ausgewählte Passagen aus Söderbloms eigenem frühen Aufsatz *Den inre gästen* und aus seinem Passionsbuch *Kristi pinas historia* sowie den Vers »Lehr mich mein Leben enden«, den Söderblom auf dem Totenbett gesprochen hatte.

Anschließend sang die Gemeinde Paul Gerhardts Vers »Ich danke Dir von Herzen«, den Söderblom ebenfalls in seiner Todesstunde gebetet hatte, und der Knabenchor des Doms sang Heinrich Schütz' Symphonia sacra *Venite ad me*, die zu Söderbloms liebsten musikalischen Werken gehörte; er hatte sie zuerst in Paris 1895 gehört und dann häufig am Karfreitag aufführen lassen.[888] Nun traten die Träger vor, trugen den Sarg die paar Schritte vom Katafalk zu der vorbereiteten Gruft und versenkten ihn langsam darin. Einige der Trauergäste legten dort Kränze nieder und sprachen ein paar kurze persönliche Worte dazu. Mit Johann Sebastian Bachs Tripelfuge in Es-Dur als Postludium schloss der Gottesdienst.

Es dauerte eine Weile, bis der Schock verarbeitet war, den dieses unerwartete Hinscheiden verursacht hatte. Wie die zahllosen Nachrufe in aller Welt zeigen, genoss Söderblom überall hohes Ansehen, auch bei Menschen, die seine Anschauungen nicht teilten. Er war ein gütiger und

kann, die Komposition selbst (lt. mündlicher Familientradition) auf 1895 zu datieren ist, damals freilich zu Adam Oehlenschlägers »Lär mig du skog att vissna glad« geschrieben.
887 Das Wort »lediglich« hat im Urtext keine Entsprechung, wohl aber in der Fassung, welche die schwedische Übersetzung damals hatte. Dort steht »allenast«, ein ebenso starker Ausdruck. Söderblom war an diesem Akzent gelegen, der ja auch sachlich dem ursprünglichen Sinn nicht zuwiderläuft.
888 S. (= STAFFAN SÖDERBLOM), a. a. O. (wie Anm. 880), 24.

zugleich sehr entschiedener und zupackender Mensch mit starker Ausstrahlungskraft und schier unglaublicher Leistungsfähigkeit, und ein überlegener Geist mit einem enorm weiten Horizont, der geradezu spielerisch leicht und rasch komplexe Zusammenhänge durchschauen und plastisch darstellen konnte. Sein religiöses und wissenschaftliches Denken war bei aller Komplexität von beeindruckender Geschlossenheit und Folgerichtigkeit. So viele geistige Anregungen sind von ihm ausgegangen, und praktisch-organisatorisch hat er so viel in Bewegung gesetzt, dass man gespannt sein konnte, ob und wie das Begonnene weitergeführt würde.

b Befreiende Nachwirkung – verschüttetes Erbe

Die am Ende des vorigen Abschnittes signalisierten Erwartungen haben sich nur partiell erfüllt. Das hat verschiedene Gründe. Einige davon sind bereits im Vorwort benannt worden: das Überwiegen von Gelegenheitsschriften, das weitgehende Fehlen von Übersetzungen, der Siegeszug der Dialektischen Theologie auf dem Kontinent, der in den Augen vieler die noch weitgehend von liberaler Theologie geprägte Generation Söderbloms als obsolet erscheinen ließ, und schließlich die Machtergreifung der Nationalsozialisten. Es kommt hinzu, dass Söderblom als akademischer Lehrer keine Schule im problematischen Sinn des Wortes gebildet hat. Wer bei ihm studierte, konnte nicht zur »Stimme seines Herrn« werden, sondern war zu eigenständigem Denken erzogen. Das ist natürlich nur sympathisch; die Aufzucht von Papageien hat an der Universität nichts verloren. Aber die Beschreibung der Nachwirkung wird dadurch nicht gerade erleichtert.

Eben dieser letzte Punkt hat jedoch eine weit wichtigere positive Kehrseite. Es lässt sich kaum bestreiten, dass Söderblom so viel wie kaum ein anderer seiner Zeitgenossen dafür getan hat, in die stickige Atmosphäre der damaligen schwedischen Theologie eine kräftige Brise frischer Luft zu bringen und die Kirchenreformbewegung vor nationalistischer Verengung zu bewahren. Die Öffnung für bis dahin kaum beachtete theologische und philosophische Strömungen außerhalb des eigenen Landes, das Vorbild einer respektvollen Behandlung fremder Religionen fern von dogmatischen Verdammungsurteilen, die vertrauensvolle Zusammenarbeit mit Angehörigen anderer christlicher Konfessionen, lauter Dinge, die heute in Schweden weithin selbstverständlich geworden sind, das alles geht zu einem ganz erheblichen Teil auf das dynamische und zugleich beharrliche Wirken Söderbloms zurück. Und dieses Wirken erstreckte sich immer weiter über Schweden und auch über den religiös-kirchlichen Bereich hinaus, nicht erst durch die Stockholmer Konferenz, sondern schon lange zuvor.

Sein Einsatz für eine ökumenische Verständigung der christlichen Kirchen und untrennbar davon für den Frieden zwischen den Völkern ist unvergessen, auch wenn er begreiflicherweise nur begrenzt erfolgreich sein konnte. Es wäre falsch, dabei nur an seine gewinnende Persönlichkeit zu denken, denn er hat in allen diesen Punkten mit heftigen Widerständen von den verschiedensten Seiten zu kämpfen gehabt.

Bei alledem war die Formel »Einheit in Mannigfaltigkeit« für Söderblom niemals bloß eine kirchenpolitische Programmformulierung oder ein religionstheoretisches Prinzip, sondern immer zugleich konkrete Leitlinie seines beruflichen Wirkens als akademischer Lehrer und später als Kirchenführer. Dies und seine Profession als Historiker haben zusammen mit seinem tiefen persönlichen Respekt vor der Eigenart fremder Individualität dazu geführt, dass er bei aller rhetorischen Überzeugungskraft niemals andere zur Annahme seiner Position genötigt, sondern im Gegenteil stets zur Entfaltung des eigenen Potenzials und zu eigenständigen Entdeckungen ermutigt hat.

Trotzdem lässt sich natürlich auch eine inhaltliche Nachwirkung von Söderbloms Ideen konstatieren. Dabei hat es in der Theologie sowohl in der Sache als auch bezüglich des Gewichts eine allmähliche Verschiebung von Uppsala nach Lund gegeben: 1914 wurde Söderblom Erzbischof, und 1920 verließ auch Einar Billing seine Professur, um Bischof von Västerås zu werden. Dagegen war schon 1913 Gustaf Aulén (1879–1977) auf den Lehrstuhl für Dogmatik und Dogmengeschichte in Lund berufen worden. Er bildete dann, ab 1924 zusammen mit dem Professor für Ethik Anders Nygren, die so genannte Lunder Schule, die insbesondere für ihre bedeutenden Beiträge zur Luther-Forschung bekannt geworden ist. Aulén war Dozent bei Söderblom gewesen[889] und von den Theologen der nächsten Generation derjenige, der am längsten und intensivsten mit ihm Kontakt gehabt hatte. Nygren war zugleich ein philosophisch gebildeter Kopf; das lag Aulén weniger. Doch war er theologiegeschichtlich und auch in den belles lettres außerordentlich belesen.

Vieles in Auléns außerordentlich anregendem Werk erinnert auf den ersten Blick stark an Söderblom. Ganz allgemein weist ihn seine große Beweglichkeit, mit der er bis ins hohe Alter auf neue Herausforderungen einzugehen vermochte, bei gleichzeitigem Festhalten an dem entscheidenden Grundzug seines Denkens als Geistesverwandten Söderbloms aus. Dieser Grundzug war die »dramatische« und »dualistische« Auffassung der Heilsgeschichte als Kampf Gottes gegen die Macht des Bösen. Noch der späte Buchtitel »Das Drama und die Symbole« weckt unmittelbar die Erin-

889 Vgl. dazu oben, 287 mit Anm. 544.

nerung an Söderblom.[890] Und doch erweisen sich die Unterschiede letztlich als gewichtiger denn die Gemeinsamkeiten. Auléns Konzeption ist theozentrisch in dem Sinn, dass er das Handeln Gottes »objektiv« beschreibt, also nicht wie Söderblom den Standpunkt des davon betroffenen Frommen einnimmt. Gottes Sieg über die Sünde im Inneren des Menschen wird geradezu ein Moment der objektiven Heilsgeschichte.[891] Diese Objektivierungstendenz ist eindeutig das Erbe Billings.[892] Sie verstärkt sich noch dadurch, dass Aulén nicht wie Söderblom historisch-empirische Arbeit mit intuitiver, »spekulativer« Wesensschau verbindet, die sehr unbefangen eine metaphysische Dimension voraussetzt, sondern »analytisch-kritisch«, deskriptiv vorgeht.[893] So erklärt sich das große Gewicht, das Aulén der Herausarbeitung historischer Perioden der Christentumsgeschichte beimisst.[894] Auf diese Weise will er das »Echtchristliche« rein objektiv umschreiben. Freilich könne dessen innerstes Geheimnis nur im symbolischen Verweis angezeigt werden. Deshalb spricht er auch stets vom Gottesbild, niemals von einem Gottesbegriff. Darin ist er mit Söderblom einig. Dem steht aber ein zweiter gravierender Unterschied gegenüber. Aulén hat bei alledem nur das Christentum im Blick; von einer göttlichen Offenbarung auch in anderen Religionen ist bei ihm keine Rede. »Die söderblomsche weitverzweigte Quelle ist umgewandelt worden zu einem Blutkreislauf, in den der Christ eingefügt und einer Wirklichkeit teilhaftig ist, die schon gegeben ist«, wie es Björn Skogar treffend formuliert hat.[895] Zu dieser Verengung der Perspektive passt es, dass Aulén Söderbloms These von der Vorläufigkeit der kirchlichen Institution als spiritualistisch ablehnt: Diese sei nicht nur menschliches Werk, sondern ein Glied in der Wirksamkeit des

---

890 GUSTAF AULÉN, *Dramat och symbolerna. En bok om gudsbildens problematik*, Stockholm 1965, dt. v. G. Klose, Göttingen 1968. Daneben ist vor allem seine in ganz Skandinavien viel gelesene Dogmatik zu nennen: *Den allmänneliga kristna tron*, Stockholm 1923, ⁶1965.

891 Dieses Problem deutet sich schon an in dem ganz frühen Artikel *Försoningstrons ställning i det dogmatiska systemet*, in: Bibelforskaren 30/1913 (110–123), 120. 122 f.

892 Vgl. EINAR BILLING, *Försoningen. Två utvidgade föredrag* (Svenska kyrkliga studentrörelsens skriftserie 128), Stockholm 1908, ²1921, hier bes. 11–15. 53.

893 Vgl. G. AULÉN, *Den allmänneliga kristna tron*, 6. Aufl., 15; dazu ANDERS JEFFNER, *Teologin inför vetenskapens utmaningar*, in: Modern svensk teologi, hg. v. L. Lindberg und G. Nilsson, Stockholm 1999 (136–186), 165.

894 Das bekannteste Beispiel ist AULÉNS Schrift *Den kristna försoningstanken. Huvudtyper och brytningar*, Stockholm 1930, dt. Zusammenfassung in ZSTh 8/1931, 501–538.

895 BJÖRN SKOGAR, *Teologins språk – och livets. Några dominerande teologiska profiler under svenskt 1900-tal*, in: Modern svensk teologi (wie Anm. 893, dort 17–69), 27.

Wortes Gottes.[896] Er wurde so zu einem der Mitbegründer der konservativen »neuen Kirchlichkeit« in Schweden, die sich zwar gewiss nicht der Ökumene verschloss, aber im Lauf der Zeit zu einer immer höheren Bewertung des bischöflichen Amtes geführt hat.

Auch in Uppsala wirkten damals interessante Theologen, wie z.B. der Dogmatiker und Theologiehistoriker Torsten Bohlin (ab 1929) oder der Ethiker Arvid Runestam (ab 1922). Sie standen Söderblom vielfach auch persönlich nahe, aber die theologischen Berührungen waren eher noch geringer als bei Aulén. Doch die lebendige Vielfalt theologischer Arbeit in dieser Generation kann man durchaus als von ihm mit ermöglicht ansehen.

In der Religionsgeschichte, dem eigentlichen Fach Söderbloms, lässt sich seine Nachwirkung klarer bestimmen. Hier ist insbesondere sein Nachnachfolger auf dem Lehrstuhl zu nennen, Tor Andrae. Er hat wie Söderblom dezidiert religionsphänomenologisch gearbeitet und legte einen besonderen Akzent auf die Religionspsychologie. Wie sein Lehrer verstand er es hervorragend, komplizierte Sachverhalte einfach und doch präzise darzustellen. So mancher Gedanke Söderbloms kehrt in neuem Gewand und Zusammenhang wieder. So ist auch Andrae der Meinung, dass Religion in jedem Fall ihren Sitz primär im Einzelnen hat, dass es Offenbarung Gottes in allen Religionen, aber am klarsten im Christentum gibt. Freilich geht er einen Schritt über Söderblom hinaus, indem er sich eine »Fortsetzung der Offenbarung« auch im Sinne einer Perfektibilität des Christentums vorstellen kann, wenngleich in einem ganz anderen als einem aufklärerisch-moralistischen Sinn. In der Wahl seiner speziellen Arbeitsgebiete ist Andrae ganz eigene Wege gegangen, insbesondere durch seine Spezialisierung auf den Islam, den Söderblom auffallend stiefmütterlich behandelt hatte.

Weiter muss der Niederländer Gerardus von der Leeuw erwähnt werden, der methodisch wohl am engsten an Söderblom angeknüpft hat. Mit Recht hat er am Ende seines Lehrbuchs zur Religionsphänomenologie die Wende zu der neuen Betrachtungsweise an den Namen Söderbloms geknüpft und zum Ausdruck gebracht, wie viel er ihm verdankt.[897] Über ihn hinausgehend, hat er aber die philosophische Grundlegung nachgeliefert (634–659; ²768–798), die Söderblom nur sehr skizzenhaft geboten hatte; dessen große wissenschaftliche Arbeiten waren ja vor Beginn der Debatten der philosophischen Phänomenologie entstanden.

---

896 G. AULÉN, *Hundra års* ... (wie Anm. 77), 135–137; ders., *Till belysning* ... (wie Anm. 77), 231.
897 GERARDUS VAN DER LEEUW, *Phänomenologie der Religion* (NTG), Tübingen 1933, 658 f (²1956, 797 f). Danach die folgenden Seitenzahlen.

Schließlich ist an Friedrich Heiler zu erinnern, von dem oben bereits mehrfach die Rede war. Er hatte auch in seinem Fach, der Religionsgeschichte, viel von Söderblom gelernt und sich Kenntnis der schwedischen Sprache eigens zu dem Zweck angeeignet, Söderbloms Werke im Original lesen zu können. Schon sein erstes großes Buch über das Gebet hatte er Söderblom zugeschickt mit der Bitte, es zu rezensieren, was dieser auch ausführlich getan hat.[898]

Nach dem Abtreten der Generation seiner Schüler jedoch hat sich die religionsgeschichtliche Forschung immer mehr von Söderblom und auch von der Religionsphänomenologie abgewandt und sich einem positivistischen Ideal »reiner«, d.h. einer vermeintlich von (insbesondere christlichen) Voraussetzungen freien Wissenschaft verschrieben. Damit wurde die Religionsgeschichte weithin wieder auf die Rolle eines Teilgebiets der Ethnologie oder auch der Soziologie oder Psychologie reduziert. Selbst die 1941 gegründete Söderblom-Gesellschaft hat diesen Wandel mitvollzogen.[899]

In Schweden führte die Wende zu einem positivistischen Wissenschaftsverständnis im Zuge der Universitätsreform von 1969–1977 zu einer Umbildung der theologischen in religionswissenschaftliche Fakultäten. Dies war zugleich eine Antwort auf die schneidende Kritik, die der Uppsalienser Philosoph Ingemar Hedenius am Christentum und speziell an der Lunder Schule geübt hatte.[900] Das hatte Folgen vor allem für das Fach der Dogmatik, der alles Normative abgesprochen und die Funktion einer empirisch beschreibenden »tros- och livsåskådningsvetenskap« (Glaubens- und Lebensanschauungswissenschaft) zugeteilt wurde. Die gewisse Historisierungstendenz der Entwicklungslinie von Billing zur Lunder Schule dürfte das ungewollt mit vorbereitet haben. Der nächste Schritt auf diesem Weg war der auf breiter Front vollzogene Anschluss der Theologie an die angelsächsische sprachanalytische Philosophie, an der sich übrigens auch Nygren in einem Alterswerk beteiligte.[901] Die Frage, ob dieser *linguistic turn* die in ihn gesetzten Erwartungen eines »objektiven« Schutzes für das Unternehmen Theologie erfüllen konnte oder nicht vielmehr ebenso gut auch zur Untermauerung einer dezidiert atheistischen Konzeption dienen

---

898 Vgl. Fr. Heiler, *Das Gebet. Eine religionsgeschichtliche und religionspsychologische Untersuchung*, München ²1920, X (Aus dem Vorwort zur 1. Aufl.); ferner N. Söderblom, *Brev* ... (wie Anm. 1), Nr. 116–118 (29.3., 4.5., 15.5.1918).
899 Vgl. E.J. Sharpe, a.a.O. (wie Anm. 2), 202.
900 Vgl. Ingemar Hedenius, *Tro och vetande*, Stockholm 1949. S.o., 45.153.
901 Vgl. Anders Nygren, *Mening och metod. Prolegomena till en vetenskaplig religionsfilosofi och en vetenskaplig teologi* (Studier utg. av institutionen för syst. teologi vid Åbo Akademi), Åbo 1973; dt. v. G. Klose: Sinn und Methode, Göttingen 1979.

kann (wofür vieles spricht), muss hier nicht entschieden werden.[902] Inzwischen ist die Entwicklung weiter fortgeschritten. Ob sich jetzt z. B. mit den Bemühungen um eine modernere Hermeneutik neue Möglichkeiten eröffnen, liegengebliebene Anregungen Söderbloms aufzugreifen, bleibt abzuwarten.

Was schließlich die Ökumene angeht, so muss man feststellen, dass die Zuspitzung des Nationalismus zum Faschismus und Nationalsozialismus, die zur Zeit von Söderbloms Tod schon weit fortgeschritten war, auch die Verständigung zwischen den Kirchen zumindest auf der offiziellen Ebene erst einmal wieder blockiert hat. Nationalistisch eingestellte Theologen wie Paul Althaus und Emanuel Hirsch haben das Ihre dazu getan (s. o., 392). Dafür haben aber jedenfalls kirchliche Widerstandskämpfer wie Dietrich Bonhoeffer Verbindungen, die einst Söderblom und andere geknüpft hatten, nutzen können. Nicht zuletzt deshalb war es nach dem Ende des II. Weltkriegs möglich, die abgerissenen Fäden wieder aufzugreifen und 1948 endlich Söderbloms Herzenswunsch zu erfüllen, den ein Jahr nach der Faith-and-Order-Konferenz in Edinburgh von 1937 gegründeten Weltrat der Kirchen als ökumenische Dachorganisation zu konstituieren (s. o., 394). Dessen bewegte Geschichte nachzuzeichnen ist hier nicht der Ort. Nur die folgenden allgemeinen Bemerkungen gehören noch hierher. Der Weltrat hat sich durchaus an die söderblomsche Regel der Einheit in Mannigfaltigkeit gehalten und nicht in die inneren Angelegenheiten der assoziierten Kirchen hineinregiert. Dass unterhalb dieses Daches Großorganisationen wie der Lutherische Weltbund dann zeitweise doch unter dem irreführenden Schlagwort der »versöhnten Verschiedenheit« auf Lehrkompromisse mit der römisch-katholischen Kirche und damit langfristig auch auf eine organisatorische Wiedervereinigung hingearbeitet haben, steht auf einem anderen Blatt. Söderbloms Verständnis von Ökumene entsprach das jedenfalls nicht, wenngleich man zugeben muss, dass er durch Unklarheiten wie die Hoffnung seiner späten Jahre auf eine »organische Einheit« (s. o. 397 f) an solchen Tendenzen nicht ganz unschuldig war. Diese Unklarheiten traten schon zutage in der Forderung eines ethischen Glaubensbekenntnisses, die Söderblom allerdings bald wieder fallen ließ (s. o., 321). Trotzdem hat diese problematische Formulierung offenbar unterschwellig fortgewirkt, bis hin zu der Rede von einer ethischen Häresie in Uppsala 1968. Freilich entspricht die darin zutage getretene Dogmatisierungstendenz so wenig Söderbloms Intention, dass man sie eher mit der fortdauernden Dominanz des Life-and-Work-Flügels und der im

---

902 Vgl. dazu von theologischer Seite die heftige und deshalb auch ungerechte, aber in vielem m. E. durchaus treffende Polemik in GUSTAF WINGRENS Schrift *Tolken som tiger. Vad teologin är och vad den borde vara*, Stockholm 1981.

Bannkreis der Dialektischen Theologie vielfach mangelnden Unterscheidung theologischer von politischen Aussagen in jener Zeit in Verbindung bringen muss, die ihrerseits eine Reaktion auf die sträfliche Vernachlässigung der politischen Dimension durch weite Teile von Kirche und Theologie gewesen ist. Doch trotz mancher Missverständnisse ist Söderbloms Andenken in der Ökumene bis heute stets in Ehren gehalten worden.

Trotzdem ist die Beschäftigung mit Söderblom aufs Ganze gesehen gegenwärtig nicht besonders intensiv. Immerhin gab es in Schweden in den letzten Jahrzehnten eine gewisse Neubelebung des Interesses, die sich im Nachdruck etlicher seiner Werke, einigen Veröffentlichungen über ihn und in verschiedenen ihm gewidmeten Tagungen niederschlug.[903] Ein öffentlich sichtbares Zeichen war in Uppsala die Umbenennung des unteren Teils von Odinslund, zwischen Dom und Trefaldighetskyrkan, in Nathan Söderbloms Plan in den 60-er Jahren und die Aufstellung der Söderblom-Statue von Bror Hjorth an diesem Ort. Wie weit die Ausstrahlungskraft dieser Aktivitäten reicht, vermag ich nicht zu beurteilen.

Die geschilderten Veränderungen auf den akademischen und kirchlichen Arbeitsgebieten Söderbloms stehen im Zusammenhang mit den gewaltigen politischen, sozialen und geistigen Umwälzungen, die sich seit dem Tode Söderbloms in der Welt vollzogen haben. Das Zeitalter der großen Massenmobilisierung durch die politischen Ideologien, das damals erst gerade begonnen hatte, ist zwar inzwischen weitgehend abgeklungen, aber es hat eine Weltgesellschaft hinterlassen, welche die durch den I. Weltkrieg initiierte Abkehr von dem alteuropäischen Gesellschaftsmodell unumkehrbar gemacht hat. Es erscheint darum auf den ersten Blick gerechtfertigt, dass Söderblom, dessen Wurzeln bis weit ins 19. Jahrhundert zurückreichen, überwiegend als eine ehrwürdige Gestalt abgelebter Zeiten wahrgenommen wird. Die Anknüpfung an den Geniekult der Romantik bei Erik Gustaf Geijer, der Glaube an eine noch christlich beherrschte Welt oder jedenfalls an ihre Wiederherstellung und universale Ausweitung, auch die Überzeugung, dass irgendwann die Abschaffung des Krieges möglich sei, das alles scheint ebenso unwiderruflich der Vergangenheit anzugehören wie seine unbefangene Verknüpfung von Theologie und Religionswissenschaft oder die hermeneutischen Voraussetzungen seiner historischen Arbeit.

---

903 Vgl. dazu E. J. SHARPE, a. a. O. (wie Anm. 2), 205 f. Die Tagungen sind dokumentiert: *N. Söderblom and His Contribution to the Study of Religion* (1984, vgl. Anm. 462); *N. Söderblom As a European* (1992, vgl. Anm. 649); *N. Söderblom. Präst – Professor – Ärkebiskop* (2000, vgl. Anm. 96); *The Relevance of Theology. N. Söderblom and the Development of an Academic Discipline* (2002, vgl. Anm. 296).

Doch wird eine solche Historisierung weder Söderblom im Besonderen noch auch der Geschichte im Allgemeinen gerecht. Das gilt selbst für den Begriff der großen Persönlichkeit. Zwar dürfte die These, dass es die großen Persönlichkeiten seien, welche »die Geschichte machen«, als einseitig erwiesen sein. Doch gilt das Gleiche auch für die Gegenthese, welche die anonymen Massenbewegungen als deren alleiniges Subjekt ansieht, wie z. B. der innere Widerspruch zeigt, den der Personenkult kommunistischer Staaten darstellt. Auf die Person Söderbloms angewandt: Niemand bezweifelt, dass er eine große Persönlichkeit gewesen ist. Das bezeugen die bedeutenden Entwicklungen auf vielen Gebieten, die er angestoßen hat. Große Persönlichkeiten aber haben die Gabe, weit über ihre Zeit hinauszublicken und über große Zeiträume hinweg zu wirken. Wenn dieser Gedanke von Romantik und Idealismus immer noch richtig ist, dann lohnt es sich, trotz der inzwischen eingetretenen Wandlungen nach der Bedeutung Söderbloms für unsere Gegenwart zu fragen. Es könnte sogar sein, dass manche der angeblich weiterführenden Wege sich dabei als Sackgassen erweisen.

1. Es ist zweckmäßig, bei dem Heiligen als der zentralen Entdeckung Söderbloms zu beginnen. Dabei setze ich voraus, dass es möglich sein muss, den Begriff der Religion so zu bestimmen, dass alle ihre weit voneinander divergierenden Erscheinungsformen davon erfasst werden, damit man überhaupt weiß, wovon die Rede sein soll. Dann dürfte der Begriff des Heiligen als der sowohl Furcht und Schrecken als auch Vertrauen und Faszination einflößenden Macht der Transzendenz immer noch für diesen Zweck hervorragend geeignet sein, auch wenn man heute dank des ungeheuer gewachsenen Kenntnisstandes das Phänomen der Religion wesentlich differenzierter sieht, als es zu Söderbloms Zeiten möglich war. Dabei kann durchaus einmal das Element der Furcht, das andere Mal das Element des Vertrauens stärker zum Vorschein kommen. Das hat Söderblom selbstverständlich konzediert. Zugleich bietet der Begriff die Möglichkeit, zwischen mehr oder weniger intensiver Religiosität zu unterscheiden, und damit u. a. eine Handhabe, die heute modische Beliebigkeit der Zusammenstellung religiöser Elemente kritisch zu durchleuchten.

Dabei ist das Gegebensein religiösen Erlebens als Bedingung der Möglichkeit eines Urteils vorausgesetzt. Das Recht dieser von Söderblom klar ausgesprochenen Prämisse ist freilich leicht einzusehen: Niemand würde auf das musikalische Urteil eines unmusikalischen Menschen etwas geben. Religiöses Erleben bedeutet in diesem Zusammenhang zwar immer einen lebendigen Bezug zu einer bestimmten, aber nicht notwendig zur christlichen Religion. Söderblom hat das im Rahmen seiner wissenschaftstheoretischen Erwägungen nicht diskutiert, weil es zu seiner Zeit faktisch nur in der christlichen Welt eine Religionswissenschaft gab. Doch kann man annehmen, dass er nichts dagegen einzuwenden gehabt hätte. Das würde bedeuten, dass er prinzipiell auch einer anderen als der von ihm favorisierten institutionellen Lösung hätte zustimmen können, die allgemeine Religionsgeschichte der theologischen Fakultät zuzuordnen. Jedenfalls war diese Lösung für ihn nicht mit dem Anspruch einer konkurrenzlosen Deutungshoheit des Christentums verbunden, sondern hatte den Zweck, ihm im Rahmen der bestehenden theologischen Ausbildung seinen Ort innerhalb der Welt der Religionen zuzuweisen. (Dass er persönlich die Pointe seiner ganzen Lebensarbeit letztlich in der Verkündigung des Evangeliums gesehen hat[904], bleibt davon unberührt.) Daraus kann man jedoch nicht schließen, dass er der Umwandlung der theologischen in religionswissenschaftliche Fakultäten, wie sie später in Schweden vollzogen wurde, zugestimmt hätte. Das hat er auch mit seiner Enzyklopädie nicht gemeint, wenn er sie als »Studium der Religion« betitelt hat. Denn das impliziert faktisch, dass die Welt der Religionen auch verstehen könne, wer selbst keiner bestimmten Religion angehört. Mit der Bestreitung dieser Möglichkeit hat er m. E. nach wie vor Recht.

Söderblom hat stets betont, dass man in der denkenden Rechenschaft über religiöse Offenbarung an eine Grenze stoße, an der nur noch von einem Geheimnis gesprochen werden könne. Da er jedoch eine solche Rechenschaft nicht nur für möglich, sondern auch für notwendig gehalten hat, hat er damit nicht einem Irrationalismus oder gar Fundamentalismus das Wort geredet. Der Weg zwischen einem sacrificium intellectus und einer rationalistischen Verkennung der Grenzen der Vernunft, den er gegangen ist, dürfte prinzipiell immer noch sinnvoll sein. Seine Unterscheidung verschiedener Formen der Rationalität (mathematisch-naturwissenschaftliche, historische, ästhetisch-spekulative Erkenntnis) ist – mit gewissen Modifikationen, z.B. der Anweisung einer eigenen Kategorie für die Ethik – prinzipiell nicht überholt. Ebenso plausibel dürfte die Funktionsbestimmung für die unhintergehbare religiöse Überzeugung sein, der Vernunft nicht zu konkurrieren, sondern sie zu fundieren. Freilich scheint mir seine Rede von »der Wirklichkeit«, vor der man Respekt haben müsse, der genaueren phänomenologischen Differenzierung zu bedürfen. Damit würde es auch möglich, die geschichtliche Gebundenheit des immer schon deutenden Subjekts im Sinne heutiger Hermeneutik stärker zu berücksichtigen.

2. Söderblom hat die Vermittlung des Heiligen, sowohl auf die Religionen als auch auf die christlichen Konfessionen bezogen, mit dem der Sozialwissenschaft entlehnten Begriffspaar Wettstreit (*tävlan*) und Kooperation (*samarbete*) beschrieben. Das impliziert die innere Spannung von

---

904 So mit Recht J. M. VAN VEEN, a. a. O. (wie Anm. 2), 250.

eigenem Wahrheitsanspruch und Toleranz. Diese Doppelbestimmung hat in den heute weit stärker pluralisierten Gesellschaften der westlichen Welt an Aktualität eher noch gewonnen. Zugleich dürfte aber die praktische Umsetzung der darin implizierten Forderung schwieriger geworden sein. Denn sie setzt die Fähigkeit der Unterscheidung zwischen dem Wesentlichen, für das es sich zu streiten lohnt, und dem weniger Wesentlichen (wenn auch nicht Überflüssigen) voraus, über das man im Interesse eines friedlichen Zusammenlebens und der praktischen Zusammenarbeit zur Behebung konkreter Not hinwegsehen kann. Söderblom hat diese Unterscheidung als die von elementarer Gottesbeziehung einerseits und lehrmäßigem und institutionellem Ausdruck andererseits verstanden. Zwar hat er erkannt, dass »institutionalistische« Religionsformen diese Unterscheidung nicht oder jedenfalls nur eingeschränkt mitvollziehen können, und insofern ist ihm der spezifisch christliche – genauer: evangelische – Charakter des Gedankens klar gewesen. Aber er hat wohl das Gewicht dieser Tatsache unterschätzt, obwohl er es in Lausanne schmerzlich erfahren musste. Die evangelisch-katholischen Gespräche der jüngeren Vergangenheit zeigen, dass die Problematik unverändert fortbesteht. Gleichzeitig aber zeigt sich, dass es an dieser Stelle über Wettstreit und Zusammenarbeit hinaus keinen dritten Weg gibt. Hier kann man nur mit Söderblom auf der Notwendigkeit eines interkonfessionellen Diskurses zum Zweck des gegenseitigen Verstehens insistieren, mit der Maßgabe, dass dabei kein Einigungszwang herrscht. Der Ökumenische Rat der Kirchen, der im Prinzip dem Weg Söderbloms gefolgt ist, hat inzwischen auch intern die Probleme zu spüren bekommen, die mit dem Alleinvertretungsanspruch einer Kirchengemeinschaft entstehen.

Im Verhältnis der Religionen untereinander hat sich die Situation gegenüber der Zeit Söderbloms einerseits durch die Etablierung institutionalisierter Dialoge entspannt, andererseits aber gleichzeitig durch das Auftreten des (mit modernen Mitteln) polemisch gegen die Moderne auftretenden Fundamentalismus verschärft. Dieser war ja im Christentum damals gerade erst im Entstehen begriffen (Princeton Theology in den USA seit Anfang des 20. Jahrhunderts) und ist in anderen Religionen noch später aufgekommen. Hier wird man vor allem dann, wenn es sich um gewaltbereite Gruppierungen handelt, mit der Dialektik von Wettstreit und Zusammenarbeit nicht auskommen, sondern auch zur Eindämmung durch staatliche Machtmittel seine Zuflucht nehmen müssen. Doch muss das die ultima ratio bleiben. Das grundsätzliche Recht des von Söderblom gewiesenen Weges wird dadurch nicht in Frage gestellt, im Gegenteil. Er empfiehlt sich besonders im Blick auf eine zeitgemäße Mission, wenngleich hier in der Praxis die Unterscheidung zwischen notwendiger Inkulturation und Synkretismus nicht leichter geworden ist.

3. Was schließlich Söderbloms Bestimmung des Christentums angeht, so ist er bei dessen konsequent evangelischer Formulierung völlig dessen bewusst gewesen, dass die »evangelische Katholizität« nur eine von drei Grundformen des Christentums darstellt. Doch war er überzeugt, dass sie dessen Wesen besonders adäquat zu erfassen vermag. Das wird m. E. bestätigt durch die Konzentration auf das Kreuz Jesu als den vollendeten Ausdruck der Liebe Gottes, einschließlich der bis an den Rand des Patripassianismus vorstoßenden Grenzaussagen über das Leiden Gottes am Kreuz. Man kann sogar fragen, ob Söderblom nicht konsequent zu der Aussage von der Selbstaufopferung Gottes, ja von »Tod Gottes« hätte fortschreiten müssen (s. o., 444 mit Anm. 860). Zu dem letzten Ernst der theologischen Grundaussage passt genau die Gestalt, die Söderblom der lutherischen Zwei-Reiche-Lehre gegeben hat, indem er einerseits genau zwischen dem »Reich zur Rechten«, d. h. dem Gottesverhältnis, und dem Reich zur Linken, d. h. dem Verhältnis zur Menschenwelt, unterschied, andererseits aber ebenso energisch den unauflöslichen Zusammenhang zwischen der unbedingten Bindung an die Liebe Gottes und dem weltlichen Lebensvollzug betonte. Diese Dialektik ist es letztlich, die seine Lehre von der Kirche (Einheit im Glauben an die Erlösung durch die Liebe Gottes in Christus, variable organisatorische Gestalt, die aber ihren letzten Maßstab am gemeinsamen Glauben hat) begründet. Sie ist ebenso die Grundlage seiner Ethik und eröffnet den Raum für vernünftige, verantwortliche und konstruktive Weltgestaltung, die aber zugleich an die Feindesliebe Gottes zurückgebunden wird.

Söderbloms Denken erweist sich so als erstaunlich geschlossen. Es vermag letzten religiösen und ethischen Ernst mit praktischer Vernunft und mit Weltoffenheit zu verbinden. Das ist eine wahrlich nicht häufige Verbindung. Sie macht Söderblom noch für uns Heutige zu einem höchst eindrucksvollen Lehrer, auch wenn manche seiner Gedanken im Einzelnen und manche seiner konkreten Entscheidungen ihre Zeit gehabt haben.

Namensregister

Die Buchstaben å, ä, ö, ø sind, entgegen skandinavischer Gewohnheit, unter a und o eingeordnet; Entsprechendes gilt für das deutsche ü.
Seitenzahlen verstehen sich einschließlich der Fußnoten.
Biblische Namen sowie Namen aus der Mythologie sind nicht berücksichtigt.